Caio Giulio Cesare

Opere minori, frammentarie e inedite

Orazioni – Dicta Collectanea (Apophthegmata) – Commentari sulla Guerra di Lusitania – Leggi Giulie – Epistolario – De Analogia – Poesie – Le Lodi di Ercole – Anticatone – Edipo – Libro sugli Auspici o Auguralia – Sulla Divinazione – Astronomica – Sui corpi celesti – Additamenta agli Annales Pontificales – Efemeridi – Detti Celebri – Testamento – Acta Caesaris

a cura di

Mirko Rizzotto, Alvise Schiavon,
Federico Reggio, Giuseppe Petruzzelli

pe

Primiceri Editore

Premessa

di Mirko Rizzotto

La piena comprensione dei Grandi del passato è sempre, per noi moderni, viziata dalla presenza o dall'assenza di fonti. Nel caso di uomini politici (antichi e contemporanei) ciò è complicato dalla loro innata propensione a scrivere, una scrittura che diventa un mezzo ed un'occasione irrinunciabile per giustificare e far capire a posteri e contemporanei il loro punto di vista, il perché adottarono determinate scelte nel corso della loro carriera, per descrivere le difficoltà, i successi e gli insuccessi che essi si trovarono a gestire, in una parola, per rispondere implicitamente alle domande di un ipotetico Tribunale della Storia, che li potrebbe idealmente convocare per chiedere conto del loro operato ed emettere un giudizio insindacabile su di esso.

Ciò è tanto più vero ma al tempo stesso reso più complicato nel caso di Caio Giulio Cesare: politico, oratore, militare, uomo di scienza, poeta, tragediografo, scrittore instancabile, era un vero e proprio grafomane che dettava ad almeno due (spesso tre) segretari in contemporanea altrettanti testi diversi, senza mai perdere il filo; concepiva e realizzava opere di getto mentre era impegnato corpo e mente in durissime campagne militari o battaglie politiche senza requie; insomma, un vero e proprio soggetto *multitasking*.

Tuttavia, di quest'enorme mole di materiale scrittorio ci sono pervenuti, nella loro originaria interezza, solamente i superbi *Commentari* sulla guerra gallica e sulla guerra civile, più vario materiale lasciato dallo stesso Cesare e rielaborato da suoi ufficiali (come Aulo Irzio) che pubblicarono un *corpus* di scritti di vario valore letterario sul proseguimento del conflitto civile in Egitto, Africa e Spagna (47-45 a.C.).

Se ci limitassimo a questi testi per conoscere l'intima indole di Cesare (ammesso che ciò sia possibile), ne risulterebbe un'immagine fuorviante: ci apparirebbe un uomo di guerra geniale, indomito e coraggioso, un politico scaltro, clemente e reattivo, certo, ma poco altro.

Quest'ottica limitata è dovuta (oltre ad eventuali reticenze di Cesare stesso) anche e soprattutto alla perdita disgraziata della stragrande maggioranza dei suoi numerosissimi scritti; per farcene un'idea, è come se passeggiassimo oggi tra le rovine del Foro Romano: i ruderi che vediamo sono ciò che resta degli scritti cesariani, la mole indicibile ed inimmaginabile di marmi, stucchi, metalli splendenti, dipinti, statue e gradinate ormai svanita è ciò che abbiamo perduto. In queste condizioni, è facile comprendere come l'immagine che possiamo farci di Cesare, in base alle notizie contenute nei suoi scritti superstiti e a ciò che si evince dalle biografie composte da Svetonio e da Plutarco, a lui successivi, sia molto ristretta.

Ma non dobbiamo disperare di poterlo comprendere meglio ed in modo più approfondito: dei suoi scritti scomparsi ci è giunta, per tradizione indiretta e attraverso citazioni più o meno ampie, una vasta quantità di materiale, che ci lascia francamente stupiti per la sua eterogeneità: lettere, orazioni, poesie, tragedie, codici legislativi, *pamphlet* politici, trattati grammaticali e scritti scientifici, materiali che gettano una luce notevole – anche se discontinua – sugli enormi e svariati interessi di Cesare, che lasciano spiazzato il lettore moderno per la loro capacità di spaziare in ambiti tanto differenti e per il modo approfondito in cui sono trattati (sempre tenendo a mente le modalità disagevoli in cui furono concepiti e composti).

«Chi scrive un libro su Cesare si assume una grande responsabilità e un compito difficile», osserva giustamente Markus Schauer, in apertura di un suo recente studio sulle campagne di Gallia[1]; nel compiere quest'operazione, infatti, ci si addossa implicitamente il compito di farsi mediatore tra la figura del Cesare storico ed il lettore moderno, che cerca di farsene un'idea, per quanto possibile, completa. A tale scopo è di fatto impossibile non rifarci agli scritti dello stesso Cesare, pur viziati da ciò che egli ha inteso tramandare od omettere in essi.

Le varie edizioni contemporanee che recano il titolo di «Opera Omnia» di Cesare trascurano ed ignorano volutamente questo vasto, sebbene frammentario, materiale, il che metterebbe in discussione il valore stesso del titolo di un volume che, in fin dei conti, concerne solo i *Commentari* di guerra. Fanno parzialmente eccezione solamente delle vecchie (ed ormai quasi irreperibili) edizioni ottocentesche, prive di traduzione, nonché il recente e meritorio lavoro di Alessandro Garcea, *Tout César*, per una casa editrice francese (2020).

Con la presente edizione intendiamo colmare questa vistosa lacuna del panorama editoriale italiano e fornire umilmente agli studiosi e ad un pubblico non specialista l'impagabile possibilità di scoprire un Cesare diverso, più complesso, multiforme e sfaccettato ma – al tempo stesso – più umano e vicino a noi di quanto si possa credere.

Sì, perché, leggendo questi numerosi frammenti, ci accorgiamo che è possibile ripercorrere l'intera esistenza di Cesare, i suoi rapporti con i contemporanei, il suo amore per l'arte, la letteratura e la scienza, i suoi progetti e le sue ambizioni. Cesare, scopriamo, vive ancora oggi nelle sue leggi, che lasciarono un retaggio indiscutibile nel *Digesto* di Giustiniano e, attraverso quest'ultimo, nei moderni codici legislativi, nelle istituzioni politiche (senza le sue campagne di Gallia, per quanto dolorose e sanguinose, non avremmo oggi un'idea di Europa su cui si basano le realtà sovranazionali attuali), nel nostro

---

[1] M. SCHAUER, *La Guerra Gallica*, Goriziana Editrice, Gorizia 2020, p. 11.

sistema calendariale, persino nelle modalità di osservazione astronomica.

Cesare dunque vive, con meriti e demeriti, con luci ed ombre che spetta a noi cogliere e riconoscere; ma non possiamo farlo, tuttavia, senza uno strumento adeguato, uno strumento che questo libro spera di poter aver fornito, almeno nelle intenzioni dei suoi Autori.

Accettare la sfida della complessità. Il contributo delle "Opere minori" alla conoscenza e allo studio della figura, dell'opera e del pensiero di Caio Giulio Cesare

di Federico Reggio

Un antico detto attribuito al Buddha recita che «ci sono due errori che si possono fare lungo la strada per la verità: non andare fino in fondo e non partire»[2]. Con molto rispetto, ci sentiamo di aggiungere che, purtroppo, quella zona grigia fra il 'non partire' e il 'non andare fino in fondo' si rivela spesso idonea, se non funzionale, a pericolose semplificazioni, in virtù delle quali l'indagine storica può fortemente risentire di letture o intenti ideologici.

Una figura caleidoscopica e complessa come quella di Giulio Cesare appare, a nostro avviso, estremamente vulnerabile a questo rischio, per una molteplicità di ragioni: fra esse, ad esempio, (I) il suo porsi a 'soglia' fra la fine della Repubblica e l'inizio dell'Impero, il che lancia la sfida di individuare con adeguato senso critico i motivi di continuità e di discontinuità; (II) il sedimento di stratificazioni simboliche legate alla figura di Cesare (non a caso presente, etimologicamente, nel termine tedesco *Kaiser* e in quello russo *Zar*), che arricchiscono il 'Cesare storico' di un insieme di valenze che si sovrappongono[3].

Chi scrive, ovviamente, non intende cadere nell'ingenuità di pensare che il 'vero storico' possa essere un oggetto raggiungibile 'per corrispondenza', e che quindi si possa arrivare al 'vero Cesare' con un'operazione di 'ripulitura' dalle stratificazioni, resa possibile anzitutto attraverso l'accesso alle sue opere[4]. Ciò non di meno, pur non dimenticando la lezione dell'ermeneutica, che ci rende, in estrema sintesi, consapevoli di come l'interrogare un testo sia condizionato dal contesto e dalla domanda dell'interrogante, siamo altresì convinti che la pubblicazione delle *Opere Minori* di Cesare colmi una grave lacuna nell'accesso ai testi ascrivibili direttamente all'Autore[5]. Non solo: essa offre uno spaccato fondamentale per accedere al pensiero e all'opera di Cesare in modo più im-mediato e soprattutto più poliedrico, permettendo di giungere

---

[2] Il detto è alternativamente (e dubitativamente) attribuito anche a Confucio.

[3] Sul destino del nome di Cesare si veda il classico F. GUNDOLF, *Caesar. Storia della sua fama*, Treves, Milano 1932, pp. 48-92.

[4] Concetto essenzialmente condiviso anche da U. Eco, *Trattato di semiotica generale*, Bompiani, Milano 1975, p. 9, che sottolinea i rischi, in simili tentativi, di incorrere in mere «approssimazioni analogiche».

[5] Non a caso, proprio all'interno della riflessione ermeneutica, Hans Georg Gadamer ha saputo vedere nel classico "l'atto storico della conservazione che mantiene in essere un certo vero attraverso una sempre rinnovata verifica" (H.G. GADAMER, *Verità e metodo*, Bompiani, Milano 1983, p. 336).

a un Giulio Cesare se non inedito, certamente più completo e complesso di quello a cui siamo adusi.

Complessità. Una delle sfide più difficili per il mondo contemporaneo, che è intriso di polarizzazioni e tendenze stereotipanti, in parte in modo inconsapevole – *in primis* per effetto della rapidità e della semplificazione che caratterizza la comunicazione e lo cambio di informazioni ed opinioni nella realtà mediatica attuale – in parte, temiamo, anche in modo eterodiretto e rivolto a diffondere una mentalità operativistica e semplificante, funzionale alle spinte tecnocratiche tanto forti nelle società postmoderne[6]. Educare, educarsi al pensiero critico, significa anzitutto saper riconoscere e decostruire maschere e stereotipi, e accettare la sfida di una visione che si sforzi di tenere insieme caratteristiche eterogenee e plurivoche, dando conto del loro costituirsi e delle loro eventuali linee di tensione e di convergenza, anche e soprattutto quando esse non rientrino in un *pattern* precostituito.

Ecco allora che le narrative che pongono enfasi sul Cesare stratega e conquistatore, o sul Cesare che pian piano svuota la forma repubblicana, o ancora sul Cesare tentato dal modello monarchico ellenistico in Egitto, devono poter far spazio anche alla figura di un fine oratore, che nel *cursus honorum* della vita pubblica romana ha conquistato l'ammirazione di nobili esponenti della classe forense, oltre che all'immagine di un letterato capace di un vasto spettro di interessi, stili e registri linguistici. E v'è molto altro. Insomma, questo Giulio Cesare costringe allo sforzo di non cadere in opposizioni polarizzanti, bensì di sostituire all'*Aut-Aut* un *Et-Et* in grado di salvaguardare, insieme al già citato gusto per la complessità, il volto di una persona reale e storicamente esistita, ben più variegata e sfuggente alle categorizzazioni del *prosopon* che talora gli viene associato nella cultura diffusa.

Come conciliare, allora, la figura che di fatto 'inizia a porre fine' alla Repubblica con quella di un personaggio politico la cui azione – anche legislativa, come apprendiamo considerando alcuni profili delle Leggi Giulie, si pensi alla *lex Julia de repetundis* – si è efficacemente posta il compito di salvaguardare certe, diremmo oggi, 'garanzie istituzionali', di buon governo, andando a colpire meccanismi di potere potenzialmente o attualmente forieri di prevaricazione e di dinamiche non trasparenti?

Come conciliare, ancora, la figura di un condottiero per cui, *alea iacta*,

---

[6] La letteratura sul punto è vastissima, per cui ci si limita a un riferimento a titolo esemplificativo: J. F. LYOTARD, *La condizione postmoderna* (1979), Einaudi, Torino 2014. Non va obliato, tuttavia, come il tema affondi le sue radici già nella riflessione critica sul mondo moderno, per cui si vedano, a titolo altrettanto esemplificativo, G. ANDERS, *L'uomo è antiquato. Considerazioni sull'anima nell'epoca della seconda rivoluzione industriale*, (1956), trad. it., Bollati Boringhieri, Torino, 2006; A. ARENDT, *Vita Activa*, Bompiani, Milano 2000; J. ELLUL, *La tecnica, rischio del secolo*, (1954), trad. it., Giuffrè, Milano, 1969; C. TAYLOR, *Il disagio della modernità*, (1991), trad. it., Feltrinelli, Milano, 2007.

il gioco valeva la pena sino al punto di scardinare l'assetto istituzionale della Roma repubblicana, con un Giulio Cesare che sapeva promuovere una 'borghesia embrionale', come la classe equestre, trovando fiera opposizione nell'oligarchia aristocratica romana?

Qui si gioca, paradossalmente, uno di quei concetti-soglia su cui è veramente difficile riuscire a far luce, anche da un punto di vista filosofico-politico e filosofico-giuridico: Cesare, di fatto, trovò opposizione da parte dell'aristocrazia, quella che molto verosimilmente sta alle spalle del suo omicidio alle *Idi di Marzo*, mentre ebbe consenso presso ceti emergenti e classi meno conservatrici, che beneficiarono della sua azione politica e riformatrice (mettendo mano a quel nervo scoperto della società romana che erano le leggi agrarie, vero fulcro della lotta politico-istituzionale nella storia di Roma, come ben evidenziato anche da Giambattista Vico)[7]. Storicamente, l'associazione fra aristocrazia e conservazione costituisce un binomio radicato e una notevole forza di resistenza al cambiamento; proprio per questo, non è infondato pensare che chi si vuol far carico di un disegno riformatore debba poter opporre a tale forza una controspinta altrettanto efficace, e non è detto che ciò si debba verificare alternativamente attraverso un movimento popolare o un accentramento di potere. L'accentramento, infatti, necessita spesso di una base di sostegno e di legittimazione pubblica per poter essere effettuato, ed ecco che, nelle delicate alchimie degli equilibri politici, può accadere che non vi sia antinomia fra slancio riformatore e verticalizzazione e concentrazione del potere. Si tratta, però, di un equilibrio estremamente volatile, dal momento che quest'ultimo fenomeno, 'personalizzando' e accentrando il motore dell'azione politica su un'unica figura, pone in capo a quest'ultima la prerogativa e la responsabilità di imprimere una direzione, la quale non è detto sia e si mantenga riformatrice, non da ultimo per il fatto che il potere accentrato e personalizzato reca in sé il problema della propria conservazione e

---

[7] Sul problema agrario a Roma si vedano P.A. BRUNT, *Classi e conflitti sociali nella Roma repubblicana*, Laterza, Roma-Bari 1972; F. DE MARTINO, *Storia economica di Roma antica*, I, La Nuova Italia, Firenze 1979; L. PERELLI, *I Gracchi*, Salerno Editrice, Roma 1993, pp. 75-96. Per quanto concerne Vico, il primo riferimento va alle sue *Opere Giuridiche* (1721), G.B. VICO, *Opere Giuridiche*, a cura di N. Badaloni, Sansoni, Firenze 1971, e, per una lettura del ruolo che per Vico ha avuto lo scontro fra *patres* e *plebs* nell'offrire un'occasione per la armonizzazione di istanze opposte all'interno dell'assetto giuridico e politico romano, R. CAPORALI, *Vico e la "temperatura": sull'idea di Stato misto nel Diritto Universale*, in "Biblioteca Elettronica su Montesquieu e dintorni" 1/2009, pp. 1-16. Sul precipitato di tali complesse e spesso conflittuali interazioni nel formare anche gli "universali fantastici" giuridici, cfr. E. MAZZOLENI, *Universali fantastici giuridici. Narrazioni normative in Giambattista Vico*, in "Diritto penale e uomo", 25.03.2019, pp. 1-22. Per una rilettura recente del pensiero filosofico-giuridico vichiano, con attenzione al diritto quale fatto antropologico e ideale luogo di sintesi fra evidenza storica e riflessione filosofica, ci permettiamo di indicare anche il riferimento a: F. REGGIO, *Il Paradigma Scartato. Saggio sulla filosofia del diritto di Giambattista Vico*, Primiceri, Padova 2018.

trasmissione[8].

La storia della Roma post-cesariana si gioca su questa china, rivelando in tutta la sua ambiguità il volto del potere nel suo complesso interagire con forme e strutture politiche e giuridiche la cui validità e solidità – anche concettuale – aveva dato buona prova di sé lungo i vari secoli di storia repubblicana. Se quindi l'erede di Cesare, Ottaviano Augusto, seppe abilmente destreggiarsi fra forme, istituzioni, costumi e modelli della *Res Publica Romana*, trovando, insieme a un raro equilibrio, una *pax* (già ampiamente cercata da Cesare)[9], tanto peculiare quanto anche funzionale al mantenimento della preminenza della sua figura, altrettanto non può dirsi per la maggior parte dei successori di quest'ultimo, i quali mantennero il titolo di *Caesar*, rendendolo simbolo della potenza imperiale, ma contribuendo anche a legare questo nome in modo forse troppo stretto a una visione, appunto, 'imperiale' del potere[10].

Peraltro, non va dimenticato che la *pax* di Augusto avvenne dopo anni di linea dura e repressiva (si pensi alla fine di Cicerone o alle espropriazioni di terre tristemente rievocate da Virgilio), mentre non è infondato pensare che per Cesare la pacificazione di Roma, dopo anni di instabilità politica, fosse un obiettivo che egli intendeva conseguire in tempi più brevi. Sta di fatto che il suo *alea iacta* – come talora accade per eventi epocali nella storia – fu destinato a imprimere, sulla storia di Roma, ma, diremmo, quanto meno sulla storia antica dell'Europa e del Medio Oriente, una svolta decisiva, che è bene studiare e rivedere con rigorosa onestà intellettuale, tanto rara quanto urgente nel contesto di una cultura occidentale che troppo spesso appare propensa a disfarsi della propria storia e delle proprie origini, magari nel nome di una visione fondamentalista della tutela di determinati diritti e conquiste sociali[11].

Tuttavia, come due ingiustizie non fanno un atto giusto, una ignoranza

---

[8]Sul delicato rapporto fra legittimazione del potere e sua conservazione si concentrarono anche diversi sforzi speculativi di Norberto Bobbio, recentemente raccolti in un interessante volume a cura di Tommaso Greco. Cfr. N. BOBBIO, *Il problema del potere. Introduzione al corso di scienza della politica*, a cura e con un saggio introduttivo di T. Greco, Giappichelli, Torino 2020.

[9] Sull'iconografia della *pax* di Augusto - vista sia come narrativa esplicativa sia come forma di celebrazione del risultato di un'azione politica si rinvia a un recentissimo contributo in tema di arte e *peacebuilding*: A. BUSACCA, *Art & Peacebuilding. Ara Pacis Augustae. Affirmation of Power and Peace Propaganda*, in «MediaRes», 1/2021, pp. 59-72.

[10] Si vedano, sulla tematica in generale, R. SYME, *La rivoluzione romana*, Einaudi, Torino 2014, *passim*; L. CANALI, *Giulio Cesare*, Edizioni Studio Tesi, Pordenone 1992, *passim*.

[11]In questo senso, lo sforzo rappresentato dalla pubblicazione delle Opere Minori costituisce anche una forma di riparazione che, come è stato rilevato recentemente, può avvenire anche "in riferimento alla distruzione che può colpire il nostro mondo-ambiente culturale, o anche in riferimento alla distruzione che può colpire il legame che intratteniamo con la cultura che chiamiamo *nostra*" (P. BETTINESCHI, *Etica del Riparare*, Morcelliana, Brescia 2021, p. 127).

di ritorno non è certo atta a colmare lacune di civiltà, bensì ad allargarle pericolosamente; sicché una civiltà senza contatto con le sue origini si trova, di fatto, apolide e prigioniera di un complesso edipico che, privandola del padre, la priva anche della sua eredità.

Non sarà un caso che Edipo, colui che è preceduto e seguito dalla scia di colpe su cui non esercita una volontà consapevole, sia stato un tema di interesse del Cesare letterato. Dalla progenie di Edipo nascono due gemelli incapaci di affrontare uno dei temi cardine della vita politica di ogni stato, ossia l'alternanza delle forze di governo; e dal vuoto di potere derivante dalla guerra civile culminata dalla loro reciproca uccisione emergono due figure tanto eminenti quanto terribili come ben evidenzia l'*Antigone* di Sofocle nella sua immortale narrazione[12]. Da un lato Creonte, il tiranno che non accetta eccezione alcuna alla legge del sovrano, draconiana ed esemplare, giustificata dal 'bene della collettività', già scossa dai disordini della guerra civile, ma in fin dei conti incapace di 'tenere in uno' la *polis*, collegando le diversità che ivi insistono e permettendo una composizione del loro opporsi grazie all'esercizio di un diritto capace di convertire il conflitto in controversia[13]. Dall'altro lato spicca, in tutta la sua altezza e drammaticità, Antigone, colei che resiste al *tyrannos* nel nome di leggi non scritte e di una *pietas* che non accetta la riduzione dello *jus* a *iussum*, della legge a comando[14].

---

[12] A tal riguardo ci riferiamo, per una prima disamina relativa ai testi che maggiormente influenzano la presente lettura, a G. STEINER, *Le Antigoni*, Garzanti, Milano 2003 e a F. OST, *Mosè, Eschilo, Sofocle*, Il Mulino, Bologna 2007.

[13] Sulla figura di Creonte e i suoi risvolti politici, D. LANZA, *Il tiranno e il suo pubblico*, Einaudi, Torino 1977, pp. 50-63.

[14] Non va dimenticata, tuttavia, l'interpretazione di Francesco Cavalla, che ravvisa anche in Antigone un atteggiamento unilateralistico, dal momento che «anche lei accampa come del tutto autosufficiente una certa legge, positiva sebbene non scritta» (per l'Autore, infatti, le leggi non scritte invocate da Antigone sono da identificarsi con il diritto consuetudinario panellenico). Pertanto, «anche lei non è disposta a integrarla in un orizzonte assiologico più ampio», e «non considera le esigenze del nuovo organismo politico che si va affermando, non ascolta le ragioni del suo avversario» (F. CAVALLA, *All'origine del diritto al tramonto della legge*, Jovene, Napoli 2011, p. 129). Certamente, potremmo obiettare che Antigone si trovava in una condizione di strutturale debolezza (giovane, donna, suddito...) rispetto a Creonte, il cui operato nella vicenda si costituisce in modo da non ammettere né tollerare eccezioni. Eppure, al di là di possibili parallelismi che qui non si intende istituire, il simbolismo dell'Antigone offre spunti di riflessioni fondamentali sotto molti profili, ivi compreso quello legato alle guerre civili e alle transizioni di potere. La fine catastrofica di tale tragedia, infatti, consegna, a nostro avviso, un imperituro monito contro ogni situazione che polarizzi posizioni opposte (ma pur legittimate alla luce di principi politici o finanche giuridici), costituendole in un rapporto di mutua esclusione: è proprio questa cornice a precostituire una condizione dalla quale la più scontata (e probabile) via d'uscita si dà con il prevalere (spesso violento e prevaricatorio) di una voce sull'altra. La sfida, invece, è quella non di ignorare o cercare di neutralizzare il conflitto, bensì di comprendere come e a quali condizioni esso possa "rivelare una forza dinamica che spinge verso la ricerca di nuove sintesi fra posizioni apparentemente contrapposte"(F. REGGIO, *Concordare la norma. Gli strumenti*

Sono due volti emblematici, entrambi, curiosamente, capaci di interrogare e far riflettere intorno alla figura di Caio Giulio Cesare, senza ricadere nel pericolo di filtrarla attraverso stereotipi o maschere, bensì accettando la sua poliedricità e complessità come un fattore chiave della propria indagine: un fattore - si noti bene - che rende sempre attualizzabile, e mai esaurito, il confronto con la storia e con le sue figure più eminenti.

consensuali di soluzione della controversia in ambito civile: una prospettiva filosofico-metodologica, Cleup, Padova 2017, p. 191).

Orationes
Orazioni

Nella Roma repubblicana, l'arte oratoria era considerata, com'è risaputo, uno strumento indispensabile per l'avvio di una promettente carriera politica, e sappiamo da Svetonio e da Cicerone che Cesare era virtualmente insuperabile in questa attività, avendo avuto i migliori maestri ed avendo iniziato ancora giovinetto. Egli aveva praticato infatti l'eloquenza con ogni tipo di discorso, nei tribunali – sia come accusatore che in veste di difensore –, in Senato, nei comizi popolari e di fronte ai soldati schierati a battaglia[15].

Sappiamo inoltre da Svetonio che era seguito da tachigrafi intenti ad annotare i suoi discorsi, curando poi la pubblicazione di quelli che riteneva maggiormente ben riusciti. Quintiliano, in età imperiale, considerava Cesare come l'unico vero rivale di Cicerone nell'arte oratoria, per via della forza e dell'eleganza che poneva nei suoi discorsi; Svetonio aggiunge che egli pronunciava le sue orazioni con voce penetrante accompagnandosi con movimenti e gesti energici, non privi di fascino per l'ascoltatore.

La sua produzione in questo campo, letta con grande piacere dagli Antichi, è andata purtroppo quasi interamente perduta nel generale naufragio della letteratura antica, fatta eccezione per pochi frammenti e per l'orazione in favore dei Catilinari, preservata (pur con qualche rielaborazione) dallo storico Sallustio, suo contemporaneo nonché collaboratore. Anche leggendo quel poco che ci resta, non possiamo tuttavia non concordare con chi elogiò questo tipo di produzione letteraria, che contraddistingueva il Nostro fra i più facondi autori della sua epoca.

Testo:

H. Meyer, *Oratorum Romanorum Fragmenta*, Zurigo 1842, pp. 404 segg.
E. Malcovati, *Oratorum Romanorum Fragmenta Liberae Rei Publicae*, I, Paravia, Torino 1976, n. 121, pp. 383-397
Sallustio, *La congiura di Catilina*, a cura di L. Storoni Mazzolani, Rizzoli, Milano 2000

---

[15]Per una lista completa delle orazioni cesariane si veda H. VAN DER BLOOM, *Oratory and Political Career in the Late Roman Republic*, Cambridge University Press, Cambridge 2016, pp. 305-312.

Orazioni contro Gneo Cornelio Dolabella

Orationes in Cneum Cornelium Dolabellam

Il ventunenne Cesare decise di dare nuovo impulso alla sua incipiente carriera politica accusando formalmente l'ex console Gneo Cornelio Dolabella di concussione nell'anno 77 a.C. Le notizie concernenti la vita di questo nobile consolare patrizio, aderente alla fazione sillana, sono particolarmente scarse: prestò servizio come comandante della flotta sotto Silla Dittatore nel corso della guerra contro re Mitridate, dopodiché – fedele al suo comandante, che seguì nella marcia su Roma, divenne console con il suo beneplacito nell'81 a.C. Al termine del mandato divenne governatore della Macedonia con *imperium* proconsolare (80-79 a.C.), conducendo alcune vittoriose campagne contro le tribù ostili dei Traci. Nel 78 a.C., tornato a Roma, gli venne concesso il trionfo a seguito di queste stesse vittorie.

Nel 77 a.C. Cesare gli intentò causa per il reato di concussione, commesso durante il suo governatorato. La serie di *Orationes in Cneum Cornelium Dolabellam*, composta da Cesare era piuttosto articolata e composta da un minimo di due libri, se non più (le fonti tramandano un *primus liber*, cosa che ne presuppone necessariamente almeno un *secundus*, se non più). Secondo Aulo Gellio, che ce ne ha tramandato fortunosamente un frammento, Cesare, nel tentativo di dipingere un'immagine fosca e moralmente abbietta del suo avversario, stigmatizzava l'abitudine – propria di Dolabella stesso e dei suoi collusi – di considerare fonte di grande (ma vana) gloria la presenza in casa e nei luoghi sacri ad essi connessi di ricchezze smodate ed abbondanti.

Nonostante l'impegno e la grande oratoria cesariana, Dolabella venne assolto dall'accusa grazie all'efficace intervento del team collegiale di avvocati da cui era assistito. Cesare, temendo ritorsioni e vendette da parte della cricca che faceva capo a Dolabella e ai suoi alleati politici, decise prudentemente di cambiare aria e di recarsi a Rodi, ufficialmente per seguire le lezioni di retorica dell'abilissimo Apollonio Molone.

T.1
Svetonio, *Vita del Divo Giulio*, 4
Ceterum composita seditione ciuili Cornelium Dolabellam consularem et triumphalem repetundarum postulauit; absolutoque Rhodum secedere statuit, et ad declinandam inuidiam et ut per otium ac requiem Apollonio Moloni clarissimo tunc dicendi magistro operam daret.

Allorché la discordia [della guerra] civile fu sopita, Cesare incriminò per concussione Cornelio Dolabella, un ex console che aveva meritato il trionfo. Poiché l'imputato era stato assolto, decise di andarsene a Rodi, un po' per sottrarsi ad eventuali vendette, un po' per seguire, durante quel periodo di inattività e di riposo, le lezioni di Apollonio Molone, a quel tempo il più celebre maestro di oratoria.

F. 1
Aulo Gellio, *Notti Attiche*, IV 16, 8
Caius etiam Caesar, gravis auctor linguae Latinae, (...) In Dolabellam actionis, *lib. I* [*scripsit*]:   «*Isti, quorum in aedibus fanisque posita et honori erant et ornatu*».

Anche Caio [Giulio] Cesare, importante autore della lingua latina (...), scrisse nella sua prima arringa *Contro Dolabella*, al I libro: «Coloro per i quali le ricchezze presenti nelle case e nei templi erano [motivo] di onore e di gloria».

Orazione per l'approvazione della Legge Plauzia

Suasio legis Plautiae

Dopo le solenni esequie funebri di Silla in Roma, il partito antisillano, guidato dal console Marco Emilio Lepido, entrò in rotta di collisione con l'oligarchia senatoria e tentò di prendere il potere con la forza, organizzando un esercito, come avevano fatto in passato lo stesso Silla, Mario e Cinna[16]. Lepido, in vista dell'impresa, contattò Cesare prospettandogli grandi vantaggi se avesse abbracciato la sua causa, ma il giovane, valutando realisticamente le scarse capacità di Lepido di riuscire nel colpo di Stato, declinò l'offerta. Quando aveva rivestito il ruolo di governatore della Sicilia, Lepido non aveva dato buona prova di sé, saccheggiando impietosamente la provincia a lui assegnata e si era arricchito ulteriormente con le proscrizioni sillane, anche se poi aveva cercato di guadagnarsi le simpatie popolari distribuendo grano alla plebe e restituendo spontaneamente i beni altrui illecitamente incamerati.

Lepido tentò di ridimensionare l'ordinamento sillano proponendo il richiamo degli esiliati tramite una richiesta di amnistia nei confronti dei sopravvissuti alle proscrizioni, il ripristino delle distribuzioni frumentarie al popolo dell'Urbe e la restituzione di alcune terre confiscate. Durante il viaggio che l'avrebbe condotto nella provincia della Gallia Narbonese, dove doveva svolgere il proconsolato del 77 a.C., si fermò in Etruria, dove le confische

---

[16]Sull'intera vicenda si veda L. LABRUNA, *Il console sovversivo: Marco Emilio Lepido e la sua rivolta*, Liguori, Napoli 1975.

sillane erano state più pesanti e per questo i contadini locali avevano dato vita ad una feroce rivolta per estorcere le terre che i veterani di Silla avevano loro usurpato.

Lepido fece causa comune con i ribelli e marciò su Roma, reclamando la restituzione del potere dei tribuni della plebe. Il Senato decise di usare contro di lui il *Senatus consultum ultimum*, proclamando lo stato di tumulto e la necessità, affidata ai consoli, di reprimere con le armi la ribellione. Sconfitto sotto le mura di Roma dal console Quinto Lutazio Catulo, Emilio Lepido cercò di ripiegare sulla costa toscana, dove venne però nuovamente sconfitto presso Cosa da Gneo Pompeo Magno, che in precedenza aveva assediato e costretto alla resa a Modena il suo luogotenente Marco Giunio Bruto, padre dell'omonimo e futuro cesaricida. Pompeo decretò la morte di Bruto Senior, cosa per cui il giovanissimo Bruto covò sempre un sordo rancore nei suoi confronti. Lepido Fu quindi costretto a fuggire in Sardegna, dove morì l'anno seguente.

Nel 70 a.C., in un clima di distensione politica più palpabile, fu proposta l'approvazione della *Lex Plautia de reditu Lepidanorum*, tramite la quale si richiamavano dall'esilio i partigiani di Lepido, rifugiatisi presso il mariano Sertorio, in Spagna, proponendo loro l'amnistia.

Cesare si pronunciò a favore dell'approvazione della legge (che venne infatti ratificata) con una celebre orazione, la *Suasio legis Plautiae*, insistendo in essa sulle affinità e su ciò che legava la fazione sconfitta ai vincitori e proponendo una conciliazione politica e morale fra le due *partes* di un unico, sebbene agitato, corpo civico.

F. 1

Aulo Gellio, *Notti Attiche*, XIII, 3, 5

Repperi tamen in oratione C. Caesaris, qua Plautiam rogationem suasit, *«necessitatem» dictam pro «necessitudine», id estadfinitatis. Verba haec sunt: «Equidem mihi videor pro nostra necessitate non labore non opera non industria defuisse».*

Ho tuttavia trovato nell'orazione di Caio [Giulio] Cesare *in favore della legge Plauzia,* che il termine "*necessitas*" è adoperato in luogo di "*necessitudo*", ovvero nel senso di vincolo di affinità. È questa la frase [in questione]: «Mi sembra di avere adoperato tutto lo zelo, tutta la laboriosità, tutta la diligenza che la nostra affinità (*necessitas*) richiedeva»17.

---

[17] Corrisponde a Fr. 27 MALCOVATI.

Lode funebre in onore della zia Giulia

Laudatio Iuliae amitae

Cesare venne eletto questore (una tappa imprescindibile nella scalata politica) per l'anno 69 a.C. In quello stesso anno morì sua zia Giulia, vedova del mai dimenticato Caio Mario, e Cesare decise di cogliere l'occasione, pronunciando dai Rostri, nel Foro, secondo l'antico costume, gli elogi funebri per la zia. Nel farlo, mostrò per la prima volta in pubblico dal periodo sillano le immagini di Caio Mario e del figlio Mario il Giovane, ed il popolo le accolse plaudente.

Nell'elogio per Giulia, Cesare esaltava la discendenza della zia per parte di madre da re Anco Marzio, evidenziando come negli esponenti della *gens* Giulia scorresse ora anche il sangue regale, accanto a quello divino.

Gli aristocratici sostenitori delle reazionarie riforme di Silla, udendo quelle parole, malignarono a lungo, uscendosene dal folto della folla assiepata e comunicando ai vicini o agli amici le loro impressioni: quella tirata non sembrava digeribile ai cittadini più nobili. La storiella troiana, una delle tante favole dei Greci, poteva anche passare alle orecchie del popolino, ma cosa veniva mai cianciando quel funzionario dello Stato riguardo ai re e alla dottrina che poneva i sovrani nelle mani degli dèi e gli uomini, a loro volta, in quelle dei re? Che andasse a raccontare ai barbari una storiella di questo genere! Il popolo romano non datava la sua storia dal giorno in cui aveva cacciato – e per sempre – i re e dedicato a Giove Capitolino il tempio della sua nuova storia?

Qualcuno, più maligno, rievocava la giovinezza di quel damerino che era sceso ora dalla tribuna per accompagnare sua zia alla tomba di famiglia: c'era poco da fidarsi, era giovanissimo – aveva poco più di 30 anni – ed aveva già fatto parlare di sé per i suoi contrasti con Silla e per le imprese in Oriente. Vi doveva inoltre essere del prepotente, del testardo e dell'indisciplinato in quello sbarbatello che aveva appena propugnato una dottrina religioso-politica infarcita di reminiscenze elleniche, tutte a vantaggio dei re e del loro diritto divino ed umano, una teoria che non garbava affatto agli aristocratici. Avrebbe forse voluto quell'ambizioso fare di Roma una replica di quegli staterelli orientali, proni davanti al loro padrone, al loro *dominus*? Queste, pressappoco, le mormorazioni dei conservatori durante il funerale di Giulia e l'orazione di Cesare, secondo l'efficace ricostruzione di Giovanni Costa[18].

---

[18] G. COSTA, *Caio Giulio Cesare: la vita e l'opera*, L. Morpurgo, Roma 1934, pp. 4-8.

F. 1
Svetonio, *Vita del Divo Giulio*, 6
Et in amitae [Iuliae] quidem laudatione de eius ac patris sui utraque origine sic [Caesar] refert:
«Amitae meae Iuliae maternum genus ab regibus ortum, paternum cum diis inmortalibus coniunctum est. nam ab Anco Marcio sunt Marcii Reges, quo nomine fuit mater; a Venere Iulii, cuius gentis familia est nostra. est ergo in genere et sanctitas regum, qui plurimum inter homines pollent, et caerimonia deorum, quorum ipsi in potestate sunt reges».

Ecco i termini in cui [Cesare] parla, nell'elogio funebre della zia [Giulia], della doppia origine di essa e del suo stesso padre:
«Da parte di madre, mia zia Giulia discende dai re; da parte di padre, ella si ricollega con gli dèi immortali. Infatti i Marcii Re, alla cui famiglia apparteneva sua madre, discendono da Anco Marzio, ma i Giulii discendono da Venere, e la mia famiglia è un ramo di quella gente. Confluiscono, quindi, nella nostra stirpe, il carattere sacro dei re, che hanno il potere supremo tra gli uomini, e la santità degli dèi, da cui gli stessi re dipendono[19]».

Elogi funebri della moglie Cornelia

Oratio funebris Corneliae

Nel 69 a.C., oltre alla perdita dell'amata zia, Cesare ebbe un altro e ben più doloroso lutto: la perdita inattesa dell'ancor giovane ed amatissima moglie Cornelia, la figlia di Cornelio Cinna che amò al punto da sfidare l'ordine di Silla di divorziare da lei, rischiando così la vita. Nel corso dei funerali Cesare decise di pronunciare un'orazione funebre memorabile. Se l'orazione funebre per una donna nel corso di una cerimonia pubblica era già in sé un gesto che rompeva con le consuetudini – ricordiamo che Quinto Catulo, console nel 102 a.C., aveva pronunciato per primo gli elogi funebri di sua madre, l'anziana Popilia – l'estensione di questa pratica al caso di una giovane ragazza quale era Cornelia fu senz'altro un caso senza precedenti, ch molto fece discutere. La folla comunque apprezzò molto il gesto, vedendovi riflessi l'affetto e la devozione coniugale del vedovo.

---

[19] Lo storico francese G. WALTER (*César*, Albin Michel, Paris 1964, p. 31) ha così immaginato l'avvio della parte mancante di tale orazione: «Ascoltate, dunque, grande Mario, ascoltate, console Sesto, ascoltate, pretore Lucio, ascoltate voi tutti, membri dell'antico lignaggio dei Giulii, padri, figli, nipoti, zii, congiunti. Apprendete di nuovo l'incomparabile, l'unico splendore delle vostre origini!».

L'elogio, a dire il vero, era senza alcun dubbio un'occasione importante per fare pubblicamente sfoggio della propria eloquenza ed attirare l'attenzione su di sé e sul proprio programma politico, e di questo Cesare era ben consapevole.

Sfortunatamente il testo dell'orazione funebre di Cornelia non ci è pervenuto, ma ipotizziamo ragionevolmente che doveva dividersi in due parti principali: la prima consisteva nel ricordo intimo ed affettuoso dello sposo, che ruotava intorno alle virtù di castità, fedeltà e pazienza della giovane moglie, adatto a commuovere gli ascoltatori; la seconda era un riepilogo dei numerosi e celebri antenati della *gens* Cornelia, le cui maschere funebri erano state tratte quel giorno dalle loro custodie ed indossate da figuranti che avrebbero accompagnato il feretro alla sepoltura; impossibile che il discorso non avesse menzionato Cinna e le sue imprese[20], il console *popularis* padre di Cornelia morto nel corso di una sommossa militare agli inizi dello scontro con Silla, che vedrà il suo partito soccombere contro quello degli ottimati.

T. 1
Svetonio, *Vita del Divo Giulio*, 6, 1
Quaestor [Caesar] Iuliam amitam uxoremque Corneliam defunctas laudavit e more pro rostris.

Mentre rivestiva la carica di questore, Cesare pronunciò gli elogi funebri della zia Giulia e della moglie Cornelia, stando sui Rostri, secondo la consuetudine.

Contro Gneo Cornelio Dolabella

Contra Dolabellam

Cesare pronunciò il suo primo discorso politico nel 77 a.C., all'età di 23 anni. Cesare – com'era prassi fra i giovani aristocratici romani che intendevano dare l'avvio alla propria carriera politica – accusò un affermato ex governatore di provincia di concussione *(de repetundis)*. Il malcapitato in questo caso era Gneo Cornelio Dolabella, console nell'81 a.C. e poi proconsole in Macedonia. La scelta era significativa, poiché Dolabella era uno degli "uomini forti" del defunto regime sillano e, per un giovanissimo oratore suo pari, trascinare in tribunale un simile personaggio era un modo molto eclatante per farsi conoscere. Cesare accettò di portare davanti ai giudici le lagnanze dei vessati provinciali macedoni, ma Dolabella era difeso dai due migliori avvocati

---

[20] M. GRANT, *Giulio Cesare*, Librex, Milano 1970, p. 34.

di Roma, vale a dire Ortensio e Cotta (quest'ultimo parente dello stesso Cesare)[21], cosicché Dolabella venne assolto, sebbene Cesare – com'era nelle sue intenzioni – aveva avuto modo di farsi notare per la propria eloquenza.

T. 1
Tacito, *Dialogo degli oratori*, 34, 7
Nono decimo aetatis anno L. Crassus et C. Carbonem, uno et vicesimo Caesar Dolabellam, altero e vicesimo Asinius Pollio, C. Catonem, non multum aetate antecedens Calvus Vatinium iis orationibus insecuti sunt, quas hodieque cum admitatione legimus.

Lucio Crasso, all'età di 19 anni, fu l'accusatore di Gaio Carbone; Cesare, all'età di 21 anni[22], lo fu di Dolabella; Asinio Pollione, all'età di 22 anni, di Gaio Catone; Calvo, che non aveva molti più anni di lui, di Vatinio; tutti costoro hanno pronunciato dei discorsi che noi leggiamo ancora oggi con ammirazione.

T. 2
Quintiliano, *Istituzione oratoria*, XII, 6, 1
Agendi autem initium sine dubio secundum vires cuiusque sumendum est. Neque ego annos definiam, cum cum Demosthenen puerum admodum actiones pupillares habuisse manifestum sit, Calvus Caesar Pollio multum ante quaestoriam omnes aetatem gravissima iudicia susceperint, praetextatos egisse quosdam sit traditum, Caesar Augustus duodecim natus annosaviam pro rostris laudaverit.

Senza dubbio ognuno inizierà a darsi da fare quando ne avrà la forza. E non fisserei nemmeno un'età precisa: in effetti, è risaputo che Demostene era appena uscito dall'infanzia allorché intentò un'azione leale ai suoi tutori; Calvo, Cesare e Pollione si fecero carico di tutte le cause più importanti ben prima dell'età minima per rivestire la questura; è stato tramandato inoltre che alcuni abbiano pronunziato discorsi pubblici mentre ancora indossavano la *toga praetexta*[23], ed fu infatti a 12 anni che Cesare Augusto recitò l'orazione funebre per sua nonna davanti al popolo, nel Foro.

T. 3
Svetonio, *Vita del Divo Giulio*, 4, 1
Ceterum composita seditione civili Cornelium Dolabellam consularem et

---

[21] Aurelio Cotta era primo cugino di sua madre Aurelia, ed aveva tra l'altro contribuito ad intercedere misericordia per lui al cospetto di Silla, allorché Cesare fu quasi proscritto.
[22] In realtà ne aveva 23.
[23] Era la toga listata di porpora che veniva indossata da adolescenti, magistrati e sacerdoti.

triumphalem repetundarum postulavit [scil. *Caesar*]; *absolutoque Rhodum secedere statuit, et ad declinandam invidiam et ut per otium ac requiem Apollonio Moloni clarissimo tunc dicendi magistro operam daret.*

Tra le altre cose, una volta smorzatesi le discordie civili, Cesare accusò di concussione Cornelio Dolabella, un anziano console già ornato dalle insegne trionfali: fu però assolto dall'accusa e Cesare decise di ritirarsi a Rodi, sia per sottrarsi al rancore [dei suoi avversari] sia per impiegare i suoi talenti e il suo tempo libero ad istruirsi presso Apollonio Molone, maestro di eloquenza all'epoca assai celebre.

T. 4
Svetonio, *Vita del Divo Giulio*, 55, 1-2
Post accusationem Dolabellae haud dubie principibus patronis adnumeratus est (...). Genus eloquentae dum taxat adulescens adhuc Strabonis Caesar secutus videtur, cuius etiam ex oratione, quae inscribitur Pro Sardis, *ad verbum nonnulla transtulit in* Divinationem *suam.*

Dopo l'accusa che intentò a Dolabella, lo si ammise senza contestazione nel novero dei primi avvocati (...). Nel corso della sua prima giovinezza sembrò aver bene adottato lo stile di eloquenza di Cesare Strabone: numerosi passaggi della sua divinazione sono infatti improntati letteralmente al discorso di Strabone intitolato *In favore dei Sardi.*

In difesa dei congiurati

Pro Catilinariis

Il 63 a.C. fu l'anno della celeberrima congiura ordita da Lucio Sergio Catilina, che ebbe conseguenze anche sulla carriera dello stesso Cesare. Catilina, nobile decaduto, aveva tentato più volte di impadronirsi del potere, venendo però più volte frustrato elettoralmente. Esasperato, aveva ordito una prima congiura nel 66 a.C.: il complotto, che avrebbe portato all'elezione di Crasso come dittatore e dello stesso Cesare come suo *magister equitum*, fallì per l'improvviso abbandono del progetto da parte di Crasso, o forse perché Cesare si rifiutò di dare il segnale convenuto che avrebbe dovuto scatenare l'inizio del programmato assalto al Senato.

Nel 63 a.C. la seconda e più pericolosa congiura di Catilina fu scoperta da Cicerone (che allora rivestiva la carica di console), grazie alla poca riservatezza di Lucio Vezio, amico dello stesso Catilina, che fece i nomi di alcuni congiurati, includendo tra essi anche Cesare. Quest'ultimo fu scagionato dalle accuse grazie al tempestivo intervento di Cicerone, ma resta assai probabile il sospetto che avesse simpatizzato, almeno nelle fasi iniziali, a questa seconda congiura[24].

Catilina, vistosi scoperto e accusato pubblicamente in Senato nelle famose *Orazioni Catilinarie* di Cicerone, fuggì in Etruria, dove aveva organizzato una banda armata. In Senato si discusse della sorte dei suoi complici congiurati subito arrestati, tra cui Lentulo e Cetego: dopo la sua fuga, Catilina aveva infatti lasciato a costoro le redini della congiura, ma i due erano stati scoperti grazie ad un abile piano congegnato da Cicerone, principale accusatore di Catilina nonché responsabile del fallimento della congiura. Discutendo sulla pena cui condannare Lentulo e Cetego, l'ipotesi della condanna a morte senza dar loro la possibilità di fare appello al popolo si fece concreta.

Cesare invitò i senatori alla moderazione con un memorabile discorso, giunto sino a noi: l'orazione cesariana, che aveva convinto molti senatori, fu però seguito da un altro discorso, molto acceso e di opposto tenore, pronunciato dall'intransigente Marco Porcio Catone, che riuscì ad orientare definitivamente il Senato verso la condanna a morte dei congiurati, che vennero pertanto giustiziati senza che fosse concessa loro la *provocatio ad populum*.

Il moderato discorso di Cesare, grazie al quale egli si presentò come un uomo saggio e poco vendicativo, fu molto gradito al popolo, che sperava nei benefici che Catilina, nel caso di successo del suo colpo di Stato, gli avrebbe concesso; molti aristocratici e cavalieri però non apprezzarono affatto il suo intervento ed aggredirono Cesare fisicamente, finché Cicerone non riportò la calma in aula, consentendo al Nostro di salvarsi dal linciaggio[25].

Il testo del discorso di Cesare ci è stato tramandato integralmente da Sallustio, che l'ha incorporato nella sua monografia *La congiura di Catilina* ed è confermatoci, nella sostanza dei contenuti, dalla testimonianza di Cicerone, di Plutarco, di Appiano di Alessandria, di Cassio Dione e di altri autori. Anche facendo la tara delle inevitabili rielaborazioni retoriche operate da Sallustio, l'argomento e la sostanza dell'orazione appaiono sicuramente autentici e genuinamente cesariani e permettono di scorgere nel Nostro quell'ideale di *clementia* che diverrà poi il suo cardine di condotta politica nei due decenni successivi.

---

[24] CASSIO DIONE, *Storia Romana*, XXXVII, 41, 2.

[25] G. ZECCHINI, *Il significato dell'esperienza umana e politica di Cesare*, in G. GENTILI (a cura di), *Giulio Cesare. L'uomo, le imprese, il mito*, Silvana Editoriale, Cinisello Balsamo (Milano) 2008, p. 17.

T. 1

Cicerone, *Catilinarie*, 4, 7-8; 10

Video duas adhuc esse sententias, unam D. Silani qui censet eos qui haec delere conati sunt morte esse multandos, alteram C. Caesaris qui mortis poenam removet, ceterorum suppliciorum omnis acerbitates amplectitur. Uterque et pro sua dignitate et pro rerum magnitudine in summa severitate versatur (...). Alter intellegit mortem a dis immortalibus non esse supplici causa constitutam, sed aut necessitatem naturae aut laborum ac miseriarum quietem. Itaque eam sapients numquam inviti, fortes saepe etiam libenter oppetiverunt. Vincula vero et ea sempiterna certe ad singularem poenam nefarii sceleris inventa sunt. Municipiis despertiti iubet [scil. *Caesar*]. (...) *Adiungit gravem poenam municipiis, i quis eorum vincula ruperit; horribilis custodias circumdat et dignas scelere hominum perditorum; sancit ne quis eorum poenam quos condemnat aut per Senatum aut per populum levare possit; eripit etiam spem quae solam hominem in miseriis consolari solet. Bona praeterea publicari iubet; vitam solam relinquit nefarii hominibus: quam si eripuisset, multos una dolores animi atque corporis et omnis scelerum poenas ademisset. (...) At vero, C. Caesar intellegit legem Semproniam esse de civibus Romanis constitutam; qui auterm Rei Publicae sit hostis eum civem esse nullo modo posse: denique ipsum latorem Semproniae legis iussu populi poenams Rei Publicae dependisse. Idem ipsum Lentulum, largitorem et prodigum, non putat, cum de pernicie populi Romani, exitio huius urbis tam acerbe, tam crudeliter cogitarit, etiam appellari posse popularem. Itaque homo mitissimus atque lenissimus non dubitat P. Lentulum aeternis tenebris vinculisque mandare et sancit in posterum ne quis huius supplicio levando se iactare et in pernicie populi Romani posthac popularis esse possit. Adiungit etiam publicationem bonorum, ut omnis animi cruciatus et corporis etiam egestas ac mendicitas consequatur.*

Vedo che fino a questo momento ci troviamo di fronte a due pare: uno di Decimo Silano[26], il quale è dell'opinione che costoro, per aver tentato di distruggere tutto questo, debbano pagare con la vita; il secondo è di Caio [Giulio] Cesare, il quale scarta la pena di morte ma ammette altri castighi in tutto il loro rigore. Entrambi, sia per la loro posizione che per l'entità del reato, si attengono alla massima severità (...). Il secondo ritiene che gli dèi immortali non hanno creato la morte come castigo ma come legge di natura e riposo dalle fatiche e dai dolori; pertanto i saggi non l'hanno mai affrontata con riluttanza, i forti spesso con gioia; il carcere, al contrario, e a maggior ragione quello a vita, è stato inventato come una punizione eccezionale per i crimini più

---

[26]Decimo Silano, essendo uno dei due consoli designati per l'anno successivo, assieme a Murena, aveva il diritto di pronunciarsi per primo.

esecrandi. Cesare chiede dunque che i rei siano dispersi in vari municipi. (...) Aggiunge inoltre gravi sanzioni a danno di coloro che, nei municipi stessi, favoriscano l'evasione di costoro; li circonda con una vigilanza durissima, come merita l'operato di questi scellerati; sancisce che nessuno, per il futuro, abbia mai il potere di concedere loro l'amnistia né per un decreto del Senato, né per votazione del popolo: insomma, toglie loro persino la speranza, la sola cosa che piò consolare gli uomini nella sventura. Ordina infine la confisca dei loro beni a beneficio della Repubblica e quindi lascia a quei perversi solamente la vita; a dire la verità, se gliel'avesse tolta, li avrebbe in un attimo da molte sofferenze fisiche e morali e dalla sopportazione del castigo per i crimini perpetrati. (...) Nondimeno Caio Cesare sa benissimo che la Legge Sempronia [27] è stata approvata per i cittadini romani; è tuttavia anche al corrente che quando qualcuno è riconosciuto quale nemico della Repubblica non li si può più, nel modo più assoluto, considerare alla stregua di un cittadino. Lo stesso autore della Legge Sempronia, senza nessuna consultazione popolare, scontò le conseguenze del suo attentato ai danni della Repubblica. E non riflette neanche che questo stesso Lentulo, così prodigo nell'elargire ricchezze, per aver ideato senza pietà il più feroce massacro del popolo romano e la distruzione dell'Urbe non ha più diritto di chiamarsi "popolare" [28]; mite e clemente qual è, Cesare non esita a condannare Lentulo alle tenebre eterne nei ceppi di un carcere, e aggiunge che nessuno possa mai vantarsi di aver messo fine a tale supplizio e – dopo una cosa simile – poiché si tratta di un danno inferto al popolo romano, farsi chiamare ancora "popolare". Domanda, inoltre, che siano messi all'asta a favore dell'erario i beni di costoro, affinché alle loro sofferenze fisiche e morali si aggiungano anche quelle dell'indigenza e della mendicità.

F. 1

Plutarco, *Cesare*, 7, 7

Ἐν δὲ τῇ βουλῇ κατὰ κράτος ἐξελεγχθέντων καὶ Κικέρωνος τοῦ ὑπάτου γνώμας ἐρωτῶντος περὶ κολάσεως ἕκαστον, οἱ μὲν ἄλλοι μέχρι Καίσαρος θανατοῦν ἐκέλευον, ὁ δὲ Καῖσαρ ἀναστὰς λόγον διῆλθε πεφροντισμένον, ὡς ἀποκτεῖναι μὲν ἀκρίτους ἄνδρας ἀξιώματι καὶ γένει λαμπροὺς οὐ δοκεῖ πάτριον οὐδὲ δίκαιον εἶναι μὴ μετὰ τῆς ἐσχάτης ἀνάγκης· εἰ δὲ φρουροῖντο

---

[27] La *Lex Sempronia de capite civis* era stata votata per reazione alle gravi pene inflitte dal Senato ai sostenitori del tribuno della plebe Tiberio Gracco, in base alla dichiarazione che essi erano "nemici dello Stato" e a quelle misure repressive note come *Quaestiones extraordinariae*.

[28] S'intende *popularis* quale contrapposizione a *nobilis*: non si indicava con questo termine l'aderente ad un partito politico ed economico ben definito, ma un membro del gruppo che si opponeva (anche sfruttando mezzi demaogici) al monopolio delle somme cariche e prerogative statali esercitato da secoli dalle grandi famiglie aristocratiche, la tanto biasimata *potentia paucorum*.

δεθέντες ἐν πόλεσι τῆς Ἰταλίας , ἃς ἂν αὐτὸς ἕληται Κικέρων, μέχρι ἂν οὗ καταπολεμηθῇ Κατιλίνας, ὕστερον ἐν εἰρήνῃ καὶ καθ' ἡσυχίαν περὶ ἑκάστου τῇ βουλῇ γνῶναι παρέξειν.

Essendo stati costoro riconosciuti colpevoli dal Senato in modo schiacciante, e dato che il console Cicerone stava raccogliendo i pareri sui castighi da infliggere loro, tutti quanti, fino all'intervento di Cesare, si erano pronunciati sulla condanna a morte. Ma quando Cesare si alzò, dichiarò in un discorso che aveva premeditato, che fare morire senza giudizio degli uomini di rango e di nascita illustre non era, ai suoi occhi, né conforme alla tradizione, né giusto, salvo che in casi di estrema necessità; che si tenessero piuttosto in carcere nelle città d'Italia, quelle che avrebbe scelto Cicerone stesso, fino alla disfatta di Catilina. Sarebbe stato possibile al Senato, in un secondo momento ed in tempo di pace, deliberare tranquillamente attorno a ciascun caso.

F. 2
Dione Cassio, *Storia Romana*, XXXVII, 36, 1-2
Ὁ γὰρ Καῖσαρ, πάντων τῶν πρὸ αὐτοῦ ψηφισαμένων ἀποθανεῖν σφας, γνώμην ἔδωκε δῆσαί τε αὐτοὺς καὶ ἐς πόλεις ἄλλους ἄλλῃ καταθέσθαι, τῶν οὐσιῶν ἐστερημένους, ἐπὶ τῷ μήτε περὶ ἀδείας ἔτι αὐτῶν χρηματισθῆναί τί ποτε, κἂν διαδρᾷ τις, ἐν πολεμίων μοίρᾳ τὴν πόλιν ἐξ ἧς ἂν φύγῃ εἶναι.

I senatori erano indecisi, e poco mancò che non li assolvessero; infatti, mentre tutti quelli che avevano parlato in precedenza avevano espresso il voto che i congiurati fossero giustiziati, Cesare propose che fossero tenuti in carcere e poi inviati chi in una città, chi un'altra, e che si procedesse alla confisca dei loro beni, alla condizione che non si facesse più alcuna discussione riguardante il loro perdono: se poi qualcuno fosse fuggito dalla città in cui era custodito, tale città sarebbe stata considerata quale nemica di Roma.

F. 3
Appiano, *Le Guerre Civili*, II, 6, 20
Γάιός τε Καῖσαρ οὐ καθαρεύων μὲν ὑπονοίας μὴ συνεγνωκέναι τοῖς ἀνδραι, Κικέρωνος δ' οὐ θαρροῦντος καὶ τόνδε, ὑπεραρέσκοντα τῷ δήμῳ, ἐς τὸν ἀγῶνα προβαλέσθαι, προσετίθει διαθέσθαι τοὺς ἄνδρας Κικέρωνα τῆς Ἰταλίας ἐν πόλεσιν αἷς ἂν αὐτὸς δοκιμάσῃ, μέχρι Κατιλίνα καταπολεμηθέντος ἐς δικαστήριον ὑπαχθῶσι, καὶ μηδὲν ἀνήκεστον ἐς ἄνδρας ἐπιφανεῖς ἢ πρὸ λόγου καὶ δίκης ἐξειργασμένον.

Caio [Giulio] Cesare, che non era del tutto esente dal sospetto di complicità con questi uomini, ma che Cicerone non osava tirare in causa poiché era molto amato dalla plebe, propose che Cicerone stesso suddividesse i congiurati nelle città d'Italia che avrebbe scelto lui stesso, per poi farli comparire davanti ad un tribunale, una volta che Catilina fosse stato sconfitto in battaglia, senza prendere delle decisioni irrevocabili riguardo a delle persone così in vista, prima di avere tenuto un regolare processo.

F. 4
Giulio Vittore, *Retorica*, p. 379, 14-20 Halm = p. 10, 12-18 Giomini – Celentano
Et, ut breviter explicem, quaecumque controversia vrsatur in aestimatione vel pretii vel quantitatis vel numeri vel alicuius huiusmodi rei, ea cadit in statum negotialem; sicut etiam de aestimatione litis aut de modo poenae constituendo iis, quorum de culpa iam pronuntiatum est, quales sunt duae orationes Catonis et Caesaris de poena coniuratorum; quaeritur enim illic, quanti lis coniuratorum debeat aestimari.

E, per dirla brevemente e in modo chiaro, ogni controversia vertente sulla stima del prezzo, o della quantità o del numero o di qualche altra cosa di questa tipologia, ricade nella categoria dello stato di causa pragmatica, cosicché in caso di stima del valore di una controversia o della decisione inerente le modalità di una pena per coloro la cui colpevolezza sia stata già verificata, come nel caso dei due discorsi di Catone e di Cesare sul castigo dei congiurati: vi si tratta in effetti la questione di stimare la gravità della pena dei congiurati.

Versione sallustiana
Sallustio, *La Congiura di Catilina*, 51
Omnis homines, patres conscripti, qui de rebus dubiis consultant, ab odio, amicitia, ira atque misericordia vacuos esse decet. Haud facile animus verum providet, ubi illa officiunt, neque quisquam omnium lubidini simul et usui paruit. Ubi intenderis ingenium, valet; si lubido possidet, ea dominatur, animus nihil valet. Magna mihi copia est memorandi, patres conscripti, quae reges atque populi ira aut misericordia inpulsi male consuluerint. Sed ea malo dicere, quae maiores nostri contra lubidinem animi sui recte atque ordine fecere. Bello Macedonico, quod cum rege Perse gessimus, Rhodiorum civitas magna atque magnifica, quae populi Romani opibus creverat, infida et advorsa nobis fuit. Sed postquam bello confecto de Rhodiis consultum est, maiores nostri, ne quis divitiarum magis quam iniuriae causa bellum inceptum diceret, inpunitos eos dimisere. Item bellis Punicis omnibus, cum saepe Carthaginienses et in pace et per indutias multa nefaria facinora fecissent, numquam ipsi per occasionem talia fecere: magis, quid se dignum foret, quam quid in illos iure fieri posset, quaerebant. Hoc item vobis providendum est,

patres conscripti, ne plus apud vos valeat P. Lentuli et ceterorum scelus quam vostra dignitas neu magis irae vostrae quam famae consulatis. Nam si digna poena pro factis eorum reperitur, novum consilium adprobo; sin magnitudo sceleris omnium ingenia exsuperat, his utendum censeo, quae legibus conparata sunt. Plerique eorum, qui ante me sententias dixerunt, conposite atque magnifice casum rei publicae miserati sunt. Quae belli saevitia esset, quae victis acciderent, enumeravere: rapi virgines, pueros, divelli liberos a parentum complexu, matres familiarum pati, quae victoribus conlubuissent, fana atque domos spoliari, caedem , incendia fieri, postremo armis, cadaveribus, cruore atque luctu omia conpleri. Sed per deos inmortalis, quo illa oratio pertinuit? An uti vos infestos coniurationi faceret? Scilicet, quem res tanta et tam atrox non permovit, eum oratio accendet. Non ita est neque cuiquam mortalium iniuriae suae parvae videntur; multi eas gravius aequo habuere. Sed alia aliis licentia est, patres conscripti. Qui demissi in obscuro vitam habent, si quid iracundia deliquere, pauci sciunt: fama atque fortuna eorum pares sunt; qui magno imperio,praediti in excelso aetatem agunt, eorum facta cuncti mortales novere. Ita in maxuma fortuna minuma licentia est; neque studere neque odisse, sed minume irasci decet; quae apud alios iracundia dicitur, ea in imperio superbia atque crudelitas appellatur. Equidem ego sic existumo, patres conscripti, omnis cruciatus minores quam facinora illorum esse. Sed plerique mortales postremo meminere et in hominibus inpiis sceleris eorum obliti de poena disserunt, si ea paulo severior fuit. D. Silanum, virum fortem atque strenuum, certo scio, quae dixerit, studio rei publicae dixisse neque illum in tanta re gratiam aut inimicitias exercere: eos mores eamque modestiam viri cognovi. Verum sententia eius mihi non crudelis quid enim in talis homines crudele fieri potest? -, sed aliena a re publica nostra videtur. Nam profecto aut metus aut iniuria te subegit, Silane, consulem designatum genus poenae novum decernere. De timore supervacaneum est disserere, cum praesertim diligentia clarissumi viri consulis tanta praesidia sint in armis. De poena possum equidem dicere, id quod res habet, in luctu atque miseriis mortem aerumnarum requiem, non cruciatum esse; eam cuncta mortalium mala dissolvere; ultra neque curae neque gaudio locum esse. Sed, per deos inmortalis, quam ob rem in sententiam non addidisti, uti prius verberibus in eos anmadvorteretur? An quia lex Porcia vetat? At aliae leges item condemnatis civibus non animam eripi, sed exsilium permitti iubent. An quia gravius est verberari quam necari? Quid autem acerbum aut nimis grave est in homines tanti facinoris convictos? Sin, quia levius est, qui convenit in minore negotio legem timere, cum eam in maiore neglegeris? At enim quis reprehendet, quod in parricidas rei publicae decretum erit? Tempus, dies, fortuna, cuius lubido grentibus moderatur. Illis merito accidet, quicquid evenerit; ceterum vos patres conscripti, quid in alios stutuatis, considerate!

Omnia mala exempla ex rebus bonis orta sunt. Sed ubi imperium ad ignaros eius aut minus bonos pervenit, novum illud exemplum ab dignis et idoneis ad indignos et non idoneos transfertur. Lacedaemonii devictis Atheniensibus triginta viros inposuere, qui rem publicam eorum tractarent. Ii primo coepere pessumum quemque et omnibus invisum indemnatum necare: ea populus laetari et merito dicere fieri. Post, ubi paulatim licentia crevit, iuxta bonos et malos lubidinose interficere, ceteros metu terrere: ita civitas servitute oppressa stultae laetitiae gravis poenas dedit. Nostra memoria victor Sulla cum Damasippum et alios eius modi, qui malo rei publicae creverant, iugulari iussit, quis non factum eius laudabat? Homines scelestos et factiosos, qui seditionibus rem publicam exagitaverant, merito necatos aiebant. Sed ea res magnae initium cladis fuit. Nam uti quisque domum aut villam, postremo vas aut vestimentum alicuius concupiverat, dabat operam, ut is in proscriptorum numero esset. Ita illi, quibus Damasippi mors laetitiae fuerat, paulo post ipsi trahebantur neque prius finis iugulandi fuit, quam Sulla omnis suos divitiis explevit. Atque ego haec non in M. Tullio neque his temporibus vereor; sed in magna civitate multa et varia ingenia sunt. Potest alio tempore, alio consule, cui item exercitus in manu sit, falsum aliquid pro vero credi. Ubi hoc exemplo per senatus decretum consul gladium eduxerit, quis illi finem statuet aut quis moderabitur? Maiores nostri, patres conscripti, neque consili neque audaciae umquam eguere; neque illis superbia obstat, quo minus aliena instituta, si modo proba erant, imitarentur. Arma atque tela militaria ab Samnitibus, insignia magistratuum ab Tuscis pleraque sumpserunt. Postremo, quod ubique apud socios aut hostis idoneum videbatur, cum summo studio domi exsequebantur: imitari quam invidere bonis malebant. Sed eodem illo tempore Graeciae morem imitati verberibus animadvortebant in civis, de condemnatis summum supplicium sumebant. Postquam res publica adolevit et multitudine civium factiones valuere, circumveniri innocentes, alia huiusce modi fieri coepere, tum lex Porcia aliaeque leges paratae sunt, quibus legibus exsilium damnatis permissum est. Hanc ego causam, patres conscripti, quo minus novum consilium capiamus, in primis magnam puto. Profecto virtus atque sapientia maior illis fuit, qui ex parvis opibus tantum imperium fecere, quam in nobis, qui ea bene parta vix retinemus. Placet igitur eos dimitti et augeri exercitum Catilinae? Minume. Sed ita censeo: publicandas eorum pecunias, ipsos in vinculis habendos per municipia, quae maxume opibus valent; neu quis de iis postea ad senatum referat neve cum populo agat; qui aliter fecerit, senatum existumare eum contra rem publicam et salutem omnium facturum.

Tutti gli uomini che prendono decisioni su casi dubbi, o padri coscritti, devono essere immuni da malevolenza, amicizia, ira e pietà. L'animo non distingue facilmente la verità se è offuscato da esse, e mai nessuno ha servito allo stesso tempo la passione e l'interesse. Se tendi lo spirito, esso prende vigore; se domina la passione, essa ha il potere e l'animo non vale nulla. Ricordo un gran numero di episodi, o padri coscritti, riguardo a cattive decisioni prese da re e popoli, spinti dall'ira o dalla pietà; ma preferisco parlare di quella che i nostri antenati presero con rettitudine e giustizia, dominando la loro passione. Nella guerra di Macedonia che portammo al re Perseo, la grande e splendida città di Rodi, che era prosperata con l'aiuto dei Romani, ci fu infida e nemica. Ma dopo che, terminata la guerra, si decise sulla sorte dei Rodî, i nostri antenati, visto che non volevano che qualcuno li accusasse di aver fatto la guerra più per le ricchezze che per l'oltraggio ricevuto, non li punirono. Allo stesso modo in tutte le guerre puniche, mentre i Cartaginesi durante gli intervalli di pace e le tregue compirono atroci nefandezze, i nostri avi all'occasione non si resero colpevoli di azioni di questo genere: si proponevano di fare ciò che fosse degno per loro, piuttosto che ciò che sarebbe stato giusto fare contro di quelli. Ugualmente dovete preoccuparvi, o padri coscritti, che l'offesa di Publio Lentulo e di tutti gli altri non valga presso di voi più della vostra equità, e che non pensiate più alla vostra ira che al vostro onore. Infatti, se si cerca una pena commisurata a ciò che essi hanno fatto, approvo una misura senza precedenti, ma, se la grandezza del misfatto supera ogni immaginazione, ritengo che si debbano applicare loro le pene previste dalla legge. La maggior parte di coloro che hanno espresso il loro parere prima di me hanno biasimato la sciagura della Repubblica con tono compunto e opulento. Hanno elencato quale sarebbe la crudeltà della guerra, quale la sorte dei vinti: le vergini, i fanciulli rapiti, i figli strappati dalle braccia dei genitori, le matrone sottoposte alla libidine dei vincitori, i templi, le case spogliate, infine, con le armi, ovunque perpetrati assassinî, incendi, cadaveri, sangue e lacrime. Ma, per gli Dèi immortali, qual'era l'obiettivo di un discorso del genere? Voleva forse a rendervi ostili alla congiura? Senza dubbio chi non è stato turbato da una cosa tanto grave e atroce, lo sarà da un discorso! Ma non è così: e non esiste uomo al quale i torti subiti sembrano lievi, molti anzi li stimarono più gravi del giusto. Ma la libertà d'azione non è uguale per tutti, o padri coscritti. Pochi sanno se gli umili che vivono nell'oscurità peccarono d'ira: la reputazione e la fortuna vanno di pari passo. Ma quelli che possiedono grande potere, che vivono in alto, compiono azioni sotto gli occhi di tutti i mortali. Così, più grande è la fortuna, meno grande è la libertà d'azione: non si deve amare, né odiare e tantomeno arrabbiarsi. Quella che presso gli altri si dice iracondia, nell'attività di governo si chiama crudeltà e superbia. Dal canto mio, o padri coscritti, credo che ogni supplizio sia inadeguato per i loro crimini. Ma la maggior parte degli ultimi ricorda le cose recenti, e poiché si tratta di disgraziati, si dimentica il loro delitto per discutere la loro pena, se è stata un po' troppo severa. So per certo che Decimo Silano, uomo forte ed energico, ha detto quel che ha detto per amore dello Stato, né in tale grave argomento hanno influito favore o inimicizia:

conosco i costumi e la moderazione di quest'uomo. Ma la sua proposta non mi sembra crudele (infatti cosa si può fare di crudele a uomini del genere?), bensì estranea allo spirito del nostro Stato. Infatti di certo la paura e la portata dell'offesa ti hanno indotto, o Silano, console designato, a proporre una pena straordinaria. Parlare della paura è superfluo, soprattutto perché tanti presidii si trovano in armi grazie allo zelo del nostro eminente console. Della pena posso sicuramente qualcosa, come è nei fatti: nel dolore e nelle miserie la morte è riposo per i tormenti, dissoluzione di tutte le sventure mortali, non è supplizio; al di là di essa non esiste alcun luogo per la gioia o per gli affanni. Ma, per gli Dèi immortali, perché nella proposta non hai aggiunto che essi venissero prima flagellati? Forse perché la legge Porcia lo vieta? Ma altre leggi vietano che ai cittadini condannati si tolga la vita, e prescrivono che si li si condanni all'esilio. Forse perché la flagellazione è più grave della morte? Ma che può essa avere di troppo rigoroso e grave verso uomini convinti di un crimine tanto grave? Se è invece perché questa pena è troppo lieve, si deve forse rispettare la legge in un dettaglio minore, mentre la si trascura in un punto fondamentale? Ma, si dirà, chi protesterà contro ciò che è stato decretato contro degli assassini della patria? L'occasione, il tempo, la fortuna, il cui capriccio governa le genti. Qualunque cosa accadrà, essi l'avranno meritata, ma voi, o padri coscritti, considerate l'influenza della vostra decisione sugli altri. Tutti gli abusi sono nati da azioni legittime. Ma quando il potere giunge nelle mani di coloro che ne erano inconsapevoli, o di disonesti, quella misura straordinaria, dai colpevoli che lo meritavano, lo si applica a innocenti che non lo meritano. Gli Spartani, vinti gli Ateniesi, imposero ad essi trenta uomini per governare la loro repubblica. Questi, all'inizio, cominciarono a condannare a morte senza processo i peggiori criminali invisi a tutti: il popolo era contento di ciò, e diceva che era giusto. Poi, quando a poco a poco la libertà d'azione aumentò, ecco costoro uccidere indiscriminatamente i buoni e i cattivi a loro capriccio, e a terrorizzare tutti gli altri. Così la città, oppressa dalla schiavitù, patì gravi pene per uno stolto piacere. In giorni che ricordiamo, quando Silla vincitore fece tagliare la gola a Damasippo e ad altri della stessa combriccola che erano cresciuti sulla disgrazia della repubblica, chi non lodava il suo operato? Dicevano che venivano giustamente uccisi dei criminali e dei faziosi che avevano turbato la repubblica con la sedizione. Ma tale fatto fu l'inizio di una grande strage. Infatti, appena qualcuno desiderava un palazzo, una villa, insomma, addirittura un vaso o il vestito di un altro, questo si adoperava per farlo comparire nella lista dei proscritti. Così coloro per i quali la morte di Damasippo[29] era stata una gioia, poco dopo venivano trascinati essi stessi al

---

[29] Lucio Giunio Bruto Damasippo era uno dei cinque pretori mariani condannati a morte arbitrariamente da Silla nell'82 a.C.

supplizio; né si cessò di sgozzare prima che Silla colmasse tutti i suoi di ricchezze. Io non temo questo, con un console come Marco Tullio [Cicerone], e di questi tempi; ma in una grande città molte e varie sono le personalità. In un altro tempo, con un altro console che abbia ugualmente in pugno un esercito, si può interpretare il falso come cosa vera. Se basandoci su questo esempio, un console per decreto del Senato sguainerà la spada, chi gli porrà un limite, chi potrà moderarlo? I nostri antenati, o padri coscritti, non mancarono mai né di raziocinio né di audacia; né v'era superbia che impedisse loro di imitare istituzioni straniere, se erano valide. Dai Sanniti importarono armi di difesa e di offesa; dagli Etruschi la maggior parte delle insegne delle magistrature; infine, ciò che presso alleati o nemici appariva utilizzabile, cercavano di realizzarlo con grande perizia in patria: preferivano imitare piuttosto che invidiare i buoni esempi. Ma allo stesso tempo, imitando i costumi dei Greci, facevano battere con le verghe i cittadini, e condannavano i colpevoli alla pena capitale. Dopo che la repubblica crebbe, e per il gran numero dei cittadini presero vigore i partiti, si iniziò a sopraffare gli innocenti e a compiere abusi di tal genere. Allora furono promulgate la legge Porcia e altre leggi, con le quali fu permesso ai condannati l'alternativa dell'esilio. Credo, o padri coscritti, che questa sia il motivo principale contro la decisione di prendere provvedimenti straordinari. Certo il valore e la saggezza furono maggiori in costoro, che da piccola potenza fecero un così grande impero, piuttosto che in noi, che a stento conserviamo i beni acquistati per loro merito. Si vuole forse che essi vengano liberati, e si rafforzi così l'esercito di Catilina? No di certo. Io propongo questo: che le loro ricchezze vengano confiscate, che vengano tenuti prigionieri nei municipi più saldi, e nessuno in seguito ne venga a parlare in Senato o ne discuta con il popolo: chi avrà fatto diversamente, il Senato lo ritenga nemico dello Stato e della pubblica salvezza.

In difesa di Masinta, contro Giuba
Pro Masintha, contra Jubam

Nel 62 a.C. Cesare, in veste di pretore, assunse la difesa del principe Masinta, figlio di Jarba, sovrano deposto della Numidia, accusato dal re in carica Iempsale di manovrare occultamente al fine di recuperare il trono perduto o ai fini di ritagliarsi un principato indipendente. Il verdetto finale del processo – a quanto pare reso piuttosto movimentato dallo stesso Cesare – diede torto all'assistito del pretore, che fu dichiarato tributario di Iempsale e destinato ad essere consegnato nelle mani dei suoi avversari. Il Nostro però si rifiutò di consegnarlo ai suoi rivali e, dopo averlo nascosto nella propria abitazione, lo fece espatriare clandestinamente, in seguito alla sua partenza per le province ispaniche, in qualità di propretore (61 a.C.).

T. 1
Svetonio, *Vita del Divo Giulio*, 71, 1
Studium et fides erga clientis ne inveni [scil. *Caesari*] *quidem defuerunt. Masintham nobilem iuvenem, cum adversus Hiempsalem regem tam enixe defendisset, ut Iubae regis filio in altercatione barbam invaserit, stipendiarum quoque pronuntiatum et abstrahentibus statim eripuit occultavitque apud se diu et mox officia prosequentium fascesque lictorum lectica sua avexit.*

Anche quando era giovane, Cesare non venne mai meno all'attaccamento ed alla fedeltà nei confronti dei propri clienti. Difese con fermezza Masinta, un giovane nobile, contro re Iempsale: tratto da parte Giuba, figlio di Iempsale, venne alle mani con lui e gli strattonò la barba. Anche quando Masinta fu dichiarato tributario, lo strappò subito a coloro che intendevano impadronirsene e lo nascose a lungo presso di sé. Quando poi, terminato il suo incarico di pretore, partì per la Spagna, lo confuse fra i suoi amici venuti a salutarlo e fra i suoi littori armati di fasci, e lo portò via con sé nella propria lettiga.

Tre discorsi contro i pretori Gaio Memmio e Lucio Domizio
Tria orationes contra praetores C. Meemmium et L. Domitium

T. 1
Svetonio, *Vita del Divo Giulio*, 23, 1
Functus consolatu Caio Memmio Lucioque Domitio praetoribus de superioris anni actis referentibus cognitionem senatui detulit [scil. *Caesar*]: *nec illo suscipiente triduoque per inritas altercationes absumpto in provinciam abiit.*

Allorché ebbe termine il suo consolato, i pretori Caio Memmio e Lucio Domizio presentarono un rapporto sulla gestione degli anni precedenti[30] ed egli lo passò per competenza al Senato, ma quest'ultimo non se ne occupò e trascorsero tre giorni in discussioni vane. Cesare allora se ne partì per la sua provincia.

T. 2
Scolî di Bobbio a Cicerone, *Pro Sextio* 40, p. 130, 9-12 Stangl
De actis loquitur [scil. *Cicero*] *quae habuit in consulatu C. Caesaris inauspicato, ut videbatur, qua de re adversus eum egerant in Senatu C. Memmius et L. Domitius praetores. Et ipsius Caesaris orationes contra hos*

---

[30] Nel rapporto dei due pretori si segnalavano e condannavano le azioni considerate illegali compiute da Cesare.

32

extant tres quibus et sua acta defendit et illos insectatur.

Cicerone parla delle decisioni assunte durante il consolato di Caio [Giulio] Cesare, a quanto pare, senza prendere gli auspici, questione sulla quale i pretori Gaio Memmio e Lucio Domizio fecero rapporto contro Cesare davanti al Senato. E restano, come replica dello stesso Cesare, tre discorsi contro costoro, dove egli difende le sue decisioni ed attacca violentemente questi personaggi.

T. 3
Scolî di Bobbio a Cicerone, *Vatin.* 15, p. 146, 19-21 Stangl
Commiserat autem Senatui causam suam C. Caesar, id est ut de lege agraria patres iudicarent. Ibi enim habitae sunt tres illae orationes contra Domitium et Memmium.

Caio [Giulio] Cesare aveva rivolto la propria causa al Senato, dato che i senatori giudicavano la legge agraria. A questo proposito sono state pronunciate quelle tre famose orazioni contro Domizio e contro Memmio.

T. 4
Svetonio, *Vita del Divo Giulio*, 73, 1
Simultates contra nulla tam graves excepit [scil. *Caesar*] *umquam, ut non occasione oblata libens deponeret. Cai Memmi, cuius asperrimis orationibus non minore acerbitate rescripserat, etiam suffragator mox in petitione consularis fuit.*

D'altronde Cesare non serbò mai tanto rancore da non accantonarlo volentieri non appena l'occasione gli si fosse offerta. Attaccato, per esempio, da Caio Memmio con discorsi infuocati, al quale egli replicò per iscritto con asprezza non inferiore, divenne subito dopo suo sostenitore allorché Memmio presentò la propria candidatura al consolato.

Ai soldati in Africa
Ad milites in Africa (anno 46)

F.1
Svetonio, *Vita del Divo Giulio*, 66
Fama vero hostilium copiarum perterritos non negando minuendove, sed insuper amplificando ementiendoque confirmavat. Itaque cum exspectatio adventus Iubae terribilis esset, covocatis ad contionem militibus: «Scitote», inquit, «paucissimis his diebus regem adfuturum cum decem legionibus, equitum triginta, levis armaturae centum milibus, elephantis trecentis. proinde

*desinant quidam quaerere ultra aut opinari mihique, qui compertum habeo,
credant; aut quidem vetustissima nave impositos quocumque vento in
quascumque terras iubebo avehi».*

Allorché giungevano notizie allarmanti intorno alla consistenza delle forz
nemiche, ed i soldati si dimostravano atterriti, [Cesare] non negava né
sminuiva queste notizie, anzi le confermava e in aggiunta le ingigantiva, per
lo più mentendo.

Resosi conto, per esempio, che [i legionari] attendevano con terrore l'arrivo di
Giuba, radunò i soldati e disse: «Sappiate che tra pochissimi giorni quel re sarà
qui al comando di dieci legioni, trentamila cavalieri, centomila soldati leggeri
e trecento elefanti. La pianti pertanto ciascuno di voi di fare congetture e di
cercare notizie, ma si rivolga a me che sono bene informato. Coloro che si
comporteranno diversamente, li farò imbarcare a bordo di una nave decrepita
e, trovandosi in tal modo in balia dei venti, approderanno dove capita».

F. 2
Diomede, *Grammatica Latina*, I, 400, 20 (I, col. 395)
«Frustro», *ait Caius Caesar apud milites de commodis eorum: «Non frustrabo vos,
milites».*

Caio [Giulio] Cesare impiega la forma *frustro*, nel senso di "dare delle false
speranze" davanti ai suoi soldati, a proposito delle loro riserve: «Soldati, io
non vi darò delle false speranze».

In difesa dei Bitini
Pro Bithynis

F.1
Aulo Gellio, *Notti Attiche*, V, 13, 2
*Firmum atque clarum isti rei testimonium perhibet auctoritas C. Caesar pontifici
maximi, qui in oratione, quam* Pro Bithynis *dixit, hoc principio usus est: «Vel pro
hospitio regis Nicomedis vel pro horum necessitate quorum res agitur, refugere
hoc munus, M. Iunce, non potui. nam neque hominum morte memoria deleri debet
quin a proximis retineatur neque clientes sine summa infamia deseri possunt,
quibus etiam a propinquis nostris opem ferre instituimus».*

Una chiara e sicura testimonianza in proposito è fornita da Caio [Giulio] Cesare
allorquando rivestì la carica di pontefice massimo; nell'orazione *In difesa dei
Bitini*, così egli inizia [il suo discorso]: «In considerazone sia dell'ospitalità
concessami [in passato] dal re Nicomede, sia dell'amicizia con coloro di cui si
discute la causa, non ho potuto, o Marco Iunco, rifiutare di assumere l'incarico,

34

poiché la morte non deve cancellare il ricordo degli uomini nel cuore al punto di non essere conservato da quanti furono loro vicini, né si possono abbandonare i clienti senza coprirsi di infamia; è stabilito che ad essi dobbiamo arrecare assitenza persino contro i nostri stessi parenti».

F. 2
Giulio Rufiniano, *Sulle figure retoriche*, p. 40, 23 – 25 Halm
Caesar Pro Bithynis [*ait*]: «*Quid ergo? Syngraphae non sunt, sed res aliena est*».

Cesare, nel suo discorso *In difesa dei Bitini*, dice: «Che cosa ne concludiamo, ordunque? Delle certificazioni scritte di queste dichiarazioni non sono disponibili, ma ciò non ha alcuna importanza per l'attuale questione».

In favore di Gneo Decidio Sannita
Pro Decidio Samnite

Nel periodo fra il 70 ed il 65 a.C, mentre iniziava a sposare la politica dei *populares*, Cesare patrocinò la causa di un certo Gneo Decidio Sannita, proscritto da Silla. L'esito di questa causa processuale non è noto.

F. 1
Tacito, *Dialogo degli oratori*, 21, 5-6
Concedamus sane C. Caesari, ut propter magnitudinem cogitationum et occupationes rerum minus in eloquentia effecerit quam divinum eius ingenium postulabat, tam Hercule quam Brutum philosophiae suae relinquamu; nam in orationibus minorem esse fama sua etiam admiratores eius fatentur: nisi forte quisquam aut Caesaris Pro Decio (sic!) Samnite *aut Bruti* Pro Deiotaro rege *ceterosque eiusdem lentitudinis ac teporis libros legit, nisi qui et carmina eorundem miratur.*

Perdoniamo a Caio [Giulio] Cesare se, a causa dell'importanza delle sue preoccupazioni ed occupazioni pratiche, ha prodotto, nel campo dell'eloquenza, risultati inferiori a ciò che richiedeva il suo divino genio; allo stesso modo, lasciamo, per Ercole, Bruto alla sua filosofia, poiché anche i suoi stessi ammiratori ammettono che nei suoi discorsi egli è inferiore alla propria reputazione. Sempre che vi siano ancora persone che leggono i discorsi di Cesare *In favore di Gneo Decidio Sannita* o di Bruto[31] *In favore di re Deiotaro*, e tutte le altre opere assai pesanti e poco ardenti, se non appunto coloro che arrivano al punto da ammirare anche i loro [rispettivi] poemi.

---

[31]Bruto, *Orazioni*, n. 158, fr. 26 Malcovati.

In favore di Nisa, figlia di Nicomede
Pro Nysa

Nel 60 a.C. Cesare portò davanti al Senato, con un'apposita orazione, la causa della principessa Nisa, figlia di Nicomede, re di Bitinia, inerente probabilmente motivi di ereditarietà. Cicerone rispose con sferzante (e poco elegante) ironia, rammentando le (malevole ed inconsistenti) voci sui presunti rapporti omoerotici fra Cesare e Nicomede e suscitando il riso fra gli astanti.

F. 1
Svetonio, *Vita del Divo Giulio*, 49, 3
Cicero vero non contentus in quibusdam epistulis scripsisse a satellibus eum [scil. *Caesarem*] *in cubiculum regium eductum in aureo lecto veste purpurea decubuisse floremque aetatis a Venere orti in Bithynia contaminatum, quondam etiam in Senatu defendenti ei Nysae causam, filiae Nicomedis, beneficiaque regis in se commemorandi: «Remove», inquit, «istaec, oro te, quando notum est, et quid ille tibi et quid ille tute dederis».*

Cicerone poi, non contento, scrisse in certe sue lettere32 che alcune guardie accompagnarono Cesare nella camera del re, e là egli si coricò in un letto d'oro rivestito di porpora. Così un discendente di Venere aveva contaminato in Bitinia il fiore della sua giovinezza. Inoltre, un giorno Cesare stava raccomandando in Senato la causa di Nisa, figlia di Nicomede, e rammentava i benefici che aveva ricevuto da quel sovrano. Allora [Cicerone] disse: «Te ne prego, lasciamo stare questi argomenti, perché sanno tutti quello che egli ti ha dato e ciò che tu hai dato a lui!».

Discorsi apocrifi
Apocrypha

F. 1
Svetonio, *Vita del Divo Giulio*, 55, 3-4
Orationes aliqua reliquit, inter quas temere quaedam feruntur. Pro Quinto Metello *non immerito Augustus existimat magis ab actuaris exceptam male subsequentibus verba dicentis, quam ab ipso editam; nam in quibusdam exemplaribus invenio ne inscriptam quidem* Pro Metello, *sed* Quam scripsit Metello, *cum ex persona Caesaris sermo sit Metellum seque adversus communium obtrectatorum criminationes purgantis. Apud milites* quoque in Hispania *idem Augustus vix ipsius putat, quae tamen duplex fertur: una quasi*

---

[32]CICERONE, *Lettere incerte*, n. 17, fr. 5 Shackleton Bailey.

priore habita proelio, altera posteriore, quo Asinius Pollio ne tempus quidem contonandi habuisse eum dicit subita hostium incursione.

[Cesare] ha lasciato numerosi discorsi, di cui alcuni gli sono [tuttavia] attribuiti senza ragione. Augusto pensa a ragione che il discorso *In favore di Quinto Metello* sia piuttosto stato annotato dagli stenografi, che riprodussero male le espressioni dell'oratore, piuttosto che pubblicato da Cesare stesso. Ho trovato infatti delle copie in cui questo discorso non è intitolato *In favore di Quinto Metello* ma *Ciò che Cesare scrisse a Metello*; e peraltro Cesare vi parla in prima persona, giustificando Metello e giustificando [al contempo] se stesso dalle accuse dei loro nemici comuni. Augusto, inoltre, non crede nemmeno che le *Arringhe ai soldati in Spagna* siano da attribuirsi a lui, e nondimeno gliene sono ascritte en due, di cui una è creduta essere stata pronunciata nell'imminenza del primo combattimento, e l'altra prima del secondo, sebbene Asinio Pollione dica che Cesare non ebbe neanche il tempo di arringare le sue truppe, dato l'attacco subitaneo dei nemici.

Dicta Collectanea
(*Apophthegmata*)

Stando a Svetonio (*Vita del Divo Giulio*, 56), fin da fanciullo e anche da ragazzo Cesare aveva raccolto in un volume i motti di spirito (designati con il termine greco di *Apophthegmata*) più arguti degli oratori suoi contemporanei, inclusi quelli di Cicerone, e forse anche quelli di personaggi celebri di epoche precedenti. L'interesse della raccolta, al di là della piacevolezza delle facezie ivi contenute, stava nella realizzazione di un grande serbatoio di battute pungenti e divertenti che sarebbero tornate utili, come una sorta di prontuario, per la sua attività oratoria e per quella dei lettori suoi contemporanei.

È sempre Svetonio a riferire, nel medesimo passo, che Augusto vietò la pubblicazione di quest'opera giovanile del padre adottivo, che così venne fatta comparire dalla circolazione.

Testo:

N.L. Achaintre, N.E. Lemaire (a cura di), *Caii Julii Caesaris quae extant Omnia Opera* (4 voll.), Firmin Didot, Parisiis 1819-1822
Cicerone, *Lettere ai familiari* (3 voll.), a cura di C. Vitali, Zanichelli, Bologna 1968-1973

T 1.
Cicerone, *Lettere ai Familiari*, IX, 16
Sed tamen ipse Caesar habet peracre iudicium; et, ut Servium frater tuus, quem litteratissimus fuisse iudico, facile diceret: «Hic versus Plauti non est, hic est», quod tritas aures haberet notandis generibus poetarum, et consuetudine legendi: sic audio Caesarem, quum volumina iam confecerit ἀποφθεγμάτων, si quid afferatur ad eum pro meo, quod meum non sit, rejicere solere quod eo nunc magis facit, quia vivunt mecum fere quotidie illius familiares. Incidunt autem in sermone vario multa, quae fortasse illis, quum dixi, nec illiterata, nec insulsa esse videantur. Haec ad illum cum reliquis actis perferuntur. Ita enim ipse mandavit. Sic fit, ut si quid praeterea de me audiat, non audiendum putet.

Purtuttavia lo stesso Cesare ha un giudizio acuto e, come tuo fratello Servio, finissimo letterato, non trovava difficoltà nell'affermare: «Questo verso non è di Plauto, quest'altro sì», tanto aveva l'orecchio esercitato allo stile dei poeti e tanta l'abitudine a leggerli, così io so che Cesare, che raccolse in volumi dei motti spiritosi, quando gliene riferiscono come mio qualcuno che non lo è, lo rifiuta, e può farlo tanto più sicuramente ora che i suoi familiari ed io ci vediamo quasi ogni giorno e, nella varietà della conversazione, incorrono in battute che essi trovano né grossolane né insipide. Ed esse gli vengono riferite assieme agli atti d'ufficio, come egli ha ordinato, e così avviene che – se gli giunge all'orecchio per qualche altra via qualcosa che mi riguardi – non lo giudica meritevole di essere ascoltato.

I perduti *Commentarii sulla guerra di Lusitania*

di Mirko Rizzotto

Le fonti antiche (nella fattispecie Svetonio, così attento nel registrare l'attività letteraria, anche perduta, del Nostro), non parlano dell'esistenza di *Commentarii* che Cesare avrebbe redatto nel corso del suo propretorato in Spagna del 61-60 a.C., allorché dovette intraprendere diverse difficili campagne contro le riottose popolazioni della Lusitania (l'odierno Portogallo); nondimeno quest'opera dovette esistere, in quanto era prassi normale per i condottieri romani tenere un diario, una sorta di *Efemeridi* contenenti i rapporti degli ufficiali, il resoconto sintetico dei fatti d'arme salienti, la lista dei caduti e dei feriti, i resoconti degli esploratori, un inventario del bottino strappato al nemico, la quantità dei prigionieri ed una minuta di lettere e trattati redatti nel corso della campagna stessa.

Cesare non faceva eccezione all'adozione di questa prassi, ed il fatto che nessun autore antico nomini questo *De Bello Lusitano* (il titolo è puramente congetturale) non è stupirsi: in primo luogo questi eventi e queste operazioni belliche dovettero essere ben presto oscurati dall'abbagliante rinomanza dei fatti descritti nel più noto *De Bello Gallico*, non incontrando l'interesse dei lettori per fatti così trascurabili, secondariamente la loro cifra stilistica doveva lasciare alquanto a desiderare: Cesare li aveva sicuramente stilati in modo frettoloso e senza l'accuratezza propria dei suoi scritti successivi, non tanto in vista di una pubblicazione, bensì come rapporto ufficiale da consegnare al Senato ed ottenere il meritato trionfo. Non dimentichiamo, inoltre, che l'abitudine cesariana di parlare di sé in terza persona ingenerò una certa confusione anche nell'attribuzione dei suoi due più noti *Commentarii*, che nel Medioevo molti attribuivano erroneamente a Svetonio.

Per tutta questa serie di motivi i resoconti sulla Guerra Lusitana caddero ben presto nel dimenticatoio. Tuttavia Cassio Dione Cocceiano, storico di lingua greca, inserisce ai capitoli 52-53 (e nell'*incipit* del 54) del XXXVII libro della propria *Storia Romana* un riassunto relativamente dettagliato di questa guerra: quale fu la sua fonte? La risposta è quasi obbligata: Cesare stesso. Non circolavano altri resoconti di quelle imprese belliche piuttosto oscure, e molti particolari che egli offre tradiscono la presenza di un testimone oculare, che non poteva essere che il Nostro: l'espediente usato dai barbari della dispersione delle greggi per tendere imboscate, i riflussi atlantici delle maree, l'eroismo del legionario Sceva, le operazioni anfibie, etc.

Viceversa, è chiaramente riscontrabile una smaccata tendenza anticesariana in tutto il resoconto dioneo, che ne rimarca la volontà di muovere guerre ingiuste a dispetto delle possibilità di pace, la sfrenata ambizione, la temerarietà, l'impazienza, l'avidità, etc. Per spiegare ciò sono possibili due opzioni: o Dione adoperò non direttamente il resoconto di Cesare sulla guerra in questione, bensì una fonte anticesariana che, pur servendosi a sua volta degli originali testi cesariani, li orientò secondo una propria (ostile) visione politica, oppure adoperò sì il testo dei *Commentarii* ma lo contaminò con altre fonti avverse al Nostro. Allo stato attuale delle nostre conoscenze non è possibile propendere per l'una o per l'altra di queste possibilità.

L'opera, come si evince dal successivo modello del *De Bello Gallico*, doveva aprirsi con una sorta di succinta descrizione geografica della Spagna e della Lusitania, il teatro delle operazioni militari poi descritte, ma di esso Dione non ha tenuto conto, limitandosi a tratteggiare un rapido ritratto, a dire il vero, poco edificante, di un Cesare dalle malcelate ambizioni, invidioso emulo di Pompeo. Inserisce poi due aneddoti compiuti da Cesare in Spagna, atti ad inquadrarlo come un personaggio ambizioso, presi evidentemente da altre fonti (Plutarco e Svetonio).

Sebbene fortemente compresso, il testo dioneo permette di leggere abbastanza bene il dettato cesariano; per consentire al lettore di farsene un'idea il più possibile vicina al perduto orginale, abbiamo – in luogo del testo greco – presentato la versione latina datane da Hermann Samuel Reimarus nel 1750, che può "dare l'illusione" di avvicinarsi al primitivo dettato di Cesare, sebbene pesantemente rimaneggiato.

Al sorteggio delle province del 61 a.C., Cesare si vide assegnata la Spagna Ulteriore, provincia che conosceva bene per avervi svolto, nel 69 a.C., la funzione di questore agli ordini del governatore Caio Antistio Vetere. Gli si presentò, dunque, un'occasione preziosa per ricavare quella gloria e rinomanza indispensabili in vista della sua imminente candidatura al consolato.

I creditori di Cesare, tuttavia, preoccupati che se ne partisse da Roma senza saldare i propri ingenti debiti, sollevarono un vero e proprio tumulto, impedendogli di raggiungere la sua provincia, tanto che il Nostro fu costretto a ricorrere all'amico Crasso, che saldò un terzo della somma dovuta (si trattava di ben 830 talenti) e si fece garante per la futura restituzione dei rimanenti due terzi[33].

Come sempre, nella sua vivida ricostruzione romanzesca, Giuseppe Rovani ha tratteggiato in modo assai fresco e animato la scena[34]:

A mezza via un liberto in cocchio gli venne incontro affrettatissimo e, allorché fu presso a Cesare: "Corri", gli gridò, "la tua casa è assediata. Il cavedio è invaso" (…).

---

[33] APPIANO, *Le Guerre Civili*, II, 8, 26-27.

[34] ROVANI, *La giovinezza di Giulio Cesare*, Messaggerie Pontremolesi, Pontremoli (Massa Carrara) 1985, pp. 220-224.

Cesare mise il cavallo al galoppo (…). Un grido nemico lo accolse. Cesare fermò d'un tratto il cavallo e calmo guardò dall'alto quella ciurma inferocita.
Gridò primo il famigerato Assio, l'ex centurione usuraio, già quasi ricco come Crasso: "Cesare, tu non partirai per le Spagne, se prima non mi avrai restituito quel che ti ho sborsato. Di cento talenti mi sei debitore, due milioni di sesterzi". (…) Cesare discese da cavallo e, come raccogliendo le sue forze, perché voleva esser certissimo dell'effetto, riconcentrò in sé e d'improvviso lasciò andare un colpo di mano sulla guancia di Assio, un così poderoso colpo che quello cadde rintronato su coloro che gli stavano dietro. (…) E intanto la plebaglia, che là s'era addensata per qualche tempo, applaudiva battendo palma a palma e gridava: "Viva Cesare, viva il divino Cesare!".
Sebbene alquanto placati e dal risoluto contegno di Cesare, e dagli evviva urlati dalla canaglia, pure i creditori non si mossero; s'atteggiarono anzi come se risoluti a non lasciar più quel posto.
"Se questa canaglia", diceva uno di loro, "dovesse aver danaro da te, udresti, o Cesare, se allora ti acclamerebbe".
"Divino ti chiamano", diceva un altro sghignazzando con disprezzo ostentato, "così fosse! Che Venere almeno, la tua grand'ava, ti pagherebbe i debiti".
"Silenzio, v'intimo", gridò allora Cesare, entrate tutti e attendetemi nel cavedio. Oggi sarete pagati".
Entrò anch'esso, e per alcuni istanti si sentì umiliato, percosso, disfatto. (…) E stette pensando e ripensando al modo di poter avere, in quel giorno, venti milioni, almeno, di sesterzi grossi. E statuì di raccomandarsi a Crasso.

Una volta saldati parte dei suoi ingenti debiti grazie a Crasso, Cesare poté partire. Il viaggio via terra da Roma alla penisola iberica durò 24 giorni: fa giustamente notare lo studioso australiano Stephen Dando-Collins che qualunque altro magistrato romano, all'arrivo, si sarebbe concesso qualche tempo per riposare, ma non l'energico Cesare[35]: la situazione in Spagna Ulteriore non era affatto tranquilla, dato che il fronte settentrionale della provincia era minacciato dalle continue incursioni delle tribù degli agguerriti Lusitani, cosa che il novello propretore si riprometteva di chetare il più rapidamente possibile. Giunto dunque a Cordova (*Corduba*) nella primavera del 61 a.C., era accompagnato dal fedele nobile ispanico Lucio Cornelio Balbo, che lo aveva seguito da Roma in qualità di praefatus *fabrum* e da venti coorti di legionari romani.

Giudicando insufficienti le forze che aveva condotto con sé e quelle che aveva trovato sul posto (essenzialmente l'VII e la IX legione, stanziate a Cordova, reclutate da Pompeo quattro anni prima), diede ordine a Balbo di reclutare dieci coorti nella regione della Betica (l'attuale Andalusia), coorti composte per la maggior parte da Ispanici e che andarono a formare una nuova legione, la Decima, che diverrà la prediletta di Cesare, a cui assegnò centurioni esperti tratti dalle fila delle altre due legioni veterane e l'emblema del toro, animale totemico molto noto nella regione (come del resto lo è anche oggi) nonché probabile indizio dell'epoca del suo arruolamento, vale a dire il mese

---

[35] S. DANDO-COLLINS, *La Legione di Cesare. Le imprese e la storia della Decima Legione dell'esercito romano*, Giunti, Firenze-Milano 2015, p. 22.

di marzo, in cui sorgeva per l'appunto la costellazione del Toro[36]. Balbo arruolò inoltre 8.000 ausiliari, portando così gli effettivi a disposizione di Cesare a più di 40.000 uomini; questa notevole concentrazione di truppe gli avrebbe permesso di tenere in rispetto la provincia a lui assegnata e al contempo affrontare i ribelli in tutta sicurezza[37].

Prima di partire da Cordova, Cesare volle risolvere la grave questione degli indebitati della provincia che, data la sua situazione personale, gli stava piuttosto a cuore: per prima cosa, adottando una politica conciliante, liberò i prigionieri che un tempo avevano militato sotto Sertorio, abolendo la pesante tassazione punitiva imposta dal suo predecessore Metello (che assieme a Pompeo aveva domato e poi trionfato sulla rivolta sertoriana di Spagna) e ripristinando una più blanda imposizione fiscale. Conseguentemente stabilì che i creditori avrebbero ricevuto dai rispettivi debitori non più di due terzi di interessi, in modo da sostentarsi col rimanente terzo e non cadere ulteriormente nel baratro dell'indigenza, ma al contempo offrendo una congrua somma in favore di coloro con i quali si erano economicamente impegnati[38]. In tutte queste operazioni Cesare poté contare sul supporto popolare delle clientele che gli erano state raccomandate da Crasso, da costui costituite nella provincia durante il suo forzato soggiorno all'epoca delle persecuzioni mariane[39].

Agli inizi di giugno Cesare iniziò la campagna contro i Lusitani. Chi erano dunque costoro, e perché, nell'ottica militare di Cesare, avevano acquisito una tale importanza?[40]

Le tribù montanare che componevano questo popolo fiero ed indomito abitavano originariamente, secondo il geografo Strabone di Amasea, il territorio portoghese situato nella regione fra i fiumi Tago e Duero. A nord i Lusitani confinavano con i Callaeci, ad est con i Vettoni e a sud con i Celti.

Nel 193 a.C. iniziarono ad espandersi oltre la riva meridionale del Tago, dove fondarono diversi centri abitati, stanziandosi, secondo il geografo Claudio Tolomeo, dalla foce del fiume Duero fino all'estuario del Tago e al promontorio *Barbario* (Espichel); qui eressero numerosi centri abitati e fortezze, tra cui le città di *Verurium* (Aveiro), *Selium* (Seixo) e *Olisipo* (Lisbona). I Lusitani avevano fondato o conquistato anche altre città

---

[36] DANDO-COLLINS, *La Legione di Cesare*, cit., p. 24.

[37] M.Á. NOVILLO LÓPEZ, *La propretura cesariana en la Hispania Ulterior: "La II guerra lusitana"*, «Gerion», 28, 2010, p. 209.

[38] PLUTARCO, *Cesare*, 12, 2.

[39] NOVILLO LÓPEZ, *La propretura cesariana en la Hispania Ulterior...*, cit., p. 209.

[40] Le notizie seguenti sui Lusitani sono tratte essenzialmente da P. BOSCH GIMPERA, P. ROMANELLI, *Lusitania e Lusitani*; Istituto della Enciclopedia Italiana, Treccani, Roma 1934.

nell'Estremadura spagnola (l'attuale provincia di Cáceres), come *Caurium* (Coria), *Rusticana* (Galisteo) ed *Emerita Augusta* (Mérida), per citarne solo alcune.

A fare inizialmente le spese dell'espansionismo e della vitalità dei Lusitani erano stati i Vettoni, abitanti della Valle del Tago e dell'Estremadura spagnola, ma soprattutto i Celti stanziati nella valle della Guadiana e nel sud del Portogallo.

Sembra che nella fase più antica della loro storia i Lusitani abitassero soltanto nella regione montuosa di Beira Alta, specialmente nella Serra da Estrella, che non fossero un popolo molto numeroso, e che conducessero una rude e rozza vita da pastori. Il loro carattere etnico e le tradizioni di vita, molto diverse da quelle dei Celti e più vicino a quello degli Iberi di Spagna, non poteva che portarli, alla lunga, ad uno scontro con i loro vicini, a cui, come abbiamo visto, strapparono numerosi territori a sud del Tago. A questo punto lo scontro con i Romani, che si stavano affermando come potenza egemone nella penisola iberica, non era più differibile.

Nel 193 a.C. essi tentarono l'invasione dell'Andalusia, ma si scontrarono con l'insuperabile muraglia costituita dalle legioni romane, rinunciando temporaneamente alle loro velleità espansionistiche, per poi ripresentarsi in armi a più riprese, talvolta alleati con i Celtiberi, talvolta da soli. Stanchi di questo stato di cose, i Romani iniziarono una loro offensiva in territorio lusitano nel 179 a.C., sotto la guida del pretore Postumio Albino, conseguendo una vittoria e stabilendo una base operativa nel territorio appartenente ai Celti.

Nel 155-154 i Lusitani rinnovarono le ostilità, alleandosi nuovamente con i Celtiberi e arrivando fino allo stretto di Gibilterra; nel 152 il generale Mummio riuscì però a farli ritirare di nuovo in Portogallo e Galba ottenne con la diplomazia il loro disarmo; ma la perfidia di questo generale, che fece massacrare dopo la sottomissione numerosi Lusitani, provocò la ribellione generale, guidata dal leggendario Viriato che fu re e generale dei Lusitani dal 147 al 139 a.C.

Viriato conseguì notevoli successi, invadendo l'Andalusia e arrivando fino nella Spagna centrale e alla provincia della Spagna Citeriore. Assassinato tuttavia a tradimento dietro istigazione dei Romani, i Lusitani si rifugiano nelle montagne portoghesi, dandosi ad una guerriglia endemica, finché il proconsole Decimo Giunio Bruto Calleco non giunse a pacificare e a conquistare il territorio fino al fiume Miño (136 a.C.).Dopo questi drammatici eventi i Lusitani, si diedero solamente ad attacchi circoscritti a colonne militari romane poco numerose di passaggio o a centri urbani minori, venendo peraltro sconfitti da Gaio Mario nel 114-113 a.C. Si offrirono in seguito come alleati al mariano Sertorio che – grazie anche al loro supporto – riuscì a cacciare il generale sillano Metello dalle rive del Tago e a farlo ripiegare sulla linea della Guadiana (80-76 a.C.). All'epoca dell'arrivo di Cesare le prospere terre delle comunità romanizzate della valle del Guadalquivir erano minacciate e sottoposte ad una pericolosa pressione da parte delle popolazioni lusitane che vivevano nella Sierra Morena. Il nuovo propretore si pose come obiettivo di consolidare il dominio di Roma nella regione, da una parte agendo per vie diplomatiche e negoziali con i capi dell'oligarchia locale, al fine di soffocare i focolai più accesi di ribellione fra i Lusitani, dall'altra usare dimostrativamente il pugno di ferro, al fine di dissuadere ulteriori velleità espansionistiche dei rivoltosi e mostrare loro la potenza dell'esercito romano. Secondariamente, Cesare non disdegnava la possibilità di racimolare un qual certo bottino fra i barbari, anche se la sua entità non poteva essere certo tale da fargli nutrire false illusioni sulla possibilità di usarlo per coprire i suoi ingenti debiti e impiegarlo per finanziare la sua prossima candidatura al consolato[41].

Scopo immediato di Cesare era di esercitare un più rigido controllo a nord del fiume Tago, cuore – come abbiamo già visto – dei territori lusitani, impedendo alle popolazioni che lo abitavano, colpite da seri problemi di ordine sociale ed economico, di esercitare rapine e razzie ai danni delle comunità romanizzate del sud, mettendone in pericolo le capacità produttive e commerciali. Per fare ciò doveva marciare in armi contro i Lusitani e, secondo Svetonio (*Vita di Cesare*, 18, 1), furono gli stessi provinciali a chiamarlo in loro aiuto:

Poi, contrariamente all'uso e alle leggi, se ne partì [da Roma] prima che gli venissero pagate le competenze relative alla carica, (...) forse per affrettarsi a soccorrere gli alleati in difficoltà che imploravano la sua presenza.

A ciò si aggiunse il fatto che i Lusitani avevano dato rifugio a schiavi fuggiaschi, disertori ed irriducibili sertoriani provenienti dal sud, cosa che garantiva ampiamente al propretore la possibilità di muovere guerra contro di essi; gli oppositori di Cesare in Senato commentarono che la sua sete di gloria e ricchezze lo avevano spinto ad un conflitto assolutamente non necessario, ma la situazione richiedeva effettivamente un qual certo intervento, e Cesare optò per un'azione dimostrativa che gli avrebbe permesso di fare sfoggio delle sue abilità di stratega.

Dopo aver offerto dei sacrifici propiziatori nel tempio di Ercole Gaditano, Cesare iniziò la propria marcia alla testa delle sue truppe, muovendo verso la Lusitania e proponendosi come prima tappa *Metellinum*; da qui raggiunse il Tago, attraversandolo in un punto non distante da quello dove, successivamente, sarebbe

---

[41] A diverse conclusioni giunge NOVILLO LÓPEZ, *La propretura cesariana en la Hispania Ulterior...*, cit., p. 211.

sorto il Ponte di Alcántara, per poi raggiungere il territorio di Belmonte (presso l'attuale Cova de Beira, in Portogallo). Qui lambì le propaggini settentrionali del Monte Erminio (identificato con l'odierna Sierra de Estrella, tra Seia e Covilha, sempre in territorio portoghese)[42].

Cesare, accorto osservatore del territorio che lo circondava (come lo fu dopo di lui Napoleone), comprese a colpo d'occhio come la complessa orografia del Portogallo avesse permesso ai Lusitani di compiere razzie e trovare poi un sicuro rifugio fra quelle balze, inaccessibili alle legioni romane provenienti dalla Spagna. Ordinò pertanto, tramite i suoi legati, alle popolazioni montanare della zona di abbandonare immediatamente i loro villaggi arroccati sulle vette montuose, le fortezze e le varie ridotte e di trasferirsi in pianura, dove sarebbe stato imposto loro uno stile di vita più consono alla *Romanitas*, e soprattutto capace di indebolire l'attuale attitudine al brigantaggio, elemento di forte disturbo per la romanizzazione della provincia, che tra l'altro procedeva a grandi passi per il cospicuo flusso migratorio di coloni dall'Italia alla penisola iberica [43]. Quanto capitò a Consabura (l'attuale Consuegra, presso Toledo), antico centro misto di Vettoni e Lusitani, è un esempio lampante della politica cesariana: esso fu completamente ristrutturato (anche a livello sociale) secondo il modello della vicina città romana di *Toletum* (Toledo), divenendo un centro di romanizzazione per le aree circostanti.

Come aveva fatto Bruto Calleco prima di lui, Cesare si attestò con le sue truppe sulla linea fluviale del Tago, per poter tenere simultaneamente sotto controllo sia le aree prospicienti al mare sia le zone dell'interno e, in special modo, assicurarsi l'accesso alle miniere metallifere dei Callaeci, situate a nord di Braga e non distanti dal fiume Miño; più che per arricchirsi con gli introiti di tali giacimenti è più probabile che il pensiero del propretore fosse di sottrarle ad un possibile colpo di mano del nemico, che se ne sarebbe servito contro di lui.

Ma né i Lusitani né i Vettoni accettarono supinamente o di buon grado le imposizioni cesariane, rifiutandosi di abbandonare le loro fortezze montane e imbracciando le armi. Cesare si mosse personalmente alla testa delle proprie colonne contro i barbari, che – allarmati dalla rapida avanzata delle legioni romane – misero al sicuro donne e bambini all'altro lato del lungo fiume Duero, che scorre ancora oggi al confine tra la Spagna ed il Portogallo. La mossa si rivelò tuttavia inutile, dato che i Romani oltrepassarono il corso d'acqua e si impadronirono rapidamente della zona, catturando coloro che vi avevano cercato vanamente scampo.

In modo ingenuo, i Lusitani sparpagliarono le loro greggi e mandrie

---

⁴² NOVILLO LÓPEZ, *La propretura cesariana en la Hispania Ulterior…*, cit., pp. 212-213.

⁴³ NOVILLO LÓPEZ, *La propretura cesariana en la Hispania Ulterior…*, cit., p. 213.

di bestiame per tutto il territorio circostante, sperando che i Romani, allettati da quella facile ed insperata preda, dividessero le loro forze, ma furono ben presto delusi: come dice Cassio Dione, «Cesare non si interessò minimamente delle greggi, attaccò i barbari e li sconfisse (*Storia Romana*, XXXVII, 52-53)».

Superato dunque il Duero (Dorio) nella primavera del 61 a.C., le legioni penetrarono nella Gallaecia Bracarense (l'odierna Galizia), sconfiggendo facilmente le bande locali male armate e annientando i vari focolai di resistenza; come riassume efficacemente Dando-Collins: «Gli uomini della spedizione presero d'assalto una collina fortificata dopo l'altra, metodicamente, brutalmente, liquidando ogni tentativo di resistenza. Entrando in azione prima dell'alba, i soldati di Cesare ponevano l'assedio alle città della Lusitania che si rifiutavano di arrendersi; poi, dopo essersi lasciati alle spalle solo rovine fumanti, proseguivano fino al prossimo obiettivo, marciando per circa sei ore; infine, a mezzogiorno, si fermavano per allestire il campo dove avrebbero trascorso la notte»[44].

A questo punto però gli abitanti del Monte Erminio si ribellarono, cercando di recuperare la perduta egemonia ed obbligando Cesare a compiere un rapidissimo dietro-front, che si risolse in una totale disfatta dei ribelli, che si arresero a discrezione del propretore. Cesare fu mite nella vittoria, obbligandoli – secondo le sue disposizioni precedenti – ad abbandonare le alture e a trasferirsi con le famiglie in pianura, dove fu imposto loro uno stile di vita improntato alla *civitas Romana*. Riassumendo concisamente la vicenda, Dione Cassio (*Storia Romana*, XXXVII, 52, 4) dice:

...Marciò verso il Monte Erminio e ordinò a coloro che colà abitavano di scendere al piano, adducendo la scusa che non voleva che essi, servendosi di quelle alture, esercitassero il brigantaggio. In realtà egli sapeva bene che quella gente non avrebbe ubbidito, e in questo modo avrebbe avuto un'occasione di guerra. Il che veramente accadde. Costoro dunque fecero ricorso alle armi, ed egli li vinse. E siccome alcuni dei confinanti, temendo che Cesare assalisse anche loro, si diedero a trasportare i figli, le mogli e tutte le cose più care al di là del fiume Dorio, egli occupò i loro villaggi, mentre essi eseguivano queste operazioni, e in seguito diede battaglia anche a loro.

Alla notizia della sconfitta e della resa di queste tribù montane, molti Lusitani decisero di darsi alla fuga, intraprendendo la via marittima a bordo delle loro imbarcazioni pronte sulla costa atlantica. Avendo avuto notizia di questa mossa, Cesare decise di stroncarla immediatamente, non volendo barattare la precedente situazione di brigantaggio con quella – altrettanto poco desiderabile – di pirateria.

Il propretore si diede dunque all'inseguimento dei fuggitivi seguendo

---

[44] Dando-Collins, *La Legione di Cesare*, cit., p. 26.

il corso del fiume Mondego, corso d'acqua portoghese che nasce dalla Sierra de Estrella, mentre i fuggiaschi, nel frattempo, giunsero a trovare momentaneo scampo su un'isola (o piuttosto una piccola penisola, separata dalla terraferma dalle frequenti alte maree) identificata con Peniche, nel distretto di Leiria, in Portogallo, a 45 chilometri da Lisbona[45].

Pur di raggiungerli, Cesare improvvisò una flotta, facendo abbattere degli alberi e utilizzando i tronchi per mettere insieme una serie di zattere, al fine di inviare contro i ribelli un distaccamento al comando di Publio Sceva , ma le avverse condizioni meteorologiche dell'Atlantico (era scoppiata frattanto una furiosa serie di temporali, accompagnati da piogge violente e mare mosso), la migliore manovrabilità delle imbarcazioni lusitane e la resistenza opposta dai fuggitivi tramite il lancio di pietre, dardi e giavellotti, convinse Sceva a desistere dall'impari impresa. Diversi soldati romani, gettatisi in mare per prevenire il naufragio e raggiunta a nuoto la roccaforte dei ribelli, vi furono trucidati senza pietà. Narra Dione Cassio (*Storia Romana*, XXXVII, 53, 2):

E poiché essi (*scil.* i Lusitani), lasciata la terraferma, si trasferirono in un'isola, Cesare non avendo navi rimase sulla terraferma; poi, avendo costruito alcune zattere, mandò su di esse una parte del suo esercito. Subì però delle gravi perdite: infatti il comandante approdò presso una scogliera che si trovava davanti all'isola e fece sbarcare gli uomini, pensando che essi avrebbero potuto proseguire a piedi; ma fu portato via con violenza dal riflusso del mare, lasciando soli i suoi soldati. Costoro si batterono con valore, ma furono sopraffatti.

Si era nel frattempo giunti alla fine di agosto e, senza indugi, Cesare ordinò a Balbo di allestire una flottiglia bene armata composta da quindici navi con relativi ed esperti equipaggi (probabilmente si trattava di un convoglio navale composta da 14 triremi e da una *deceris*, o nave ammiraglia), che fece nel più breve tempo possibile vela dal porto di Cadice, mentre le legioni sorvegliavano da terra i ribelli asserragliatisi a Peniche.

Bastò la sola vista di quell'inconsueto tipo di navi che si mostrarono in poco tempo davanti alle loro scogliere a gettare nel panico i Lusitani e a spingerli a chiedere a Cesare la resa, cosa che il propretore concesse alle solite condizioni. Riassume sempre Dione Cassio (*Storia Romana*, XXXVII, 53, 4):

In seguito Cesare, avendo fatto venire delle navi da Cadice, passò nell'isola con tutto l'esercito e li vinse senza colpo ferire, poiché erano stremati dalla fame. Di là navigò a Briganzio (*Brigantium*), città della Galizia, e sottomise i suoi abitanti atterriti dal frastuono delle navi (uno spettacolo che non avevano mai visto).

Cesare fu acclamato *imperator* ("comandante vittorioso") sul campo

---

[45] Novillo López, *La propretura cesariana en la Hispania Ulterior...*, cit., p. 216.

dalle truppe, un riconoscimento formale che tra l'altro gli avrebbe permesso di chiedere la celebrazione di un fastoso trionfo, una volta tornato a Roma. In seguito a questa vittoria, il propretore imbarcò parte delle proprie truppe sulla flotta e fece rotta in direzione delle Isole Cassiteridi [46] (le odierne isole galiziane di Cíes): si tratta di un piccolo arcipelago composto da tre isole situate nell'Oceano Atlantico, poco al largo delle coste della Galizia, a poca distanza da Vigo. Le tre isole sono, in ordine di grandezza, Monteagudo o Isola Nord, Illa do Faro o Isola di Mezzo e San Martiño o Isola Sud; Le due isole principali durante la bassa marea sono collegate da un lungo tombolo sabbioso, mentre la più piccola rimane sempre isolata. Agli occhi di Cesare la loro principale attrattiva erano i ricchi giacimenti di stagno ed oro (il loro nome deriva infatti dal greco Κασσίτερος, o "isole dello stagno"), ma non bisogna dimenticare che il Nostro era spinto anche da una forte curiosità geografica ed esplorativa, ed inoltre riteneva che la presa di possesso di quelle isole, in pieno Atlantico, avrebbe condotto le aquile di Roma laddove nessun condottiero prima di lui aveva osato avventurarsi, assicurandogli fama e prestigio [47].

«Lo svolgimento di queste operazioni», chiosa giustamente Goldsworthy, «prefigura il Cesare dei *Commentarii* della guerra gallica e della guerra civile: azioni veloci ma studiate, determinazione a non farsi bloccare da ostacoli naturali o da iniziali sconfitte, ferrea volontà di vincere ed emerge anche la sua disponibilità ad accettare la resa e accordare un trattamento clemente ai vinti, nella speranza di trasformarli in nuovi contribuenti per le casse dell'erario» [48].

Ottenuta così la sottomissione dei Lusitani, Cesare emanò dei provvedimenti che posero fine all'abitudine selvaggia dei sacrifici umani in quelle zone. Nell'autunno del 61 a.C. l'VIII, la IX e la X Legione tornarono ad acquartierarsi negli accampamenti invernali, fuori Cordova, con poche perdite ed un discreto bottino. Cesare si congedò dalle truppe, specialmente dalla Decima, sua creazione personale, andando a salutare di persona tutti i centurioni. Organizzò quindi un'ultima parata delle truppe, nel corso della quale, dopo aver preso posto su una piattaforma sita di fronte agli alloggi dei

---

[46] STRABONE, *Geografia*, III, 5, 11.

[47] Più prosaicamente, NOVILLO LÓPEZ, *La propretura cesariana en la Hispania Ulterior…*, cit., p. 217, parla di volontà, da parte di Cesare, di crearsi nuove clientele e di incamerare sufficienti ricchezze per colmare la grande voragine dei suoi debiti. È sicuramente questo un aspetto che non va sottovalutato, ma accantonando o ignorando anche le motivazioni da noi citate, si rischia davvero di creare un Cesare alla Bertolt Brecht, verosimile, certo, ma che tiene conto solo di un unico aspetto, quello economico, di questo complesso e poliedrico personaggio.

[48] GOLDSWORTHY, *Cesare: una biografia*, Castelvecchi, Roma 2014 , p. 178.

tribuni (detta appunto *tribunal*), ringraziò i soldati delle tre legioni per il coraggio, il valore e la lealtà dimostrata. Cesare, nell'occasione, promise probabilmente alla Decima che, nel caso avesse avuto ancora il comando di un esercito della Repubblica, si sarebbe ricordato di loro[49].

Molto giustamente Giuseppe Rovani[50] osservava che la campagna di Lusitania del 61 a.C. fu per il giovane Cesare ciò che la prima campagna d'Italia (1796) fu per Napoleone Bonaparte, cioè l'avvio e la conferma delle rispettive fortune, talenti e capacità:

La guerra di Spagna fu per Cesare quel che fu pel primo Bonaparte la guerra d'Italia: notissimo il primo in Roma, ma, avanti la conquista della Lusitania, ignoto al rimanente del mondo. Senza luminosi fatti precedenti che fossero caparra di grandi fatti avvenire, fiducioso in se stesso fino alla temerità, e fiducioso in lui il popolo romano fino alla cecità. La corona di quercia e i fatti di Cilicia equivalgono l'episodio di Tolone e la scaglia di Parigi. Ma un tratto, arrivati l'uno e l'altro sul campo delle grandi imprese, giganteggiano senza che sieno manifestate al volgo le preparazioni del genio (…). Però, compiuta l'impresa, sì all'uno che all'altro applaudono il paese conquistato e la patria del conquistatore. L'ammirazione comprime l'odio in petto ai vinti. Il successo, superiore all'aspettazione, condanna l'invidia a mascherarsi di entusiasmo.

[49] DANDO-COLLINS, *La Legione di Cesare*, cit., p. 30.

[50] ROVANI, *La giovinezza di Giulio Cesare*, cit., pp. 233-234.

Commentarii de Bello Lusitano

Commentari sulla Guerra Lusitana

Testo:

H.S. Reimarus (a cura di), *Cassii Dionis Cocceiani Historiae Romanae quae supersunt*, I (libri I-LIV), Sumtibus Christiani Heroldi, Hamburgi 1750
G. Norcio (a cura di), *Cassio Dione. Storia romana*, I (libri XXXVI-XXXVIII), Rizzoli, Milano 1995

[52]. 1. *Caesar autem post praeturam Lusitaniae imperavit: et quum posset latrocinia, quae ipsis in assiduo erant usu, haud magno labore exscindere, noluit tamen se quieti dare. Quippe homo gloriae cupidus, Pompeiique et aliorum, qui ante ipsum ad magnam potestatem pevenissent, aemulus, nihil parvi animo agitabat, 2. sed sperabat se, si quid tunc rerum gessisset, statim consulatu potiturum atque ita immensa facinora editurum:idque cum aliis de causis sibi persuasit, tum quod in quaestura sua Gadibus in somnis sibi cum matre sua coire visus esset, et a vatibus accepisset, magnam se potentiam impetraturum.*
Igitur, cum ibidem in delubro Herculis statuam Alexandri poitam vidisset, ingemuit, deploravitque se nihil dum egregii facinoris praestitisset.

[52]. 1. Cesare, dopo la pretura, ebbe il governo della Lusitania. Potendo starsene tranquillo dopo aver domato senza eccessiva difficoltà il brigantaggio che infestava in permanenza quel paese, non volle; era infatti bramoso di gloria ed invidiava Pompeo e tutti coloro che prima di costui avevano acquisito un grande potere. 2. Sperava che, se se fosse distinto allora in qualche maniera, sarebbe stato eletto subito console ed avrebbe avuto la possibilità di compiere grandi imprese.
Lo induceva a ciò il fatto che, quand'era questore a Cadice[51], aveva sognato di giacere con la madre, e gli era stato predetto dai vati che avrebbe conseguito una grande potenza. Per tale motivo, avendo visto colà una statua di Alessandro [Magno] nel tempio di Ercole, emise dei gemiti e si lamentò perché non aveva ancora compiuto alcunché di grande.

3. *His causis motus, cum pacis copia ei esset,(velut dixi) ad montem Herminium se vertit, eiusque incolas in planitie demigrare iussit: ne videlicet loco sua natura tuto ad praedas agendas abuterentur, (id enim praetendebat)*

---

[51]Città nell'estremo meridione della Spagna, presso lo Stretto di Gibilterra.

*re ipsa haud nescius, eos id recusaturos, atque ita se belli occasionem
accepturum.*

3. Così, pur potendo, come ho già detto, restarsene tranquillo, marciò verso il
monte Erminio ed ordinò a coloro che abitavano lassù di scendere in pianura,
adducendo la scusa che non voleva che essi, servendosi di quelle alture,
esercitassero il brigantaggio.
In realtà, egli sapeva bene che quella gente non gli avrebbe obbedito, ed in tal
modo avrebbe avuto un pretesto di guerra, cosa che puntualmente si verificò.

4. *Id quod factum est: igitur eosdem arma capientes oppressit. Qua re cum
vicini nonnulli territi, ne adversum se quoque iretur, liberos coniugesque suas,
et alia, quae habebant pretiosssima, ultra Durium amnem transferrent Caesar,
interea dum haec agerent, urbes eorum occupavit, postea cum ipsis quoque
praelio contendit.*

4. Costoro fecero dunque ricorso alle armi, ed egli li sconfisse. E dato che
alcuni dei [popoli] confinanti, temendo che Cesare attaccasse pure loro,
presero a trasferire i figli, le mogli e tutte le cose più preziose al di là del fiume
Dorio, egli occupò le loro cittadelle, mente essi erano intenti a portare a termine
queste operazioni, dopodiché diede battaglia anche a loro.

5. *Barbari greges ante se objecere, ut ad eos diripiendos dispersis Romanis
instarent: at Caesar, misso pecore, ipsos hostes adortus vicit.*

5. I barbari sospinsero avanti i propri armenti, con l'intento di calare sui
Romani allorché si fossero dispersi per fare razzia del bestiame; tuttavia Cesare
trascurò le greggi ed attaccò e sconfisse gli uomini.

[53]. 1. *Ibi ut comperit, incolas Herminii defecisse, eiusque reditum per
insidias operiri; ea vice aliam viam ingressus, deinde rursus arma in es
convertit, victorque ad Oceanum fugientes insecutus est.*

[53]. 1. Frattanto, essendo venuto a conoscenza che gli abitanti del monte
Erminio si erano rivoltati e si apprestavano a tendergli un'imboscata lungo la
strada del ritorno, [Cesare] prese un altro percorso e, dopo essere tornato
indietro, li sconfisse e li inseguì mentre fuggivano verso l'Oceano.

2. *Quem continenti relicta, in insulam quandam traiecissent, ipse inopia
navium coactus, in terra permansit: deinde ratibus iunctis, partem copiarum
traiecit, ibique multos suoru amisit.*

Dux enim eorum, terrae, quae insulae adiuncta erat, advectus, ibique militibus expositis, tamquam terrestri deinceps itinere perrecturis, ipse mari ab aestu recurrente abreptus, eos reliquit.

2. E poiché costoro, dopo aver lasciato la terraferma, si rifugiarono su di un'isola Cesare non disponendo di navi se ne restò sulla terraferma; in seguito, dopo aver costruito alcune zattere, pose a bordo di esse una parte della sua armata. Patì tuttavia delle perdite pesanti: difatti il comandante approdò nei pressi di una scogliera e fece sbarcare gli uomini, ritenendo che essi avrebbero potuto proseguire a piedi; ma venne trascinato via violentemente dal flusso della marea, lasciando soli i propri soldati.

3. *Ibi caeteri fortiter pugnantes ceciderunt: P. autem Scaevius, solus inter hostes relictus, amisso scuto, multisque vulneribus saucius, in aquam insiluit, enatavitque.*

3. I soldati [romani] si batterono con valore, ma vennero sopraffatti. Publio Sceva, l'unico superstite, privo dello scudo e coperto di ferite, saltò nell'acqua e si salvò a nuoto. Allora, dunque, avvennero questi fatti.

4. *Post haec acta, Caesar a Gadibus se arcessit navibus, omnes copias in insulam traecit, hostesque penuria iam commeatus afflictos nullo labore subegit.*
Inde Brigantium Calaeciae urbem advectus, homines, qui classem antehac numquam vidissent, territos vehementi adnavigantium per fluctus illisos strepitu, in suam potestatem redigit.

4. Successivamente Cesare, dopo aver fatto arrivare delle navi da Cadice, passò nell'isola assieme all'intero esercito e lo sconfisse senza combattere, dato che erano stremati dalla mancanza di cibo. Da là navigò fino a Briganzio, città della Galizia[52], e sottomise i suoi abitanti, terrorizzati dal frastuono delle navi, uno spettacolo che essi non avevano mai veduto prima di allora.

[54]. 1. *Haec ubi perfecit, satis sibi iam aditurus ad consulatum structum existimans, non exspectato successoris adventu, magna celeritate ad comitia consularia profectus est.*

[54]. 1. Dopo aver compiuto queste imprese, e convintosi di aver posto grazie ad esse un solido punto d'appoggio per poter conseguire il consolato, se ne partì

---

[52]La Galizia si trova nel nord-ovest della penisola iberica.

con grande celerità [dalla provincia] per le elezioni, senza aspettare l'arrivo del suo successore.

di Alvise Schiavon

Cesare "legislatore"
Introduzione alle leggi di Cesare

Nella sua carriera politica straordinaria, Giulio Cesare ricoprì diverse volte cariche a cui il sistema istituzionale repubblicano riconosceva un potere che potremo definire di 'iniziativa legislativa'[53]: si tratta del consolato, ottenuto dapprima nell'anno 59 a.C. in conseguenza del patto triumvirale con Pompeo e Crasso, e poi nel 48, nel 46, nel 45 e nel 44 a.C.[54]; e naturalmente della dittatura, magistratura a cui Cesare venne nominato una prima volta nel 49 a.C., e poi alla metà del 46 a.C., per dieci anni, e infine nel febbraio del 44 a.C., quando assunse il titolo di *dictator perpetuus*[55].

---

[53] Sulla concezione della 'legge' nell'esperienza giuridica romana, solo parzialmente sovrapponibile a quella moderna, alcuni dati minimi possono leggersi in G. Santucci, *La legge nell'esperienza giuridica romana*, in U. Vincenti (a cura di), *Inchiesta sulla legge nell'occidente giuridico*, Torino, 2005, pp. 33 ss. Sulla nozione di 'esperienza giuridica romana', mutuata dalla riflessione gius-filosofica di Giuseppe Capograssi (specialmente in *Studi sull'esperienza giuridica*, *Roma 1932 = in Opere, 2, 1959, pp. 211 ss.)* e intesa quale complessiva considerazione delle forme istituzionali di gestione della comunità, si leggano le belle pagine di R. Orestano, *Introduzione allo studio del diritto romano*, Bologna, 1987, pp. 348 ss. Non appare superfluo sottolineare fin da ora che nella Roma repubblicana le *leges* miravano perlopiù a disciplinare aspetti relativi ai rapporti tra istituzioni pubbliche e solo raramente toccavano profili di diritto privato, che aveva invece il suo motore di sviluppo nella giurisprudenza e nell'attività giusdicente del pretore, come dimostrato nelle risalenti ma autorevoli ricerche di Rotondi (specialmente G. Rotondi, *Osservazioni sulla legislazione comiziale romana di diritto privato*, in *Filangieri*, 35, 1910, 641 ss. = in *Scritti giuridici, I. Studii sulla storia delle fonti e sul diritto pubblico romano*, Milano 1922, 1 ss.). Si considerino però, su questo punto, le recenti osservazioni critiche di D. Mantovani, *Legum multitudo e diritto privato. Revisione critica della tesi di Giovanni Rotondi*, in *Leges publicae. La legge nell'esperienza giuridica romana*, Pavia, 2012, pp. 707 ss. che non sembrano però aver spostato la *communis opinio* (si veda ancora G. Santucci, *Legum inopia e diritto privato: riflessioni intorno ad un recente contributo*, in *Studia et documenta historiae et iuris*, 80, 2014, pp. 373 ss.). Diversamente nel periodo del Principato – e soprattutto del Dominato – il rapporto tenderà ad invertirsi a favore delle fonti di produzione legislativa, oramai più o meno indirettamente riconducibili all'attività del *princeps*.

[54] Sulla carriera di Cesare e le cariche da lui di volta in volta ricoperte ho fatto riferimento a T.R.S. Broughton, *The Magistrates of the Roman Republic II. 99 b.C.-31 b.C.*, New York, 1952: si veda specialmente una sintesi a p. 574.

[55] La titolazione, la durata e la data di assunzione della carica di dittatore da parte di Cesare non sono del tutto pacifiche nella storiografia: sulla questione della titolatura della dittatura come 'comitiorum habendorum causa', 'rei gerundae causa' o 'rei publicae constituendae causa' si vedano i rilievi di F. De Martino, *Storia della costituzione romana*, III, Napoli, 1973² 228 ss. e P. Cerami, *Cesare dictator ed il suo progetto costituzionale*, in *Res publica e princeps. Atti del*

Occorre notare innanzitutto che, quantomeno prima della dittatura decennale, egli si mosse all'interno di un sistema di magistrature – quello disegnato dalla costituzione romana di età repubblicana[56] – il quale, sebbene in crisi almeno dall'età dei Gracchi, costituiva ancora per i contemporanei un vincolo all'azione politica, spesso spregiudicata se non addirittura violenta, dei soggetti che miravano ad ottenere potere a Roma[57].

Convegno Internazionale di Copanello, Napoli, 1996, pp. 101 ss. spec. pp. 112 ss.; su durata e data di assunzione delle dittature rimane attendibile T.R.S. _Broughton, The Magistrates of the Roman Republic_, II, cit., pp. 256 ss.

[56] L'uso del del termine 'costituzione' per riferirsi al sistema istituzionale romano – invalso nella storiografia soprattutto a partire dalle fondamentali ricerche di F. De Martino, _Storia della costituzione romana_, voll. I-V, Napoli, 1972-1976² e di M.A. Levi, _La Costituzione a Roma dai Gracchi a Giulio Cesare_, Firenze, 1928 – non è esente da ambiguità, trattandosi di una nozione moderna, carica di implicazioni ideologiche: tra le moltissime autorevoli voci, si leggano ad esempio le precisazioni di G. Mancuso, _Il concetto di costituzione nel pensiero politico greco-romano_, in _Annali del seminario giuridico dell'Università di Palermo_, 39, 1987, pp. 341 ss. spec. 348 ss.; e di A. Guarino, _Stato romano (storia delle strutture costituzionali)_, in _Digesto delle discipline pubblicistiche_, XV, Torino, 1999, pp. 89 ss. e Id., _Forma e materia della costituzione romana_, in _Tradizione romanistica e costituzione_, Napoli, 2006, pp. 397 ss. (oggi entrambi in _Studi di diritto costituzionale romano_, I, Napoli, 2008, rispettivamente a pp. 1 ss. e 11 ss.); più di recente G. Purpura-P. Cerami, _Profilo storico-giurisprudenziale del diritto pubblico romano_, Torino, 2007, pp. 37 ss. Cala specificamente la sua analisi sulla nozione romana di 'costituzione' nel periodo della crisi della Repubblica B. Straumann, _Crisis and constitutionalism. Roman. Political Thought from the Fall of the Republic to the Age of Revolution_, Oxford, 2016. Ciononostante – e pure con tutte le precisazioni del caso – il termine è ancora diffuso nella storiografia più recente, come testimonia tra gli altri il titolo del recente volume di U. Vincenti, _La costituzione di Roma antica_, Bari-Roma, 2017.

[57] Sulla crisi della 'costituzione' repubblicana ai tempi di Cesare e Pompeo si può fare riferimento ai classici F. De Martino, _Storia della costituzione romana_, III, cit., pp. 144 ss. e R. Syme, _La rivoluzione romana_, Torino, 2014 (prima edizione in lingua inglese _The Roman Revolution_, Oxford, 1939). Per comprendere il clima di intimidazione e violenza che dominava la politica romana si possono leggere anche gli studi di E. Badian, _Tiberius Gracchus and the Beginning of the Roman Revolution_, in _Aufstieg und Niedergang der römischen Welt_ I.1, 1972, 668 e A.W. Lintott, _Violence in Republican Rome_, Oxford, 1999². Sottolinea in particolare il ruolo della violenza all'interno delle assemblee popolari J.-M. David, _Les régles de la violence dans les assemblées populaires de la République romaine_, in _Politica Antica_, 3, 2013, pp. 11 ss. La violenza diffusa nella società romana non mancò di riflettersi – in quel torno di anni – anche sul piano del diritto (una panoramica complessiva in M. Balzarini, _s. v. Violenza (diritto romano)_, in _Enciclopedia del Diritto_, XLVI, 1993, pp. 830 ss.), ispirando normative sia di diritto privato che pubblico: sotto il primo profilo si ricordino soprattutto le fondamentali ricerche di L. Labruna, _Vim fieri veto: alle radici di una ideologia_, Napoli, 1971 (ristampa Napoli 2017); per quanto attiene alla repressione criminale della violenza, si pensi alle _leges iuliae de vi publica et privata_ (cfr. anche i titoli del Digesto 48.6 e 7 _Ad legem Iuliam de vi publica_ e _Ad legem Iuliam de vi privata_), emanate sotto Augusto proprio per tentare di mettere un freno al fenomeno (su cui la bibliografia è vastissima, ma si può fare riferimento per un primo orientamento al recente saggio di G. Cossa, _Attorno ad alcuni aspetti della lex Iulia de vi publica et privata_, in _Studia et documenta historiae et iuris_, 74, 2008, pp. 209 ss.).

In questo assetto costituzionale[58], il potere legislativo spettava in via ordinaria al popolo radunato in assemblea. Al tempo di Giulio Cesare[59], in particolare, le assemblee cui era riconosciuto il potere di approvare provvedimenti normativi vincolanti per tutta la cittadinanza erano due, i comizi centuriati (*comitia centuriata*), espressione dell'intero *populus* [60], e le assemblee della plebe (*concilia plebis*)[61], da cui era esclusa la componente patrizia[62].

Mentre il potere di approvare *leges publicae* era riservato a tali assemblee, i magistrati potevano solo farsi promotori presso il popolo di un'iniziativa legislativa (*ius agendi cum populo* o *cum plebe*)[63]: per questo, tali *leges* erano chiamate *rogatae*, in quanto frutto di un'interrogazione del popolo

---

[58]Offre una sintetica ma precisa panoramica su 'l'assetto costituzionale nell'età di Cesare' da ultimo A. Petrucci, *Corso di diritto pubblico romano*, Torino, 2017, pp. 92 ss.

[59]L'origine e la composizione delle diverse forme assembleari in cui si venne strutturando la cittadinanza romana variarono in ragione dell'evoluzione della sua composizione sociale e dei rapporti di forza entro la stessa: si veda L. Ross Taylor, *Roman Voting Assemblies. From the Hannibalic War to the Dictatorship of Caesar*, New York, 1966 e utili sintesi in U. Vincenti, *Le forme costituzionali della Repubblica romana*, in A. Schiavone (a cura di), *Storia giuridica di Roma*, Torino, 2016, pp. 73 ss. spec. 87 ss. e in D. Mantovani, *Il diritto e la costituzione in età repubblicana*, in E. Gabba (a cura di), *Introduzione alla storia di Roma*, Milano, 1999, pp. 171 ss. spec. 255 ss.

[60]La composizione dei comizi centuriati, che fu oggetto di numerose riforme nel corso della storia costituzionale romana (ultima delle quali quella sillana, poi smantellata dalla *factio popularis*), affondava le radici nell'ordinamento militare stabilito dal re Servio Tullio ed era fondamentalmente basata su un criterio timocratico.

[61]I *comitia curiata* (risalenti al primitivo ordinamento monarchico, all'interno del quale avevano funzioni sia militari che sacrali) sopravvissero senza alcun potere sostanziale nell'assetto costituzionale repubblicano.

[62]L'istituzione di *concilia* e *tribuni plebis* fu uno dei portati del compromesso patrizio-plebeo e le deliberazioni da questi approvate (*plebiscita*) inizialmente erano considerati vincolanti solo per la componente plebea della *civitas* e solo in progresso di tempo (e definitivamente con una *lex Hortensia* del 287 a.C.) essi furono equiparati alle *leges.*: su tutti questi aspetti F. De Martino, *Storia della costituzione romana*, I, cit., pp. 373 ss. e 391 ss.; A. Guarino, *La «exaequatio legibus» dei plebisscita*, in *Festschrift Schulz*, I, Weimar, 1951, pp. 458 ss. (e Id., *La rivoluzione della plebe*, Napoli, 1975, 324 ss.); da ultimo anche F. Cassola-L. Labruna, *La repubblica* in M. Talamanca (a cura di), *Lineamenti di storia del diritto romano*, Milano, 1989², pp. 188 ss. Vale la pena osservare che le deliberazioni dei *concilia plebis* riguardarono anche materie delicatissime: si pensi che era probabilmente un plebiscito la *lex Aquilia de damno* – databile all'incirca attorno al 267 a.C. – con cui venne radicalmente riformata la precedente disciplina della responsabilità da atto illecito, che nel sistema previgente era sanzionato da una serie puntuale di norme, e che costituisce il fondamento del moderno sistema della responsabilità civile (un orientamento nella sterminata bibliografia sul plebiscito aquiliano, la disciplina romana del *damnum* e i suoi sviluppi nella tradizione romanistica in M.F. Cursi, *Danno e responsabilità extracontrattuale nella storia del diritto privato*, Napoli, 2021²).

[63]U. Vincenti, *Le forme costituzionali della Repubblica romana*, cit., pp. 80 ss. e F. Cassola—L. Labruna, *La repubblica* in M. Talamanca (a cura di), *Lineamenti di storia del diritto romano*, Milano, 1989², pp. 184 ss.

da parte del magistrato. I magistrati dotati del cosiddetto *ius agendi* erano i consoli e i tribuni della plebe, i quali potevano rispettivamente convocare le assemblee popolari e quelle plebee per l'approvazione dei provvedimenti[64]. Parlando di potere legislativo, ci riferiamo dunque generalmente, in senso proprio, al potere di iniziativa legislativa dei magistrati dotati di *ius agendi*.

Un discorso a parte vale invece per un'altra specie di leggi, le cosiddette *leges datae*, che i magistrati dotati di *imperium* potevano emanare senza interrogare il *populus*. Si tratta di una figura dall'estensione incerta, in cui rientrano principalmente gli atti con cui si concedeva lo statuto a un municipio o ancora – nei tempi di Cesare – gli atti emanati da magistrati straordinari come i dittatori.[65]

In questo contesto, il potere del Senato – che rappresentava la *nobilitas* patrizio-plebea[66] – aveva dei confini ambigui. Esso poteva esercitare un certo controllo preventivo sulle proposte dei magistrati e inibire l'iniziativa popolare rifiutando di apporre la propria *auctoritas* ai provvedimenti approvati dalle assemblee [67] . Come testimoniano anche alcune vicende legate all'approvazione di proposte legislative di Giulio Cesare in veste di console, il bilanciamento tra le competenze e i poteri dei soggetti direttamente nel processo legislativo era di fatto demandato alla prassi e a delicati equilibri politici da ricercare di volta in volta.

Bisogna peraltro subito sottolineare come, nel complesso sistema istituzionale romano di età repubblicana, l'influenza politica potesse ottenersi anche da ruoli non comportanti poteri 'legislativi' nel senso appena precisato: così fu del resto anche per Cesare, se si considera l'importanza strategica fondamentale – nella sua fulminante carriera politica – che ebbero l'assunzione,

---

[64]Una panoramica sui poteri di questi magistrati in Th. Mommsen, *Disegno del diritto pubblico romano*, Milano, 1973 (origin. *Abriss des römischen Staatsrechts*. Leipzig, 1893), rispettivamente a pp. 196 ss e 208 ss. (laddove possibile, mi riferirò a quest'opera – più facilmente consultabile – piuttosto che alla monumentale *Römisches Staatsrecht* dello stesso autore) e più di recente F. Cassola-L. Labruna, *La repubblica* in M. Talamanca (a cura di), *Lineamenti di storia del diritto romano*, cit., pp. 127 ss e 177 ss.

[65]Sul punto si può fare affidamento alle ricerche di G. Rotondi, *Leges publicae populi romani : elenco cronologico con una introduzione sull'attività legislativa dei comizi romani*, Milano, 1912 (rist. anastatica Hildesheim, 1966), pp. 15 ss.; G. Tibilletti, *Sulle «leges» romane*, in *Studi in onore di P. de Francisci*, cit., IV, 1956, 593 ss. e specialmente 605 ss., F. Serrao, s.v. *Legge (diritto romano)*, in *Enciclopedia del diritto*, XXIII, Milano 1973, 794 ss. (= in *Classi, partiti e legge nella repubblica romana*, Pisa 1974, 5 ss.).

[66]Th. Mommsen, *Disegno del diritto pubblico romano*, cit., pp. 362 ss.

[67]Sui poteri del Senato di intervenire nel processo legislativo Th. Mommsen, *Disegno del diritto pubblico romano*, cit., pp. 383 ss.; D. Mantovani, *Il diritto e la costituzione in età repubblicana*, cit., pp. 247 ss.; U. Vincenti, *Le forme costituzionali della Repubblica romana*, cit., pp. 91 ss. Accanto a questi, il Senato manteneva il potere di provvedimenti normativi – chiamati *senatus consulta* (su cui D. Mantovani, *Il diritto e la costituzione in età repubblicana*, cit., 252 ss.).

tra le altre, della carica di pretore, ma anche di quelle di *pontifex*, di edile curule e di *imperator* (ovvero di generale militare vittorioso).

La carica di *praetor* (*urbanus*, nel caso di Giulio Cesare) in effetti, pur non comportando il potere di iniziativa legislativa, rappresentava pur sempre una magistratura avente potere giurisdizionale, che conferiva dunque a chi la assumeva il potere di applicare il diritto e, in una misura sconosciuta ai moderni magistrati giusdicenti, di modificarlo e innovarlo[68]. Cesare venne designato alla pretura nel 63 – anno della congiura di Catilina, di cui si sospettò Cesare potesse essere quantomeno al corrente, se non addirittura implicato direttamente[69] – ed assunse la carica nel 62 a.C.: poco ci è noto della sua attività in quella veste, ma da pretore *in pectore*, il 5 dicembre del 63 a.C. partecipò alla seduta del Senato che doveva decidere la sorte dei congiurati, pronunciando un discorso, che ci è noto attraverso la riscrittura da parte di Sallustio[70], con cui riuscì a rispettare le aspettative tanto dei *populares* (invocando il diritto dei congiurati alla *provocatio ad populum*) senza urtare quella degli *optimates* (proponendo comunque pene durissime per i catilinari), a cui rispose Catone con una durissima e infuocata orazione che richiedeva invece la messa a morte immediata dei congiurati[71].

---

[68]I pretori erano – ai tempi di Cesare – magistrati dotati di *iurisdictio*, del potere cioè di affermare il diritto applicabile in caso di controversie tra privati (su questa nozione e sulla sua differenziazione dall'*imperium* consolare, per tutti, G. *Pugliese, Il processo civile romano, I, Le 'legis actiones'*, Roma, 1962, pp. 115 ss. e più di recente G. Nicosia, *Il processo privato romano III. Nascita ed evoluzione della iurisdictio*, Catania, 2012). Attraverso la predisposizione di un *edictum* in cui erano elencati i rimedi giurisdizionali che avrebbero applicato durante il loro anno di carica, essi non solo davano attuazione alle norme afferenti allo *ius civile* ma potevano innovare l'ordinamento riconoscendo nuove pretese: complessivamente dunque lo *ius honorarium* era non solo viva *vox* dello *ius civile* (Marciano, *liber I Institutionum* in D. 1.1.8), ma era introdotto anche *adiuvandi vel supplendi vel corrigendi iuris civilis gratia* (così Pomponio, *liber singularis enchiridion* in D.1.1.7.1). Sulla posizione del Pretore e dell'editto pretorio nel sistema delle fonti di produzione del diritto romano la bibliografia è sterminata, per cui vale la pena limitarsi rinviare ai classici G. Grosso, *Premesse generali al corso di diritto romano*, Torino, 1960⁴, pp. 105 ss. e A. Guarino, *L'ordinamento giuridico romano*, Napoli, 1990⁵, pp. 158 ss. Sulla progressiva cristallizzazione degli editti annuali dei diversi Pretori in un provvedimento avente un contenuto stabile, rimane imprescindibile A. Guarino, *La formazione dell'editto perpetuo*, in *Aufstieg und Niedergang der römischen Welt*, II.13, pp. 62 ss.

[69]Secondo Svetonio, *Cesare* 17 a fare il nome di Cesare tra i partecipanti alla trama di Catilina fu Quinto Curio e a trarlo dall'impaccio fu la testimonianza di Cicerone. Nella ricostruzione degli eventi offerta da Sallustio, invece, Cesare appare totalmente estraneo alla congiura (Sallustio, *La congiura di Catilina* 49). Per inciso, secondo Plutarco, *Crasso* 13 nella congiura, oltre a Cesare, fu implicato anche l'altro futuro triumviro, Crasso. Su questi punti Canfora, *Giulio Cesare. Il dittatore democratico*, Bari-Roma, 2006, pp. 44 ss.

[70]In Sallustio, *La congiura di Catilina* 51.

[71]Parafrasata da Sallustio, *La congiura di Catilina* 52 (si veda la sezione *Orazioni* della presente edizione).

Anche le altre cariche ricoperte da Cesare – pur non legate a forme di produzione o applicazione del *ius*[72] – erano in grado di conferire vantaggi posizionali notevoli nello scacchiere politico romano. L'appartenenza al collegio dei pontefici, ad esempio, portava con sé non solo autorevolezza e prestigio, ma pure il potere di incidere direttamente sulla vita istituzionale, nel complicato sistema di interdipendenza tra cariche tipico della Repubblica[73]: Cesare – pure probabilmente vicino agli ambienti epicurei[74] – venne eletto giovanissimo nel *conlegium*[75] e divenne *pontifex maximus* nel 63 a.C.[76]: fu proprio grazie alla sua carica di *pontifex maximus* che egli, come vedremo, poté disinnescare i tentativi ostruzionistici di Bibulo per impedire l'approvazione della prima delle sue *leges agrariae*.

La carica di *aedilis curulis*, che Giulio Cesare ricoprì nel 65 a.C., comportava un diverso ma pur sempre penetrante potere di influenza nella vita pubblica[77]. Tale magistratura, infatti, istituita assieme alla pretura nel quadro del compromesso patrizio-plebeo della fine del IV secolo, ai tempi di Cesare comportava non solo la giurisdizione sui mercati (*cura annonae*)[78] e poteri di

---

[72] Per quanto riguarda l'ordinamento giuridico romano, la distinzione moderna tra funzioni di produzione e applicazione del diritto (legata alla fenomenologia dello stato moderno e alla teoria della separazione dei poteri) può essere assunta solo in via molto approssimativa: risultano utili a inquadrare la questione i rilievi in P. Cerami-G. Purpura, *Profilo storico-giurisprudenziale del diritto pubblico romano*, cit., pp. 267 ss.

[73] Una ricognizione dell'interazione tra istituzioni strettamente deliberative e il collegio dei pontefici in F. Vallocchia, *Collegi sacerdotali ed assemblee popolari nella Repubblica romana*, Torino, 2008.

[74] Si tratta di una *communis opinio* diffusa nella storiografia: si vedano in particolare M. Rambaud, *César et l'épicurisme d'après les Commentaires*, in *Actes du VIIIe Congrès de l'Association Guillaume Budé*, Paris, 1969, pp. 411 ss.; U. Pizzani, *La cultura filosofica di Cesare*, in D. Poli (a cura di), *La cultura in Cesare, Atti del convegno internazionale di studi Macerata-Matelica, 30 aprile-4 maggio 1990*, I, Roma 1993, pp. 163 ss. spec. p. 182 s. e G. Garbarino, , *Cesare e la cultura filosofica del suo tempo*, in G. Urso (a cura di), *Cesare: precursore o visionario? Atti del convegno internazionale, Cividale del Friuli, 17-19 settembre 2009*, Pisa, 2010, pp. 207 ss.

[75] Probabilmente nel 74 a.C., come emerge dalla lettura di Velleio Patercolo, *Storia romana*, II, 43, 1.

[76] Svetonio, *Cesare* 13, 1 e Plutarco, *Cesare* 7, 4. Su queste fonti si veda anche la ricostruzione di L. Canfora, *Giulio Cesare*, cit., pp. 25 ss.

[77] Una panoramica generale sulle funzioni degli edili nel recente volume di A. Daguet-Gagey, *«Splendor aedilitatum»: l'édilité à Rome (Ier s. avant J.-C.-IIIe s. après J.-C.)*, Rome, 2015.

[78] È proprio all'interno della giurisdizione degli edili curuli – dotati come i pretori di *ius edicendi*, del potere cioè di emanare editti contenti rimedi giurisdizionali – sulle attività dei mercati che nacquero le cosiddette azioni edilizie, azioni cioè a tutela del compratore nel caso in cui la merce acquistata presentasse *morbi vitiave*, ovvero caratteristiche cioè difformi da quelle dichiarate del venditore (nella terminologia moderna si direbbero 'vizi occulti'): si trattava dell'*actio quanti minoris* o *aestimatoria* (con cui il compratore chiedeva una riduzione del prezzo alla luce di una più esatta stima del valore della merce) e della *actio redhibitoria* (con la quale si chiedeva invece la restituzione integrale del prezzo pagato). Su queste azioni, tra i numerosi autori che vi si sono occupati, rimangono fondamentali i classici G. Impallomeni, *L'editto degli edili curuli*, Padova,

polizia urbana (*cura urbis*)[79], ma soprattutto la competenza ad organizzare le feste popolari (*cura ludorum*)[80]: è proprio quest'ultimo aspetto che poteva risultare centrale per conquistare o consolidare il favore delle masse popolari, con elargizioni di denaro e la predisposizione dei sempre amatissimi giochi gladiatorii. Non fece eccezione Cesare, il quale durante la sua edilità fece adornare i più importanti luoghi pubblici dell'Urbe con le sue collezioni d'arte[81] e organizzò degli immensi giochi in memoria del proprio padre, in funzione chiaramente auto-celebratoria [82], grazie ai quali guadagnò una notorietà che avrebbe poi sfruttato nelle successive elezioni.

Appare infine quasi superfluo sottolineare l'importanza centrale che ebbe il suo ruolo di comandante militare (*imperator*) nella vittoriosa guerra gallica, carica che gli consentì di accumulare un enorme potere personale e di consolidare il suo consenso tra le truppe, forza sociale destinata a diventare un fattore decisivo nelle successive vicende politiche di Roma durante il Principato e il Dominato: non a caso il titolo di *imperator*, che durante l'epoca Repubblicana era riservato appunto al generale vittorioso , divenne attributo generale dei *principes*. Tale prassi invalse proprio con Giulio Cesare al quale il Senato, dopo la vittoria di Munda (all'inizio del 45 a.C.), riconobbe il diritto di assumere in perpetuo il *praenomen* di *imperator*[83].

Naturalmente il rapporto tra Cesare e la costituzione repubblicana prese una piega completamente diversa dopo l'assunzione della dittatura nel 49 a.C. specialmente quando essa venne trasformata in carica decennale prima e perpetua infine[84]. Pur con tutte le forzature costituzionali, il patto triumvirale

---

1955 e M. *Kaser, Die Jurisdiktion der kurulischen Ädilen*, in *Mélanges P. Meylan*, I, Lausanne, 1963, pp. 173 ss. più di recente N. Donadio, *La tutela del compratore tra 'actiones aediliciae' e 'actio empti'*, Milano, 2004. In una prospettiva di comparazione diacronica con le regolamentazioni contemporanee della responsabilità per vizi occulti si veda invece R. Zimmermann, *The Law of Obligations*, Oxford, 1996, pp. 315 ss. Gli edili godevano inoltre di poteri di *coercitio* e in materia criminale (su questi aspetti L. Garofalo, *Il processo edilizio: contributo allo studio dei iudicia populi*, Padova, 1989 e più di recente A. Daguet-Gagey, *«Splendor aedilitatum»*, cit., pp. 107 ss.).

[79]A. Daguet-Gagey, *«Splendor aedilitatum»*, cit., pp. 336 ss.

[80]A. Daguet-Gagey, *«Splendor aedilitatum»*,, cit., pp. 235 ss.

[81]Svetonio, *Cesare* 10,1.

[82]Dione Cassio XXXVII, 8, e Plutarco, *Cesare* 5, 9. Che Cesare riservasse grande attenzione ai giochi gladiatori come strumento per il consenso ci è confermato tra l'altro anche dalla lettura di Svetonio, *Cesare* 26 che si sofferma sull'attenzione maniacale riservata da Cesare alla selezione dei gladiatori.

[83]Plutarco, *Cesare* 56, 1.

[84]Una valutazione dell'impatto della strategia costituzionale di Cesare conseguente all'assunzione della carica di dittatore in P. Cerami, *Cesare 'dictator' ed il suo progetto costituzionale: dal consociativismo al potere personale, Annali del seminario giuridico dell'Università di Palermo*, 43, 1995, pp. 431 ss.; F. Costabile, *'Novi generis imperia constituere, iura magistratuum commutare'. Concezioni costituzionali polemica e propaganda nel progetto politico di Cesare*, in *Studi in onore di A. Metro*, I, Milano, 2009, 525 ss.; e in R. Scevola, *Il civile imperium come*

si era comunque mosso (almeno formalmente) all'interno della legalità costituzionale repubblicana, in cui gli accordi elettorali tra i maggiorenti politici erano all'ordine del giorno[85], anche se quello del 60 a.C. – 'mostro a tre teste', secondo il titolo di una satira di Marco Terenzio Varrone[86] – tra Pompeo, vero *dominus* della politica romana del tempo, l'ambizioso e facoltoso Crasso e il rampante Giulio Cesare, sembrò agli occhi dei contemporanei qualcosa di più grave e pericoloso del normale mercimonio delle cariche tipico del regime oligarchico repubblicano[87]. L'assunzione della dittatura decennale segna invece indubitabilmente un cambio di passo, anche se essa va circostanziata nel peculiare contesto politico del tempo. Innanzitutto, bisogna ricordare che nel sistema istituzionale repubblicano la dittatura era una magistratura straordinaria – nel senso che non era richiesta dall'ordinamento repubblicano e veniva attivata solo in circostanze eccezionali – ma pur sempre legittima: nonostante l'*imperium* – ordinariamente suddiviso tra i due consoli – fosse in questo caso concentrato in capo a un solo magistrato, esso risultava comunque limitato sia dal punto di vista spaziale e geografico che – soprattutto, per quanto attiene alla diversa natura della dittatura di Cesare – dal punto di vista temporale[88]. Il deterioramento del prestigio di questa magistratura e il suo allontanamento dal modello repubblicano non era inoltre cominciato certo con Cesare, e non può essere a lui del tutto addebitato. Il primo a forzare il senso della magistratura della dittatura fu infatti Silla[89], il quale venne nominato

---

fondamento teorico della strategia costituzionale di Giulio Cesare, in *Homenaje al profesor Armando Torrent*, Madrid, 2016, pp. 1101 ss. Il recentissimo volume R. Morstein-Marx, *Julius Caesar and the Roman People*, Cambridge, 2021 tende a rivalutare il rapporto tra Cesare e la costituzione repubblicana, sottolineando i profili di continuità tra la sua azione politica e la tradizione precedente.

[85]Un quadro degli strumenti utilizzati per indirizzare le deliberazioni delle assemblee cittadine, specialmente nelle nomine dei magistrati, in A. Yakobson, *Elections and Electioneering in Rome: A Study in the Political System of the Late Republic*, Stuttgart 1999 e in C. Rosillo López, *La corruption à la fin de la République romaine (IIe –Ier s. av. J.-C.)*, Stuttgart 2010, pp. 57 ss.

[86]Nominata in Appiano, *Le guerre civili* 2, 9, 33.

[87]Tito Livio, *Periocha* 103 parla di *conspiratio*; Svetonio, *Cesare* 19, 2 di *coniuratio*. Sul punto L. Canfora, *Giulio Cesare*, cit., 74 ss.

[88]Caratteristica questa – chiaramente volta a compensare il carattere assoluto della potestà dittatoriale – sottolineata costantemente nelle fonti: ad esempio in Cicerone, *Leggi* 3, 3, 9 e in Pomponio *liber singularis enchiridion* in D. 1.2.2.18 (secondo cui *hunc magistratum, quoniam summam potestatem habebat, non erat fas ultra sextum mensem retineri*). Cfr. Th. Mommsen, *Disegno del diritto pubblico romano*, cit., pp. 200 ss. e F. Cassola-L. Labruna, *La repubblica* in M. Talamanca (a cura di), *Lineamenti di storia del diritto romano*, cit., pp. 164 ss.

[89]La netta contrapposizione tra le dittature 'repubblicane' e le dittature di Silla e Cesare è tradizionalmente affermata, ad esempio in Th. Mommsen, *Römisches Staatsrecht*, I, Graz, 1969 (rist. orig. Leipzig, 1887³), pp. 703 ss. Nella storiografia più recente tale contrapposizione appare più sfumata: si vedano ad esempio M. De Wilde, *The Dictatorship and the Fall of the Roman Republic*, in *Zeitschrift der Savigny-Stiftung für Rechtsgeschichte (Romanistische Abteilung)*, CXXX, 2013, 2; F. Hurlet, *La dictature de Sylla: monarchie ou magistrature républicaine? Essai*

dictator re publicae constituendae causa – carica del tutto eccentrica rispetto al tradizionale sistema repubblicano: certo è che nemmeno quest'ultimo aveva osato nominarsi dittatore decennale o addirittura perpetuo[90].

Fatte queste premesse, si cercherà nei prossimi paragrafi di proporre un quadro sintetico – certamente non esaustivo – dell'attività legislativa (nel senso appena indicato) di Giulio Cesare.

La legislazione 'tattica' del primo consolato

Quando si passa a considerare l'ispirazione complessiva che guidò Giulio Cesare nello svolgimento delle prerogative che, nel senso specificato nel paragrafo precedente, possiamo definire 'legislative', l'immagine che si ricava dal complesso delle fonti a nostra disposizione – il contenuto dei provvedimenti approvati sotto la sua egida, presentati nel presente volume, ma anche le testimonianze relative alla più complessiva 'politica legislativa' cesariana – è quantomeno ambiguo.

Appare evidente come la prima legislazione cesariana – riconducibile alla sua attività come console nel 59 a.C. – sia stata fortemente influenzata da necessità politiche 'contingenti', quando non addirittura da logiche di scambio volte a rafforzare la sua posizione politica nel caotico scacchiere politico del tempo. La circostanza, del resto, si spiega considerando il contesto nel quale Cesare ottenne la massima magistratura repubblicana ordinaria (il consolato, appunto) – ovvero l'accordo di spartizione politica con Crasso e Pompeo noto come 'triumvirato'. In esso, Cesare, che in base agli accordi ottenne com'è noto il consolato dell'anno successivo (59 a.C.) e l'attribuzione del proconsolato delle Gallie per l'anno successivo, giocava un ruolo da comprimario rispetto a Pompeo – la cui enorme influenza politica gettava un'ombra minacciosa sulle successive mosse di Cesare[91]. In questa prospettiva non deve sorprendere, dunque, che molti provvedimenti adottati durante il suo primo consolato mirino a saldare il 'debito politico' verso Pompeo, a consolidare l'alleanza politica tra i tre, nonché a rafforzare la posizione di Cesare. La sua libertà di azione politica durante quell'anno di consolato, del resto, fu pressoché totale, dal momento che il collega che divideva con lui la carica – Bibulo, vicino alla fazione catoniana – venne presto messo all'angolo,

---

d'histoire constitutionnelle, Bruxelles, 1993, 90; C. Nicolet, *Dictatorship in Rome*, in P. Baehr-M. Richter (ed.), *Dictatorship in History and Theory: Bonapartism, Caesarism, and Totalitarianism*, New York, 2004, pp. 263 ss. spec. 270.
[90]Plutarco, *Cesare* 57, 1; Appiano, *Le guerre civili* 2, 106; Cassio Dione, *Storia romana* 44, 8, 4.
[91]Plutarco, *Pompeo* 47, 9.

tanto che i *rumores* nell'Urbe chiamavano quello del 59 a C. il consolato di 'Giulio e Cesare'[92].

I provvedimenti legislativi adottati su iniziativa di Cesare per tutelare gli interessi del triumviro Pompeo mirarono complessivamente ad affrontare le conseguenze della sua campagna militare in Oriente. In particolare, Cesare mirò a sistemare la situazione di fatto creatasi a seguito della riorganizzazione territoriale operata da Pompeo e a dare soddisfazione ai militari che avevano partecipato alla vittoriosa campagna.

Cesare infatti, da un lato, ottenne la ratifica *ex post* del riassetto costituzionale, dettato da Pompeo in conseguenza della sconfitta di Mitridate VI re del Ponto, che aveva comportato l'istituzione delle nuove provincie di Bitinia-Ponto e Siria[93]. Questa riforma era stata pesantemente contestata dalla *factio* sillana e in particolare da Lucullo: col provvedimento *de actis Pompei confirmandi*s Cesare – che era stato legato alla corte di Bitinia presso Nicomede IV[94] – fece approvare dal *populus* riunito in assemblea la sanzione della legittimità dell'azione di Pompeo che il Senato, ancora controllato dal partito degli *optimates*, si era rifiutato di riconoscere[95].

Da un altro punto di vista, come detto, Cesare spese non solo il potere consolare di iniziativa legislativa, ma tutta l'influenza derivante dalla sua posizione politica per fare approvare una *lex agraria* che avrebbe redistribuito parti dell'*ager publicus* ai veterani che avevano militato nell'esercito pompeiano in quella campagna[96]. Si è discusso, tra gli interpreti moderni, se Cesare durante il suo consolato del 59 a.C. abbia effettivamente emanato due *leges agrariae* – la *lex Iulia agraria* e la *lex agraria campana* di cui daremo conto nel paragrafo successivo – o una sola *lex* avente come oggetto la ridistribuzione di *ager publicus*, che le fonti richiamerebbero in modi differenti: l'opinione ad oggi predominante riconosce l'esistenza di due provvedimenti

---

[92]Si veda il divertito racconto del pur non filo-cesariano Svetonio in *Cesare* 20, 2.

[93]Sulla spedizione militare in Oriente di Pompeo – e, più in generale, sul rapporto dello stesso con il mondo provinciale – risulta utile la lettura del recente volume di K. Morrell, *Pompey, Cato, and the Governance of the Roman Empire*, Oxford-New York, 2017, pp. 57 ss.

[94]Note le voci che circolarono al tempo – ripetute ancora dai soldati decenni dopo gli avvenimenti – su una presunta relazione amorosa tra Cesare e Nicomede IV di Bitinia e riportate in Svetonio, *Cesare*, 49.

[95]Plutarco, *Pompeo* 48. La prassi della ratifica ex post di provvedimenti normativi aventi caratteri pubblicistici si ripeterà poco dopo (nel 44 a.C.), quando sarà Antonio a fare approvare – in seguito alla morte di Cesare – una *lex Antonia de actis caesaris confirmandis* con cui si ratificheranno i provvedimenti cesariani e contro cui si scatenerà la polemica di Cicerone (su alcuni aspetti si veda P. Buongiorno, *La 'lex' in Cicerone al tempo delle 'Philippicae'. Fra teoria e prassi politica*, in J.-L. Ferrary (a cura di), *Leges publicae. La legge nell'esperienza giuridica romana*, Pavia, 2012, 545 ss.).

[96]Cassio Dione, *Storia romana* 37, 1, 3.

distinti[97] e volti alla tutela di diversi segmenti sociali, ovvero i veterani di Pompeo da un lato e i *proletarii* dell'Urbe dall'altro; entrambi i provvedimenti, peraltro, trovarono l'opposizione del Senato e del partito degli *optimates*, da sempre contrario alla ridistribuzione di terre appartenenti all'*ager publicus98*.

Questo provvedimento era atteso da tempo dalla fazione pompeiana[99] e la sua approvazione rappresentò una prova di forza e di intelligenza politica da parte di Cesare. Una *rogatio* per l'approvazione di una legge che gratificasse i veterani di Pompeo era stata proposta l'anno precedente (60 a.C.) dal tribuno della plebe L. Flavio, senza successo[100]. Cesare si mosse abilmente, cercando innanzitutto l'appoggio di Cicerone – potenziale mediatore con gli *optimates* che controllavano il Senato[101]; in seguito, riuscì a fiaccare sia la resistenza del Senato, che durante la discussione sul provvedimento rivelò un atteggiamento ostruzionistico, che, soprattutto, quella del 'collega' Bibulo, che tentò di bloccare l'approvazione della legge da parte dei comizi indicendo il 'periodo sacro' durante il quale non sarebbe stato possibile convocare le assemblee popolari[102]; Cesare, come anticipato, fece valere la sua carica di *pontifex maximum* e riuscì – non senza polemiche[103] – a vanificare il tentativo di Bibulo[104].

Sebbene sia stato senz'altro Pompeo, in quanto personaggio più influente del triumvirato, il maggior beneficiario dell'attività legislativa di Cesare durante il consolato del 59 a.C., anche Crasso vide tutelati gli interessi suoi e dei segmenti sociali che lo sostenevano da provvedimenti emanati su iniziativa di Cesare. Questo è il caso soprattutto della *lex de publicanis*, con

---

[97] G.M. Oliviero, *La riforma agraria di Cesare e l'ager Campanus*, in G. Franciosi (a cura di), *La romanizzazione della Campania antica*, I, Napoli, 2002, 269 ss. Una datazione di due provvedimenti è stata proposta in L. Ross Taylor, *The dating of major legislation and elections in Caesar's first consulship*, in *Historia. Zeitschrift Fur Alte Geschichte*, 17, 1968, pp. 173 ss.

[98] Un'agile ricostruzione del travagliato percorso della legislazione agraria del primo consolato cesariano in L. Fezzi, *Il dado è tratto. Cesare e la resa di Roma*, Bari-Roma, 2017, pp. 75 ss.

[99] Come sottolineato ad esempio da E. Gabba, *Ricerche sull'esercito professionale romano da Mario ad Augusto*, in *Athenaeum*, 29 (3-4), 1952, pp. 7 ss. (= *Esercito e società nella tarda repubblica romana*, Firenze, 1973, pp. 113 ss.)

[100] Sul piano di riforma agraria di L. Flavio ci informa Cicerone, *Epistole ad Attico* I, 19, 4; I, 18, 62 (e indirettamente Cassio Dione, *Storia romana* 37, 50): cfr. E. Gabba, *Lex Plotia agraria*, in *La parola del passato*, 5, 1950, pp. 66 (= *Esercito e società*, cit., pp. 444 ss.); R.E. Smith, *The lex Plotia agraria and Pompey's Spanish veterans*, in *The Classical Quarterly*, 7(1-2), 1957, pp. 82 ss.; B.A. Marshall, *The 'Lex Plotia agraria'*, in *Antichthon*, 6, 1972, pp. 43 ss.

[101] Dell'abboccamento di Cicerone da parte di Cesare ci dà conto lo stesso Arpinate in un brano delle sue *Epistole ad Attico* II, 3, 3-4.

[102] Tito Livio, *Periocha* 103: *Leges agrariae a Caesare cos. cum magna contentione invito senatu et altero cos. M. Bibulo latae sunt.*

[103] Dal momento che Cesare arrivò a scacciare con le armi il collega Bibulo dal comizio radunato nel Foro, come racconta Svetonio, *Cesare* 20, 1.

[104] Della vicenda della proclamazione del 'periodo sacro' e della reazione di Cesare ci dà conto Plutarco, *Cesare* 14, 3-4.

cui si diminuiva di un terzo le somme dovute dai *publicani* della provincia d'Asia: i *publicani* erano, com'è noto, soggetti privati a cui era appaltata la riscossione delle imposte, una parte della quale doveva essere inviata a Roma mentre il restante rappresentava la remunerazione per la loro attività[105]. Il taglio della quota dovuta alla *res publica* favoriva naturalmente in primo luogo gli stessi esattori, che appartenevano perlopiù alla classe degli *equites*, la quale costituiva a sua volta la principale base di consenso di Crasso[106]. Non bisogna però sottovalutare un'implicazione indiretta di questo provvedimento cesariano: spesso, infatti, le modalità di raccolta delle imposte erano estremamente dure – se non addirittura illegali, come dimostra tra l'altro la vicenda anche processuale di Verre – per cui un alleggerimento della pressione sugli esattori si sarebbe tradotto anche in un miglioramento delle condizioni delle popolazioni provinciali, finalità questa che, come vedremo nel paragrafo successivo, si innestava in un più vasto progetto politico cesariano[107].

Accanto a queste leggi più o meno esplicitamente volte a saldare i rapporti tra i protagonisti del triumvirato, l'anno di consolato di Cesare vide anche l'adozione di un provvedimento ispirato da immediate contingenze geopolitiche, che ebbe poi ripercussioni di medio periodo proprio sulla personale vicenda politica e personale di Cesare: la cosiddetta *lex Iulia de rege alexandrino* infatti riconosceva il re d'Egitto Tolomeo XII detto Aulete come amico ed alleato del popolo romano (*socius atque amicus populi Romani*). Il provvedimento era chiaramente ispirato a ragioni di politica internazionale, inserendosi in particolare nella complicata situazione dinastica venutasi a creare nel regno d'Egitto dopo la morte di Tolomeo XI: con esso si appoggiavano evidentemente le pretese al trono dell'Aulete, riconosciuto al contempo legittimo re di Alessandria e amico di Roma, in quanto ritenuto soggetto facilmente manovrabile e piegabile agli interessi di Roma[108]. A queste

---

[105]Sui *publicani* e sulla loro posizione nell'ordinamento giuridico romano M.R. Cimma, *Ricerche sulle societa di pubblicani*, Milano, 1981 e L. Maganzani, *Pubblicani e debitori d'imposta: ricerche sul titolo edittale De publicanis*, Torino, 2002. Riguarda la questione da un interessante punto di vista di analisi economica del diritto U. Malmendier, *Societas publicanorum*, Köln-Weimar-Wien, 2002.

[106]Il quale infatti aveva invocato tale provvedimento almeno sin dal 61 a.C., come testimoniano alcuni passaggi dell'epistolario ciceroniano (*Epistole ad Attico* I, 17, 9; I, 18, 7 e II, 1, 8).

[107] Su tutti questi aspetti, da ultima, C. Minasola, *La lex Iulia de publicanis: un 'prezzo' pagato a Crasso all'ombra del primo triumvirato*, in Iuris antiqui historia: an international journal on Ancient Law, 12, 2020, 133 ss.

[108]L'anno successivo, nel 58 a.C., Tolomeo fu destituito dal trono e il partito del triumvirato tornò a fare pesare la sua influenza, procedendo nel 55 a.C. alla sua restaurazione sul trono grazie all'intervento del procuratore pompeiano della Siria, Aulo Gabinio. La ragione della malleabilità di Tolomeo Aulete agli interessi di Roma risiede nell'esistenza del testamento del suo predecessore Tolomeo XI, che di fatto autorizzava Roma ad annettere l'Egitto come provincia e che rappresentava perciò una potente arma di ricatto verso il successore. Conosciuto il tenore di questo testamento, Cicerone si era opposto all'annessione dell'Egitto in una serie di orazioni – di cui

considerazioni 'geopolitiche' si assommano però interessi personali, dal momento che i due maggiorenti del triumvirato otterranno da Tolomeo XII, in cambio del riconoscimento del suo status di sovrano, la considerevole somma di 6000 talenti. Per ironia del destino, alla morte dell'Aulete (51 a.C.) sul trono d'Egitto succederà la diciottenne Cleopatra, che tanta parte avrà nel futuro politico ed esistenziale di Cesare.

Le linee della politica legislativa cesariana

Cesare esercitò il suo potere di iniziativa legislativa con profonda consapevolezza delle sue implicazioni politiche, non solo di quelle di breve periodo – come dimostrano i provvedimenti volti a cementificare l'alleanza triumvirale e a gestire problemi 'geopolitici' contingenti – ma anche di quelle di lungo periodo: egli seppe infatti affrontare questioni rimaste insolute durante la crisi che aveva scosso la Repubblica nei decenni precedenti.

Il progetto riformatore di Cesare si può a mio avviso ricondurre a tre principali direttrici: la tutela di *proletarii* e fasce della popolazione italica impoverite da anni di guerre civili e incertezza politica; il miglioramento dell'amministrazione periferica, che era teatro di gravi fenomeni di corruzione che spesso assumevano la forma di un vero e proprio sfruttamento delle popolazioni locali; la promozione di valori sociali tradizionali. Si trattava di questioni rimaste insolute, sul tavolo della politica romana, quantomeno dall'epoca dei Gracchi[109], e che rappresentavano in qualche modo 'l'eredità di Annibale', ovvero il portato degli sconvolgimenti prodotti sulla cultura e sull'assetto istituzionale e sociale romano dalla guerra annibalica[110].

Il primo ambito di intervento ha riguardato la tutela delle ampie fasce di popolazione rimaste escluse dall'arricchimento conseguente all'espansione imperialista della repubblica. Si tratta della politica cesariana più schiettamente riconducibile all'ideologia (cosiddetta) *popularis*[111].

---

rimangono pochissime attestazioni e di cui è pertanto difficile ricostruire contenuto e datazione (cfr. comunque J. W. Crawford, *M. Tullius Cicero: the fragmentary speeches*, Atlanta, 1994, pp. 43 ss.).

[109]Una sintesi in F. Costabile, *Storia del diritto pubblico romano*, Reggio Calabria, 2012³, 165 ss.

[110]Il riferimento è naturalmente alla ricostruzione dell'impatto delle guerre annibaliche e della conseguente espansione commerciale e militare fornito dal classico di A.J. Toynbee *L'eredità di Annibale. Le conseguenze della guerra annibalica nella vita romana I. Roma e l'Italia prima di Annibale*, Torino, 1981 e *Il. Roma e il Mediterraneo dopo Annibale*, Torino, 1983 (ed. orig. Oxford, 1965).

[111]Sulle categorie di *populares* e *optimates*, ancora correntemente usate nello studio della politica romana di età repubblicana si può fare riferimento alle classiche voci enciclopediche di C. Meier, *Populares*, in *Realencyclopädie der Classischen Altertumswissenschaft Pauly-Wissowa*, Suppl. 10, 1965, coll. 549 ss. e H. Strasburger, *Optimates*, in *Realencyclopädie der Classischen Altertumswissenschaft Pauly-Wissowa*, 18.1, 1939, coll. 773 ss.. Una panoramica dei 'programmi

Il primo corno della politica a favore del sottoproletariato italico riguardò la ridistribuzione di terre. Dopo aver consolidato la sua posizione, sconfiggendo Bibulo e rafforzando i suoi rapporti con Pompeo (con l'emanazione, tra l'altro, della *lex de actis Pompeis confirmandis* e della prima *lex agraria*) e Crasso (con l'approvazione della *lex de publicanis*), Cesare fece approvare un seconda *lex agraria*, che completava ed estendeva il disegno inaugurato dall'altra legge, menzionata sopra, mirante a ridistribuire le terre ai veterani di Pompeo: con essa si assegnavano alla plebe urbana (20000 cittadini aventi tre figli o più, scelti senza sorteggio) lotti (di circa 10 iugeri) delle fertili terre dell'*ager publicus campanus*[112], escluse quelle già assegnate ai legionari di Pompeo.

La storia agraria di Roma[113] – e delle forme giuridiche che assunse la concessione di terre complessivamente sottoposte alla signoria del *populus romanus*[114] – è complessa e attraversata da conflitti secolari: il precario equilibrio tra i contrapposti interessi della *nobilitas* e delle classi popolari venne meno con la crisi economica e sociale del II secolo a.C.[115], che condusse ai tentativi di riforma dei Gracchi i quali, in qualità di tribuni della plebe avevano proceduto alla (per molti versi radicale) riforma agraria del 111 a.C.[116], in seguito smantellata dal Senato in mano agli *optimates*[117]. Il conflitto si protrasse durante tutto il periodo di crisi della Repubblica, come testimoniato

---

politici' delle due fazioni al tempo di Cesare anche in F. De Martino, *Storia della costituzione romana*, III, cit., pp. 132 ss. Per una revisione della sterminata bibliografia sul tema si vedano da ultimi J.-L. Ferrary, *Optimates et populares. Le problème du rôle de l'idéologie dans la politique*, in *Die späte römische Republik. Un débat franco-allemand d'histoire et d'historiographie*, Rome, 1997 e M. Robb, *Beyond populares and optimates: political language in the late Republic*, Stuttgart, 2010.

[112]Le distribuzioni di terra in Campania attuate in base a questa legge corrispondono probabilmente alla colonizzazione di Capua.

[113]Sul complessivo sviluppo della storia agraria romana rimane imprescindibile M. Weber, *Storia agraria romana dal punto di vista del diritto pubblico e privato*, Milano, 1967 (ed. orig. Stuttgart, 1891).

[114]Sulle diverse forme giuridiche che poteva assumere l'*ager publicus* in epoca repubblicana, oltre ai classici Bozza, Burdese, si può fare riferimento a L. Capogrossi Colognesi, *Le regime de la terre à l'epoque republicaine*, in *Terre et paysans dependants dans les societes antiques: colloque internationale tenu à Besancon les 2 et 3 mai 1974*, Parigi, 1979, 313 ss. (= in *Scritti scelti*, I, Napoli, 2010, 73 ss.) e, più di recente, S. Roselaar, *Public land in the Roman Republic a social and economic history of ager publicus in Italy, 396-89 BC*, New York, 2010.

[115]Un affresco in F. De Martino, *Storia della costituzione romana*, III, cit., pp. 10 ss.

[116]Sulla riforma agraria portata avanti dai Gracchi la bibliografia è sterminata. Rimangono imprescindibili i classici lavori di C. Nicolet, *Les Gracques: crise agraire et revolution a Rome*, Parigi, 2014 e E. Gabba, *Il tentativo dei Gracchi*, in *Storia di Roma 2. L'impero mediterraneo. I. La repubblica imperiale*, Torino, 1990, pp. 671 ss. Sugli aspetti più propriamente giuridici della *lex Sempronia* del 111 a.C. da ultimo S. Sisani, *L'ager publicus in età graccana (133–111 a.C.). Una rilettura testuale, storica e giuridica della lex agraria epigrafica*, Roma 2015.

[117] R. Develin, *The dismantling of the Gracchan agrarian programme*, in *Antichthon*, 13, 1979, pp. 48 ss.

anche dalle diverse proposte di riforma presentate negli anni immediatamente precedenti al consolato di Cesare. In particolare, nel 63 a.C. il tribuno della plebe P. Servilio Rullo aveva proposto un'ambiziosa riforma agraria, contro la quale però si levarono gli scudi degli *optimates* – tra cui lo stesso console Cicerone, che pronunciò tre note orazioni contro la legge voluta dal tribuno[118] – che finirono per impedirne l'approvazione[119]. Non sorprende allora che Cesare, prima di procedere alla *rogatio* della legge, si sia rivolto proprio all'Arpinate per cercare il suo appoggio politico (fondamentale per raggiungere una mediazione col partito degli *optimates*)[120] e, soprattutto, che abbia smussato l'impatto delle sue riforme agrarie con delle clausole di salvaguardia a tutela degli interessi dei grandi proprietari[121]: in particolare, vennero escluse dalla ridistribuzione le *possessiones sullanae*, ovvero le terre occupate da nobili e cavalieri durante il periodo sillano. Al contempo, però, il console blindò l'applicazione delle due leggi imponendo tanto al Senato quanto ai magistrati chiamati ad applicarla il giuramento di osservare le disposizioni ivi contenute, mostrando di avere la consapevolezza che non sarebbe stata sufficiente l'approvazione di un provvedimento legislativo a cambiare i rapporti tra le forze in campo[122].

La politica *popularis* di Cesare, volta a migliorare la condizione del sottoproletariato urbano, si rivolse poi, durante la dittatura, anche al problema del sovra-indebitamento, diffusissimo tra i ceti meno agiati. Il fenomeno, che pure ha caratterizzato la storia di Roma fin dai tempi più antichi, aveva assunto negli ultimi decenni della Repubblica dimensioni preoccupanti[123]. Anche in questo caso, Cesare si muoveva nel solco delle tante proposte *populares* di

---

[118]Cfr. F. Fontanella, *L'orazione De lege agraria: Cicerone e il Senato di fronte alla riforma di P. Servilio Rullo (63 a.C.)*, in *Athenaeum*, 93, 2005, 149 ss.

[119]Sulla *rogatio* e la sua vicenda si vedano E. Gabba, *Nota sulla Rogatio agraria di P. Servilio Rullo*, in R. Chevallier (a cura di), *Mélanges d'archéologie et d'histoire offerts à A. Piganiol*, Parigi, 1966, pp. 769 ss.; J. L. Ferrary, *Rogatio Servilia agraria*, in *Athenaeum*, 66, 1988, pp. 141 ss.; di recente anche L. Minieri, *La rogatio agraria di Servilio Rullo*, in *Ager Campanus. Atti del Convegno internazionale*, cit., pp. 45 ss.

[120]Si legga il brano di Cicerone, *Lettere ad Attico* II, 3, 3-4. Su questa testimonianza si sofferma L. Canfora, *Giulio Cesare*, cit., 71 s.

[121]Così Cassio Dione, *Storia romana* 37, 1.1 ss.

[122]C. Corsana, *Riflessioni sulle Leges Iuliae agrariae del 59 a.C.: giuramento collettivo e principio di inabrogabilità nel II libro delle Guerre Civili di Appiano*, in *Rendiconti Accademia dei Lincei*, serie 9, 12, 2001, pp. 259 ss.

[123]Sulle condizioni sociali ed economiche che condussero a tale impressionante sovra-indebitamento, tra i moltissimi lavori, si segnalano i classici M. Rostovtzeff, *Storia economica e sociale dell'impero romano*, Firenze, 1965 (ed. orig. Oxford 1926) pp. 22 ss.; J.-P. Royer, *Le problème des dettes à la fin de la République romaine*, in *RHD*, 45, 1967, pp. 191 ss. e 407 ss., spec. pp. 232 ss. e 407 ss.; P. A. Brunt, *Classi e conflitti sociali nella Roma repubblicana*, Roma-Bari, 1976 (ed. orig. London, 1971), pp. 39 ss. Più di recente A. Collins-J. Walsh, *Debt deflationary Crisis in the late Roman Republic*, in *Ancient Society*, 45, 2015, pp. 125 ss.

riforma avanzate negli anni immediatamente precedenti, molto radicali e per questo ferocemente osteggiate dal Senato e dagli *optimates*, che spesso di quei debiti erano i creditori[124]: il programma politico di Catilina ad esempio, che venne percepito come radicalmente eversivo dagli esponenti della élite senatoria, minacciava la totale remissione dei debiti[125], cui si accenna con l'espressione *tabulae novae*, stando a significare la materiale cancellazione delle tavolette cerate ove era segnato l'ammontare del dovuto[126].

Cesare, anche in questo caso, seppe mediare tra gli interessi degli *optimates* e quelli dei ceti popolari[127]. I due provvedimenti in cui si articola l'intervento cesariano sono assunti a tre anni di distanza: nel 49 a.C. il *dictator* fa approvare la *lex de pecuniis mutuis* e poi, nel 46 a.C., provvede all'emanazione della *lex de bonis cedendis*[128]. Quanto al primo provvedimento legislativo, ne è stata discussa la forma giuridica: se la dottrina maggioritaria interpreta il provvedimento come una *lex rogata*[129], non sono mancati studiosi che vi hanno visto una *lex data*[130] o addirittura un provvedimento non legislativo[131]. Quanto al secondo provvedimento – la *lex Iulia* citata tra gli altri in Gaio, 3.78[132], nella rubrica del Codice Teodosiano, 4.20[133] e nel testo della costituzione degli imperatori Diocleziano e Massimiano riportata in C.I.

---

[124]M.W. Frederiksen, *Caesar, Cicero, and the Problem of Debt*, in *Journal of Roman Studies*, 56, 1966, pp. 128 ss.

[125]Su questo aspetto del programma dei catilinari si sofferma in particolare R. Scalais, *Aspect financier de la conjuration de Catilina*, in LEC, 8, 1939, pp. 487 ss.

[126]Così ad esempio in Sallustio, *La congiura di Catilina* 21. Una ricognizione dell'espressione 'tabulae novae' ad indicare le pretese alla cancellazione dei debiti e, più in generale, una panoramica sul problema dell'indebitamento alla fine della Repubblica in M.P. Piazza, *'Tabulae Novae'. Osservazioni sul problema dei debiti negli ultimi decenni della repubblica*, in *Atti del II Seminario Romanistico Gardesano (12-14 giugno 1978)*, Milano, 1980, pp. 38 ss.

[127]F. De Martino, *Storia della costituzione romana*, III, cit., p. 220.

[128]*Per una prima ricognizione dei problemi principali e della bibliografia su questi provvedimenti cesariani si veda C. Russo Ruggeri, Diamo a Cesare quel che è di Cesare: osservazioni sulle cc.dd. "Leges Iuliae de pecuniis mutuis" e de "Bonis cedendis"*, in *Iuris Vincula. Studi in onore di Mario Talamanca*, VII, Napoli, 2001, pp. 129 ss.

[129]Così ad esempio G. Rotondi, *Leges publicae*, cit., p. 415.

[130] Ad esempio M. Gelzer, *Caesar: Der Politiker und Staatsmann (Neudruck der Ausgabe von 1983)*. Stuttgart, 2008, p. 203.

[131] M.P. Piazza, *'Tabulae Novae'*, cit., pp. 93 ss.; A. Saccoccio, *Un provvedimento di Cesare del 49 a.C. in materia di debiti*, in S. Tafaro (a cura di), *L'usura ieri ed oggi. Convegno su "L'usura ieri ed oggi" Foggia, 7-8 aprile 1995*, Bari, 1997, pp. 99 ss. (l'autore è poi tornato sul punto di recente in *Aliud pro alio consentiente creditore in solutum dare*, Milano, 2008, pp. 270 ss.)

[132] Gaio, 3.78 *Bona autem veneunt aut vivorum aut mortuorum: vivorum, velut eorum, qui fraudationis causa latitant nec absentes defenduntur; item eorum, qui ex lege Iulia bonis cedunt; item iudicatorum post tempus, quod eis partim lege XII tabularum, partim edicto praetoris ad expediendam pecuniam tribuitur. mortuorum bona veneunt velut eorum, quibus certum est neque heredes neque bonorum possessores neque ullum alium iustum successorem existere.*

[133]Intitolata appunto *Qui bonis ex lege iulia cedere possunt.*

7.71.4[134] – parte degli studiosi è incline a negarne la paternità cesariana e ad attribuirla piuttosto ad Augusto, altri addirittura a negarne la storicità.

Nel complesso, comunque, si è concordi nell'identificare nell'iniziativa legislativa cesariana un impulso fondamentale per lo sviluppo della *cessio bonorum*, che rappresentò a sua volta una tappa fondamentale nell'affermazione di una più moderna forma di processo esecutivo[135]: in virtù della *cessio bonorum*, il debitore insolvente poteva evitare che il creditore si rifacesse sul suo patrimonio nelle gravose forme della *bonorum venditio[136]* – esecuzione forzata sull'intero patrimonio, che poteva comportare anche la sanzione dell'*infamia* per il debitore[137] – cedendo volontariamente i cespiti attivi del suo patrimonio ai creditori mediante una dichiarazione al Pretore[138]. L'esatta ricostruzione del ruolo dei provvedimenti cesariani nel processo genetico di questo istituto è però discussa[139]. Secondo parte degli studiosi, esso sarebbe stato introdotto in via eccezionale con il provvedimento 'congiunturale' ed emergenziale del 49 a.C., emanato al ritorno dalla campagna di Spagna e

---

[134]Corpus Iuris, 7.71.4 *Imperatores Diocletianus, Maximianus Legis Iuliae de bonis cedendis beneficium constitutionibus divorum nostrorum parentium ad provincias porrectum esse, ut cessio bonorum admittatur, notum est: non tamen creditoribus sua auctoritate dividere haec bona et iure dominii tenere, sed venditionis remedio, quatenus substantia patitur, indemnitati suae consulere permissum est. 1. Cum itaque contra iuris rationem res iure dominii teneas eius qui bonis cessit creditorem te dicens, longi temporis praescriptione petitorem submoveri non posse manifestum est. Quod si non bonis eum cessisse, sed res suas in solutum tibi dedisse monstretur, praeses provinciae poterit de proprietate tibi accommodare notionem.*

[135] Che l'introduzione della *cessio bonorum* rappresentasse un passaggio decisivo verso la spersonalizzazione dell'esecuzione forzata è affermato con particolare nettezza da Th. Mommsen, *Storia di Roma*, II.2, cit., 1177. Una panoramica dell'evoluzione storica delle forme di processo esecutivo nel diritto romano si può leggere nelle voci enciclopediche di G. Longo, *s.v. Esecuzione forzata*, in *Novissimo Digesto Italiano*, VI, Torino 1960, 713 ss. e P. Voci, s.v. *Esecuzione forzata (drititto romano)*, in *Enciclopedia del diritto*, 15, 1966, 422 ss. nonché nel manuale di M. Kaser-K. Hackl, *Das römische Zivilprozessrecht*, München, 1996, pp. 383 ss.

[136]V. Giuffrè, *Sull'origine della bonorum venditio come esecuzione patrimoniale*, in *Labeo 39, 1993, pp. 317 ss.* e, più di recente, V. Carro, *Autorità pubblica e garanzie nel processo esecutivo romano*, Torino, 2018, con ulteriori riferimenti.

[137]Si è però anche ipotizzato che anche la *cessio bonorum* potrebbe originariamente aver ancora implicato l'infamia: cfr. F. Woeß, *Personalexekution und cessio bonorum im römischen Reichsrecht*, in*Zeitschrift der Savigny-Stiftung für Rechtsgeschichte. Romanistische Abteilung*, 43, 1922, pp. 485 ss.

[138]Le testimonianze della giurisprudenza su questo istituto del processo esecutivo romano sono state raccolte dai compilatori giustinianei nel titolo 42,3 del Digesto. Sulla *cessio bonorum*, oltre alla trattazioni generali in M. Kaser–K. Hackl, *Das römische Zivilprozessrecht*, cit., pp. 405 ss., si vedano – con specifico riferimento al periodo qui preso in riferimento – le ricerche di V. Giuffré (*Profili politici ed economici della cessio bonorum*, in *Rivista di studi salerntitani*, 7, 1971, 1 ss.; *Sulla cessio bonorum ex decreto Caesaris*, in *Labeo*, 30, 1984, 90 ss.) e L. Peppe , *Studi sull'esecuzione personale* I. *Debiti e debitori nei primi due secoli della Repubblica romana*, Milano, 1981, pp. 105 ss.

[139]Una panoramica e una discussione delle diverse tesi, con ragguagli bibliografici ai principali studi sul tema, in C. Russo Ruggeri, *Diamo a Cesare quel che è di Cesare*, cit.

subito prima di ripartire per Brindisi – in una situazione sociale incandescente140 – e sarebbe stato poi ripreso e regolamentato compiutamente dalla *lex* del 46 a.C.[141] Secondo gli autori che negano la paternità cesariana di questo secondo provvedimento, la definitiva introduzione di questo meccanismo processuale sarebbe da ascrivere a una successivo provvedimento augusteo, forse un capitolo della *lex Iulia iudiciorum privatorum* che riformò complessivamente il processo civile romano[142]. Infine, per chi nega la stessa storicità della *lex de bonis caedendis*, la *bonorum cessio* si sarebbe andata stabilizzando grazie all'attività giurisdizionale del Pretore, "per progressiva dilatazione e regolamentazione, nell'ambito dell'elaborazione del *ius honorarium*, del principio posto da Cesare" nel provvedimento del 49 a.C.[143].

Un secondo importante filone che innerva la politica legislativa di Cesare è quello relativo alla riforma dell'ordinamento delle articolazioni periferiche della *res publica*. Cesare fu tra quanti compresero che la forma di stato romana si stava evolvendo in senso imperiale – nel senso dunque di struttura istituzionale policentrica – e cercò una riforma complessiva delle strutture di organizzazione amministrativa dei territori sottoposti al dominio di Roma [144], intervenendo tanto sul sistema provinciale che su quello municipale145.

Quanto al primo profilo, la creazione, a seguito delle guerre contro Annibale, di un'articolazione territoriale (la provincia) complessivamente sottoposta all'autorità di un magistrato romano (un promagistrato: propretore o proconsole), aveva ben presto posto seri problemi di gestione del potere, in

---

[140]Come affermato dallo stesso Cesare *Guerra civile* 3, 1, 2-3 nel giustificare l'assunzione di tale provvedimento.

[141]Così tra i tanti Th. Mommsen, *Storia di Roma antica II.2 La fondazione della monarchia militare*, Firenze, 2001, II.2, cit., p. 1176 s. e M.W. Frederiksen, *Caesar, Cicero, and the Problem of Debt*, cit., pp. 137 ss.

[142] In questo senso, con cautela, M. Marrone, *Note di diritto romano sul cd. Beneficium competentiae*, in *Annali del seminario giuridico dell'Università di Palermo*, 36, 1976, pp. 1 ss., p. 6 e J.-P. Royer, *Le problème des dettes*, cit., 450.

[143]Così in particolare V. Giufffrè, *La c.d. lex Iulia de bonis caedendis*, cit., p. 190; in modo analogo anche P.P. Pinna Parpaglia, *La "lex iulia de pecuniis mutuis" e la opposizione di Celio*, in *Labeo*, 22, 1976, pp. 30 ss, spec. 46 ss. Nega un collegamento tra il provvedimento del 49 e quello del 46 a.C. anche A. Saccoccio, *Un provvedimento*, cit., p. 143 s., sottolineando le differenze procedurali tra le due regolamentazioni.

[144]Questa è la posizione ad esempio di Th. Mommsen, *Storia di Roma antica II.2*, cit., pp. 1187 ss. e spec. 1201 e F. Vittinghoff, *Römische Kolonisation und Bürgerrechtspolitik unter Caesar und Augustus*, Wiesbaden, 1951, p. 57. Pur riconoscendo la lucidità di Cesare nella gestione della questione della cittadinanza e delle strutture periferiche della *res publica*, appare meno idealizzata la ricostruzione di G. Luraschi, *La questione della cittadinanza nell'ultimo secolo della Repubblica*, in *Res publica e princeps. Atti del Convegno Internazionale di Copanello*, Napoli, 1996, pp. 35 ss., spec. 84 ss.

[145] Una panoramica delle forme giuridiche e costituzionali di amministrazione del territorio assoggettato a Roma in F. De Martino, *Storia della costituzione romana*, IV.2, Napoli, 1975².

particolare per quanto attiene al rapporto tra le istituzioni romane e le popolazioni locali[146]. Il fenomeno del malgoverno, quando non addirittura del calcolato sfruttamento delle popolazioni provinciali da parte dei magistrati romani, era emerso ben presto, così come i tentativi di 'giuridicizzare' l'operato dei governatori provinciali, sottoponendone l'azione al vaglio di istanze giurisdizionali[147] – e il processo a Verre di pochi anni prima era stato un esempio lampante di entrambe le tendenze.

Con uno dei primi provvedimenti adottati durante il suo primo consolato del 59 a.C. – la *lex Iulia de repetundis* – Cesare diede ad esempio una spinta fondamentale all'elaborazione del *crimen* cosiddetto *de pecuniis repetundis*, equivalente al moderno reato di concussione[148], con cui venivano cioè puniti i soggetti – magistrati o privati cittadini incaricati di pubblico servizio (i *publicani*, appunto) – che si fossero indebitamente appropriati di beni delle popolazioni provinciali o di beni appartenenti all'erario romano[149]. Il già citato processo contro Verre riguardava proprio questa accusa. Tale fattispecie criminosa si riferisce infatti alla pratica, come detto assai diffusa soprattutto tra i magistrati provinciali, di farsi consegnare ingenti somme di

---

[146]Il periodo per così dire 'imperialistico' della Repubblica era iniziato nel III secolo a.C., in particolare con le guerre puniche, e aveva condotto alla costituzione della prima provincia, quella di Sicilia. L'istituzione provinciale segna una svolta epocale nella struttura costituzionale di Roma, che fino ad allora aveva proceduto ad inglobare le popolazioni italiche o attraverso *foedera* – ovvero trattati di diritto internazionale – o attraverso la concessione della cittadinanza a singole *coloniae*, la cui popolazione era così inserita nel sistema delle *centuriae* e delle *curiae* che reggeva il governo dell'Urbe (si veda in particolare il bel saggio di G. Luraschi, *Foedus ius Latii civitas. Aspetti costituzionali della romanizzazione in Transpadana*, Padova, 1979): sull'evoluzione delle forme di organizzazione del territori conquistati, oltre a F. De Martino, *Storia della costituzione romana*, IV.2, Napoli, 1975², ci sono le recenti visioni di sintesi in U. Vincenti, *Le forme costituzionali della Repubblica romana*, cit., pp. 94 ss e A. Petrucci, *Corso di diritto pubblico romano*, cit., pp. 399 ss.

[147]Questo aspetto è particolarmente valorizzato nelle ricerche di James Bryce sui caratteri dell'imperialismo romano (spesso messo a contrasto con quello britannico in India): cfr. J. Bryce, *The Roman Empire and the British Empire in India*, in *Two Historical Essays*, London, 1914, pp. 1 ss.

[148]Sui profili di continuità e di discontinuità tra il *crimen repetundarum* e il moderno reato di concussione si possono leggere i contributi di N.D. Luisi, *Considerazioni sulla determinatezza normativa della legislazione romana in materia di crimen repetundarum*, in G. Fornasari-N.D. Luisi, *La corruzione: profili storici, attuali, europei e sovranazionali*, Padova, 2003, pp. 163 ss. e C. Venturini, *Concussione e corruzione: origine romanistica di una problematica attuale*, in *Studi in onore di A. Biscardi*, VI, Milano, 1987, pp.133 ss. (= in *Scritti di diritto penale romano*, Padova, 2015, pp. 547 ss.).

[149]Sui profili generali della storia del *crimen* in parola rimangono fondamentali le voci enciclopediche U. Brasiello, *Concussione (diritto romano)*, in Enciclopedia del diritto, VIII, 1961, pp. 679 ss. e di F. Serrao, *Repetundae*, in NDI, XV, 1968, pp. 454 ss., nonché le ricerche di C. Venturini, *Studi sul crimen repetundarum nell'età repubblicana*, Milano, 1979 e di W. Lintott, *The leges de repetundis and associate measures under the Republic*, in Zeitschrift der Savigny-Stiftung für Rechtsgeschichte (Romanistische Abteilung), 98, 1981, 162 ss.

denaro da soggetti in vario modo interessati ad orientare le decisioni dei magistrati, che spesso in quelle circostanze potevano agire in modo del tutto arbitrario [150]. Tale pratica, peraltro, risulta strettamente legata al grande dispendio finanziario richiesto per farsi eleggere alle più importanti magistrature della repubblica romana, per cui erano richiesti grandi elargizioni elargimenti di denaro – per gratificare i *clientes*, organizzare *ludi* o finanziare la costruzione di opere pubbliche – per cui i politici romani usavano gli incarichi in provincia per accumulare enormi ricchezze [151]. Non sorprende dunque la stretta interconnessione – verrebbe da dire la complementarietà – tra questo illecito e il cosiddetto *crimen ambitus*, con cui era sanzionata l'attività di manipolazione del processo elettorale [152]. La stessa carriera politica di Cesare, del resto, non fu estranea a questa logica [153]. Giunto al consolato, però, egli si impegnò a proporre una complessiva riforma del *crimen repetundarum*, introdotto nell'ordinamento romano nel 149 a.C. dalla *lex Calpurnia de*

---

[150] Una panoramica sul problema del conflitto di interessi e della sua regolamentazione normativa nella Roma repubblicana in V. O. Licandro, *Dalla lex Claudia de quaestu senatorum alle leges repetundarum ovvero del conflitto di interessi nell'antica Roma*, in *Fides Humanita Ius. Studii in onore di Luigi Labruna*, V, Napoli, 2007, pp. 2815 ss. Sui profili giuridici e retorici delle orazioni di Cicerone contro Verre vi sono le belle pagine di C. Venturini, *Il crimen repetundarum nelle Verrine. Qualche rilievo*, in B. Santalucia (a cura di), *La repressione criminale nella Roma repubblicana fra norma e persuasione*, Pavia, 2009, pp. 317 ss. (= in *Scritti di diritto penale romano, Padova, 2015*, pp. 571 ss.) di G. Baldo, *Le repetundae e le Verrine. Aspetti retorici*, in B. Santalucia (a cura di), *La repressione criminale nella Roma repubblicana fra norma e persuasione*, Pavia, 2009, pp. 285 ss.

[151] Valorizza in particolare il collegamento tra la legislazione cesariana *de repetundis* e la sua politica di riforma complessiva dell'amministrazione provinciale K. Morrell, *Pompey, Cato*, cit., pp. 129 ss.

[152] Sul *crimen ambitus* in età repubblicana, tra i numerosi contributi, si segnalano L. Fascione, *Crimen e quaestio ambitus nell'età repubblicana. Contributo allo studio del diritto criminale repubblicano*, Milano 1984, P. Nadig, *Ardet ambitus: Untersuchungen zum Phänomen der Wahlbestechungen in der römischen Republik*, Frankfurt/Main, 1997 e J.L., Ferrary. *La législation 'de ambitu' de Sulla à Auguste*, in *Iuris vincula. Studi in onore di Mario Talamanca*, III, Napoli, 2001, pp. 159 ss. Sulla repressione del fenomeno a livello municipale C. Venturini *In tema di illeciti profitti dei magistrati municipali: rilievi in margine a due luoghi epigrafici*, in J. González Fernández (a cura di), *Roma y las provincias. Realidad administrativa e ideología imperial*, Madrid 1994 (= in *Scritti di diritto penale romano*, Padova, 2015, pp. 405 ss.) e B. Santalucia *Osservazioni sulla giustizia penale nei municipia*, in L. Capogrossi Colognesi e E. Gabba (a cura di), *Gli statuti municipali, Pavia 2006, 565 ss.* (= *Altri studi di diritto penale romano*, Padova 2009, 346 ss.). L'intreccio tra i due *crimina* è chiaramente ricostruito in C. Venturini, *Concussione e corruzione: un intreccio complicato*, in M. Zablocka (a cura di), *Au-delà des frontières: mélanges de droit romain offerts à Witold Wolodkiewicz*, II, Varsovie, 2000, 1007 ss. (= in *Scritti di diritto penale romano*, Padova, 2015, pp. 527 ss.). La interdipendenza tra corruzione elettorale, indebitamento delle grandi famiglie per ottenere i più prestigiosi incarichi politici e attività di sfruttamento delle popolazioni specialmente provinciali è al centro del messaggio politico e ideologico di Sallustio nella congiura di Catilina.

[153] Una panoramica in J.A. González Romanillos. *La corrupción política en época de Julio César. Un estudio sobre la lex Iulia de repetundis*, Granada, 2009.

pecuniis repetundis [154] ed oggetto di diverse revisioni nei decenni sia precedenti[155] che successivi al provvedimento di Cesare[156]. Tale *crimen* era perseguito attraverso una *quaestio perpetua* – una forma processuale di natura schiettamente 'pubblicistica', alternativa rispetto alle forme dell'*ordo iudiciorum privatorum* con cui venivano giudicate le cause tra privati[157]. Tale forma processuale, per molti versi più simile a quelle previsti dai moderni ordinamenti processuali e in cui i giudici erano dotati di più penetranti poteri istruttori, fu anzi introdotta per la prima volta proprio in relazione al *crimen repetundarum*, a testimonianza della delicatezza della questione per la coscienza giuridica romana [158]. L'assetto normativo dato da Cesare alla *quaestio* rimase fondamentale nei secoli successivi: essa fu integrata da diversi interventi imperiali, volti ad adattarne il contenuto al mutevole contesto sociale e politico, e fu oggetto di commento da parte di importanti giuristi, le cui testimonianze sono state infine riversate nel titolo 48, 11 *De lege Iulia de repetundis* del Digesto di Giustiniano.

Mirava allo stesso obiettivo – quello cioè di limitare il potere arbitrario dei proconsoli sulle popolazioni provinciali – anche la cosiddetta *lex Iulia de provinciis* (46 a.C.)[159], sebbene in un'ottica parzialmente differente: invece di prevedere sanzioni *ex post* per il magistrato provinciale che avesse abusato del potere, con questo provvedimento si cercava di prevenire il verificarsi delle condizioni per un comportamento arbitrariamente vessatorio da parte dei governatori provinciali [160]. Essa infatti limitava la durata del

---

[154]Per la storia della repressione degli abusi magistratuali prima dell'adozione della *lex Calpurnia* cfr. C. Venturini *La repressione degli abusi dei magistrati romani ai danni delle popolazioni soggette fino alla 'Lex Calpurnia' del 149 a C.*, in *Bullettino dell'Istituto di Diritto Romano*, 72, 1969, pp. 19 ss. (= in *Scritti di diritto penale romano*, Padova, 2015, pp. 203 ss.).

[155]Per gli interventi precedenti a Cesare si legga il già citato J.L., Ferrary, *La législation 'de ambitu' de Sulla à Auguste*, cit.

[156] Per l'evoluzione dell'istituto in età imperiale da ultimo A. Trisciuoglio, *Studi sul crimen ambitus in età imperiale*, Torino, 2017.

[157]Una ricostruzione chiara e approfondita dell'origine e la struttura delle *quaestiones perpetuae* in B. Santalucia, *Le «quaestiones perpetuae»*, in *Diritto e processo penale nell'antica Roma*, Milano, 1998², pp. 103 ss.

[158]Su questo peculiare profilo, oltre al saggio di Santalucia citato nella nota precedente, si veda C. Venturini, *'Quaestiones perpetuae constitutae' (per una riconsiderazione della 'Lex Calpurnia repetundarum')*, in *Iura*, 48, 2002, pp. 1 ss. (= in *Scritti di diritto penale romano*, Padova, 2015, pp. 273 ss.).

[159] Su questo provvedimento – assunto da Cesare a cavallo tra il suo terzo consolato e la sua terza dittatura – la bibliografia non è vastissima: si vedano J. Burian, *Die lex Iulia de provináis und die Krise der römischen Republik*, in L. Varcl-R. F. Willetts (Hg.), *Geras. Studies presented to G.Thomson*, Prag, 1963, pp. 83 ss. e K.M. Girardet, *Die lex Iulia de provinciis: Vorgeschichte – Inhalt – Wirkungen*, in *Rheinisches Museum für Philologie, 130, 1987, 209 ss.*

[160]Con una finalità simile, nel 52 a.C., anche Pompeo aveva fatto approvare una *lex de provinciis* con cui aveva previsto una riforma dei criteri per la nomina dei proconsoli, la quale in particolare

comando dei promagistrati a un anno nelle provincie pretorie e a due anni nelle provincie consolari, vietando la pratica delle ripetute proroghe dell'incarico e permettendo un ricambio più serrato dei magistrati chiamati ad esercitare l'*imperium* civile e militare sulla singola provincia ed impedire così l'accumulo di potere in mano a una singola persona, tra le cause dei comportamenti abusivi dei magistrati.

Come ricordato sopra però, l'ordinamento provinciale non fu l'unico ambito toccato da Cesare nella sua riforma delle forme di organizzazione dei territori sottoposti al dominio romano. Egli durante la sua intera carriera politica mostrò una particolare sensibilità per la causa delle popolazioni abitanti nei *municipia*: con tale espressione ci si riferiva alle *civitates* – ovvero alle comunità cittadine dotate di governo proprio – inserite nell'ordine costituzionale romano non come parte della vera e propria *civitas* (*optimo iure*), ma come comunità dotate di un più limitato diritto di cittadinanza, il cosiddetto *ius Latii,* un complesso di diritti e obblighi che permetteva comunque agli abitanti di tali centri lo svolgimento di attività sociale ed economica (ma non politica) all'interno dello spazio costituzionale romano[161].
Egli, da un lato, si impegnò alla piena integrazione di tali popolazioni nella *civitas* romana162. Durante la sua carriera politica egli procedette infatti alla concessione collettiva della cittadinanza *optimo iure* a diverse comunità municipali163, arrivando infine, durante la sua dittatura, a naturalizzare come cittadini romani tutti gli abitanti della provincia della Gallia cisalpina che ne fossero ancora sprovvisti164.

---

allungava a cinque anni l'intervallo tra la nomina a console e la nomina a proconsole provinciale: su questo provvedimento – e sul possibile ruolo che forse ebbe nella sua predisposizione Catone – si veda K. Morrell, *Cato, Pompey*, cit., pp. 204 ss.

[161]Su questo peculiare status, di cui ancora è discussa la natura collettiva (*Gemeinderecht*) o individuale (*Personenrcercht*), si vedano per i dati essenziali i classici A.N. Sherwin White, *The Roman Citizenship*, Oxford, 1973², 96 ss. e M. Humbert, *Municipium et civitas sine suffragio. L'organisation de la conquête jusqu'à la guerre sociale*, Rome 1978. Sullo statuto giuridico dei *municipia* si vedano anche i saggi raccolti nel volume di L. Capogrossi Colognesi-E. Gabba (a cura di), *Gli statuti municipali*, Pavia, 2006.

[162] L'approccio di Cesare alla questione dell'estensione della cittadinanza è stato definito caotico (ad es. da A.N. Sherwin White, *The Roman Citizenship*, cit., p. 230) o, all'opposto, guidato da un complessivo piano di riforma della forma di stato romana (così in C. Nicolet, *Rome et la conquête du monde méditerranéen : 264-27 avant J.-C. 2. Genese d'un empire*, Paris, 1997⁵, pp. 909 ss.), ma probabilmente era solo guidato da un forte realismo politico (così ad esempio R. Syme, *La rivoluzione romana*, cit., p. 57).

[163]Sulla politica cesariana *de civitate* si vedano le osservazioni di G. Luraschi, *La questione della cittadinanza nell'ultimo secolo della Repubblica*, cit., pp. 84 ss.

[164]Contro l'identificazione di tale provvedimento di concessione della cittadinanza ai Cisalpini con la *lex Roscia*, presentata nel 49 a.C. dal pretore cesariano Lucio Roscio Fabato si sono pronunciati G. Luraschi, *Foedus ius latii*, cit., pp.. 395 ss. e U. Laffi, *La lex Rubria de Gallia Cisalpina*, in *Athenaeum*, 74, 1986, pp. 1 ss., spec. 12 s.

Ma il provvedimento di più vasto respiro con cui Cesare mise mano complessivamente al sistema municipale romano sarebbe la cosiddetta *lex Iulia municipalis* – una legge che avrebbe mirato a fornire una disciplina quadro per la regolamentazione di alcuni aspetti fondamentali della vita pubblica dei *municipia*.

Fonti epigrafiche e letterarie convergono a disegnare infatti una regolamentazione comune per le comunità municipali, stabilizzatasi a partire dall'età cesariana. Da un lato, il rinvenimento dei testi di diversi statuti municipali, tanto in Italia che in Spagna, ha confermato come questi avessero numerose clausole e previsioni in comune.[165] Dall'altro, una celebre iscrizione rinvenuta a *Patavium* 166 e un'epistola di Cicerone 167 riferiscono dell'esistenza di una *lex Iulia municipalis*, dando l'impressione che tale omogeneità di contenuti dipendesse da un atto autoritativo di Cesare. Il significato di queste testimonianze e le ragioni di tale convergenza tra statuti appartenenti a realtà geografiche e temporali tanto lontane sono però discussi dagli studiosi[168]: parte della storiografia – che si rifà all'autorevole lezione di Savigny – sostiene l'esistenza di una vera e propria legge-quadro di età giulio-claudia, utilizzata di volta in volta per modellare il contenuto degli statuti dei municipi, di mano cesariana[169] o eventualmente augustea[170]; altri studiosi – tra

---

[165]Il riferimento è agli statuti municipali di età cesariana noti come *tabula Heracleensis* (M. H. Crawford [a cura di], *Roman statutes*, London 1996, nr. 24, pp. 355-391) , *lex Tarentina* (M. H. Crawford [a cura di], *Roman statutes,* cit., nr. 15, pp. 301-312*) e lex coloniae Genetiva Iulia* (M. H. Crawford [a cura di], *Roman statutes,* cit., nr. 25, pp. 393-454). A questi si devono aggiungere una serie di *tabulae* contenti statuti di municipi della Betica, di età Flavia: *Lex Salpensana, lex Malacitana* e soprattutto *lex Irnitana*, su cui J. González, *The lex Irnitana: a new copy of the Flavian municipal law*, in *JRS* 76, 1986, pp. 147 ss. e A. d'Ors, *La ley Flavia municipal (texto y comentario)*, Roma 1986.

[166] Il cui testo è riportato in *CIL* V, 2864.

[167] Cicerone, *Lettere ai familiari* 6, 18.

[168]Nonostante la distanza temporale tra le due serie di testimonianze riportate in supra – le une di età giulia, le altre di età flavia – le innegabili somiglianze nel loro contenuto (su cui F. Lamberti, *Tabulae Irnitanae: municipalità e ius Romanorum*, Napoli, 1993, p. 227 s.) hanno condotto ad ipotizzare un referente genetico comune: accanto all'ipotesi circa l'esistenza di una *lex Iulia municipalis* di età cesariana, di cui si dirà subito conto, parte degli studiosi ha ipotizzato l'esistenza una *lex flavia municipalis*, avente funzione analoga ed emanata sotto Vesapasiano, che sarebbe da considerare quale legge-quadro o legge-modello per i soli statuti di età flavia (in particolare A. d'Ors, *La ley Flavia municipal (texto y comentario)*, Roma 1986, 13 s.). Per una panoramica complessiva sulla complicata questione dell'esistenza delle leggi modello per gli statuti municipali si possono vedere i recenti lavori di M. Britto Pinto, *Los municipios de Italia y España. Ley general y ley modelo, Madrid, 2014, spec. pp. 260 ss. e* S. Sisani, *Le istituzioni municipali: legislazione e prassi tra il I secolo a. C. e l'età flavia*, in L. Capogrossi Colognesi-E. Lo Cascio-E. Tassi Scandone (a cura di), *L'Italia dei Flavi Atti del Convegno (Roma, 4-5 ottobre 2012)*, Roma, 2016, pp. 9 ss.

[169]F. C. von Savigny, *Der römische Volkschluss der Tafeln von Heraclea*, in *Vermischte Schriften*, III, Berlin, 1850, p. 279.

[170]Secondo G. Lombardi, *Presentacion*, in A. d'Ors, *La ley Flavia municipal (texto y comentario)*,

cui Mommsen [171] – negano l'esistenza di tale provvedimento quadro, ipotizzando invece che ciascuno statuto fosse approvato come *lex data* autonoma e che le eventuali somiglianze siano da imputare a una spontanea e progressiva convergenza dei diversi statuti verso un modello unitario [172]. Dando fede alle testimonianze offerte dai rinvenimenti epigrafici, tale regolamentazione comune degli statuti municipali – fosse essa frutto di un deliberato provvedimento normativo cesariano (o al limite augusteo) o della convergenza 'spontanea' degli statuti municipali verso un modello comune – doveva comunque riguardare principalmente profili di polizia urbana, legati in particolare al traffico e alla gestione dei rifiuti.

Una terza questione rimasta sul tavolo nella cultura e nella società romana dopo la guerra annibalica – come conseguenza della trasformazione di Roma in una potenza commerciale mediterranea a contatto con popoli e culture differenti – è la rottura della tradizionale austerità nello stile di vita delle élites romane, che grazie alla trasformazione dell'antica economia rurale in una più moderna economia commerciale di stampo 'proto-capitalistico' accumularono enormi ricchezze 173 , e il contrapposto rafforzarsi di una legislazione *sumptuaria*, volta a reagire a tale tendenza, reprimendo il lusso eccessivo e promuovendo invece un ritorno ai valori tradizionali della frugalità e della parsimonia174. Questa ideologia, che pure innerva la politica romana fin da

---

cit. la *lex municipalis* di Augusto avrebbe rappresentato il modello per la successiva regolamentazione di età flavia. In senso analogo J. Gonzalez, *Reflexiones sobre la ley Flavia municipal*, in *Studia et documenta historiae et iuris*, 61, 1995, pp. 803 ss.

[171]Con particolare nettezza si pronuncia Th. Mommsen, *Lex Municipii Tarentini*, in *Gesammelte Schriften. I. Juristische Schriften*, Berlin, 1905, pp. 146 ss., p. 153.

[172]La tesi è stata ripresa di recente da H. *Galsterer, Untersuchungen Zum Römischen Städtewesen Auf der Iberischen Halbinsel*, Berlin, 1971, seguito tra gli altri da G. Luraschi, *Sulla lex Irnitana*, in *Studia et documenta historiae et iuris*, 55, 1989, pp. 349 ss. e F. Lamberti, *Tabulae Irnitanae*, cit., p. 223. Parzialmente diversa la ricostruzione di M.W. Frederiksen, *The Republican Municipal Laws: Errors and Drafts*, in *Journal of Roman Studies*, 55, 1965, pp. 183 ss., spec. p. 197, che ritiene che non si trattasse di di *leges datae* ma piuttosto di consolidazioni autonome di norme disparate predisposte dalla stessa comunità.

[173]E. Gabba, *Ricchezza e classe dirigente romana fra III e I sec. a.C.*, in *Rivista Storica Italiana*, 93, 1981, pp. 541 ss. (= Id., *Del buon uso della ricchezza: saggi di storia economica e sociale del mondo antico*, Milano 1988, pp. 27 ss.).

[174]In generale sulla legislazione *sumptuaria* – specialmente di età repubblicana – rimando ai contributi di G. Clemente, *Le leggi sul lusso e la società romana tra III e II secolo a. c.*, in in A. Giardina-A. Schiavone (a cura di), *Società romana e produzione schiavistica*, III, Roma-Bari, 1981, pp. 1 ss.; E. Baltrusch, *Regimen morum*, München, 1989; M. Coudry, *Loi et société: la singularité des lois somptuaires de Rome*, in *Cahiers du Centre Gustave Glotz*, 15, 2004, pp. 135 ss.; A. Bottiglieri, *La legislazione sul lusso nella Roma repubblicana*, Napoli, 2002; C. Venturini, *Leges sumptuariae*, in *Index*, 32, 2004, pp. 355 ss. (= *Studi di diritto delle persone e di vita sociale in Roma antica. Raccolta di scritti*, Napoli, 2014, pp. 553 ss); infine i contributi raccolti in *Mélanges de l'École française de Rome – Antiquité* , 128(1), 2016 (*Le luxe et les lois somptuaires dans la Rome antique*).

epoche remote, ebbe un impatto sempre più decisivo sulla legislazione a partire dal III secolo a.C.175, periodo dell'espansione imperialistica e commerciale di Roma176, e venne fatta propria da Cesare: incarnando la sdegnata reazione *popularis* all'opposto approccio di Silla e dei suoi seguaci, che non nascondevano il loro amore per il lusso e la loro propensione per la *voluptas177*, stimolato in questo anche da Cicerone178, il dittatore nel 46 a.C. promulgò una *lex Iulia sumptuaria179* con cui si fissavano dei limiti per le spese di banchetti, abbigliamento e cerimonie funerarie presidiati non solo da un procedimento per *multae petitio* che ciascun *civis* poteva intentare contro colui che li avesse infranti180, ma pure dall'azione di appositi *custodes181*.

Il progetto codificatorio

Se nel secondo paragrafo è emerso il carattere 'tattico' (se non addirittura 'opportunistico') della legislazione adottata durante il consolato di Cesare, bisogna pure rilevare che una valutazione complessiva dell'attività legislativa di Cesare appare ispirata, come abbiamo visto nel terzo paragrafo, da un disegno di politica legislativa coerente, segnato da linee di tensione ben riconoscibili volte a dare una risposta a problemi sociali aperti da decenni e a rafforzare al contempo la base del consenso cesariano.

Alla luce di talune testimonianze si può però ipotizzare che Cesare mirasse ad avere un impatto ancora maggiore sull'ordinamento giuridico di Roma: con l'assunzione della dittatura, egli avrebbe addirittura promosso una raccolta sistematica, una consolidazione del diritto vigente che avrebbe anticipato di sei secoli l'opera di Giustiniano[182]. Così pare doversi desumere

---

[175]Come nota da ultima A. Bottiglieri, *Le leggi sul lusso tra Repubblica e Principato: mutamento di prospettive*, in *Mélanges de l'École française de Rome – Antiquité* , 128 (1), 2016.

[176]Un collegamento tra espansione imperialistica e declino dei costumi ad esempio in A. Lintott, *Imperial expansion and moral decline in the Roman Republic*, in *Historia*, 21, 1972, pp. 626 ss.

[177]Così in particolare G. Zecchini, *Ideologia suntuaria romana*, in *Mélanges de l'École française de Rome – Antiquité* , 128 (1), 2016.

[178]Si veda in particolare Cicerone, *Pro Marcello* 8, 23. *Questa orazione (pronunciata nel 46 a.C. a difesa del pompeiano Marco Claudio Marcello) rappresenta l'esito di un periodo di collaborazione tra Cesare e Cicerone, conseguente al disegno cesariano di recupero alla propria causa degli ex pompeiani sconfitti (su cui tra tutti E. Lepore, Il princeps ciceroniano e gli ideali tarda Repubblica, Napoli, 1954, p. 352 s.): sul contenuto 'politico' della* Pro Marcello *si veda da ultima A. Tedeschi, Lezione di buon governo per un dittatore: Cicerone, Pro Marcello: saggio di commento, Bari, 2005.*

[179]Su cui in particolare E. Baltrusch, *Regimen morum*, cit. p. 99 s. e M. Jehne, *Der Staat des Dictators Caesar*, Vienna, 1987, pp. 87-88.

[180] *Su questo profilo si veda C. Venturini, Leges sumptuariae: divieti senza sanzioni?*, in *Mélanges de l'École française de Rome – Antiquité* , 128(1), 2016.

[181]Così ci informano Svetonio, *Cesare* 43, 2 e Cassio Dione, *Storia romana* 43, 25, 2.

[182]Sul progetto di codificazione di Cesare si vedano E. Pólay, *Der Kodifizierungsplan des Julius*

dalla lettura di un passo di Svetonio il quale, nel riportare le cose che Cesare aveva in animo di fare nel momento in cui venne assassinato[183], parla del progetto di

ius civile ad certum modum religere atque ex immensa diffusaque legum copia optima quaeque et necessaria in paucissimos conferre libros[184].

L'obiettivo di pervenire ad una raccolta sistematica del diritto civile era stato condiviso anche da Pompeo[185], stando quantomeno all'informazione fornita a riguardo da Isidoro di Siviglia il quale, molti secoli più tardi, affermerà che il progetto di redigere il diritto in libri fu inizialmente proprio dell'altro triumviro il quale – spaventato dalle critiche ricevute – vi rinunciò; secondo Isidoro, esso fu ripreso da Cesare, il quale morì prima di portarlo a compimento[186].

    La natura esatta, così come le finalità ultime di questi progetti, non sono facili da ricostruire, data la scarsità di testimonianze. Appare in particolare difficile accertare se il progetto che aveva in animo Cesare fosse una semplice raccolta (o consolidazione) delle *leges* o una più ambiziosa codificazione sistematica di tutto il diritto, compreso quindi quello di produzione giurisprudenziale. Dalla lettura del passo di Svetonio, sembrano infatti emergere due diverse prospettive: da un lato, quella della redazione dello *ius civile* (compreso, quindi, quello di origine giurisprudenziale) in una forma certa (*ad certum modum*) e, dall'altro, quella della raccolta in pochissimi libri delle leggi migliori e più necessarie[187].

    L'ipotesi che il progetto di Cesare avesse una finalità più ambiziosa rispetto alla semplice raccolta legislativa è corroborata dalla ricostruzione dei legami che collegavano il dittatore a influenti personalità appartenenti al mondo intellettuale e della scienza giuridica romana del tempo, i quali avevano in vario modo propugnato l'esigenza di un nuovo approccio sistematico verso

---

Caesar, in *Iura*, XVI, 1965; F. D'Ippolito, *I giuristi e la città. Ricerche sulla giurisprudenza romana della repubblica*, Napoli, 1978, pp. 93 ss. e C.A. Cannata, *Per una storia della scienza giuridica europea I. Dalle origini all'opera di Labeone*, Torino, 1997, pp. 293 ss. e J. Paricio, *Los juristas y el poder politico en la antigua Roma*, Granada, 1999², pp. 51 ss.

[183]Cfr. infatti Svetonio *Cesare* 44.4.

[184]Svetonio, *Cesare* 44,2.

[185]Discute l'ipotesi E. Polay, *Der Kodifizierungsplan des Pompeius*, in *Acta Antiqua Academiae Scientiarum Hungarica*, XIII, 1965, pp. 85 ss.

[186]Si tratta di *Etimologie* 5.1.5: *Leges autem redigere in libris primus consul Pompeius instituere voluit, sed non perseveravit obtrectatorum metu. Deinde Caesar coepit id facere, sed ante interfectus est*. Su questa fonte si vedano le pagine di J. Paricio, *Los proyectos codificadores de Pompeyo y César en san Isidoro de Sevilla*, in *Cuadernos de Historia del Derecho* 2004, pp. 235 ss.

[187]Così K. Pólay, *Der Kodifizierungsplan des Julius Caesar*, cit., pp. 27 ss. e C.A. Cannata, *Per una storia della scienza giuridica europea I*, cit., p. 294.

il diritto. Tra questi, in particolare, spicca la figura di Cicerone, che pochi anni prima aveva scritto un'opera – non giunta a noi, ma conosciuta ancora almeno a Quintiliano – *De iure civili in artem redigendo* in cui doveva sviluppare l'idea, già affermata nel suo *De Oratore* del 55 a.C., di fare del diritto civile un sistema dialettico[188]. Il ricorso a schemi dialettici tratti dalla filosofia e dalla logica greca per l'interpretazione del diritto era sicuramente patrimonio della giurisprudenza dell'epoca[189] – basti pensare all'elogio dello stesso Cicerone a Servio Sulpicio Rufo, *interrex* del 52 a.C. che favorì la nomina di Pompeo a *consul sine conlega*, in quanto giurista 'dialettico'[190] – e non è escluso che la medesima prospettiva di applicazione di uno schema dialettico all'intero *ius civile* potesse forse essere circolante in alcuni ambienti giurisprudenziali dell'epoca – ove si consideri l'attività di un giurista come Aulo Ofilio – *Caesari familiarissimus*[191] – autore secondo Ulpiano di *libri iuris partiti*[192] – anche se, da quanto ci risulta, non venne realizzato compiutamente prima delle *Institutiones* di Gaio. Questi dati confermano comunque che Cesare "pose mano al suo progetto con il consenso dei giuristi e nell'àmbito di una tendenza ordinatrice del diritto"[193] diffusa nella coscienza dell'epoca[194].

---

[188]Si veda Cicerone, *Oratore* 1, 42, 190. Sull'ideale ciceroniano di *ius in artem redigere*, a cavallo tra retorica e scienza giuridica, tra le numerosissime ricerche rimangono fondamentali le riflessioni di Giorgio La Pira raccolte in *La genesi del sistema nella giurisprudenza romana*, Firenze, 1972 nonché i saggi di U. *von Lübtow , Cicero und die Methode der römischen Jurisprudenz*, in *Festschrift für Leopold Wenger*, I, München, 1944, pp. 224 ss. e di F. *Bona, L'ideale retorico ciceroniano ed il 'ius civile in artem redigere'*, in *Studia et documenta historiae et iuris*, XLVI, 1980, pp. 282 ss.

[189]Sull'apporto della dialettica allo sviluppo della giurisprudenza romana di età repubblicana, tra i numerosissimi contributi, si segnalano perlomeno quelli di F. Schulz, *Principii del diritto romano*, Firenze, 1946 (ed. orig. Leipzig, 1934), pp. 33 ss.; M. Talamanca, *Lo schema 'genus-species' nelle sistematiche dei giuristi romani*, in *Quaderni dell'Accademia dei Lincei*, CCXXI.2, Roma, 1977, 4 ss. e A. Schiavone, *Ius. L'invenzione del diritto in Occidente*, Torino, 2017, pp. 135 ss.

[190]Cicerone, *Bruto* 40, 150 ss. Sul rapporto di Cicerone con Servio Sulpicio Rufo rimangono imprescindibili le ricerche di M. Bretone, *Cicerone e i giuristi del suo tempo*, in *Tecniche e ideologie dei giuristi romani*, Napoli, 1982², 61 ss. Si veda anche F. D'Ippolito, *I giuristi e la città*, cit., 97 ss.

[191]Così viene chiamato da Pomponio in D.1.2.2.44 (Pomp. *liber singularis enchiridion*).

[192]F. D'Ippolito, *I giuristi e la città*, cit., 106 ss.

[193] F. D'Ippolito, *I giuristi e la città*, cit., p. 102.

[194]Bisogna infine ricordare che, se è pur vero che l'ideale ciceroniano di *ius in artem redigere* non si realizzò nel progetto codificatorio di Cesare, esso nondimeno rappresentò un modello fondamentale per la svolta in senso sistematico e 'metodico' della scienza giuridica a partire dall'Umanesimo: autori come Matteo Gribaldi Mofa e Jean de Coras esplicitamente si rifecero al programma ciceroniano al fine di superare il tradizionale modo di insegnamento e di ricostruzione del diritto basato sull'ordine ereditato dal *Corpus iuris civilis*, a favore di una nuova 'methodus' basata sui principii della logica e della dialettica. Su questi profili si è soffermato in particolare D. Quaglioni, *Tra bartolisti e antibartolisti. L'Umanesimo giuridico e la tradizione italiana nella Methodus di Matteo Gribaldi Moffa*, in F. Liotta (a cura di), *Studi di storia del diritto medioevale e moderno*, Bologna, 1999., pp. 185 ss.

Questi pochi dati – così come le fonti presentate in questo volume – credo possano restituire una visione più equilibrata dell'attività legislativa di Cesare, il quale senz'altro utilizzò lo strumento legislativo per finalità di tattica politica, ma rivelò pure una visione di ampio respiro sul senso e l'evoluzione della produzione normativa.

Leges Juliae

Leggi Giulie

Lex Iulia de Repetundis

Nel sistema costituzionale romano era insito il principio stesso della corruzione: per essere eletti alle varie magistrature del *cursus honorum* era necessario "comprare" i voti dell'elettorato e per fare ciò era necessario sborsare somme enormi, indebitandosi vertiginosamente, cosa che ben sapevano i politici romani, tra cui lo stesso Cesare o Curione e Cicerone fra gli altri. I prestatori ad usura erano ben lieti di aprire le loro borse ai candidati, in quanto un'eventuale elezione ad una delle grandi magistrature (ad esempio la pretura o il consolato) avrebbe automaticamente dato l'accesso ad una promagistratura nelle province, dove il neoeletto si sarebbe rifatto delle spese sostenute "spremendo" ed estorcendo ricchezze e denaro ai provinciali (il caso di Verre fu uno dei più famosi, ma non certo l'unico) e ripagando i propri creditori, che così facendo vedevano i loro prestiti come un lucroso investimento a breve scadenza.

Con la sua prima legge emanata in veste di console, Cesare intendeva spezzare questo circolo vizioso, rendendo più onesti gli amministratori provinciali – ma in generale tutti coloro che si trovavano investiti di potere pubblico – nell'esercizio delle proprie funzioni. Ripristinò un certo rigore in tema di *crimen repetundarum* a carico del condannato. Previde, inoltre, specificatamente, la responsabilità del soggetto che avesse preso denaro per giudicare o non giudicare, per adottare o non adottare provvedimenti giudiziari od amministrativi. Le persone che erano state lese potevano reclamare giuridicamente la restituzione delle somme ingiustamente percepite.

Questa legge conteneva moltissimi articoli – nell'epistolario ciceroniano (*Ai familiari*, VIII, 8), Celio menziona un capitolo 101 di tale testo legislativo! – e parecchi di essi sono stati conservati nel *Digesto* di Giustiniano, libro XLVIII, titolo 11; sebbene le principali disposizioni fossero state tratte da un'analoga legge di Silla, le penalità previste erano più severe e la procedura più spiccia. Dato che spesso i più facoltosi riuscivano, espatriando prima dell'emissione del giudizio, a sottrarsi alla pena, fu stabilito che in quel caso i loro beni sarebbero stati confiscati parzialmente o integralmente a seconda della natura del crimine commesso (Svetonio, *Vita del Divo Giulio*, 42). continuò ad aver vigore anche durante l'età del Principato: ad essa fanno costante riferimento i giuristi classici.

Testo:

Cicerone, *Le Orazioni* (5 voll.), a cura di C. Lanza, presso G.F. Paravicini Editore, Napoli 1868-1870
Giustiniano Imperatore, *Codice*, da «Corpo del Diritto», corredato delle note di D. Gotofredo e di C.E. Freiesleben, altrimenti Ferromontano, per cura del consigliere G. Vignali, A. Morelli Editore, Napoli, 1856-62
– *Istituzioni* (2 voll.), da «Giustiniano – *Gli Elementi del Diritto Romano*», versione di P. Novelli, Collezione Romana diretta da E. Romagnoli della Reale Accademia d'Italia, Villasanta (Milano) 1931-IX
– *Digesto*, da «Avv. Italiani – *Corpus Iuris Civilis*», nella sua migliore lezione secondo gli studi più recenti, E. Perino Editore, Roma 1885

Testimonianze

Cicerone, *Contro Vatinio*, 12, 29
Et quoniam pecunias aliorum despicis, de tuis divitiis intolerantissime gloriaris, volo uti mihi respondeas, fecerisne foedera tribunus plebis cum civitatibus, cum regibus, cum tetrarchis; erogarisne pecunias ex aerario tuis legibus; eripuerisne partis illo tempore carissimas partim a Caesare, partim a publicanis? quae cum ita sint, quaero ex te sisne ex pauperrimo dives factus illo ipso anno quo lex lata est de pecuniis repetundis acerrima, ut omnes intellegere possent a te non modo nostra acta, quos tyrannos vocas, sed etiam amicissimi tui legem esse contemptam; apud quem tu etiam nos criminari soles, qui illi sumus amicissimi, cum tu ei contumeliosissime totiens male dicas quotiens te illi adfinem esse dicis.

E poiché disprezzi il denaro altrui mentre ti vanti con un'insopportabile vanità delle tue ricchezze, rispondimi un po': non hai, come tribuno della plebe, concluso dei trattati con delle città, con dei re, dei tetrarchi? Non hai speso denaro pubblico in seguito alle tue leggi? Non hai estorto in parte a Cesare ed in parte agli appaltatori di imposte delle cointeressenze allora altissime? In questa situazione ti domando se per caso non sei divenuto ricco, da poverissimo che eri, proprio nell'anno in cui votata la severissima Legge sulle Concussioni, perché tutti potessero comprendere che tu te ne sei infischiato non soltanto dei nostri decreti – tu ci chiami tiranni! – ma perfino della legge del tuo più caro amico; eppure non fai altro che diffamarci presso di lui – noi che gli siamo tanto amici – mentre sei proprio tu che lo copri di ogni infamia ogni volta che vai sbandierando la sua parentela con lui.

Cicerone, *Pro P. Sestio*, 64, 135
Quem non tam admiror, quod meam legem contemnit hominis inimici, quam quod sic statuit, omnino consularem legem nullam putare. Caeciliam Didiam, Liciniam Iuniam contempsit. etiamne eius quem sua lege et suo beneficio ornatum, munitum, armatum solet gloriari, C. Caesaris, legem de pecuniis repetundis non putat esse legem? et aiunt alios esse qui acta Caesaris rescindant, cum haec optima lex et ab illo socero eius et ab hoc adsecula neglegatur!

La mia meraviglia, però, non nasce tanto dal fatto che costui (*scil*. Vatinio) non tiene conto della mia legge – io sono suo nemico – quanto dal fatto che ritiene assolutamente priva di valore qualunque legge consolare. Non ha tenuto conto alcuno della Legge Cecilia Didia e della Licinia Giunia[195]. E anche la Legge sulle Concussioni di Caio Cesare, a cui suole vantarsi d'aver assicurato con la sua legge[196] ed i suoi buoni uffici onore, protezione e armi, non la considera legge? E poi dicono che sono altri ad annullare i decreti di Cesare, quando a quest'ottima legge si disobbedisca da parte di quel suo illustre suocero[197] e di questo suo galoppino!

Cicerone, *Contro Pisone*, 21, 50
Quid aliud exspectamus a furore eius nisi ut ad senatum tantis de rebus gestis litteras mittat? Hic si mentis esset suae, nisi poenas patriae disque immortalibus eas quae gravissimae sunt furore atque insania penderet, ausus esset—mitto exire de provincia, educere exercitum, bellum sua sponte gerere, in regnum iniussu populi Romani aut senatus accedere, quae cum plurimae leges veteres, tum lex Cornelia maiestatis, Iulia de pecuniis repetundis planissime vetat? Sed haec omitto; ille si non acerrime fureret, auderet, quam provinciam P. Lentulus, amicissimus huic ordini, cum et auctoritate senatus et sorte haberet, interposita religione sine ulla dubitatione deposuisset, eam sibi adsciscere, cum, etiam si religio non impediret, mos maiorum tamen et exempla et gravissimae legum poenae vetarent?

Ora, se costui[198] fosse in sé, se la pazzia furiosa non fosse la colpa più grave

---

[195] La *Lex Iunia Licinia de legum latione* del 62 a.C., proposta dai consoli Decimo Giunio Silano e Lucio Licinio Murena, imponeva di depositare, alla presenza di alcuni testimoni, una copia dei vari progetti di legge nell'*aerarium* nel tempio di Saturno, al fine di garantirne l'autenticità.

[196] Vatinio, tribuno nel 59 a.C., allorché Cesare rivestiva il suo primo consolato, propose una legge (la *Lex Vatinia de provincia Caesaris*) che affidava a Cesare il proconsolato della Gallia Cisalpina e dell'Illirico per cinque anni con tre legioni.

[197] Trattasi di Lucio Calpurnio Pisone, console nel 58 a.C. nonché proconsole di Macedonia, di cui Cesare aveva sposato la giovane figlia Calpurnia.

[198] Si riferisce ad Aulo Gabinio che, dietro esortazione di Pompeo, inviò un corpo di spedizione a

che egli paga alla patria e agli dèi immortali, avrebbe osato – non dico uscire dalla sua provincia, condurvi fuori un esercito, fare una guerra di sua iniziativa, entrare in un regno senza l'autorizzazione del popolo romano e del Senato: tutte cose vietatissime da molte leggi antiche, dalla Legge Cornelia per la difesa dello Stato, da quella Giulia sulle Concussioni – ma non parliamo di ciò; se non fosse stato al colmo della sua follia, avrebbe osato, ripeto, assumersi una missione alla quale aveva rinunciato senza alcuna esitazione, quando si era presentato un ostacolo religioso, Publio Lentulo[199], che è tanto attaccato a quest'ordine e che pure l'aveva ricevuta in base ad un decreto del Senato e al sorteggio? Quando poi, pur senza l'impedimento religioso, il divieto era sancito dal costume degli antenati, dai precedenti e dalle gravissime pene previste dalle leggi?

Cicerone, *Contro Pisone*, 37, 90
Mitto aurum coronarium quod te diutissime torsit, cum modo velles, modo nolles. Lex enim generi tui et decerni et te accipere vetabat nisi decreto triumpho. In quo tu acceptam iam et devoratam pecuniam, ut in Achaeorum centum talentis, evomere non poteras, vocabula tantum pecuniarum et genera mutabas. Mitto diplomata tota in provincia passim data, mitto numerum navium summamque praedae, mitto rationem exacti imperatique frumenti, mitto ereptam libertatem populis ac singulis qui erant adfecti praemiis nominatim, quorum nihil est quod non sit lege Iulia ne fieri liceat sanctum diligenter.

E non parlo del donativo in oro per la corona[200], che ti ha tormentato a lungo, dato che una volta lo volevi e quella dopo lo rifiutavi, visto che la Legge di tuo genero [Cesare] vietava che si prendesse un tale provvedimento e a te di accettarlo, se non nel caso della concessione del trionfo. Ma tu non potevi più vomitare il denaro che avevi tuttavia accettato ed ingoiato, come per i cento talenti degli Achei[201], e ti limitavi a cambiare il nome ed il capitolo di queste somme. Non parlo dei lasciapassare rilasciati a destra e a manca in tutta la provincia[202], non parlo del numero delle navi, della cifra esatta del bottino, non

---

reinsediare sul trono d'Egitto lo spodestato re Tolomeo XII Aulete, nonostante il parere avverso del Senato, cosa che pagò con l'esilio al suo rientro a Roma.

[199] Publio Lentulo Spintere, console nel 57 a.C., che Cicerone aveva appoggiato invano per essere designato a riportare l'Aulete sul trono.

[200] Erano corone d'oro votate dalle comunità cittadine in onore di re o di governatori; successivamente, in luogo della corona, si usava offrire una somma corrispettiva in denaro contante.

[201] Si riferisce a denaro sborsato dagli abitanti di Apollonia.

[202] Si trattava di salvacondotti che consentivano ai beneficiari di usare cavalcature di Stato e di usufruire di ospitalità e facilitazioni varie.

parlo del conto del grano di cui si impose la consegna, non parlo della libertà negata a comunità e a singole persone che l'avevano ricevuta nominativamente a titolo di ricompensa, tutte azioni scrupolosamente vietate dalla Legge Giulia.

Cicerone, *Lettere ad Attico*, V, 10, 2
Sed tu de me ipso aliquid scire fortasse mavis. Haec sunt. Adhuc sumptus nec in me aut publice aut privatim nec in quemquam comitum. Nihil accipitur Lege Julia, nihil ab hospite. Persuasum est omnibus meis serviendum esse famae meae. Belle adhuc. Hoc animadversum Graecorum laude et multo sermone celebratur. Quod superst, elaboratur in hoc a me, sicut tibi sensi placere. Sed haec tum laudemus cum erunt perorata.

Ma tu probabilmente preferisci venire a conoscenza delle novità concernenti me stesso. Eccotele: finora non è stata varata alcuna spesa in forma ufficiale oppure a titolo privato né per me, né per nessuno del mio seguito[203]. Nel pieno rispetto della Legge Giulia noi non accettiamo alcunché né prendiamo ciò che può provenire dalla generosità di un ospite. Tutti coloro che mi circondano hanno la ferma convinzione che la mia integrità non debba essere intaccata. Per ora ciò procede benissimo. Si è fatto caso a questo da parte dei Greci che, lodando il mio comportamento, ne fanno un gran parlare. Per quanto concerne il resto, sto concentrando i miei sforzi nel tentativo di comportarmi secondo la linea che – mi sono reso conto – incontra il tuo favore. Ma via, rimandiamo le lodi a quando il presente discorso giungerà alla perorazione finale!

Cicerone, *Lettere ad Attico*, V, 16, 3
Levantur tamen miserae civitates quod nullus fit sumptus in nos neque in legatos neque in quaestorem neque in quemquam. scito non modo nos foenum aut quod e lege Iulia dari solet non accipere sed ne ligna quidem, nec praeter quattuor lectos et tectum quemquam accipere quicquam, multis locis ne tectum quidem et in tabernaculo manere plerumque. itaque incredibilem in modum concursus fiunt ex agris, ex vicis, ex domibus omnibus. me hercule etiam adventa nostro reviviscunt. iustitia, abstinentia, clementia tui Ciceronis [itaque] opiniones omnium superavit.

Nonostante ciò, le infelici comunità cittadine trovano un sollievo nel fatto che non si faccia alcuna spesa per me, né per i miei legati, né per il questore né per chiunque altro. Sappi bene che noi non solamente non accettiamo il foraggio o

---

[203]La lettera fu scritta il 14 agosto del 51 a.C. Cicerone era in viaggio verso la sede del suo governatorato, la Cilicia, per subentrare a Lentulo Spintere, in un difficile momento in cui i Parti, a seguito della disfatta del triumviro Crasso a Carre (53 a.C.) premevano sui confini romani.

quel che solitamente viene fornito a norma della Legge Giulia, ma nemmeno la legna, ed all'infuori di quattro giacigli e di un tetto, nessuno accetta niente; in molti luoghi non accettiamo nemmeno un tetto per ripararci e ce ne rimaniamo per lo più sotto delle tende di fortuna. È per questo motivo che la gente accorre presso di me da tutte le aree della campagna, dai villaggi, da tutte le città. Accade inoltre, per Ercole, che le persone riacquistino nuova vitalità al mio sopraggiungere, dopo che abbiano conosciuto il senso di giustizia, il disinteresse, la clemenza del tuo amico Cicerone, la quale è andata al di là delle previsioni generali.

Cicerone, *Lettere ai familiari*, II, 17

Tarsi; c. XVI Kalend. Sextiles, DCCIV a.U.c.

Litteras a te mihi [binas] stator tuus reddidit Tarsi a. d. XVI Kal. Sext. his ego ordine, ut videris velle, respondebo. De successore meo nihil audivi neque quemquam fore arbitror. Quin ad diem decedam nulla causa est, praesertim sublato metu Parthico. Commoraturum me nusquam sane arbitror. Rhodum Ciceronum causa puerorum accessurum puto, neque id tamen certum. Ad urbem volo quam primum venire; sed tamen iter meum rei publicae et rerum urbanarum ratio gubernabit. Successor tuus non potest ita maturare ullo modo ut tu me in Asia possis convenire. De rationibus referendis, non erat incommodum te nullam referre, quam tibi scribis a Bibulo fieri potestatem; sed id vix mihi videris per legem Iuliam facere posse, quam Bibulus certa quadam ratione non servat, tibi magno opere servandam censeo.

Tarso, luglio del 50 a.C.
Il tuo[204] attendente mi ha consegnato due lettere da parte tua a Tarso, il 17 luglio. Ad esse ti rispondo ordinatamente, come sembra tuo desiderio. Circa il mio successore non ebbi alcuna comunicazione, e credo che non ne avrò. Nulla si oppone alla mia partenza per la data stabilita, tanto più ora, scomparso il pericolo di una guerra contro i Parti. Penso di non fare tappe intermedie: toccherò forse Rodi per i due ragazzi Ciceroni[205], ma non ne sono certo. Voglio essere a Roma al più presto, ma il mio itinerario è subordinato alle esigenze della repubblica e a quelle della situazione cittadina. Non è possibile che il tuo

---

[204]La lettere è indirizzata a Sallustio, proquestore di Bibulo in Siria che, cessando dalla carica, spera di incontrarsi con Cicerone durante il viaggio di ritorno a Roma ma, soprattutto, di potersi esimere dall'obbligo imposto dalla Legge Giulia sulle Concussioni, di presentare e deporre in due città della provincia i conti della propria amministrazione

[205]Si tratta del figlio di Cicerone, Marco, e del figlio di suo fratello Quinto; dei due sopravviverà alle purghe antoniane il solo omonimo figlio di Marco Tullio Cicerone, che sarà preso da Augusto come collega nel consolato.

successore arrivi tanto presto che tu mi possa incontrare in Asia. Sarebbe certo una non piccola semplificazione se tu potessi dispensarti dal presentare i conti, per autorizzazione, come tu affermi, di Bibulo; ma stento a crederlo possibile, data la Legge Giulia: per ragioni sue Bibulo non la osserva, ma penso che tu debba rispettarla rigorosamente.

Plinio il Giovane, *Lettere*, II, 11, 3
Respondit Fronto Catius deprecatusque est, ne quid ultra repetundarum legem quaereretur, omniaque actionis suae vela vir movendarum lacrimarum peritissimus quodam velut vento miserationis implevit.
Replicò Frontone Cazio [206] e chiese con insistenza che fosse processato secondo la Legge sulle Concussioni e, da uomo espertissimo nello strappare lacrime, dispiegò tutte le vele della sua arringa, gonfiandole, per così dire, al vento della compassione.

Plinio il Giovane, *Lettere*, 19, 8
Nam ut illis erat moris, leges quas ut contrarias prioribus legibus arguebant, aliarum collatione convincere, ita nobis inesse repetundarum legi quod postularemus, cum hac ipsa lege tum aliis colligendum fuit; quod nequaquam blandum auribus imperitorum, tanto maiorem apud doctos habere gratiam debet, quanto minorem apud indoctos habet.
Giacché come essi [207], quando intendevano dimostrare che una legge era contraria alle precedenti, solevano provarlo ponendola a confronto con altre [208], così noi richiedemmo di fare con la Legge sulle Concussioni, confrontandola con altre analoghe; il qual procedimento non giunge affatto gradito alle orecchie della gente incollata, ma deve trovare tanto maggior peso presso quella istruita, quanto minore ne riscuote presso gli ignoranti.

Frammenti

48.11.0. De lege Iulia repetundarum.
De eo qui in officio, munere ministeriove publico, vel ex cohorte aliquas pecunis cepit.

---

[206] Fu console nel 96 d.C., difensore in sede processuale di personaggi discutibili e nominato anche dal poeta Marziale (*Epigrammi* I, 55, 2). In quest'occasione difendeva il proconsole Mario Prisco, accusato di concussione dai provinciali d'Africa. Mario aveva chiesto di essere giudicato in forma abbreviata dalla commissione senatoriale anziché dal senato in seduta plenaria, con sentenza emessa dopo trenta giorni.

[207] Intende i Greci.

[208] È la γραφὴ παρανόμων, l'azione legale intentata ad Atene allo scopo di annullare un decreto dell'assemblea perché contrario ad una legge esistente o perché approvato con procedura illegale.

Legge Giulia sulle Concussioni.
Riguarda colui che percepì del denaro mentre rivestiva un pubblico ufficio,
incombenza o servizio, o da qualche coorte.

48.11.1
Marcianus libro XIV Institutionum
Pr. Lex Iulia repetundarum pertinet ad eas pecunias, quas quis in magistratu
potestate curatione legatione vel quo alio officio munere ministeriove publico
cepit, vel cum ex cohorte cuius eorum est.

Marciano, nel libro XIV delle *Istituzioni*
La Legge Giulia sulle concussioni è relativa a quel denaro che uno percepì
nello svolgimento di una magistratura, potestà, cura o legazione o in qualche
altro ufficio, incombenza o servizio pubblico o se lo percepì qualcuno della
loro *Corte*.
1. *Excipit lex, a quibus licet accipere: a sobrinis propioreve gradu cognatis*
suis, uxore.
La Legge eccettua coloro dai quali è lecito percepire (*scil.* denaro), ovvero i
cugini ed i parenti di più prossimo grado o dalla moglie.

48.11.2
De heredibus rei.
Scaevola libro quarto Regularum
Datur ex hac lege et in heredes actio intra annum dumtaxat a morte eius qui
arguebatur.

Sugli eredi del reo.
Scevola, nel libro IV delle *Regole*
Si dà in forza di questa Legge l'azione anche contro degli eredi entro l'anno,
da computarsi a partire dalla morte di colui che veniva accusato.

48.11.3
De sententia, decreto et officio eorum, qui potestatem habent.
Macer libro primo Publicorum
Lege Iulia repetundarum tenetur, qui, cum aliquam potestatem haberet,
pecuniam ob iudicandum vel non iudicandum decernendumve acceperit.

Delle sentenze, del decreto e dell'ufficio di coloro che rivestono una potestà.
Macro nel libro I dei *Giudizi Pubblici*
Per la Legge Giulia è tenuto di concussione colui che, mentre rivestiva qualche
potere, ricevette denaro per giudicare o decretare.

48.11.4

Venuleius Saturninus libro tertio publicis iudicis
Vel quo magis aut minus quid ex officio suo faceret.

Venuleio Saturnino nel libro III dei *Giudizi Pubblici*
O per fare qualche cosa in più o in meno in forza del suo ufficio.

48.11.5

Macer libro primo publicorum
In comites quoque iudicum ex hac lege iudicium datur.

Anche contro la Corte dei giudici, in forza di questa Legge, si dà giudizio.

48.11.6

De testimoniis; de poena; de militibus; de sententiis; de accusationibus; de sordibus; de donis, muneribus.
Venuleius Saturninus libro primo publicorum iudiciorum
pr. Eadem lege tenentur, qui ob denuntiandum vel non denuntiandum testimonium pecuniam acceperint.

Riguardo alle testimonianze, alle pene, ai soldati, alle accuse, alle sordidezze, ai doni, ai regali.
Venuleio Saturnino nel libro I dei *Giudizi Pubblici*
Per la stessa Legge sono tenuti coloro che, per rendere o non rendere testimonianze, ricevettero del denaro.
1. *Hac lege damnatus testimonium publice dicere aut iudex esse postulareve prohibetur.*
Colui che sia stato condannato in base a questa Legge non può più rendere pubblica testimonianza o rivestire il ruolo di giudice e gli è negata la facoltà di accusare.
2. *Lege Iulia repetundarum cavetur, ne quis ob militem legendum mittendumve aes accipiat, neve quis ob sententiam in senatu consiliove publico dicendam pecuniam accipiat, vel ob accusandum vel non accusandum: utque urbani magistratus ob omni sorde se abstineant neve plus doni muneris in anno accipiant, quam quod sit aureorum centum.*
Con la Legge Giulia sulle concussioni viene disposto che nessuno riceva del denaro per arruolare o congedare soldati; che nessuno riceva del denaro per esprimere un parere in Senato o in un pubblico consiglio, oppure per accusare o per non accusare; e che i magistrati urbani si astengano da qualsivoglia sordidezza e che in doni o in denaro non ricevano nel giro di un anno un valore superiore a cento monete d'oro.

48.11.7

De iudicibus et arbitris; de vinculis; de condemnatione et absolutione; de litis aestimatione; de iudicio faciendo vel non faciendo; de personis exceptis vel non. De opere publico, de frumento publico. De sarctis tectis tuenda. De poena.

Dei giudici e degli arbitri; degli arresti; della condanna e dell'assoluzione; della stima della lite; del fare o non fare un giudizio; delle persone eccettuate o meno. Del ben mantenere le case. Della pena.

Macer libro primo iudiciorum publicorum
pr. Lex Iulia de repetundis praecipit, ne quis ob iudicem arbitrumve dandum mutandum iubendumve ut iudicet: neve ob non dandum non mutandum non iubendum ut iudicet: neve ob hominem in vincula publica coiciendum vinciendum vincirive iubendum exve vinculis dimittendum: neve quis ob hominem condemnandum absolvendumve: neve ob litem aestimandam iudiciumve capitis pecuniaeve faciendum vel non faciendum aliquid acceperit.
1. Apparet autem, quod lex ab exceptis quidem in infinitum capere permittit, ab his autem, qui hoc capite enumerantur, a nullo neque ullam quantitatem capere permittit.
2. Illud quoque cavetur, ne in acceptum feratur opus publicum faciendum, frumentum publice dandum praebendum adprehendendum, sarta tecta tuenda, antequam perfecta probata praestita lege erunt.
3. Hodie ex lege repetundarum extra ordinem puniuntur et plerumque vel exilio puniuntur vel etiam durius, prout admiserint. Quid enim, si ob hominem necandum pecuniam acceperint? Vel, licet non acceperint, calore tamen inducti interfecerint vel innocentem vel quem punire non debuerant? Capite plecti debent vel certe in insulam deportari, ut plerique puniti sunt.

Macro nel I libro dei *Giudizi Pubblici*
La Legge Giulia sulle concussioni ordina che nessuno dovrà ricevere alcunché per emettere un giudizio o un parere arbitrale, per cambiarlo o per ordinare che giudichi, oppure per non darlo, non cambiarlo, non ordinare che giudichi, né per porre un uomo agli arresti pubblici o per ordinare che sia arrestato o per rilasciarlo dallo stato di arresto, né per condannare o viceversa per assolvere alcuno, né per valutare una lite, o per emettere o non emettere un giudizio capitale o pecuniario.
È chiaro poi che la Legge permette senza limite di prendere degli eccettuati, sebbene da nessuno di quelli che sono enumerati in questo capitolo, né permette di prendere quantità alcuna.
Viene disposto inoltre che non si rilasci alcuna ricevuta per un'opera pubblica da farsi o per del frumento da distribuire, somministrare e prendere

pubblicamente, nonché per edifici costruiti prima che fossero venduti, perfetti, approvati e consegnati.

Oggi, in base alla Legge sulla Concussione, [i rei] sono puniti straordinariamente, e spesso vengono puniti con l'esilio o con ancora maggiore severità in base al delitto compiuto. E che diremmo, se per mettere a morte un uomo, costoro abbiano ricevuto in cambio del denaro? Oppure, benché non l'abbiano ricevuto, spinti nondimeno da costoro abbiano ucciso un innocente oppure uno che non dovevano punire? Debbono essere condannati a morte o di certo deportati su un'isola, alla stregua dei molti che così furono puniti.

48.11.8

De contractibus et de usucapione.
Paulus libro 54 ad edictum
pr. Quod contra legem repetundarum proconsuli vel praetori donatum est, non poterit usu capi.
Eadem lex venditiones locationes eius rei causa pluris minorisve factas irritas facit impeditque usucapionem, priusquam in potestatem eius, a quo profecta res sit, heredisve eius veniat
.

Sui contratti e sulla prescrizione.
Paolo, nel libro LIV *Sull'Editto*.
Non potrà essere prescritto ciò che, contro la legge, venne donato al Proconsole o al Pretore.
La medesima Legge rende le vendite e le locazioni fatte per tale motivo a minore o a maggiore prezzo ed impedisce la prescrizione prima che la cosa non venga in potestà di colui che ne ha diritto o al suo erede.

48.11.9

De eo, qui munus publice mandatum rupit.
Papinianus libro 15 responsorum
Qui munus publice mandatum accepta pecunia ruperunt, crimine repetundarum postulantur.

Di colui che fece male a dare un'incombenza pubblicamente affidatagli.
Papiniano, nel libro XV dei *Responsi*.
Coloro, che per aver ricevuto del denaro, mandarono a monte un affare pubblicamente affidato ad essi, sono accusati del delitto di concussione.

1.16.10

De officio Proconsulis
Menimisse oportenit, usque ad adventum successoris omnia Proconsulem

agere, cum sit unus proconsulatus, et utilitas provinciae exigat esse aliquem, per quem negotia sua provinciales explicent: ergo in adventum successoris debet ius dicere.

Legatum suum ne ante de se provincia dimittat, et Lege Julia repetundarum et rescripto Divi Hadriani ad Calpurnium Rufum Proconsulem Achaiae admonetur.

Sull'ufficio del Proconsole

Converrà ricordare che fino all'arrivo del successore, il Proconsole dovrà espletare tutte le [proprie] funzioni, essendo uno solo il proconsolato ed esigendo l'interesse della provincia che vi sia qualcuno per opera del quale i provinciali sbrighino le loro faccende; dunque, fino all'arrivo del successore, deve amministrare la giustizia.

Li si avverte – sia in base alla Legge Giulia sulle Concussioni sia al Rescritto del divo Adriano a Calpurnio Rufo, Pronconsole di Acaia – a non concedere al proprio legato il permesso di abbandonare la provincia prima di loro stessi.

3.6.1, 1

De calumniatoribus
Ulpianus, liber X ad Edictum
Hoc autem iudicium non solum in pecuniariis causis, sed et a publica crimina pertinere Pomponius scribit: maxime cum et Legem Repetundarum teneatur, qui ob negotium faciendum, aut non faciendum per calumniam pecuniam accepit.

Sui calunniatori
Ulpiano nel libro X *Sull'Editto.*
Scrive poi Pomponio che questo giudizio *(scil.* sui calunniatori) ha luogo non solo nelle cause pecuniarie, ma anche per i delitti pubblici, principalmente perché, in base alla Legge sulle Concussioni, risponde ancora colui che al fine di dare o non dare una briga per calunnia, ricevette del denaro.

22.6.15

De scientia vel ignorantia alterius.
Terentius Clemens, lib. 3 Ad legem Juliam et Papiam.
Iniquissimus videtur, cuiquam scientiam alterius quam suam nocere; vel ignorantiam alterius alii profuturam.
Quae scientia factis requiritur.
Ulpianus, lib. 18 Ad legem Juliam et Papiam.
Nec supina ignorantia ferenda est factum ignorantis: ut nec scrupulosa inquisitio exigenda: Scientia enim hoc modo aestimanda est, ut neque

neglegentia crassa, aut nimia securitas satis expedita sit, neque delatoria curiositas exigatur.

Della conoscenza od ignoranza altrui.
Terenzio Clemente, libro III *Sulla Legge Giulia e Papia.*
Sembra una cosa ingiustissima il fatto che ad altri possa nuocere la conoscenza altrui rispetto alla propria, o che l'ignoranza altrui possa giovare ad un altro.
Quale conoscenza di fatto sia richiesta.
Ulpiano, libro XVIII *Sulla Legge Giulia e Papia.*
Non deve tollerarsi un'ignoranza supina di chi ignora il fatto, come nemmeno deve chiedersi una scrupolosa investigazione. Giacché la conoscenza si deve misurare in modo tale che, né si sia usata una crassa negligenza o troppa spensierataggine, né si richieda un'indagine da spione.

49.14.46,2
De his, qui in Provincia administrant.
Hermogenianus, lib. VI Iuris Epitomatorum.
Quod a Praeside, seu procuratore, vel quolibet alio in ea Provincia, in qua administrat, licet per suppositam personam, comparatus est: infirmato contractu vindicatur, et aestimatio eius fisco infertur: nam et navem in eadem Provincia, in qua quis administrat, aedificare prohibetur.

Intorno a coloro che amministrano la Provincia.
Ermogeniano, nel libro VI dell'*Epitome del diritto.*
Quello che dal governatore o dal procuratore o da chiunque altro, benché mediante persona interposta, fu acquistato in quella stessa provincia nella quale amministra, viene rivendicato annullandosi il contratto, ed il valore ne viene introitato dal fisco; è inoltre vietato costruire anche delle navi ad uno che esercita l'amministrazione di quella medesima provincia.

Cicerone, *Pro C. Rabirio Postumo*, 4, 8.
Est enim haec causa 'Qvo ea pecvnia pervenerit' quasi quaedam appendicula causae iudicatae atque damnatae. sunt lites aestimatae A. Gabinio, nec praedes dati nec ex bonis populo universae <lites solutae>. iubet lex Iulia persequi ab eis ad quos ea pecunia quam is ceperit qui damnatus sit pervenerit. si est hoc novum in lege Iulia, sicuti multa sunt severius scripta quam in antiquis legibus et sanctius, inducatur sane etiam consuetudo huius generis iudiciorum nova.
In realtà il caso presente, basato sulle parole [della Legge Giulia sulle Concussioni] *"nelle mani di chi è arrivato il denaro"*, è una specie di piccola appendice a una causa che ha avuto la sua conclusione in un giudizio di

condanna. Si è fissata l'ammenda che Aulo Gabinio deve pagare, ma nessuna garanzia è stata data in base ai beni del condannato, né è uguale all'ammenda l'ammontare della somma riservata al popolo. La Legge Giulia impone di cercare il risarcimento da coloro che abbiano nelle loro mani il denaro preso da un condannato. Se questa disposizione della Legge Giulia è una novità, come molte altre disposizioni più severe ed inderogabili di quelle delle antiche leggi, ebbene, si introduca pure questa nuova procedura nei processi.

Cicerone, *Pro C. Rabirio Postumo*, 5, 12.
Ubi est igitur sapientia iudicis? In hoc, ut non solum quid possit, sed etiam quid debeat, ponderet nec quantum sibi permissum meminerit solum, sed etiam quatenus commissum sit. datur tibi tabella iudici. qua lege? Iulia de pecuniis repetundis. quo de reo? de equite Romano. at iste ordo lege ea non tenetur. 'illo,' inquit, 'capite: <quo ea pecunia pervenerit.' nihil audisti> in Postumum, cum in Gabinium iudex esses, nihil Gabinio damnato, cum in eum litis aestimares. 'at nunc audio.' reus igitur Postumus est ea lege qua non modo ipse sed totus etiam ordo solutus ac liber est.

In cosa consiste dunque la saggezza di un giudice? Nel considerare bene non solo il suo potere, ma anche il suo dovere, ben memore non soltanto dell'estensione del suo mandato, ma pure delle limitazioni di esso. Ti viene data la tavoletta in base alla tua qualità di giudice. "In base a quale legge?". Alla Legge Giulia sulla Concussione. "Nei confronti di quale accusato?". Di un cavaliere romano. "Questo ordine, però, non è sotto il vincolo di quella legge". Lo è – afferma l'accusatore – in base all'articolo "*nelle mani di chi è arrivato il denaro*". Tu non hai udito una parola contro Postumo mentre eri giudice nel processo contro Gabinio e nemmeno dopo la sua condanna, quando valutavi la pena pecuniaria da infliggergli. "Ma è ora che ne sento parlare". Dunque Postumo è accusato in base ad una legge alla quale non soltanto lui, ma anche tutto l'ordine a cui appartiene non è affatto vincolato.

Lex Iulia Agraria

La *Lex Iulia Agraria et Campana* fu promulgata nel 59 a.C., per venire essenzialmente incontro alle esigenze di Pompeo sulla sistemazione dei suoi veterani nel fertile Agro Campano; la distribuzione di terre, che incontrò immediatamente l'aspra ostilità degli ottimati, doveva essere presieduta da una commissione vigintivirale – da cui lo stesso Cesare si autoescluse, per non far pensare a favoritismi – e doveva privilegiare, oltre ai veterani, anche i cittadini romani in povertà con a carico tre o più figli.

T 1.

Dione Cassio, *Storia Romana*, XXXVIII, 1-17

Τῷ δὲ ἐξῆς ἔτει ὁ Καῖσαρ τὸ σύμπαν θεραπεῦσαι πλῆθος ἠθέλησεν, ὅπως σφᾶς ἔτι καὶ μᾶλλον σφετερίσηται. Βουληθεὶς δὲ καὶ τὰ τῶν δυνατῶν δοκεῖν, ἵνα μὴ καὶ δι᾽ ἀπεχθείας αὐτῷ ὦσι, πράττειν, εἶπέ σφισι πολλάκις ὅτι οὔτε γράψοι τι ὃ μὴ καὶ ἐκείνοις συνοίσει· καὶ δὴ γνώμην τινὰ περὶ τῆς χώρας, ἣν παντὶ τῷ ὁμίλῳ κατένειμεν, οὕτω συνέγραψεν ὥστε μηδὲ μικρόν τι αὐτῆς αἰτιαθῆναι· καὶ οὐδὲ ταύτην μέντοι ἐσοίσειν, εἰ μή βουλομένοις σφίσιν εἴη, ἐπλάττετο. Τοῦ μὲν δὴ οὖν νόμου ἕνεκα οὐδεὶς αὐτῷ οὐδὲν ἐπικαλέσαι ἐδύνατο· τό τε γὰρ πλῆθος τῶν πολιτῶν ὑπέρογκον ὄν, ἀφ᾽ οὗπερ καὶ τὰ μάλιστα ἐστασίαζον, πρός τε τὰ ἔργα καὶ πρὸς γεωργίας ἐτρέπετο, καὶ τὰ πλεῖστα τῆς Ἰταλίας ἠρημωμένα αὖθις συνῳκίζετο, ὥστε μὴ μόνον τοὺς ἐν ταῖς στρατείαις τεταλαιπωρημένους ἀλλὰ καὶ τοὺς ἄλλου ςἅπαντας διαρκῆ τὴν τροφὴ νἔχειν μήτε τῆς πόλεως οἴκοθέν, τι δαπανωμένης μήτε τῶν δυνατῶν ζημιουμένων, ἀλλὰ καὶ τιμὴν καὶ ἀρχὴν πολλῶν προσλαμβανόντων. Τὴν δὲ χώραν τήν τε κοινὴν ἅπασαν πλὴν τῆς Καμπανίδος ἔνεμε (ταύτην γὰρ ἐν τῷ δημοσίῳ ἐξαίρετον διὰ τὴν ἀρετὴν συνεβούλευσεν εἶναι), καὶ τὴν λοιπὴν οὔτε παρὰ ἄκοντός τινος οὔτ᾽ αὖ ὅσου ἂν οἱ γεωνόμοι βουληθῶσιν, ἀλλὰ πρῶτον μὲν παρ᾽ ἑκόντων, ἔπειτα δὲ τοσούτου ὅσου ἐνταῖς ἀπογραφαῖς ἐτετίμητο, ἀγορασθῆναι ἐκέλευσε. Χρήματά τε γὰρ πολλὰ ἀπό τε τῆς λείας ἦν ὁ Πομπήιος εἴληφει καὶ ἀπὸ τῶν φόρων τῶν τε τελῶν τῶν προσκαταστάντων περιεῖναί σφισιν ἔλεγε, καὶ χρῆναι αὐτά, ἅτε καὶ τοῖς τῶν πολιτῶν κινδύνοις πεπορισμένα, ἐς αὐτοὺς ἐκείνους ἀναλωθῆναι. Καὶ μέντοι καὶ τοὺς γεωνόμους οὔτ᾽ ὀλίγους, ὥστε καὶ δυναστείᾳ τινὶ ἐοικέναι, οὔτ᾽ ἐξ ὑπευθύνων, ὥστε τινὰ δυσχερᾶναι, καθίστη, ἀλλὰ πρῶτον μὲν τοῦ συχνοὺς τῆς τιμῆς μετασχεῖν εἴκοσιν, ἔπειτα δὲ τοὺς ἐπιτηδειοτάτους, πλὴν ἑαυτοῦ. Πάνυ γὰρ τι τοῦτο προδιωμολογήσατο, ὅπως μὴ δι᾽ ἑαυτόν τι γράφειν νομισθείν· αὐτὸς μὲν γὰρ τῇ τε εὑρήσει καὶ τῇ ἐσηγήσει τοῦ πράγματος ἠρκεῖτο, ὥς γε ἔλεγε, τῷ δὲ δὴ Πομπηίῳ καὶ τῷ Κράσσῳ τοῖς τε ἄλλοις φανερῶς ἐχαρίζετο.

Ἕνεκα μὲν οὖν τῶν γραφέντων ἀναίτιος ἦν, ὥστε μηδὲ διᾶραι τὸ στόμα ὑπεναντίον οἱ μηδένα τολμῆσαι· καὶ γὰρ προανέγνω αὐτὰ ἐν τῇ βουλῇ, καὶ ὀνομαστὶ ἕνα ἕκαστον αὐτῶν ἀνακαλῶν ἐπηρώτησε μή τί τις αἰτιᾶται, μεταγράψειν ἢ καὶ παντελῶς ἀπαλείψει, εἴγέτῳ μὴ ἀρέσειέτι, ὑποσχομενος. Τὸ δὲ δὴ σύμπαν καὶ πάνυ πάντες οἱ δυνατοὶ οἵ γε ἔξωτῆς συνωμοσίας ὄντες ἐδυσχέραινον. Καὶ αὐτό γε τοῦτο αὐτοὺς ἐς τὰ μάλιστα ἐλύπει, ὅτι τοιαῦτα συγγεγραφὼς ἦν ὥστε μήτε τινὰ αἰτίαν δύνασθαι λαβεῖν καὶ πάντας σφᾶς βαρύνειν· ὑπώπτευον γὰρ αὐτόν, ἐφ᾽ ᾧπέρ που καὶ ἐγίγνετο, τό τε πλῆθος ἀπ᾽ αὐτῶν ἀναρτήσεσθαι καὶ ὄνομα καὶ ἰσχὺν καὶ ἐπὶ πάντας ἀνθρώπους ἕξειν. Καὶ διὰ τοῦτο, εἰ καὶ μηδείς οἱ ἀντέλεγεν, ἀλλ᾽ οὔτι γε καὶσυνεπήνουν. Τοῖς μὲν δὴ οὖν ἄλλοις ἐξήρκει τοῦτο, καὶ ἐπηγγέλλον τὸ μὲν ἀεὶ αὐτῷ προβουλεύσειν, ἐποίουν δὲ οὐδέν, ἀλλὰ διατριβαὶ καὶ ἀναβολαὶ τὴν ἄλλως ἐγίγνοντο· ὁ δὲ δὴ Κάτων ὁ Μᾶρκος (ἦν δὲ ἄλλως μὲν ἐπιεικὴς καὶ οὐδενὶ νεοχμῷ ἀρεσκόμενος, οὐ μὴ καὶ ῥώμην τινὰ οὔτε ἐκ παιδείας ἔχων) τοῖς μὲν γεγραμμένοις οὐδὲν οὐδ' αὐτὸς ἐπεκάλει, τὸ δ' ὅλον ἠξίου τῇ τε παρούσῃ σφᾶς καταστάσει χρῆσθαι καὶ μηδὲν ἔξω αὐτῆς ποιεῖν. Καὶ ἐμέλλησε μὲν ἐπὶ τούτοις ὁ Καῖσαρ ἐς τὸ δεσμωτήριον τὸν Κάτωνα ἐξ αὐτοῦ τοῦ συνεδρίου ἐξελκύσας ἐμβαλεῖν· ἐπεὶ δὲ ἐκεῖνός τε ἑτοιμότατα ἑαυτὸν ἀπάγεσθαι ἐπέδωκε, καὶ τῶν ἄλλων οὐκ ὀλίγοι οἱ ἐφέσποντο, καί τις αὐτῶν Μᾶρκος Πετρέιος ἐπιτιμηθεὶς ὑπ' αὐτοῦ ὅτι μηδέπω διαφειμένης τῆς βουλῆς ἀπαλλάττοιτο, ἔφη ὅτι μετὰ Κάτωνος ἐν τῷ οἰκήματι μᾶλλον ἢ μετὰ σοῦ ἐνταῦθα εἶναι βούλομαι, κατηδέσθη, καὶ τόν τε Κάτωνα ἀφῆκεκαὶ τὴν γερουσίαν ἀπήλλαξε, τοσοῦτον μόνον ὑπειπὼν ὅτι ἐγὼ μὲν ὑμᾶς καὶ δικαστὰς τοῦ νόμου καὶ κυρίους ἐποιησάμην, ὅπως, εἴ τι μὴ ἀρέσειεν ὑμᾶς, μηδ' ἐς τὸν δῆμον ἐσενεχθείν· ἐπεὶ δ' οὐκ ἐθέλετε προβουλεῦσαι, ἐκεῖνος αὐτὸς αἱρήσεται.

Κἀκ τούτου οὐδ' ἄλλο τι τῇ γερουσίᾳ ἐν τῇ ἀρχῇ ταύτῃ ἐπεικοινώνησεν, ἀλλ' ἐς τὸν δῆμον ἄντικρυς πάνθ' ὅσα ἐβούλετο ἐσέφερεν. Ἐθελήσας δ' οὖν καὶ ὣς ὁμογνώμονας τῶν πρώτων τινὰς ἐν τῇἐκκλησίᾳ λαβεῖν (καὶ γὰρ ἤλπιζε μετεγνωκέναι τε αὐτοὺς καὶ πῃ καὶ τὸ πλῆθος φοβηθήσεσθαι) ἤρξατο ἀπὸ τοῦ συνάρχοντος, καὶ ἐπύθετο αὐτοῦ εἰ τὰτοῦ νόμου μέμφοιτο. Ἐπεί τ' ἐκεῖνος οὐδὲν ἀπεκρίνατο πλὴν ὅτι οὐκ ἂν ἀνάσχοιτο ἐν τῇ ἑαυτοῦ ἀρχῇ νεωτερισθῆναί τι, αὐτός τε πρὸς ἱκετείαν αυτοῦ ἐτράπετο καὶ τὸν ὅμιλον συνδεηθῆναί οἱ ἔπεισεν, εἰπὼν ὅτι ἕξετε τὸν νόμον ἂν οὗτος ἐθελήσῃ. Ὁ οὖν Βίβουλος μέγα ἀναβοήσας: «Οὐχ ἕξετε», ἔφη,«τὸν νόμον τοῦτον ἐν τῷ ἔτει τούτῳ, οὐδ' ἂν πάντες ἐθελήσητε».

Καὶ ὁ μὲν ταῦτ' εἰπὼνἀπηλλάγη· ὁ δὲ δὴ Καῖσαρ τῶν μὲν ἄλλων τῶν ἐν ταῖς ἀρχαῖς ὄντων οὐδένα ἔτι διήρετο, δείσας μὴ καὶ ἐκείνων τις ἐναντιωθῇ οἱ, τὸν δὲ δὴ Πομπήιον τόν τε Κράσσον καίπερ ἰδιωτεύοντας παραγαγὼν ἐκέλευσε γνώμην περὶ τῶν γεγραμμένων ἀποφήνασθαι, οὐχ ὅτι οὐκ ἠπίστατο τὴν διάνοιαν αὐτῶ (σύμπαντα γὰρ κοινῇ ἔπραττον) ἀλλ' ἵνα αὐτοῖς τε ἐκείνοις τιμήν, ὅτι καίτοι μηδεμίαν ἀρχὴν ἔχουσιν συμβούλοις περὶ τοῦ νόμου χρῷτο, προσθείη, καὶ τοὺς ἄλλους προσκαταπλήξῃ, ὁμογνώμονας τοὺς πρώτους τε ὁμολογουμένως ἐν τῇ πόλει τότε ὄντας καὶ μέγιστον παρὰ πάντας δυναμένους λαβών, τῷ τε πλήθει καὶ κατ' αὐτὸ τοῦτο χαρίσαιτο, τεκμηριῶν ὅτι μήτ' ἀτόπου μήτ' ἀδίκου τινὸς ὀρέγοιντο, ἀλλ' ὧν καὶ δοκιμασταὶ καὶ ἐπαινέται γίγνοιντο.

Ὅ τε οὖν Πομπήιος μάλα ἀσμένως, «Οὐκ ἐγώ», ἔφη, «μόνος, ὦ Κυιρῖται, τὰ γεγραμμένα δοκιμάζω, ἀλλὰ καὶ ἡ ἄλλη βουλὴ πᾶσα, δι' ὧν οὐχ ὅτι τοῖς μετ' ἐμοῦ ἀλλὰ καὶ τοῖς μετὰ τοῦ Μετέλλου συστρατευσαμένοις ποτὲ γῆν δοθῆναι ἐψηφίσατο. Τότε μὲν οὖν (οὐ γὰρ ηὐπόρει τὸ δημόσιον) εἰκότως ἡ δόσις αὐτῆς ἀνεβλήθη· ἐν δὲ δὴ τῷπαρόντι (παμπλούσιον γὰρ ὑπ' ἐμοῦ γέγονε) προσήκει καὶ ἐκείνοις τὴν ὑπόσχεσιν καὶ τοῖς ἄλλοις τὴν ἐπικαρπίαν τῶν κοινῶν πόνων ἀποδοθῆναι». Ταῦτ' εἰπὼν ἐπεξῆλθέ τε καθ' ἕκαστον τῶν γεγραμμένων, καὶ πάντα αὐτὰ ἐπήνεσεν, ὥστε τὸν ὅμιλον ἰσχυρῶς ἡσθῆναι. Ὁ οὖν Καῖσαρ ἰδὼν τοῦτο ἐκεῖνόν τε ἐπήρετο εἰ βοηθήσοι οἱ προθύμως ἐπὶ τοὺς τἀναντία σφίσι πράττοντας, καὶ τῷ πλήθει παρήνεσε προσδεηθῆναι πρὸς τοῦτο αὐτοῦ. Γενομένου δὲ τούτου ἐπαρθεὶς ὁ Πομπήιος, ὅτι τῆς παρ' ἑαυτοῦ ἐπικουρίας, καίπερ μηδεμίαν ἡγεμονίαν ἔχοντος, καὶ ὅὕπατος καὶ ὅὅμιλος ἔχρῃζεν, ἄλλα τε πολλὰ ἀνατιμῶν τε καὶ ἀποσεμνύνων ἑαυτὸν διελέξατο, καὶ τέλος εἶπεν ὅτι, ἄν τις τολμήσῃ ξίφος ἀνελέσθαι, καὶ ἐγὼ τὴν ἀσπίδα ἀναλήψομαι. Ταῦθ' οὕτως ὑπὸ τοῦ Πομπηίου λεχθέντα καὶ Κράσσος ἐπήνεσεν. Ὥστ'εἰ καί τισι τῶν ἄλλων μὴ ἤρεσκεν, (...) οἱ ἄλλως τε ἄνδρες ἀγαθοὶ νομιζόμενοι καὶ πρὸς τὸν Καίσαρα ἐχθρῶς, ὥς γε καὶ ἐδόκουν σφίσιν, ἔχοντες (οὐ γὰρ πω ἡ καταλλαγὴ αὐτῶν ἔκδηλος ἦν) συνήνουν οἷς ἐγεγράφει, πρόθυμοι πρὸς τὴν τοῦ νόμου κύρωσιν ἐγένοντο.

Οὐ μέντοι καὶ ὁ Βίβουλος ἐνεδίδου, ἀλλὰ τρεῖς δημάρχους συναγωνιστὰς προσθέμενος ἐκώλυσε τὸ νομοθέτημα, καὶ τέλος, ἐπειδὴ μηκέτ' αὐτῷ μηδεμία ἄλλη σκῆψις ἀναβολῆς ὑπελείπετο, ἱερομηνίαν ἐς πάσας ὁμοίως τὰς λοιπὰς τοῦ ἔτους ἡμέρας, ἐν αἷς οὐδ' ἐς ἐδύνατο, προηγόρευσε. Καὶ ἐπειδὴ ὅ τε Καῖσαρ βραχὺ αὐτοῦ φροντίσας ῥητήν τινα ἡμέραν προεῖπεν ἵν' ἐν αὐτῇ νομοθετήσῃ, καὶ τὸ πλῆθος νυκτὸς τὴν ἀγορὰν προκατέλαβεν, ἐπῆλθε μετὰ τῶν παρεσκευασμένων, καὶ πρὸς μὲν τὸ Διοσκόρειον, ἀφ' οὗπερ ἐκεῖνος ἐδημηγόρει, διέπεσεν, τὰ μὲν αἰδοῖ τῶν ἀνθρώπων ὑπεικόντων οἱ,   τὰ δὲ καὶ νομιζόντων αὐτὸν μὴ καὶ ἐναντιωθήσεσθαί σφισιν, ὡς δὲ ἄνω τε ἐγένετο καὶ ἀντιλέγειν ἐπειρᾶτο, αὐτός τε κατὰ τῶν ἀναβασμῶν ἐώσθη καὶ αἱ ῥάβδοι αὐτοῦ συνετρίβησαν, πληγάς τε καὶ τραύματα ἄλλοι τε καὶ οἱ δήμαρχοι ἔλαβον. Καὶ ὁ μὲν νόμος οὕτως ἐκυρώθη, Βίβουλος δὲ τότε μὲν ἀγαπητῶς ἐσώθη, τῇ δ' ὑστεραίᾳ ἐπείρασε μὲν ἐν τῷ συνεδρίῳ αὐτὸν λῦσαι, ἐπέρανε δ' οὐδέν· τῇ γὰρ τοῦ πλήθους σπουδῇ δεδουλωμένοι πάντες ἡσύχαζον. ἀνεχώρησέ τε οὖν οἴκαδε, καὶ οὐκέτι τὸ παράπαν ἐς τὸ κοινὸν μέχρι τῆς τελευταίας τοῦ ἔτους ἡμέρας παρῆλθεν, ἀλλ' ἐν τῇ οἰκίᾳ καταμένων ἀεὶ τῷ Καίσαρι, ὁσάκις γε ἐνεωτέριζέ τι, ἐνετέλλετο διὰ τῶν ὑπηρετῶν ὅτι ἱερομηνία τε εἴη καὶ οὐδὲν ὁσίως ἐκ τῶν ὑπηρετῶν ὅτι ἱερομηνία τε εἴη καὶ οὐδὲν ὁσίως ἐκ τῶν νόμων ἐν αὐτῇ δύναιτο δρᾶσθαι. ἐπεχείρησε μὲν γὰρ αὐτὸν ἐπὶ τούτοις Πούπλιός τις Οὐατίνιος δήμαρχος ἐς τὸ οἴκημα καταθέσθαι, τῶν δὲ συναρχόντων οἱ ἐναντιωθέντων οὐκ ἐνέβαλεν, ἀλλ' ἐκεῖνός τε οὕτω τῶν πολιτικῶν ἐξέστη καὶ οἱ δήμαρχοι οἱ συνεξετασθέντες αὐτῷ οὐκέτ' οὐδὲν δημόσιον ἔπραξαν.
Ὁ δ' οὖν Μέτελλος ὁ Κέλερ ὅ τε Κάτων, καὶ Μᾶρκός τις δι' αὐτὸν Φαουώνιος, ζηλωτὴς ἐς τὰ μάλιστα αὐτοῦ ὤν, τέως μὲν οὔτ' ὤμοσαν περὶ τοῦ νόμου (τοῦτο γὰρ ἀρξάμενόν ποτε, ὥσπερ εἶπον, καὶ ἐπὶ τῶν ἄλλων τῶν ἀτόπων ἐγίγνετο) καὶ ἀπισχυρίζοντο, ἄλλως τε καὶ ὁ Μέτελλος ἐς τὸν Νουμιδικὸν ἀναφέρων, μηδέποτε αὐτὸν συνεπαινέσειν· ὡς μέντοι (...) ἡμέρα ᾖ καὶ ἔμελλον τὰ

τεταγμένα ἐπιτίμια ὀφλήσειν, ὤμοσαν, ἤτοι κατὰ τὸ ἀνθρώπειον, ὑφ' οὗ πολλοὶ ὑπισχνοῦνται, τέ τι καὶ ἀπειλοῦσι ῥᾷον ἤ καὶ τῷ ἔργῳ ἐπεξίασιν, ἤ καὶ ὅτι μάτην ζημιωθήσεσθαι ἔμελλον, μηδὲν ἐκ τῆς ἰσχυρογνωμοσύνης σφῶν τὸ κοινὸν ὠφελήσαντες. ὅ τε οὖν νόμος οὕτως ἐκυρώθη, καὶ ἡ τῶν Καμπανῶν γῆ τοῖς τρία τε πλείω τε ἔτι τέκνα ἔχουσιν ἐδόθη. Καὶ διὰ τοῦτο καὶ ἄποικος τῶν Ῥωμαίων ἡ Καπύη τότε πρῶτον ἐνομίσθη.

1. [1] L'anno seguente Cesare decise di guadagnarsi il favore del popolo per legarlo a sé ancora di più. E poiché voleva far credere che aveva a cuore anche gli interessi degli ottimati, affinché costoro non gli fossero nemici, disse parecchie volte che non avrebbe fatto nessun proposta di legge che non riuscisse vantaggiosa anche a loro.
[2] E veramente propose un disegno di legge sulle terre che intendeva distribuire all'intero popolo, tale che neppure un piccolo punto di esso si prestava a critiche: ciò nonostante, disse, fingendo, che non l'avrebbe presentato, se non avesse avuto il loro consenso. Per questa legge dunque nessuno gli poté muovere un rimprovero: infatti una gran parte dei cittadini, che ormai costituiva una massa enorme, [3] e questa era la causa principale dei disordini, venivano in questo modo avviati ai lavori agricoli, e molte regioni dell'Italia, che erano spopolate, venivano nuovamente colonizzate. Così non solamente coloro che avevano sofferto durante le campagne militari ma tutti quanti i cittadini avrebbero trovato un mezzo di sostentamento. E questo senza che lo Stato sostenesse delle spese e senza che gli ottimati patissero dei danni: anzi, molti di essi avrebbero ricevuto onori e cariche.
[4] Egli intendeva distribuire tutte le terre pubbliche, fatta eccezione per quelle della Campania, che voleva restassero distinte come proprietà dello Stato per via della loro fertilità. Per quel che riguarda le altre terre, esse dovevano essere acquistate non dai proprietari contrari a vendere, né al prezzo fissato dagli addetti alla distribuzione, ma da coloro che erano disposti a vendere, e al prezzo segnato nel catasto.
[5] (Cesare) diceva che lo Stato aveva molto denaro, derivante dal bottino che Pompeo aveva fatto e dai tributi e tasse già imposti: dato che era stato ottenuto grazie al sacrificio dei cittadini, era giusto che fosse speso a loro vantaggio. [6] Proponeva inoltre che si eleggessero dei distributori di terre, in numero non molto ridotto, in modo che non si pensasse ad un'oligarchia, scelti fra persone non sottoposte ad inchieste, per evitare che qualcuno si lamentasse. Fissava il numero di essi in 20, al fine di far partecipare a questo onore parecchi cittadini e voleva che fossero scelti fra i più capaci. Escludeva da questa carica se stesso [7] ed aveva insistito su questo punto quale condizione preliminare, affinché non si ritenesse che aveva avanzato la proposta di legge per un suo qualche vantaggio personale; a lui bastava la soddisfazione di aver ideato e presentato

la legge. Egli andava affermando ciò, ma era chiaro che voleva fare cosa gradita a Pompeo, a Crasso e agli altri.

2 [1] Quanto alla proposta di legge egli dunque non poté essere censurato: infatti nessuno osò aprir bocca contro di lui. La presentò al Senato e, chiamando per nome ciascuno dei senatori, domandò se avessero obiezioni da muovere, impegnandosi a a modificarla o a ritirarla se qualcuno l'avesse disapprovata in qualche punto. [2] Su tutta questa faccenda gli ottimati, almeno coloro che erano estranei al complotto, erano piuttosto sdegnati. E ciò che li infastidiva sopra oltre ogni cosa era il fatto che Cesare avesse confezionato la legge in modo che, pur danneggiando tutti, non esponeva il fianco a critiche. [3] Essi sospettavano che Cesare, grazie a quella legge, si sarebbe accattivato il favore del popolo ed avrebbe acquistato fama e potere al di sopra di tutti e questa era, a mio giudizio, la sua reale intenzione. Per questa ragione nessuno degli ottimati si oppose alla proposta di legge, nessuno, purtuttavia, la approvò (e) gli altri si mostrano soddisfatti di questo (stato di cose). I senatori promettevano sempre di esaminare la proposta, ma non ne facevano mai nulla, così vi erano indugi e rinvii inutili.

3 [1] Quanto a Marco Catone, nemmeno lui mosse delle critiche alla proposta – era senza dubbio un cittadino esemplare, nemico di tutte le innovazioni, ma non possedeva né per il carattere né per l'educazione ricevuta la forza di imporsi – ma era in generale dell'opinione secondo cui era necessario attenersi alle leggi vigenti e non fare alcunché in contrasto con esse.

[2] A causa di questi suoi pareri, Cesare si accingeva a portarlo in carcere, trascinandolo via dallo stesso Senato. Catone fu prontissimo a consegnarsi per essere condotto via, e non pochi senatori si dimostrarono disposti a seguirlo; uno di costoro, addirittura, un certo Marco Petreio, rimproverato da Cesare perché stava uscendo dal Senato prima che la seduta fosse tolta, replicò che preferiva starsene in carcere con Catone, piuttosto che in Senato assieme a lui.

4. [1] Da quel giorno non comunicò più in Senato alcun provvedimento per l'intera durata del suo consolato, ma presentò direttamente al popolo ogni suo progetto. [2] E volendo anche così avere consezienti nell'assemblea alcuni tra gli uomini più influenti – sperava infatti che costoro avessero già mutato opinione e che avrebbero avuto in qualche modo timore del popolo – iniziò dal suo collega al consolato e gli domandò se avesse qualche obiezone da muovere nei confronti della legge. [3] E poiché quello si limitò ad affermare che non avrebbe permesso che venissero introdotte delle novità durante l suo consolato, egli si mise a scongiurarlo, e convinse il popolo ad unirsi a lui nella supplica, dicendo: "Se lui lo consentirà, avrete la legge". Allora Bibulo replicò ad alta voce: "Non avrete questa legge quest'anno, neanche se foste tutti quanti a richiederla!". [4] E pronunciate queste parole, se ne andò.

Cesare non interrogò nessun altro magistrato, temndo che qualcuno si sarebbe dimostrato sfavorevole, ma – dopo aver fatto chiamare Pompeo e Crasso – domandò la loro opinione riguardo alla legge, nonostante fossero dei privati cittadini. [5] Fece ciò non perché ignorasse il loro parere – essi facevano ogni cosa di comune accordo! - ma per onorarli, dato che chiedeva a uomini che non rivestivano alcuna carica un'opinione concernente la legge, ed anche per intimidire l'assemblea, poiché faceva mostra di avere dalla sua parte delle persone che in quel momento, per unanime giudizio, eran i più autorevoli dell'Urbe ed esercitavano una grandissima influenza su tutti. [6] Al tempo stesso si rendeva gradito alla folla, perché dimostrava di non avere in mente un progetto assurdo o ingiusto, ma un disegno che quegli uomini approvavano e lodavano. **5.** [1] E Pompeo, visibilmente compiaciuto, disse: "Non soltanto io, o Quiriti, bensì l'intero Senato approva questa legge, con cui si è stabilito di concedere la terra non solamente ai miei soldati, ma anche a quelli che un tempo hanno militato sotto Metello. [2] A quell'epoca l'assegnazione di terre fu giustamente rinviata, dato che lo Stato non disponeva di denaro sufficiente, ma ora – visto che esso è diventato molto più ricco grazie a me – è giusto mantenere la promessa fatta a quegli uomini e consentire anche agli altri di godersi il frutto delle fatiche comuni". [3] Detto ciò esaminò la legge punto per punto, lodandola in tutte le sue parti, cosicché il popolo ne gioì grandemente. Cesare, vedendo questo, gli domandò se fosse disposto ad aiutarlo contro quelli che si opponevano, ed esortò la folla ad unirsi a lui in quella richiesta. [4] Quindi Pompeo, reso fiero dal fatto che sia il console che il popolo si rivolgevano a lui, nonostante non rivestisse alcuna carica, pronunciò un lungo discorso, accrescendo i propri meriti e vantandosi molto. Giunto alla conclusione dise: "Se qualcuno oserà sollevare la spada, io imbraccerò lo scudo!". [5] Queste parole di Pompeo vennero approvate anche da Crasso. Perciò, se anche qualcuno fosse stato contrario, il popolo, vedendo che uomini ritenuti valorosi ed avversari di Cesare – così, almeno, si credeva, dato che si ignorava l'alleanza da essi stipulata – lodavano quella proposta di legge, si dichiarò pronto ad approvarla.

6. [1] Bibulo non si arrese ma, servendosi del sostegno di tre tribuni, ritardò la promulgazione della legge. Alla fine, non potendo più opporre nessun motivo di rinvio, indisse le ferie per tutti i restanti giorni dell'anno, durante le quali, in base alla legge, al popolo non era consentito nemmeno riunirsi in assemblea. [2] E poiché Cesare, ignorandolo, aveva fissato un giorno preciso per la promulgazione della legge, mentre il popolo aveva nottetempo occupato il Foro, Bibulo si presentò accompagnato dai suoi sostenitori e riuscì a farsi strada sino al tempio dei Dioscuri, dal quale Cesare stava arringando la folla; [3] la gente lo lasciò passare o per un senso di rispetto, o perché persuasa che non avrebbe fatto opposizione. Tuttavia, non appena fu davanti al tempio e tentò di prendere la parola, venne trascinato giù per i gradini, i fasci furono spezzati e piovvero percosse e ferite sui tribuni e gli altri del seguito. [4] In tal modo la legge fu approvata. Bibulo, al momento, fu felice di esserserla cavata, ma il giorno successivo, in Senato, tentò di annullarla, ma senza successo, poiché rimasero tutti zitti, terrorizzati dal furore del popolo. [5] Si ritirò allora in casa e non si mostrò più in pubblico fino agli ultimi giorni dell'anno. Rinchiuso nella sua abitazione, ogni qualvolta Cesare voleva fare delle innovazioni gli mandava a dire tramite i suoi servitori che c'erano le ferie, e che era empio fare durante esse qualsiasi cosa. Per questa ragione il tribuno Publio Vatinio tentò di condurlo in carcere, ma dato che gli altri tribuni si opposero, desistette dal suo proposito. Così Bibulo si tenne lontano dall'attività politica ed i tribuni suoi sostenitori non misero in pratica alcun atto legato alla loro carica.

7. [1] Metello Celere, Catone e – in omaggio a quest'ultimo – anche Marco Favonio, che era un fervente ammiratore di Catone, in un primo momento non giurarono sulla legge (questo modo di procedere, iniziato – come ho già detto – in passate occasioni, proseguì anche per quel che concerneva altre leggi assurde), poi dchiararono solennemente (in special modo Metello, discendente del Numidico) che non l'avrebbero approvata mai e poi mai. [2] Quando però giunse il giorno in cui avrebbero dovuto subire il castigo stabilito, giurarono o per debolezza umana, per cui molti fanno promesse e minacce maggiori di quelle che in realtà possono mantenere, o perchè convinti che avrebbero subìto un castigo inutile, dato che non avrebbero apportato alcun beneficio allo Stato con la loro puntigliosità. [3] La legge fu pertanto approvata; fu inoltre distribuita la terra dell'Agro Campano a coloro che erano padri di tre o più figli. Per questo motivo anche Capua fu allora, per la prima volta, dichiarata colonia di Roma.

T 2.

Appiano, *Le Guerre Civili*, II, 10.

Ὑφορωμένη δ' αὐτοὺς ἡ βουλὴ Λεύκιον Βύβλον ἐς ἐναντίωσιν τοῦ Καίσαρος ἐχειροτόν αὐτῷ συνάρχειν· καὶ εὐθὺς αὐτῶν ἦσαν ἔριδές τε καὶ ὅπλων ἐπ' ἀλλήλους ἰδίᾳ παρασκεναί. Δεινὸς δ' ὢν ὁ Καῖσαρ ὑποκρίνεσθαι, λόγους ἐν τῇ βουλῇ περὶ ὁμονοίας διέθετο πρὸς Βύβλον, ὡς τὰ κοινὰ λυπήσοντες, εἰ διαφέροιντο. Πιστευθεὶς δ' οὕτω φρονεῖν, ἀπερίσκεπτον ἤδη καὶ ἀπαράσκευον καὶ οὐδὲν ἔτι τῶν γυγνομένων ὑπονοοῦντα τὸν Βύβλον ἔχων, χεῖρά τε πολλὴν ἀφανῶς ἡτοιμάζετο καὶ νόμους ὑπὲρ τῶν πενήτων ἐς τὸ βουλευτήριον ἐσέφερε καὶ γῆς αὐτοῖς διένεμε, καὶ τὴν ἀριστεύουσαν αὐτῆς μάλιστα περὶ Καπύην, ἣ ἐς τὰ κοινὰ διεμισθοῦτο, τοῖς οὖσι πατράσι παίδων τριῶν, ἔμμισθον ἑαυτῷ τῆσδε τῆς χάριτος πλῆθος τοσόνδε ποιούμενος· δισμύριοι γὰρ ἀθρόως ἐφάνησαν οἱ τὰ τρία τρέφοντες μόνοι. Ἐνισταμένων δὲ τῇ γνώμῃ πολλῶν, ὑποκρινάμενος δυσχεραίνειν, ὡς οὐ δίκαια ποιούντων, ἐξέδραμε καὶ βουλὴν μὲν οὐκέτι συνῆγεν ἐπὶ τὸ ἔτος ὅλον, ἐπὶ δὲ τῶν ἐμβόλων ἐδημηγόρει· Πομπήιόν τε ἐν μέσῳ καὶ Κράσσον ἠρώτα περὶ τῶν νόμον· οἱ δὲ αὐτοὺς ἐπήνουν, καὶ ὁ δῆμος ἐπὶ τὴν χειροτονίαν ᾔει σὺν κεκρυμμένοις ξιφιδίοις.

[10] Subito ci furono contese fra loro ed ognuno dei due allestì un proprio esercito contro l'altro. Cesare, che era un abile oratore, pronunciò in Senato dei discorsi per riconciliarsi con Bibulo, sostenendo che avrebbero arrecato danno allo Stato se fossero rimasti in disaccordo. Si credette che la pensasse effettivamente così, pertanto Bibulo se ne stava tranquillo, non si preparava, non sospettava per nulla quanto accadeva; Cesare nel frattempo allestiva un grande esercito senza dare nell'occhio e per il momento propose in Senato delle leggi in favore dei poveri, distribuì loro della terra, concesse loro la migliore che ci fosse, quella nelle vicinanze di Capua, che veniva affittata nell'interesse dello Stato ai padri tre figli, vincolando a sé in virtù di questi favori una grande massa di persone: risultò infatti, improvvisamente, che soltanto coloro che mantenevano tre figli erano in numero di ventimila. Molti si opposero a quelle proposte, e Cesare, simulando di essere risentito perché non agivano secondo giustizia, uscì dal Senato e per l'intera durata dell'anno non convocò più l'assemblea, ma parlava direttamente al popolo dai rostri. A Pompeo e a Crasso, che erano tra la folla, domandò un parere sulla legge: essi si dichiararono favorevoli, ed il popolo si presentò alla votazione con i pugnali celati sotto le vesti.

Frammenti

F. 1
Callistratus libro quinto De Cognitionibus
De poena pecuniaria ex lege Caii Caesaris.
pr. Lege agraria, quam Gaius Caesar tulit, adversus eos, qui terminos statutos extra suum gradum finesve moverint dolo malo, pecuniaria poena constituta est: nam in terminos singulos, quos eiecerint locove moverint, quinquaginta aureos in publico dari iubet: et eius actionem petitionem ei qui volet esse iubet.

Giustiniano Imperatore, *Digesto*, XLVII, 21, 3.
Callistrato, nel libro V delle *Cognizioni*
Per la *Legge Agraria*, che Caio Cesare pubblicò contro coloro i quali dolosamente rimossero fuori del loro sito o confine i termini posti, fu stabilita un'ammenda pecuniaria: infatti, per ciascun termine che avranno scavato o rimosso dal sito, ordina che si versino al fisco cinquanta monete d'oro; ed ordina che per tal cosa abbia azione e domanda chiunque le vorrà.

F. 2

Svetonio, *Vita del Divo Giulio*, 20

Lege autem agraria promulgata obnuntiantem collegam armis foro expulit ac postero die in senatu conquestum nec quoquam reperto, qui super tali consternatione referre aut censere aliquid auderet, qualia multa saepe in leuioribus turbis decreta erant, in eam coegit desperationem, ut, quoad potestate abiret, domo abditus nihil aliud quam per edicta obnuntiaret. (...). Campum Stellatem maioribus consecratum agrumque Campanum ad subsidia rei publicae uectigalem relictum diuisit extra sortem ad uiginti milibus ciuium, quibus terni pluresue liberi essent.

Cesare poi, pubblicata una proposta di legge agraria, con le armi fece cacciare dal Foro il collega che vi opponeva. Il giorno appresso, quando quello se ne lamentò in Senato, non si trovò nessuno che su tale grave incidente osasse fare una relazione ufficiale o proporre qualcosa di simile ai molti decreti che più volte erano stati fatti anche in caso di turbamenti di minor rilievo. (...). La campagna di Stella, che dagli antichi era stata chiamata sacra, e l'Agro Campano, che era rimasto come fonte di reddito per i bisogni dello Stato, egli li divise senza sorteggio tra ventimila cittadini che avessero tre o più figli.

Lex Iulia de publicanis

In favore dei cavalieri, Cesare fece varare nel 59 a.C. questa legge, che rimetteva agli appaltatori delle imposte dell'Asia un terzo della somma da essi dovuta. Questa legge fu voluta da Crasso in seguito agli accordi del I Triumvirato. La richiesta nasceva dal fatto che, a seguito degli ingenti danni causati dal perdurare delle Guerre Mitridatiche in Asia, gli introiti degli appaltatori delle imposte erano necessariamente minori di quanto concordato inizialmente con i magistrati statali[209].

F 1.

Svetonio, *Vita del Divo Giulio*, 20

Publicanos remissionem petentis tertia mercedum parte releuauit ac, ne in locatione nouorum uectigalium inmoderatius licerentur, propalam monuit. cetera item, quae cuique libuissent, dilargitus est contra dicente nullo ac, si conaretur quis, absterrito.

Agli appaltatori delle imposte, che chiedevano un alleggerimento, abbonò un

---

terzo del canone di appalto, ma apertamente li esortò a non essere troppo sfrenati nelle offerte d'asta in occasione del prossimo appalto. Anche tutto il resto, come a ciascuno piaceva, egli concesse generosamente: nessuno apriva bocca contro di lui, o – se qualcuno ci provava – veniva spaventato.

Lex Iulia de actis Cn. Pompei confirmandis (59 a.C.)

Una volta eletto console, Cesare onorò i propri impegni con Pompeo, proponendo una legge per ratificare la sistemazione politica e territoriale stabilita dal Magno in Oriente e per distribuire terre ai suoi veterani. Infatti, dopo la fine della III Guerra Mitridatica, il Ponto perse molti territori e gli stati indipendenti dell'Anatolia e dell'Armenia diventarono stati clienti della Repubblica. Venne creata la provincia romana di Siria e la provincia di Bitinia diventò provincia di Bitinia e Ponto, annettendo ulteriori territori. Cesare superò l'ostruzionismo alla sua *Lex Iulia de actis Cn. Pompei confirmandis* ("Legge Giulia sulla conferma degli atti di Pompeo") grazie all'intervento intimidatorio dei soldati di Pompeo contro l'opposizione oligarchica, capeggiata da Catone e da Bibulo.

T 1.
Cassio Dione, *Storia Romana*, XXXVII, 7,1
Ὡς δ' οὖν καὶ τοῦτο τὸ ἔθνος μηδ' ἀντειπόντος τινὸς ᾠκειώσατο, [Καῖσαρ] πρῶτον μὲν τὰ πραχθέντα ὑπὸ τοῦ Πομπηίου πάντα, μέτη τοῦ Λουκούλλου μέτ' ἄλλου τινὸς ἀντιστάντος.

Dopo che si fu conquistato anche l'amicizia di questa classe[210], senza che nessuno si opponesse, Cesare passò a confermare subito tutti gli atti di Pompeo e né Lucullo, né nessun altro gli si oppose.

T 2.
Plutarco, *Vita di Pompeo*, 48, 1
Ἐκ δὲ τούτου Πομπήιος ἐμπλήσας στρτιωτῶν τὴν πόλιν, ἅπαντα τὰ πράγματα βίᾳ κατεῖχε. (...) Ἐκυρώθησαν οὖν Πομπηίῳ μὲν αἱ διατάξεις ὑπὲρ ὧν Λεύκολλος ἤριζε.

A partire da quel momento Pompeo riempì la città di soldati, usando la violenza in ogni circostanza (...). In tal modo furono ratificate le disposizioni di Pompeo contestate da Lucullo.

---

[210]Ovvero i cavalieri.

Lex Iulia agraria Campana (59 a.C.)

Tale legge ordinava l'assegnazione anche dell'Agro Campano (detta perciò *Lex Campana*) ai cittadini indigenti aventi diritto. Grazie a questa legge circa ventimila cittadini andarono a popolare la Campania e Capua diventò una colonia romana dopo essere stata per 152 anni una prefettura.

T 1.

Velleio Patercolo, *Storia Romana*, II, 44

In hoc consulatu, Caesar legem tulit, ut ager Campanus plebei divideretur, suasore legis Pompeio: ita circiter XX milia civium eo deducta et ius urbis restitutum post annos circiter CLII quam bello Punico ab Romanis Capua in formam praefecturae redacta erat.

Durante questo consolato Cesare, con il sostegno di Pompeo, fece approvare una legge in base alla quale sarebbe stato spartito fra i plebei il territorio della Campania: in tal modo circa 20.000 cittadini vennero trasferiti laggiù e a Capua venne restituito il diritto di essere una città, 152 anni dopo che nel corso della Guerra Punica era stata ridotta dai Romani a prefettura.

Lex Iulia de rege Alexandrino (59 a.C.)

Questa legge riconosceva e dichiarava amico del popolo romano il re egizio Tolomeo XII Aulete (scacciato dal regno a seguito di una rivolta capeggiata dalla figlia Berenice), che la pagò a Cesare e Pompeo 6000 talenti[211]. Scopo ultimo del sovrano era di essere reintegrato nei propri dominî, cosa che in effetti avvenne ad opera del governatore pompeiano della Siria, Gabinio, ad onta dell'ostruzionismo di molti in Roma.

T 1.

Cesare, *La Guerra Civile*, III, 107

Interim [Caesar] controversias regum ad populum Romanum et ad se, quod esset consul, pertinere existimans atque eo magis officio suo convenire, quod superiore consulatu cum patre Ptolomaeo et lege et senatusconsulto societas erat facta, ostendit sibi placere regem Ptolomaeum atque eius sororem Cleopatram exercitus, quos haberent, dimittere et de controversiis iure apud se potius quam inter se armis disceptare.

---

[211] CICERONE, *Lettere ad Attico*, 25, 1, 1.

Frattanto, giudicando che era di pertinenza del popolo romano e sua, in quanto console, dirimere le controversie fra Tolomeo e sua sorella e che tanto più la cosa lo riguardava poiché nel precedente consolato aveva fatto, per legge e per decreto del Senato, un'alleanza con Tolomeo padre, fece sapere che era di suo gradimento che il re Tolomeo e sua sorella Cleopatra sciogliessero gli eserciti che avevano e ponessero fine alle dispute davanti a lui, secondo le vie legali, piuttosto che tra loro con le armi.

T 2.
Cicerone, *Lettere ad Attico*, II, 16.2
Gnaeus [Pompeius] quidem noster iam plane quid cogitet nescio, «φυσᾷ γὰρ οὐ σμικροῖσιν αὐλίσκοις ἔτι, ἀλλ' ἀγρίαις φύσαισι φορβειᾶς ἄτερ», qui quidem etiam istuc adduci potuerit. Nam adhuc haec ἐσοφίζετο, se leges Caesaris probare, actiones ipsum praestare debere; agrariam legem sibi placuisse, potuerit intercedi necne nihil ad se pertinere; de rege Alexandrino placuisse sibi aliquando confici; Bibulus de caelo tum servasset necne sibi quaerendum non fuisse; de publicanis voluisse illi ordini commodare; quid futurum fuerit si Bibulus tum in Forum descendisset se divinare non potuisse.

Che cosa stia rimuginando in mente il nostro amico Gneo [Pompeo] a questo punto, proprio non lo so, «poiché non soffia più in piccoli flauti, ma in selvaggi strumenti e senza sordina»[212], lui che si è fatto trascinare sin dove tu mi accenni. Infatti, prima d'ora, propinava con abilità sofismi di questo livello: egli era senza dubbio favorevole alle leggi di Cesare, ma Cesare stesso doveva essere responsabile della procedura seguita per la loro approvazione; aveva concesso sì il suo benestare alla legge agraria, ma non era affatto di sua competenza la questione che ci fosse stata o meno la possibilità di frapporre il veto; si era espresso nel senso di farla finita una volta per tutte con la faccenda del re di Alessandria, però non aveva avuto alcun obbligo di investigare se Bibulo, per l'occasione, avesse osservato il cielo o meno[213]; per quel che concerneva le richieste dei pubblicani[214], era stata sua intenzione assicurarsi il vincolo di solidarietà con l'ordine equestre, ma non aveva avuto il dono di prevedere tutto quel che sarebbe potuto accadere, se al momento decisivo Bibulo fosse disceso nel Foro.

---

[212]SOFOCLE, fr. 768 Pearson.

[213]Nel caso, a seguito dell'osservazione del cielo (*de caelo servare*) fosse stato dato l'annuncio di presagi infausti (*obnuntio*), poteva essere bloccato il prosieguo di un'impresa o impedito lo svolgimento regolare dei comizi.

[214]Concernenti la riduzione di un terzo del costo degli appalti delle imposte d'Asia.

Lex Iulia de Pecuniis Mutuis (47 a.C.)

Tramite la legge *De Fenore*, meglio conosciuta come *De Pecuniis Mutuis*, Cesare – avviandosi ormai a conclusione la guerra civile – decise di porre rimedio alla gravosa situazione dei debitori insolventi. La situazione era piuttosto spinosa. Da una parte i più indebitati (tra cui non pochi dei suoi stessi sostenitori) speravano nella cancellazione totale dei debiti – in base all'inveterata istituzione delle *Novae Tabulae*, letteralmente la raschiatura delle tavolette recanti l'attestazione dei debiti contratti – dall'altra i creditori più intransigenti, che non solo speravano di rientrare legittimamente in possesso di quanto prestato, ma di riscuoterne gli interessi. A ciò si aggiungeva l'aggravante di una svalutazione dei beni immobili e dei terreni dovuta all'infuriare della guerra civile, cosa che non permetteva ai debitori di racimolare la cifra necessaria per onorare i propri debiti, anche se lo avessero voluto.

Cesare si mosse con la consueta abilità, evitando gli eccessi demagogici e populisti di alcuni suoi seguaci o simpatizzanti (ad esempio Celio o Dolabella) e l'eccessiva arrendevolezza all'intransigenza dei prestatori di denaro per professione: con la sua *Lex Julia de Pecuniis Mutuis*, emanata nel 47 a.C., egli consentì di fatto la remissione degli interessi arretrati di due anni e la detrazione di quelli pagati sul capitale, stimando le proprietà ed i beni dei debitori al valore di mercato posseduto prima della svalutazione dovuta allo scoppio della guerra civile. Il risultato fu che i creditori persero sì un quarto della somma loro dovuta, ma poterono rientrare dell'intero capitale prestato e di una parte dell'interesse maturato; al contempo i debitori, seppure frustrati nella loro speranza di cancellazione totale del debito, non si sarebbero rovinati, restando loro una parte della somma e potendo inoltre accedere ad agevolazioni nella modalità di rimborso. La misura del credito veniva così regolata fissando un tasso d'interesse massimo dell'1% mensile ma tale normativa risulta già disattesa all'epoca di Tiberio (14-37 d.C.): stando a Cassio Dione (*Storia Romana*, LVIII, 21, Περὶ τῶν συμβολαίων) essa aveva portato ad un diffuso malcontento e alla crescita del prestito ad usura sottobanco[215].

Un passaggio di Tacito (*Annali*, VI, 16) è stato talvolta considerato come un accenno a questa medesima legge ma senza motivi fondati.

Testimonianze

T. 1

Svetonio, *Vita del Divo Giulio*, 42

De Pecuniis Mutuis disiecta novarum tabularum expectatione, quae crebro

---

[215]G. ROTONDI, *Leges Publicae Populi Romani*, Georg Olms Verlag, Hildesheim 1966 (rist. 1990) pp. 420, 425.

movebatur, [Caesar] decrevit tandem, ut debitores creditoribus satis facerent per aestimationem possessionum, quanti quasque ante civile bellum comparassent, deducto summae aeri alieni, si quid usurae nomine numeratum aut perscriptum fuisset; qua condicione quarta pars fere crediti deperibat.

Quanto ai debiti, dopo aver spazzato via l'aspettativa di una completa abolizione, di cui spesso si parlava, [Cesare] decretò infine che i debitori soddisfacessero i creditori attraverso una valutazione dei possedimenti, al netto del valore che ognuno di loro li aveva acquistati prima della guerra civile, una volta che si fosse dedotto dal totale del debito quanto fosse stato pagato o registrato a titolo di interesse.

T. 2
Cesare, *La Guerra Civile*, III, 1
His rebus confectis, cum fides tota Italia esset angustior, neque creditae pecuniae solverentur, constituit ut arbitri darentur; per eo fierent aestimationes possessionum et rerum, quanti quaeque ante bellum fuisset, atque eae creditoribus traderentur. Hoc et ad timorem novarum tabularum tollendum minuendumque, qui fere bella et civiles dissensiones sequi consuevit, et ad debitorum tuendam existimationem esse aptissimus existimavit.

Una volta portato ciò a compimento, poiché nell'intera Italia il credito versava in una condizione alquanto grave ed i debiti non venivano saldati, decretò che fossero nominati degli arbitri, che procedessero alla stima dei beni mobili ed immobili, in base al loro valore prima della guerra, per soddisfare tramite essi i creditori. [Cesare] ritenne che questo fosse il provvedimento più adatto per eliminare o perlomeno diminuire la paura della cancellazione dei debiti, normale conseguenza delle guerre e delle discordie civili, e a salvaguardare il credito dei debitori.

Lex Iulia De Bonis Cedendis

Questa legge prevedeva che un debitore potesse sfuggire a tutte le molestie personali da parte dei suoi creditori cedendo loro la sua proprietà ai fini della vendita e della distribuzione216. Alcuni studiosi restano tutt'oggi in dubbio se tale legge sia stata approvata al tempo di Giulio Cesare o di Augusto, anche se si propende generalmente in favore del primo. Il *beneficium* della legge fu esteso alle province dalle costituzioni imperiali (Giustiniano, *Codex*, 7 tit. 71 s4).

---

216 Si vedano CESARE, *La Guerra Civile*, III, 1; SVETONIO, *Vita del Divo Giulio*, 42; TACITO, *Annali*, VI.16; CASSIO DIONE, *Storia Romana*, LVIII, 21.

F. 1
Gaio, *Istituzioni*, III, 78
Bona autem veneunt aut vivorum aut mortuorum: vivorum, velut eorum, qui fraudationis causa latitant nec absentes defenduntur; item eorum, qui ex lege Iulia bonis cedunt; item iudicatorum post tempus, quod eis partim lege XII Tabularum, partim edicto praetoris ad expediendam pecuniam tribuitur. Mortuorum bona veneunt velut eorum, quibus certum est neque heredes neque bonorum possessores neque ullum alium iustum successorem existere.

Si possono vendere i beni di persone viventi, così come i beni di persone defunte. Delle persone viventi, per esempio, [è possibile] mettere in vendita i beni di coloro che si sono resi latitanti con l'intento di defraudare i creditori, né rappresentati da qualcuno nel corso della loro assenza, di coloro che cedono i propri beni in base alla Legge Giulia e di quelli che sono stati condannati a pagare una volta che sia trascorso il tempo [massimo] loro concesso, basandosi in parte sulla specifica Legge delle XII Tavole, e in parte sull'Editto del Pretore al fine di procacciarsi il denaro. Si possono vendere i beni dei defunti, per esempio quelli nei quali sia certo che non sussista un erede, né un possessore dei beni, né alcun altro successore avente legale diritto.

Lex Iulia de Provinciis (46 a.C.)

Con la presente disposizione di legge Cesare intese limitare la durata del mandato dei propretori ad un solo anno e quello dei proconsoli fino ad un massimo di due consecutivi; proibiva inoltre tassativamente qualunque prolungamento dei termini temporali già detti. Lo scopo, evidentemente, è quello di evitare che il magistrato si radichi per troppo tempo in un dato territorio, vessandone così fiscalmente gli abitanti, creando ramificate clientele e facendo un abuso del proprio potere.

T 1.
Cassio Dione, *Storia Romana*, XLIII, 25, 3
Ὅτι τε αὐτὸς πολλοῖς τῶν Γαλατῶν ἐφεξῆς ἔτεσιν ἄρξας ἔς τε τὴν ἐπιθυμίαν ἀπ' αὐτοῦ τῆς δυναστείας μᾶλλον προήχθη καὶ ἐς τὴν παρασκευὴν τῆς ἰσχύος ἐπηυξήθη, κατέκλεισε νόμῳ τοὺς μὲν ἐστρατηγηκότας ἐπ' ἐνιαυτὸν τοὺς δὲ ὑπατευκότας ἐπὶ πλεῖον ἡγεμονίαν τινὰ ἔχειν ἐξεῖναι.

Inoltre, dato che egli (*scil.* Cesare) aveva sempre sentito in sé un forte stimolo al desiderio del potere ed aveva trovato un'ottima opportunità per aumentare la propria forza nei parecchi anni trascorsi senza soluzione di continuità al governo della Gallia, limitò con una legge il potere dei propretori ad un solo anno e quello dei proconsoli a due, e non consentì a nessuno di esercitare il potere per un periodo più lungo.

Lex Iulia sumptuaria (46 a.C.)

Con questa legge si poneva un limite all'uso ostentato delle lettighe, degli abiti di porpora e delle perle, oltre a ribadire i consueti freni al lusso dei banchetti ed all'ostentata pompa dei funerali[217].

T 1.
Dione Cassio, *Storia Romana*, XLIII, 25
Καὶ τὰ ἀναλώματα τῶν τι ἐχόντων ἐπὶ πλεῖστον ὑπ' ἀσωτίας ἐξηγμένα οὐκ ἐν νόμῳ μόνον ἐμετρίασεν, ἀλλὰ καὶ τῷ ἔργῳ ἰσχυρῶς ἐν φυλακῇ ἐποιήσατο.

Quanto alle spese dei ricchi, che la prodigalità aveva reso eccessive, non solamente [Cesare] le moderò tramite una legge, ma le tenne anche severamente sotto controllo nella vita di tutti i giorni[218].

T 2.
Svetonio, *Vita del Divo Giulio*, 43, 8
Lecticarum usum, item conchyliatae uestis et margaritarum nisi certis personis et aetatibus perque certos dies ademit. legem praecipue sumptuariam exercuit dispositis circa macellum custodibus, qui obsonia contra uetitum retinerent deportarentque ad se, submissis nonnumquam lictoribus atque militibus, qui, si qua custodes fefellissent, iam adposita e triclinio auferrent.

[Cesare] permise l'uso delle lettighe, e così pure delle vesti di porpora e delle perle, solamente a certe persone, ad una certa età e durante precisi giorni. Fu severissimo nell'applicazione della Legge Suntuaria: mise delle guardie intorno al mercato con l'incarico di scoprire le derrate proibite e fargli rapporto: talvolta inviava di sorpresa littori e soldati che requisivano dalle sale da pranzo, dove già erano state sistemate, le merci che erano potute sfuggire alle guardie.

Lex Iulia frumentaria (46 a.C.)

Si limitò, con tale atto legislativo, il numero degli assegnatari aventi diritto alle distribuzioni gratuite di grano. Alcuni studiosi la ritengono parte

---

[217]L. LANDUCCI, *Storia del Diritto Romano dalle origini fino a Giustiniano*, Premiata Tipografia Editrice F. Sacchetto, Padova 1886, pp. 65-67.
[218]Cfr. CICERONE, *Lettere ad Attico*, XIII, 7, 1, in cui l'Arpinate rimarcava come Cesare temesse che tale legge fosse ignorata durante la sua personale assenza da Roma.

della *Lex Iulia Municipalis*.

Si vedano i già citati passi di Dione Cassio, *Storia Romana*, XLIII, 25 e Cicerone, *Lettere ad Attico*, XIII, 7, 1.

Lex Iulia de magistratibus (46 a.C.)

Con questa denominazione si intende indicare solitamente un complesso di svariate e brevi leggi, con cui si aumentò il numero di diversi magistrati, tra cui i pretori (che furono aumentati dapprima a 10, poi a 14 ed infine a 16) e i questori (che giunsero a 40); si portò inoltre il numero degli edili plebei a quattro, istituendo due edili curiali, addetti all'approvvigionamento dei cereali nonché all'organizzazione dei *Ludi Ceriales*.

T 1.
Dione Cassio, *Storia Romana*, XLIII, 50
Καὶ ἐς μὲν τὸ πρῶτον, ἔτος ταμίαι τεσσαράκοντα προεχειρίσθησαν ὥσπερ καὶ πρότερον, καὶ ἀγορανόμοι τότε πρῶτον δύο μὲν καὶ ἐξ εὐπατριδῶν, τέσσαρες δὲ ἐκ τοῦ πλήθους, ὧν οἱ δύο τὴν ἀπὸ τῆς Δήμητρος ἐπίκλησιν φέρουσιν, ὅπερ που καὶ ἐς τόδε ἐξ ἐκείνου καταδειχθὲν ἐμμεμένηκε. Στρατηγοὶ δὲ ἀπεδείχθησαν μὲν ἑκκαίδεκα.

Per il primo anno furono eletti 40 questori, come nel passato, 2 edili della classe patrizia (ed era la prima volta che ciò si verificava) e 4 della plebe; i 2 edili presero il nome di Cerere[219] e questo nome introdotto da allora è giunto fino ai nostri tempi. Vennero eletti 16 pretori.

Lex Iulia de liberis (46 a.C.)

La preoccupazione per la scarsa natalità – specie fra le classi abbienti del mondo romano – non nacque con Augusto, e già lo stesso Cesare cercò di incentivare i matrimoni prolifici con premi in denaro e benefici.

T 1.
Dione Cassio, *Storia Romana*, XLIII, 25
ἐπειδή τε δεινὴ ὀλιγανθρωπία διὰ τὸ τῶν ἀπολωλότων πλῆθος, ὡς ἔκ τε τῶν ἀπογραφῶν (καὶ γὰρ [Καῖσαρ] ἐκείνᾳτὰ τε ἄλλα ὥσπερ τις τιμητὴς ἐποίησε) καὶ ἐκ τῆς ὄψεως αὐτῆς ἠλέγχετο, ἥν, πολυπαιδίας ἄρξας.

---

[219]Nel testo greco Demetra; da Cerere essi presero dunque il nome di *aediles Cereales*.

E poiché, a causa del gran numero delle persone uccise, vi era stata una forte diminuzione della popolazione, come si poteva vedere sia dai censimenti (ed infatti Cesare indisse dei censimenti ed altri controlli del genere, come avrebbe fatto un censore), sia da una semplice osservazione, istituì dei premi per le famiglie numerose.

Lex Iulia Iudiciaria (46 a.C.)

La *lex Iulia Iudiciaria* soppresse la *decuria* dei *tribuni aerarii* (i tribuni dell'erario erano la cosiddetta "terza classe" sociale dopo aristocratici e cavalieri), che furono esclusi dalle giurie giudicanti in tema di reato, modificando in tal modo la *Lex Aurelia Iudiciaria* del 70 a.C. Stabilì inoltre l'uso di precisi formulari ed un limite di tempo per l'azione legale compreso in un anno e mezzo. Tali disposizioni furono ribadite dall'omonima legge varata sotto Augusto.

F 1.
Gaio, *Istituzioni*, IV, 30
Sed istate omnes legis actiones paulatim in odium venerunt: namque ex nimia subtilitate veterum, qui tunc iura condiderunt, eo res perducta est, ut vel qui minimum errasset, litem perderet; itaque per legem Aebutiam et dua Iulias sublate sunt istae legis actiones, effectumque est, ut per concepta verba, id est, per formulas litigaremus.

Ma tutte queste azioni della legge caddero a poco a poco in odio; difatti l'eccessiva sottigliezza degli antichi legislatori aveva condotto le cose a tal punto, che si soccombeva durante la lite commettendo il minimo sbaglio. Così la Legge Ebuzia[220] e le due Leggi Giulie[221] finirono con il sopprimere queste azioni della legge, e con il prescrivere che si sarebbe proceduto con parole già predisposte, cioè per mezzo di formule.

F 2.
Gaio, *Istituzioni*, IV, 104
Legitima sunt iudicia, quae in urbe Roma, vel intra primum urbis Romae

---

[220]La legge Ebuzia (*Lex Aebutia*), del II sec. a.C., sostituì alla forma antichissima di processo privato (*legis actio*), in cui le parti esprimevano davanti al magistrato le loro pretese e difese con parole e gesti solenni ed erano quindi rimesse al *iudex privatus*, una forma consistente nel preparare, di concerto fra parti e magistrato, uno schema (*iudicium*) dei compiti del giudice, conforme a modelli (*formulae*) esposti nell'Editto.

[221]Cioè quella varata da Giulio Cesare e l'altra, omonima, stabilita da Augusto (cfr., per un rapido sguardo d'insieme sulla legislazione augustea, C.A. BIGGINI, *Leggi politiche e sociali di Augusto*, «Quaderni de "L'Opinione"», Arti Grafiche Liguri, La Spezia 1926).

miliarium, inter omnes cives Romanos, sub uno iudice accipiuntur; eaque e lege Iulia Iudiciaria, nisi in anno et sex mensibus iudicata fuerint, expirant: et hoc est, quod vulgo dicitur, e lege Iulia litem anno et sex mensibus mori.

Sono legittimi quei procedimenti che si contestano dinanzi ad un unico giudice nella città di Roma, oppure nella circonferenza di un miglio [attorno ad essa], essendo giudice e parti dei cittadini romani; questi procedimenti, secondo la Legge Giulia Giudiziaria, sono considerati decaduti se non furono decisi entro un anno e sei mesi; è ciò che comunemente si dice: muore la Legge Giulia dopo un anno e sei mesi.

Lex Iulia agraria (46 a.C.)

Con questa legge Cesare assegnava terre ai propri veterani al termine delle guerre civili, evitando però espropri ai danni dei proprietari terrieri già insediati in loco con una serie di regolamentazioni di accorgimenti.

T 1.
Svetonio, *Vita del Divo Giulio*, 38, 1
[Caesar] veteranis legionibus praedae nomine in pedites singulos super bina sestertia, quae initio civilis tumultus numeraverat, vicena quaterna milia nummum dedit. Adsignavit et agros, ed non continuos, ne quis possessorum expelleretur.

[Cesare], a titolo di bottino per le legioni veterane, diede ad ogni fante 24.000 sesterzi, oltre ai 2.000 che aveva loro già versato all'inizio della guerra civile. Assegnò anche dei terreni, ma non contigui, al fine di non scacciare nessuno dei [precedenti] possessori.

Lex Iulia Municipalis (45 a.C.)

La *Lex Iulia Municipalis* fu emanata da Cesare nel 45 a.C., per regolamentare le norme stradali a Roma, il governo e la regolamentazione di colonie e municipi e per limitare gli abusi di chi rivestiva cariche pubbliche senza averne titolarità.

È un rarissimo caso in cui possiamo leggere gli *ipsissima verba* di Cesare, in quanto il testo ci è pervenuto per via epigrafica, a seguito del ritrovamento delle Tavole di Eraclea nel greto del fiume Cavone, nel 1732. Si ritiene generalmente che essa sia una delle *Leges Iuliae* pubblicate da Marc'Antonio in base alla sua legge *de actis Caesaris confirmandis*.

Per il testo latino si fa riferimento a M.H. Crawford et al., *Roman*

Statutes, Cambridge University Press, I, London, 1996, pp. 355-391, n. 24; Y. Lassard, *The Roman Law Library*, 2014; Corpus Inscriptionum Latinarum, I, 2, n. 593.

[1] *Quem h(ac) l(ege) ad co(n)s(ulem) profiterei oportebit, sei is, quom eum profiterei oportebit, Romae non erit, tum quei eius/ negotia curabit is ea{f}dem omnia, quae eum, quoius negotia curabit, sei Romae esset, h(ac) l(ege) profiterei/ oporte<re>t, item isdemque diebus ad co(n)s(ulem) profitemino. vacat/ quem h(ac) l(ege) ad co(n)s(ulem) profiterei oportebit, seiue is pup(illus) seiue ea pu(pilla) erit, tum quei eius pup(illi)/ pu(pillae)ue tutor erit, item eademque omnia in iisdem diebus ad co(n)s(ulem) profitemino ita utei e<t> quae quibusque di<e>bus eum eamue, sei pup(illus) pu(pilla)ue non/ es<se>t, h(ac) l(ege) profiterei oporteret. vacat/ sei co(n)s(ul), at que h(ac) l(ege) professiones fierei oportebit, Romae non erit, tum is, quem profiterei oportebit, quod eum profiterei/[8] oportebit, ad pr(aetorem) urb(anum) aut, sei is Romae non erit, ad eum pr(aetorem), quei inter peregrinos ius deicet, profitemino, ita utei/ eum ad co(n)s(ulem), sei tum Romae esset, h(ac) l(ege) profiterei oporteret. vacat/ sei ex eis co(n)s(ulibus) et pr(aetoribus), ad quos h(ac) l(ege) professiones fierei oportebit, nemo eorum Romae erit, tum is, quem profiterei oportebit,/ {et} quod eum {eum} profiterei oportebit ad tr(ibunum) pl(ebei) profitemino, ita ute<i> eum ad co(n)s(ulem) pr(aetorem) urb(anum) eumque quei inter peregri-/[12] nos ius deicet, sei tum Romae esset, h(ac) l(ege) profiterei oporteret. vacat/ quod quemquem h(ac) l(ege) profiterei oportebit, is, apud quem ea professio fiet, eius que<i> profitebitur nomen, et ea quae pro-/fessus erit, et quo die professus sit, in tabulas publicas referunda curato, eademque omnia quae uteique in tabulas/ rettulerit <i>ta in tabulam in album referunda <curato>, idque aput <f>orum et, quom frumentum populo dabitur, ibei ubei frumen-/[16] tum populo dabitur cottidie maiorem partem diei propositum habeto, u(nde) d(e) p(lano) r(ecte) l(egei) p(ossit). vacat/ queiquomque frumentum populo dab<i>t damdumue curabit, nei qu<oi> eorum quorum nomina h(ac) l(ege) a{d} co(n)s(ule) pr(aetore) tr(ibuno) pl(ebis) in ta-/bula in albo proposita erunt, frumentum dato neue dare iubeto neue sinito. quei aduersus ea eorum qu<o>i frumentum/ dederit, is in tr(itici) m(odios) (singulos) (sestertium) (quinquaginta milia) populo dare damnas esto, eiusque pecuniae quei uolet petitio esto. vacat/ quae uiae in urbem Rom(am) propiusue u(rbem) R(omam) p(assus) m(ille) ubei continente habitabitur sunt erunt, quoius ante aedificium earum quae/ uiae erunt, is eam uiam arbitratu eius aed(ilis), quoi ea pars urbis h(ac) l(ege) obuenerit, tueatur; isque aed(ilis) curato uti quorum/ ante aedificium erit quamque uiam h(ac) l(ege) quemque tueri oportebit, ei omnes eam uiam arbitratu eius tueantur neue eo/ loco a<q>(ua) consistat, quo minus conmode populus ea uia utatur. vacat/ aed(iles)*

116

cur(ules) aed(iles) pl(ebei), quei nunc sunt <in diebus (quinque) proxumeis post hanc legem rogatam>, queiquomque post h(anc) l(egem) r(ogatam) factei createi erunt eumue mag(istratum) inierint, iei in diebus (quinque) proxumeis/ quibus eo mag(istratu) designatei erunt eumue mag(istratum) inierint inter se paranto aut sortiunto, qua in partei urbis quisque/ eorum uias publicas in urbem Roma<m> propiusue u(rbem) R(omam) p(assus) m(ille) reficiundas sternendas curet, eiusque rei procurationem/ habeat. quae pars quoique aed(ilei) ita h(ac) l(ege) obuenerit, eius aed(ilis) in eis loceis quae in ea partei erunt uiarum reficien-/[28] darum tuemdarum procuratio esto, utei h(ac) l(ege) oportebit. vacat/ quae uia <int>er aedem sacram et aedificium locumue publicum et inter aedificium priuatum est erit, eius/ uiae partem dimidiam is aed(ilis), quoi ea pars urbis obuenerit, in qua parte ea aedis sacra erit seiue aedificium/ publicum seiue locus publicus, tuemdam locato. vacat/ quemquomque ante suum aedificium uiam publicam h(ac) l(ege) tueri oportebit, quei eorum eam uiam arbitratu eius aed(ilis),/ quoius oportuerit, non tuebitur, eam uiam aed(ilis), quoius arbitratu eam tuerei oportuerit, tuemdam locato;/ isque aed(ilis) diebus ne minus decem antequam locet aput forum ante tribunale suom propositum habeto, quam/ uiam tuendam et quo die locaturus sit e<t> quorum ante aedificium ea uia sit; eisque quorum ante aedificium/[36] ea uia erit procuratoribusue eorum domum denuntietur facito, se eam uiam locaturum et quo die locaturus/ sit; eamque locationem palam in foro per q(uaestorem) urb(anum) eumue quei aerario praerit facito. quamta pecunia eam/ uiam locauerit, tamtae pecuniae eum eos{q}ue, quorum ante aedificium ea uia erit, pro portioni quamtum/ quoiusque ante aedificium uiae in longitudine et in latitudine erit, q(uaestor) urb(anus) queiue aerario praerit in tabula<s>/[40] publicas pecuniae factae referundum cu<r>ato. ei <q>u<e>i eam tuemdam redemerit, tamtae pecuniae eum eos-/ue adtribuito sine d(olo) m(alo). sei is quei adtributus erit eam pecuniam diebus triginta proxum<e>is, quibus ipse aut pro-/curator eius sciet adtributionem factam esse ei, <q>uoi adtributus erit, non soluerit neque satis fecerit, is,/ quamtae pecuniae adtributus erit, tamtam pecuniam et eius dimidium ei, quoi adtributus erit, da<r>e debeto,/[44] inque eam r<e>m is, quoquomque de ea re aditum erit, iudicem iudiciumue ita dato, utei de pecunia credita/ <iudicem> iudicium {q}ue dari oporte<re>t. vacat/ quam uiam h(ac) l(ege) tuemdam locari oportebit, aed(ilis), quem eam uiam tuendam locare oportebit, is eam uiam per/ q(uaestorem) urb(anum) queiue aerario praerit tuemdam locato, utei <quei redemerit> eam uiam arbitratu eius, quei eam uiam locandam/[48] curauerit, tueatur. Quamtam pecuniam ita quaeque uia locata erit, t(amtam) p(ecuniam) q(uaestor) urb(anus) queiue aerario praerit/ redemptorei, quoi e lege locationis dari oportebit heredeiue eius damdam adtribuendam curato.

vacat/ quo minus aed(iles) et IIIIuir(ei) uieis in urbem purgandeis, IIuir(ei) uieis extra propiusue urbem Rom(am) passus <m(ille)>/ purgandeis, queiquomque erunt, uias publicas purgandas curent eiusque rei potestatem habeant,/[52] ita utei legibus pl(ebei)ue sc(itis) s(enatus) c(onsultis) oportet oportebit, e<ius> h(ac) l(ege) n(ihilum) r(ogatur). Vacat/ quoius ante aedificium semita in loco <publico> erit, is eam semitam eo aedificio perpetuo lapidibus perpetueis/ integreis continentem constratam recte habeto arbitratu eius aed(ilis), quoius in ea parte h(ac) l(ege) uiarum/ procurat<io> erit. vacat/ quae uiae in u(rbem) R(omam) sunt erunt intra ea loca, ubi continenti hab<i>tab<i>tur, ne quis in ieis uieis post k(alendas) Ianuar(ias)/ primas plostrum inte<r>diu post solem ortum neue ante horam decimam diei ducito agito, nisi quod aedium/ sacrarum deorum inmortalium caussa aedificandaru<m> operisue faciumdei causa adu<e>hei porta-/ri oportebit, aut quod ex urbe exue ieis loceis earum rerum, quae publice demolienda<e> loca<tae> erunt, publi-/[60]ce exportarei oportebit, et quarum rerum caussa plostra h(ac) l(ege) certeis hominibus certeis de causeis agere/ ducere licebit. vacat/ quibus diebus uirgines Vestales re<gem> sacrorum flamines plostreis in urbe sacrorum publicorum p(opuli) R(omani) caussa/ uehi oportebit, quaeque plostra triumphi caussa, quo die quisque triumpha<b>it, ducei oportebit, quaeque/[64]plostra ludorum <caussa>, quei <urbei> Romae <p(ropius)ue> urbei Romae <p(assus) m(ille)> publice feient, inue pompam ludeis circiensibus ducei agei opus/ erit, quo{ue} minus earum rerum caussa eisque diebus plostra interdiu in urbe ducantur agantur, e(ius) h(ac) l(ege) n(ihilum) r(ogatur)./ quae plostra noctu in urbem inducta erunt, quo minus ea plostra inania aut stercoris exportandei caussa/ post solem ortum h(oram) (decimam) diei bubus iumenteisue iuncta in u(rbe) R(oma) et ab u(rbe) R(oma) p(assus) mille esse liceat, e(ius) h(ac) l(ege) n(ihilum) r(ogatur). Vacat/ quae loca publica porticusue <p>ublicae in u(rbe) R(oma) p(ropius)ue u(rbei) R(omae) p(assus) m(ille) sunt erunt, quorum locorum quoiusque porticus/ aedilium <e>orumue mag(istratuum), quei uieis loceisque publiceis u(rbis) R(omae) p(ropius)ue u(rbei) R(omae).

La pulizia urbana di Roma

Nelle strade presenti e future della città di Roma e in quelle degli agglomerati suburbani entro i mille passi dalla città di Roma, qualsiasi proprietario di un edificio che si affaccia su una di queste strade deve mantenere tale strada secondo le istruzioni dell'assessore comunale , a cui questo distretto della città cadrà sotto questa legge; questo consigliere comunale avrà cura che tutti i proprietari di edifici, che si affacciano su una strada che questa legge richiede loro di mantenere, mantengano questa strada secondo le sue istruzioni, e che l'acqua non rimanga in questo luogo in modo da renderlo meno praticabile per le persone usano questa strada.

Gli edili curule, gli edili plebei, quelli attualmente in carica, e tutti coloro che dopo il voto di questa legge saranno fatti e creati od entreranno in carica, devono, entro cinque giorni dalla loro elezione a questa magistratura o dal loro ingresso in carico in tale ufficio, decidere amichevolmente tra loro o tirando a sorte il quartiere della città in cui ciascuno di essi si occuperà di riparare e pavimentare le strade pubbliche della città di Roma (e a meno di mille passi dalla città di Roma) ed avrà il potere per [porre in essere] questo scopo. In ogni circoscrizione ricade un edile per l'esecuzione di questa legge; che questo edile abbia quindi potere nei luoghi che ne fanno parte per riparare e mantenere le strade, secondo quanto questa legge ve lo obbliga.

Quando una strada separa, separerà cioè un edificio dedicato al culto, un edificio o un luogo pubblico da un lato, e l'edificio di un privato dall'altro, la manutenzione di questa strada deve essere affidata per metà dall'edile, nella giurisdizione del quale ricadrà il quartiere della città, dove si troverà questo edificio dedicato al culto, questo edificio pubblico o questo luogo pubblico (…).

Reclutamento di magistrati comunali

A chiunque, che nei comuni, nelle colonie, nelle prefetture, nei fori, all'interno di *conciliabula* di cittadini romani avrà rivestito il ruolo di duumviro o di quadrumviro o sotto altro titolo occuperà una magistratura o un ufficio conferito dal suffragio dei cittadini di un comune, un colonia, una prefettura, un foro o un *conciliabulum* - è vietato tenere qualcuno nell'elenco del Senato, dei decurioni o coscritti o portarlo lì per la prima volta, o lasciare che il Senato lo coopti nel numero dei suoi membri, oppure che lo includa nella lettura ufficiale della lista - a meno che non sostituisca una persona morta, un condannato o un individuo, che avrebbe confessato di essere stato privato da questa legge del diritto di essere senatore, decurione o coscritto in questo luogo. Nessun minore di 30 anni, attualmente già nato o da nascere potrà candidarsi, ricevere o gestire la il duumvirato o il quadrumvirato o qualsiasi altra magistratura in un comune, colonia o prefettura a partire dalle calende di gennaio dell'anno sopravvenente. Si fa eccezione a favore di coloro che avranno compiuto 3 anni di servizio nella cavalleria legionaria o 6 anni nella fanteria legionaria, a condizione che questo tempo di servizio sia stato effettuato negli accampamenti militari o in una provincia per la maggior parte di ogni anno; - a favore di chi ancora, che avrà terminato due volte un semestre [di tale servizio], che sia conteggiato come un intero anno, oltre a quanto deve essere pagato in esecuzione di leggi o plebisciti; - o a favore di coloro che, in esecuzione di leggi o plebisciti o anche di un trattato, non possono essere obbligati, in caso di appello dell'autorità militare, a presentarsi contro la loro volontà. Chiunque eserciti le professioni di banditore, impiegato o direttore di pompe funebri per tutto il tempo in cui le esercita, non può in un comune, una colonia, una prefettura candidarsi, ricevere, gestire o occupare il duumvirato, il quadrumvirato o qualche altra magistratura, né rivestire la carica di senatore, di decurione o di coscritto, né esprimere un voto in questa qualità. Quelli delle predette persone, che agiranno in contrasto con questi divieti, saranno obbligati a versare al popolo un'ammenda pari a 50.000 sesterzi: l'azione di pagamento di tale somma è aperta a chiunque voglia esercitarla.

A chiunque, in un comune, una colonia, una prefettura delle prossime calende di Quintile[222] presiederà comizi per l'elezione o la sostituzione durante l'anno di un duumviro o di un quadrumviro o di qualche altro magistrato, è fatto divieto di proclamare o di aver proclamato come eletto al ruolo di duumviro o di quadrumviro, o di titolare di altra magistratura locale, chiunque sia minore di 30 anni, che sia già nato o da nascere [a partire dall'entrata in vigore di questa legge]: si fa eccezione a favore di coloro che avranno compiuto 3 anni di servizio nella cavalleria legionaria, ovvero 6 anni in fanteria legionaria, purché questo tempo di servizio si svolga negli accampamenti militari o in una provincia per la maggior parte dell'anno; - a favore di chi, ancora, avrà completato due volte un semestre [di tale servizio] da conteggiare come un intero anno, oltre a quanto dovrà essere pagato in esecuzione di leggi o plebisciti; - o a favore di coloro che, in ottemperanza di leggi o plebisciti o anche di un trattato, non possono essere obbligati, in caso di appello dell'autorità militare, a presentarsi contro la loro volontà. Per quanto riguarda le persone che esercitano le professioni di banditore, impiegato o direttore di pompe funebri, purché le esercitino, è vietato proclamarle elette quali duumviri, quadrumviri o titolari di qualche magistratura o di parte di esse. [È altresì vietato] mantenere nella lista del Senato, decurioni o coscritti [fra coloro che non ne hanno titolo], portarli in quella sede per la prima volta, farli cooptare dal Senato nel numero dei suoi membri, o dare loro la parola a turno, o ordinare loro di votare oralmente o con altri mezzi. Chiunque, intenzionalmente e con frode, agisca in contrasto con questi divieti, sarà obbligato a versare al popolo un'ammenda pari a 50.000 sesterzi: l'azione per il pagamento di tale somma è aperta a chiunque voglia esercitarla.

---

[222] Dal 1° Luglio.

Incapacità elettorali

In tutti i comuni, colonie, prefetture, fori, gruppi di cittadini romani, presenti e futuri, è vietato far parte del Senato, dei decurioni (...) a chi è stato o sarà condannato per un furto, che ha o si sarà impegnato, o chi ha o avrà effettuato transazioni commerciali[223]; a chi è stato o sarà condannato per atti di fiducia, compagnia, tutela, mandato, insulti o frode; a chiunque sia stato o sarà condannato ai sensi della Legge Laetoria[224], o perché ha fatto o avrà fatto qualcosa di contrario a questa legge; a chi ha assunto o sarà assunto, si assume o si assumerà per combattere nei giochi del circo (...), a chi ha dichiarato o dichiarerà alle sue fideiussioni o ai suoi creditori che non può pagare l'intero importo (...) ; alla persona la cui proprietà è stata o sarà oggetto di un esproprio o di una proscrizione, in virtù del decreto [che ha stabilito ciò]; di colui che ha presieduto o che presiederà alla giurisdizione[225] - a meno che questo incarico, effettivamente esercitato o in titolarità, non sia avvenuto o avvenga mentre l'interessato era sotto il comando altrui o assente per servizio allo Stato, a condizione che tale assenza non sia causata o non sia stata causata per propria volontà con il pretesto del servizio allo Stato; - una persona che è stata o sarà condannata a Roma tramite un atto pubblico che gli vieta il soggiorno in Italia e che non è stata o non sarà stata riabilitata; - a chi, nel suo comune, colonia, prefettura, foro, *conciliabulum*, è stato o sarà condannato per atto pubblico; a coloro che sono stati o saranno condannati per aver accusato [ingiustamente] qualcuno o per aver agito per [futile] battibecco, o per accordo fraudolento con l'imputato; a quello a cui si è tolto o da cui si è tolto, durante il servizio nell'esercito, il grado per causa di ignominia; a colui al quale il generale ha ordinato o avrà ordinato, per una causa infame, di lasciare l'esercito[226]; a chi, per riportare la testa di un cittadino romano ha ricevuto o riceverà denaro,

---

[223] La mercatura era effettuata solitamente da prestanome, in quanto considerata attività lesiva della *dignitas* di un cittadino romano che rivestiva alte cariche pubbliche.

[224] La *Lex Laetoria de circumscriptione adulescentium* è una legge romana del 191 a.C. Per effetto di tale legge, chiunque raggirasse un minore di 25 anni proponendogli un affare svantaggioso poteva essere soggetto ad un'azione penale popolare. Conseguenza della *Lex Laetoria* fu una limitazione di fatto della capacità di agire dei minori di 25 anni: infatti per evitare di essere ritenuti frodatori, divennero sempre meno numerosi i commercianti disposti a concludere affari con questa categoria di persone. Vista la diminuzione del proprio giro d'affari, furono gli stessi minori di 25 anni a chiedere al pretore di assegnare loro un curatore, che vigilasse sul loro operato e garantisse con la sua presenza la validità degli atti da essi compiuti.

[225] Intesa come amministrazione della giustizia.

[226] Trattasi della mancata *honesta missio* ("congedo onorevole") alla fine della ferma militare.

una ricompensa o altro[227]; a ha o avrà fatto commercio del proprio corpo[228]; a coloro che hanno o avranno esercitato la professione di lanista[229] o di attore; a chi commercia in prostituzione. Che chiunque, contrariamente a questi divieti in un comune, una colonia, un *conciliabulum*, un foro, farà [ugualmente] parte del Senato, dei decurioni o dei coscritti e vi voterà, sarà obbligato a versare al popolo un'ammenda pari a 50.000 sesterzi, e che il diritto di reclamare questa somma apparterrà a chi lo vorrà (...).

---

[227] È una chiara allusione alle pratiche della proscrizione, fortemente avversate da Cesare.

[228] S'intende colui che esercita la prostituzione maschile passiva.

[229]S'intende il proprietario di un *ludus*, o scuola per gladiatori.

Due grandi estensori di lettere: Cesare e Napoleone

di Mirko Rizzotto

Caio Giulio Cesare non era uomo da riposarsi nemmeno durante i numerosi viaggi che costellarono la sua movimentata esistenza; racconta Svetonio[230] e fu proprio durante questi rapidi e non comodissimi spostamenti che compose tre opere letterarie importanti, ossia *Sull'Analogia* e *L'Anticatone*, oltre al poemetto intitolato *Il viaggio* (e, si badi, era rispettivamente impegnato, mentre dettava, a gestire due conflitti epocali come la guerra gallica e la guerra civile)[231]. Racconta sempre Svetonio (*Vita di Cesare*, 56) che ancora alla sua epoca (II sec. d.C.) circolavano diverse raccolte di lettere cesariane, di cui cita alcuni titoli: *Al Senato*, *A Cicerone*, *Ai familiari*, *A Caio Oppio*, a *Cornelio Balbo*. Dice infatti:

Ci rimangono anche delle *Lettere* indirizzate da Cesare al Senato, lettere che egli per primo piegò in pagine, come se fossero libretti di annotazioni, mentre fino ad allora i consoli e i magistrati mandavano i fogli scritti per intero, per tutta la loro larghezza.
Ci restano anche delle *Lettere a Cicerone*, e *ai familiari* su questioni domestiche. In queste ultime, quando voleva scrivere qualcosa di segreto o di riservato, lo metteva in cifra, mutando cioè l'ordine delle lettere, in modo da togliere ogni significato alle parole. Chi vuole esaminarle e decifrarle non ha che da cambiare la quarta lettera dell'alfabeto, la "d", in "a", e seguitare così con le altre.

Vi erano peraltro anche numerose lettere non confluite in specifiche raccolte, e dovevano essere piuttosto numerose, dato che Cesare stesso rammenta di averne fatto spesso uso in svariate circostanze, non ultima la Guerra Gallica; durante il duro conflitto con gli Elvezi, per esempio, Cesare adoperò le sue missive come efficace strumento di minaccia e di coercizione[232]:

Cesare inviò dei messaggeri ai Lingoni con una lettera in cui li diffidava dal portare aiuto agli Elvezi con vettovaglie od altro; nel caso avessero trasgredito questo avvertimento li avrebbe considerati alla loro stessa stregua e trattati pertanto anch'essi come dei nemici.

Quante lettere contava, dunque, l'*Epistolario* di Cesare, tra raccolte sistematiche e lettere private non destinate alla pubblicazione? Per rispondere a questa domanda e farci un'idea di massima intorno al problema, non sarà

---

[230]SVETONIO, *Vita di Cesare*, 56.
[231] Diversi frammenti di queste opere perdute ci sono stati trasmessi da AULO GELLIO, *Notti Attiche*, PLINIO IL VECCHIO, *Storia naturale* e da grammatici latini come CARISIO e DIOMEDE nei loro scritti sull'*Ars grammatica*.

[232] CESARE, *La Guerra Gallica*, I, 26.

fuori luogo confrontare l'attività epistolare di un altro grande condottiero e uomo politico del passato, a noi però cronologicamente più vicino; il personaggio in questione, che di Cesare aveva fatto il suo modello e su cui aveva scritto moltissimo, è Napoleone Bonaparte (1769-1821)[233].

L'attività epistolare di Napoleone è colossale: suo nipote, Napoleone III, volendo riordinare la sua corrispondenza in volumi, pubblicò a Parigi, nel 1858, ben 32 tomi, curati da Henri Plon, intitolandola *Correspondance de Napoléon Ier*. Tale mole di lettere era tuttavia destinata ad aumentare con il tempo e le ricerche d'archivio degli storici, tanto che, a partire dal 2004, si sentì l'esigenza di ripubblicare in una nuova edizione le ben 33.000 lettere a firma di Napoleone in una collana a cura di Thierry Lentz ed altri studiosi, intitolata *Correspondance Générale*; finora sono usciti i primi 12 corposi volumi, che comprendono le missive scritte dall'Imperatore dalla giovinezza sino alla campagna di Russia (1784-1812).

Questa impressionante massa di scritti spaziava dalla corrispondenza privata a quella politica e diplomatica, dai dispacci militari a paterne (o minacciose) lettere di consigli a parenti recalcitranti, da epistole di disquisizione letteraria a manifesti programmatici. Si tratta di tematiche estremamente varie, trattate di certo anche nell'*Epistolario* cesariano, per quel poco che ne possiamo evincere.

Stesse tematiche e, possiamo probabilmente supporre, un numero non troppo dissimile di lettere, conteggiando messaggi privati, dispacci agli ufficiali, ordini per i legati, corrispondenza politica, lettere commendatizie e decreti, epistole riservate a parenti, amici, alleati ed amanti, etc.

Dobbiamo inoltre considerare, per avere un quadro chiaro di quanto è andato perduto, che Augusto esercitò una censura piuttosto severa sugli scritti giovanili del proprio padre adottivo, ragion per cui è altamente probabile che diverse sue lettere scritte da ragazzo siano state soppresse in questo periodo perché ritenute, per un qualche motivo, sgradite o imbarazzanti[234].

Molte delle lettere di Cesare, anche a motivo della situazione contingente, dovevano essere piuttosto telegrafiche; *mutatis mutandis* possiamo prendere ad esempio una lettera di Napoleone a Giuseppina, per farcene, con tutte le cautele del caso, una vaga idea[235]:

---

[233] Sulla profonda identificazione operata da Napoleone (e poi anche da suo nipote, Napoleone III) nei confronti di Cesare si veda, a titolo generale, L. FEZZI, *Dal Rubicone ad Azio*, in U. ECO (a cura di), *L'Antichità*, IX, Gruppo Editoriale L'Espresso, Milano 2013, pp. 255-279, spec. p. 265; A. GIARDINA, A. VAUCHEZ, *Il mito di Roma*, Laterza, Roma-Bari 2008[2], pp. 154-159.

[234] Cfr. G. ZECCHINI, *Gli scritti giovanili di Cesare e la censura di Augusto*, in *La cultura di Cesare*, I, Roma 1993, pp. 191-205.

[235] NAPOLEONE I, *Lettere di Napoleone a Giuseppina*, 101, presso i Fratelli Fabiani, Bastia 1834.

Ti scrivo poche parole, amica mia, perché tu non stia in pena. La mia salute è buonissima ed i miei affari vanno bene. Ho acquartierato la mia armata negli accampamenti invernali. La stagione è bizzarra: gela, disgela, è umida ed incostante. Addio amica mia. Tutto tuo,

Napoleone

Al pari di Napoleone, anche Cesare aveva la necessità di restare strettamente in contatto – anche per via epistolare e pur trovandosi ai confini del mondo conosciuto – con le personalità più influenti della sua epoca; di questo vasto *Epistolario*, tuttavia, ci sono giunte pochissime lettere (sette, per la precisione), conservate per la loro totalità da Marco Tullio Cicerone, che ne trascrisse delle copie nella propria raccolta di corrispondenza, pubblicata poi dall'amico Attico dopo la morte violenta del celebre oratore.

Di estrema importanza doveva essere anche il carteggio tra Cesare e Pompeo, di cui lo stesso Cesare ci fornisce qualche idea, riportando in sintesi le missive scambiate con l'avversario allo scoppio della Guerra Civile, nel 49 a.C.:

[Gneo Pompeo Magno, generale vittorioso, a Caio Giulio Cesare, generale vittorioso, salute!]

Desidero che tu, o Cesare, mi assolva da ogni colpa e non consideri come un affronto personale quanto sto facendo per la Repubblica: io, Pompeo, ho sempre anteposto gli interessi dello Stato ai vincoli privati. Anche tu, Cesare, data la tua posizione, dovresti deporre, di fronte all'interesse della cosa pubblica, le tue aspirazioni personali e i tuoi rancori e non adirarti nei confronti degli avversari al punto da nuocere alla Repubblica, nella speranza di danneggiarli.

Cesare replica a Pompeo che egli ha a cuore quanto lui la salvezza dello Stato e, riepilogando i torti subìti che lo hanno indotto a varcare in armi il Rubicone, formula alcune proposte conciliative[236]:

Io, Cesare, ho sempre anteposto il mio onore alla vita stessa. Mi duole vedermi estorcere con ignominia dai nemici un beneficio che mi era stato concesso dal popolo romano e vedermi richiamato a Roma in anticipo, dopo essere stato decurtato di ben sei mesi di legittimo comando, quando il popolo aveva decretato che avrebbe accettato la mia candidatura a console per le prossime elezioni, benché presentata mentre ero assente. Eppure avevo di buon grado tollerato, per il bene della Repubblica, quell'offesa arrecata al mio onore. Quando poi ebbi inviato una mia lettera al Senato, chiedendo che tutti i condottieri in armi deponessero simultaneamente la carica, non potei ottenere nemmeno questo! E intanto si faceva leva di soldati in tutta Italia, si trattenevano due legioni che mi erano state sottratte con la scusa di una guerra contro i Parti, ed il popolo era in armi. Che scopo aveva tutto ciò, se non la mia rovina? Ma, nonostante tutto ciò, sono ancora disposto a qualsiasi compromesso, a sopportare qualsiasi cosa per il bene dello Stato. Che tu, o Pompeo, parta alla volta delle tue province ispaniche, ed anch'io congederò i miei eserciti, che tutti in Italia depongano le armi, che Roma sia liberata dalla paura, che al Senato e al popolo

---

[236]CESARE, *Guerra Civile*, I, 9.

romano sia consentito di tenere liberi comizi ed ogni attività politica.

Ancora una volta un confronto con Napoleone corre spontaneo alla mente, e precisamente alla sua celebre lettera allo zar Alessandro, scritta in occasione della sanguinosa campagna di Russia del 1812; certo, le differenze sono notevoli, specie tra i due corrispondenti: Cesare e Pompeo erano due magistrati della Repubblica Romana, mentre Napoleone ed Alessandro I sono due autocrati alla guida di due nazioni nemiche profondamente differenti, ma si avverte in Napoleone capo di Stato la medesima necessità di riepilogare gli eventi che hanno portato allo scontro, di offrire una mano tesa all'avversario, di suggerire una soluzione onorevole per entrambi[237]:

AD ALESSANDRO I, IMPERATORE DI RUSSIA,
A SAN PIETROBURGO

Vilna, 1 luglio 1812

Signor fratello mio, ho ricevuto la lettera di Vostra Maestà. La guerra che un tempo divise i nostri Stati terminò con il Trattato di Tilsit. (…) A quanto pare, tuttavia, verso la metà del 1810 Vostra Maestà desiderò delle modifiche al Trattato di Tilsit; ella aveva due mezzi per arrivarci: i negoziati diplomatici oppure la guerra. (…) La guerra divenne imminente e anch'io impugnai le armi, ma sei mesi dopo che Vostra Maestà ebbe preso questa risoluzione. Non arruolai un solo battaglione, non prelevai neanche un milione dal mio tesoro per spese straordinarie di guerra ma ne resi anzi conto agli ambasciatori di Vostra Maestà. Non mi sono mai lasciato sfuggire una sola occasione di spiegarmi. (…) Ecco dunque, Sire, spiegata la mia condotta; Vostra Maestà potrà dire molte cose, ma dovrà ammettere con se stessa che per diciotto mesi ha sempre rifiutato di esprimersi chiaramente. (…) La guerra infine è stata dichiarata fra di noi: Dio stesso non può far sì che ciò che è accaduto non sia mai successo, ma il mio orecchio sarà sempre aperto a dei negoziati di pace. E quando Vostra Maestà vorrà seriamente sbarazzarsi dell'influenza di uomini nemici della sua famiglia, della sua gloria e del suo Impero, troverà sempre in me i medesimi sentimenti di vera amicizia.

Sia Napoleone che Cesare, tuttavia, non conseguirono grandi risultati dalla loro "lettera aperta". Alla missiva di Cesare, Pompeo, tramite i suoi inviati Roscio e Lucio Cesare (parente quest'ultimo del Nostro) rispose piuttosto freddamente, escludendo implicitamente ogni possibilità di pace e ribadendo le proprie intransigenti posizioni[238]:

Torna in Gallia, o Cesare, sgombra Rimini e congeda gli eserciti; se farai ciò, io, Pompeo, me ne andrò in Spagna. Nel frattempo, finché non si sarà garantito quanto prometti, i consoli ed io non interromperemo gli arruolamenti.

---

[237]NAPOLEONE I, *Correspondance de Napoléon Ier publiée par ordre de l'empereur Napoléon III*, XXIV, Henri Plon – J. Dumaine, Paris 1868, pp. 1-4.

[238] CESARE, *Guerra Civile*, I, 10; da parte sua Cesare tenterà ancora una volta (ma invano) una composizion pacifica con Pompeo, inviandogli una nuova lettera nel 48 a.C. tramite Lucio Vibullio Rufo, prefetto nemico caduto suo prigioniero (*Guerra Civile*, III, 10).

126

Dal biografo Svetonio veniamo inoltre a sapere che circolavano diverse raccolte autonome delle lettere di Cesare, indirizzate rispettivamente *Al Senato* (la cui pubblicazione era stata in parte curata dallo stesso Cesare), *A Cicerone* e *Ai familiari*. Nessuna di queste tre importanti raccolte è giunta fino a noi, anche se il grammatico latino Flavio Sosipatro Carisio (IV sec. d.C.) ci ha conservato un frammento di epistola cesariana proveniente da quest'ultima collezione.

Oltre alle raccolte ufficiali, che iniziarono a circolare come testi autonomi dopo la morte del dittatore (e a volte anche prima), esistevano diverse epistole private di Cesare che non ebbero mai una veste editoriale precisa, come le lettere *A Cleopatra*, di cui ci dà notizia lo storico Dione Cassio, in occasione della conquista dell'Egitto da parte di Ottaviano, figlio adottivo ed erede politico di Cesare (30 a.C.)[239]:

[Cleopatra] aveva collocato qua e là molte immagini di varie forme del padre [adottivo] di Ottaviano, [il divo Cesare], e teneva in grembo *tutte le lettere che quell'uomo le aveva inviato*. Appena entrò Ottaviano, si alzò con rapidità e con il viso arrossato e disse: "Salve, o signore. A te gli dèi hanno dato il potere, a me l'hanno tolto. Ma vedi anche tu com'era tuo padre allorché veniva – e veniva spesso – da me; sai che mi ha onorato in vari modi e mi ha fatto regina degli Egizi. E affinché tu sappia che cosa pensava di me, prendi e leggi *queste lettere autografe che lui stesso mi ha inviato*". Nel dire ciò leggeva molte espressioni d'amore di Cesare, ora piangendo e baciando le lettere, ora recandosi davanti alle sue immagini e adorandole. E volgendo lo sguardo verso Ottaviano, si lamentava in modo studiato e pronunciava parole dolci, esclamando: "A che mi servono, o Cesare, queste tue lettere?".

Cleopatra, in questo brano di estrema importanza, insisteva molto, di fronte ad Ottaviano, sul fatto che Cesare le "aveva inviato" quelle lettere, ragion per cui possiamo ipotizzare che risalissero, per la maggior parte al periodo tra il 47 e il 46 a.C., cioè il lasso di tempo tra la partenza di Cesare dall'Egitto e l'arrivo della giovane regina a Roma, dietro invito dello stesso dittatore. Certo, è possibile che anche durante la permanenza nell'Urbe Cesare abbia fatto pervenire a Cleopatra lettere e messaggi privati che sono andati a sommarsi agli scritti inviati precedentemente.

Secondariamente, la regina rimarca che le lettere mostrate e lette ad Ottaviano sono proprio "autografe" cioè firmate da Cesare personalmente, e non semplici copie. È pertanto implicito che la cancelleria egizia aveva provveduto a farne redigere delle copie per l'archivio privato di Cleopatra.

Tutto questo notevole materiale finì dunque nelle mani di Ottaviano; che fine fece? Anche se è improbabile, come ipotizza Luciano Canfora[240], che il futuro Augusto le abbia distrutte, di certo è molto difficile che ne abbia

---

[239] CASSIO DIONE, *Storia romana*, LI, 12, 1-4.

[240]L. CANFORA, *Giulio Cesare. Il dittatore democratico*, Laterza, Roma-Bari 1999, p. 428.

sollecitato una pubblicazione. Prova ne è il fatto che Svetonio, che pure aveva accesso al ricco archivio imperiale dell'epoca di Adriano, non le citi mai, cosa che avrebbe reso più "ghiotta" la sua narrazione.

Concludiamo ricordando che, inoltre, Cassio Dione ci dà incidentalmente notizie sul contenuto di una breve lettera di Cleopatra a Cesare, inviata agli inizi del loro rapporto, in cui essa dichiara, affidandosi in tal modo alla protezione dell'illustre Romano[241]:

Persino i miei [sostenitori] mi tradiscono e perciò, oramai, intendo combattere esclusivamente appoggiandomi alle tue forze.

Il gruppo più consistente di lettere composte da Cesare è però, con tutta probabilità, quello indirizzato a Marco Tullio Cicerone. Attualmente, fra epistole conservate, riferimenti, parafrasi e citazioni indirette sappiamo che Cesare inviò al grande oratore all'incirca 34 lettere[242].

Una parte importante della corrispondenza a noi pervenuta fra Cesare e Cicerone, in particolare, fu composta nel giro di due anni, fra il 49 e il 48 a.C., ossia tra il passaggio del Rubicone e la battaglia di Farsalo, due eventi cruciali della Guerra Civile, ragion per cui questi documenti diventano preziosissimi, consentendoci di gettare, seppur di sfuggita, uno sguardo nella mente e nei progetti di Cesare in questo fondamentale periodo della sua vita e della Storia. Cesare si rivolge a Cicerone apostrofandolo come un proprio pari, ossia *imperator* ("comandante vittorioso"), per via delle recenti operazioni militari di Cicerone in Cilicia contro tribù locali ribelli, per le quali l'oratore aveva anche carezzato l'idea di un trionfo, ben presto abbandonata.

Va tuttavia subito precisato che le lettere di Cesare conservate in copia nell'*Epistolario* ciceroniano non sono le uniche di cui è documentata l'esistenza, anzi: da Cicerone stesso veniamo a sapere che lui e Cesare si scambiarono non meno di 24 missive (per l'esattezza 18 inviate da Cesare a Cicerone e 6 spedite da quest'ultimo al futuro dittatore), tutte nel corso dell'anno 54 a.C., mentre il grande generale era impegnato nella sua seconda invasione della Britannia. In una di queste missive Cesare scriveva a Cicerone per giustificare l'assenza di lettere da parte del fratello di quest'ultimo, Quinto. Era un periodo personale piuttosto duro per Cesare, che aveva appena perso la

---

[241] CASSIO DIONE, *Storia romana*, XLII, 34, 3-4 (la resa in prima persona è nostra).

[242] A.F. PAULI, *Letters of Caesar and Cicero to Each Other*, "The Classical World", 58/5, 1958, p. 129; secondo il grammatico latino Nonio Marcello (III-IV sec. d.C.), Cicerone avrebbe composto tre diversi libri di *Lettere a Cesare* e altri tre di *Lettere a Cesare Ottaviano*. A parere del critico ottocentesco L. GURLITT, *Nonius Marcellus und die Cicero-Briefe*, Wissenschaftliche Beilage zum Programm des Progymnasium zu Steglitz, Steglitz 1888, pp. 3-15, tuttavia, si sarebbe trattato sempre e soltanto di epistole indirizzate al giovane Cesare Ottaviano.

sua unica figlia, Giulia, sposata a Pompeo Magno e morta di parto[243]:

Dalla Britannia Cesare mi ha spedito una lettera datata al primo settembre, che io ho ricevuto il 27, con notizie abbastanza buone da quell'isola; e vi aggiunge poi, per evitarmi la meraviglia di non averne ricevuta nessuna da te, che tu non eri con lui allorché si riavvicinava al mare: è una lettera a cui non ho risposto, nemmeno per fargli le mie congratulazioni, onde rispettare il suo lutto. Fratello mio, stammi bene.

Cesare, che teneva a tirare dalla sua parte Cicerone, non lesinava favori e onori, come l'aver voluto presso di sé in qualità di ufficiale il fratello dell'oratore, Quinto, oppure concedendo "favori speciali" agli amici dello stesso Cicerone[244]. È interessante rileggere il testo di una di queste epistole ciceroniane:

MARCO AL FRATELLO QUINTO, SALUTE!

Giungendo a Roma il 2 giugno ricevetti la tua lettera spedita da Piacenza, e il giorno dopo quella datata dal IX miglio dopo Lodi e, assieme ad esse, una lettera di Cesare traboccante di espressioni di rispetto, di premura e di gentilezza. Buon segno, ottimo anzi, di importanza fondamentale per raggiungere il vertice degli onori e ad una notevolissima posizione; nondimeno – tu che mi conosci puoi credermi – ciò che per me ha più importanza fra tutti questi vantaggi è già stato conseguito, e cioè, innanzitutto, il contributo che tu stai dando alla dignità di entrambi, dopodiché l'affetto speciale che Cesare nutre nei miei riguardi, affetto che io antepongo a tutte le manifestazioni di onore che potrei, a suo dire, attendermi da lui. L'inizio di questa lettera, che egli ha voluto spedire insieme alla tua, in cui manifesta la sua contentezza per il tuo arrivo e rammenta la nostra amicizia di vecchia data, e poi quando promette di far sì che il mio dispiacere e il mio rammarico di essere separato da te siano compensati dal pensiero che se sei distante da me, sei però accanto a lui, mi hanno regalato un immenso piacere (…).
Cesare poi, con molta arguzia e bontà, mi ringrazia altresì per avergli inviato Trebazio[245]: afferma infatti che, tra tutta la gente che lo circonda, non ve ne sia uno solo in grado di redigere come si deve una citazione. Gli ho chiesto un posto di tribuno per Marco Curzio, ma per l'anno prossimo, come quest'ultimo desidera (Domizio avrebbe creduto che lo stessi prendendo in giro se l'avessi pregato per questa stessa cosa: ripete infatti in continuazione che non può nominare neanche un tribuno militare, ed ha ridicolizzato anche in Senato il suo collega Appio per essersi recato fino da Cesare per strappargli qualche tribunato).

Nell'anno 49 a.C. Cesare inviò poi 11 lettere a Cicerone, ricevendone almeno 3 in risposta; tre lettere di Cesare sono fortunosamente pervenute per intero fino a noi, incorporate dell'*Epistolario* ciceroniano[246]; due di esse furono scritte nel marzo del 49 e la terza nell'aprile del medesimo anno.

---

[243]CICERONE, *Lettere al fratello Quinto*, III, 1, 25; cfr. anche NAPOLEONE III, *Storia di Giulio Cesare*, III, pp. 168-169.
[244]CICERONE, *Lettere al fratello Quinto*, II, 15a, 1, 3.
[245]Si tratta del celebre giurista Caio Trebazio Testa, uomo di legge e consigliere di Cesare.
[246] Vale a dire *Lettere ad Attico*, IX, 6a; IX, 16, 2-3; X, 8b.

Dobbiamo unicamente alla presenza di spirito di Attico (e alla volontà di Augusto) la loro conservazione, avendone costui inserito le copie che aveva a sua volta ricevuto dall'amico Cicerone nell'edizione dell'*Epistolario* del grande oratore.

Di importanza capitale, tuttavia, è la lettera inviata da Cesare ai fidi collaboratori Oppio e Balbo, che ne hanno spedito copia a Cicerone: essa è un autentico manifesto programmatico di Cesare, che spiega le ragioni politiche della sua *clementia*. Cicerone definisce questo testo come "scritto davvero con ragionevole equilibrio, per quanto è dato in questa situazione di follia"[247].

Con questo testo Cesare vuole prendere le distanze dal recente – e negativo – esempio di Silla, ostentando clemenza e magnanimità nei confronti degli avversari sconfitti. Ora, se è vero che la *clementia*, virtù tipica dei re, poteva essere considerata un'arma a doppio taglio, è anche vero che, sfoggiandola, il grande condottiero desiderava rassicurare chi temeva l'instaurazione di un potere monarchico; in fin dei conti, come diceva Napoleone, "se Cesare avesse voluto essere un re, egli avrebbe fatto in modo che il suo esercito lo acclamasse tale"[248].

Giustamente un grande studioso come Canfora commenta che tale lettera ebbe un certo "effetto sul difficile equilibrio di Cicerone"; nel commentarla assieme all'amico Attico, egli confessò di essere stupito della brama per il dominio assoluto dimostrata al confronto dal grande avversario di Cesare, Pompeo, su cui pure si appuntavano le speranze di salvezza della Repubblica. Quella di Cesare risulta dunque una sorta di "lettera aperta" per attirare dalla sua parte i "moderati" come Cicerone, che preferivano di gran lunga una soluzione conciliativa piuttosto che una devastante prosecuzione del conflitto civile (cosa che poi puntualmente si verificò)[249].

Di rassicurazioni, d'altronde, ce n'era davvero bisogno: lo stesso Cicerone ricorda come Cesare avesse inizialmente inviato lettere dal tono minaccioso al Senato[250] e avesse sperato di tirare dalla sua parte Marco Giunio Bruto (il futuro cesaricida) promettendogli vendetta contro Pompeo, assassino di suo padre[251]. Simili toni aspri furono poi smorzati dallo stesso Cesare dopo la presa di Corfinio, in cui dimostrò la propria clemenza ai comandanti e ai soldati pompeiani sconfitti, dichiarando espressamente di voler prendere le distanze dai metodi violenti del passato, e riferendosi con ciò in modo esplicito

---

[247]CICERONE, *Lettere ad Attico*, IX, 7, 3.

[248] NAPOLEONE I, *Correspondance de Napoléon Ier publiée par ordre de l'empereur Napoléon III*, XXXII, Henri Plon – J. Dumaine, Paris 1870, p. 88.

[249]CANFORA, *Giulio Cesare*, cit., pp. 167-168.
[250] CICERONE, *Lettere ai familiari*, XVI, 11, 2.

[251] CICERONE, *Lettere ad Attico*, II, 16, 2.

alla traumatica esperienza della dittatura di Silla, con il suo codazzo di proscrizioni, uccisioni arbitrarie e confische dei beni. Si noti, *en passant*, come Cesare alluda implicitamente in questa lettera a Cicerone al passato dello stesso Pompeo, uomo di fiducia dell'aborrito Silla.

Cesare, come tutti i membri delle classi colte di Roma antica, era perfettamente bilingue (tanto per citare due esempi si ricorda al lettore che egli studiò a Rodi e che le sue stesse ultime celebri parole *"Anche tu, Bruto, figlio mio!"*, vennero pronunciate in greco).

Ci è giunta, conservata da Giuseppe Flavio nel suo corposo scritto storico *Le antichità Giudaiche*, una serie di lettere e di decreti scritti per appunto in greco da Cesare ed indirizzati a svariate comunità orientali, al fine di ribadire i privilegi accordati al sommo sacerdote ed etnarca Ircano e al popolo giudaico, tanto di Gerusalemme quanto delle comunità della Diaspora[252].

Si tratta di una serie di privilegi notevoli, ma viene da domandarsi *perché* Cesare dovette sentirsi così grato nei confronti del monarca ebraico. La risposta è piuttosto semplice: gli Ebrei avevano contribuito a salvare Cesare da una pericolosa (e potenzialmente mortale) trappola in cui il grande condottiero si era cacciato, ossia la Guerra Alessandrina (47 a.C.)[253].

Cesare, com'è noto, uscì da una situazione difficilissima in modo davvero rocambolesco: assediato con pochi legionari nella cittadella del palazzo reale di Alessandria assieme al giovane e malfidato re Tolomeo, fratello di Cleopatra, in qualità di ostaggio, riuscì a rompere l'accerchiamento grazie all'intervento dell'alleato Mitridate di Pergamo, sostenuto dalle truppe ebraiche del generale Antipatro, padre del futuro Erode il Grande e uomo di fiducia di Ircano II, signore della Giudea.

Una volta ristabilita la calma, Cesare concesse numerosi riconoscimenti ad Ircano, obbligando il Senato a intavolare serie trattative di alleanza ed amicizia con i Giudei.

Del resto le lettere di Cesare a (o a favore di) Ircano e al popolo ebraico, indicano chiaramente come egli stesse coltivano una "clientela" di amici fidati in un settore – quello mediorientale – che per lui, in un futuro che disgraziatamente non si verificò mai, avrebbe assurto un'importanza notevole, specie in vista di una prossima invasione del regno dei Parti[254].

---

[252]Una traduzione inglese commentata si trova in A. CHESTER JOHNSON, P. ROBINSON COLEMAN-NORTON, F. CARD-BOURNE (a cura di), *Ancient Roman Statutes*, The Lawbook Exchange, Clark (New Jersey) 2003, pp. 90 e sgg.

[253] Cfr. su questa tematica G. FIRPO, *Cesare e i Giudei*, in G. URSO (a cura di), *L'ultimo Cesare: scritti, riforme, progetti, poteri, congiure*, Atti del convegno internazionale, Cividale del Friuli, 16-18 settembre 2009, L'Erma di Bretschneider, Roma 2000, pp. 125-145.

[254] CANFORA, *Giulio Cesare*, cit., p. 238.

Non può essere dunque un caso quel che Svetonio rammenta in occasione dei funerali di Cesare[255]:

Tutti gli stranieri si associarono all'immenso lutto e fecero le loro lamentazioni attorno al rogo, ciascuno secondo le proprie usanze, ma più di tutti gli Ebrei, che per moltissime notti di seguito tornarono e ritornarono numerosi sul luogo del funerale.

Anche la lettera agli abitanti dell'isola greca di Paro è emblematica e rivelatrice: ricordando a questi Elleni una questione simile accaduta nell'isola di Delo (fiorente mercato schiavile di età romana), Cesare si pronuncia piuttosto severamente contro alcuni statuti e regolamenti locali che impedivano alla comunità ebraica locale di officiare adeguatamente il proprio culto e ottemperare alle pratiche religiose ataviche; una certa frizione fra Greci ed Ebrei della Diaspora era sempre esistita, dando luogo a sommosse anche di una certa gravità (si pensi solo, a titolo di esempio, alla rivolta giudaica in Egitto all'epoca di Traiano); Cesare ribadisce, in questa sua lettera, non solo i buoni rapporti esistenti tra Roma e gli Ebrei, ma allarga il proprio patronato anche ai Giudei della Diaspora, ammonendo i Parii a rispettare usi e costumi giudaici senza frapporre leggi od ordinanze sgradite allo stesso Cesare, che intorno ai Giudei stava incentrando – come abbiamo visto – un ben mirato sistema clientelare.

A Mitilene, principale città dell'isola di Lesbo, nel mare Egeo, vennero rinvenute nel 1885 diverse lapidi ed iscrizioni appartenenti ad un monumento in onore di Potamo, un cittadino influente che era stato inviato come ambasciatore della comunità presso Cesare (Mitilene, lo ricordiamo, era la patria di Teofane, storico e consigliere di Pompeo; dopo la sconfitta di quest'ultimo a Farsalo, nel 48 a.C., la città si era prontamente schierata dalla parte cesariana).

Tra le iscrizioni trovate risulta la copia di una lettera (chiaramente la seconda di una serie perduta), in cui Cesare, pur spiegando in modo perentorio che la città – o il singolo cittadino richiedente – non potrà godere di esenzioni fiscali speciali, nondimeno garantisce a nome del Senato che non verranno imposte esazioni ulteriori a danno dei beni pubblici o privati e che le relazioni fra Roma e Mitilene, grazie al patronato dello stesso Cesare, saranno ristabilite in modo pieno dopo le burrascose vicende legate alla Guerra Civile.

È bene inoltre rammentare, a tal proposito, che molti commercianti e latifondisti romani si erano da tempo accaparrati vaste proprietà presso Mitilene ed ora, con il ritorno della pace (44 a.C.) speravano, in forza della loro cittadinanza romana, di godere di speciali esenzioni fiscali; Cesare, nella sua risposta (a tratti, a dire il vero, piuttosto dura), mette subito le cose in chiaro:

---

[255] SVETONIO, *Cesare*, 84.

né i Greci di Mitilene, né "qualcun altro" (un trasparente riferimento ai possidenti romani sull'isola) possono sperare in esenzioni fiscali, che del resto non avevano mai fatto parte della politica cesariana verso i residenti italici nelle province. Discorso chiuso. Pur concludendosi con cortesi formule di rito, la lettera lascia intravedere la perentorietà e la severità del carattere di Cesare, nonché la sua insofferenza nel ritornare su argomenti che considerava già affrontati e archiviati. È questa un'ulteriore conferma al racconto di Plutarco inerente il giorno dell'assassinio di Cesare, allorché fu impossibile farlo tornare su una decisione presa[256]:

All'entrata di Cesare in Senato (…) alcuni gli andarono incontro per unire le loro preghiere a quelle di Tillo Cimbro che lo supplicava per il fratello esule, e continuarono le loro suppliche accompagnandolo sino al suo seggio. Sedutosi, egli respingeva le preghiere e, quando essi insistettero con maggior forza, egli si irritò con ciascuno di loro.

Dalla *Corrispondenza* di Napoleone possiamo farci un'idea molto completa e chiara dell'uomo, dello statista, del generale e del politico. Per Cesare, purtroppo, questa ricchezza di materiale su cui basarci ci è preclusa dal naufragio della stragrande maggioranza delle sue lettere.

Nondimeno, accostando quanto ci resta in lingua latina ai frustuli delle sue missive ufficiali in greco, siamo perlomeno in grado di delineare alcuni punti essenziali, capaci di gettare una luce ulteriore sul Cesare politico e su quello umano.

Cesare impiega le sue lettere sia come strumento di coercizione verso potenziali nemici barbari (*De bello Gallico*, I, 26) sia quale strumento di pressione a favore dei suoi *clientes*; tramite le sue missive destinate alla più ampia diffusione possibile (affidata quest'ultima agli amici Oppio e Balbo) egli espone i suoi principî guida, ovvero la *clementia* e la moderazione nei confronti degli avversari o pubblicizza le sue imprese militari in terre remote e sconosciute (*Lettere al fratello Quinto*, III, 1, 25). Cesare tiene molto a sottolineare che la sua entrata in guerra contro Pompeo non sia che un'automatica conseguenza degli abusi e degli arbitrî perpetrati dai propri avversari politici (*Guerra Civile*, I, 10).

Da un lato, rileviamo, Cesare tenta di attrarre a sé i moderati e gli indecisi con blandizie e lusinghe, dall'altro, con grande senso pragmatico, visto il fallimento di certi suoi approcci, cerca di garantirsene la benevola neutralità. La lettera è altresì un mezzo di composizione politica e utile per ribadire le proprie prerogative e posizioni (*Bellum Civilis*, I, 8-10).

Con chi lo ha sostenuto Cesare è prodigo di favori e riconoscimenti, anche pubblici, ma sa essere lungimirante, guardando al di là del momento

---

[256] PLUTARCO, *Vita di Cesare*, 66, 5-6.

133

contingente e preparandosi un terreno favorevole in aree e province che, presume, rientreranno in un prossimo futuro nella sua rete di interessi (come emerge dalle lettere a Ircano II e ai Giudei).

C'è anche però risolutezza nella sua condotta e nelle sue decisioni: egli può perdonare a chi si è schierato in passato dalla parte dei suoi avversari, ma non per questo la sua clemenza può e deve essere scambiata per debolezza o far sperare in favori e concessioni immeritate.

Dal lato privato sappiamo meno, anche se emerge in modo tangibile il grande apprezzamento per l'approvazione degli amici, la cura dei piccoli impegni quotidiani e l'affetto sincero e dichiarato per le proprie compagne di vita.

Piccoli grandi sprazzi di luce, dunque, che da queste *Lettere* fortunosamente superstiti riescono a illuminare un po' meglio il profilo di questo Grande della Storia.

*
* *

Nell'*editio minor* delle *Lettere*, che chi scrive presentò personalmente al Presidente della Repubblica Sergio Mattarella nel 2017, era stato tenuto conto esclusivamente dei frammenti testuali, scartando le parafrasi indirette, le testimonianze, le missive di altri personaggi a Cesare e, naturalmente, i testi spuri o dubbi.

L'attuale edizione è invece molto più completa, annoverando non solamente tutti i testi appena elencati – seguendo in ciò il recente e proficuo esempio della raccolta di Alessandro Garcea – ma anche testi "nuovi", rispetto alla raccolta di quest'ultimo studioso, ricavati da Giuseppe Flavio.

In quest'edizione il discrimine non è più linguistico (precedentemenete avevamo infatti distinto fra "Lettere latine" e "Lettere greche"), bensì cronologico, cercando così di seguire l'evolversi della vicenda cesariana tramite il dipanarsi temporale delle missive, inviate e ricevute da Giulio Cesare nel corso degli anni. Tale scelta (rispetto a quella stabilita a seconda dei destinatari, che costringe il moderno lettore a rocamboleschi salti logici avanti e indietro nel tempo, ingenerando inevitabilmente confusione) permette di farsi un'idea abbastanza chiara del cammino umano, politico e mentale di Cesare, il che è davvero impagabile.

134

Epistulae
Epistolario

Testo:
N.L. Achaintre, N.E. Lemaire (a cura di), *Caii Julii Caesaris quae extant Omnia Opera* (4 voll.), Firmin Didot, Parisiis 1819-1822
A. Garcea (a cura di), *Tout César. Discours, Traités, Correspondance et commentaires»*, Robert Laffont, Bouquins, Paris 2020

a. Testimonianze
1.

Cicerone, *Sulle Province consolari*, 22
An ego possum huic (scil. Caesari) esse inimicus cuius litteris fama nuntiis celebrantur aures cotidie meae novis nominibus gentium nationum locorum?

Potrei mai io essere essere nemico di Cesare, un uomo che con le sue lettere, la sua notorietà ed i suoi messaggi, fa risuonare nelle mie orecchie i nomi di paesi, popoli e luoghi mai uditi prima?

2.

Cicerone, *Ai Familiari*, VII, 17, 2
Postea quam ea mutata ratio est, cum viderem me a Caesare honorificentissime tractari me et unici diligi hominisque liberalitatem incredibilem et singularem fidem nossem, sic ei te commendavit et tradidi gravissime diligentissimeque potui. Quod ille ita et accepit et mihi saepe litteris significavit et tibi et verbis et re ostendit mea commendatione sese valde esse commotum.

[A Trebazio Testa, scritta a Roma, seconda metà dell'ottobre del 54 a.C.]
Poi, dopo che i miei progetti ebbero assunto un'altra forma, vedendo che Cesare mi prodigava i più alti segni di stima e che mi testimoniava un affetto particolare, conoscendo inoltre la meravigliosa generosità di quest'uomo e l'eccezionale fiducia che egli ispirava, ti ho raccomandato a lui e rimesso nelle sue mani, nel modo più serio e scrupoloso di cui sono stato in grado. Egli ha accolto questo gesto con la mia medesima disposizione d'animo: me l'ha ha fatto comprendere a numerose riprese nelle sue lettere e te l'ha dimostrato con le sue azioni e le sue parole, che era stato assai sensibile alla mia raccomandazione.

3.

Cicerone, *Ai Familiari*, I, 9, 12

Hic multum valuit cum vetus amicitia, quam tu non ignoras mihi et Quinto fratri cum Caesare fuisse, tum humanitas eius ac liberalitas brevi tempore et litteris et officiis perspecta nobis et cognita.

[A Lentulo Spintere, scritta a Roma, dicembre del 54 a.C.]
A questo punto sono stato molto aiutato dall'amicizia di vecchia data che intercorreva – cosa che tu non ignori – fra Cesare, mio fratello Quinto e me, oltre che dalla bontà e generosità di Cesare, qualità che subito le sue lettere ed i suoi favori ci consentono di riconoscere e di approvare.

4.

Cornelio Nepote, *Vita di Attico*, 7, 3
Attici autem quies tantopere Caesari fuit grata, ut victor, cum privatis pecunias per epistolas imperaret,huic non solum molestus non fuerit, sed etiam sororis filium et Q. Ciceronem ex Pompeii castris concesserit.

Comunque la neutralità di Attico fu così gradita a Cesare che egli, dopo la sua vittoria, non solamente non causò ad Attico alcuna noia, sebbene nello stesso periodo imponesse a singoli privati – tramite le sue lettere – delle imposizioni fiscali ulteriori, ma permise addirittura al figlio della sorella di Attico e a Quinto Cicerone di farsene ritorno dall'accampamento di Pompeo.

5.

Plinio il Vecchio, *Storia Naturale*, VII, 91
Scribere aut legere, simul dictare et audire solitum [scil. *Caesarem*] *accepimus, epistula verum tantarum rerum quaternas pariter dictari librariis aut, si nihil aliud ageret, septenas.*

Sappiamo che Cesare aveva l'abitudine di scrivere o di leggere mentre dettava o ascoltava, e che dettava le sue lettere su delle questioni assai importanti ben quattro alla volta o – se non era altrimenti impegnato – addirittura sette contemporaneamente.

6.

Plutarco, *Cesare*, 17, 7
Ἐν ἐκείνῃ δὲ τῇ στραρείᾳ προσεξήσκησεν [scil. ὁ Καῖσαρ] ἱππαζόμενος τὰς ἐπιστολὰς ὑπαγορεύειν καὶ δυσὶν ὁμοῦ γράφουσιν ἐξαρκεῖν, ὡς δ' Ὄππιός φησι, καὶ πλείοσι.

Nel corso delle stesse campagne galliche, Cesare si esercitò a dettare le sue lettere a cavallo, e poteva occupare due segretari alla volta, come afferma

Oppio[257], o anche di più.

7.

Plinio il Vecchio, *Storia Naturale*, XIV, 66
Quartum curriculum publicis epuli obtinuere a Divo Iulio – is enim primus auctoritatem iis dedit, ut epistulis eius apparet – Mamertina [scil. vina] circa Messana in Sicilia genita; ex iis Potulana, ab auctore dicta illo cognomine, proxima Italiae laudantur praecipue.

I vini Mamertini prodotti nei dintorni di Messina, in Sicilia, hanno ottenuto il quarto rango nei banchetti pubblici dall'epoca del Divo Cesare, che fu il primo a farli andare in voga, come mostrano le sue lettere[258]. Fra essi il Potulano, così chiamato dal nome del suo ideatore, prodotto in una zona in prossimità del continente, è il più pregiato.

8.

Svetonio, *Vita del Divo Giulio*, 56, 6
Epistulae quoque eius [scil. Caesaris] ad Senatum extant, quas primum videtur ad paginas et formam memorialis libelli convertisse, cum antea consules et duces non nisi transversa charta scriptas mitterent.

Possediamo anche delle lettere di Cesare indirizzate al Senato: egli fu il primo, a quanto sembra, ad averle scritte su numerosi fogli rilegati in forma di giornale; prima di lui consoli e i generali non scrivevano che parallelamente al lato corto dei rotoli.

9.

Svetonio, *Vita del Divo Giulio*, 26, 3
Gladiatores notos, sicubis infesti spectatoribus dimicarent, ui rapiendos reservandosque mandabat [scil. Caesar]. Tirones neque in ludo neque per lanistas sed in domibus per equites Romanos atque etiam per senatores armorum peritos erudiebant, precibus enitens, quod epistulis eius ostenditur, ut disciplinam singulorum susciperent ipsique dictata exercentibus darent.

Cesare ordinò di arruolare a forza e di collocare nelle riserve [dell'esercito] i gladiatori famosi, se essi combattevano in modo contrario al gradimento del pubblico. Quanto alle reclute, egli non le faceva addestrare né nelle caserme né da dei maestri di scherma, ma nelle loro stesse abitazioni e da dei cavalieri romani, oppure da dei senatori abili nel maneggiare le armi, pregando insistentemente costoro – come dimostrano le sue lettere – di insegnare ad essi

---

[257] OPPIO, *Storie*, n. 40, fr. 7 Cornell.
[258] Allusione ai banchetti offerti da Cesare al popolo in onore del suo quarto consolato, nel 46 a.C.

la disciplina individualmente, di allenarli e di infondere in tutti i precetti dell'arte militare.

10.

Plutarco, *Cesare*, 17, 8

Λέγεται δὲ καὶ τὸ διὰ γραμμάτον τοῖς φίλοις ὁμιλεῖν Καῖσαρα πρῶτον μηχανήσασθαι, τὴν κατὰ πρόσωπον ἔντευξιν ὑπὲρ τῶν ἐπειγόντων τοῦ καιροῦ διά τε πλῆθος ἀσχολιῶν καὶ τῆς πόλεως τὸ μέγεθος μὴ περιμένοντος.

Si dice inoltre che Cesare inventò per primo il modo di corrispondere per il tramite di lettere cifrate con i suoi amici, nel caso urgente in cui il gran numero delle sue occupazioni e la grandezza della città non gli consentivano di incontrarli di persona.

11.

Svetonio, *Vita del Divo Giulio*, 56, 6

Extant et ad Ciceronem, item ad familiares domesticis de rebus, in quibus, si qua occultius perferenda erant, per notas cripsit, id est structo litterarum ordine, ut nullum verbum effici posset: quae si qui investigare et persequi velit, quartam elementorum litteram, id est D pro A et perinde reliquas commutet.

Restano anche alcune lettere [di Cesare] a Cicerone, altre agli amici su questioni private; in queste, se doveva trasmettere qualcosa riservatamente, la criveva in cifra, cioè modificando l'ordine delle lettere in modo tale che non ne potesse venir fuori nessuna parola di senso compiuto: se qualcuno voglia esaminarle e decifrarle, metta la quarta lettera dell'alfabeto, vale a dire la "d", al posto della "a", e così via di seguito con le altre lettere.

12.

Aulo Gellio, *Notti Attiche*, 17, 9, 1-5

Libri sunt epistularum C. Caesaris ad C. Oppium et Balbum Cornelium, qui res eius absentis curabant. In his epistulis quibusdam in locis inveniuntur litterae singulariae sine coagmentis syllabarum, quas tu putes positas incondite; nam verba ex his litteris confici nulla possunt. Erat autem conventum inter eos clandestinum de commutando situ litterarum, ut in scripto quidem alia aliae locum et nomen teneret, sed in legendo locus cuique suus et potestas restitueretur; quaenam vero littera pro qua scriberetur, ante is, sicuti dixi, conplacebat, qui hanc scribendi latebram parabant. Est adeo Probi grammatici commentarius satis curiose factu De occulta litterarum significatione in epistularum C. Caesaris scriptura.

Vi sono volumi di lettere di Caio [Giulio] Cesare a Caio Oppio e a Balbo

Cornelio, che in sua assenza curavano i suoi affari. In tali lettere ed in certi punti si trovano caratteri isolati che non si uniscono in sillabe, e che tu riterresti messi a caso, poiché con essi non è possibile formare delle parole. Ma c'era tra loro un accordo segreto per cambiare posto a quei caratteri, così che, scrivendo, i singoli caratter assumevano una posizione diversa ed un diverso significato, ma – leggendo – si poteva ricostruire l'esatta posizione ed il loro senso. Coloro ai quali venivano indirizzate le lettere, si accordavano – come ho già detto – su tale scrittura segreta. C'è un commento abbastanza curioso del grammatico Probo, intitolato *Del significato segreto della scrittura delle lettere di Caio Cesare*.

13.

Dione Cassio, *Storia Romana*, 40, 9, 3
Εἰώθει [*scil* ὁ Καῖσαρ] δὲ καὶ ἄλλος, ὁπότε τι δι' ἀπορρήτων τινὶ ἐπέστελλε, τὸ τέταρτον ἀεὶ στοιχεῖον ἀντὶ τοῦ καθήκοντος ἀντεγγράφειν, ὅπως ἂν ἄγνωστα τοῖς πολλοῖς ᾖ τὰ γραφόμενα.

Inoltre, quando scriveva a qualcuno un messaggio segreto, Cesare aveva l'abitudine di impiegare sempre, al posto di ogni carattere che egli avrebbe dovuto utilizzare, il quarto che seguiva nell'alfabeto in modo da rendere incomprensibile il messaggio alla maggior parte delle persone.

14.

Giulio Vittore, *Retorica*, p. 448, 5-9 Halm = 105, 24-28 Giomini – Celentano
Lucem vero epistis praefulgere oportet, nisi cum consulto consilio clandestineae litterae fiant, quae tamen ita ceteris occultae esse debent, ut his, ad quos mittuntur, clarae perspicuaeque sint. Solent etiam notas inter se secretiores pacisci, quod et Caesar et Augustus et Cicero et alii plerique fecerunt.

È necessario che le epistole brillino per chiarezza, a meno che non si voglia che esse restino segrete, ma anche in questo caso, esse devono restare oscure agli altri, ma chiare e comprensibili ai loro destinatari. Si ha altresì l'abitudine di stabilire per convenzione dei codici cifrati particolarmente segreti, come hanno fatto sia Cesare, sia Augusto e Cicerone.

15.

Tacito, *Dialogo degli oratori*, 25, 5
Nam quod invicem e obtrectaverunt [scil. *Cicero, Calvus, Asinius Pollio, Caesar, Caelius et Brutus*], *et sunt aliqua epistulis eorum inserta, ex quibus mutua malignitas detegitur, non est oratorum vitium, sed hominum.*

Quanto al fatto che Cicerone, Calvo, Asinio Pollione, Celio e Bruto[259] si denigravano gli uni con gli altri – ed esistono dei passaggi nelle loro lettere che ne rivelano la perfidia reciproca – questo è un vizio proprio degli esseri umani, non solo degli oratori.

b. Lettere e frammenti

Cesare a Quinto Cicerone
1.

Cicerone, *Lettere al fratello Quinto*, I, 2, 11
Et, ut opinor, Flavi aliquando rem et Pompeius et Caesar tibi commendarunt et ipse ad te scripserat Flaviu et ego certe.

[Roma, tra il 25 ottobre ed il 30 dicembre del 59 a.C.]

Ed inoltre, come ritengo, sia Pompeo che Cesare ti[260] avevano raccomandato gli interessi di Flavio, che ti aveva scritto egli stesso; da parte mia, l'avevo fatto senza esitazioni.

Cesare a Clodio
2.

Cicerone, *Pro domo sua*, 22
Litteras in contione recitasti [scil. Clodius] quas tibi a C.Caesare missas diceres «Caesar Pulchro», cum etiam es argumentatus amori esse hoc signum, quod cognominibus tantum uteretur neque adscriberet «pro consule» aut «tribuno plebi»; ein gratulari tibi quod idem in posterum M. Catonem tribunatu tuo removisses, et quod eidem in posterum de extraordinariis potestatibus libertatem ademisses. Quas aut numquam tibi ille litteras misit, aut, si misit, in contione recitare noluit. At, sive ille misit sive tu finxisti, certe consilium tuum de Catonis honorem illarum litterarum recitatione patefactum est.

[In marcia per la Gallia, metà marzo del 58 a.C.]
Hai letto davanti all'assemblea popolare una lettera che dicevi di aver ricevuto da Caio [Giulio] Cesare, [intestata] «Cesare a Pulcro» e tu hai anche preteso che il fatto di non impiegare che i soprannomi, senza aggiungere «il proconsole» o «al tribuno della plebe», era un segno di amicizia. Hai aggiunto che egli si felicitava con te per aver tolto dai piedi dal tuo tribunato Marco

---

[259] BRUTO, *Epistole*, II, n. 54, fr. 3 Cugusi.
[260] A Quinto Cicerone.

[Porcio] Catone e di avergli negato per il futuro ogni possibilità di parola concernente l'attribuzione di poteri straordinari. Questa lettera, sia che egli non l'abbia mai spedita, sia che – pur avendola spedita – non voleva che fosse letta davanti all'assemblea del popolo. Ma, sia che Cesare l'abbia davvero inviata, sia che tu te la sia inviata, la lettura di questa lettera ha senza dubbio reso manifeste le tue intenzioni concernenti la missione di Catone[261].

Cesare ai Lingoni

3.

Cesare, *La Guerra Gallica*, I, 26, 6
Caesar ad Lingonas litteras nuntiosque misit, ne eos frumento neve alia re iuvarent: qui si iuvissent, se eodem loco quo Helvetios habiturum. Ipse triduo intermisso cum omnibus copiis eos sequi coepit.

Cesare[262] inviò ai Lingoni una lettera e dei messaggeri per proibire loro di fornire grano o altro agli Elvezi: in caso contrario, li avrebbe trattati alla stessa stregua. Al quarto giorno riprese ad inseguire gli Elvezi con tutte le truppe.

Cesare al Senato

4.

Cesare, *La Guerra Gallica*, II, 35, 1; 4
His rebus gestis omni Gallia pacata tanta huius belli ad barbaros opinio perlata est, uti ab iis nationibus quae trans Rhenum incolerent mitterentur legati ad Caesarem, qui se obsides daturas, imperata facturas pollicerentur. (...) Ob easque res ex litteris Caesaris dierum XV supplicatio decreta est, quod ante id tempus accidit nulli.
Al termine di queste vicende di guerra[263], dopo aver soggiogato l'intera Gallia, tanto grande fu la fama sparsasi presso i popoli barbari, che le genti che abitavano oltre il Reno inviarono dei messi a Cesare, per offrirgli ostaggi ed ubbidienza. (...) In seguito alle sue imprese, comunicate per lettera da Cesare stesso, furono decretati quindici giorni di feste solenni di ringraziamento, onore mai tributato a nessuno prima di allora.

Cesare al Senato

5.

Cesare, *La Guerra Gallica*, II, 35, 4

---

[261] Clodio aveva fatto modo di assegnare al riluttante Catone il compito di procedere all'annessione di Cipro, incarico che lo avrebbe tenuto lontano da Roma.

[262] Siamo all'indomani della sconfitta degli Elvezi ad opera di Cesare.

[263] Si riferisce alle vittoriose campagne contro i Nervi e gli Aduatuci.

His rebus gestis omni Gallia pacata, tanta huius belli ad barbaros opinio perlata est uti ab iis nationibus quae trans Rhenum incolerent legationes ad Caesarem mitterentur, quae se obsides daturas, imperata facturas pollicerentur. Quas legationes Caesar, quod in Italiam Illyricumque properabat, inita proxima aestate ad se reverti iussit. Ipse in Carnutes, Andes, Turonos quaeque civitates propinquae iis locis erant ubi bellum gesserat, legionibus in hiberna deductis, in Italiam profectus est. Ob easque res ex litteris Caesaris dierum XV supplicatio decreta est, quod ante id tempus accidit nulli.

Portate a termine tali imprese[264] e pacificata la Gallia, si diffuse tra i barbari una tale fama di questa guerra, che i popoli che abitavano al di là del Reno inviarono a Cesare ambascerie impegnandosi alla consegna di ostaggi e all'obbedienza. Cesare, che aveva fretta di partire per l'Italia e l'Illirico, invitò gli ambasciatori delle legazioni a ripresentarsi all'inizio dell'estate successiva. E, condotte le legioni negli accampamenti invernali, nelle terre dei Carnuti, degli Andi, dei Turoni e dei popoli vicini ai luoghi in cui avevano combattuto, se ne partì per l'Italia. In seguito alle sue imprese, comunicate per lettera da Cesare stesso, furono decretati quindici giorni di feste solenni di ringraziamento, onore mai tributato a nessuno prima di allora.

Clodio a Cesare
6.

Cicerone, *Lettere al fratello Quinto*, I, 11
Rescripsi epistulae maximae. Audi nunc ad minusculam, in qua primum est de Clodii ad Caesarem litteris: in quo Caesaris consilium probo quod tibi amantissime petenti veniam non dedit uti ullum ad illam Furiam verbum rescriberet.

Dopo aver risposto in tal modo alla tua lettera più lunga, senti adesso cosa dico riguardo a quella più breve: in primo luogo, per quanto concerne la lettera di Clodio a Cesare, ebbene, io approvo la decisione di Cesare di non rispondere nemmeno una parola a quella sottospecie di Furia personificata, nonostante tu lo abbia amabilmente esortato in tal senso.

Cesare a Clodio
7.

Cassio Dione, *Storia Romana*, XXXIX, 23, 4

---

[264] Ovvero la sconfitta degli Elvezi e quella dei Germani di Ariovisto, nel medesimo anno.

ἐβοήθει δὲ καὶ τότε τῷ Κλοδίῳ ὁ Καῖσαρ καίτοι μὴ παρών, καὶ τάς γε κατηγορίας αὐτῷ τὰς κατὰ τοῦ Κάτωνος ἐπιστολιμαίους, ὥς γέ τινές φασιν, ἔπεμπεν. ἐπέφρον δὲ τῷ Κάτωνι ἄλλα τε καὶ ὅτι τὴν στρατηγίαν οἱ αὐτὸς τοὺςὑπάτους πείσας, ὥς γε ἔλεγον,ἐσηγήσασθαι, προσεποιήσατο ἐθελοντής, ἵνα καὶ μὴ ἄκων ἀποτετυχηκέναι αὐτῆς δόξῃ, παρεῖσθαι.

Anche allora Cesare, benché assente, venne in soccorso di Clodio e gli comunicò per lettera, come alcuni dicono, delle accuse contro Catone. Queste accuse riguardavano tra l'altro il fatto che Cesare stesso aveva persuaso i consoli a proporre la pretura per Catone, come gli stessi consoli potevano confermare, e che Catone aveva finto di rifiutarla per sua volontà, cosicché non sembrasse che egli non la aveva ottenuta, pur desiderandola.

Cesare al Senato
8.

Dione Cassio, *Storia Romana*, XXXIX, 25, 2
Ἐπεχείρησε [*scil.* ὁ Πομπήιος] μὲν γὰρ τοὺς ὑπάτους ἀναπεῖσαι μήτε τὰς ἐπιστολὰς αὐτοῦ [*scil.* τοῦ Καίσαρος] εὐθὺς ἀναγιγνώσκειν, ἀλλὰ καὶ ἐπὶ πλεῖστον, μέχρις ἂν αὐτόματος ἡ δόξα τῶν πραττομένων ἐκνικήσῃ, συγρύπτειν, καὶ διάδοχόν τινα αὐτῷ καὶ πρὸ τοῦ καθήκοντος καιροῦ πέμψαι.

Gallia Cisalpina, inizi del 56 a.C.
Pompeo tentò di persuadere i consoli di non leggere immediatamente le lettere di Cesare, ma di celarle il più a lungo possibile, fino al giorno in cui la fama dei suoi successi si sarebbe propagata da se stessa, e di inviargli un successore prima del termine convenuto.

Cesare al Senato
9.

Plutarco, *Catone Minore*, 51, 3
Gallia Transalpina, estate del 55 a.C.
Ἐκ τούτου Καῖσαρ ἐπιστολὴν γράψας ἀπέστειλεν εἰς τὴν σύγκλητον ὡς δ' ἀνεγνώσθη βλασφημίας πολλὰς ἔχουσα καὶ κατηγορίας, ἀλλ'ὥσπερ ἐκ λογισμοῦ καὶ παρασκευῆς, τὰ μὲν εἰς ἑαυτὸν ἐγκλήματα λοιδορίαις καὶ σκώμμασιν ὅμοια καὶ παιδιάν τινα καὶ βωμολοχίαν τοῦ Καίσαρος ἀπέδειξεν.

In seguito a questi fatti, Cesare scrisse una lettera e la inviò al Senato. Dato che essa conteneva moltissime ingiurie ed accuse contro Catone, quando fu letta quest'ultimo di alzò in piedi e si mostrò, senza collera o spirito polemico, ma come se parlasse in risposta ad un ragionamento ed una preparazione pacata,

143

che i rimproveri che gli erano indirizzati erano comparabili a delle ingiurie e a delle prese in giro, e che non erano altro che delle puerilità e delle volgarità da parte di Cesare.

Cesare a Labieno
10.

Cesare, *La Guerra Gallica*, V, 11, 4

His rebus cognitis Caesar legiones equitatumque revocari atque in itinere resistere iubet, ipse ad naves revertitur; eadem fere quae ex nuntiis litterisque cognoverat coram perspicit, sic ut amissis circiter XL navibus reliquae tamen refici posse magno negotio viderentur. Itaque ex legionibus fabros deligit et ex continenti alios arcessi iubet; Labieno scribit, ut quam plurimas posset eis legionibus, quae sunt apud eum, naves instituat. Ipse, etsi res erat multae operae ac laboris, tamen commodissimum esse statuit omnes naves subduci et cum castris una munitione coniungi. In his rebus circiter dies X consumit ne nocturnis quidem temporibus ad laborem militum intermissis. Subductis navibus castrisque egregie munitis easdem copias, quas ante, praesidio navibus reliquit: ipse eodem unde redierat proficiscitur. Eo cum venisset, maiores iam undique in eum locum copiae Britannorum convenerant summa imperi bellique administrandi communi consilio permissa Cassivellauno, cuius fines a maritimis civitatibus fiumen dividit, quod appellatur Tamesis, a mari circiter milia passuum LXXX. Huic superiore tempore cum reliquis civitatibus continentia bella intercesserant; sed nostro adventu permoti Britanni hunc toti bello imperioque praefecerunt.

Informato dell'accaduto, Cesare ordina alle legioni e alla cavalleria di ritornare e di resistere durante il rientro; lui personalmente raggiunge le navi. Si rende conto, con i propri occhi, che la situazione all'incirca corrispondeva alle informazioni ricevute dalla lettera e dai messi: risultavano perdute circa quaranta navi, ma le altre sembravano riparabili, sia pur con grandi fatiche. Così, tra i legionari sceglie dei carpentieri e ne fa arrivare altri dal continente. Scrive a Labieno di costruire, con le legioni a sua disposizione, quante più navi possibile. Sebbene l'operazione risultasse molto complicata e faticosa, decide che la soluzione migliore consisteva nel tirare in secco tutte le navi e congiungerle all'accampamento con una fortificazione unica. I lavori richiedono circa dieci giorni, durante i quali i soldati non si concedono mai una sosta, neppure di notte. Tirate in secco le imbarcazioni e ben munito il campo, lascia a presidio delle navi le stesse truppe di prima e ritorna da dove era venuto. Appena giunto, vede che già si erano colà radunate, ben più numerose di prima, truppe nemiche provenienti da tutte le regioni: il comando supremo delle operazioni era stato affidato, per volontà comune, a Cassivellauno, sovrano di una regione separata dai popoli che abitavano lungo il mare da un fiume chiamato Tamigi e distante dal mare circa ottanta miglia. In passato, tra

144

Cassivellauno e gli altri popoli c'era stata continua guerra, ma adesso i Britanni, preoccupati per il nostro arrivo, gli avevano conferito il comando supremo delle operazioni.

Cesare a Cicerone

11.

Cicerone, *Lettere al fratello Quinto*, I, 17

Quum hanc iam epistolam complicarem, tabellarii a vobis venerunt a. d. XI Kal. sept. Vicesimo die. O me sollicitum! Quantum ergo dolui in Caesaris suasivisimis litteris! Sed quo erant suaviores, eo maiorem dolorem illiu ille casus afferebat.

Stavo ripiegando questa lettera quando sopraggiunsero i vostri corrieri: siamo al 20 di settembre, ed hanno impiegato venti giorni per il viaggio. Oh, colpo inaspettato! Qual dolore ho provato leggendo la tenerissima lettera di Cesare! Ma quanto maggiore ne era la dolcezza, altrettanto ne era esacerbato il mio dolore per la sua disgrazia[265].

Cesare a Cicerone

12.

Cicerone, *Lettere al fratello Quinto*, III, 1, 25

Ex Britannia Caesar ad me Kal. Sept. Dedit litteras; quas ego accepi a. d. IV Kal. octob. satis commoda de Britannicis rebus: quibus, ne admirer, quod a te nullas acceperim, scribit, se sine te fuisse, quum ad mare accesserit. Ad eas ego ei litteras nihil rescripsi, ne gratulandi quidem causa, propter eius luctum. Te oro etiam arque etiam, mi frater ut valeas.

Dalla Britannia Cesare mi ha inviato una lettera datata al primo di settembre, che io ho ricevuto il ventisette, con notizie abbastanza buone intorno alla situazione della Britannia; ed aggiunge, per evitarmi la meraviglia di non aver ricevuto una missiva analoga anche da te, che tu non eri con lui quando si riaccostava al mare: lettera alla quale non rispondo, nemmeno per fargli le mie congratulazioni, per rispetto al suo lutto[266]. Fratello mio, ti prego ancora ed ancora di starmi bene.

Cesare a Cicerone[?]

13.

Eumenio, *Panegirico di Costanzo II*, IV, c. 11, 2

---

[265] Intende la morte per parto dell'amata figlia di Cesare, Giulia, sposa di Pompeo.
[266] Vedi nota precedente.

145

Quam Britanniam Caesar, ille auctor vestri nominis, quum Romanorum primus intraset, alium se orbem terrarum scripsit reperisse, tantae magnitudinis arbitratus, ut non circumfusa Oceano, sed complexa ipsum Oceanum videretur.

Quando Cesare, a cui si deve l'origine del vostro nome, fece – primo tra i Romani – il suo ingresso in Britannia, egli scrisse che aveva scoperto un mondo nuovo: stimava che questo territorio fosse talmente vasto che l'Oceano non sembrava circondarlo, quanto piuttosto delimitarne i confini.

Cesare al Senato
14.

Cesare, *La Guerra Gallica*, IV, 36, 1; 38, 5
Eodem die legati ab hostibus missi ad Caesarem de pace venerunt. His Caesar numerum obsidum quem ante imperaverat duplicavit eosque in continetem adduci iussit, quod propinqua die aequinoctii infimis navibus hiemi navigationem subiciendam non existimabat. (...) His rebus gestis ex litteris Caesaris dierum XX supplicatio a senatu decreta est.
In quello stesso giorno giunsero degli ambasciatori inviati dai Britanni a Cesare a chiedere la pace, Cesare raddoppiò il numero degli ostaggi che aveva richiesto in precedenza ed ordinò che gli fossero condotti sul continente perché non riteneva opportuno esporsi al pericolo di tempeste, con le sue navi alquanto malridotte, intraprendendo la navigazione in un periodo prossimo all'equinozio. (...) In seguito a tali imprese, comunicate per lettera da Cesare, il Senato decretò venti giorni di feste solenni di ringraziamento.

Cesare al Senato
15.

Cesare, *La Guerra Gallica*, IV, 38, 5
Caesar postero die T. Labienum legatum cum iis legionibus quas ex Britannia reduxerat in Morinos qui rebellionem fecerant misit. Qui cum propter siccitates paludum quo se reciperent non haberent, quo perfugio superiore anno erant usi, omnes fere in potestatem Labieni venerunt. At Q. Titurius et L. Cotta legati, qui in Menapiorum fines legiones duxerant, omnibus eorum agris vastatis, frumentis succisis, aedificiis incensis, quod Menapii se omnes in densissimas silvas abdiderant, se ad Caesarem receperunt. Caesar in Belgis omnium legionum hiberna constituit. Eo duae omnino civitates ex Britannia obsides miserunt, reliquae neglexerunt. His rebus gestis ex litteris Caesaris dierum XX supplicatio a senatu decreta est.

146

Territorio dei Belgi, ottobre (?) 55 a.C.

Il giorno seguente, contro i Morini che si erano ribellati, Cesare inviò il legato Tito Labieno alla testa delle legioni rientrate dalla Britannia. Le paludi erano in secca e i nemici, che non potevano rifugiarvisi come l'anno precedente, non sapevano dove ripiegare, ragion per cui si sottomisero quasi tutti all'autorità di Labieno. Ed i legati Quinto Titurio e Lucio Cotta, che avevano guidato le legioni nella regione dei Menapi, ritornarono da Cesare dopo aver devastato tutti i campi, distrutto i raccolti, incendiato gli edifici, in quanto la popolazione si era rifugiata in massa nel folto dei boschi. Cesare ordinò che tutte le legioni ponessero i quartieri d'inverno nelle terre dei Belgi. Laggiù pervennero gli ostaggi di due popoli britannici in tutto; gli altri contravvennero all'impegno di inviarli. In seguito a tali imprese, comunicate per lettera da Cesare, il Senato decretò venti giorni di feste solenni di ringraziamento.

Cesare al questore Marco Crasso
16.

Cesare, *La Guerra Gallica*, V, 46, 4
Caesar acceptis litteris hora circiter XI diei statim nuntium in Bellovacos ad M. Crassum quaestorem mittit, cuius hiberna aberant ab eo milia passuum XXV; iubet media nocte legionem proficisci celeriterque ad se venire. Exit cum nuntio Crassus. Alterum ad Gaium Fabium legatum mittit, ut in Atrebatium fines legionem adducat, qua sibi iter faciendum sciebat. Scribit Labieno, si rei publicae commodo facere posset, cum legione ad fines Nerviorum veniat. Reliquam partem exercitus, quod paulo aberat longius, non putat exspectandam; equites circiter quadringentos ex proximis hibernis colligit.

Cesare, ricevuta la lettera verso le cinque di pomeriggio, invia immediatamente nelle terre dei Bellovaci un messaggero al questore Marco Crasso[267], il cui campo invernale distava circa venticinque miglia; gli ordina di mettersi in marcia con la legione a mezzanotte e di raggiungerlo in fretta. Crasso lascia il campo con l'emissario. Cesare ne invia un altro al legato Caio Fabio e gli comunica di guidare la legione nei territori degli Atrebati, da dove sapeva di dover transitare. Scrive a Labieno di venire con la legione nelle terre dei Nervi, se la sua partenza non era di danno per gli interessi di Roma. Ritiene di non dovere aspettare il resto dell'esercito, stanziato un po' troppo lontano; dai campi invernali più prossimi raccoglie all'incirca quattrocento cavalieri.

---

[267] Si tratta del figlio del triumviro Marco Licinio Crasso.

Cesare a Quinto Cicerone
17.

Cesare, *La Guerra Gallica*, V, 48, 3-4
Caesar consilio eius probato, etsi opinione trium legionum deiectus ad duas redierat, tamen unum communis salutis auxilium in celeritate ponebat. Venit magnis itineribus in Nerviorum fines. Ibi ex captivis cognoscit, quae apud Ciceronem gerantur, quantoque in periculo res sit. Tum cuidam ex equitibus Gallis magnis praemiis persuadet uti ad Ciceronem epistolam deferat. Hanc Graecis conscriptam litteris mittit, ne intercepta epistola nostra ab hostibus consilia cognoscantur. Si adire non possit, monet ut tragulam cum epistola ad amentum deligata intra munitionem castrorum abiciat. In litteris scribit se cum legionibus profectum celeriter adfore; hortatur ut pristinam virtutem retineat. Gallus periculum veritus, ut erat praeceptum, tragulam mittit. Haec casu ad turrim adhaesit neque ab nostris biduo animadversa tertio die a quodam milite conspicitur, dempta ad Ciceronem defertur. Ille perlectam in conventu militum recitat maximaque omnes laetitia adficit. Tum fumi incendiorum procul videbantur; quae res omnem dubitationem adventus legionum expulit.

Cesare approvò la decisione di Labieno e, benché, così, caduta la speranza di contare su tre legioni, dovesse accontentarsi di due, continuava a pensare che l'unica via di salvezza comune consistesse nella rapidità di azione. A marce forzate raggiunge la regione dei Nervi. Qui, dai prigionieri apprende che cosa succede nel campo di Cicerone e come la situazione sia critica. Allora, offrendogli un forte compenso, persuade uno dei cavalieri galli a portare a Cicerone una lettera. La scrive in greco, per evitare che i nemici, in caso di intercettazione, scoprissero i nostri piani. Diede ordine al Gallo, se non fosse riuscito a penetrare nel campo romano, di scagliare all'interno delle fortificazioni una tragula[268], con la lettera legata alla correggia. Nella missiva scrive che era già in marcia con le legioni e che presto sarebbe giunto; esorta Cicerone a mostrarsi all'altezza dell'antico valore. Il Gallo, temendo il pericolo, scaglia la tragula secondo gli ordini ricevuti. Il caso volle che si conficcasse in una torre e che per due giorni i nostri non se ne accorgessero. Il terzo giorno viene notata da un soldato, divelta e consegnata a Cicerone. Egli legge attentamente la missiva e poi ne comunica il contenuto pubblicamente, con grande gioia di tutti. Al tempo stesso si scorgevano, in lontananza, fumi di fuochi: ogni dubbio sull'arrivo delle legioni venne fugato.

---

[268] Arma da getto usata nell'Antichità dai Galli e dagli Ispanici, costituita probabilmente da una specie di dardo che il lanciatore poteva richiamare a sé per mezzo di una funicella a cui era assicurato.

Cesare a Gaio Fabio
18.

Aulo Irzio, *La Guerra Gallica*, VIII, 6, 3
Litteras autem ad Gaium Fabium mittit, ut in fines Suessionum legiones duas quas habebat adduceret, alteramque ex duabus ab Labieno arcessit. Ita, quantum hibernorum opportunitas bellique ratio postulabat, perpetuo suo labore in vicem legionibus expeditionum onus iniungebat.

[Cesare] inviò inoltre delle lettere a Gaio Fabio, affinché conducesse nel territorio dei Suessioni le due legioni di cui disponeva, richiedendo al contempo a Labieno una delle due sue legioni. Così, conciliando le necessità dei campi invernali e le esigenze del conflitto, alle legioni imponeva a turno l'onere delle spedizioni, ma non concedeva mai riposo a se stesso.

Cesare a Cicerone
19

Cicerone, *Lettere al fratello Quinto*, I, 15
Sed heus tu, celari videor ad te. Quomodonam, mi frater, de nostris versibus Caesar? Nam primum librum se legisse scripsit ad me ante: et prima sic, ut neglet, ne se Graeca quidm meliora legisse. Reliqua ad quemdam locum ῥαθυμώτερα: *hoc enim utitur verbo.*

Roma, fine agosto 700 a.U.c. (54 a.C.)
Ma dimmi un po': mi sembra che tu mi tenga celato qualcosa. Che ne dice Cesare dei miei versi? Tempo fa mi scrisse che aveva letto il primo libro[269] e che non aveva mai trovato nulla di più bello nemmeno negli autori greci della prima parte; il resto, fino ad un certo punto, alquanto «*tirato via*»: è proprio la sua esatta espressione.

Cesare a Pompeo
20.

Cassio Dione, *Storia Romana*, XXXIX, 63, 4
Καὶ μέντοι καὶ τοῦ δήμου ἔξω τοῦ πωμηρίου (τὴν γὰρ ἀρχὴν ἤδη τὴν τοῦ ἀνθυπάτου ἔχων οὐκ ἠδυνήθη ἐς τὴν πόλιν ἐσελθεῖν) ἀθροισθέντος πολλὰ ὑπὲρ τοῦ Γαβινίου ἐδημηγόρησε [*scil.* ὁ Πομπήιος], καὶ γράμματά τέ τινα παρὰ τοῦ Καίσαρος πρὸς ἑαυτὸν ὑπὲρ αὐτοῦ πεμφθέντα ἀνέγνω, καὶ τοὺς δικαστὰς

---

[269] È un riferimento all'operetta ciceroniana in versi (perduta) *De temporibus meis*, che narrava la storia del proprio consolato.

149

ἱκέτευσε.

[Tra la fine di agosto ed il settembre del 54 a.C., dalla Gallia]
Mentre il popolo si radunava fuori dal pomerio – avendo infatti oramai assunto
l'incarico di proconsole, non gli era permesso di fare il suo ingresso in città –
Pompeo pronunciò numerosi discorsi in difesa di Gabinio[270] e lesse inoltre una
lettera che Cesare gli aveva inviato per esprimersi in favore di costui,
supplicando i giudici [affinché lo assolvessero].

Cesare a Cicerone
21.

Cicerone, *Lettere al fratello Quinto*, III, 1, 10
Arpinus-Roma, sept. DCC a.U.C.
De tribunatu quod scribis, ego vero nominatim petivi Curtio, et mihi Caesar
nominatim Curtio paratum esse rescripsit.

Arpino-Roma, settembre del 54 a.C.
Vuoi sapere qualche cosa circa la faccenda del tribunato: io, sì, l'ho chiesto
esplicitamente per Curzio, e Cesare [altrettanto] esplicitamente mi rispose che
era dispostissimo a concederlo a Curzio, e si è anche lamentato del mio
eccessivo ritegno.

Cicerone a Cesare
22.

Cicerone, *Lettere ai Familiari*, VII, 5

CICERO CAESARI IMP. S. D.

[1] *Vide quam mihi persuaserim te me esse alterum, nn modo in iis rebu quae*
ad me ipum sed etiam in iis quae ad meos pertinent. C. Trebatium cogitaram
quocumque exirem mecum ducere, ut cum meis omnibus studiis, beneficiis
quam ornatissimum domum reducerem. Sed, posteaquam et Pompeii
commoratio diuturnior erat quam putaram, et mea quaedam tibi non ignota
dubitatio aut impedire profectionem meam videbatur aut certe tardare, vide

---

[270] Dopo essere stato accusato di lesa maestà (*de maiestate*), il pompeiano Aulo Gabinio, ex
governatore di Siria che aveva riportato Tolomeo XII Aulete sul trono egizio nonostante i
pareri sfavorevoli del Senato, fu accusato altresì di concussione (*de repetundis*) e condannato
nonostante l'aperto sostegno di Cesare e di Pompeo. Cfr. anche G. STOCCHI, *Aulo Gabinio e i
suoi processi*, per i Tipi di Salvatore Landi, Firenze 1892, pp. 305-371.

quid mihi sumpserim. Coepi velle ea Trebatium expectare a te quae sperasset a me, neque mehercule minus ei prolixe de tua voluntate promisi quam eram solitus de mea polliceri.

[2] Casus vero mirificus quidam intervenit quasi vel testis opinionionis meae vel sponsor humanitatis tuae. Nam cum de hoc ipso Trebatio cum Balbo nostro loquerer accuratius domi meae, litterae mihi dantur a te quibus in extremis scriptum erat: «M. Orfium, quem mihi commendas, vel regem Galliae faciam, vel hunc leptae delega. Si vis tu, ad me alium mitte, quem ornem.». Sustulimus manus et ego et Balbus; tanta fuit opportunitas, ut illud nescio quod non fortuitum, sed divinum videretur. Mitto igitur ad te Trebatium atque ita mitto ut initio mea sponte, post autem invitatu tuo mittendum duxerim.

[3] Hunc, mi Caesar, sic velim omni tua comitate complectare, ut omnia quae per me possis adduci ut in meos conferre velis in unum hunc conferas. De quo tibi homine hoc spondeo non illo vetere verbo meo, quod cum ad te Milonem scripssirem, iure lusisti, sed more Romano, quo modo homines non inepti loquuntur: probiorem hominem meliorem virum, prudentiorem amicum ese neminem. Accedit etiam, quod familiam ducit in iure civili singulari memoria, summa scientia. Huic ego neque tribunatum neque praefecturam neque ullius beneficii certum nomen peto: benevolentiam tuam et liberalitatem peto; neque impedio quo minus, si tibi ita placuerit, etiam hisce eum ornes gloriolae insignibus; totum denique hominem tibi ita trado de manu, ut aiunt, in manum tuam istam et victoriam et fide praestantem. Simus enim putidiusculi quam per ta vix licet; verum, ut video, licebit. Cura ut valeas, et me, ut amas, ama.

Roma, aprile 700 a.U.c. (54 a.C.)

CICERONE SALUTA CESARE, IMPERATORE

[1] Vedi un po' come io ti consideri un altro me stesso, né solo per quello che riguarda me personalmente, quanto anche a proposito dei miei amici. Era mia idea condurre con me Caio Trebazio dovunque io dovessi andare per riportarlo a Roma come un personaggio ragguardevolissimo per merito dei miei favori e dei miei doni. Ma poiché Pompeo rimanda la sua partenza più a lungo di quanto pensassi e, d'altra parte, la mia incertezza, di cui tu conosci la causa, pare debba impedire o almeno ritardare la mia partenza, eccoti quale iniziativa io abbia preso. Mi sono cioè formato la convinzione che Trebazio potrebbe ottenere da te quello che aveva sperato da me e, per Ercole, gli ho dato garanzia delle tue buone disposizioni non meno ampiamente di quanto ero uso fargli delle mie.

[2] Ed è poi ntervenuto un caso straordinario che è ad un tempo conferma delle mie previsioni e caparra della tua cortesia. Mentre infatti mi interessavo caldamente di questo stesso Trebazio con il nostro caro Balbo, a casa mia, ecco

151

mi giunse la tua lettera che si chudeva così: «Il Marco Orfio che tu mi raccomandi, io lo farò re della Gallia o, se preferisci, gli concederò l'incarico che desidera; tu mandami qualche altro di cui io possa fare la fortuna». Tanto io quanto Balbo alzammo le braccia al cielo; la cosa cadeva così bene che ci parve non una combinazione qualunque, ma un intervento divino. Ti mando dunque Trebazio, e lo mando ormai non di mia iniziativa, ma come invitato da te. [3] Accoglilo, te ne prego, nell'abbraccio della tua bontà; riversa su di lui solo tutti i favori che per amor mio sei disposto a concedere ai miei amici. Di lui io mi faccio garante, e non con quella mia vecchia espressione che usai quando ti scrissi a proposito di Milone e di cui, giustamente, ti facesti beffe, ma nel linguaggio romano, parlato da gente non incolta: nessuno è più onesto di lui, nessuno più riservato. A ciò aggiungi che nel diritto civile è un caposcuola, di una memoria prodigiosa, coltissimo. Per lui io non ti chiedo un tribunato o una prefettura o una forma determinata di dono; chiedo la tua benevolenza e la tua generosità, certo non mi opporrò, se tu vorrai onorarlo anche con i fronzoli di un po' di gloria; insomma, io consegno il mio uomo per intero dalla mia mano, come si usa dire, a codesta tua mano gloriosa di vittoria e di lealtà. Sono forse un po' troppo esigente, più di quello che tu lo permetta: ma, come mi risulta, lo permetterai. Abbi cura della tua salute e continua a volermi bene come io ne voglio a te.

Cesare a Crasso
23.

Plutarco, *Crasso*, 16, 3
Τῷ γραφέντι περὶ τούτων νόμῳ Παρθικὸς πόλεμος οὐ προσῆν. Ἤδεσαν δὲ πάντες, ὅτι πρὸς τοῦτο Κράσσος ἐπτόητο, καὶ Καῖσαρ ἐκ Γαλατίας ἔγραφεν αὐτῷ, τὴν ὁρμὴν ἐπαινῶν καὶ παραξύνων ἐπὶ τὸν πόλεμον.

Una guerra contro i Parti non figurava nel decreto della sua missione; nonostante ciò, il mondo intero riconosceva a Crasso quest'idea fissa e, nello scrivergli dalla Gallia, Cesare lodava il suo proposito e lo eccitava alla guerra.

Cesare al Senato
24.

Cesare, *La Guerra Gallica*, VII, 89, 2; 90, 1
Mittuntur de his rebus ad Caesarem legati. Iubet arma tradi, principes produci. Ipse in munitione pro castris consedit: eo dices producuntur; Vercingetorix deditur, arma proiciuntur. (...) His litteris cognitis Romae dierum viginti supplicatio redditur.

Vennero inviati [dai Galli] degli emissari a Cesare per le trattative [di resa]. Cesare ordinò che gli venissero consegnate le armi ed i capi delle città. Egli installò il suo seggio sulle fortificazioni, davanti al campo: laggiù gli vennero condotti i capi dei Galli, gli fu consegnato Vercingetorige e gli vennero portate le armi. (...) Quando a Roma si ha notizia dell'accaduto da una lettera di Cesare, gli vengono tributati venti giorni di feste solenni di ringraziamento.

Cesare al Senato
25.

Cesare, *La Guerra Gallica*, VII, 90, 1
His rebus confectis in Aeduos proficiscitur; civitatem recipit. Eo legati ab Arvernis missi quae imperaret se facturos pollicentur. Imperat magnum numerum obsidum. Legiones in hiberna mittit. Captivorum circiter viginti milia Aeduis Arvernisque reddit. Titum Labienum duabus cum legionibus et equitatu in Sequanos proficisci iubet: huic Marcum Sempronium Rutilum attribuit. Gaium Fabium legatum et Lucium Minucium Basilum cum legionibus duabus in Remis collocat, ne quam ab finitimis Bellovacis calamitatem accipiant. Gaium Antistium Reginum in Ambivaretos, Titum Sextium in Bituriges, Gaium Caninium Rebilum in Rutenos cum singulis legionibus mittit. Quintum Tullium Ciceronem et Publium Sulpicium Cabilloni et Matiscone in Aeduis ad Ararim rei frumentariae causa collocat. Ipse Bibracte hiemare constituit. His litteris cognitis Romae dierum viginti supplicatio redditur.

Bibracte, fine del 52 a.C.
Terminate le operazioni, [Cesare] parte verso le terre degli Edui; accetta la resa del loro popolo. Qui lo raggiungono emissari degli Arverni che promettono obbedienza, ordina la consegna di un gran numero di ostaggi. Invia le legioni ai campi invernali. Restituisce agli Edui e agli Arverni circa ventimila prigionieri. Ordina a Tito Labieno di recarsi nella regione dei Sequani con due legioni e la cavalleria e pone ai suoi ordini Marco Sempronio Rutilo. Stanzia il legato Caio Fabio e Lucio Minucio Basilo con due legioni nei territori dei Remi, per proteggere questi ultimi da eventuali attacchi da parte dei Bellovaci. Manda Caio Antistio Regino tra gli Ambivareti, Tito Sestio presso i Biturigi, Caio Caninio Rebilo tra i Ruteni, ciascuno alla testa di una legione. Pone Quinto Tullio Cicerone e Publio Sulpicio a Cavillono e Matiscone, lungo la Saona, nelle terre degli Edui, incaricandoli di provvedere ai rifornimenti di grano. Dal canto suo, decide di svernare a Bibracte. Quando a Roma si ha notizia dell'accaduto da una lettera di Cesare, gli vengono tributati venti giorni di feste solenni di ringraziamento.

153

Cesare a Trebonio
26.

Aulo Irzio, *La Guerra Gallica*, VIII, 11, 1
*Litteras ad Trebonium mittit, ut quam celerrime posset legionem XIII, quae
cum T. Sextio legato in Biturigibus hiemabat, arcesseret atque ita cum tribus
legionibus magnis itineribus ad se veniret.*
[Cesare] inviò una lettera a Trebonio, ordinandogli di richiamare quanto prima
la Tredicesima Legione (che svernava nelle terre dei Biturigi con il legato Tito
Sestio) e di raggiungerlo con le tre legioni a marce forzate.

Cesare al Senato
27.

a) Cesare, *La Guerra Civile*, I, 1, 1
*Litteris C. Caesaris consulibus redditis aegre ab his impetratum est summa
tribunorum plebis contentione, ut in Senatu recitarentur; ut vero ex litteris ad
senatum referretur, impetrari non potuit. Referunt consules de re publica [in
civitate]. [Incitat] L. Lentulus consul senatu rei publicae se non defuturum
pollicetur, si audacter ac fortiter sententias dicere velint; sin Caesarem
respiciant atque eius gratiam sequantur, ut superioribus fecerint temporibus,
se sibi consilium capturum neque Senatus auctoritati obtemperaturum: habere
se quoque ad Caesaris gratiam atque amicitiam receptum. In eandem
sententiam loquitur Scipio: Pompeio esse in animo rei publicae non deesse, si
senatus sequatur; si cunctetur atque agat lenius, nequiquam eius auxilium, si
postea velit, senatum imploraturum.*

Ravenna, fine del 50 a.C.
Dopo che la lettera di Cesare fu consegnata ai consoli, si ottenne con difficoltà,
nonostante la forte insistenza dei tribuni della plebe, che essa fosse letta in
Senato; non si poté invece ottenere che se ne discutesse ufficialmente. I consoli
presentano una relazione sulla situazione della Repubblica. Il console Lucio
Lentulo aizza il Senato; promette di non fare mancare il suo sostegno allo Stato,
se i senatori vorranno esprimere il loro parere con coraggio e forza; ma se essi
hanno riguardo per Cesare e ricercano il suo favore, come hanno fatto nei tempi
passati, egli prenderà posizione nel proprio interesse senza sottostare
all'autorità del Senato; del resto anch'egli ha modo di trovare rifugio nel favore
e nell'amicizia di Cesare. Con il medesimo tono si esprime Scipione: è
intenzione di Pompeo difendere la Repubblica, se il Senato lo asseconda; ma
se il Senato esita o agisce con troppa mollezza, invano implorerà il suo aiuto,
se in seguito lo avesse voluto.

b) Cesare, *La Guerra Civile*, I, 5, 5

His de causis aguntur omnia raptim atque turbate. Nec docendi Caesaris propinquis eius spatium datur, nec tribunis plebis sui periculi deprecandi neque etiam extremi iuris intercessione retinendi, quod L. Sulla reliquerat, facultas tribuitur, sed de sua salute septimo die cogitare coguntur, quod illi turbulentissimi superioribus temporibus tribuni plebis octavo denique mense suarum actionum respicere ac timere consuerant. Decurritur ad illud extremum atque ultimum senatus consultum, quo nisi paene in ipso urbis incendio atque in desperatione omnium salutis sceleratorum audacia numquam ante descensum est: dent operam consules, praetores, tribuni plebis, quique pro consulibus sint ad urbem, ne quid res publica detrimenti capiat. Haec senatusconsulto perscribuntur a.d. VII Id. Ian. Itaque V primis diebus, quibus haberi senatus potuit, qua ex die consulatum iniit Lentulus, biduo excepto comitiali et de imperio Caesaris et de amplissimis viris, tribunis plebis, gravissime acerbissimeque decernitur. Profugiunt statim ex urbe tribuni plebis seseque ad Caesarem conferunt. Is eo tempore erat Ravennae exspectabatque suis lenissimis postulatis responsa, si qua hominum aequitate res ad otium deduci posset.

Ravenna, fine del 50 a.C.

Per queste ragioni tutto viene fatto in fretta e confusamente. Non si concede tempo ai congiunti di Cesare di informarlo né viene concessa ai tribuni della plebe la possibilità di allontanare da sé il pericolo, né di conservare il supremo diritto di veto, che Lucio [Cornelio] Silla aveva loro lasciato; ma, dopo solo sette giorni, sono costretti a pensare alla propria salvezza, la qual cosa quei turbolentissimi tribuni della plebe dei tempi passati solevano prendere in esame e temere solo all'ottavo mese delle loro funzioni. Si giunge precipitosamente a quel gravissimo ed estremo decreto del Senato[271], al quale, prima di allora, non si era mai ricorso nonostante l'audacia dei relatori se non, per così dire, quando la città fu in mezzo alle fiamme e quando si disperò della salvezza di tutti: provvedano i consoli, i pretori, i tribuni della plebe e i proconsoli che sono vicini alla città affinché la Repubblica non subisca alcun danno. Ciò viene registrato con decreto del Senato il 7 gennaio. E così, nei primi cinque giorni in cui si poterono tenere le sedute del Senato, dal giorno in cui Lentulo diede inizio al proprio consolato, fatta eccezione per i due giorni dedicati al comizio, si prendono gravissime e rigorosissime delibere nei confronti del potere militare di Cesare e di persone assai ragguardevoli, i tribuni della plebe. Subito i tribuni della plebe fuggono da Roma e si rifugiano presso Cesare. In quel tempo egli era a Ravenna e attendeva risposte alle sue

---

[271] È il *Senatusconsultum ultimum*, che sospendeva di fatto le garanzie costituzonali ed affidava ai consoli i pieni poteri "affinché la Repubblica non avesse a subire alcun danno".

modestissime richieste, sperando che, per un senso di umana moderazione, il conflitto si potesse risolvere pacificamente.

c) Cesare, *La Guerra Civile*, I, 9, 3

Quae res etsi nihil ad levandas iniurias pertinere videbantur, tamen idoneos nactus homines, per quos ea, quae vellet, ad eum perferrentur, petit ab utroque, quoniam Pompei mandata ad se detulerint, ne graventur sua quoque ad eum postulata deferre, si parvo labore magnas controversias tollere atque omnem Italiam metu liberare possint. Sibi semper primam rei publicae fuisse dignitatem vitaque potiorem. Doluisse se, quod populi Romani beneficium sibi per contumeliam ab inimicis extorqueretur, ereptoque semenstri imperio in urbem retraheretur, cuius absentis rationem haberi proximis comitiis populus iussisset. Tamen hanc iacturam honoris sui rei publicae causa aequo animo tulisse; cum litteras ad senatum miserit, ut omnes ab exercitibus discederent, ne id quidem impetravisse. Tota Italia delectus haberi, retineri legiones II, quae ab se simulatione Parthici belli sint abductae, civitatem esse in armis. Quonam haec omnia nisi ad suam perniciem pertinere? Sed tamen ad omnia se descendere paratum atque omnia pati rei publicae causa. Proficiscatur Pompeius in suas provincias, ipsi exercitus dimittant, discedant in Italia omnes ab armis, metus e civitate tollatur, libera comitia atque omnis res publica senatui populoque Romano permittatur. Haec quo facilius certisque condicionibus fiant et iureiurando sanciantur, aut ipse propius accedat aut se patiatur accedere: fore uti per colloquia omnes controversiae componantur.

Ravenna, fine del 50 a.C.
Era chiaro che tutto ciò non serviva a cancellare le offese; tuttavia Cesare, approfittando di uomini adatti, tramite i quali poteva trasmettere il suo volere a Pompeo, chiede a entrambi, dal momento che gli hanno riferito le ambascerie di Pompeo, di non rifiutarsi di riferire a lui anche le sue richieste, per vedere se mai, con poca fatica, fossero in grado di sanare grandi controversie e liberare dal timore tutta l'Italia. Afferma [tramite lettere] che egli ha sempre posto l'onore al primo posto, considerandolo più importante della vita. Che ha provato dolore perché, con atto oltraggioso, gli è stato strappato dagli avversari un privilegio concesso dal popolo romano e, privato di sei mesi di comando, egli è stato richiamato a Roma, nonostante il popolo avesse deliberato che nei prossimi comizi si ritenesse valida la sua candidatura, pur se assente. Tuttavia, per il bene della Repubblica, ha sopportato di buon grado questo danno; quando ha mandato una lettera al Senato, chiedendo che tutti i comandanti venissero allontanati dagli eserciti, neppure questo ha ottenuto. In tutta Italia si fanno arruolamenti, sono trattenute le due legioni che gli sono state sottratte col pretesto della guerra contro i Parti; la popolazione? In armi. A che volgono

tutte queste manovre se non a suo danno? Nonostante tutto ciò egli è pronto a rassegnarsi e a sopportare tutto per il bene dello Stato. Pompeo se ne ritorni nelle sue province, tutti e due congedino gli eserciti, tutti in Italia lascino le armi, il popolo venga liberato dal timore, siano garantiti al Senato e al popolo romano dei liberi comizi e l'esercizio della cosa pubblica. Affinché ciò si possa fare più facilmente e con patti sicuri, sanciti da giuramento, o Pompeo si avvicini o lasci che sia Cesare ad avvicinarsi; tutte le controversie si potrebbero dirimere tramite dei contatti diretti.

d) Svetonio, *Vita del Divo Giulio*, 29, 2
Sed cum obstinatius omnia agi videret et designatos etiam consules e parte diversa, Senatum litteris deprecatus est, ne sibi beneficium populi admeretur, aut ut ceteri quoque imperatores ab exercitibus discenderent, confisus, ut putant, facilius se, simul atque libuisset, veteranos convocaturum quam Pompeius novos milites. Cum adversariis autem pepigit, ut dimissis octo legionibus Transalpinaque Gallia duae sibi legiones et Cisalpina provincia vel etiam una legio cum Illyrico concederetur, quoad consul fieret.

[fine del 50 a.C.]
Ma, vedendo che contro di lui [*scil.* Cesare] si faceva di tutto – e con ancor maggiore ostinazione – e che erano stati designati consoli uomini di parte avversa alla sua, con una lettera pregò il Senato affinché non gli togliesse il beneficio concessogli dal popolo, oppure che anche gli altri generali congedassero i loro eserciti. Era certo, a quanto si crede, che appena lo avesse voluto, avrebbe richiamato lui i suoi veterani più facilmente di quanto Pompeo potesse fare nuove leve. Agli avvrsari propose poi questi patti: che, in attesa che fosse eletto console, congedate otto legioni ed abbandonata la Gallia Transalpina, gli fossero concesse due legioni e la provincia della Cisalpina, o anche una sola legione con l'Illirico.

e) Plutarco, *Cesare*, 30, 1-3
Οὐ μὴν ἀλλ'ἥ γε παρὰ Καίσαρος ἀξίωσις τὸ πρόσχημα τῆς δικαιολογίας λαμπὸν εἶχεν· ἠξίου γὰρ αὐτός τε καταθέσθαι τὰ ὅπλα, καὶ Πομπηΐου ταὐτὸ πράξαντος ἀμφοτέρους ἰδιώτας γενομένους εὑρίσκεσθαί τι παρὰ τῶν πολιτῶν ἀγαθόν, ὡς τοὺς αὐτὸν μὲν ἀφαιρουμένους, ἐκείνῳ δ'ἣν εἶχε βεβαιοῦντας δύναμιν, ἕτερον διαβάλλοντας ἕτερον κατασκευάζειν τύραννον.
Ταῦτα προκαλούμενος ἐν τῷ δήμῳ Κουρίον ὑπὲρ Καίσαρος ἐκροτεῖτο λαμπῶς, οἱ δὲ καὶ στεφάνους ἐπ' αὐτὸν ὥσπερ ἀθλητὴν ἀνθοβολοῦντες ἠφίεσαν. Ἀντώνιος δὲ δημαρχῶν Καίσαρος ὑπὲρ τούτων ἐπιστολὴν κομισθεῖσαν εἰς τὸ πλῆθος ἐξήνεγκε καὶ ἀνέγνω βίᾳ τῶν ὑπάτων.

La richiesta di Cesare aveva nonostante tutto l'apparenza smagliante della legittimità: egli offriva di deporre simultaneamente le armi e, se Pompeo avesse fatto la stessa cosa, entrambi, divenuti dei privati cittadini, avrebbero ottenuto in seguito la riconoscenza che i propri concittadini avrebbero voluto tributare loro. Coloro che osteggiavano la sua armata e che confermavano Pompeo nel comando della sua, accusavano lui di essere un riranno, ma davano [al contempo] all'altro i mezzi per divenirlo. Facendo queste proposte davanti al popolo a nome di Cesare, Curione ottenne dei vivaci applausi e alcuni lo coprirono di fiori, gettandogli delle corone come ad un atleta [vittorioso]. Il tribuno della plebe Antonio[272] recava una lettera che aveva ricevuto da Cesare a questo riguardo e la lesse davanti al popolo, a dispetto dell'opposizione dei consoli.

f) Plutarco, *Pompeo*, 59, 2

Καὶ γὰρ ἀνέγνω τινὰ Καίσαρος ἐπιστολὴν Ἀντώνιος ἐν τῷ δήμῳ, βιασάμενος τὴν βουλήν, ἔχουσαν ἐπαγωγοὺς ὄχλου προκλήσεις. Ἠξίου γὰρ ἀμφοτέρους ἐκβάντας τῶν ἐπαρχιῶν καὶ τὰς στρατιωτικὰς δυνάμεις ἀφέντας ἐπὶ τῷ δήμῳ γενέσθαι καὶ τῶν πεπραγμένων εὐθύνας ὑποσχεῖν.

Ed infatti Antonio, nonostante l'opposizione del Senato, aveva letto davanti al popolo una lettera di Cesare, che conteneva delle proposte adatte a sedurre la folla. Egli chiedeva che Pompeo e lui stesso, dopo essere usciti dalle rispettive province[273] ed una volta congedate le loro truppe, comparissero davanti al popolo e rendessero conto della propria attività.

g) Plutarco, *Cesare*, 31, 1

Ἐπεὶ δὲ παρὰ Καίσαρος ἧκον ἐπιστολαὶ μετριάζειν δοκοῦντος (ἠξίου γὰρ ἀφεὶς τὰ ἄλλα πάντα τὴν ἐντὸς Ἄλπεων καὶ τὸ Ἰλλυρικὸν μετὰ δυεῖν ταγμάτων αὐτῷ δοθῆναι, μέχρι οὗ τὴν δευτέραν ὑπατείαν μέτεισι), καὶ Κικέρων ὁ ῥήτωρ, ἄρτι παρὼν ἐκ Κιλικίας καὶ διαλλαγὰς πράττων, ἐμάλαττε τὸν Πομπήϊον, ὁ δὲ τἆλλα συγχωρῶν τοὺς στρατιώτας ἀφῄρει.

Giunsero in seguito delle lettere di Cesare che parevano rientrare nei limiti della moderazione (egli chiedeva, in effetti, rinunciando a tutto il resto, che gli si assegnasse la Gallia Cisalpina e l'Illiria con due legioni, fino al momento in cui avrebbe conseguito il suo secondo consolato), e l'oratore Cicerone, tornato da poco dalla Cilicia, che cercava di riconciliare i due uomini, suggerì a Pompeo che gli concedesse tutto [ciò che domandava], ma che persistesse nel

---

[272]Si tratta del futuro triumviro Marc'Antonio.

[273] Rispettivamente la Gallia Comata, la Narbonese, la Cisalpina e l'Illirico per Cesare e la Spagna Ulteriore e la Spagna Citeriore per Pompeo.

voler privare Cesare dei suoi soldati.

h) Giovanni Zonara, *Epitome di Storie*, X, 7, 2

Ἐπεὶ δὲ παρὰ Καίσαρος ἧκον ἐπιστολαὶ τῶν μὲν ἄλλων ἐξισταμένου, τὴν δ'ἐντὸς Ἄλπεων ἐπαρχίαν καὶ τὸ Ἰλλυρικὸν ἀξιοῦντος αὐτῷ δοθῆναι μετὰ δυεῖν ταγμάτων, τἆλλα μὲν ἐδίδου Πομπήϊος, τοὺς δέ γε στρατιώτας ἀφήρει.

Ma dato che Cesare aveva richiesto tramite delle lettere che gli si lasciasse la provincia della Gallia Cisalpina con l'Illirico e due legioni soltanto, Pompeo gli concesse tutte le altre cose, ma gli negò [di mantenere] i soldati.

i) Appiano, *Le Guerre Civili*, II, 32 – 126-128

Τοὺς οὖν φίλους ἐκέλευεν ὑπὲρ αὐτοῦ συμβῆναι, τὰ μὲν ἄλλα αὐτὸν ἔθνη καὶ στρατόπεδα ἀποθήσεσθαι, μόνα δ' ἕξειν δύο τέλη καὶ τὴν Ἰλλυρίδα μετὰ τῆς ἐντὸς Ἄλπεων Γαλατίας, ἕως ὕπατος ἀποδειχείν. Καὶ Πομπηίῳ μὲν ἀρκεῖν ἐδόκει, κατακωλυόντων δὲ τῶν ὑπάτων ὁ Καῖσαρ ἐπέστελλε τῇ βουλῇ, καὶ τὴν ἐπιστολὴν ὁ Κουρίων, τρισὶν ἡμέραις τριακοσίους ἐπὶ δισχιλίοις σταδίους διαδραμών, ἐπέδωκε τοῖς νέοις ὑπάτοις ἐσιοῦσιν ἐξ τὸ βουλευτήριον τῇ νουμηνίᾳ τοῦ ἔτους. Περιεῖχε δ' ἡ γραφὴ κατάλογόν τε σεμνὸν ὧν ἐξ ἀρχῆς ὁ Καῖσαρ ἐπεπράχει, καὶ πρόκλησιν, ὅτι θέλοι Πομπηίῳ συναποθέσθαι, ἄρχοντος δ' ἔτι ἐκείνου οὔτε ἀποθήσεσθαι καὶ τιμωρὸς αὐτίκα τῇ τε πατρίδι καὶ ἑαυτῷ κατὰ τάχος ἀφίξεσθαι.

Cesare incaricò dunque i suoi amici di intervenire in suo favore a queste condizioni: avrebbe lasciato le sue province e le sue armate, tenendo per sé solo due legioni e l'Illirico con la Gallia Cisalpina, fino alla sua elezione al consolato. Questo accordo pareva convenire a Pompeo ma, di fronte all'opposizione dei consoli, Cesare inviò al Senato una lettera che Curione, dopo aver percorso 2.300 stadi in tre giorni, consegnò ai nuovi consoli nel momento del loro insediamento in Senato il primo giorno dell'anno. Questo testo conteneva un arrogante riepilogo di tutte le imprese che Cesare aveva compiuto dall'inizio, nonché l'annuncio secondo cui egli intendeva rinunciare alle sue funzioni contemporaneamente a Pompeo; se tuttavia quest'ultimo si fosse mantenuto nella sua posizione di potere, non si sarebbe [a sua volta] ritirato e sarebbe rapidamente sopraggiunto a vendicare la patria e la sua stessa persona.

k) Cassio Dione, *Storia Romana*, XLI, 1, 1

Τότε μὲν δὴ ταῦτ'ἔπραξε, μετὰ δὲ τοῦτο γράμματα παρὰ τοῦ Καίσαρος πρὸς τὴν βουλὴν λαβὼν ἦλθέ τε ἐς τὴν Ῥώμην ἐν αὐτῇ τῇ νουμηνίᾳ ἐν ᾗ ὅ τε Λέντουλος ὁ Κορνήλιος καὶ ὁ Κλαύδιος ὁ Γάιος τὴν ἀρχὴν ἐνεστήσαντο, καὶ οὐ πρότερον τοῖς ὑπάτοις αὐτὰ ἀπέδωκε πρὶν ἐς τὸ συνέδριόν σφας ἀφικέσθαι, μὴ καὶ ἔξω που λαβόντες αὐτὰ ἀποκρύψωνται. Ἐπὶ πολὺ μὲν γὰρ καὶ ὣς ἀνέσχον, οὐκ ἐλέοντές σφας ἀναλέξασθαι· τέλος δὲ ὑπό τε Κυΐντου Κασσίου Λογγίνου καὶ ὑπὸ Μάρκου Ἀντωνίου δημαρχούντων ἠναγκάσθησαν αὐτὰδεμοσιῦσαι. Ἀντώνιος μὲν οὖν ἐν τούτῳ τότε τὸν Καίσαρα εὐεργετήσας ἀντιλήψεσθαι τε πολλὰ καὶ ἐπὶ μεγάλων καὶ αὐτὸς αἰωρηθήσεσθαι ἔμελλεν· ἐν δὲ τῇ ἐπιστολῇ τά τε ἄλλα ὅσα ποτὲ καλῶς τὸ κοινὸν ὁ Καῖσαρ ἐπεποιήκει ἐνεγέγραπτο, καὶ ἀπολογισμὸς ὑπὲρ ὧν ᾐτιάζετο. Καταλύσειν τε τὰ στρατόπεδα καὶ τῆς ἀρχῆς ἐκστήσεσθαι ὑπισχνεῖτο, ἂν καὶ ὁ Πομπήιος τὰ αὐτα οἱ ποιήσῃ· ἐκείνου γὰρ τὰ ὅπλα ἔχοντος οὐδὲ ἑαυτὸν δίκαιον εἶναι ἀναγκασθῆναι αὐτὰ ἀφεῖναι ἔλεγεν, ἵνα μὴ καὶ τοῖς ἐχθοῖς ἐκδοθῇ.

Questo fece allora Curione. Poi, avendo preso da Cesare una lettera per il Senato, venne a Roma il 1° gennaio, proprio il giorno in cui Cornelio Lentulo e Caio Claudio assumevano il consolato. Ma non la consegnò ai consoli prima che giungessero in Senato, per timore che, avendola ricevuta fuori di esso, la tenessero nascosta. Ma anche così indugiarono a lungo, non volendo che fosse letta. Alla fine però furono costretti a renderla pubblica dai tribuni Quinto Cassio Longino e Marc'Antonio. Antonio, avendo reso in quest'occasione un utile servizio a Cesare, era dstinato a ricevere in cambio molti vantaggi e a salire a grandi onori. Nella lettera Cesare elencava tutti i benefici fatti al popolo romano e si difendeva dalle accuse. Inoltre prometteva di congedare l'esercito e di deporre la carica, se Pompeo avesse fatto lo stesso; fintanto che costui deteneva un'armata, non era giusto – diceva Cesare – che egli fosse costretto a congedare la sua, per non esporsi indifeso ai nemici.

l) Cicerone, *Lettere ai Familiari*, 16, 11, 2
Omnino et ipse Caesar, amicus noster, minacis ad Senatum et acerbas litteras miserat et erat adhuc impudens, qui exercitum et provinciam invito Senatu teneret, et Curio meus illum incitabat.

A Tirone. Roma, 12 gennaio del 49 a.C.

Per dirla tutta, lo stesso Cesare, nostro amico, ha inviato al Senato una lettera colma di minacce e di asprezza; egli spinge l'impudenza fino al punto di mantenere l'esercito e la provincia contro la volontà del Senato, ed il mio Curione[274] lo incita in ciò.

---

[274]Si tratta di gaio Scribonio Curione, tribuno della plebe; per i rapporti tra Cicerone e Curione rimando a M. RIZZOTTO, *Gaio Scribonio Curione. Una vita per Roma*, Pagine Svelate, Gerenzano (Varese) 2011 p. 13 e a G. PETRUZZELLI, *Gaio Scribonio Curione. «Nessuno attizzò più grandi e più impetuose le fiamme della guerra civile»*, Tesi di Laurea, Università

Cesare, *La Guerra Civile*, I, 8
Cognita militum voluntate Ariminum cum ea legione proficiscitur ibique tribunos plebis, qui ad eum profugerant, convenit; reliquas legiones ex hibernis evocat et subsequi iubet. Eo L. Caesar adulescens venit, cuius pater Caesaris erat legatus. Is reliquo sermone confecto, cuius rei causa venerat, habere se a Pompeio ad eum privati officii mandata demonstrat: velle Pompeium se Caesari purgatum, ne ea, quae rei publicae causa egerit, in suam contumeliam vertat. Semper se rei publicae commoda privatis necessitudinibus habuisse potiora. Caesarem quoque pro sua dignitate debere et studium et iracundiam suam rei publicae dimittere neque adeo graviter irasci inimicis, ut, cum illis nocere se speret, rei publicae noceat. Pauca eiusdem generis addit cum excusatione Pompei coniuncta. Eadem fere atque eisdem verbis praetor Roscius agit cum Caesare sibique Pompeium commemorasse demonstrat.

Cesare, conosciuta la disposizione d'animo dei soldati, si dirige con quella legione a Rimini e qui incontra i tribuni della plebe che presso di lui erano venuti a trovare rifugio; richiama dagli accampamenti invernali le rimanenti legioni con l'ordine di seguirlo. Colà giunge il giovane Lucio Cesare, il cui padre era luogotenente di Cesare. Costui, terminato il discorso su altri argomenti, per i quali era venuto, dichiara di avere per lui da parte di Pompeo messaggi di carattere privato: dice che Pompeo vuole scusarsi dinanzi a Cesare, che non prenda per offesa personale le azioni che egli ha compiuto per il bene dello stato; dice che alle amicizie personali egli ha sempre anteposto l'interesse pubblico. Anche Cesare, in considerazione della sua posizione, deve per il bene dello stato sacrificare il proprio interesse e il proprio risentimento e non adirarsi con gli avversari così violentemente da risultare, sperando di danneggiarli, di danno allo stato. Aggiunge poche considerazioni del medesimo tono che unisce alle scuse di Pompeo. Il pretore Roscio presenta a Cesare quasi i medesimi argomenti e con le medesime parole, dimostrando di essere stato ben istruito da Pompeo.

Cesare a Pompeo
29.

Cesare, *La Guerra Civile*, I, 9
Quae res etsi nhil ad levandas iniurias pertinere videbantur, tamen idoneos

degli Studi di Bari "Aldo Moro", a.a. 2018/2019.

nactus homines, per quos ea, quae vellet, ad eum perferrentur, petit ab utroque, quoniam Pompei mandata ad se detulerint, ne graventur sua quoque ad eum postulata deferre, si parvo labore magnas controversias tollere atque omnem Italiam metu liberare possint. Sibi semper primam rei publicae fuisse dignitatem vitaque potiorem. Doluisse se, quod populi Romani beneficium sibi per contumeliam ab inimicis extorqueretur, ereptoque semenstri imperio in urbem retraheretur, cuius absentis rationem haberi proximis comitiis populus iussisset. Tamen hanc iacturam honoris sui rei publicae causa aequo animo tulisse; cum litteras ad senatum miserit, ut omnes ab exercitibus discederent, ne id quidem impetravisse. Tota Italia delectus haberi, retineri legiones II, quae ab se simulatione Parthici belli sint abductae, civitatem esse in armis. Quonam haec omnia nisi ad suam perniciem pertinere? Sed tamen ad omnia se descendere paratum atque omnia pati rei publicae causa. Proficiscatur Pompeius in suas provincias, ipsi exercitus dimittant, discedant in Italia omnes ab armis, metus e civitate tollatur, libera comitia atque omnis res publica senatui populoque Romano permittatur. Haec quo facilius certisque condicionibus fiant et iureiurando sanciantur, aut ipse propius accedat aut se patiatur accedere: fore uti per colloquia omnes controversiae componantur.

Era chiaro che tutto ciò non serviva a cancellare le offese; tuttavia Cesare, approfittando di uomini adatti, tramite i quali poteva trasmettere il suo volere a Pompeo, chiede a entrambi, dal momento che gli hanno riferito le ambascerie di Pompeo, di non rifiutarsi di riferire a lui anche le sue richieste, per vedere se mai, con poca fatica, fossero in grado di sanare grandi controversie e liberare dal timore tutta l'Italia. Dice che egli ha sempre posto l'onore al primo posto, considerandolo più importante della vita. Che ha provato dolore perché, con atto oltraggioso, gli è stato strappato dagli avversari un privilegio concesso dal popolo romano e, privato di sei mesi di comando, egli è stato richiamato a Roma, benché il popolo avesse deliberato che nei prossimi comizi si ritenesse valida la sua candidatura, pur se assente. Tuttavia, per il bene dello stato, ha sopportato di buòn grado questo danno; quando ha mandato una lettera al Senato, chiedendo che tutti i comandanti venissero allontanati dagli eserciti, neppure questo ha ottenuto. In tutta Italia si fanno arruolamenti, sono trattenute le due legioni che gli sono state sottratte col pretesto della guerra contro i Parti; la popolazione è in armi. A che volgono tutte queste manovre se non a suo danno? Pur tuttavia egli è pronto a rassegnarsi e a tutto sopportare per il bene dello stato. Pompeo se ne ritorni nelle sue province, tutti e due congedino gli eserciti, tutti in Italia lascino le armi, il popolo venga liberato dal timore, siano garantiti al Senato e al popolo romano liberi comizi e l'esercizio della cosa pubblica. Perché ciò si possa fare più facilmente e con patti sicuri, sanciti da giuramento, o Pompeo si avvicini o lasci che sia Cesare ad avvicinarsi; tutte le controversie si potrebbero dirimere tramite contatti diretti.

Pompeo a Cesare
30.

Cesare, *La Guerra Civile*, I, 10
Acceptis mandatis Roscius cum L. Caesare Capuam pervenit ibique consules Pompeiumque invenit; postulata Caesaris renuntiat. Illi deliberata re respondent scriptaque ad eum mandata per eos remittunt; quorum haec erat summa: Caesar in Galliam reverteretur, Arimino excederet, exercitus dimitteret; quae si fecisset, Pompeium in Hispanias iturum. Interea, quoad fides esset data Caesarem facturum, quae polliceretur, non intermissuros consules Pompeiumque delectus.

Assuntosi l'incarico, Roscio insieme a Lucio Cesare giunge a Capua, dove trova i consoli e Pompeo; riferisce le richieste di Cesare. Dopo essersi consultati, danno una risposta e, tramite loro, per iscritto rimettono a Cesare le loro proposte, i cui punti principali sono questi: Cesare ritorni in Gallia; si allontani da Rimini, congedi l'esercito; Pompeo sarebbe andato in Spagna quando egli avesse eseguito questi ordini. Nel contempo, fino a che non sarebbe stato certo che Cesare avrebbe mantenuto le sue promesse, i consoli e Pompeo non avrebbero interrotto gli arruolamenti.

Cesare a Cicerone
31.

Cicerone, *Lettere ad Attico*, VIII, 1, 5
Scr. In Formiano III Kal. Mart. an. 49
Quod quaeris, quid Caesar ad me scripserit? Quod saepe: gravissimus sibi esset, quod quierim: oratque in eo ut perseverem.

Scritta nel territorio di Formia il 27 febbraio del 49
Circa la domanda che tu mi poni riguardo a ciò che Cesare mi ha scritto nella sua lettera, posso dirti che corrisponde a quello che egli mi ripete sovente, ovvero che gli è riuscita assai gradita la mia scelta di rimanermene tranquillo, ragion per cui mi invita a perseverare in essa.

Cesare a Lentulo
32.

Cicerone, *Lettere ad Attico*, VIII, 11, 5
Scr. In Formiano III Kal. Mart. an. 49
Balbus Minor (…) iter autem erat eius ad Lentulum consulem cum litteris

163

Caesaris praemiorumque promissis si Romam revertisset. Verum cum habeo rationem dierum, ante puto trasmissurum quam potuerit conveniri.

       Scritta nel territorio di Formia il 27 febbraio del 49 Balbo Minore (...) era tuttavia in viaggio per andare sulle tracce del console Lentulo con una lettera di Cesare e promesse di ricompense, se costui avesse acconsentito a ritornare a Roma. Però, facendo il conto dei giorni, mi viene da pensare che Lentulo avrà già oltrepassato il mare [Adriatico] prima che possa essere raggiunto da Balbo.

Cesare a Cicerone
33.

Cicerone, *Lettere ad Attico*, 9, 6a
(circiter mense Martio 49)
Caesar imp. S. d. Ciceroni imp.

Cum Furnium nostrum tantum vidissem neque loqui neque audire meo commodo potuissem, cum properarem atque essem in itinere praemissis iam legionibus, praeterire tamen non potui, quin et scriberem ad te et illum mitterem gratiasque agerem, etsi hoc et feci saepe et saepius mihi facturus videor; ita de me mereris. Inprimis a te peto, quoniam confido me celeriter ad urbem venturum, ut te ibi videam, ut tuo consilio, gratia, dignitate, ope omnium rerum uti possim. Ad propositum revertar: festinationi meae brevitatique litterarum ignosces; reliquia ex Furnio cognosces.
Scr. In itinere Arpis Brundisium c. III Non. Mart. An. XLIX a. Ch. N.

CESARE GENERALE VITTORIOSO SALUTA CICERONE, GENERALE
VITTORIOSO

Sebbene io abbia visto solamente il nostro Furnio, senza avere avuto la possibilità di parlargli o di ascoltarlo con la dovuta calma (mi trovavo infatti in marcia dopo che legioni erano state inviate avanti), nondimeno non posso evitare di scriverti e di mandare fino a te lo stesso Furnio per porgerti i miei ringraziamenti.

Certo, ti ho già reso grazie in passato, è vero, ma ho la sensazione di doverti esprimere la mia gratitudine ancora più frequentemente in futuro: tanto merita il tuo atteggiamento nei miei confronti. Innanzitutto, dato che conto di raggiungere Roma velocemente, ti chiedo di fare in modo che io ti veda laggiù, in modo che possa approfittare delle tue doti decisionali, dell'influenza che eserciti, del tuo prestigio personale, insomma, di tutto l'appoggio che potrai

164

fornirmi in ogni cosa.

Su questo argomento avrò modo di ritornare. Ti chiedo perdono per la mia frettolosità e per la brevità della presente lettera, tutto il resto te lo farà sapere Furnio.

Scritta durante l'avanzata da Arpi a Brindisi, all'incirca il 5 marzo del 49 a.C.

Cesare a Caio Oppio e a Cornelio Balbo
34.

Cicero, *Ad Att.* 9, 7C *(mense Martio 49)*

Caesar Oppio Cornelio sal.

[1] *Gaudeo mehercule vos significare litteris, quam valde probetis ea, quae apud Corfinium sunt gesta. Consilio vestro utar libenter et hoc libentius, quod mea sponte facere constitueram, ut quam lenissimum me praeberem et Pompeium darem operam ut conciliarem. Temptemus, hoc modo si possimus omnium voluntates recuperare et diuturna victoria uti, quoniam reliqui crudelitate odium effugere non potuerunt neque victoriam diutius tenere praeter unum L. Sullam, quem imitaturus non sum. Haec nova sit ratio vincendi, ut misericordia et liberalitate nos muniamus. Id quem ad modum fieri possit, non nulla mi in mentem veniunt et multa reperiri possunt. De his rebus rogo vos ut cogitationem suscipiatis.*
[2] *N. Magium. Pompei praefectus, deprehendi. Scilicet meo institutum usus sum et eum statim missum feci. Iam duo praefecti fabrum Pompei in meam potestatem venerunt et a me missi sunt. Si volent grati esse, debebunt Pompeium hortari, ut malit mihi esse amicus quam iis, qui et illi et mihi semper fuerunt inimicissimi; quorum artificiis effectum est, ut res publica in hanc statum perveniret.*

CESARE AD OPPIO E A CORNELIO, SALUTE!

[1] Gioisco, per Ercole, per via della lettera in cui mi avete espresso la più grande approvazione per le imprese avvenute presso Corfinio.

Approfitterò volentieri dei vostri consigli e, a maggior ragione, ancora più volentieri in quanto avevo già deciso per conto mio di gestire la situazione in modo da dimostrarmi il più moderato possibile e di darmi da fare per riconciliarmi con Pompeo.

Orsù, facciamo dunque un tentativo in questa direzione, per vedere se ci sia possibile riaccattivarci il consenso generale e godere di una vittoria di lunga

165

durata, dato che tutti gli altri [che ci hanno preceduto] sono ricorsi alla crudeltà ma non per questo sono stati in grado di evitare l'odio nei loro confronti né a conservare per molto tempo l'esito della loro vittoria, tranne nel caso del solo Lucio Silla, che io non intendo imitare.

Sia dunque questo il nuovo modo di vincere, ovvero di munirci di forza tramite l'uso della misericordia e della generosità. Per quanto concerne la maniera con cui tale piano possa venire realizzato, mi vengono in mente parecchie idee e molte altre se ne possono inventare. Vi prego di riflettere su questo argomento. [2] Ho preso prigioniero Numerio Magio, il prefetto di Pompeo. Ho seguito ovviamente il mio solito modo di agire e l'ho lasciato subito andarsene via libero.

Fino ad ora due ufficiali del Genio Militare di Pompeo sono caduti in mio potere e sono stati da me entrambi liberati. Se vorranno dimostrare la loro gratitudine, dovranno esortare Pompeo a preferire di essere mio amico, piuttosto che starsene legato a coloro che, ad ogni pie' sospinto, si dimostrarono ostili senza rimedio tanto a lui quanto a me, e per i cui piani criminosi si è giunti al punto che lo Stato si trova nelle presenti condizioni.

Scritta dopo il 5 marzo del 49, durante la marcia.

Cicerone a Cesare
35.

Cicerone, *Lettere ad Attico*, IX, 16 (14)
(VIII Kal. Apr. 49)

CICERO IMP. S. D. CAESARI IMP.

[1] *Ut legi tuas litteras quas a Furnio nostro acceperam quibus mecum agebas ut ad urbem essem, te velle uti "consilio et dignitate mea" minus sum admiratus; de "gratia" et de "ope", quid significares mecum ipse quaerebam, spe tamen deducebar ad eam cogitationem ut te pro tua admirabili ac singulari sapientia de otio, de pace, de concordia civium agi velle arbitrarer, et ad eam rationem existimabam satis aptam esse et naturam et personam meam.*
[2] *Quod si ita est et si qua de Pompeio nostro tuendo et tibi ac rei publicae reconciliando cura te attingit, magis idoneum quam ego sum ad eam causam profecto reperies neminem qui et illi semper et senatui cum primum potui pacis auctor fui nec sumptis armis belli ullam partem attigi iudicavique eo bello te violari contra cuius honorem populi Romani beneficio concessum inimici atque invidi niterentur. sed ut eo tempore non modo ipse fautor dignitatis tuae fui verum etiam ceteris auctor ad te adiuvandum, sic me nunc Pompei dignitas*

166

vehementer movet. aliquot enim sunt anni cum vos duo delegi quos praecipue colerem et quibus essem, sicut sum, amicissimus.

[3] Quam ob rem a te peto vel potius omnibus te precibus oro et obtestor ut in tuis maximis curis aliquid impertias temporis huic quoque cogitationi ut tuo beneficio bonus vir, gratus, pius denique esse in maximi benefici memoria possim. quae si tantum ad me ipsum pertinerent, sperarem me a te tamen impetraturum, sed, ut arbitror, et ad tuam fidem et ad rem publicam pertinet me et pacis et utriusque vestrum ... et ad civium concordiam per te quam accommodatissimum conservari. ego cum antea tibi de Lentulo gratias egissem, cum ei saluti qui mihi fuerat fuisses, tamen lectis eius litteris quas ad me gratissimo animo de tua liberalitate beneficioque misit, † eandem me salutem a te accepisse† quam ille. in quem si me intellegis esse gratum, cura, obsecro, ut etiam in Pompeium esse possim.

Scritta nel territorio di Formia il 19 o il 20 marzo del 49

CICERONE GENERALE VITTORIOSO A CESARE GENERALE VITTORIOSO

[1] Quando ho letto la tua lettera recapitatami dal nostro amico Furnio, nella quale tu avanzi la richiesta del mio rientro a Roma, ho provato stupore, però in forma ridotta, per il tuo desiderio di giovarti dei «miei consigli e del mio alto prestigio», ma piuttosto mi sono domandato che cosa intendi dire con le espressioni «la mia influenza ed il mio appoggio». Tuttavia sono stato indotto dalla speranza a riflettere in modo da formarmi l'idea che tu, in virtù della tua meravigliosa ed eccezionale saggezza, vuoi che si stabiliscano le condizioni per assicurare la tranquillità, la pace, la concordia dei cittadini, programma questo, alla realizzazione del quale, econdo il mio convincimento, possono utilmente concorrere non solamente la mia predisposizione naturale, ma altresì la mia personalità morale.

[2] Se le cose stanno davvero in questi termini, e se ti sfiora la mente il pensiero di vegliare sulla sorte del nostro Pompeo nell'intento di riconciliarlo con te e con la Repubblica, senza dubbio non troverai nessuno più adatto di me a conseguire questo risultato, dato che mi sono reso promotore di pace, come – rispetto a lui sempre – così nei confronti del Senato ogniqualvolta ne ho avuto occasione e – allorché si è accesa la lotta armata, non mi sono giammai immischiato nelle operazioni belliche. A tal riguardo, il mio giudizio netto è stato che da una simile guerra eri tu a subire dei torti, perchè nemici personali e politici mossi dall'invidia concentravano i loro sforzi contro la testimonianza di stima a te resa per la distinzione concessa dal popolo romano. Tuttavia, come allora non mi limitai a d assumermi la difesa del tuo prestigio, ma esercitai

pure una funzione di stimolo sugli altri per garantirti un sostegno, così adesso il prestigio di Pompeo mi tocca vivamente l'animo. In verità, già da alcuni anni ho scelto voi due per circondarvi delle mie premure particolari e per esservi amicissimo, così come di fatto sono.

[3] Pertanto ti chiedo – o per essere più precisi ti prego e ti scongiuro quanto più posso – affinché tu, pur tra le tue gravosissime preoccupazioni, riesca a dedicare anche un po' di tempo ad una riflessione orientata nel senso che io, grazie a te, giunga a mostrami come un uomo onesto, riconoscente, per farla breve, alla memoria che conservo di un immenso beneficio ricevuto[275]. Se quest'intervento riguardasse solamente il sottoscritto, spererei, nondimeno, d poterlo ottenere da te; però, a parer mio, coinvolge non solo il tuo senso della lealtà, ma anche gli interessi della Repubblica, il fatto che io, amico sia della pace sia di entrambi voi, resti operativo, essendo, grazie a te, la persona più adatta a ristabilire la concordia fra voi e fra i cittadini.

Io, in una precedente occasione, ti ho rivolto i miei ringraziamenti per quanto riguardava Lentulo, in quanto avevi assicurato la salvezza ad un uomo che in passato l'aveva assicurata a me. Ora però, dopo aver letto la lettera che egli mi ha inviato con l'espressione della sua sconfinata gratitudine per la tua generosità e bontà, † …[276] la perfetta identità della salvezza accordata da te nei miei confronti rispetto a quella che hai offerto a lui. Dato che comprendi che sono riconoscente per ciò che hai fatto per Lentulo, adoperati, ti prego, affinché io possa esserlo anche per [quanto farai in favore di] Pompeo.

Cesare a Quinto Pedio
36.

[Caesar Q. Pedio s.]
Pompeius se oppido tenet; nos ad portas castra habemus. Conamur opus magnum et multorum dierum propter altitudinem maris; sed tamen nihil est, quod potius faciamus: ab utroque portus cornu moles iacimus, ut aut illum quam primum traicere quod habet Brundisi copiarum cogamus aut exitu prohibeamus.

CESARE A QUINTO PEDIO[277], SALUTE!

Pompeo se ne resta asserragliato in città; da parte nostra abbiamo posizionato il nostro accampamento davanti alle porte. Stiamo facendo un tentativo che

---

[275] Allude al suo richiamo dall'esilio.

[276] Lacuna che concerne parole del tipo: «non posso fare a meno di rinnovarti i ringraziamenti e di palesarti»

[277] È uno dei suoi nipoti.

168

richiede un considerevole sforzo e parecchi giorni di tempo per via della profondità del mare.

Del resto, ad ogni modo, non vi è alcuna alternativa migliore a quanto stiamo facendo: gettiamo ad ambedue le estremità del molo dei grossi macigni, allo scopo di costringere Pompeo a condurre via il prima possibile le milizie che ha con sé a Brindisi oppure di rendere impossibile la sua uscita dal porto.

24 o 25 marzo.

Cesare a Cicerone
37.

Cicerone, *Lettere ad Attico*, 9, 19 (16)
(VII Kal. Apr. 49 a. Ch. N.)
Caesar imp. Ciceroni imp. Sal. Dic.
Recte auguraris de me (bene enim tibi cognitus sum) nihil a me abesse longius crudelitate. Atque ego cum ex ipsa re magnam capio voluptatem tum meum factum probari abs te triumpho gaudio. Neque illud me movet, quod ii, qui a me dimissi sunt, discessisse dicuntur, ut mihi rursus bellum inferrent; nihil enim malo quam et me mei similem esse et illos sui. Tu velim mihi ad urbem praesto sis, ut tuis consiliis atque opibus, ut consuevi, in omnibus rebus utar. Dolabella tuo nihil scito mihi esse iucundius. Hanc adeo habebo gratiam illi; neque enim aliter facere poterit; tanta eius humanitas, is sensus, ea in me est benevolentia.

CESARE GENERALE VITTORIOSO SALUTA CICERONE, GENERALE VITTORIOSO

[1] Fai una previsione giusta (difatti tu mi conosci bene) allorché sostieni che non esiste nulla di più lontano da me della crudeltà. Io, a mia volta, non provo solamente un enorme piacere per il fatto in sé, ma addirittura esulto gioioso per l'approvazione che tu nutri nei confronti del mio comportamento.

Non mi disturba nemmeno il fatto che coloro che io ho rimandato via liberi se ne siano andati per poi rivolgersi nuovamente in armi nella guerra contro di me. In verità non desidero null'altro che questo: che io sia coerente nei riguardi di me stesso e che costoro lo siano verso di essi.

[2] Gradirei che tu fossi al mio fianco a Roma per potermi avvalere, in qualsiasi circostanza, dei tuoi consigli e delle tue grandi risorse, come sono abituato a fare. Sappi che per quanto mi riguarda non esiste persona più piacevole del tuo Dolabella.

La gratitudine che serberò verso di lui non cambierà mai, qualsiasi cosa egli

169

possa fare. La sua sensibilità è tanto grande quanto la sua bontà, ed il suo affetto nei miei confronti è chiaramente percepibile.

Trascritta nel territorio di Formia il 26 marzo del 49 a.C.

Cesare a Cicerone
38.

Cicerone, *Lettere ad Attico*, 10, 8b
(VI Non. Mai. 49)
CAESAR IMP. SAL. D. CICERONI IMP.

[1] *Etsi te nihil temere, nihil imprudenter facturum iudicaram, tamen permotus hominum fama scribendum ad te existimavi et pro nostra benevolentia petendum ne quo progredereris proclinata iam re, quo integra etiam progrediendum tibi non existimasses. Namque et amicitiae graviorem iniuriam feceris et tibi minus commode consulueris, si non fortunae obsecutus videberis (omnia enim secundissima nobis, adversissima illis accidisse videntur), nec causam secutus (eadem enim tum fuit, cum ab eorum consiliis abesse iudicasti), sed meum aliquod factum condemnavisse, quo mihi gravius abs te nil accidere potest. Quod ne facias, pro iure nostrae amicitiae a te peto.*
[2] *Postremo quid viro bono et quieto et bono civi magis convenit quam abesse a civilibus controversiis? Quod non nulli cum probarent, periculi causa sequi non potuerunt; tu explorato et vitae meae testimonio et amicitiae iudicio neque tutius neque honestius reperies quicquam quam ab omnicontentione abesse. XV Kal. Maias ex itinere.*

CESARE GENERALE VITTORIOSO SALUTA CICERONE, GENERALE VITTORIOSO

[1] Sebbene fossi stato dell'opinione che tu non ti saresti abbandonato a qualsivoglia azione azzardata o scriteriata, nondimeno, turbato come sono dalle malelingue diffuse, sono del parere che sia necessario scriverti e domandarti, in nome della benevolenza che ci unisce, di non fare altri passi – adesso che oramai la situazione verte al peggio – verso quella direzione nella quale tu stesso avevi già reputato non inoltrarti, allorquando le cose non erano ancora precipitate come lo sono oggi.
Difatti non arrecherai solamente un affronto piuttosto grave alla nostra amicizia, ma farai in modo di procurarti degli incomodi, dando al contempo l'impressione di non essere stato capace di assecondare la Fortuna (infatti, a

170

quel che sembra, tutto ciò che è finora accaduto si è svolto in modo assai favorevole per noi e disastrosamente per i nostri avversari) e di non essere stato capace di perseguire fino in fondo la tua condotta politica (mi sto riferendo alla scelta ponderata che facesti quando ti decidesti a prendere una certa distanza dai piani di costoro) ma di avere giudicato sfavorevolmente qualcuna delle imprese che ho compiuto. Non mi potrebbe giungere nulla di più sgradito da parte tua.

[2] In nome del diritto derivatomi dall'amicizia che mi lega a te ti imploro di non fare niente di tutto ciò. In fin dei conti, cosa è più conveniente ad un uomo dabbene e pacato quale sei tu di restarsene fuori dalle controversie civili? Certuni, nonostante agognassero a questa condotta, non hanno avuto modo di adottarla per via dei pericoli che avrebbero affrontato; tu, al contrario, essendo capace di fare affidamento sulla salda certezza che nasce sia dai noti miei atteggiamenti, sia dal giudizio che hai potuto crearti intorno alla mia amicizia, non potrai giungere ad una risoluzione più sicura né più onesta che non il tenerti distante da ogni contesa.

Scritta il 16 aprile, durante la marcia.

Cesare a Cicerone
39.

Cicerone, *Lettere ad Attico*, X, 3, 2
Scr. in Arcano VII Id. Apr. an. 49
Caesar mihi ignoscit per litteras, quod non venerim; seseque in optimam partem id accipere dicit. Facile patior quod scribit, secum Titinium et Servium questos esse quia non idem sibi, quod mihi remisisset, homines ridiculos! (…) sed tamen exemplum misi ad te Caesaris litterarum.

Scritta nell'Arcano il 7 aprile del 49
Cesare mi accorda per lettera il suo perdono per la mia mancata venuta a Roma e dice di interpretare questa mia scelta nel senso più benigno; non ho difficoltà nell'ammetterlo. Per quanto riguarda ciò che mi scrive intorno alle lagnanze manifestate a lui da Titinio e da Servio perché non aveva usato nei loro confronti la stessa indulgenza adoperata con me, [non posso che pensare:] che uomini ridicoli! (…) Ad ogni modo ti invio una copia della lettera di Cesare.

Cesare a Cicerone
40.

Cicerone, *Lettere ad Attico*, X, 9
Scr. in Cumano V Non. Mai. an. 49

171

Quod quidem propemodum videor ex Caesaris litteris, ipsius volutante facere posse; qui negat neque honestius, nque tutius mihi quidquam esse, quam ab omni contentione abesse.

Scritta nel territorio di Cuma il 3 maggio del 49 a.C.

Dalla lettera di Cesare mi sembra di capire grosso modo che posso addivenire a questo[278] con il suo beneplacito: egli dice testualmente che non esiste per me una soluzione più onorevole né più al riparo di rischi che il tenermi lontano da ogni contesa.

Cesare a Caio Oppio e a Cornelio Balbo
41.

(Cicerone, *Lettere ad Attico*, IX, 15 (13)
(mense Martio 49)
Caesar Oppio, Cornelio sal.
A. d. VII Idus Martias Brundisium veni, ad murum castra posui. Pompeius est Brundisi. Misit ad me N. Magium de pace; quae visa sunt, respondi. Hoc vos statim scire volui. Cum in spem venero de compositione aliquid me conficere, statim vos certiores faciam.

CESARE AD OPPIO E A CORNELIO, SALUTE!
Sono arrivato a Brindisi il 9 marzo e ho posto l'accampamento davanti alle mura [della città].
Pompeo si trova all'interno di Brindisi e mi ha inviato Numerio Magio per trattare riguardo alla pace. Io ho dato la risposta che mi è parsa più consona.
Ho voluto che voi lo sapeste immediatamente. Quando potrò nutrire la speranza di giungere ad una soluzione di compromesso vi terrò subito informati.
Trascritta a Roma il 22 marzo del 49 a.C.

Cesare a Cornelio Balbo
42.

Cicerone, *Al fratello Quinto*, II, 11
[*Caesar Balbo s.*]
De Caesare fugerat me ad te scriberet. Video enim, quas tu litteras exspectaris. Sed ille scripsit ad Balbum fasciculum illum epistolarum, in quo fuerat et mea, et Balbi, totum sibi et madidum aqua redditum esse; ut ne illud quidem sciat,

---

[278] Ovvero ottenere il permesso di trasferirsi a Malta, in attesa dell'esito della prima campagna di Spagna.

172

meam fuisse aliquam epistolam. Sed ex Balbi epistola pauca verba intellexerat; ad quae rescripsit his verbis:
De Cicerone te video quiddam scripsisse quod ego non intellexi. Quantum autem coniectura consequebar, id erat eiusmodi ut magis optandum quam sperandum putarem.
Itaque postea misi ad Caesarem eodem illo exeplo litters. Iocum autem illius.

CESARE A BALBO, SALUTE!

Mi sono dimenticato di scriverti riguardo a Cesare. Vedo infatti che tu ti aspettavi delle lettere a tal proposito. Ma lui ha scritto a Balbo un catafascio di quelle sue lettere, tra le quali si trovava anche la mia, e una di Balbo, che finì per tornagli tutto inzuppato d'acqua. Anche se non sapeva quale, c'era tra esse quella mia certa lettera. Ma dalla missiva di Balbo [Cesare] era riuscito a leggere solo poche parole, a cui rispose con queste righe:
«A proposito di ciò che ti ha scritto Cicerone, mi rendo conto che c'è qualcosa la cui piena comprensione pare essermi personalmente sfuggita. Ad ogni modo, per quante congetture possano derivarne, quanto ne consegue [279] è [fortunatamente] ben al di là di quel che potessi mai sperare».

Cesare a Pompeo
43.

Cesare, *La Guerra Civile*, III, 10
Demonstravimus L. Vibullium Rufum, Pompei praefectum, bis in potestatem pervenisse Caesaris atque ab eo esse dimissum, semel ad Corfinium, iterum in Hispania. Hunc pro suis beneficiis Caesar idoneum iudicaverat, quem cum mandatis ad Cn. Pompeium mitteret, eundemque apud Cn. Pompeium auctoritatem habere intellegebat Erat autem haec summa mandatorum: debere utrumque pertinaciae finem facere et ab armis discedere neque amplius fortunam periclitari. Satis esse magna utrimque incommoda accepta, quae pro disciplina et praeceptis habere possent, ut reliquos casus timerent: ilium Italia expulsum amissa Sicilia et Sardinia duabusque Hispaniis et cohortibus in Italia atque Hispania civium Romanorum centum atque XXX; se morte Curionis et detrimento Africani exercitus tanto militumque deditione ad Curictam. Proinde sibi ac rei publicae parcerent, cum, quantum in bello fortuna posset, iam ipsi incommodis suis satis essent documento. Hoc unum esse tempus de pace agendi, dum sibi uterque confideret et pares ambo viderentur; si vero alteri paulum modo tribuisset fortuna, non esse usurum

---

[279]Ovvero la neutralità di Cicerone, peraltro durata assai poco.

173

condicionibus pacis eum, qui superior videretur, neque fore aequa parte contentum, qui se omnia habiturum confideret. Condiciones pacis, quoniam antea convenire non potuissent, Romae ab senatu et a populo peti debere. Interea et rei publicae et ipsis placere oportere, si uterque in contione statim iuravisset se triduo proximo exercitum dimissurum. Depositis armis auxiliisque, quibus nunc confiderent, necessario populi senatusque iudicio fore utrumque contentum. Haec quo facilius Pompeio probari possent, omnes suas terrestres ubique copias dimissurum.

Abbiamo detto che Lucio Vibullio Rufo, prefetto di Pompeo, era caduto due volte in potere di Cesare e da questo rimesso in libertà, una volta a Corfinio, una volta in Spagna. Cesare, per i benefici che gli aveva concesso, aveva giudicato costui idoneo per essere mandato con proposte da Gneo Pompeo, per l'ascendente che su di lui, come sapeva, egli esercitava. Queste per sommi capi erano le proposte: entrambi dovevano porre fine alla loro ostinazione, deporre le armi e non tentare più a lungo la Fortuna. Entrambi avevano ricevuto danni abbastanza grandi, che potevano servire di lezione e di esempio sì da temerne altri: Pompeo, scacciato dall'Italia, dopo avere perduto la Sicilia e la Sardegna e le due Spagne e centotrenta coorti di cittadini romani in Italia e Spagna; lui, Cesare, con la morte di Curione e la perdita dell'esercito africano e la resa di Antonio e dei soldati presso Curitta. Non dovevano danneggiare se stessi e lo stato dal momento che essi con i loro guai erano prova sufficiente di quanto può la Fortuna in guerra. Era proprio questo il momento irripetibile per trattare la pace, finché tutti e due confidavano in se stessi e le forze sembravano pari; ma se per caso la Fortuna avesse fatto qualche piccola concessione a uno dei due, chi si credeva superiore non avrebbe voluto sapere di condizioni di pace, né si sarebbe accontentato di parti uguali colui che confidasse di potere avere tutto. Dal momento che prima non ci si era potuti accordare, le condizioni di pace dovevano essere chieste al Senato e al popolo romano. Ciò conveniva allo stato ed era opportuno che piacesse anche a loro. Se entrambi, immediatamente, alla presenza dei soldati, avessero giurato di congedare entro tre giorni l'esercito, deposte le armi e sciolte le truppe ausiliarie, nelle quali ora ponevano fiducia, di necessità entrambi avrebbero di buon animo accettato il giudizio del popolo e del Senato. Affinché questa proposta potesse essere più facilmente accettata da Pompeo, avrebbe congedato tutte le sue truppe terrestri e le milizie delle città.

Cesare a Marc'Antonio
44.

a) Cicerone, *Ad Attico*, X, 10, 2

Tuum consilium quam verum est. Nam qui se medium esse vult in patria manet, qui proficiscitur aliquid de altera utra parte iudicare videtur. sed ego is non sum qui statuere debeam iure quis proficiscatur necne; partis mihi Caesar has imposuit ne quem omnino discedere ex Italia paterer. qua re parvi refert me probare cogitationem tuam si nihil tamen tibi remittere possum. ad Caesarem mittas censeo et ab eo hoc petas. non dubito quin impetraturus sis, cum praesertim te amicitiae nostrae rationem habiturum esse polliceais.

(maggio 49 a.C.)

Le tue spiegazioni non mi persuadono. Di fatto, colui che vuole essere neutrale se ne resta nella sa patria; colui che se ne allontana dà in qualche modo l'impressione di essere solidale con l'una o con l'altra delle due parti in lotta. Ma io non ho l'autorità per stabilire in linea di principio chi possa partire o meno; Ho ricevuto solamente da Cesare la consegna [scritta] di non lasciare partire nessuno, per nessun motivo, dall'Italia. Di conseguenza poco importa che io approvi il tuo piano d'azione, se è vero, tuttavia, che non posso proprio concederti niente. Ti suggerisco di rivolgerti a Cesare, se vuoi, e chiedi a lui direttamente il permesso. Non ho il minimo dubbio che lo otterrai, specialmente perché offri la garanzia di tenere conto della nostra amicizia.

b) Cicerone, *Ad Attico*, IX, 7

Non ad me misit Antonius exemplum Caesaris ad se litterarum, in quibus erat: se audivisse, Catonem et L. Metellum in Italia venisse, Romae ut essent palam. Id sibi non placere; ne qui moto ex eo fierent; prohiberique omnes Italia, nisi quorum ipse causam cognovisset: deque eo vehementius erat scriptum.

Antonio mi ha inviato copia di una delle lettere speditegli da Cesare, in cui vi era scritto che aveva sentito che Catone e Lucio Metello erano intenzionati a venire in Italia, come sembrava chiaro. Quest'eventualità non gli piaceva, né il fatto che costoro si muovessero dal luogo in cui si trovavano; e così proibiva a tutti ogni spostamento da e per l'Italia, se non a coloro del cui egli motivo egli stesso fosse personalmente a conoscenza. E quest'ultimo ordine era rivolto a lui con particolare vigore.

Cesare agli amici di Roma
45.

Plutarco, *Cesare*, 48, 4

Τοῖς δὲ φίλοις εἰς Ῥώμην ἔγραφεν [*scil.* ὁ Καῖσαρ], ὅτι τῆς νίκης ἀπολαύοι τοῦτο μέγιστον καὶ ἥδιστον, τὸ σῴζειν τινὰς ἀεὶ τῶν πεπολεμηκότων πολιτῶν αὐτῷ.

Cesare scrisse[280] ai suoi amici di Roma che il più grande ed il più dolce piacere ricavato dalla sua vittoria era di salvare ogni giorno qualcuno dei cittadini che lo avevano combattuto.

Cesare a Publio Servilio
46.

Cicerone, *Filippiche*, 14, 23

Civile bellum consul Sulla gessit, legionibus in urbem adductis, quos voluit, expulit, quos potuit, occidit; supplicationis mentio nulla. Grave bellum Octavianum insecutum est; supplicatio [Cinnae] nulla victori. Cinnae victoriam imperator ultus est Sulla; nulla supplicatio decreta a Senatu. Ad te ipsum, P. Servili, num misit ullas collega litteras de illa calamitosissima pugna Pharsalia, num te de supplicatione voluit referre? Profecto noluit. At misit postea de Alexandria, de Pharnace; Pharsaliae vero pugnae ne triumphum quidem egit. Eos enim cives pugna illa sustulerat, quibus non modo vivis, sed etiam victoribus incolumis et florens civitas esse posset.

Quella combattuta dal console Silla fu una guerra civile: dopo aver fatto entrare le truppe nell'Urbe, proscrisse chi volle, uccise tutti coloro che poté; ma di supplicazioni neppure un cenno. Seguì la tremenda Guerra Ottaviana: nessuna supplicazione per la vittoria di Cinna. Silla, generale vittorioso, prese vendetta della vittoria di Cinna: nessuna supplicazione fu deliberata dal Senato. Del resto, il tuo collega, o Publio Servilio, forse ti scrisse qualcosa della disastrosa battaglia di Farsalo? Forse pretese che tu facessi una proposta di supplicazione? Certamente no. Te ne scrisse invece a proposito della Guerra Alessandrina, a proposito della guerra contro Farnace. Della battaglia di Farsalo egli non celebrò nemmeno il trionfo: infatti, nel corso di quel combattimento, aveva eliminato cittadini tali che, se fossero sopravvissuti e fossero stati pure vincitori, la città avrebbe seguitato a vivere intatta ed in piena prosperità!

Cesare a Trebonio
47.

Cesare, *La Guerra Civile*, II, 13, 3

Quibus rebus commoti legati milites ex opere deducunt, oppuguatione desistunt; operibus custodias relinquunt. Indutiarum quodam genere misericordia facto adventus Caesaris exspectatur. Nullum ex muro, nullum a nostris mittitur telum; ut re confecta omnes curam et diligentiam remittunt. Caesar enim per litteras Trebonio magnopere mandaverat, ne per vim oppidum expugnari pateretur, ne gravius permoti milites et defectionis odio et

---

[280]Missiva inviata nell'ottobre del 48 a.C. da Alessandria, dopo la battaglia di Farsalo.

176

contemptione sui et diutino labore omnes puberes interficerent; quod se facturos minabantur, aegreque tunc sunt retenti, quin oppidum irrumperent, graviterque cam rem tulerunt, quod stetisse per Treboninm, quo minus oppido potirentur, videbatur.

Commossi da questi pianti e preghiere i luogotenenti ritirano i soldati dalle opere d'assedio, desistono dall'attacco; lasciano posti di guardia innanzi ai lavori. Raggiunta per un senso di compassione una sorta di tregua, si attende l'arrivo di Cesare. Dalle mura i nostri non scagliano nessun dardo; come se la guerra fosse finita, tutti attenuano l'attenzione nella sorveglianza. Cesare infatti aveva vivamente raccomandato a Trebonio per iscritto di non permettere l'espugnazione a forza della città affinché i soldati, troppo scossi sia dall'odioso tradimento sia dal disprezzo verso di loro e dalla continua fatica, non massacrassero tutti gli adulti; e ciò essi minacciavano di fare. E a stento furono allora trattenuti dal fare irruzione nella città e mal volentieri sopportarono quel divieto, giacché pareva che il non avere preso la città dipendesse da Trebonio.

<h3 align="center">Cesare a Quinto Fufio Caleno
48.</h3>

Cesare, *La Guerra Civile*, III, 14, 1
Calenus legionibus equitibusque Brundisii in naves impositis, ut erat praeceptum a Caesare, quantum navium facultatem habebat, naves solvit paulumque a portu progressus litteras a Caesare accipit, quibus est certior factus portus litoraque omnia classibus adversariorum teneri. Quo cognito se in portum recipit navesque omnes revocat Una ex his, quae perseveravit neque imperio Caleni obtemperavit, quod erat sine militibus privatoque consilio administrabatur, delata Oricum atque a Bibulo expugnata est; qui de servis liberisque omnibus ad impuberes supplicium sumit et ad unum interficit. Ita exiguo tempore magnoque casu totius exercitus salus constitit.

Caleno, imbarcate a Brindisi legioni e cavalleria, quel tanto che le navi potevano contenerne, come era stato comandato da Cesare, salpa e, allontanatosi un po' dal porto, riceve una lettera da Cesare che lo informa che i porti e tutto il litorale sono in mano alla flotta nemica. Venuto a conoscenza di ciò, fa ritorno in porto e richiama tutte le navi. Una di esse, che proseguì la navigazione e non ottemperò al comando di Caleno, giacché non c'erano soldati a bordo ed era comandata da un privato, spintasi sino ad Orico, fu presa da Bibulo che sfogò il proprio odio sui servi e su tutti gli uomini liberi, non risparmiando neppure i fanciulli, uccidendo tutti. Così da un breve intervallo di tempo e da un caso accidentale dipese la salvezza di tutto l'esercito.

177

Cesare, *La Guerra Civile*, III, 25, 3
Multi iam menses erant et hiems praecipitaverat, neque Brundisio naves legionesque ad Caesarem veniebant Ac nonnullae eius rei praetermissae occasiones Caesari videbantur, quod certi saepe flaverant venti, quibus necessario committendum existimabat. Quantoque eius amplius processerat temporis, tanto erant alacriores ad custodias, qui classibus praeerant, maioremque fiduciam prohibendi habebant, et crebris Pompei litteris castigabantur, quoniam primo venientem Caesarem non prohibuissent, ut reliquos eius exercitus impedirent, duriusque cotidie tempus ad transportandum lenioribus ventis exspectabant. Quibus rebus permotus Caesar Brundisium ad suos severius scripsit, nacti idoneum ventum ne occasionem navigandi dimitterent, sive ad litora Apolloniatium [sive ad Labeatium] cursum dirigere atque eo naves eicere possent. Haec a custodiis classium loca maxime vacabant, quod se longius a portibus committere non audebant.

Erano già passati molti mesi e l'inverno era quasi finito e da Brindisi non giungevano a Cesare né navi né legioni. E a Cesare sembrava che si fossero perdute alcune occasioni propizie, dal momento che più di una volta erano soffiati venti favorevoli ai quali pensava che avrebbero dovuto senz'altro affidarsi. E quanto più il tempo passava, tanto più i comandanti della flotta nemica stavano vigili a sorvegliare e avevano maggiore speranza di tenere lontano i nostri. E con frequenti lettere di Pompeo venivano rimproverati, poiché non avevano saputo impedire in un primo momento l'arrivo di Cesare; ed erano pertanto ora incitati a ostacolare il resto dell'esercito; e così ogni giorno li aspettava una situazione più difficile per la navigazione a causa di venti sempre più deboli. Cesare turbato da questa situazione scrisse con tono alquanto duro ai suoi a Brindisi che, colto un vento propizio, non si lasciassero sfuggire l'opportunità di prendere il mare, per vedere se potevano dirigere la rotta verso il lido di Apollonia e condurre laggiù le navi. Questi luoghi erano completamente privi di sorveglianza, dato che le navi nemiche non osavano allontanarsi troppo dai porti.

Cesare a Postumio e agli ufficiali dell'esercito
50.

Appiano, *Le Guerre Civili*, II, 58, 239-240
Ὁ δ' οὐκέτι λήσεσθαι προσδοκῶν Ποστούμιον ἀνθ' ἑαυτοῦ προσέταξε ὁ

Καῖσαρ διαπλεῦσαί τε καὶ φράσαι Γαβινίῳ τὸν στρατὸν εὐθὺς ἄγειν διὰτὰς θαλάσσης· ἂν δ' ἀπειθῇ ταῦτα προστάσσειν Ἀντωνίῳ καὶ τρίτῳ μετὰ τὸν Ἀντώνιον Καληνῷ. Εἰ δ'οἱ τρεῖς ἀποκνοῖεν, ἐπιστολὴ πρὸς τὸν στρατὸν αὐτὸν ἐγέγραπτο ἄλλη, τὸν βουλόμενον αὐτῶν ἐπὶ τὰς ναῦς ἕπεσθαι τῷ Ποστουμίῳ καὶ καταίρειν ἀναχθέντας ἐς χωρίον, ἐς ὅ τι ὁ ἄνεμος ἐκφέρῃ, μηδὲν τῶν νεῶν φειδομένους· οὐ γὰρ νεῶν χρῄζειν Καίσαρα ἀλλὰ ἀνδρῶν.

Persuaso che non sarebbe dovuto rimanere ulteriormente inoperoso, Cesare ordinò a Postumio di attraversare [l'Adriatico] al posto suo e di dire a Gabinio di far attraversare immediatamente il mare all'esercito; nel caso in cui non gli avesse obbedito doveva trasmettere il medesimo ordine ad Antonio e, dopo Antonio, come terza opzione, a Caleno. Nel caso tutti e tre si fossero rifiutati, aveva scritto un'altra lettera alla sua stessa armata, esortando coloro che lo sostenevano a seguire postumo a bordo delle navi e, una volta giunti nel luogo [della costa opposta] in cui il vento li avrebbe sospinti, di sbarcare senza curarsi delle imbarcazioni, poiché Cesare non aveva bisogno di navi, bensì di uomini.

Cesare a Metello Scipione
51.

Cesare, *La Guerra Civile*, III, 57, 2
Haec cum in Achaia atque apud Dyrrachium gererentur, Scipionemque in Macedoniam venisse constaret, non oblitus pristini instituti Caesar mittit ad eum A. Clodium, suum atque illius familiarem, quem ab illo traditum initio et commendatum in suorum necessariorum numero habere instituerat. Huic dat litteras mandataque ad eum; quorum haec erat summa: sese omnia de pace expertum nihil adhuc effecisse: hoc arbitrari vitio factum eorum, quos esse auctores eius rei voluisset, quod sua mandata perferre non opportuno tempore ad Pompeium vererentur. Scipionem ea esse auctoritate, ut non solum libere quae probasset exponere, sed etiam ex magna parte compellere atque errantem regere posset; praeesse autem suo nomine exercitui, ut praeter auctoritatem vires quoque ad coercendum haberet. Quod si fecisset, quietem Italiae, pacem provinciarum, salutem imperii uni omnes acceptam relaturos. Haec ad eum mandata Clodius refert ac primis diebus, ut videbatur, libenter auditus reliquis ad colloquium non admittitur, castigato Scipione a Favonio, ut postea confecto bello reperiebamus, infectaque re sese ad Caeaarem recepit.

Mentre questi fatti accadevano in Acaia e presso Durazzo, si viene a sapere che Scipione era giunto in Macedonia. Cesare, non dimentico del primitivo disegno, gli invia Aulo Clodio, amico comune, che, da lui presentato e raccomandato fin da prima, era considerato uno dei suoi intimi. Gli consegna una lettera e

179

messaggi per Scipione, che così in breve si possono riassumere: egli tutto aveva tentato per la pace, pertanto pensava che, se non si era concluso nulla, era solo per colpa di quelli che egli aveva voluto fossero gli artefici della trattativa, poiché essi avevano timore di recare i suoi messaggi a Pompeo in momento non opportuno. Ma Scipione aveva tanta autorità non solo per esporre liberamente il suo pensiero, ma anche, in larga misura, per fare pressione e correggere chi sbagliava; d'altra parte era a capo di un suo esercito e, oltre all'autorità, aveva anche le forze per fare opera di costrizione. Se avesse fatto ciò, la pace dell'Italia, la quiete delle province, la salvezza della nazione sarebbero state attribuite da tutti a lui solo. Clodio porta a Scipione questa ambasciata e, nei primi giorni viene ascoltato volentieri, almeno sembrava, nei successivi non è più ammesso al colloquio, poiché Scipione era stato rimproverato da Favonio, come poi si seppe a guerra finita; tornò quindi da Cesare senza avere portato a termine l'incarico.

Cesare a Diocare
52.

Cicerone, *Lettere ad Attico*, XI, 6, 7
Quintum fratrem audio profectum in Asiam ut deprecaretur. De filio nihil audivi; sed quaere ex Diochare, Caesaris liberto, quem ego non vidi, qui istas Alexandria litteras attulit. Is dicitur vidisse Quintum an euntem an iam in Asia.
[Inizi dell'ottobre del 48 a.C.][281]

Ho sentito dire che mio fratello Quinto è partito per l'Asia con l'intento di domandare la sua (*scil.* di Cesare) grazia. Non ho sentito dire nulla riguardo a suo figlio[282], ma chiedilo a Diocare, il liberto di Cesare, che io non ho visto. È proprio lui che ha portato da Alessandria la lettera a cui tu fai allusione. Si dice che egli abbia incontrato Quinto che se ne andava in Asia o che vi era appena arrivato.

Cesare a Cassio
53.

Cesare, *La Guerra Alessandrina*, 51, 1-2

---

[281]Cicerone si trova a Brindisi, in attesa che Cesare torni da Alessandria, per chiedere il suo perdono per essersi schierato con Pompeo a Farsalo.

[282]Il figlio di Quinto e di Pomponia, sorella di Attico, si era precedentemente esposto come delatore ai cesariani, avvisando Cesare di come lo zio Cicerone avrebbe voluto lasciare l'Italia per riunirsi a Pompeo (vedi M. MAFFII, *Cicerone e il suo dramma politico*, Mondadori, Milano 1933, pp. 372-272).

180

Interim litteras accepit a Caesare, ut in Africam exercitum traiceret perque Mauretaniam ad finis Numidiae perveniret, quod magna Cn. Pompeio Iuba miserat auxilia maioraque missurus existimabatur. Quibus litteris acceptis insolenti voluptate efferebatur, quod sibi novarum provinciarum et fertilissimi regni tanta oblata esset facultas.

Frattanto [Cassio] aveva ricevuto un ordine di operazioni da Cesare, affinché trasportasse l'esercito in Africa e marciasse alla volta della frontiera con la Numidia attraverso il territorio della Mauretania, poiché si riteneva che Giuba avesse inviato grandi rinforzi a Gneo Pompeo e che stesse per mandarne di ancora maggiore consistenza. Ricevuto il dispaccio, [Cassio] era caduto preda di un'insolente voluttà, dato che si vedeva offerta una simile occasione di nuove province e di un fertlissimo regno.

Cesare, *La Guerra Alessandrina*, 56, 1-2
Aliquot post diebus litteras a Caesare missas accipit, quibus cognoscit Pompeium in acie victum amissis copiis fugisse. Qua re cognita mixtam dolore voluptatem capiebat: victoriae nuntius laetitiam exprimebat, confectum bellum licentiam temporum intercludebat. Sic erat dubius animus utrum nihil timere an omnia licere mallet.

Dopo alcuni giorni [Cassio] ricevette un dispaccio inviato da Cesare, dal quale venne a sapere che Pompeo, vinto in battaglia e perso l'esercito, era in fuga. Conosciuto ciò, provava un misto di dispiacere e di contentezza: lo rallegrava l'annuncio della vittoria, ma la fine della guerra poneva un arresto alla licenza del periodo dei comandi eccezionali. Così si trovava nell'incertezza se preferire di non avere alcunché da temere o che tutto gli fosse lecito.

Cesare agli abitanti di Plarasa ed Afrodisia
54.

Corpus Inscriptionum Graecarum, II, 2737[283]
Γράμματα Καίσαρος.
[Γάιος Ἰούλιος Καῖσαρ αὐτοκράτωρ καὶ ἀρχιερεὶς δικτάτωρ τό δευτερον Πλαρασίων καὶ Ἀφροδισίων ἄρχουσιν βουλῇ δήμῳ χαίρειν].
[*Siria, giugno del 47 a.C. (?)*]

Lettera di [Giulio] Cesare.

---

[283] Quest'iscrizione riportava il testo di una lettera di Marc'Antonio indirizzata agli abitanti di Plarasa ed Afrodisia, in Siria, tra il 39 ed il 35 a.C., in cui vi era citato il testo di una missiva di Cesare, purtroppo non conservato.

[Gaio Giulio Cesare, generale vittorioso, pontefice massimo, dittatore per la seconda volta, ai magistrati, al consiglio e al popolo di Plarasa e di Afrodisia, salute!].

<h3 style="text-align:center">Cesare ai maggiorenti dei Giudei
55.</h3>

Giuseppe Flavio, *Contro Apione*, II, 61
Nos autem maximo Caesare utimur teste solacii atque fidei, quam circa eum contra Aegyptios gessimus, necnon et Senatu eiusque dogmatibus et epistulis Caesaris Augusti, quibus nostra merita comprobantur.

Noi [Giudei], tuttavia, prendiamo da parte nostra [Giulio] Cesare ad altissimo testimone dell'aiuto e della fedeltà che gli abbiamo dimostrato contro gli Egizi; anche il Senato ed i suoi decreti e le lettere di Cesare Augusto provano i nostri meriti.

<h3 style="text-align:center">Cesare ad Antipatro
56.</h3>

a) Giuseppe Flavio, *Antichità Giudaiche*, XIV, 143-144
Τούτους Ἀντιπάτρου ποιησαμένου τοὺς λόγους Καῖσαρ Ὑρκανὸν μὲν ἀποδείκνυσιν ἀρχιερέα, Ἀντιπάτρῳ δ' ἐφίησιν δυναστείαν ἣν αὐτὸς προαιρεῖται. Τούτου δὲ ἐπ' αὐτῷ ποιησαμένου τὴν κρίσιν, ἐπίτροπον αὐτὸν ἀποδείκνυσιν τῆς Ἰουδαίας. Ἐπιτρέπει δὲ καὶ Ὑρκανῷ τὰ τῆς πατρίδος ἀναστῆσαι τείχη ταύτην αἰτησαμένῳ τὴν χάριν· ἔτι γὰρ ἐρήριπτο Πομπηίου καταβαλόντος· καὶ ταῦτα ἐπιστέλλει τοῖς ὑπάτοις εἰς Ῥώμην ἀναγράψαι ἐν τῷ Καπετωλίῳ. Καὶ τὸ γενόμενον ὑπὸ τῆς συγκλήτου δόγμα τοῦτον ἔχει τὸν τρόπον.

Dopo questo discorso di Antipatro[284], Cesare nominò Ircano sommo sacerdote ed attribuì ad Antipatro il potere di governare come egli stesso avrebbe preferito. Poiché quest'ultimo gli aveva lasciato libera scelta, lo nominò procuratore della Giudea. Egli accordò parimenti ad Ircano, che glielo aveva chiesto, di ricostruire le mura della sua città natale, che giacevano in rovina da quando Pompeo le aveva fatte abbattere. Cesare scrisse a Roma ai consoli perché questa deliberazione fosse incisa sul Campidoglio. Ed il testo del decreto del Senato era il seguente[285].

---

[284] Padre di Erode il Grande e generalissimo di Ircano II, sommo sacerdote dei Giudei.
[285] Il testo del decreto allegato alla lettera non è conservato.

182

b) Giuseppe Flavio, *La Guerra Giudaica*, I, 199-200

Τούτων [*scil.* τοῦ Ἀντιγόνου καὶ τοῦ Ἀντιπάτρου] Καῖσαρ ἀκούσας Ὑρκανὸν μὲν ἀξιώτερον τῆς ἀρχιερωσύνης ἀπεφήνατο, Ἀντιπάτρῳ δὲ δυναστείας αἵρεσιν ἔδωκεν. Ὁ δ' ἐπὶ τῷ τιμήσαντι τὸ μέτρον τῆς τιμῆς θέμενος πάσης ἐπίτροπος Ἰουδαίας ἀποδείκνυται καὶ προσεπιτυγχάνει τὰ τείχη τῆς πατρίδος ἀνακτίσαι κατεστραμμένα. Τὰς μὲν δὴ τιμὰς ταύτας Καῖσαρ ἐπέστελλεν ἐν τῷ Καπετωλίῳ χαραχθῆναι τῆς τε αὐτοῦ δικαιουσύνης σημεῖον καὶ τῆς τἀνδρὸς ἐσομένας ἀρετῆς.

Dopo aver udito Antigono ed Antipatro, Cesare dichiarò che Ircano era il più degno di rivestire il sommo sacerdozio e lasciò ad Antipatro la scelta di una dignità. Quest'ultimo infatti, avendo lasciato al suo benefattore la cura di stabilire la misura del beneficio, si vide nominare procuratore dell'intera Giudea ed ottenne inoltre l'autorizzazione di far ricostruire le mura distrutte e la sua capitale. Cesare ordinò di fare incidere queste onorificenze sul Campidoglio, a testimonianza della propria giustizia e del valore di questo eroe.

c) Giuseppe Flavio, *Antichità Giudaiche*, XVI, 53

Καὶ τί δεῖ λέγειν, ὅσην ἐκεῖνοι [*scil.* οἱ τοῦ Ἀντιπάτρου ὁπλῖται] παρέσχον ῥοπὴν τῷ τότε καιρῷ καὶ πόσων καὶ τίνων δωρεῶν ὑπὸ Καίσαρος ἠξιώθησαν καθ' ἕνα, δέον ἀναμνῆσαι τῶν ἐπιστολῶν, ἃς ἔγραψειν τότε Καῖσαρ τῇ συγκλήτῳ καὶ ὡς δημοσίᾳ τιμὰς καὶ πολιτείαν ἔλαβεν Ἀντίπατρος.

E bisogna forse ricordare che apporto diedero i soldati di Antipatro in un tale momento [286], o di quali e quanto numerosi doni vennero gratificati? È necessario rammentare le lettere che Cesare scrisse al Senato ed il modo in cui Antipatro ricevette degli onori pubblici e la cittadinanza romana?

Cesare ai Sidonii
57.

Giuseppe Flavio, *Antichità Giudaiche*, XIV, 190-195

Γάιος Ἰούλιος Καῖσαρ αὐτοκράτωρ καὶ ἀρχιερεὶς δικτάτωρ τό δευτερον Σιδωνίων ἄρχουσιν βουλῇ δήμῳ χαίρειν. Εἰ ἔρρωσθε εὖ ἔχρε, κἀγοι δὶ ἔρρωμια σὺν τῷ σιραιολίδῳ. Τίς γενομένις ἀναγραφις ἐν τῷ δελιῷ κρὸς Ὑρκανὸν υἱὸν Ἀλεξάνδρου ἀρχιερέα καὶ ἐθνάρχην Ἰουδαίων κέκομφα ἱμιν τὸ ἀντιγραφον, ἵν ἐν τοῖς δημοσίοις ἱμῶν ἀνακέιμαι γραμμασιν. Βούλομαι δὲ καὶ ἑλληνιστί καὶ ῥωμαιστί ἐν δέλιῳ χαλκῇ τοῦτο ἀναιεθῆναι. Ἔστιν δὴ τοῦτο· Ἰούλιος Καῖσαρ αὐτοκράτωρ τὸ δεύτερον καὶ ἀρχιερεὶς μετὰ σιμβούλιος γνώμις ἐκέκρινα.

---

²⁸⁶ Si riferisce alla Guerra Alessandrina del 47 a.C.

Ἐκεὶ Ὑρκανὸς Ἀλεξάνδρου Ἰουδαίος καὶ νῦν καὶ ἐν τοῖς ἔμαροσθεν χρόνοις ἔν τε εἰρήνῃ καὶ πολέμῳ πίστιν τε καὶ σπουδὴν περὶ τὰ ἡμέιερα κράμαια ἐπεδειξατο, ὡς αὐτῷ πολλοὶ μεμαρτιρήκασιν αὐτοκράτορες. Καὶ ἐν τῷ ἔγγισιμὲν ἐν Ἀλεξάνδρεια πολέμῳ μετὰ χιλίων πεντακοσίων στρατιωτῶν ἷκεν σιμμαχός καὶ πρὸς Μιθριδάτην ἀποσταλαεὶς ἱπ'ἐμοῖ πάντας ἀνδρεια τοῖς ἐν τάξει ὑπερέβαλεν, διὰ ταύτας τὰς αἰτίας Ὑρκανὸν Ἀλεξάνδρου καὶ τὰ τέκνα αὐτοῦ ἐθνάρχας Ἰουδαίων εἶναι ἀρχιερωσίνην τε Ἰουδαίων διὰ παντὰς ἔχειν κατὰ τὰ πατρία ἔθι, εἶναι τε αὐτὸν καὶ τοῖς παῖδας αὐτοῦ συμμάχοις ἡμὶν ἔτι τε καὶ ἐν τοῖς καὶ ἄνδρα φίλοις ἀριθμεῖσθαι, ὅσα τε κατὰ τοῖς ἰδιους αὐτῶν νομόυς ἐστὶν ἀρχιερατικὰ φιλάνθρωπα, ταῦτα κελέιω κατέχειν αὐτὸν καὶ τὰ τέκνα αὐτοῦ· ἄν τε μεταξὶ γένηταί τις ζήτησις περὶ τῆς Ἰουδαίων ἀγωγῆς, ἀρέσκει μοι κρίσιν γίνεσθαι παρ'αὐτοῖς. Καραχειμασίαν δὲ ἢ χρήματα πράσσεσθαι οὐ δοκιμάζω.

Gaio Giulio Cesare, generale vittorioso, pontefice massimo, dittatore per la seconda volta, ai magistrati, al consiglio e al popolo di Sidone[287], salute!
Se state bene ne sono lieto, anch'io e l'esercito siamo in buona salute[288].
Vi invio la copia di un decreto inciso su di una tavoletta, concernente Ircano[289], figlio di Alessandro, sommo sacerdote ed etnarca dei Giudei, affinché sia collocato fra i vostri atti pubblici. Voglio che tale documento sia inciso su di una tavola di bronzo sia in greco che in latino. Il testo è il seguente:
"Giulio Cesare, generale vittorioso, pontefice massimo, dittatore per la seconda volta, dopo aver ascoltato il parere dei miei consiglieri, ho deciso quanto segue: dato che il giudeo Ircano, figlio di Alessandro, come testimoniano vari ufficiali, ha dimostrato lealtà e zelo nei nostri confronti oggi come in passato, in tempo di pace così come in guerra, e poiché, nel corso dell'ultimo conflitto ad Alessandria è accorso in mio aiuto assieme a 1.500 soldati e – dopo essere stato inviato da me presso Mitridate – superò in valore quanti si trovavano nelle fila dell'armata, per tutte queste ragioni voglio che Ircano, figlio di Alessandro, ed i suoi figli siano etnarchi dei Giudei e

---

[287] Città della Fenicia posta a 40 km dall'attuale Beirut, nel Libano.

[288] È una formula tradizionale di apertura epistolare entrata poi nell'uso comune in età imperiale (cfr. CASSIO DIONE, *Storia Romana*, LXIX, 14).

[289] Si tratta di Ircano II, l'ultimo esponente della dinastia giudaica degli Asmonei, figlio di re Alessandro Ianneo e di Alessandra Salome; dopo la morte di quest'ultima, nel 67 a.C., Ircano regnò per un breve periodo, per essere poi spodestato dal fratello e sommo sacerdote, Aristobulo II. Con l'aiuto del generale idumeo Antipatro (padre del futuro Erode il Grande) e l'appoggio delle legioni romane di Pompeo, riconquistò Gerusalemme nel 63 a.C. e divenne etnarca di Giudea ed altre regioni e nel 47 a.C. appoggiò militarmente Cesare, assediato ad Alessandria. Durante la rivolta del parente Antigono, fu da costui mutilato delle orecchie perché divenisse inabile al sacerdozio. Si ritirò allora in Babilonia, presso i Parti, da dove fece ritorno nel 36 a.C. su invito di Erode; quest'ultimo lo fece però uccidere, timoroso che potesse servire da strumento per i suoi avversari politici.

mantengano la carica di sommo sacerdote dei Giudei per tutto il tempo prescritto dai costumi del suo popolo, e che lui ed i suoi figli siano annoverati tra i nostri alleati militari e tra i nostri amici personali.

Voglio inoltre che, per mio ordine, lui e i suoi figli possano godere di qualunque diritto e privilegio sia previsto in conformità alle loro leggi per il sommo sacerdozio; se nel frattempo dovesse nascere qualche controversia inerente il modo di vivere dei Giudei, è mia opinione che debba essere risolta solo da Ircano e dai suoi figli.

Vieto che, allorché le loro truppe siano acquartierate negli accampamenti invernali[290], si esigano da costoro somme di denaro".

Cesare ai Fenici
58.

Giuseppe Flavio, *Antichità Giudaiche*, XIV, 196-198

Γάϊος Καῖσαρ αὐτοκράτωρ δικτάτωρ ὑπάτου δεδομένα συγκεχωρημένα προσκεκριμένα ἐστὶν οὕτως ἔχοντα. Ὅπως τὰ τέκνα αὐτοῦ τοῦ Ἰουδαίων ἔθνους ἄρχῃ, καὶ τοὺς δεδομένους τόπους καρπίζωνται, καὶ ὁ ἀρχιερεὺς αὐτὸς καὶ ἐθνάρχης τῶν Ἰουδαίων προΐστῆται τῶν ἀδικουμένων. Πέμψαι δὲ πρός Ὑρκανὸν Ἀλεξάνδρου υἱὸν ἀρχιερέα τῶν Ἰουδαίων καὶ πρεσβευτὰς τοὺς περὶ φιλίας καὶ συμμαχίας διαλεξομένους· ἀνατεθῆναι δὲ καὶ χαλκῆν δέλτον ταῦτα περιέχουσαν ἔν τε τῷ Καπετωλίῳ καὶ Σιδῶνι καὶ Τύρῳ καὶ Ἀσκάλωνι καὶ ἐν τος ναοῖς ἐγκεχαραγμένην γράμμασιν Ῥωμαϊκοῖς καὶ Ἑλληνικοῖς. Οὕτως τε τὸ δόγμα τοῦτο πᾶσι τοῖς κατὰ τὴν πόλιν ταμίαις καὶ τοῖς τούτων ἡγουμένοις εἴς τε τοὺς φίλους ἀνενέγκωσιν καὶ ξένια τοῖς πρεσβευταῖς παρασχεῖν καὶ τὰ διατάγματα διαπέμψαι πανσαχοῦ.

CAIO [GIULIO] CESARE, GENERALE VITTORIOSO E CONSOLE, ALLE CITTÀ DELLA FENICIA[291], SALUTE!

[Decreto] che i figli di Ircano governino la nazione dei Giudei e che godano dei frutti offerti loro dalle terre, e che il sommo sacerdote copra anche la carica di etnarca e rivesta il ruolo di protettore di tutti i Giudei oppressi ingiustamente. [Ordino] che degli ambasciatori siano inviati presso Ircano, figlio di

---

[290] Nel mondo antico l'inverno costituiva tradizionalmente la stagione della sospensione delle attività belliche; legionari ed ausiliari venivano acquartierati nei *castra* (accampamenti) invernali, che spesso consistevano in bastioni circondati da fossati, terrapieni e palizzate. Per soggiorni più lunghi, le tende di pelle sotto cui alloggiavano i soldati erano sostituite da costruzioni in legno (*cannabae*).

[291] Le località in questione erano soprattutto Tiro, Sidone ed Arad, nell'odierno Libano.

Alessandro, sommo sacerdote dei Giudei, per trattare i termini dell'amicizia e dell'alleanza militare [con il popolo romano]. Inoltre [predispongo] che una tavola di bronzo contenente questi decreti sia esposta sul Campidoglio e a Sidone, a Tiro e ad Ascalona, nonché all'interno dei templi, incisa in caratteri greci e latini.

[Ordino] che questo decreto sia reso noto a tutti i questori e ai magistrati delle varie città, nonché ai nostri amici, cosicché sia offerta la dovuta ospitalità agli emissari, e che queste ordinanze vengano rese pubbliche dovunque.

Cesare ad Ircano
59.

Giuseppe Flavio, *Antichità Giudaiche*, XIV, 199

Γάιος Καῖσαρ αὐτοκράτωρ δικτάτωρ ὕπατος τιμῆς καὶ ἀρετῆς καὶ φιλανθρωπίας ἕνεκεν συνεχώρησεν ἐπὶ συμφέροντι καὶ τῇ συγκλήτῳ καὶ τῷ δήμῳ τῶν Ῥωμαίων Ὑρκανὸν Ἀλεξάνδρου υἱὸν καὶ τέκνα αὐτοῦ ἀρχιερεῖς τε καὶ ἱερεῖς Ἱεροσολύμων καὶ τοῦ ἔθνους εἶναι ἐπὶ τοῖς δικαίοις, οἷς καὶ οἱ πρόγονοι αὐτῶν τὴν ἀρχιερωσύνην διακατέσχον.

Gaio Giulio Cesare, generale vittorioso, dittatore e console ad Ircano e ai suoi figli, salute!
Gaio Cesare, generale vittorioso, dittatore e console, in segno di riconoscenza per l'onore, la virtù e la benevolenza di Ircano, figlio di Alessandro, e nell'interesse del Senato e del popolo romano, ha concesso che tanto lui quanto i suoi figli ricoprano la carica di sommo sacerdote, nonché sacerdoti di Gerusalemme e della loro nazione con i medesimi diritti e le stesse norme seguite dai loro avi, che detennero senza soluzione di continuità l'ufficio sacerdotale.

Cesare ai maggiorenti dei Giudei
60.

Giuseppe Flavio, *Antichità Giudaiche*, XIV, 200-201

Γάιος Καῖσαρ ὕπατος τὸ πέμπτον ἔκρινεν τούτους ἔχειν καὶ τειχίσαι τὴν Ἱεροσολυμιτῶν πόλιν, καὶ κατέχειν αὐτὴν Ὑρκανὸν Ἀλεξάνδρου ἀρχιερέα Ἰουδαίων καὶ ἐθνάρχην ὡς ἂν αὐτὸς προαιρῆται. Ὅπως τε Ἰουδαίοις ἐν τῷ δευτέρῳ τῆς μισθώσεως ἔτει τῆς προσόδου κόρον ὑπεξέλωνται καὶ μήτε ἐργολαβῶσί τινες μήτε φόρους τοὺς αὐτοὺς τελῶσιν.

[Gaio Giulio Cesare, generale vittorioso, dittatore e console ai maggiorenti del

186

popolo giudaico, salute!][292]

Gaio Cesare, console per la quinta volta, ha decretato che [Ircano e i suoi figli] riceveranno [il pieno possesso del]la città di Gerusalemme e che la consolideranno con opere di fortificazione, che inoltre il predetto Ircano, figlio di Alessandro, sommo sacerdote ed etnarca dei Giudei, la occuperà nella maniera che meglio riterrà opportuna.

[Si decreta inoltre] che nel secondo anno del raccolto verrà sottratto un *kor*[293] dall'imposta pagata dai Giudei e che nessuno, tranne loro, ne approfitti, né paghi lo stesso tributo.

Cesare ai Sidonii e ai magistrati d'Oriente
61.

Giuseppe Flavio, *Antichità Giudaiche*, XIV, 202-210

Γάιος Καῖσαρ, αὐτοκράτωρ τὰ δεύτερον, ἔστησε κατ'ἐνιαυτὸν ὅπως τελῶσιν ὑπὲρ τῆς Ἱεροσολυμιτῶν πόλεως, Ἰόπης ὑπεξαιρουμένης, χωρὶς τοῦ ἑβδόμου ἔτους, ὃν σαββατικὸν ἐνιαυτὸν προσαγορεύουσιν, ἐπειδὴ ἐν αὐτῷ μήτε τὸν ἀπὸ τῶν δένδρων παρπὸν λαμβάνουσι μήτε σπείρουσι· καὶ ἵν' ἐν Σιδῶνι τῷ δευτέρῳ ἔτει τὸν φόρον ἀποδιδῶσι, τὸ τέταρτον τῶν σπειρομένων· πρὸς τούτοις ἔτι καὶ τοῖς τέκνοις Ὑῷ αὐτοῦ τὰς δεκάτας τελῶσιν, ἃς ἐτέλουν μήτ' ἄρχων μήτε στρατηγὸς ἢ πρεσβευτὴς ἐν τοῖς ὅροις τῶν Ἰουδαίων ἐνιστῇ συμμαχίαν, μηδὲ στρατιώτας ἐξῇ τὰ χρήματα τούτων εἰσπράττεσθαι ἢ εἰς παραχειμασίαν ἢ ἄλλῳ τινὶ ὀνόματι, ἀλλ' εἶναι πανταχόθεν ἀνεπηρεάστους. Ὅσα τε μετὰ ταῦτ' ἔσχον καὶ ἐνεμέθησαν ἢ ἐπρίαντο, ταῦτα πάντ' αὐτοὺς ἔχειν. Ἰόπην δὲ πόλιν, ἣν ἀπ' ἀρχῆς ἔσχον Ἰουδαῖοι ποιούμενοι τὴν πρὸς Ῥωμαίους φιλίαν, αὐτῶν εἶναι, καθὼς καὶ τὸ πρότερον, ἡμῖν ἀρέσκειν· φόρους τε ὑπὲρ ταύτης τῆς πόλεως Ὑρκανὸν ἔχειν Ἀλεξάνδρου υἱὸν καὶ παῖδας αὐτοῦ παρὰ τῶν τὴν γῆν νεμομένων, χώρας καὶ λιμένος ἐξαγωγίου κατ' ἐνιαυτὸν Σιδῶνι, μοδίους δισμυρίους ἑξακοσίους καὶ ἑβδομήκοντα πέντε, ὑπεξαιρουμένου τοῦ ἑβδόμου ἔτους ὃ σαββατκὸν καλοῦσι, καθ' ὃ οὔτ' ἀροῦσιν οὔτε τὸν ἀπὸ τῶν δένδρων καρπὸν λαμβάνουσι. Τάς τε κώμας τὰς ἐν τῷ μεγάλῳ πεδίῳ ἃς Ὑρκανὸς καὶ οἱ πρόγονοι αὐτοῦ πρότερον διακατέσχον, ἀρέσκειν τῇ συγκλήτῳ ταῦτα Ὑρκανὸν ἔχειν καὶ Ἰουδαίους ἐπὶ τοῖς δικαίοις οἷς καὶ πρότερον εἶχον· μένειν δὲ καὶ τὰ ἀπ' ἀρχῆς δίκαια, ὅσα πρὸς ἀλλήλους Ἰουδαίοις καὶ τοῖς ἀρχιερεῦσι καὶ τοῖς ἱερεῦσιν ἦν, τά τε φιλάνθρωπα, ὅσα τοῦ τε δήμου ψεφισαμένου καὶ τῆς συγκλήτου ἔσχον. Ἐπὶ τούτοις τε τοῖς δικαίοις χρῆσθαι αὐτοῖς ἐξεῖναι ἐν Λύδδοις. Τούς τε τόπους καὶ χώρας καὶ ἐποίκια, ὅσα

---

[292] Mancano l'intestazione della lettera (da noi ricostruita in traduzione italiana tra parentesi quadra) e la missiva accompagnatoria del presente decreto riportato da Giuseppe Flavio, parte integrante dell'epistola cesariana.

[293] Un *kor* corrisponde a circa 370 litri.

βασιλεῦσι Συρίας καὶ Φοινίκης συμμάχοις οὖσι Ῥωμαίων κατὰ δωρεὰν ὑπῆρχε καρποῦσθαι, ταῦτα δοκιμάζει ἡ σύγκλητος Ὑρκανὸν τὸν ἐθνάρχην καὶ Ἰουδαίους ἔχειν· δίδοσθαί τε Ὑρκανῷ καὶ παισὶ τοῖς αὐτοῦ καὶ πρεσβευταῖς τοῖς ὑπ' αὐτοῦ πεμφθεῖσιν ἔν τε πυγμῇ μονομάχος καὶ θηρίων καθεζομένους μετὰ τῶν συγκλητικῶν θεωρεῖν, καὶ αἰτησαμένους παρὰ δικτάτορος ἢ παρὰ ἱππάρχου παρελθειν, ὅταν εἰς τὴν σύγκλητον εἰσάγωσι, τὰ ἀποκρίματα αὐτοῖς ἀποδίδοσθαι ἐν ἡμέραις δέκα ταῖς ἁπάσαις, ἀφ' ἧς ἂν τὸ δόγμα γένηται.

Gaio Giulio Cesare, generale vittorioso, dittatore e console alle comunità dei Giudei, salute!

Gaio Cesare, proclamato per la seconda volta *imperator*, prescrive che i Giudei paghino annualmente, con l'eccezione di coloro che risiedono a Joppa, una tassa a favore della città di Gerusalemme, tranne ogni settimo anno, detto nella loro lingua "sabbatico", poiché in questo periodo essi non si occupano né della raccolta dei frutti né della semina.

Si decreta inoltre che, nel corso del secondo anno del suddetto periodo, essi paghino alla città di Sidone un tributo consistente in un quarto di quanto seminato; oltre a ciò, verranno pagate le dovute decime anche ad Ircano e ai suoi figli, così come le pagavano i loro antenati.

Che nessuno, sia esso un magistrato o un promagistrato, un pretore od un legato, abbia facoltà di reclutare truppe ausiliarie nei territori dei Giudei, né sarà permesso da chicchessia che i soldati possano esigere denaro da costoro sia per [il mantenimento de]i quartieri invernali, sia con qualunque altra scusa: che siano lasciati al riparo da ogni molestia.

I Giudei potranno inoltre mantenere il possesso di quanto abbiano acquisito, comprato, posseduto o ricevuto in un secondo momento [dopo l'emanazione della presente ordinanza].

È altresì di nostro gradimento che la città di Joppa – che i Giudei possedevano anticamente, allorquando stipularono [il primo] trattato di amicizia con il popolo romano – appartenga ad essi proprio com'era un tempo. Per il possesso di questa città, dunque, Ircano figlio di Alessandro, ed i suoi figli, pagherà il tributo raccolto dagli abitanti del suo territorio, alla stregua di una tassa sui terreni, il porto e le esportazioni di merci, che sarà possibile versare a Sidone per un ammontare annuo di 20.675 moggi, fatta eccezione per l'anno sabbatico, durante il quale i Giudei non si dedicano all'aratura e alla raccolta dei frutti degli alberi.

È cosa gradita al Senato che i villaggi situati nella Grande Pianura, che un tempo Ircano possedeva proprio come i suoi avi, tornino in possesso a lui e ai Giudei secondo gli stessi diritti di cui godevano nel passato, e che questi antichi diritti di cui erano titolari i sommi sacerdoti e i ministri del culto giudaico proseguano in futuro, così come i privilegi concessi loro dal voto del popolo e del Senato [romano]; che sia infine concesso anche alla città di Lidda di godere dei medesimi diritti.

Il Senato decreta, oltre a ciò, che le regioni, i terreni e le fattorie, il godimento dei cui frutti era stato in passato concesso gratuitamente ai sovrani della Fenicia e della Siria, in qualità di alleati dei Romani, venga ora dato in beneficio all'etnarca Ircano e ai Giudei.

Che ad Ircano, ai suoi figli e agli ambasciatori inviati da costoro sia concesso il diritto di sedere a fianco degli esponenti dell'ordine senatorio durante gli spettacoli dei gladiatori e delle belve selvatiche. Se poi domanderanno al dittatore o al suo *magister equitum* di poter entrare nell'aula del Senato, vi siano senz'altro ammessi e venga loro data una risposta entro un massimo di dieci giorni dall'emanazione del presente decreto.

Cesare ad Ircano
62.

Giuseppe Flavio, *Antichità Giudaiche*, XIV, 211-212

Γάιος Καῖσαρ αὐτοκράτωρ δικτάτωρ τὸ τέταρτον ὕπατός τε τὸ πέμπτον δικτάτωρ ἀποδεδειγμένος διὰ βίου λόγους ἐποιήσατο περὶ τῶν δικαίων τῶν Ὑρκανοῦ τοῦ Ἀλεξάνδρου ἀρχιερέως Ἰουδαιων καὶ ἐθνάρχου τοιούτους· τῶν πρὸ ἐμοῦ αὐτοκρατόρων ἐν ταῖς ἐπαρχίαις μαρτυρησάντων Ὑρκανῷ ἀρχιερεῖ Ἰουδαιων καὶ δήμου καὶ τῆς συγκλήτου αὐτοῖς. Καλῶς ἔχει καὶ ἡμᾶς ἀπομνημονεύειν καὶ προνοεῖν, ὡς Ὑρκανῷ καὶ τῷ ἔθνει τῶν Ἰουδαίων καὶ τοῖς Ὑρκανοῦ παισὶν ὑπὸ συγκλήτου καὶ δήμου Ῥωμαίων ἀξία τῆς πρὸς ἡμᾶς εὐνοίας αὐτῶν καὶ ὧν εὐεργέτησαν ἡμᾶς χάρις ἀνταποδοθῇ.

[Gaio Giulio Cesare, generale vittorioso, dittatore e console alle comunità dei Giudei, salute!]

Gaio Cesare, acclamato *imperator* per la seconda volta, console per la quinta volta, designato dittatore a vita, ha pronunciato la seguente *oratio* riguardante i diritti di Ircano, figlio di Alessandro, sommo sacerdote et etnarca dei Giudei, [che qui di seguito si riporta]:

"Dato che gli alti ufficiali delle province, al mio cospetto, hanno testimoniato in favore di Ircano, sommo sacerdote dei Giudei, e visto che gli stessi Giudei, tramite rappresentanti del Sinedrio e del popolo, resero pubblicamente grazie al Senato e al popolo di Roma, disponiamo che a Ircano e ai suoi figli, nonché alla nazione giudaica, venga dato un segno di gratitudine degno della loro lealtà nei nostri confronti e dei benefici che ci hanno reso"[294].

---

[294] Il riferimento è evidentemente all'impegno militare di Antipatro, generale di Ircano, a fianco di Mitridate di Pergamo, per sostenere Cesare nella Guerra Alessandrina (47 a.C.).

Cesare agli abitanti di Paro
63.

Giuseppe Flavio, *Antichità Giudaiche*, XIV, 213-216

Ἰούλιος Γάιος, στρατηγὸς ὕπατος Ῥωμαίων, Παριανῶν ἄρχουσι βουλῇ δήμῳ χαίρειν. Ἐνέτυχόν μοι οἱ Ἰουδαῖοι ἐν Δήλῳ καὶ τινες τῶν παροίκων των Ἰουδαίων. Παρόντον καὶ τῶν ὑμετέρων πρέσβεων, καὶ ἐνεφάνισαν ὡς ὑμεῖς ψηφίσματι κωλύετε αὐτοὺς τοῖς πατρίοις ἔθεσι καὶ ἱεροῖς χρῆσθαι. Ἐμοὶ τοίνυν οὐκ ἀρέσκει κατὰ τῶν ἡμετέρων φίλων καὶ συμμάχων τοιαῦτα γίγνεσθαι ψηφίσματα, καὶ κωλύεσθαι αὐτοὺς ζῆν κατὰ τὰ αὐτῶν ἔθη, καὶ χρήματα εἰς σύνδειπνα καὶ τὰ ἱερὰ εἰσφέρειν, τοῦτο ποιεῖν αὐτῶν μεδ'ἐν Ῥώμη κεκωλυμένων. Καὶ γὰρ Γάιος Καῖσαρ ὁ ἡμέτερος στρατηγὸς καὶ ὕπατος, ἐν τῷ διατάματι κωλύων θιάσους συνάγεσθαι κατὰ πολίν, μόνους τούτους οὐκ ἐκώλυσεν οὔτε χρήματα συνεισφέιν οὔτε σύνδειπνα ποιεῖν ὁμοίως δὲ κἀγὼ τοὺς ἄλλους θιασους κωλύων, τούτους μόνους ἐπιτρέπω κατὰ τὰ πάτρια ἔθη καὶ νόμιμα συνάγεσθαί τε καὶ ἑστιᾶσθαι. Καὶ ὑμᾶς οὖν καλῶς ἔχει, εἴ τι κατὰ τῶν ἡμετέρων φίλων καὶ συμμάχων ψήφισμα ἐποιήσατε, τοῦτ' ἀκυρῶσαι διὰ τὴν περὶ ἡμᾶς αὐτῶν ἀρετὴν καὶ εὔνοιαν.

Gaio Giulio Cesare, pretore, console dei Romani, ai magistrati, al consiglio e al popolo di Paro[295], salute!
I Giudei di Delo e alcuni altri Giudei delle isole vicini si sono appellati a me e hanno affermato che voi, tramite un vostro statuto, impedite loro di osservare le usanze della loro patria e i loro riti sacri.
Ora, sappiate che mi dolgo nell'apprendere che questi vostri statuti siano stati emanati a danno dei nostri amici ed alleati, e che si sia loro proibito di vivere conformemente ai loro costumi nonché di contribuire con del denaro ai pasti comuni e ai sacri riti, giacché tutto ciò non fu loro vietate neanche nella stessa Roma.
Infatti il sottoscritto Gaio Cesare, pretore e console, proibì sì, tramite un editto, alle conventicole religiose di assembrarsi nell'Urbe, ma solo ai Giudei non venne vietato di raccogliere la colletta di offerte in denaro o di consumare pasti in comune.
Allo stesso modo io stesso ho vietato la presenza di altre associazioni religiose, ma ho permesso unicamente a questo popolo di celebrare assemblee e feste secondo i loro usi e costumi.
Concludendo, se voi avete in vigore degli statuti contrari ai nostri amici ed alleati, farete bene a revocarli per via delle loro ottime azioni a nostro favore, nonché per la loro buona disposizione nei nostri confronti.

---

[295] Si tratta di una delle più grandi isole dell'arcipelago delle Cicladi, patria del poeta Archiloco.

190

Cesare a Cleopatra
64.

Cassio Dione, *Storia Romana,* LI, 12, 1-3
Οἶκον τε οὖν ἐκπρεπῆ καὶ κλίνην πολυτελῆ παρασκευάσασα, καὶ προσέτι καὶ
ἑαυτὴν ἠμελημένως πως κοσμήσασα (καὶ γὰρ ἐν τῷ πενθίμῳ σχήματι δεινῶς
ἐνέπρεπεν) ἐκαθέζετο ἐπὶ τῆς κλίνης, πολλὰς μὲν εἰκόνας τοῦ πατρὸς αὐτοῦ
[*scil.* τοῦ Καίσαρος τοῦ Ὀκταουιανοῦ] καὶ παντοδαπὰς παραθεμένη, πάσας δὲ
τὰς ἐπιστολὰς τὰς παρ'ἐκείνου οἱ πεμφθείσας ἐς τὸν κόλπον λαβοῦσα. Καὶ
μετὰ τοῦτο ἐσελθόντος τοῦ Καίσαρος ἀνεπήδησέ τε ἐρρυθμισμένη, καὶ ἔφη:
«Χαῖρε ὦ δέσποτα· σοὶ μὲν γὰρ τοῦτο θεὸς ἔδωκεν, ἐμὲ δὲ ἀφείλετο. Ἀλλ' ὁρᾷς
μέν που καὶ αὐτὸς τὸν πατέρα σου τοιοῦτον οἷος πολλάκις πρὸς ἐμὲ ἐσῆλθεν,
ἀκούεις δὲ ὅπως τά τε ἄλλα ἐτίμησέ με καὶ δὴ βασιλίδα τῶν Αἰγυπτίων
ἐποίησεν. Ἵνα δ'οὖν τι καὶ αὐτοῦ ἐκείνου περὶ ἐμοῦ πύθῃ, λάβε καὶ ἀνάγνωθι
τὰ γράμματα ἅ μοι αὐτοχειρίᾳ ἐπέστειλε».

[Cleopatra] aveva collocato qua e là molte immagini di varie forme del padre
[adottivo] di Ottaviano, [il divo Cesare], e teneva in grembo tutte le lettere che
quell'uomo le aveva inviato. Appena entrò Ottaviano, si alzò con rapidità e con
il viso arrossato e disse: «Salve, o signore. A te gli dèi hanno dato il potere, a
me l'hanno tolto. Ma vedi anche tu com'era tuo padre allorché veniva – e
veniva spesso – da me; sai che mi ha onorato in vari modi e mi ha fatto regina
degli Egizi. E affinché tu sappia che cosa pensava di me, prendi e leggi queste
lettere autografe che lui stesso mi ha inviato».

Cleopatra a Cesare
65.

Cassio Dione, *Storia romana,* XLII, 34, 3-4
[Κλεοπάτρα] ἐκείνη τε γὰρ τέως μὲν δι' ἑτέρων παρ'αὐτῷ διὰ τὸν ἀδελφὸν
ἐδικάζετο, ἔπειτα δὲ ὡς τάχιστα τὴν φύσιν αὐτοῦ κατέμαθεν (ἦ γὰρ [Καῖσαρ]
ἐρωτικώτατος, καὶ πλείσταις καὶ ἄλλαις, ὅσαις που περιτύχοι, συνεγίγνετο),
πέμπει πρὸς αὐτὸν καὶ προδίδοσθαί τε ὑπὸ τῶν φίλων λέγουσα, καὶ ἀξιοῦσα
αὐτὴ δι' ἑαυτῆς ἀγωνίσασθαι.

Cleopatra difese per un certo tempo davanti a Cesare la propria causa contro il
fratello per mezzo dei suoi inviati; ma quando fu informata del carattere
dell'uomo (Cesare era infatti assai sensibile all'amore ed aveva rapporti con
moltissime donne, con tutte quelle che incontrava), gli mandò dei messi per
comunicargli che era tradita dagli amici e che desiderava difendersi di persona.

Cesare a Cicerone
66.

Cicerone, *Lettere ai Familiari*, XIV, 8
Quod celeriter me fecisti de Caesaris litteris certiorem, fecisti mihi gratum
[Terentia].
[Mia cara Terenzia], ti sono riconoscente di avermi informato rapidamente
riguardo alla lettera di Cesare [inviata da lui da Alessandria][296].

Cicerone a Cesare
67.

Scr. Brundisi VIII Id. Mar. an. 47
De Quinto fratre meo non minus laboro quam de me ipso, ed eum tibi
commendare hoc meo tempore non audeo. Illum dumtaxat tamen audebo
petere abs te, quod te oro, ne quid existimes ab illo factum esse quo minus mea
in te officia constare minusve te diligerem, potiuque semper illum auctorem
nostrae coniunctionis fuisse meique itineris comitem, non ducem. Qua re
ceteris in rebus tantum ei tribues quantum humanitastua amicitiaque vestra
postulat. Ego ei ne quid apud te obsim, id te vehementer etiam atque etiam
rogo.

Scritta a Brindisi l'8 marzo del 47 a.C.

Sono in pena per mio fratello Quinto[297] non meno che per me stesso, ma – nella
situazione in cui ora verso – non oso raccomandarlo a te. Tuttavia avrò il
coraggio di chiederti quest'unica cosa, e te prego caldamente, che tu non abbia
a pensare che da parte sua sia stato commesso qualcosa per cui gli obblighi
morali che mi competono nei tuoi confronti, perdano di consistenza o si
affievolisca la mia predilezione verso di te. Invece egli è stato promotore in
ogni momento dell'accordo fra me e te, e si è fatto compagno del mio viaggio,

---

[296] La lettera fu inviata da Cesare nel 47 a.C., per l'appunto da Alessandria d'Egitto.

[297] Con la presente lettera, Cicerone – in attesa a Brindisi che Cesare torni dall'Egitto e dall'Asia –
perora il perdono per suo fratello per essersi, sia pur di malavoglia, schierato con i pompeiani.
P. GRIMAL, *Cicerone*, Garzanti, Milano 1986, p. 292, osserva: «Bisogna rendere merito a
Cicerone per la difesa che fa di Quinto in un momento in cui questi non faceva che sparlare
di lui, giungendo sino al punto di rimpiangere il momento in cui la loro madre aveva messo al
mondo un secondo figlio. (...) Cicerone dimentica tutto questo e si comporta come un
autentico capofamiglia. È conscio che quello che gli resta del suo prestigio di un tempo può
ancora servire a proteggere suo fratello. Si sforza così di difenderlo con lo stesso impegno
(...)».

192

non già guida. Perciò in tutto il resto vorrai concedergli tanto quanto è richiesto dalla tua bontà e dalla vostra amicizia. Che io non risulti dannoso a lui nella valutazione che vorrai darne, questo è quanto ti prego appassionatamente ancora ed ancora.

Cesare ai Mitileni
68.

Testo delle lettere ai Mitileni: A. DIMOPOULOU-PILONI, *Communiquer avec le pouvoir romain: les lettres de Jules César publiées par la cité de Mytilène*, «Revue Internationale des droits de l'Antiquité», 57, 2010, pp. 34-49
IGRR IV, 33 col. b. II 7-36, pp. 13-14
IG XII, 2, 35; 2, 30 [1]

a)

Γράμματα Καίσαρος θεοῦ.
Γάιος Ἰούλιος Καῖσαρ αὐτοκράτωρ τὸ δεύτερον Μυτιληνάιων ἄρχουσι βουλῆι δήμωι χαίρειν· εἰ ἔρρωσθε, καλῶς ἂν ἔχοι·κἀγὼ δὲ μετὰ τοῦ στρατεύματος ὑγίαινον. Ποτάμων Λεσβώνακτος, (...) καφένους, Κριναγορας Καλλίππου, Ζωίλος Ἐπιγένους τὰς Δικαίου, Ὑβρίας Διοφάντου, Ἰστιαῖος (...) Δημήτριος Τιμάιου οἱ πρεσβευταὶ ὑμῶν ςυνέτυχόν μοι (...) καὶ περὶ τῶν τιμῶν δϊελέχθησαν (...)ν κατωρθώκαμεν, καὶεὐχαριστήσαντες (...) ἐνέτυχον μετὰ πολλῆς φιλοτιμίας καὶ εἰς (...)ων ἔχειν. Ἐγω δὲ τούς τε ἄνδρας ἐπήινεσα διὰ τὴν προθυμίαν αὐτῶν καὶ φιλοπρόνως ἀπεδεξάμην, ἡδέως τε τὴν πόλιν ὑμῶν εὐεργετεῖν πειράσομαι καὶ κατὰ τοὺς παρόντας καιροὺς καὶ ἐν τοῖς μετὰ ταῦτα χρόνοις (...)αν ἐπιστάμενος ἦν ἔχοντες εὔνοιαν (...)τὸν Ποτάμωνα. Ἔτι τε τὴν προ(...) αὐτὸν ἐπὶ τοὺς (...)οντα.

(Lettere del Divo Cesare. Gaio Giulio Cesare *Imperator*)... per la seconda volta, salute ai magistrati dei Mitileni, (La Bulé e il Démos. Se voi state bene, che così sia. Anch'io ed il mio esercito stiamo bene. Potamon, figlio di Lesbonax)... , Krinagoras figlio di Kallipos, Zoilo, (figlio di Epigene)... figlio di Dikaios, Hybrias figlio di Diofanto, Histiaios..., Demetrio figlio di Timeo, i vostri ambasciatori che mi hanno incontrato... e mi hanno consegnato (il vostro decreto) e mi hanno intrattenuto in merito agli elogi... sulle nostre imprese e noi li abbiamo ringraziati,... hanno intercesso con molto zelo e al... Io, ho accordato l'elogio a questi uomini (per la loro devozione e li) ho ricevuti con benevolenza) ed è con piacere che ho deciso di accordare dei benefici non solo relativi alle circostanze presenti, ma anche nei tempi futuri... stante la devozione di cui essi hanno dato prova... Potamon...

193

b)

(...) οὐδε (...) οτε (...) βουλόμενος ὑμῶν κεκομίσθαι τὴν (...)ν τῆς φιλίας ἀσφάλειαν, ἔν τε τοῖς λοιποῖς χρόνοις (...) τὴν πόλιν αἰεί τινος ὑμῖν ἀγαθοῦ θέλω γενέσθαι θαρροῦντες οὖν περὶ πάντων ἐντυγχάνετε ἡμῖν ἔρρωσθε.

... né... desiderando di portarvi la... assicurazione dell'amicizia, oltre che (nei tempi a venire)... io voglio (essere) sempre fonte di bene per la città, potete dunque indirizzarci (con fiducia) tutte le vostre richieste. (State bene).

c)

(...) ιο υν αμ(...) τῶν ἐφοδίων (...) αρχον ἔοισι(...) δυνάτας εὐσχ(...)ημοσύνας (...) πολίεσσι κοῖνα ἐ(...) μετὰ τᾶς τῶν θέων εὐμενείας (...) γ(...)ε μήτε ἐπὶ τῷ(...) καὶ ἐ(...) νομίσθην ἐν α(...)ν τό τε (...) βέβαον(...) πρεσβεύσαις δὲ πρὸς Γάϊον Ἰούλιον Καίσαρα (...) ἐκ τῷ ἐν Καππαδοκία πολέμω (...)αμα κόσμον (...) ἀξιώθη (...) οὐ μόνον δὲ (...).

.... delle provvigioni... con il migliore trattamento possibile... comune alle città... con il favore degli dèi... né a... certo... è stato inviato come ambasciatore (a Caio Giulio Cesare)... della (guerra) in Cappadocia... ha meritato non solamente... ha visto...

d)

Γράμματα Καίσαρος θεοῦ.
Γάιος Ἰούλιος Καῖσαρ αὐτοκράτωρ δικτάτωρ τὸ τρίτον, καθεσταμένος τὸ τέταρτον, Μυτιληναίων ἄρχουσι βουλῆι δήμωι χαίρειν καὶ ἐρρῶσθαι (...) κἀγ(...) ὦ δὲ μετὰ τοῦ στρατεύματος ὑγίαινον (...) εὐεργετεῖν τὴν πόλιν καὶ οὐ μόνον (...) φυλάττειν τὰ φιλάνθρωπα ἃ διεπράξασθε δι' ἡμῶν ἀλλὰ καὶ συναυξάνειν αὐτὰ (...)ος τὴν ἡγεμονίαν, φιλίας δόγματος τοῦ ὑμῖν συγκεχωρημένου διαπέπομφα πρὸς ὑμᾶς τὸ ἀντίγραφον. Περὶ ὧν πρεσβευταὶ Μυτιληναίων Ποτάμων Λεσβῶνακτος, Φαινίας Φαινίου τοῦ Καλλίππου, Τέρφηος Διοῦς, Ἡρώδης Κλέωνος, Δίης Ματροκλέους, Δημήτριος Κλεωνύμου, Κρινάγορας Καλλίππου, Ζωίλος Ἐπιγένους λόγους ἐποιήσαντο χάριτα φιλίαν συμμαχίαν ἀνενεοῦντο, ἵνα τε ἐν Καπετωλίωι θυσίαν ποιῆσαι ἐξῆι ἅ τε αὐτοῖς πρότερον ὑπὸ τῆς συγκλήτου φιλάνθρωπα συγκεχωρημένα ἦν, ταῦτα ἐν δέλτωι χαλκῆι γεγραμμένα προσηλῶσαι ἐξεῖναι, ὅταν θέλωσιν· ἵνα τε Γάιος Καῖσαρ αὐτοκράτωρ, ἐὰν αὐτῶι φαίνηται, τόπους χορήγια αὐτοῖς κατὰ τὸ τῶν προγόνων ἔθος ταμίαν μισθῶσαι κελεύση, ὅπως ὡς ἂν αὐτῶι ἐ ἔδοξεν ἐκ τῶν δημοσίων πραγμάτων πίστεώς τε τῆς ἰδίας φαίνηται ἔδοξεν. Ἐπεὶ δὲ καὶ πρότερον ἐνετύχετέ μοι καὶ ἔγραψα πρὸς ὑμάς, πάλιν ὑπέμειναν οἱ ὑμέτεροι πρεσβευταὶ μηδένα δεῖν ἀτελῆ εἶναι παρ' ὑμῖν ἀκολούθως τοῖς νόμοις καὶ τοῖς φιλανθρώποις ἃ ἔχετε παρ' ἡμῶν τοῖς τε πρότερον καὶ διὰ τούτου τοῦ δόγματος δεδομένοις τὸ ἐξεῖναι ὑμῖν (...) ταῖς τῆς πόλεως καὶ τῆς

194

χώρας πρόσοδοις καθ' ἡσυχίαν χρῆσθαι βούλομαι οὖν πεπεισμένοι θαρροῦντες χρῆσθε(...) ἀνεμποδίστως ἐγὼ γὰρ ταῦτά τε ἡδέως πεποίηκα ὑπὲρ ὑμῶν καὶ εὔχομαι εἶς τὸ μέλλον αἰεί τινος ἀγαθοῦ παραίτιος ὑμῖν γενέσται.

Lettera del Divo Cesare.

Il generale vittorioso Caio Giulio Cesare, rivestito della carica di dittatore per la terza volta, designato dittatore per la quarta volta, augura prosperità e salute ai magistrati, al senato e al popolo dei Mitileni. Anch'io e la mia armata stiamo bene.

(...) per dimostrare benevolenza nei confronti della vostra città e non solamente (per salvaguardare i privilegi che avete già ottenuto a vostro vantaggio grazie a noi), ma anche per aiutarvi ad accrescerli, (...) consegno (ai vostri maggiorenti) la copia di un decreto di amicizia, che vi abbiamo concesso. A proposito di ciò gli ambasciatori dei Mitileni – Potamon, figlio di Lesbonax, Phainias figlio di Phainias e nipote di Kallipos, Therpeos figlio di Dies, Heroides figlio di Cleone, Dies figlio di Matrocle, Demetrio figlio di Cleonimo, Krinagoras figlio di Kallipos, Zoilo, (figlio di Epigene) – hanno menzionato nei loro discorsi [la richiesta di] un rinnovo della benevolenza, dell'amicizia e dell'alleanza [del popolo romano], e che sia loro permesso fare un sacrificio sul Campidoglio. Quanto ai privilegi concessi loro in passato dal Senato, sia permesso loro di affiggerli in pubblico, quando o vorranno, scolpiti su una tavola di bronzo. Riguardo a queste richieste ecco ciò che è stato deciso.

Che la benevolenza, l'amicizia e l'alleanza siano rinnovate, che [i Mitileni] siano chiamati uomini dabbene ed amici [del popolo romano] e che sia ad essi consentito di fare il sacrificio [richiesto] sul Campidoglio; quanto ai privilegi precedentemente concessi dal Senato, sia loro concesso di esporli [in pubblico], incisi su di una lastra di bronzo.

E che Caio [Giulio] Cesare imperatore, se la cosa gli sembri buona, ordini al questore di individuare un luogo [adatto per tutto ciò e di procurare ad essi] dei rifornimenti conformemente al costume dei nostri antenati, nel modo che gli sembri più conforme agli interessi dello Stato e della buona fede; egli ha provveduto [a quanto ordinato].

Sebbene in passato vi siate appellati a me ed io vi abbia già risposto per iscritto sull'argomento, i vostri ambasciatori lamentano che non vi è stata ancora concessa l'esenzione dal pagamento delle tasse, a prescindere dai trattati e dai privilegi che io vi avevo formalmente garantito e che sono stati ufficialmente ratificati da un decreto del Senato; nondimeno vi sarà concesso [fin da subito] di godervi indisturbati i guadagni ottenuti dalla città e dal suo territorio.

Spero tuttavia sia ben chiaro che autorizzo sin da ora – ma non sarà per questo concessa a nessuno di voi o qualcun altro, in futuro, l'immunità fiscale – a godere fiduciosi e senza restrizioni dei vostri beni [senza temere inasprimenti dei tributi]. Da parte mia sono lieto di rendervi questo servigio e spero in futuro di essere sempre in grado di compiere qualcosa di gradito per voi.

Cesare a Caio Mazio
69.

a) Plutarco, *Cesare*, 50, 3

Τῆς μάχης ταύτης τὴν ὀξύτητα καὶ τὸ τάχος ἀναγγέλλων εἰς Ῥώμην πρός τινα τῶν φίλων Μάτιον ἔγραψε [*scil.* ὁ Καῖσαρ] τρεῖς λέξεις: «ἦλθον, εἶδον ἐνίκησα». Ῥωμαῖστὶ δ'αἱ λέξεις, εἰς ὅμοιον ἀπολήγουσαι σχῆμα ῥήματος, οὐκ ἀπίθανον τὴν βραχυλογίαν ἔχουσιν.

Annunciando a Roma la rapidità inaudita di quest'azione militare[298], Cesare scrisse a Mazio, uno dei suoi amici, solamente tre parole: «Venni, vidi, vinsi». In latino queste parole, che terminano nello stesso modo, possiedono una concisione che non è priva di fascino.

b) Lemaire, vol IV, p. 21.
C. Julius Caesar Amantio S.D.
Veni, vidi, vici. Vale, ex Ponto.

Caio Giulio Cesare ad Amanzio (*sic*), salute!
[Notizie] dal Ponto: Venni, vidi, vinsi.

Cesare ad Allieno e a Rabirio Postumo
70.

Pseudo Cesare, *La Guerra Africana*, 26
Caesar interim, cum de suo adventu dubitatio in provincia esset attaglia di Ze,b quisquam crederet ipsum, sed aliquem legatum in Africam cum copiis venisse, conscriptis litteris circum provinciam omnes civitates facit de suo adventu certiores. Interim nobiles homines ex suis oppidis profugere et in castra Caesaris devenire et de adversariorum eius crudelitate acerbitateque commemorare coeperunt. Quorum lacrimis querelisque Caesar commotus, cum antea constituisset stativis castris aestate inita cunctis copiis auxiliisque accitis bellum cum suis adversariis gerere, † instituit litteris[que] celeriter in Siciliam ad Allienum et Rabirium Postumum conscriptis et per catascopum missis, ut sine mora ac nulla excusatione hiemis ventorumque quam celerrime

---

[298] Allude alla battaglia di Zela (47 a.C.), dove Cesare annientò le truppe pontiche di re Farnace.

196

exercitus sibi transportaretur: Africam [provinciam] perire funditusque everti ab suis inimicis; quod nisi celeriter sociis foret subventum, praeter ipsam Africam terram nihil, ne tectum quidem quo se reciperent, ab illorum scelere insidiisque reliquum futurum. Atque ipse erat in tanta festinatione et exspectatione ut postero die quam misisset litteras nuntiumque in Siciliam, classem exercitumque morari diceret, dies noctesque oculos mentemque ad mare depositos derectosque haberet. Nec mirum: animum advertebat enim villas exuri, agros vastari, pecus diripi, trucidari, oppida castellaque dirui deserique, principesque civitatum aut interfici aut in catenis teneri, liberos eorum obsidum nomine in servitutem abripi; eis se [in] miseris suamque fidem implorantibus auxilio propter copiarum paucitatem esse non posse. Milites interim in opere exercere atque castra munire, turres castella facere molesque iacere in mare non intermittere.

Nel frattempo Cesare, giacché nella provincia si dubitava del suo arrivo e nessuno riteneva che si trattasse di lui in persona, ma che un qualche legato fosse venuto in Africa con delle truppe, assicurò con delle lettere firmate di suo pugno tutte le città dell'intera provincia del suo arrivo. Frattanto dei personaggi di alto rango presero a fuggire dalle rispettive città e ad affluire nell'accampamento di Cesare, e a raccontare della crudeltà e della durezza dei suoi avversari. Cesare, commosso dalle loro lacrime e dalle loro lagnanze, sebbene avesse in precedenza stabilito di riprendere le operazioni contro i propri nemici dopo aver radunato dagli accampamenti stanziali tutte le sue truppe ed i suoi ausiliari ad estate iniziata, †️ decise e, dopo aver scritto rapidamente delle lettere per la Sicilia ad Allieno e a Rabirio Postumo, e speditele con un catascopo[299], comandò che gli trasportassero il più velocemente possibile l'esercito, senza ritardi e senza nessuna scusa per l'inverno e per i venti: la provincia d'Africa stava perendo ed era messa a soqquadro dai suoi avversari e se non si fosse arrecato immediato soccorso agli alleati, niente – nemmeno un tetto sotto cui ripararsi – si sarebbe salvato dai crimini e dalle insidie di costoro, a parte lo stesso nudo suolo africano. E lui stesso si trovava in tale agitazione ed attesa che, già il giorno seguente a quello in cui aveva inviato il dispaccio ed il corriere in Sicilia, si lamentava di come la flotta e l'esercito fossero in ritardo e teneva giorno e notte lo sguardo e la mente fissi e concentrati sul mare. Né questo deve stupire: infatti egli vedeva incendiare le fattorie, devastare i campi, razziare il bestiame, massacrare gli uomini, distruggere ed abbandonare le città e le fortezze, assassinare o mettere in catene i notabili cittadini, ridurre in schiavitù i loro figli sotto il titolo di ostaggi; dal canto suo, a questi infelici che imploravano la sua protezione, egli non poteva essere d'aiuto per la scarsità delle proprie truppe. Nel frattempo, teneva i soldati in esercizio erigendo delle fortificazioni e non

---

[299] Vascello leggero per ricognizioni.

cessava di rinforzare le difese dell'accampamento e di costruire torri e forti, nonché di gettare moli sul mare.

<h3 align="center">Cesare ai maggiorenti dei Getuli
71.</h3>

Pseudo Cesare, *La Guerra Africana*, 32

Scipio interim paulisper ut antea dixi in eo loco commoratus, ut quasi despexisse Caesarem videretur, paulatim reducit suas copias in castra et contione advocata de terrore suo desperationeque exercitus Caesaris facit verba et cohortatus suos victoriam propriam se eis brevi daturum pollicetur. Caesar iubet milites rursus ad opus redire et per causam munitionum tirones in labore defatigare non intermittit. Interim Numidae Gaetuli[que] diffugere cotidie ex castris Scipionis et partim in regnum se conferre, partim quod ipsi maioresque eorum beneficio C. Mari usi fuissent Caesaremque eius adfinem esse audiebant, in eius castra perfugere catervatim non intermittunt. Quorum ex numero electis hominibus inlustrioribus [Gaetulos] et litteris ad suos cives datis cohortatus uti manu facta se suosque defenderent, ne suis inimicis adversariisque dicto audientes essent, mittit.

Frattanto Scipione, dopo essersi per un po' trattenuto in posizione – come ho già narrato – come per dare a vedere di avere umiliato Cesare, un po' alla volta fece rientrare le truppe all'interno del campo e, convocata un'assemblea straordinaria, parlò della paura che si ispiravano e della disperazione dell'esercito di Cesare, cosicché, esortati i suoi, promise che avrebbe ben presto offerto loro una vittoria decisiva. Cesare ordinò che i soldati tornassero nuovamente al lavoro e non cessò di tenere le reclute in esercizio con i lavori di costruzione delle trincee. Nel frattempo i Numidi ed i Getuli seguitavano a disertare quotidianamente dall'accampamento di Scipione, in parte facendo ritorno al proprio regno, in parte – poiché essi stessi o i loro avi erano stati beneficati da Caio Mario ed avevano udito che Cesare era un suo parente – passavano a frotte nel suo campo. Dopo aver scelto fra questi Getuli dei personaggi illustri, e consegnate ad essi delle lettere per i loro concittadini, Cesare li inviò in missione, dopo averli esortati a formare un'armata e a difendere se stessi ed i loro affini, e a non essere succubi dei discorsi dei suoi nemici ed avversari.

<h3 align="center">72.
Cesare a destinatario ignoto</h3>

Carisio, *Institutiones Grammaticae*, I, col. 101, ed. Putsch

Neque pro cauto atque diligente se castris continui.

E che non resti nell'accampamento per cautela ed in modo diligente.

73.
Cesare a Cicerone

Cicerone, *Lettere ad* Attico, IX, 9, 3

Philotimum, ut ais in epistula tertia, exspectabas. at ille Idibus a me profectus est. eo serius ad tuam illam epistulam quoi ego statim rescripseram redditae sunt meae litterae. de Domitio, ut scribis, ita opinor esse ut et in Cosano sit et consilium eius ignoretur. iste omnium turpissimus et sordidissimus qui consularia comitia a praetore ait haberi posse est ille idem qui semper in re publica fuit. itaque nimirum hoc illud est quod Caesar scribit in ea epistula cuius exemplum ad te misi, se velle uti "consilio" meo (age, esto; hoc commune est), "gratia" (ineptum id quidem sed, puto, hoc simulat ad quasdam senatorum sententias), "dignitate" (fortasse sententia consulari). illud extremum est, "ope omnium rerum." id ego suspicari coepi tum ex tuis litteris aut hoc ipsum esse aut non multo secus. nam permagni eius interest rem ad interregnum non venire. id adsequitur, si per praetorem consules creantur. nos autem in libris habemus non modo consules a praetore sed ne praetores quidem creari ius esse idque factum esse numquam; consules eo non esse ius quod maius imperium a minore rogari non sit ius, praetores autem quod ita rogentur ut conlegae consulibus sint quorum est maius imperium. aberit non longe quin hoc a me decerni velit neque sit contentus Galba, Scaevola, Cassio, Antonio, «Τότε μοι χάνοι εὐρεῖα χθών!».

Nella tua terza lettera mi dici che aspettavi Filotimo[300]; ma egli è partito da qui il quindici, ed è per questo che la risposta alla tua [missiva], quantunque scritta all'istante, ti è giunta alquanto in ritardo. In quanto a Domizio, sono d'accordo con te sul fatto che egli si trovi nel territorio di Cosa e che non si sappia che cosa intenda fare. Quest'altro poi, uomo svergognato ed abbietto che sostiene che i comizi consolari possono essere indetti da un pretore, è ancora oggi quello che è sempre stato. Questo dunque intende Cesare nella lettera di cui ti ho mandato copia, allorché dice di «volersi giovare dei miei consigli»: e fin qui, passi; è una formula generale: «del mio credito»: una vera banalità, ma penso che si tratti di un mezzuccio per guadagnarsi qualche voto dei senatori; «della mia autorità»: forse perché rappresenta il voto di un consolare. Ma c'è quell'ultima aggiunta: «del tuo aiuto in generale». La tua lettera mi spinge a

---

[300] Liberto di Cesare, che Cicerone (*Lettere ad Attico*, X, 9, 1) definisce un «insulso».

199

sospettare che si tratti proprio di quella faccenda o di qualche cosa di simile, perché è sommamente importante per lui che non si giunga all'interregno, il che egli eviterebbe se la nomina dei consoli avvenisse per mezzo di un pretore. Ma noi, nei nostri libri, troviamo sancito che non solo i consoli, ma nemmeno i pretori possono essere investiti da un pretore, e che ciò non è mai stato fatto; per i consoli tale procedimento è illegale perché un magistrato superiore non può ricevere il potere da un magistrato di ordine inferiore; per i pretori, poi, perché vengono proposti come colleghi dei consoli, l'autorità dei quali è più vasta. Poco ci mancherebbe che Cesare volesse far risolvere la questione per mezzo del sottoscritto, non tenendosi contento di Galba, di Scevola, di Cassio, di Antonio. «Mi si apra sotto i piedi, allora, la vasta terra!»[301].

Cesare a Cicerone
(e risposta di Cicerone a Cesare)
74.

Cicerone, *Lettere ad Attico*, 13, 31, 3
De epistula ad Caesarem κέκρικα; *atque id ipsium quod isti aiunt illum scribere, se nisi constitutis rebus non iturum in Parthos, idem ego suadebam in illa epistula, ut me cum liberet facere posset auctorem. Hoc enim ill expectat videlicet, neque et facturus quicquam nisi de meo consilio.*

[Dalla Spagna, fine aprile-inizio di maggio del 45 a.C.]

Riguardo alla mia lettera a Cesare, *ho preso la mia decisione*. Inoltre, ciò che i tuoi amici dicono che egli abbia scritto, vale a dire che egli non marcerà contro i Parti se non dopo aver consolidato la situazione interna dello Stato, è precisamente ciò che io gli ho consigliato in quella lettera, cosicché, qualora lo volesse, potrebbe ben a ragione attribuirmene la paternità. È manifestamente ciò che egli si aspetta, e non è disposto a intraprendere nulla senza i miei consigli.

Cesare alle tribù urbane
75.

Svetonio, *Vita del Divo Giulio*, 41, 2
comitia cum populo partitus est [scil. *Caesar*], *ut exceptis consulatus competitoribus de cetero numero candidatorum pro parte dimidia quos populus vellet pronuntiarentur, pro parte altera quos ipse dedisset. Et edebant*

200

per libellos crcum tribum missos scriptura brevi: «Caesar dictator illi tribui. Commendo vobis illum et illum, ut vestro suffragio suam dignitatem teneant».

[all'incirca il dicembre del 45 a.C.]

Cesare ed il popolo si spartirono i comizi: per tutte le cariche, fatta eccezione per il consolato, il popolo doveva scegliere la metà dei magistrati, e Cesare l'altra metà. Egli annunciava la sua scelta ed inviava a tutte le tribù [urbane] delle tavolette contenenti poche parole: «Cesare dittatore alla tale tribù. Vi raccomando il tale ed il tal'altro, affinché ottengano la dignità del vostro suffragio».

Cesare a Publio Sestio
76.

Cicerone, *Lettere ad Attico*, XIII, 7
Scr. In Tusculano, IV Id. Iun. an. 45
Sextus apud me fuit, et Theopompus pridie: venisse a Caesare narrabat litteras; hoc scribere, sibi certum esse Romae manere; causamque eam adscribere, quae erat in epistola nostra, ne se absente leges suae negligerentur, sicut esset neglecta sumptuaria. Est εὔλογον, idque eram suspicatus.

Scritta nella Villa di Tuscolo il 10 giugno del 45 a.C.
Ieri è stato da me Sestio[302], e così anche Teopompo[303]. Sestio ha narrato dell'arrivo di una lettera da parte di Cesare, e che in essa scrive di aver deciso di restare a Roma, adducendo il motivo che figurava nella mia lettera[304]. Il timore di Cesare è che durante la sua assenza le sue leggi non vengano tenute in nessun conto, come è successo per la legge suntuaria[305] (è perfettamente ragionevole, ed io lo avevo supposto).

Cesare ad Elio Lamia
77.

Cicerone, *Lettere ad Attico*, XIII, 45, 1
Fuit apud me Lamia post discessum tuum epitulamque ad me attulit missam

---

[302] Publio Sestio, tribuno della plebe nel 57 a.C., che si era battuto per la revoca dell'esilio a Cicerone, che l'aveva poi difeso in tribunale con una famosa orazione.
[303] Teopompo di Cnido, il mitografo che godeva dell'amicizia di Cesare (cfr. PLUTARCO, *Cesare*, 48; STRABONE, *Geografia*, XIV, 2, 15).
[304] Allude alla sua *Suasoria* (*Lettere ad Attico*, XIII, 31).
[305] Cfr. SVETONIO, *Vita del Divo Giulio*, 43, 2.

sibi a Caesare. Quae quamquam ante data erat quam illae Diocharinae, tamen plane declarabat illum ante Ludos Romanos esse venturum. In qua extrema scriptum erat ut ad ludos omnia pararet neve committeret ut frustra ipse properasset. Prorsus ex his litteris non videbatur esse dubium quin ante eam diem venturus esset, itemque Balbo, cum eam epistulam legisset videri, Lamia dicebat.

[Gallia Narbonese, giugno del 45 a.C.]
Lamia è venuto da me dopo la tua (*scil.* di Attico) partenza e mi ha portato una lettera che gli era stata indirizzata da Cesare. Benché essa fosse stata spedita prima di quella di Diocare, essa annuncia esplicitamente che Cesare tornerà prima dei Ludi Romani. Nella parte finale gli scriveva di fare tutti i preparativi per i Ludi e di evitare a Cesare di affrettarsi per niente. Dopo questa lettera, non vi era assolutamente alcun dubbio: Cesare sarebbe arrivato prima di quella data, e Lamia mi diceva che Balbo era dello stesso avviso, dopo aver letto questo testo.

Cesare ad Attico
78.

Cicerone, *Lettere ad Attico*, XVI, 16, 16a, 2
Buthrotia tibi causa ignota non est. Egi enim saepe de ea re tecum tibique totam rem demonstravi, quae est acta hoc modo: ut primum Buthrotium agrum proscriptum vidimus, commotus Atticus libellum composuit. Eum mihi dedit ut darem Caesari; eram enim cenaturus apud eum illo die. Eum libellum Caesari dedi. Probavit causam, rescripsit Attico aequa eum postulare, admonivit tamen ut pecuniam reliquam Buthrotii ad diem solverent.

Non ti è ignota la questione degli abitanti di Butroto[306]. Ne ho discusso spesso con te e ti ho messo in chiaro la questione nella sua interezza, che si svolge come segue: non appena constatammo che era stata notificata la messa in vendita del territorio di Butroto, Attico ne fu sconvolto e redasse una petizione. Me la consegnò affinché la dessi a Cesare (quel giorno, infatti, dovevo cenare presso di lui). Consegnai la petizione a Cesare e costui espresse un giudizio favorevole sulla questione, rispondendo ad Attico che trovava equilibrata la sua richiesta, tuttavia lo ammonì affinché gli abitanti di Butroto non pagassero oltre il giorno di scadenza la somma di denaro arretrata.

---

[306] Essi venivano accusati del mancato pagamento di una tassa imposta da Cesare; Cicerone si sta rivolgendo a Lucio Planco, pretore designato.

Cesare a destinatario ignoto
79.

Appiano, *Le Guerre Civili*, II, 79, 329-330
Πομπήιος δὲ πυθόμενος ἐκέλευε τοῖς πεζοῖς μήτ'ἐπεκθεῖν ἔτι μήτ'ἐκτρέχειν ἐκ
τῆς φάλαγγος μηδ'ἀκοντίζειν, ἀλλ'ἐν προβολῇ διαστάντας ἀμύνεσθαι διὰ
χειρὸς τοῖς δόρασι τοὺς ἐπιόντας. Καὶ τόδε τινὲς αὐτοῦ τὸ στρατήγημα
ἐπαινοῦσιν ὡς ἄριστον ἐν περικυκλώσει, ὁ δέ Καῖσαρ ἐν ταῖς ἐπιστολαῖς
καταμέμφεται· τάς τε γὰρ πληγὰς ὑπὸ τῆς βολῆς εὐτονωτέρας γίνεσθαι καὶ
τοὺς ἄνδρας ὑπὸ τοῦ δρόμου προθυμοτέρους· ἑστῶτας δ'ἀποψύχεσθαί τε καὶ
τοῖς ἐπιθέουσιν εὐβλήτους δι'ἀρτεμίαν οἷα σκοποὺς εἶναι.

Quando Pompeo ne fu informato (*scil.* del ripiegamento della propria
cavalleria), ordinò ai fanti di fermarsi, di non uscire dallo schieramento, di non
lanciare frecce ma – allargandosi in posizione difensiva – di respingere con le
lance gli assalitori. Alcuni lodano questo suo stratagemma come il migliore in
caso di accerchiamento; Cesare invece, nelle sue *Lettere*, lo critica: i colpi,
infatti, risultano più vigorosi se inferti di slancio, e mediante la corsa gli uomini
acquisiscono maggiore animosità, mentre da fermi si raffreddano, e per gli
assalitori risultano dei bersagli più facili proprio perché restano immobili[307].

Cesare a Lucio Calpurnio Pisone Cesonino
80.

Carisio, *Grammatica Latina*, I, 79, 21-22 = p. 100, 17-19 Barwick
Varro Rerum rusticarum *III* «loculum» *dixit et Caesar ad Pisonem:* «[Caesar
Pisoni s.]. Locellum tibi signatum remisi».

CESARE A PISONE, SALUTE!

Varrone, nel libro III de *L'economia rurale*, ha impiegato la forma «*loculus*»
(urna), e Cesare, nella sua corrispondenza con Pisone[308], scrisse: «Ti ho
rispedito il cofanetto («*locellum*») munito di un contrassegno».

---

[307] Durante la battaglia di Farsalo (9 agosto 48 a.C.), Pompeo aveva reagito in tal modo
all'inopinata fuga della sua cavalleria. Il giudizio critico di Cesare è anche nella *Guerra Civile*,
III, 92, 4-5 ed in Plutarco, *Cesare*, 44, 8, nonché in *Pompeo*, 69, 6-7. Nella loro edizione de
Le Guerre Civili di Appiano, D. Gabba e A. Magnino, p. 322, n. 101, paiono ritenere inesatto
il riferimento all'*Epistolario*, ma a ben vedere nulla vieta di supporre che Cesare ne avesse
parlato anche per missiva oltre a farne l'oggetto di una considerazione militare nei suoi
Commentarii.
[308] Si tratta di suo suocero, Lucio Calpurnio Pisone Cesonino, fedele alleato politico e padre della
moglie di Cesare, Calpurnia.

Cesare a Publio Servilio
81.

Cicerone, *Lettere al fratello Quinto*, III, 1
P. Servilius pater ex litteris, quas sibi a Caesare missas esse dicebat, significat valde te sibi gratum fecisse, quod de sua voluntate erga Caesar, humanissime diligentissimeque, locutus esse.

Publio Servilio padre diceva che, dalle lettere inviategli da Cesare, si evince chiaramente che ti[309] aveva reso [nuovamente] gradito ai suoi occhi, e che aveva parlato della propria volontà nei confronti di Cesare in modo umanissimo e assai diligente.

Cesare a re Deiotaro
82.

I legati di Deiotaro, re celtico della Galazia, in Asia Minore, con a capo l'ambasciatore Blesamio, avevano raggiunto Tarragona (*Tarraco*), città della Catalogna a sud di Barcellona, dove all'inizio del 45 a.C. Cesare si era stabilito dopo aver sconfitto i figli di Pompeo (Gneo il Giovane e Sesto) nella battaglia di Munda, al fine di reclamare per il loro sovrano i territori un tempo appartenuti al tetrarca e poi ceduti a Mitridate di Pergamo, dato che oramai il monarca di Pergamo nonché salvatore di Cesare durante il conflitto alessandrino era defunto. Nello stato maggiore di Cesare, in Spagna, militava tra l'altro anche il giovane Marco Vipsanio Agrippa[310], amico e futuro braccio destro di Ottaviano, nipote del dittatore.

Cicerone, *Pro Deiotaro*, 14
Quo quidem animo cum antea fuit, tum non dubito quin tuis [Caesarem alloquitur] *litteris, quarum exemplum legi, quas ad eum* [Deiotarum] *Tarracone huic Blesamio dedisti, se magis etiam erexerit, ab ominique sollicitudinem abstraxerit. Iubes enim eum «bene sperare et bono esse animo»; quod scio, te non frustra scribere solere.*

Nutrendo dunque questi sentimenti in precedenza, non dubito che tu, [o Cesare], ti sia sentito ancora più sollevato e libero da ogni preoccupazione grazie alla tua lettera che a Tarragona hai consegnato al cui presente

---

[309] Intende Quinto, fratello dello stesso Cicerone.
[310] L. POWELL, *Agrippa. Il braccio destro di Augusto*, Goriziana Editrice, Gorizia 2019, pp. 14-15; 71.

Blesamio[311] per lui [*scil*. Deiotaro] e che io ho letto in copia: lo esorti «a sperare in bene e restare di buon animo», ed io lo so che di solito non scrivi ciò invano. Rammento infatti che con la tua lettera mi avevi esortato non invano a sperare in bene[312].

Lettere apocrife

Cesare a Cassivellauno
1.

Testo: Jacob Hammer, (a cura di), «Geoffrey of Monmouth, *Historia regum Britanniae, a variant version*», Medieval Academy Books, n. 57, 1951[313]
Goffredo di Monmouth, *Historia Regum Britanniae*, IV, 1

Interea contigit ut in Romanis reperitur historiis, Iulium Caesarem, subiugata Gallia, in Britanniam transisse; sic enim scriptum est anno ab Urbe Condita sescentesimo nonagesimo tertio, ante vero Incarnationem Domini sexagesimo anno. Iulius Caesar, primus Romanorum, Britones bello pulsavit, in navibus onerariis et actuariis circiter octoginta advectus. Cum enim ad litus Ruthenorum venisset et illinc Britanniam aspexisset, quaesivit a circumstantibus quae patria esset, quaeve gens inhabitasset. Cumque nomen regni didicisset et populi, ait: "Hercule, ex eadem prosapia nos Romani descendimus, quia ex Troiana gente processimus. Nobis Aeneas post destructionem Troiae primus pater fuit, illis autem Brutus, Silvii Aeneae filius. Sed nisi fallor, valde a nobis degenerati sunt, nec quid sit militia noverunt, cum infra Oceanum, extra orbem commaneant. Leviter cogendi erunt nobis tributum dare et obsequium Romanae dignitati praestare: prius tamen per nuntios requirendi sunt ut Romanis subiciantur et vectigal reddant ut ceterae gentes, ne nos ipsorum cognatorum nostrorum sanguinem fundentes, antiquam dignitatem patris nostri Priami offendamus." Quod cum litteris regi Cassibelauno intimasset, indignatus rex epistulam suam ei remisit, haec verba continentem.

Come si può riscontrare nelle storie di Roma, nel frattempo accadde che Giulio Cesare, dopo aver conquistato la Gallia, approdasse sulle coste dei Ruteni e,

---

[311] Assieme a Iera, Antigono e Dorilao era uno dei legati di Deiotaro a Roma.

[312] Si riferisce alla lettera scritta da Cesare in Egitto e indirizzata a Cicerone, che si trovava a Brindisi di ritorno da Farsalo, nell'agosto del 47 a.C. (cfr. CICERONE, *Pro Ligario*, 7).

[313] Per un commento approfondito e non scevro di *humour* inglese su queste presunte lettere riportate da Goffredo di Monmouth nella sua *Storia dei re di Britannia* si veda senz'altro F.S. DUNN, *Julius Caesar in the English Chronicles*, «The Classical Journal», vol. 14, n. 5, 1919, specialmente pp. 288-293.

205

volto lo sguardo all'isola dei Britanni, chiedesse al suo seguito di che paese si trattasse e quali popoli lo abitassero. Quando gli fu comunicato il nome di quel regno e quello dei suoi abitanti, egli – continuando a contemplare l'Oceano – esclamò: «Per Ercole! Romani e Britanni appartengono alla medesima stirpe, perché discendono entrambi dai Troiani. Dopo la distruzione di Troia, Enea fu il nostro primo padre, come per loro fu Bruto, il cui padre, Silvio, era figlio di Ascanio, figlio di Enea. Se non sbaglio, però, rispetto a noi essi si sono molto imbarbariti e, vivendo al di là dell'Oceano e fuori dal mondo, non hanno alcuna nozione delle più moderne tecniche militari. Non sarà difficile costringerli a versarci un tributo e a giurare obbedienza perpetua alla dignità di Roma. Voglio mandare loro a dire che si affrettino a sottostare al tributo prima che il popolo di Roma li raggiunga e li assalga, costringendoli, come tutte le altre popolazioni, a fare atto di sottomissione al Senato. Non vogliamo offendere l'antica nobiltà di Priamo, il nostro padre comune, versando sangue fraterno». Dopodiché Cesare mandò una lettera in tal senso al re Cassivellauno, che se ne indignò e rispose con una missiva di questo tenore...

Cassivellauno a Cesare
2.

Goffredo di Monmouth, *Historia Regum Britanniae*, IV, 2

Cassibelaunus, rex Britonum, Gaio Iulio Caesari. Miranda est, Caesar, Romanorum cupiditas: quae, quicquid est usquam auri vel argentiin toto orbe terrarum sitiens, nos extra orbem positos praeterire intactosnon patitur. Censum exigis, tributarios nos facere quaeris, qui perpetua libertate hactenus floruimus, qui a Troiana nobilitate, sicut Romani, descendimus. Opprobrium generi tuo, Caesar, si intelligis, postulasti, qui isdem ortos natalibus iugo servitutis subdere non erubuisti. Libertati animos in tantum assuevimus et tam nobis ab antecessoribus familiaris est, ut, quid sit in genere nostro servitus, penitus ignoremus. Quam libertatem, si dii ipsi quoque conarentur auferre, nos omni nisu elaboraremus, ne, quod nobis tamquam insitum a natura est et par cum diis tanto tempore tenuimus, per hominem mortalem amitteremus. Liqueat igitur, tibi, Caesar, pro regno nos et libertate, dum vita comes fuerit, indefessos communiter stare et mortem subire paratos, si tempus nostrae dissolutionis forte institerit.

CASSIVELLAUNO RE DEI BRITANNI A CAIO GIULIO CESARE

È stupefacente, o Cesare, la cupidigia del popolo romano che, sempre assetato d'oro e d'argento, non può tollerare che noi viviamo in pace fuori dal mondo e tra i pericoli dell'Oceano e medita di mettere le mani sulle sostanze di cui

206

abbiamo goduto incontrastati fino ad ora. Ma non gli basta neanche questo: vuole che rinunciamo alla libertà e gli facciamo atto di sottomissione, per subire la schiavitù perpetua. Ti stai coprendo di vergogna, Cesare, perché Romani e Britanni hanno in comune il nobile sangue di Enea, e questa parentela dovrebbe legarci con ferrea amicizia come una fulgida catena. Amicizia, perciò, dovrebbe esserci richiesta, non servitù. Noi preferiamo profondere quella, piuttosto che sopportare il giogo servile. Ci siamo talmente abituati a godere della libertà, che ignoriamo cosa voglia dire sottometterci al servaggio. E se perfino gli dèi cercassero di strapparci la libertà, pur di conservarla ci sforzeremmo di contenderla con tutte le nostre energie. Tornando agli ordini che hai emanato, sappi, Cesare, che se – come minacci – darai davvero inizio alla conquista dell'isola di Britannia, noi ci batteremo per la nostra libertà e per la nostra patria.

Androgeo a Cesare
3.

Goffredo di Monmouth, *Historia Regum Britanniae*, IV, 7
Itaque, omni alia spe decidente, auxilium Caesaris expetere decrevit, litterasque illi in hanc sententiam direxit: "Gaio Iulio Caesari, Androgeus, dux Trinovantum, post optatam mortem optandam salutem. Paenitet me, Caesar, adversus te egisse, dum regem meum ad Romanos expellendos de terra nostra viribus meis adiuvi. Si enim me bello subtraxissem, Cassibelaunus Romanorum victor non exstitisset, cui post triumphum tanta irrepsit superbia ut me, per quem triumphavit, a finibus meis exterminare praesumat. Haeccine ergo merita ita rependenda essent? Ego illum hereditavi, ipse me exheredare conatur. Ego eum in regno secundo restitui, ipse me destruere affectat. Me etenim contra te pugnante, omnia ista largitus sum. Numina caelorum testor, me non promeruisse iram illius, nisi dicar promereri, quia diffugio nepotem meum tradere curiae suae, iudicandum morte, quem iniuste iratus exoptat damnare. Quod ut manifestius discretioni tuae liqueat, rei causam adverte. Contigerat nos ob laetitiam triumphi libamina diis patriis offerre, in quibus, dum celebraremus quae agenda essent sollemnia, iuventus nostra ludos mutuos componens inter ceteros inierunt duo nepotes nostri palaestram, exemplo aliorum ducti. Cumque meus triumphasset, accensus est alter iniusta ira, festinavitque eum percutere. At ille, vitato ictu, cepit socium per manum qua extractum ensem tenebat, volens eum eripere, ne sibi noceret. Interea cecidit nepos regis super mucronem confossusque morti succubuit. Quod cum regi nuntiatum esset, praecepit ut puerum meum curiae suae traderem, ad ulciscendum nepotem suum, ut pro homicidio supplicium pateretur. Cui cum contradixissem, venit cum exercitu terras meas et possessiones ferro et igne vastare. Unde a serenitate maiestatis tuae

207

auxilium peto, quatinus per te dignitati meae restitutus, tu per me Britannia potiaris. De hoc autem nihil haesitaveris, quia omnis abest proditio. Ea autem condicione moventur mortales, ut post inimicitias amici fiant et post fugam ad triumphum accedant."

E così, essendo venuta meno ogni altra speranza, [Androgeo] decise di chiedere aiuto a Cesare e gli mandò una lettera così concepita:

ANDROGEO, DUCA DI TRINOVANTO A CAIO GIULIO CESARE, DI CUI UN TEMPO CERCÒ LA MORTE E AL QUALE ADESSO AUGURA SALUTE

Mi rammarico di essere stato tuo avversario quando venisti a combattere contro il mio re, perché se non avessi partecipato all'impresa tu avresti potuto vincere. Dopo il suo trionfo, Cassivellauno si è fatto arrogante ed è arrivato a bandire dalle sue terre proprio me, che fui l'artefice della sua vittoria. Questo è il modo in cui egli premia il merito! Io l'ho aiutato a salvare la sua eredità, ed egli ora cerca di diseredarmi. Io l'ho rimesso due volte sul trono, e adesso egli aspira a destituirmi. Eppure fui proprio io a combattere contro di te e a fargli dono di tutto ciò che possiede. Giuro sugli dèi del cielo di non aver meritato la sua collera, a meno che non si voglia sostenere che me la sono attirata rifiutandomi di consegnargli un nipote che egli vuole condannare ad una morte ingiusta.
Perché tu possa disporre di tutti gli elementi di giudizio, ascolta come andarono le cose. Nella gioia della vittoria, celebrammo solenni feste agli dèi della patria e, dopo avere compiuto i sacrifici, i giovani organizzarono dei giochi. Vi parteciparono anche due nostri nipoti, i quali – seguendo l'esempio degli altri – si sfidarono alla lotta. Mio nipote vinse, e l'altro se ne sdegnò senza motivo e cercò di colpirlo di sorpresa. Mio nipote evitò il fendente, poi, nel tentativo di impadronirsi dell'arma, afferrò all'altro la mano che impugnava la spada. Ma proprio in quel momento il nipote di Cssivellauno cadde sulla punta della spada, ne fu trafitto e morì. Quando l'accaduto fu riferito a re, questi mi ordinò di consegnargli il giovane perché fosse imputato d omicidio e punito. Io rifiutai, e Cassivellauno marciò con tutto il suo esercito sulle mie terre, provocando gravissimi danni.
Per questo ora io imploro la tua misericordia e chiedo il tuo sostegno: con il tuo appogio potrò essere rentegrato nella mia dignità e tu, con il mio aiuto, avrai la possibilità di conquistare la Britannia. Non devi dubitare dell'onestà dei miei proposti: non ho la minima intenzione di tradirti. Un principio, infatti, muove i mortali: dopo essere stati avversari, diventano amici, e dopo essere fuggiti, ottengono il trionfo.

De Analogia
Sull'Analogia

Stando a Svetonio, Cesare avrebbe composto i due libri che componevano il suo trattato grammaticale *De Analogia* mentre era intento a valicare le Alpi in direzione dell'odierna Francia, nel periodo in cui lasciava la Gallia Cisalpina (Italia settentrionale), in cui aveva tenuto le consuete assemblee provinciali, quindi nella primavera del 55 o del 54 a.C., comunque dopo la pubblicazione del *De oratore* di Cicerone, al quale lo scritto è dedicato.

Sotto l'apparenza di un elogio ditirambico di apertura, la dedica iniziale del *De Analogia* rivela che Cesare intendeva innanzitutto riportare in auge la pratica della lingua semplice e di uso quotidiano (*facilis et cotidiano sermo*), rispetto ai discorsi elaborati di molti suoi contemporanei (non escluso, a volte, lo stesso dedicatario). Secondo Cesare era necessario, per fare ciò, operare una selezione sistematica di tutte quelle forme lessicali e linguistiche in uso, consentendo di scegliere solo quelle che rispettavano le regole del sistema linguistico e di bandire ogni parola che sembrasse di nuovo ed arbitrario conio e quelle contrarie all'uso ormai consolidato, dato che erano fonte di ambiguità e di oscurità.

Cicerone replicò da par suo, nel *Bruto*, da un lato tratteggiando un encomio di Cesare e del suo talento letterario, dall'altro esprimendo delle forti riserve sulla validità di queste teorie.

I frammenti sopravvissuti del *De Analogia* mostrano in effetti delle citazioni di tipo grammaticale da cui si evince la preoccupazione cesariana di rendere la lingua latina meno ridondante di termini superflui, evitando l'introduzione di nuove forme nominali squisitamente teoriche e sganciate dall'uso corrente. Alla base di ciò sta il concetto della lingua vista come uno strumento comunicativo frutto di una convenzione tra gli uomini e non come un fenomeno naturale.

Testo:

E. Th. Hohler, *C. Julii Caesaris Fragmenta*, Viennae/Cremisae 1822
H. Funaioli, *Grammaticae Romanae Fragmenta*, Lipsiae 1907, pp. 143 segg.
A. Garcea, *Caesar's De Analogia: Edition, Translation, and Commentary*, Oxford University Press, Oxford 2012
A. Garcea (a cura di), *Tout César. Discours, Traités, Correspondance et Commentaires*, Robert Laffont, Bouquins, Paris 2020

Libro I

L'Introduzione

F. 1
Cicerone, *Bruto*, 72 (253)

Quin [scil. *Caesar*] *etiam in maxumis occupationibus ad te ipsum* [scil. *Ciceronem*] *– inquit* [scil. *Atticus*] *in me intuens – de ratione Latine loquendi accuratiissume scripserit primoque in libro dixerit verborum dilectum originem esse eloquentiae tribueritque, mi Brute, uic nostro, qui me de illo maluit quam se dicere, laudem singularem; nam scripsit his verbis, cum hunc nomine esset adfatus: «Ac si, ut cogitata praeclare eloqui possent, non nulli studio et usu elaboraverunt, cuius te paene principem copiae atque inventorem bene de nomine ac dignitate populi Romani meritum esse existimare debemus, hunc facilem et cotidianum novisse sermonem nunc pro relicto est habendum?».*

Anche in mezzo alle più importanti occupazioni, Cesare ha scritto con scrupolosa cura quell'opera dedicata proprio a te, o Cicerone – disse [Attico] rivolgendo a me lo sguardo – sul modo di parlare bene in latino; e nel primo libro di quest'opera egli ha detto che la scelta delle parole è il fondamento dell'eloquenza, e a questo nostro amico, caro Bruto, che ha preferito che parlassi io in sua voce, ha riconosciuto un merito grandissimo, perché ha scritto queste precise parole, dopo averlo apostrofato per nome: «E se alcuni si sono adoperati con ogni mezzo per dare un'espressione artistica ai loro pensieri – e noi dobbiamo ritenere che tu, signore ed inventore di questa dovizia di espressione hai ben meritato della gloria e della maestà del popolo romano –: la conoscenza di questo linguaggio facile e familiare deve essere forse abbandonata?».

F. 2
Cicerone, *Bruto*, 258

*Solum quidem - inquit ille – [*scil. *Atticus*] *– et quasi fundamentum oratoris vides locutionem emendatam et Latinam, cuius penes quos laus adhuc fuit, non fuit rationis aut scientiae sed quasi bonae consuetudinis. Mitto C. Laelium P. Scipionem: aetatis illius ista fuit laus tamquam innocentiae sic Latine loquendi – nec omnium tamen; nam illorum aequales Caecilium et Pacuvium male locuto videmus –: sed omnes tum fere, qui nec extra urbem hanc vixerant neque eos aliqua barbaries domestica infuscaverat, rect loquebantur. Sed hanc certe rem deteriorem vetustas fecit et Romae et in Graecia. Confluxerunt enim et*

Athenas et in hanc urbem multi inquinate loquentes ex diversis locis. Quo magis expurgandus est sermo et adhibenda tamquam obrussa ratio, quae mutari non potest, nec utendum pravissima consuetudinis regula.

Base fondamentale, dunque – disse Attico – su cui poggia l'oratore tu vedi essere la lingua corretta e latina; ed il merito di questa purezza di lingua, in coloro che l'hanno fin qui avuto, non è stato frutto di riflessione o di studio, ma effetto di una buona consuetudine. E non parlo di Caio Lelio o di Publio Scipione: vanto di quel tempo fu proprio la correttezza del parlare come l'integrità dei costumi – non di tutti però, poiché i loro contemporanei Cecilio e Pacuvio parlavano un cattivo latino –: ma quasi tutti allora, quelli che non erano vissuti fuori Roma o dei quali la lingua non era stata inquinata da qualche barbarismo domestico, parlavano correttamente. Ma certo l'andare del tempo peggiorò questo stato di cose, e a Roma come in Grecia. Affluirono infatti sia ad Atene che in questa nostra città da luoghi diversi molti che parlavano scorrettamente. A maggior ragione, perciò, bisogna impegnarsi per liberare la nostra lingua dall'inquinamento e sottoporla, come alla prova del fuoco, ad una regola fissa ed immutabile, e non affidarsi alla pessima regola dell'uso corrente.

La selezione lessicale

F. 3
Aulo Gellio, *Notti Attiche*, I, 10, 1 e 3-4

Favorinus philosophus adulescenti veterum verborum cupidissimo et plerasque voce nimis priscas et ignotas in cotidianis communibusque sermonibus expromenti: « (…) Sed antiquitatem tibi placere ais, quod honesta et bona et sobria et modesta sit. Vive ergo moribus praeteritis, loquere verbis praesentibus arque id, quod a C. Caesare, excellenti ingenii ac prudentiae viro, in primo De Analogia *libro scriptum est, habe semper in memoria atque in pectore, ut "tamquam copulum, sic fugias inauditum atque insolens verbum"».*

Il filosofo Favorino [314] [disse] ad un giovane, grande appassionato del linguaggio antico e che nel parlare quotidiano e familiare inseriva ad ogni piè sospinto vocaboli antichissimi e totalmente sconosciuti: « (…) Ma tu mi dici che preferisci i tempi antichi per la loro virtù, l'onestà, la temperanza e la modestia. Vivi allora secondo i costumi di un tempo, ma parla con la lingua di oggi e, stando a quanto dice nel I libro de *Sull'Analogia* Caio [Giulio] Cesare, che fu un uomo dall'animo e dalla saggezza tanto superiori: "Imprimiti bene

---

[314] FAVORINO DI ARELATE, T 23 Barigazzi = XX Amato.

nella memoria e nel cuore che le espressioni strane ed inusitate devono essere evitare come uno scoglio [da parte dei naviganti]"».

L'alfabeto

F. 4
Festo Pompeo, *Grammatica Latina*, v. 108, 7-13

Legimus apud maiores nostros primas apud Romanos XI litteras fuisse tantummodo, ut dicit Caesar in libro Analogiarum primo: in libro Analogiarum primo Caesar hoc dicit, XI fuisse. Varro docet in aliis libris, quod ad Attium scripsit, litteras XVI fuisse, postea tamen crevisse et factas esse XIII. Tamen primae quae inventae sunt fuerunt XI, postea quae inventae sunt, fuerunt XVI; postea autem XXIII factae sunt.

Leggiamo presso i nostri antenati che presso i Romani non vi furono inizialmente che 11 lettere, come dice Cesare nel suo primo libro *Sull'Analogia*; [infatti] nel suo primo libro *Sull'Analogia* Cesare afferma [proprio] questo, ovvero che ve ne erano 11. in un altra opera, i libri che aveva dedicato ad Accio, Varrone insegna che c'erano 16 lettere, ma che in seguito il loro numero si accrebbe fino a 23. Tuttavia, al principio, ne furono trovate [solo] 11, poi esse divennero 16, ed infine si arrivò a 23.

La "i" consonante doppia

F. 5
Prisciano, *Grammatica Latina*, II, 14-10-14

Pompeiii *quoque genetivum per tria I scribebant* [scil. *antiqui*]*, quorum duo superiora loco consonantium accipiebant, ut si dicas* Pompelli*; nam tribus I iunctis qualis possit syllaba pronuntiari? Quod Caesari doctissimo artis grammaticae placitum a Victorino quoque in arte grammatica de syllabis comprobatur.*

Gli Antichi scrivevano anche con tre "i" il genitivo *Pompeiii*, dove le due prime "i" giocavano il ruolo di consonanti, come sarebbe il caso se si dicesse *Pompelli*: come infatti si potrebbe correttamente pronunciare quella sillaba con tre "i" alla fine? Questa era l'opinione di Cesare, grande sapiente in fatto di grammatica, con oltretutto l'avallo di Vittorino, nella sua *Grammatica*, nel capitolo dedicato alle sillabe.

Il suono medio

F. 6
Cassiodoro, *De Orthographia*, VII, 150, 10-17 (§ 1, 49-52 Stoppacci)

Lacrumae *an* lacrimae, maxumus *an* maximus, *et siqua similia sunt, quo modo scribi debeant, quaesitum est. Terentius Varro tradidit Caesarem per I eius modi verba solitum esse enuntiare et scribere: inde propter auctoritatem tanti viri consuetudinem factam. Sed ego in antiquiorum multo libris, quam Caius Caesar est, per V pleraque scripta invenio, ut* optumus intumus pulcherrumus lubido dicundum faciundum maxume monumentum contumelia minume. *Melius tamen est et ad enuntiandum et ad scribendum I litteram pro V ponere, in quod iam consuetudo inclinavit.*

Si è chiesto se bisogna scrivere *lacrumae* o *lacrimae*, *maxumus* oppure *maximus*, etc. Secondo Terenzio Varrone[315], Cesare pronunciava e scriveva sempre le parole di questo tipo con la "i", e l'uso si è allineato sull'autorità di un così grand'uomo. Ma, all'interno dei libri che risalgono ad un'epoca en più antica di quella di Cesare, ho visto che queste parole sono, per la maggior parte delle volte, scritte con la "u": *optumus intumus pulcherrumus lubido dicundum faciundum maxume monumentum contumelia minume.* Ciò non impedisce che sia meglio mettere la lettera "i" piuttosto che la lettera "u" nel pronunciarle e nello scriverle, cosa che è [ormai] la tendenza seguita dall'uso corrente.

Le consonanti continue

F. 7
Probo, *Grammatica Latina*, IV, 50, 19-28

Nunc quaeritur de consonantibus, quare in duas partes dividantur, hoc est in semivocales et mutas. Hac de causa, quoniam semivocales maiorem potestatem habent quam mutae. Nam cum omnis artis latores, praecipueque Caesar, propter rationem metricam et structurarum qualitates singularum litterarum sonos ponderarent, hac ratione semivocales mutis praeferendas iudicaverunt, quod semivocales geminatae, si vocalibus occurrant, nec syllabam nec sonum scilicet facere possint. Quis enim B C D K P Q T G geminatas vocalibus misceat et sonum syllabae potest audire?

---

[315]VARRONE, *Grammatica*, fr. 269 Funaioli.

Ora, rivolgiamoci alle consonanti e sulla ragione per la quale esse sono ripartite in due categorie, le continue e le occlusive. È perché le continue hanno una potenza superiore alle occlusive. Rivalutando il suono di ciascuna unità fonico-grafica per delle ragioni metriche o di schema prosodico, gli artigrafi, ed in special modo Cesare, hanno stimato che bisogna preferire le continue dalle occlusive, perché due continue si uniscono alle vocali per formare una sola emissione fonica, vale a dire per poter formare una sillaba, come per esempio *fla, ars, mons, iners*, etc. Al contrario due occlusive, se si combinano con delle vocali, non possono né formare una sillaba, né per conseguenza una sola emissione fonica. Chi in effetti potrebbe associare due delle occlusive B, C, D, K, P, Q, T, G a delle vocali ed udire il suono di una sillaba?

Le occlusive in fondo alle parole

F. 8
Festo Pompeo, *De verborum significatione*, V, 199, 10-19

Multi dicunt, utrum lac *dicamus an* lact. *Et re vera si quaeras, hoc rite facit ne aliud. Nam si dixerit* lac, *erit genetivus* lacis, *quem ad modum* allec allecis. *Lectum est hoc saepius, praecipue apud Varronem. Ille dicit:* lac *non debemus dcere, sed* lact. *Sed dixit Caesar contra ipsum rem valentissimam, nullum nomen duabus mutis terminari. C autem et T duae mutae sunt. Ergo exclusi sumus ab illa regula. Superest ut sequamur regulam Plauti,* lacte *ut dicamus: habemus in* Baccidibus *«sicut lacte lactis simile». Et quidem dixi has rationem. Scire autem debes quod hodie illud sequimur, quod dixit Vergilius,* lac, *et remansit illa consuetudo.*

Molti si chiedono se dobbiamo se si debba dire *lac* oppure *lact*. In verità, se vi si pensa, è la seconda forma quella corretta e nessun'altra. In effetti, e si dice *lac*, il genitivo sarà *lacis*, così come si declina per *allec allecis*. Riguardo a questo problema, si sono lette numerose opinioni, specialmente in Varrone[316], che sostiene che si debba dire non *lac* ma *lact*. Tuttavia, contro di lui, Cesare ha portato un'argomentazione assai convincente, vale a dire che nessun nome deve terminare con due occlusive. La C e la T sono due occlusive e dunque questo paradigma ci è interdetto. Non ci resta che conformarci al paradigma di Plauto, dicendo *lacte*; nei suoi *Bacchidi* si legge: «Come il latte [*lacte*] assomiglia al latte»[317]. Ho esposto queste motivazioni, tuttavia bisogna sapere che oggigiorno si segue la forma *lac* impiegata da Virgilio: è quest'uso che si è affermato.

---

[316] VARRONE, *Grammatica*, fr. 273 Funaioli.
[317] PLAUTO, *Bacchidi*, 6.

La derivazione

F. 9
Festo Pompeo, *De verborum significatione*, v 144, 17-24

Alba civitas: alii dicunt Albanus, *alii* Albensis. *Quae ratio est? Numquid possumus scire, quare* sic *quid invenitur. Caesar quidem in libris* Analogicis *voluit dicere discretionem. Ait sic Caesar in libris* Analogiae: *duae sunt Albae, alia ista quam novimus in Aricia, et alia hic in Italia. Volentes Romani discretionem facere, istos* Albanos *dixerunt, illos* Albenses. *Non quoniam nescientes unam derivationem esse hoc fecerunt, Caesar hoc dixit, sed ut facerent discretionem inter colonos, inter illos et istos.*

Riguardo alla città di Alba, alcuni dicono [che l'etnico debba essere] *Albanus*, altri dicono *Albensis*. Quale è la ragione [di tale difformità]? Forse possiamo dire il motivo di questi due derivati. Cesare, nei suoi libri *Sull'Analogia*, ha voluto dire quale fosse la differenza. Cesare [dunque], nei suoi libri *Sull'Analogia*, ha così affermato: ci sono due città di Alba, una è quella che noi conosciamo, nei pressi di Ariccia, l'altra è nel territorio italico. Volendo fare una differenza fra le due, i Romani hanno chiamato gli abitanti della prima *Albani*, e quelli della seconda *Albenses*. Essi hanno fatto ciò, dice Cesare, non perché non sapessero che la derivazione è una e la medesima, ma per segnare la differenza, fra gli abitanti, tra gli uni e gli altri.

I criteri dell'analogia fra forme nominali

F. 10
Festo Pompeo, *De verborum significatione*, v 197, 22-198, 2

Quae est analogia? Conparatio similium. Latine proportio dicitur: analogia Graece, Latine proportio. Sed ita illa definit [scil. *Donatus*]: *analogia est conparatio. Fit octo modis: ut sint sex illae partes quae accidunt nomini similes; sex autem accidunt nomini ista, qualitas conparatio genus numerus figura casus; ecce sex partes; exitus syllabarum ut sit similis: puta illud in us exit et illud in us; paenultimarum ratio ut sit similis, ut aut vocales syllabae sint aut consonantes; deinde ut tempora sint similia: si illa brevis est, et illa brevis sit. De istis omnibus rebu, quae positae sunt apud Caesarem, siquid minus fuerit, iam non stabit ratio analogiae. Ait enim Caesar: nisi omnia consentiant inter se, non potest fieri ut nominis similitudo est.*

Che cos'è l'analogia? La comparazione di elementi simili. In latino, essa si chiama «rapporto proporzionale». In greco essa si indica come «analogia», mentre in latino [come abbiamo appena detto, è indicata come] «rapporto proporzionale». Donato la definisce così: l'analogia è la comparazione. Essa risulta composta da otto fattori; bisogna che siano simili le sei categorie che afferiscono al nome; sei categorie afferiscono [infatti] al nome: qualità, comparazione, genere, numero, figura e caso; ecco le sei categorie. Bisogna che la terminazione sillabica sia simile, per esempio che un nome termini in -*us* e anche l'altro [parimenti] in -*us*. Bisogna che la struttura della penultima sillaba sia simile, sia che essa termini sia con una vocale, oppure con una consonante. È necessario inoltre ce la quantità sia simile: se una sillaba è breve, l'altra dev'essere [a sua volta] anch'essa breve. Se una di queste condizioni viene a mancare, l'analogia cessa di esistere; se una di queste condizioni, enumerate da Cesare, viene meno, il rapporto di analogia non si regge più. In effetti, Cesare dichiara: «Se tutti i fattori non concordano fra di loro, non è possibile che sussista una rassomiglianza tra i nomi».

Il genere grammaticale

F. 11

De dubiis nominibus GL, v 575, 11 = § 96 Glorie

«*Crinis*» *generis masculini, ut Caesar* De Analogia.

La parola «*crinis*» (crine) deve essere maschile, come [scrive] Cesare in *Sull'Analogia*.

Il numero grammaticale

F. 12
Aulo Gellio, *Notti Attiche*, XIX, 8, 3-8

Morbo quidem – inquit [scil. *Fronto*] *– cares, sed verbi vitio non cares. Caius enim Caesar ille perpetuus dictator, Cn. Pompei socer, a quo familia et appellatio Caesarum deinceps propagata est, vir ingenii praecellentis, sermonis praeter alios suae aetatis castissimi,in libris, quos ad M. Ciceronem* De Analogia *conscripsit, «harenas» vitiose dici existimat, quod «harena» numquam multitudinis numero appellanda sit, sicuti neque «caelum» neque; contra autem «quadrigas», etiamsi currus unus, equorum quattuor iunctorum agmen unum sit, plurativo semper numero dicendas putat sicut «arma» et «moenia» et «comitia» et «inimicitias», nisi quid contra ea dicis, poetarum*

pulcherrime, quo et te purges et non ess id vitium demonstres (...).
Tunc prolato libro De Analogia *primo verba haec ex eo pauca memoriae mandavi. Nam cum supra dixisset neque «caelum» «triticum» ue neque «harenam» multitudinis significationem pati, «num tu» inquit, «harum rerum natura accidere arbitraris, quod unam terram et plures terras et urbem et urbes et imperium et imperia dicamus, neque quadrigas in unam nominis figuram redigere neque harenam multitudinis appellatione convertere possimus?*

Frontone[318] ridendo disse: «Sei guarito dal male, ma non dal difetto del linguaggio. Caio [Giulio] Cesare, infatti, quel famoso dittatore perpetuo, suocero di Pompeo, da cui poi discese la schiatta dei Cesari che da lui così si chiamò, uomo di meraviglioso ingegno, superiore ad ogni altro del suo tempo per la purezza del linguaggio, nel libro *Sull'Analogia*, che dedicò a Marco [Tullio] Cicerone, ritiene alla stregua di un'espressione impropria il dire *«harenae»* (sabbie), poiché *«harena»* (sabbia) non ha plurale, così come *«caelum»* (cielo) e *«triticum»* (frumento); ritiene invece che *«quadrigae»* (quadrighe), anche se si tratta di un unico cocchio trainato da quattro cavalli debba sempre essere adoperato al plurale, così come *«arma»* (armi), *«moenia»* (mura), *«comitia»* (elezioni) ed *«inimicitia»* (ostilità); a meno che, contro tale affermazione, o mio finissimo poeta, tu abbia qualcosa da obbiettare, in modo da dimostrare che il tuo non è un errore». (...)
Allora, essendo stato portato il primo libro di *Sull'Analogia*, mandai a memoria queste poche parole scritte in esso. Infatti dopo aver letto che né *«caelum»* né *«triticum»* né *«harena»* ammettono la forma plurale, Cesare dice: «Se ritieni che per la natura stessa delle cose si dica *«una terra»* e *«plures terrae»*, *«urbs»* (città) ed *«urbes»*, *«imperium»* (comando) ed *«imperia»*, perché non si dovrebbe poter ridurre *«quadrigae»* al singolare ed *«harena»* al plurale?».

Libro II

Il caso e la funzione dell'ablativo

F. 13
Carisio, *Ars Grammatica*, I 130,6

Lacer an laceris? *Ut tener puer. Ultimam enim vocalem si ablativus amiserit, dabit scire qualis esse debeat nominativus. Ovidius: «Mille lacer spargere locis», quod ita dici debere et Caesar* De Analogia *libro II nec non et et Valgius*

---

[318] FRONTONE, T 7 van den Hout.

De rebus per epistulam quaesitis *puntant.*

Lacer o *laceris*? *Lacer*, come *tener, puer.* In effetti, se la parola perde la sua vocale finale, l'ablativo permetterà di sapere che forma debba prendere il nominativo. Ovidio dice: «Il tuo corpo lacerato (*lacer*) sarà sparpagliato per ogni dove»[319]. Che così debba essere è anche l'avviso di Cesare nel II libro de *Sull'Analogia* e di Valgio, nei suoi *Quesiti per corrispondenza.*

I temi consonantici e in -*i*. Il singolare

F. 14
Carisio, *Ars Grammatica* I, 119, 5-8 = p. 152, 18-23 Barwick

C. Caesar, quasi indiscretum hoc sit, ait L littera nominativo singulari neutra finita nomina eandem definitionem capere quam capiunt E littera terminata, huic animali *et ab hoc* animali, *huic* puteali *et ab hoc* puteali.

Come se ciò non facesse alcuna differenza, Caio [Giulio] Cesare dice che i sostantivi neutri che terminano al nominativo singolare in -l ricevono la stessa desinenza di quelli che terminano in -*e*: dativo *animali* ed ablativo *animali*, dativo *puteali* ed ablativo *puteali.*

F. 15
Carisio, *Ars Grammatica I*, 122, 13-15 = p. 156, 12-15 Barwick

Omnium nominum quae sunt neutri generis et in E terminantur ait Plinius Caesarem scisse eosdem esse ablativos quales sunt dativi singulares.

Plinio320 dice che Cesare aveva preconizzato per tutti i nomi neutri terminanti in -*e* che l'ablativo ed il dativo singolare avessero la medesima forma.

F. 16
Carisio, *Ars Grammatica* I, 122, 16-17 = p. 156, 16-18 Barwick

AR litteris nomina neutralia terminata item non minus [scil. *per I ablativum ostendere debunt*] *ait Caesar, quia dativo et ablativo pari iure funguntur, ut idem Plinius scribit.*

---

[319] OVIDIO, *Metamorfosi*, 3, 522.
[320] PLINIO, *Dub. serm.*, fr, 74 Mazzarino = 21 Della Casa.

E così, allo stesso modo, i sostantivi neutri terminanti in *-ar*, dice Cesare, devono presentare un ablativo in *-i*, giacché essi formano il dativo e l'ablativo allo stesso modo, come scrive anche lo stesso Plinio[321].

F. 17
Carisio, *Ars Grammatica* I, 122, 29 – 123, 1 = p. 156, 33 – 157, 1 Barwick

Ne illa quidem ratio recepta est quam C. Caesar ponit in femininis, ut puppi resti pelui.

La norma che Caio [Giulio] Cesare ha stabilito per i sostantivi femminili, vale a dire che essi presentino un ablativo del tipo *puppi, resti, pelui*, non è più stata recepita.

F. 18
Carisio, *Ars Grammatica* I, 133, 18-22 = p. 170, 13-18 Barwick

Plinius ait inter cetera etiam istud C. Caesarem dedisse praeceptum, quod neutra nomina AR nominativo clausa per I dativum ablativumque singulares ostendant; iubar *tamen ab hac regula dissidere. Nam ut huic* iubari *dicimus, ab hoc* iubare *dicendum est, ut huic* farri *et ab hoc* farre.

Plinio[322], fra le altre cose, dice anche che Caio [Giulio] Cesare aveva stabilito la seguente regola: i nomi neutri terminanti in *-ar* dovevano presentare i rispettivi dativi ed ablativi singolari in *-i*; tuttavia *iubar* fa eccezione. In effetti bisogna dire *iubari* al dativo, *iubare* all'ablativo, come *farri* (dativo) e *farre* (ablativo).

F. 19
Prisciano, *Grammatica Latina*, II, 249, 3-7

Hic et haec Samnis *huius* Samnitis. *Sic Caesar* De Analogia. *Lucanus in II:* «Romanaque Samnis/ ultra Caudinas speravit vulnera furcas». Huic neutrum Naevius: «Samnite» protulit in carmine Belli Punici.

Nominativo maschile e femminile *Samnis* (Sannita), genitivo *Samnitis* secondo Cesare in *Sull'Analogia*. Dice Lucano[323] nel II libro: «Ed il Sannita (*Samnis*) sperò di infliggere ai Romani ferite più gravi che alle Forche

---

[321] PLINIO, *Dub. serm.*, fr, 75 Mazzarino = 37 Della Casa.
[322] PLINIO, *Dub. serm.*, fr, 76 Mazzarino = 38 Della Casa.
[323] LUCANO, *Farsaglia*, II, 137-138. n

Caudine». Nevio[324] ha impiegato il neutro «*Samnite*» nel suo poema *La Guerra Punica*.

F. 20
Prisciano, *Grammatica Latina*, II, 249, 15-20

Illa quoque tam in IS quam in ER finita nomina regulam servant in ER terminatorum, id est accepta IS faciunt genetivum, ut hic pulvis *et* pulver pulveris, hic cucumis *et* cucumer cucumeris, hic cinis *et* ciner cineris, hic vomis *et* vomer vomeris. *Praeterea Caesar declinat* pubis puberis; *quidam, ut Probus,* pubes puberis, *quidam* puber puberis.

I nomi terminanti in -*is* ed in -*er* seguono sempre la regola delle parole che finiscono in -*er*, vale a dire che esse formano il loro genitivo con l'aggiunta di -*is*, come i sostantivi maschili *pulvis*/*pulver* (polvere) al nominativo, *pulveris* al genitivo, *cucumis*/*cucumer*, *cucumeris* (cocomero), *cinis*/*ciner*, *cineris* (cenere), *vomis*/*vomer*, *vomeris* (vomere). Inoltre Cesare declina *pubis*, *puberis*; altri [autori], come Probo, *pubes*, *puberis*, altri ancora *puber*, *puberis*.

F. 21
Prisciano, *Grammatica Latina*, II, 250, 17-18

Haec pollĭs pollinis *(sic Charisius; Probus autem et Caesar hoc* pollen pollinis *declinaverunt).*

Al femminile, *pollĭs pollinis* (così secondo Carisio; tuttavia Probo e Cesare hanno declinato, al neutro, *pollen pollinis*.

F. 22
Carisio, *Ars Grammatica*, I, 144, 30-145, 2 = p. 183, 19-24 Barwick

Turbo Turbonis, *si proprium sit hominis nomen;* turbinis, *si procellam voluerimus exprimere, aut in eo – inquit Plinius – qui est in lusu puerorum. Sed Caesar* De Analogia *II* turbonem, *non* turbinem *etiam in tempestate dici debere ait, ut* Cato Catonis, *non ut* homo hominis.

Bisogna declinare *Turbo Turbonis*, se si tratta di un nome proprio di persona; *turbo turbinis* [invece], se vogliamo designare il vento di procella oppure – come dice Plinio[325] – un [omonimo] oggetto utilizzato in un gioco d'infanzia.

---

[324] NEVIO, fr. dub. 131, p. LIII Aistermann.
[325] PLINIO, *Dub. ser*, fr. 34 Mazzarino = fr. 71 Della Casa.

Ma Cesare, nel II libro de *Sull'Analogia*, afferma che bisogna dire *turbonem*, e non *turbinem*, anche quando si tratta della tempesta, secondo il modello di *Cato Catonis*, piuttosto che di *homo hominis*.

I temi consonantici ed in -*i*: il plurale

F. 23
Carisio, *Ars Grammatica*, I, 90, 5-12 = p. 113, 23-114,9 Barwick

Panis *masculino genere dicitur. Nam etsi neutro genere Plautus dixit: «pane et assa bubula», tamen vitiose.* Panis *autem genetivum pluralem Caesar De Analogia II* panium *dixit, sed Verrius* panum, *sine I. Ego autem neutrum probo nec puto* panem *plurali numero dici posse, quoniam unica res est et ad pondus redigitur, nec quisquam veterum nisi singulariter dixit. Deminutionem autem* panis pastillus *dicitur, ut hodieque in Italia rusticos dicere animadvertimus.*

Panis è detto al maschile. In effetti, anche se Plauto[326], al neutro, ha detto «*pane* ed arrosto di bue», bisogna tuttavia riconoscere che si tratta di una espressione scorretta. Difatti Cesare, nel II libro de *Sull'Analogia*, dice che il genitivo plurale di *panis* è *panium*, ma Verrio[327] dice *panum*, senza la "i". da parte mia, peraltro, non approvo né l'una né l'altra soluzione, né ritengo che *panis* si possa volgere al plurale, poiché si tratta di un unico elemento, che si rapporta [piuttosto] all'idea di peso. Nessuno degli Antichi, poi, h mai utilizzato *panis* se non nella forma singolare. Nella sua forma diminutiva *panis* diventa *pastillus*, come abbiamo recentemente avuto modo di udire in Italia presso i campagnoli.

F. 24
Carisio, *Ars Grammatica*, I, 141, 24-28 = p. 179, 5-11 Barwick

Partum. *Caesar in* Analogicis harum *partium,* Cornelius Nepos *inlustrium XV † et Ennius «imaque fere quattuor partum», quoniam ad hac* parte *facit et has* partes, *sed conuetudo – inquit Plinius – ut* praegnatium optimatium.

Partum: nei suoi libri *Sull'Analogia*, Cesare preconizza il genitivo plurale *partum*; così fa anche Cornelio Nepote[328] nel libro XV dei suoi *Uomini illustri* † ed Ennio[329] [scrive]: «ed oramai quattro delle parti (*partum*)», poiché questa

---

[326] PLAUTO, *Curculio*, 367.
[327] VERRIO FLACCO, *Grammatica*, fr. 19 Funaioli.
[328] CORNELIO NEPOTE, *Gli uomini illustri*, fr. 42 Marshall.
[329] ENNIO, *Annali*, 539 Vahlen = 600 Skutsch.

parola fa *parte* all'ablativo singolare e *partes* all'accusativo plurale. Ma l'uso corrente – dice Plinio – vuole *partium*, proprio come *praegnatium* [e] *optimatium*.

I temi nominali in -*u*

F. 25
Aulo Gellio, *Notti Attiche*, IV, 16, 8-9

C. etiam Caesar, gravis auctor linguae Latinae, (…) *in libris quoque* Analogicis *omnia istiusmodi* [scil. *sicut* dominatu *et* ornatu] *sine I littera dicenda censet.*

Anche Caio [Giulio] Cesare, seria autorità in materia di lingua latina, (…) è del parere che nessuna delle forme di questo tipo, come *dominatu* ed *ornatu*, debba presentare la lettera «i».

F. 26
Carisio, *Grammatica Latina* I, 130, 5-6 = p. 165, 17-19 Barwick

Fagus *Varro* De gente populi Romani *I: «fagus quas Graece* φηγούς *vocant»,* fagos *C. Caesar* De Analogia *II:* «fagos populos ulmos».

Varrone, nel primo libro de *Sulla stirpe del popolo romano*, scrive: «*fagus* (faggio), che in greco si chiama *phēgous* (φηγούς)»; Caio [Giulio] Cesare, però, nel II libro de *Sull'Analogia* dice: «*fagos populos ulmos* (faggi pioppi olmi)».

I temi nominali in -*e*

F. 27
Aulo Gellio, *Notti Attiche*, IX, 14, 25

Sed C. Caesar in libro De Analogia *secundo huius* die *et huius* specie *dicendum putat.*

Ma Caio [Giulio] Cesare, nel II libro de *Sull'Analogia*, è dell'opinione che bisogni dire *die* e *specie* al genitivo.

F. 28
Quintiliano, *L'istituzione oratoria*, I, 5, 63

Nunc recentiores instituerunt Graecis nominibus Graecas declinationes potius dare, quod tamen ipsum non semper fieri potest. Mihi autem placet rationem Latinam sequi, quousque patitur decor. Neque enim iam Calypsonem *dixerit ut* Iunonem, *quamquam secutus antiquos C. Caesar utitur hac ratione declinandi; sed auctoritatem consuetudo superavit.*

Oggidì, degli eruditi più recenti hanno stabilito come regola di declinare piuttosto secondo le declinazioni greche i nomi di origine greca, benché la cosa non sia sempre possibile. Personalmente, preferisco seguire il sistema latino, nella misura dove ciò non arrechi soluzioni indecorose. Infatti non vorrei dire "*Calypsonem*" (Calipso) tanto per fare l'analogia con "*Iunonem*" (Giunone), benché Caio [Giulio] Cesare, che ha seguito l'esempio degli scrittori antichi, si serve di questo sistema di declinazione; l'uso corrente ha tuttavia prevalso sulla sua autorità.

I pronomi

F. 29
Carisio, *GL* I, 110, 23 - 111, 2 = p. 141, 25 – 142, 3 Barwick

Is homo idem *compositum facit, nisi quia Caesar libro II singulariter* isdem, *pluraliter* idem *dicendum confirmat. Sed consuetudo hoc non servat.*

Is (questo) al singolare, per esempio *is homo* (quest'uomo), forma il composto *idem*, sennonché Cesare, nel II libro [de *Sull'Analogia*], afferma che bisogna dire *isdem* al singolare, *idem* al plurale. Ma l'uso corrente non ha mantenuto questa distinzione.

F. 30
Carisio, *Grammatica Latina*, I, 111, 3-6 = p. 142, 4-7 Barwick

Se *et* sese *pronomina sic ita distinguit* [scil. *Caesar*], *ut* se *dicamus, cum aliquem quid in alium fecisse ostendimus, ut puta «ille dicit se hoc illi fecisse»; cum autem in se ipsum, tunc dicamus* sese, *velut «dixit sese hoc sibi fecisse».*

Cesare compie una distinzione fra *se* e *sese*, tenendo conto che noi diciamo *se* allorché indichiamo l'azione di qualcun altro il cui effetto ricade su una terza persona, per esempio: «Ha detto che egli (*se*) ha fatto la tal cosa alla tal'altra persona»; quando invece l'azione ricade sulla medesima persona che la compie, bisogna allora usare *sese*, per esempio: «Ha detto che lui (*sese*) si è fatto la tal cosa».

Il Perfetto

F. 31
Aulo Gellio, *Notti Attiche*, VI, 9, 15

Sic M. Tullius et C. Caesar mordeo memordi, pungo pepugi, spondeo spepondi *dixerunt.*

Così Marco Tullio [Cicerone][330] e Caio [Giulio] Cesare hanno detto: *mordeo memordi, pungo pepugi, spondeo spepondi*.

Il Participio

F. 32
Prisciano, *Grammatica Latina*, III, 239, 5-9

Graeci autem participio utuntur substantivo: Ἀπολλώνιος ὢν διδάσκεις, Τρύφων ὢν μανθάνεις, *quo nos quoque secundum analogiam possemus uti, nisi usus deficeret participii frequens. Quamvis Caesar non incongrue protulit* -ens *a verbo* sum, es, *quomodo a verbo* possum, potest: potens.

I Greci adoperano il participio del verbo come un sostantivo: «Essendo Apollonio, tu insegni»; «Essendo Trifone, tu apprendi». Anche noi [Latini] possiamo servircene, sulla base dell'analogia, se l'impiego frequente di questo participio non costituisce [palesemente] errore. Tuttavia Cesare ha forgiato, non senza coerenza, il suffisso -*ens* derivandolo dal verbo *sum, es*, così come *potens* deriva da *possum, potest*.

---

[330] CICERONE, *Opere sconosciute*, fr. 18 Garbarino.

F. 33

Isidoro di Siviglia, *Origini*, XI, 2, 33

Mortuus *autem ex qua parte orationis declinetur incertum est. Nam, sicut ait Caesar, ab eo quod est* morior *in participio praeteriti temporis in TVS exire debuit, per unum scilicet U, nominativus est, non participium, ut* fatuus arduus.

Non si sa tuttavia con certezza da che parte del discorso è ricavato il termine *mortuus*. Infatti, come dice Cesare, il participio perfetto di *morior* dovrebbe terminare in *-tus*, vale a dire con una sola «u» e non due, giacché – se la lettera «u» viene raddoppiata – si tratterebbe del nominativo di una forma nominale, come *fatuus*, *arduus*, e non più di un participio.

Frammento incerto

F. 34

Carisio, *Ars Grammatica*, I, 143, 32 – 144, 2 = p. 182, 8-13 Barwick

Siremps *tantum per nominativum et ablativum declinatur,* siremps, *ut* tabes *et* pluris, *ab hac* sirempse plure tabe; *Caesar ergo: «siremps lex esto quasi sacram violaverit» dixisse pronuntiandum est, nisi forte quidam adverbialiter legere maluerint, «similiter lex esto».*

Siremps (simile) si declina solamente al nominativo e all'ablativo: *siremps*, come *tabes* e *pluris* e all'ablativo *sirempse*, così come *plure* e *tabe*. Di conseguenza, si ritiene che Cesare abbia affermato: «Che una legge assolutamente simile (*siremps*) si applichi, come se un diritto sacro fosse stato violato», a meno che, come certi hanno preferito, non si veda in questa espressione un avverbio, nel senso di: «Che la leggi si applichi esattamente allo stesso modo (*similiter*)».

La produzione poetica di Cesare fra tradizione e intimità

di Mirko Rizzotto

Per inquadrare correttamente ciò che resta della produzione poetica cesariana è necessario collocarne i pochi frustuli giunti sino a noi nella temperie culturale dell'epoca in cui il Nostro visse ed operò.

È proprio negli anni della giovinezza e della maturità di Cesare che si sviluppa un movimento letterario che infuse un profondo e significativo rinnovamento della poesia latina, ovvero quello dei *poetae novi* ("poeti nuovi"), indicati anche con il termine greco – non sempre a dire il vero benevolo – di *neòteroi*[331]; entrambe le denominazioni sono dovute alla penna di Cicerone, che le adoperò con sottile ironia e con una vena dispregiativa.

Cicerone era infatti un convinto sostenitore della poesia tradizionale romana arcaica (che aveva il suo modello principe in Ennio) e non poteva che vedere di cattivo occhio l'ostentato distacco dal vecchio stile adottato dai poeti suoi contemporanei; a cosa avrebbe portato – si chiedeva implicitamente – questo ripudio degli stili e dei valori tradizionali e la conseguente rottura con il passato? Poteva questa repentina presa di distanza dal glorioso trascorso di Roma incidere non solo sul piano stilistico-letterario, ma persino su quello dei costumi e della vita politica? Le risposte retoriche a queste domande non potevano non impensierirlo.

Va comunque precisato che il movimento neoterico non fu una vera e propria scuola letteraria, quanto piuttosto un cenacolo o circolo letterario, composto da un gruppo di poeti che, dal punto di vista stilistico e filosofico, condividevano gusti e programmi, mettendo in comune le reciproche esperienze e coltivando vincoli di amicizia personale[332].

La poesia neoterica si richiamava espressamente a concezioni di ambiente letterario alessandrino: giova infatti rammentare che, fin dai suoi albori, la letteratura latina subì un notevole influsso da parte di quella greca, sia classica che ellenistica. All'epoca di Cesare muta significativamente l'atteggiamento dei letterati latini nei confronti della cultura greca, che non viene più considerato solamente come un vasto repertorio di temi e testi da cui attingere ed imitare pedissequamente, bensì come un'inestimabile fonte di

---

[331] Per un inquadramento generale sulla poesia neoterica rimando senz'altro a G. GARBARINO, *Letteratura latina. Teoria e testi. Excursus sui generi letterari*, Paravia Torino 1995, pp. 179-182.

[332] Ne è un esempio lampante il canzoniere catulliano, in cui alcuni dei *neòteroi* erano i destinatari di diversi carmi.

dottrine filosofiche, poetiche e letterarie.

Del resto, era inevitabile che questo tipo di poesia colta e disimpegnata sorgesse e si diffondesse fra le fila dell'aristocrazia: una parte della *nobilitas*, infatti, cominciava ad avvertire come insopportabile il peso della *gravitas* di cui era tradizionalmente investita, e cercava rifugio in una poesia a cui chiedeva soltanto un intrattenimento piacevole e privo di scopi pratici. Fa notare giustamente Emanuele Narducci che «il formarsi di questo gusto "alessandrino" per una letteratura di consumo privato, di fattura elegante, presuppone d'altra parte (...) la progressiva separazione, che andrà accentuandosi fino al disprezzo, del gusto raffinato della *élite* colta da quello grossolano della plebaglia; nel I secolo a.C., esso si compie praticamente in parallelo alla proletarizzazione dei ceti urbani»[333].

In quest'ambito, dunque, è la teoria estetica alessandrina, che si rifaceva direttamente a Callimaco, che la fa da padrona, per così dire: Callimaco, nei suoi *Aitia*, presenta, in una sorta di manifesto programmatico, i suoi nuovi principî letterari: brevità, tecnica raffinata, profonda erudizione, deliberato rifiuto della grandiosità e della magniloquenza, nonché un espresso ripudio della poesia tradizionale[334].

> Contro la mia poesia mormorano i Telchini[335]
> – gente ignorante che della Musa non è amica –
> poiché su re o eroi un poema unico e continuato
> non ho realizzato, in molte migliaia di versi,
> ma in breve svolgo il mio canto, come un bambino,
> anche se non poche sono le decine dei miei anni. (...)
> Via di qui, funesta progenie della maldicenza! Un'altra volta con l'arte,
> e non con la pertica per misurare, giudicate la bravura!
> E non cercate che da me nasca un canto che forte risuoni:
> non tocca a me tuonare, ma a Zeus!

In quest'ottica la poesia callimachea non poteva non mettere in soffitta la prolissa poesia epica del passato, puntando su brevi e più agili espressioni, come l'epigramma ed il giambo, ricercando nella poesia narrativa nuove soluzioni, come l'epillio, ossia il poemetto di tema mitologico, e l'elegia[336].

---

[333] E. NARDUCCI, *Le risonanze del potere*, in *Letteratura, storia, civiltà. Grecia antica, Roma antica, Medioevo*, VII, *La letteratura incontra il pubblico: lingue, luoghi, comunicazione*, Salerno Editrice, Roma 1989, pp. 533-577, spec. p. 562.

[334] Il testo callimacheo degli *Aitia* ci è stato preservato da una scoperta papiracea del 1927.

[335] Esseri semidivini tradizionalmente maligni.

[336] Sui *neòteroi* si vedano in generale L. ALFONSI, *Poetae novi. Storia di un movimento poetico*, C. Marzorati, Como 1945; E. CASTORINA, *Questioni neoteriche*, La Nuova Italia, Firenze 1968; J. GRANAROLO, *L'époque néoterique ou la poésie romaine d'avant-garde au dernier siècle de la République (Catulle excepté)*, De Gruyter, Berlin-New York 1973, pp. 278-360; un'efficace ricostruzione di un epillio di Calvo è in A.S. HOLLIS (a cura di), *Fragments of Roman Poetry c. 60 BC-AD 20*, Oxford University Press, Oxford 2007, pp. 25-30.

I *neòteroi* latini sposarono appieno le impostazioni di Callimaco, coltivando, nelle loro opere, un tipo di poesia leggera e, per così dire, disimpegnata a livello contenutistico; essi facevano inoltre sfoggio di una impressionante erudizione in campo mitologico, geografico e linguistico[337] e puntavano alla brevità dei propri componimenti.

Tra i numerosi aderenti a questo genere letterario (il cui esponente di spicco fu senza alcun dubbio Catullo) è necessario menzionare in questa sede Caio Licinio Calvo. Grosso modo coetaneo di Catullo, di cui fu intimo amico[338] e al quale sopravvisse di alcuni anni (morì infatti nel 47 a.C.), Calvo era membro di una nobile e facoltosa famiglia dell'aristocrazia romana; oratore molto apprezzato e aderente alla corrente atticista, compose una serie di *Epigrammi*, di *Epitalami* [339] *Epilli* ed *Elegie*. Della sua vasta produzione letteraria quasi tutto, eccettuati pochi frammenti, è andato perduto. Fra le reliquie più celebri spicca, tra l'altro, un epigramma satirico contro Pompeo Magno, accusato di nutrire gusti omosessuali (cosa non vera ma adoperata di frequente a Roma come arma di denigrazione politica, come accadde allo stesso Cesare). Esso recitava:

> *Magnus, quem metuunt omnes, digito caput uno*
> *scalpit. Quid credas hunc sibi velle? Virum.*

> Pompeo il Grande, che tutti temono, si gratta la testa con un dito[340].
> Di che cosa credi che abbia voglia? Di un maschio.

Abbiamo nominato volutamente Licinio Calvo, poiché il grammatico Nonio Marcello lo menziona espressamente accanto a Cesare, nel ricordare una loro poesia con un tema comune (e forse anche dai versi simili, in un sottile giuoco di rimandi reciproci), intitolata *Cinis* ("La Cenere").

Della specifica produzione poetica cesariana è giunta sino a noi una quantità veramente irrisoria di versi. Per rendere l'idea al lettore, è come se, passeggiando lungo una spiaggia, notassimo, portate dalla risacca, alcune corrose e frammentarie tavole di legno e da queste cercassimo di indovinare la forma originaria della nave di cui un tempo lontano, prima del naufragio, esse

---

[337] Non a caso gli scrittori di età augustea li definiranno *docti*.

[338] Catullo aveva dedicato a Calvo il famosissimo *Carme 96* per consolarlo della scomparsa dell'amata moglie Quintilia, a cui il poeta aveva in precedenza dedicato varie elegie («Se ai muti sepolcri qualcosa di caro o di gradito/ può giungere, o Calvo, dal nostro dolore,/ da quel rimpianto con cui rinnoviamo gli antichi amori/ e versiamo lacrime sugli affetti da tempo perduti,/ certo Quintilia non soffre tanto per la sua morte prematura,/ quanto gioisce per il tuo amore»).

[339] Ovvero canti nuziali.

[340] La medesima accusa – indice di effemminatezza e gesto *dandy* di chi, si crede, tema di spettinarsi – era stata rivolta da Cicerone a Cesare, secondo il trito *cliché* in materia.

facevano parte. Impresa ardua, certo, ma non del tutto impossibile.

La *Laus Terentii* ("Lode di Terenzio") è un breve componimento, conservato da Svetonio, che s'inserisce probabilmente in una dotta discussione poetica sul commediografo latino Publio Terenzio Afro, di cui – pur riconoscendo doti letterarie che lo avvicinano al modello attico di Menandro – Cesare lamenta la mancanza di *verve* e di mordente, che lo rendono solamente degno dell'appellativo di "mezzo Menandro".

Il *Thrax puer* ("Il fanciullino di Tracia"), attribuita dubitativamente da alcuni critici a Germanico, è una breve ma toccante ode che, sul modello di Anacreonte, racconta la straziante vicenda di un bambino caduto nell'Ebro gelato, ed il conseguente dolore della madre, intenso ma composto, improntato ad una sorta di fatalistica accettazione del Fato.

L'*Iter* ("Il Viaggio") di cui resta un unico verso tramandato da Isidoro di Siviglia, era probabilmente una "satira" sul modello del *Viaggio in Sicilia* di Lucilio e del successivo *Viaggio a Brindisi* di Orazio: composta nel 45 a.C., nel corso della traversata delle Alpi in direzione della Spagna, dove avrebbe combattuto l'ultima decisiva campagna contro i pompeiani, Cesare dettò l'opera ai suoi segretari senza interrompere l'avanzata, cosa che getta una non piccola luce sul suo concetto di azione e di concomitante "riposo" letterario[341].

Cinis ("La Cenere") affronta il tema della morte e della vanità del presente. Più latamente esso coglie un tema di importanza capitale nel Buddhismo, ovvero quello dell'impermanenza. Tale tematica, ben presente nella filosofia greca (si pensi allo Stoicismo o all'Epicureismo adottato dallo stesso Cesare), poteva essere giunta a Cesare attraverso due vie: la prima, tramite Pirrone, che aveva seguito Alessandro Magno nella sua spedizione in Asia ed aveva avuto modo di discutere con i dotti giainisti e buddhisti dell'India (Cicerone stesso desumerà da Pirrone diverse tematiche buddhiste confluite poi nel suo trattato *Dei Doveri*)[342]; la seconda, direttamente dai monaci *theravada* presenti a sud di Alessandria d'Egitto, teste indiretto Filone. Tutto dipende dalla data di composizione del poemetto, ma sull'influenza buddhista, più o meno mediata, non paiono sussistere seri dubbi.

Ci sia consentito di soffermarci ancora un po' sulla *Cinis* di Cesare e di Calvo, che pare richiamare echi lontani (ma neanche troppo) della letteratura indiana. Nel suo poema *Le gesta del Buddha*, il celebre Aśvaghoṣa, letterato di corte di Kanishka il Grande (78 – 127 d.C. ca.), recependo tematiche e

---

[341] Per farsi un'idea delle poche comodità di questo tipo di viaggio si veda L. CASSON, *Viaggi e viaggiatori dell'Antichità*, Mursia, Milano 1978, pp. 142-177.

[342] Si veda sul tema C.I. BECKWITH, *Pyrrho's Encounter with Early Buddhism in Central Asia*, Princeton University Press, Princeton-Oxford 2017 e le mie note sull'argomento nell'edizione di CICERONE, *Dei Doveri*, introduzione, traduzione e note a cura di M. RIZZOTTO, Primiceri Editore, Padova 2021. Non si tralasci inoltre PIRRONE, *Testimonianze*, testo greco, traduzione e commento di F. DECLEVA CAIZZI, Bibliopolis, Napoli 1981.

materiali molto più antichi, così descrive il primo incontro del giovane principe Siddharta con la palpabile e sconvolgente realtà della morte[343]:

Ma, mentre il giovane procedeva per la via, quegli stessi dèi crearono un uomo privo di vita; e solo il principe e l'auriga, ma nessun altro, vedeva quel morto che veniva trasportato per la strada.
Così il figlio del re chiese all'auriga: «Chi è quello? Quattro uomini lo reggono, persone afflitte lo accompagnano e, benché sia pieno di ornamenti, lo piangono».
Allora il conducente (…) spiegò acconciamente al suo signore quell'argomento di cui non avrebbe dovuto parlare: «Un uomo abbandonato da intelletto, sensi, soffio vitale e qualità, addormentato senza coscienza, divenuto come paglia o legno; egli viene ora abbandonato dai suoi cari dopo tante fatiche spese per allevarlo e proteggerlo: ecco chi è costui».
Udite le parole del conducente egli ebbe come un tremito e chiese: «È forse limitata a quella persona tale legge, oppure vi è una simile fine per tutte le creature?».
Il conducente gli rispose: «Per tutte le creature questo è l'atto finale; inevitabile è in questo mondo la distruzione per ciascuno, sia egli infimo, mediano o eccelso».

In Siddharta lo sgomento iniziale per tale inaspettato incontro con la morte è seguito dalla disperazione e quindi dalla consapevolezza che lo indurrà a disprezzare i piaceri offerti dalla casa paterna per conseguire una liberazione dalla morsa della morte. In Calvo e in Cesare, che hanno ben potuto assimilare la variegata e multiforme selva delle riflessioni greche sulla morte, una sorta di rassegnazione velata di malinconia pare subentrare nella fase finale dell'incontro con l'impermanenza e la morte. Fedele ai dettami di Epicuro e a dispetto della sua carica di Pontefice Massimo, Cesare non ritiene che sopravviva qualcosa dell'individuo alla morte e al rogo funebre (ne rende testimonianza anche il noto discorso in favore dei complici di Catilina, riportato da Sallustio) e per lui il rimirare delle braci rosseggianti di un essere umano cremato non può che rimandare sì al ricordo della persona scomparsa, ma altresì alla consapevolezza della sua ineluttabile ed irreversibile fine. Risuonavano sicuramente nella sua mente gli insegnamenti di Epicuro[344]:

---

[343] AŚVAGHOṢA, *Le gesta del Buddha*, Adelphi, a cura di A. PASSI, Milano 1993, libro III, vv. 54-59; uno scrittore contemporaneo, G. MASTRANGELO, *Piccolo Buddha*, Sperling & Kupfer, Milano 1993, pp. 40-41 (testo che servì da appoggio all'omonimo film di Bernardo Bertolucci) in modo volutamente fanciullesco e *naïf*, ma di chiaro impatto emotivo, specifica intorno a tale episodio: «Siddharta, dal suo cocchio, vide una strana processione attraversare in fretta una piazza. "Che cosa fanno quegli uomini, Channa? Li vedi là in fondo, piangere in fila, dietro a quell'uomo che dorme su una portantina di legno? Chi sono? Dove vanno?". (…) Siddharta non sapeva che la morte esistesse. Ma chi di noi, in fondo, lo sa con certezza? Ci hanno detto soltanto che ci succederà di sicuro, e che ogni essere umano, prima o poi, deve morire per forza. Niente altro sappiamo. Siddharta, cresciuto senza che nessuno a palazzo gli dicesse mai una parola al riguardo, scoprì improvvisamente l'esistenza della morte. Scoprì anche che in India i cadaveri degli uomini venivano bruciati». Molto efficace, nella pellicola di Bertolucci basata sul testo, la scena in cui Siddharta, ormai conscio della realtà dell'impermanenza, mette nella mano del re suo padre le ceneri di un defunto cremato, rendendo così tangibile l'ineluttabile fine degli esseri viventi.
[344] EPICURO, *Lettera a Meneceo*, 124-125; per un inquadramento generale della figura e gli

Abituati a pensare che la morte per noi è nulla: perché ogni bene e ogni male risiede nella possibilità di sentirlo: ma la morte è perdita di sensazione. Per cui, la retta conoscenza che la morte per noi è nulla, rende piacevole che la vita sia mortale, non perché la prolunga per un tempo infinito, ma perché la libera dal desiderio dell'immortalità. Non c'è infatti nulla di temibile nella vita per chi ha la profonda convinzione che nulla di temibile vi è nel non vivere più. Cosicché è folle chi asserisce di temere la morte non perché quando sarà presente gli arrecherà dolore, ma perché è l'attesa che gliene provoca. Ciò che non ci inquieta se presente, ci affligge infatti vanamente quando lo si attende. Il male, dunque, che più ci atterrisce, la morte, è nulla per noi, perché quando ci siamo noi non c'è la morte, e quando c'è la morte noi non siamo più. Pertanto essa è nulla per i vivi e per i morti, perché per quelli non c'è, e questi non sono più.

Le assonanze tra il pensiero cesariano e quello buddhista terminano però in modo abrupto intorno al destino dell'uomo dopo la morte; com'è noto, nel Buddhismo non esistono i concetti di "anima" o di "reincarnazione" (come erroneamente ritenuto da molti occidentali), bensì quelli di "base mentale" o "coscienza" e di "ri-divenire" (che ontologicamente ha un significato molto diverso). Per Cesare, da buon epicureo, l'anima autocosciente esiste sì, ma è anch'essa un aggregato materiale di atomi, destinato a dissolversi dopo la morte, senza alcuna speranza di ri-divenire nuovamente (elemento questo angosciante, per la sua apparente impossibilità di essere spezzato, agli occhi di un orientale, da cui non ci poteva liberare se non seguendo l'Ottuplice Sentiero indicato dal Buddha). Afferma infatti Cesare stesso: «Nel dolore e nelle miserie la morte è riposo per i tormenti, dissoluzione di tutte le sventure mortali, non è supplizio; al di là di essa non esiste alcun luogo per la gioia o per gli affanni»[345].

Ma passiamo oltre. La *Fabula Hermaphroditi* ("Il mito di Ermafrodito") è un distico facente probabilmente parte di un perduto epillio (ovvero un breve poemetto a tema mitologico) sul mito del fanciullo che, unitosi mentre faceva un bagno alla ninfa Salmace, presentava in sé sia le caratteristiche del maschio che quelle della femmina. Cesare recepisce l'influsso culturale ellenistico, che aveva fatto artisticamente di Eros, dio dell'amore, «un ermafrodita, un essere ibrido, lascivamente stanco, che possiede organi genitali maschili e femminili e li mette in mostra con palese evidenza. (…) Questa aberrazione anatomica era per i Greci troppo antiestetica ed essi la ingentilirono con un soffio di poesia e di grazia, inventando ben presto una favola che, soddisfacendo la logica, desse un significato gentile a questo paradosso della natura»[346]. La paternità di Cesare a questo componimento è molto contestata dagli studiosi, ma non del tutto escludibile.

---

insegnamenti di Epicuro, G. REALE, D. ANTISERI, *Il pensiero occidentale dalle origini ad oggi*, I. Editrice La Scuola, Brescia 1983, pp. 175-186.

[345] SALLUSTIO, *La Congiura di Catilina*, 51.

[346] R. LEWINSOHN, *Storia dei costumi sessuali*, I, *Dall'Eden a Enrico VIII*, Longanesi, Milano 1969, p. 47.

Discorso a parte meriterebbe la *Laus Herculis* ("Le lodi di Ercole"): di questo poemetto, teste Svetonio, sappiamo che fu composto da Cesare in età giovanile e che Ottaviano Augusto lo fece sparire per evitare motivi di imbarazzo In questa sede, a titolo del tutto ipotetico, ne abbiamo proposto una ricostruzione, presupponendo che Cesare si fosse ispirato al modello greco di Pindaro, di cui avrebbe potuto offrire un'inedita traduzione poetica latina.

Dei *Poemi erotici* giovanili non è pervenuto nulla, se non singole parole citate da tardi grammatici, che non consentono un'agevole ricostruzione.

Una produzione variegata e notevole, come si può vedere, che – se ci fosse pervenuta nella sua interezza e senza dubbi di paternità – avrebbe contribuito a gettare una luce più intensa sul Dittatore Perpetuo, aiutandoci a coglierne molti aspetti che la Storia ha tralasciato o lasciato volutamente in un cono d'ombra. Sì, perché la poesia parla volutamente all'animo, e in tal modo avremmo ricevuto, da parte di Cesare, una voce più intima, suadente e (perché no?) rivelatrice.

Carmina et prolusiones

Poesie

Testo:

E. Th. Hohler (a cura di),*C. Julii Caesaris Fragmenta*, Viennae/Cremisae
1822
W. Morel, *Fragmenta Poetarum Latinorum*, Lipsiae 1927

Come moltissimi nobili romani, anche Cesare si cimentò in diversi componimenti poetici, influenzato in ciò dagli autori greci dei secoli precedenti, in particolare da Anacreonte. Per nostra somma sfortuna la produzione poetica cesariana è andata quasi completamente perduta; ad influire sulla scomparsa degli scritti poetici del futuro dittatore giuocò enormemente la censura operata da Augusto sugli scritti giovanili del proprio padre adottivo, come rammenta Svetonio. Motivazione principale, stando al biografo imperiale, era l'abbondanza di miti e leggende contenuti in essi, miti e leggende che potevano prestare facilmente il fianco ad interpretazioni politiche controproducenti per il nuovo regime instaurato dal *Pater patriae* nonché vincitore di Azio (Svetonio, *Vita del Divo Giulio*).

Nel medesimo passo testè citato, Svetonio specifica che Augusto avrebbe scritto una sorta di lettera programmatica a Pompeo Macro, indicandogli l'elenco dei testi cesariani da «mettere all'indice», poiché quest'ultimo era stato espressamente incaricato del riordino sistematico delle biblioteche pubbliche dell'Urbe[347].

In lode di Terenzio

Laus Terentii

In questo poemetto – di cui un relativamente cospicuo frammento (sei versi in tutto) ci è stato tramandato da Svetonio – Cesare tesse le lodi di Publio Terenzio Afro, il celebre commediografo latino; Cesare non esita a definire Terenzio un "mezzo Menandro", degno di stare alla pari con i migliori autori di teatro greci, lamentandosi però della sua mancanza di *vis*, di forza, nelle sue opere, pure eleganti e ben rifinite. Tale mancanza, secondo lui, era il tallone

---

[347] AUGUSTO, *Epistole*, fr. 44 Malcovati.

d'Achille dell'altrimenti eccellente autore di teatro latino.

Il ricorso a Terenzio come modello di purismo linguistico era quasi di prassi per gli scrittori repubblicani; nel presente caso, la *Vita di Terenzio* svetoniana conserva quattro esametri (il verso tipico dell'epica) espressi a suo tempo da Cicerone in lode di Terenzio[348], con l'aggiunta ironica di una risposta dello stesso Cesare, che sottende il fatto che il commediografo romano Terenzio (il quale, nelle sue opere, si ispirò chiaramente a Menandro e ad altri autori teatrali greci) non poteva essere considerato un modello di autore artisticamente riuscito, poiché il solo fatto di essere linguisticamente "puro e lineare", come volevano i Neo-atticisti, non poteva bastare a farne la fortuna, mancandogli quella *verve* necessaria a farlo emergere su tutti.

Svetonio, *Vita di Terenzio*, 5

Tu quoque, tu in summis, o dimidiate Menander,
Poneris, et merito puri sermonis amator,
Lenibus atque utinam scriptis adiuncta foret vis
Comica, ut aequato virtus polleret honore
Cum Graecis, neque hac despectus parte iaceres.
Unum hoc maceror, ac doleo tibi deesse Terenti.

Anche tu sarai, giustamente, tra i primi, o mezzo Menandro,
tu che ami la purezza del linguaggio.
Se nei tuoi scritti all'eleganza si fosse aggiunta la forza,
la tua maestria, sulla scena, sarebbe pari a quella dei Greci,
e non saresti negletto per questa tua mancanza!
Mi dispiaccio e mi addoloro che solo questo ti manchi, o Terenzio!

Il fanciullino di Tracia

Thrax puer

Si è discusso da parte della critica se la paternità di questo poemetto fosse da ascriversi a Giulio Cesare o a Germanico, padre dell'imperatore Caligola, ma pare (anche se non con matematica certezza) che questi distici si debbano alla penna del conquistatore delle Gallie. Era di questo parere anche Benito Mussolini, che ne diede una efficace parafrasi all'interno del suo

---

[348] CICERONE, *Carmina*, fr. 2 Blänsdorf: «Anche tu, Terenzio, che solo, nella tua lingua scelta, fai rivivere nel nostro bel mezzo un Menandro tradotto in latino e reso con dei versi temperati, avendo in sé un che di amabile nel tono e nella dolcezza in tutti i propositi».

dramma in tre atti, il *Cesare* (atto II, quadro IV), scritto a due mani con Giovacchino Forzano nel 1939. Il sunto della poesia fu messo in bocca nientemeno che a Cleopatra, in occasione del suo primo incontro con Cesare, e nel testo teatrale la regina d'Egitto non esitò a paragonarla ai più delicati componimenti di Anacreonte. Ma lasciamo la parola allo stesso Mussolini:

CESARE: Hai avuto molto coraggio. Ma una volta qui, tu eri certa che io ti avrei difesa perché io ti ho ordinato di venire.
CLEOPATRA: Non per questo ne ero certa... Tu mi hai ordinato di presentarmi al tuo tribunale. Il tuo tribunale poteva condannarmi a morire o a essere data ai tuoi soldati come preda di guerra... Non per questo ne ero certa. Ne ero certa... per il ricordo di una piccola ode che tu hai scritto... Io conosco quei tuoi distici sul caso di quel fanciullo che mentre giocava, scivolando sul fiume ghiacciato e cantava e rideva, udì il ghiaccio frangersi, sì che le risa e i canti e la vita giovane si spensero nell'acqua, mentre le lastre richiudendosi gli straziavano la gola... Tu hai compianto quel bimbo e la madre in versi delicati come i più delicati di un'ode di Anacreonte. Se il vincitore del mondo ha nel suo cuore anche queste stille di rugiada, non farà uccidere e non darà ai suoi soldati la giovane regina che non ha regnato ancora (*tende la mano a Cesare*) e l'aiuterà ad alzarsi. (*Cesare va nel fondo e la rialza. Cleopatra, lascia la mano di Cesare*).

*Caii Julii Caesaris quae extant Opera Omni*a, IV, a cura di L. Achaintre e Lemaire, Parisiis 1822, p. 28

Thrax puer adscricto glacie dum ludit in Hebro,
Pondere concretas frigore rupit aquas.
Dumque imae partes rapido traherentur ab amne,
Abscidit tenerum lubrica testa caput.
Orba quod inventum mater dum conderet urna,
Hoc peperi flammis, caetera dixit aquis.

Giocava un dì un fanciullino trace sull'Ebro, stretto nel gelo glaciale,
ma per il peso s'infranse la coltre di ghiaccio e piombò il piccolo nelle gelide acque.
Dal fiume le estremità inferiori del corpicino furono rapidamente risucchiate, recise dalla tenera testolina che fino ad un ad un attimo prima giocava scherzosamente.
La trovò la madre rimasta priva del suo piccolo e la pose in un'urna, piangendo:
«Era destinata essa al fuoco del rogo, il resto del tuo piccolo corpo alle acque».

Il Viaggio

Iter

Nella penisola spagnola, dopo la disfatta di Tapso, erano confluiti quasi tutti i repubblicani superstiti, ponendosi agli ordini del figlio maggiore del Magno, il giovane e crudele Gneo Pompeo. A precipitare la situazione era intervenuto un rapace e malvoluto governatore cesariano, Quinto Cassio Longino, che aveva spinto le truppe della Spagna Ulteriore a ribellarsi e a schierarsi dalla parte di Pompeo il Giovane. Costui, assieme al fratello Sesto Pompeo e al mai domo Labieno, era riuscito a mettere insieme ben 13 legioni e 6.000 cavalieri e 12.000 ausiliari celtiberi.

Cesare ritenne indispensabile intervenire di persona per mettere fine alla sfida dei repubblicani. Il dittatore lasciò il governo di Roma a Lepido, suo *magister equitum* (e futuro triumviro), e in sole quattro settimane l'infaticabile condottiero aveva raggiunto il fronte delle operazioni. Durante il tragitto trovò anche il tempo per comporre un poemetto, intitolato *Iter* ("Il viaggio"), dettato ai suoi segretari mentre cavalcava, e di cui lo scrittore medievale Isidoro di Siviglia ci ha conservato un unico breve (ma interessante) frammento; in passato c'è chi ha pensato a Giulio Cesare Strabone Vopisco quale autore del presente frammento, ma esso è chiaramente ascrivibile al Dittatore Perpetuo.

Doveva trattarsi, ipotizza Pierre Grimal, di una "satira" del tipo del *Viaggio in Sicilia* di Lucilio e del successivo *Viaggio a Brindisi* di Orazio[349].

Isidoro di Siviglia, *Origini*, IV, 12, 7

Unguenta autem quaedam dicuntur a locis, ut telinum, cuius Iulius Caesar meminit, dicens:
"Corpusque suavi Telino unguimus".
Hoc conficiebatur in insula Telo, quae est una ex Cycladibus.

Alcuni unguenti, tuttavia, sono indicati dal luogo di origine. Un esempio è *telinum*, come ricorda Giulio Cesare quando dice:
«Ungiamo i nostri corpi con del *telinum* rilassante».
Questo (*scil.* il telino) è stato inventato sull'isola di Telos, che è una delle Cicladi[350].

---

[349] P. GRIMAL, *Cicerone*, Garzanti, Milano 1986, p. 221.

[350] Più plausibilmente il τήλινος era così chiamato in quanto ottenuto dalla τῆλις, il cosiddetto "fieno greco".

La Cenere

Cinis

«*La Cenere*» (titolo desunto dal contenuto) è un poemetto in cui Cesare affronta la tematica della morte o – per usare un termine filosofico preso dal Buddhismo – dell'*impermanenza*. Del resto tale riflessione, già presente nella letteratura greco-classica ed ellenistica, era stata portata in Occidente anche dalle missioni religiose inviate nel III sec. a.C. da Asoka, imperatore buddhista dell'India, e dirette in Grecia, Libia ed Egitto, nonché propagate da una comunità permanente di monaci *Theravada* installatasi ad Alessandria, da cui più tardi Clemente Alessandrino apprenderà precise notizie intorno alla vita e agli insegnamenti morali del Buddha, e che lo stesso Cesare aveva molto probabilmente conosciuto nel corso della sua permanenza egiziana del 48-47 a.C.[351]

Molti hanno attribuito la paternità del seguente frammento poetico a Licinio Calvo (*Carmina*, fr. 15 Blänsdorf), cosa che in questa sede confermiamo, ma esso era probabilmente ripreso – non sappiamo se con gli *ipsissima verba*, anche se ciò è plausibile – da Cesare, in un sottile gioco di richiami e citazioni reciproche che abbiamo visto come egli amasse adoperare. Del resto Nonio Marcello, il grammatico che ha salvato il verso di Calvo, lo accomuna, e non a caso, a quello di Cesare stesso.

La cenere, tutto ciò che resta di un defunto dopo il rogo funebre, è vista come emblema di ciò che fino a poco tempo prima era ben presente, senziente ed operante, ed ora è ridotto ad un niente. Ciò trova un certo richiamo anche nell'Epicureismo professato dal medesimo Cesare, che ne temperava un po' l'implicita tristezza.

Nonio Marcello, *Grammatica*, p. 197, 7-15 Mercier

«Cinis» masculino Vergilius in Bucolicis: «Cinis ipse, bonum sit». Et Georgicorum lib. I: «Neve effetos cinerem immundum iactare per agros ». Feminino apud Caesarem et Catullum et Calvum lectum est, quorum vacillat auctoritas: «Cum iam fulua cinis fueris».

La parola «cenere» figura, al maschile, nelle *Bucoliche* di Virgilio: «La cenere stessa, felice presagio!», nonché nel I libro delle *Georgiche*: «Non spandere della cenere immonda sui campi». Il termine si legge invece al femminile in Cesare, Catullo e Calvo (esempi la cui autorità si rivela invero vacillante):
Quando tu oramai sarai ridotto in cenere rosseggiante...

---

[351] Si veda l'*Appendice* finale.

Il mito di Ermafrodito

Fabula Hermaphroditi

In un codice membranaceo medievale è stato rinvenuto un distico, dubitativamente attribuito a Cesare ma solitamente non considerato tale dalla critica, e forse a torto, poiché nulla esclude che possa essere stato tratto da un florilegio che, in origine, attinse anche agli scritti giovanili perduti di Cesare. In esso Cesare tratta del mito di Ermafrodito.

Secondo la versione che Ovidio aveva accolto nelle sue *Metamorfosi*[352], Ermafrodito era figlio di Ermes e di Afrodite (Mercurio e Venere per i Romani, quest'ultima, si noti, considerata progenitrice della *gens* Giulia); ancora neonato, era stato allattato dalle Naiadi nelle grotte del Monte Ida, un monte sacro situato in Frigia, regione dell'Asia Minore.

All'età di quindici anni, lasciò la sua casa ed iniziò ad esplorare il mondo, viaggiando verso le città della Licia, fino a giungere in Caria, sulle sponde di un grande lago (nella versione cesariana si tratterebbe della riva del mare). Laggiù, in un boschetto nei pressi della città di Alicarnasso, fu visto dalla giovane e bella ninfa Salmace, la quale si innamorò immediatamente di lui. Accesasi di passione per il giovane, cercò di sedurlo, ma fu da costui respinta. Salmace rimase nascosta ad ammirare Ermafrodito, fino a quando il ragazzo non si spogliò ed entrò nelle acque del lago, per prendere un bagno; allora la ninfa, appena vide il bel giovane cominciare a bagnarsi nel lago, saltò fuori da dietro il riparo di un albero e si gettò su di lui. Si avvolse intorno al ragazzo, con la forza lo baciò sulla bocca e gli carezzò il petto. Mentre Ermafrodito si dibatteva, lei supplicò gli dèi di potersi unire per sempre al suo amato e di non esserne mai separata. Il suo desiderio venne accolto e i due divennero un essere solo, i loro corpi si fusero in una creatura di entrambi i sessi, metà maschio e metà femmina.

Codice Regio, già Colbertino, 6630, membranaceo in 4°, XIII secolo

Dum dubitat natura marem faceretne puellam,
Natus es, ô pulcher, pæne puella puer!

Dubita allora la Natura se il mare abbia fatto una fanciulla,
sei nato, o fanciullo, quasi una giovinetta, in luogo di un ragazzo!

---

[352] OVIDIO, *Le Metamorfosi*, IV 285-388.

Poemi erotici giovanili

Erotica Carmina

Caper, *Ortografia Latina*, GL, VII, 101, 16-17

Hoc "lutum" atque "macellum" ἑνικῶς [i.e. *singulariter*] *exire memento,
Memmius «Ista macella» licet, Caesar «luta» dicat.*

Ricordati che i termini "lutum" e "macellum" sono declinati al singolare, anche se Memmio consente l'espressione: «Questi mercati di bestiame (*macella*)», e Cesare dica: «bovi (*luta*)».

Laudes Herculis

Le Lodi di Ercole

Testo:

A. Bianchi, *Ode Prima delle Nemee di Pindaro*, per Niccolò Bettone, Brescia 1818
G. Bowyer, *Pindari Olympia, Pythia, Nemea, Ishtmia cum interpretatione latina*, impensis G. Innys & J. Richardson, Londini 1755

Nella produzione poetica cesariana un posto a parte occupa il poemetto intitolato *Laudes Herculis*; assai curiosamente, il drammaturgo e romanziere Bertolt Brecht, scriveva nel suo (peraltro oltremodo realistico e verosimile) romanzo incompiuto *Gli affari del signor Giulio Cesare*: «In piena campagna elettorale Cesare è partito per un luogo di bagni. Ha detto solo a me dove va, perché ha bisogno di riposo assoluto, è molto nervoso e ricomincia a non dormire. (…) E pensare che Pompea, entrando per caso, ha visto che metteva nella sua valigia il suo *Ercole*, quei terribili esametri che ha composto quindici anni fa e che legge sempre alle donne, perché non trova argomenti. La storia del riposo assoluto, l'ha raccontata perfino a me, e non s'è vergognato di mettere la mano sulla testa, come se gli dolesse»[353].

Molto giustamente – ma con la sua consueta e garbata ironia – un grande studioso contemporaneo di Cesare, Luciano Canfora, si è domandato a tal proposito: «Chissà perché Bertolt Brecht era convinto che questo poemetto fosse una specie di *Ars amandi* ovidiana»[354].

Esattissima osservazione. Le *Laudes Herculis* erano infatti un breve poemetto, una composizione a tematica epica e non erotica. Svetonio ci informa che Augusto vietò la pubblicazione di questo scritto giovanile del padre adottivo «con una brevissima e secca lettera a Pompeo Macro, che aveva l'incarico di riordinare le biblioteche»[355]. Come per altri scritti di Cesare, non conosciamo le motivazioni precise di tale soppressione.

Ad ogni modo, a causa di questa opera di censura voluta da Augusto, del poemetto non è rimasta traccia, ma qualche ipotesi sul suo contenuto può venire perlomeno azzardata, almeno a titolo di indagine.

Innanzitutto, i precedenti: a chi si era ispirato il giovane Cesare per le

---

[353] B. B\RECHT, *Gli affari del signor Giulio Cesare*, Einaudi, Torino 2015, p. 76.
[354] L. C\ANFORA, *Giulio Cesare. Il dittatore democratico*, Laterza, Roma-Bari 1999, p. 391, n. 11.
[355] S\VETONIO, *Vita del Divo Cesare*, 56.

sue *Laudes Herculis*? Con certezza non lo sappiamo, ma è notoria la sua predilezione per Alessandro Magno, che considerava alla stregua di un modello. Ora, sappiamo che durante la distruzione di Tebe, Alessandro ordinò di risparmiare dalle demolizioni della città ribelle la casa in cui era vissuto il poeta Pindaro, a lui molto caro[356]. È possibile – anzi, molto probabile – che copia delle opere di Pindaro fosse presente nella ricca biblioteca personale della colta e bilingue *gens* Giulia.

Nelle *Nemee* di Pindaro (la prima) è presente infatti un'ode ad Eracle, che potrebbe aver ispirato il Nostro; data l'età giovanile, Cesare avrebbe potuto voler rendere tale testo in versi latini, incanalandosi nel consolidato solco aperto da Livio Andronico con la sua *Odusia*.

Se così fosse, potremmo tentare una ricostruzione del breve poemetto, che narra l'attacco al neonato eroe per opera dei rettili inviati dalla gelosa Giunone e la predizione delle sue future fatiche per bocca dell'indovino Tiresia.

Offriamo allora in questa sede al lettore – del tutto a titolo ipotetico ma non senza una qualche convinzione – la versione latina delle *Nemee* elaborata nel 1755 da G. Bowyer e la relativa traduzione italiana dell'abate Antonio Bianchi, del 1818. Certo, non si ha la pretesa che i testi summenzionati corrispondano *tout court* al perduto scritto cesariano, ma siamo persuasi che possano almeno renderne una qualche pallida idea.

Testimonianze

T. 1
Svetonio, *Vita del Divo Cesare*, 56

Feruntur et a puero et ab adolescentulo quaedam scripta: ut Laudes Herculis, *tragœdia* Œdipus, *etc.; quos omnes libellos vetuit Augustus publicari.*

Si tramanda inoltre che fin da quand'era fanciullo e poi da adolescente, [Cesare] avesse composto alcuni scritti: delle *Lodi di Ercole*, una tragedia intitolata *Edipo*, etc. Tuttavia Augusto proibì che tutti questi opuscoli fossero pubblicati.

---

[356] ARRIANO, *Anabasi di Alessandro*, I, 9, 9.

Laudes Herculis

(ricostruzione)

Ego vero Herculem amplector prompte,
in primitiis virtutum insignibus,
antiquum producens sermones.
Quomodo, postquam ex visceribus matris
statim venerandam in lucem filius Iovis
expartu evadens gemello cum fratre prodiit,
ideoque non latens aureo throno insidentem Junonem,
croceas cunas ingressus fuerit.
Sed deorum regina irritta animo,
duo immiserit dracones statim.
Qui quidem apertis portis,
in thalami penetrale latum irrepserunt,
pueru is avidas malas suas circumplicare cupientes.
Ille autem rectum quidem extendit caput,
fecitque periculum primum pugnae.
Duabus duos cervicibus corripiens
effugium non dantibus manibus suis serpentes:
strangulatis vero, diuturnitas animas elisit e membris infandis.
Intolerabile vero sane jaculum percussit mulieres,
quotquot fuerunt Alcmenes inserviente cubili.
Etenim ipsa pedibus fine vestibus
prosiliens estrato simul cum aliis,
propulsavit iniuriam bestiarum.
Confestim autem Cadmeorum proceres
aereis cum armis accurrerunt crebri.
In mano vero Amphitryo vagina nudum
vibrans gladum venit,
acutis doloribus perculsus.
Nam domesticum malum premit omnem pariter:
statim vero doloris expers cor, luctum ob alienum.
Stetit vero stupore difficili delectabilique permixtus.
Vidit enim inusitatam generositatemque et fortitudinem filii.
Irritum igitur e immortales nunciorum sermonem fcerunt.
Vicinum vero evocavit, Iovis alitissimi prophetam eximium,
vera vaticinantem Tiresiam.
Ille vero ei dicebat et omni turbae praesenti,
quaibus cum conflictaturus esset Fortunis:

quot in terra interfecturus, quotque in mari bestias perniciosas:
et aliquem cum iniqua hominum insolentia incedentem,
odiosissimus dixit ei daturum Fatum,
Etenim quando Dii in Campo Phlegrae
gigantibus in pugna contra ierint,
telorum ab impetu ilius,
illustrem terrae commixtum iri comam.
Dixit porro, ipsum quidem in pace
per omne tempus fruiturum perpetuo tranquilliate,
laborum magnorum praemium consecutus eximium,
beatis in domibus accepta florida Hebe uxore,
et nuptiis celebratis apud Iovem Saturnidem,
augustam laude exornatum domum.

Auspicio volentieri io traggo da Ercole,
Antica richiamando l'inclita storia:
Come di vita sugl'istanti primi,
Fuor del materno sen di Giove il figlio
Alla luce serena con il fratello gemello[357] uscito appena,
E avvolto in fasce crocee[358],
Non fuggì di Giunone l'irato ciglio:
Ché degli Dèi l'altissima regina
Nel più vivo del cuor tocca di sdegno
Mandò due draghi subito,
Che anelanti rapina
Penetràr l'ampie sale, e fatti segno
I pargoletti all'avide mascelle
Strisciar sin presso il talamo:
Ma il capo egli solleva, e l'alma impelle
Al suo primo guerresco arduo pericolo,
Ed afferra la cervice
Con quelle mani, onde scampar non lice.
Strozzati alfin, lo spirito esalàro
Fuor de le membra orribili e sinistre:
Fur tocche allo spettacolo
Da uno spavento amaro
Quante al letto assistean donne ministre
d'Alcmena, che giacea nel letto inferma;
La qual spossata e languida,

---

[357] Si tratta di Ificle.
[358] Cioè gialle.

243

Da sì grave cimento non si scherma;
Ma fuor del letto, nuda i piè, si scaglia,
Ed insiem con esse corre
Da' tortuosi nodi i figli a sciorre.
Tosto nell'armi i primi de' Cadmei
Agli ampi penetrali in folla accorrono.
Anfitrione, tratto l'acciar dal fodero,
Pur venne a femminili acuti oméi
Trafitto il cuor da dolorosa spina:
Ché il domestico danno
Punge l'alma di ognun con pari affanno:
Ma subito si esilara,
Se caduta è in altrui l'alta ruina.
Ei pieno di stupore a gioia misto
Stette, scorto del figlio il franco volto
E la fortezza indomita,
E in letizia quel tristo
Annunzio dai Celesti esser rivolto.
Il vicino chiamò dal del sommo GiovedìGran profeta, il veridico
Tiresia a interpretar l'Erculee prove.
Quegli ed a lui vaticinò, e all'esercito
Con qual nemica sorte
Cozzato avrebbe ardimentoso il forte;
E quante in terra belve e quante in mare
Immani mostri arìa pugnando estinti;
Quai violenti orribili
Uomin darìeno amare
Pene, per braccio suo domati e vinti;
E che quando gli Iddii ne' Flegrei Campi
A battaglia verrebbero,
Delle sue freccie a colpi e ai spessi lampi,
La chioma intrisa di sanguigna polvere,
Cadrìeno i rei Giganti,
I lor feroci insulti ottusi ed affranti:
E come in premio de' suoi lunghi affanni
Pel lungo volgere degli eterni secoli
In Olimpo godrà pace perpetua
Sortito agli immortali eterei scanni;
Quivi otterrà per moglie Ebe[359] fiorente,

---

[359] Coppiera degli dèi.

E, con lei celebrate
Le nozze nelle sedi alte e beate,
Presso Giove Saturnio
Ammirerà la Reggia aurea lucente.

L'*Anticatone* e i martiri della libera *Res Publica*[360]

di Giuseppe Petruzzelli

a Cristina...
... che rende possibile ogni sogno.
Questo è il primo

1. «Il grande e lutulento fiume della storia»: ogni storia è storia contemporanea?

Tra il 55 e il 54 a.C. Cicerone consegnò alle pagine del suo *De oratore* un prezioso insegnamento:

«La storia in verità è testimone dei tempi, luce della verità, vita della memoria, maestra di vita, messaggera dell'antichità».[361]

La conoscenza del passato è fondamentale all'uomo per poter costruire su solide fondamenta il proprio futuro.

Anche Machiavelli rielaborò il medesimo insegnamento alla luce della propria visione politica:

«Debbe uno uomo prudente intrare sempre per vie battute da uomini grandi, e quelli che sono stati eccellentissimi imitare, acciò che, se la sua virtù non vi arriva, almeno ne renda qualche odore; e fare come gli arcieri prudenti, a' quali parendo el loco dove disegnano ferire troppo lontano, e conoscendo fino a quanto va la virtù del loro arco, pongono la mira assai più alta che il loco destinato, non per aggiugnere con la loro freccia a tanta altezza, ma per potere, con lo aiuto di sì alta mira, pervenire al disegno loro».[362]

Il politologo fiorentino aveva subìto l'influenza della cultura umanistico-rinascimentale e fatto proprio il cosiddetto «mito dei classici», che voleva il mondo antico – e romano in particolar modo – essere scrigno di valori, virtù e modelli eternamente validi; ma fu anche capace di riconoscere come al passato non andasse fatta alcuna violenza, non bisognasse forzarlo al presente.

Il rischio, altrimenti, è quello di fare un uso improprio della Storia. Ogni epoca, puntualmente ignorando tali insegnamenti, ha letto le singole esperienze della storia rielaborandole di volta in volta diversamente e trasformandole in

---

[360] I frammenti dell'Anticatone citati nel presente studio seguono l'ordine dei frammenti proposti da Tschiedel, anziché quello presentato da questa raccolta.

[361] CICERONE, *De oratore*, II, 9, 36: *Historia vero testis temporum, lux veritatis, vita memoriae, magistra vitae, nuntia vetustatis.*

[362] NICCOLÒ MACHIAVELLI, *Il Principe*, VI.

uno specchio della contemporaneità. Si è già accennato a ciò che fecero appunto gli umanisti e i rinascimentali con la passata storia antica; è ben nota quale fosse l'idea che illuministi prima e romantici poi ebbero dell'età medievale. La nostra epoca non è stata certo da meno. Sparta, ad esempio, e in particolar modo la costituzione di Licurgo, rappresentarono per il comunismo un fulgido esempio di uguaglianza tra i cittadini, mentre per il nazionalsocialismo l'emblema dello Stato razziale per eccellenza. Analogamente quella di Roma antica è sempre stata un'eredità culturale costante nella storia d'Europa, soprattutto in Italia, dall'Ottocento risorgimentale sino alle esperienze più nefaste del Fascismo. Già dal 1922, infatti, il mito di Roma entrò ufficialmente nella nuova politica (culturale e non solo) fascista, e un aspetto in particolare doveva far gola alla nuova classe dirigente italiana: l'imperialismo. Del resto, pochi anni più tardi, nel 1937, si completava la "missione civilizzatrice" di Roma sul continente africano, con la conquista dell'Etiopia, e il regime incrementava l'idea di un nuovo Impero che nasceva sotto l'egida del Duce. Il medesimo anno sarebbe stato, pertanto, "l'anno dell'aquila e della croce": coincideva, infatti, con il bimillenario della nascita di Augusto – il «padre-fondatore» dell'Impero –, con i millenovecento anni dalla morte di Tiberio – colui che aveva crocefisso Gesù Cristo –, e infine con i milleseicento anni dalla morte di Costantino – l'imperatore cristiano. Il fascismo, quindi, era chiaramente l'emblema della nascita di una nuova potenza nella quale riviveva lo splendore dell'età romana. Pertanto, soprattutto la figura di Augusto subì un tale processo corruttivo che l'avrebbe portata poi ad essere accostata a quella di Mussolini nella sala conclusiva della Mostra Augustea della Romanità, diretta dall'archeologo G. Q. Giglioli[363]. L'idea di fondo era che comunque nessuno avrebbe mai potuto eguagliare la complessità del progetto politico-culturale realizzato da Augusto.

Come evidenziano Giovanni Negri e Alfredo Valvo nella prefazione a una raccolta recente[364], tale doveva essere l'idea che animò anche i primi commentatori di Dante, tanto da spingerli a intravvedere nel veltro[365] il ritorno di Augusto, colui che avrebbe attuato la liberazione del mondo dalle spoliazioni della lupa – nella quale è impersonata la *cupiditas* –, dandole la caccia di città in città fino a ricondurla all'Inferno.

È così, quindi, che fatto tesoro di questi insegnamenti, ci apprestiamo nelle pagine a seguire a cercare di far luce su alcune delle tracce più oscure lasciate

---

[363] G.Q. GIGLIOLI (a cura di), *Mostra Augustea della Romanità. Catalogo*, «Bimillenario della nascita di Augusto, 23 settembre 1937-XV – 23 settembre 1938-XVI» Casa Editrice C. Colombo, Roma 1937.

[364] G. NEGRI – A. VALVO (a cura di), *Studi su Augusto. In occasione del XX centenario della morte*, G. Giappichelli Editore, Torino, 2016.

[365] DANTE ALIGHIERI, *Inferno*, I, vv. 100-111.

da uno dei personaggi della storia antica su cui sono stati spesi fiumi e fiumi d'inchiostro: Gaio Giulio Cesare. Partendo da una convinzione: la storia di Cesare è, innanzitutto, la storia di tutta una generazione, quella degli uomini del I sec. a.C., che vive sulla propria pelle le antinomie di un'intera epoca: la crisi della *res publica*.

Aiuta meglio a comprenderlo un bellissimo passo di Cassio Dione. Siamo a Utica (attuale Tunisia) nel 46 a.C., quando Catone, il campione per antonomasia delle virtù romane, decide di non combattere più contro Cesare e non far ricorso alla sua *clementia* – che considera invece peggiore della morte –, ordinando, al contrario, a suo figlio di seguire Cesare; e quando il giovane chiede al padre perché egli non faccia lo stesso, Catone gli risponde con convinzione:

«Io sono cresciuto in un tempo di libertà e di libera parola, e non posso da vecchio cambiare e assoggettarmi alla schiavitù; tu invece, che sei cresciuto in questo clima, fai bene a seguire il tuo destino».[366]

Non ci sono parole in grado di esprimere più chiaramente la rottura dell'esperienza politica della Roma tardo-repubblicana e che la traghettò verso il Principato. Cassio Dione descrive la crisi del *mos maiorum*, della tradizione storico-politico-culturale tra Repubblica e Principato attraverso il divario generazionale tra Catone e suo figlio: il primo, infatti, apparteneva alla generazione di Cesare; suo figlio a quella di Augusto. I padri avevano dovuto confrontarsi con figure del calibro di Mario e Silla; i figli cresceranno nel ricordo del sangue versato da Ottaviano e Marco Antonio. Tutti ugualmente segnati da scontri fratricidi e proscrizioni.

Evidentemente quell'ordine costituito, quel *mos maiorum*, non poteva più essere riproposto, negli stessi termini, in una società che si presentava oramai profondamente mutata: il processo di frammentazione della politica romana, infatti, in atto già negli anni di Silla e Mario, si rende maggiormente evidente nella generazione post-sillana, in una classe dirigente che cerca di superare la crisi, che pure avverte, di quell'ordine – un ordine politico-sociale che a Roma non trova fondamento in una forma scritta, essendo sprovvista di una vera e propria costituzione – ricostruendo la storia di Roma mediante un modello sorretto dalle tradizioni e legittimato da un *mos maiorum* che in realtà però è già un *novus mos*.[367]

---

[366] CASSIO DIONE, *Storia Romana*, XLIII, 10, 5: ἐγὼ μὲν ἔν τε ἐλευθερίᾳ καὶ ἐν παρρησίᾳ τραφεὶς οὐ δύναμαι τὴν δουλείαν ἐκ μεταβολῆς ἐπὶ γήρως μεταμαθεῖν· σοὶ δ' ἐν τοιαύτῃ καταστάσει καὶ γεννηθέντι καὶ τραφέντι τὸν δαίμονα τὸν λαχόντα σε θεραπεύειν προσήκει.

[367] R. SYME, *La rivoluzione romana*, Einaudi, Torino, 2014, p. 350: «I Romani, presi come popolo, erano dominati da una particolare venerazione per l'autorità, i precedenti, la tradizione, insieme a una radicata avversione per ogni mutamento, a meno che il mutamento non potesse

Un «secolo breve» che si presenta profondamente contraddittorio: da una parte, una classe dirigente (i padri) tutta proiettata nella dimensione di un potere unicamente legittimato dai grandi esempi del passato, dalle tradizioni dalle quali era proibito eccedere, unico ordine concepibile o quantomeno accettabile; dall'altra (i figli), gli eccezionali poteri personali di grandi generali come Pompeo e Cesare, dei quali non si poteva più fare a meno.

La convinzione, quindi, di un uso improprio della Storia ci autorizza in queste pagine a rivendicare l'importanza dello studio del passato.[368]

La Storia, al pari di ogni sapere, non rappresenta qualcosa d'inerte, lontano e atro da noi, ma, all'opposto, è qualcosa che ci riguarda, che ci forma ed è destinato a interpellarci direttamente e continuamente: «la consapevolezza che la cultura alla fine significa semplicemente la possibilità per ognuno di noi di uscire dalla propria particolarità e di mettersi in relazione con il mondo passato e presente, con tutti i suoi pensieri, i suoi protagonisti e i suoi fatti, raggiungendo così una pienezza di vita altrimenti impossibile».[369]

In una società in cui a dominare è ormai la logica capitalistica di un mercato che necessita di milioni di consumatori condizionati dall'emulazione e privi di senso critico, non a torto già Tocqueville affermava che gli studi classici sono «pericolosi»,[370] perché gli unici in grado di salvaguardare e trasmettere forme

---

dimostrarsi in armonia con il costume avito, con il *mos maiorum*». Non è un caso che lo stesso Augusto sottolineerà (*Res Gestae divi Augusti*, 6): «ma io non ho voluto accettare alcuna magistratura che fosse in contrasto con il costume degli antenati» (*nullum magistratum contra morem maiorum delatum recepi*). Cfr. anche M.-E. FARRIOR, *The Ultimate Romana Mors. The Death of Cato and the Resulting Paradigmatic Shift in Roman Suicide*, in «Berkeley Undergraduate Journal of Classics», 2 (2), 2013, https://escholarship.org/uc/item/4jt4b00s.

[368] Tematica oggi più che mai attuale e sulla quale è necessario focalizzare l'attenzione, anche e soprattutto dinanzi al sempre più dilagante fenomeno – non solo in ambito anglosassone – della cosiddetta *cancel culture* (eletta nel 2019 dal dizionario australiano Macquarie come parola dell'anno), ovvero della preoccupante tendenza alla *damnatio memoriae* delle tracce di un passato caratterizzato da valori e ideali anacronistici rispetto ai nostri tempi, con la conseguente pretesa di svilire ed eliminare anche dall'insegnamento scolastico e universitario – tra i tanti – gli autori greci e latini perché espressione di una cultura bianca e pertanto sovranista. È quanto sta accadendo, ad esempio, da qualche anno anche in Italia con la discussione attorno alla demolizione o riqualificazione di edifici e simboli del Fascismo: come se bastasse soffermarsi dinanzi un monumento fascista per spingerci a vestire camicie nere e fasci littori! Giustamente scrive L. CANFORA, *Noi e gli antichi. Perché lo studio dei Greci e dei Romani giova all'intelligenza dei moderni*, Rizzoli, Milano, 2012 (ed. e-book), pp. 301-302: «Non una, ma mille ragioni abbiamo di volere che anche il classicismo nella scuola non debba essere semplice coefficiente d'istruzione, ma soprattutto fattore potente di educazione civile, morale, intellettuale»; e, riprendendo Salvemini, «è la consapevolezza dei modi in cui quel mondo è giunto sino a noi, e trasformandosi ci ha permeati, è la coscienza cioè della storia della tradizione in quanto unitaria storia culturale, che dà senso alla centralità dello studio del mondo classico in una scuola che abbia fondamenta storiche e che addestri alla critica» (p. 307).

[369] E. GALLI DELLA LOGGIA, *L'aula vuota*, Marsilio, Venezia 2019, p. 10.

[370] A. DE TOCQUEVILLE, *De la Démocratie en Amérique*, J. P. MAYER (a cura di), Gallimard, Paris 1951, vol. II, parte II, cap. 15, p. 68.

di pensiero distanti dal "rumore" della società, vera forza anticonformistica in grado di arginare l'omologazione e consentire al contrario di guardare con abito critico alla fluidità della realtà, non limitandosi semplicemente a "mimare" ciò che ci circonda.

Per fare ciò, però, è necessario smettere di «*rimirare*»[371] gli antichi, bensì interrogarli sulle questioni cruciali che essi, prima di noi, tentarono di risolvere. È questo, fondamentalmente, che rende contemporanea ogni storia: nuove epoche e nuove temperie culturali impongono nuove domande, le cui risposte sono arricchite di nuove prospettive, nuovi punti di vista che possono giovare della totalità dell'esistenza di chi ci ha preceduto e che ci aiutano a comprendere la *complessità* e la *difficoltà,* a capire che non sempre i problemi hanno una soluzione. Lo scopo è di arrivare alla *comprensione* (*cum-prendere*, "prendere insieme"), facendo «rivivere con la forza della scienza quella vita scomparsa: il canto del poeta, il pensiero del filosofo e del legislatore, la santità del tempio, i sentimenti dei credenti e dei non credenti, le molteplici attività del mercato e del porto per terra e per mare, gli uomini intenti al lavoro e al gioco».[372] Ma ogni storia è sempre contemporanea anche se si prende coscienza della costante relatività del mestiere dello storico, che fa sì che ciascuno riveli delle facce volta a volta differenti, tutte, in fondo, in qualche modo vere, e spesso tra loro complementari, ma nessuna esaustiva. È, sostanzialmente, quanto aveva già intuito tempo fa Cervantes, che nel capitolo IX del *Don Chisciotte* definiva lo scrivere storia come vera «madre della verità»: «l'idea è meravigliosa: non vede nella storia l'indagine della realtà, ma la sua origine. La verità storica per lui non è ciò che avvenne ma ciò che noi giudichiamo che avvenne».[373]

Tuttavia, la violenza con cui il futuro e l'idea di progresso ha travolto le società contemporanee ha determinato una rottura epocale, poiché a contare è divenuto solo "ciò che sarà", mentre il passato s'indebolisce fino a venir meno del tutto il peso della tradizione e la fede nel suo significato. In tal modo, come evidenza Hanna Arendt, prende forma il pericolo che le nuove generazioni, non sapendo nulla del mondo in cui arrivano, lo mettano a soqquadro, lo lascino andare in rovina e per pura e semplice incoscienza lo distruggano.

2. «La più vitale delle attività umane»

È per questo motivo che, in aperto contrasto con «le magnifiche sorti e

---

[371] Vedi L. CANFORA, *Gli antichi ci riguardano*, Il Mulino, Bologna 2014 (ed. e-book), p. 110.

[372] U. VON WILAMOWITZ-MOELLENDORFF, *Storia della filologia classica*, Einaudi, Torino, 1971.

[373] J. L. BORGES, *Finzioni*, Mondadori, Milano 1974, p. 38.

progressive» di un mondo sempre più tecnocratico, comune convinzione degli Autori delle *Opere minori, inedite e frammentarie* di Gaio Giulio Cesare è stata assumere quale punto di partenza di ogni riflessione «la più vitale delle attività umane»:[374] la traduzione. Perché tradurre consente il raggiungimento di quella necessaria "intimità" con il vasto campionario dei sentimenti e delle grandi imprese umane, con le questioni ultime che attengono al senso dell'esistere e del morire. Tradurre conduce il nostro sguardo verso l'"altro" dai noi nel tempo e nello spazio, su civiltà e universi diversi e lontani.

La traduzione è l'apice di un rapporto di reciprocità e interconnessione tra due lingue: un andare-oltre e tornare-indietro da una lingua all'altra, ammettendo l'insuperabile differenza tra il "proprio" mondo e l'"estraneo", ma anche riconoscendo la straordinaria «ospitalità linguistica», [375] ovvero la capacità di accompagnare per mano l'autore dal lettore e viceversa. [376]

Non è questa la sede, né compito di chi scrive, ricostruire una storia/teoria della traduzione, ma condivisa è la convinzione della necessità d'individuare alcune tappe fondamentali per la comprensione dell'importanza – e soprattutto dell'attualità – di tale esercizio per costruire tassello dopo tassello il grande ponte in grado di legare presente, passato e futuro.

A cominciare proprio da uno dei personaggi più illustri del mondo romano – Cicerone –, il quale individuava le qualità essenziali del buon oratore nel *docere* (o *probare*), *delectare* e *movere* (o *flectere*),[377] e contemporaneamente s'impegnava in una traduzione di alcune importanti orazioni (il *Per la Corona* di Demostene e il *Contro Ctesifonte* di Eschine) appunto da oratore, non da interprete, cercando di cogliere e rendere le espressioni autentiche del pensiero greco mediante un lessico appropriato all'indole della lingua latina: non una traduzione letterale, rendendo parola per parola, ma in grado di preservare il carattere e l'efficacia espressiva dell'originale. Non si dimentichi che obiettivo non secondario dell'Arpinate era arricchire la lingua e la letteratura natia attraverso la traduzione, anche a scapito della fedeltà.

In questa stessa ottica s'inserì, molto più tardi, anche Schleiermacher,[378] ricordando innanzitutto che tradurre aiuta a mettere in contatto persone distanti

---

[374] CANFORA, *Gli antichi... op. cit.*, p. 121.

[375] P. RICOEUR, *Sé come un altro*, Jaca Book, Milano 1993, p. 21.

[376] Cfr. DINDA L. GORLÉE, *Semiotics and the Problem of Translation. With Special Reference to the Semiotics of Charles S. Peirce*, Rodopi, Amsterdam 1994.

[377] CICERONE, *Dell'ottimo capitano*, (46 a.C. ca.). Il primo compito è quello d'informare sul fatto ed esporre la propria tesi dimostrandone la validità; il secondo è quello di esporre i fatti piacevolmente, con un discorso vivace, serio, faceto, ironico, satirico, esemplificando sempre; l'ultimo infine è quello di coinvolgere emotivamente l'ascoltatore.

[378] F. SCHLEIERMACHER, *Sui diversi metodi del tradurre* (1813), in S. NERGAARD (a cura di), *Teorie contemporanee della traduzione*, Bompiani, Milano 2002.

nello spazio e nel tempo e permette di accogliere prodotti di altre culture;[379] ma che soprattutto compito del traduttore è creare un *transfert* con l'autore, che gli permetta, con la libera facoltà combinatoria, di restituire la sfumatura degli stati d'animo dell'autore. Il traduttore, cioè, deve proporsi di offrire al lettore un'idea e un godimento come quelli offerti dalla lettura dell'opera nella lingua originale alla persona che, per la sua formazione culturale, non è più costretta (come gli scolari) a pensare ogni particolare nella propria lingua materna prima di cogliere il tutto, ma che rimane sempre cosciente della diversità esistente tra le due lingue. Per fare ciò, però, è necessaria la consapevolezza che la piena comprensione di un testo può avvenire solo rispettando due imprescindibili condizioni: a) muovere dallo spirito della lingua; b) muovere dall'animo dell'individuo. In altri termini, si ha una comprensione autentica – nel senso etimologico di *cum-prendere*, "prendere insieme" e diventare uniti con essa – solo se ci si rende conto, ad esempio, che così poteva pensare e parlare soltanto un greco e che tale influenza poteva esercitarla soltanto questa lingua, e che in greco era in grado di pensare e parlare in questo modo soltanto questo individuo. Consci, però, del fatto che è impossibile pretendere che un uomo possa diventare la stessa cosa in due lingue diverse, perché nessuno possiede la propria lingua meccanicamente, ma ne è il prodotto.

Come ricorda anche Benjamin,[380] la traduzione è finalizzata all'espressione del rapporto più intimo fra le lingue, e tale rapporto consiste nel fatto che queste non sono fra loro estranee, ma affini in ciò che vogliono dire; è un modo provvisorio di fare i conti con l'estraneità delle lingue. «Come i frammenti di un vaso, per lasciarsi ricomporre, devono presentare continuità nei minimi dettagli, ma non perciò averli identici, così, invece di farsi simile al senso dell'originale, la traduzione deve amorosamente, e fin nei dettagli, sforzarsi di attingere nella propria lingua il modo d'intendere di quello, per far apparire così entrambe le lingue frammenti di una lingua più grande».[381]

A ciò si contrappone invece la visione di Ortega y Gasset,[382] che definisce il traduttore un pusillanime, in quanto rinchiude lo scrittore tradotto nella prigione del linguaggio normale, tradendolo. La traduzione è *flou*, evanescenza, vaghezza. Ma, riprendendo anch'egli Schleiermacher, riconosce che soltanto quando si è in grado di strappare il lettore dalle sue abitudini linguistiche e costringerlo a muoversi all'interno di quelle dell'autore si ha traduzione in

---

[379] Questi stessi fenomeni si realizzano anche all'interno di una stessa lingua, ad esempio con i dialetti o sviluppi della lingua, o anche rapporti tra classi socio-culturali diverse e anche con i nostri stessi pensieri.

[380] W. BENJAMIN, *Il compito del traduttore*, in ID., *Angelus Novus, Saggi e frammenti*, Torino 1962, pp. 39-52.

[381] *IBID.*, p. 42.

[382] J. ORTEGA Y GASSET, *Miseria e splendore della traduzione*, Sugarco, Milano 1984.

senso proprio. Perché compito fondamentale della traduzione non è il tentativo di assimilare l'originale al lettore, bensì di evidenziarne le distanze, rendendole tuttavia intelligibili: nel tradurre è necessario allontanarsi dalla propria lingua per andare verso le altre.

È con questo spirito che in queste pagine ci apprestiamo a raccontare di uno dei secoli più cruciali del nostro antico passato attraverso frammenti di opere forse eternamente perdute, pur nella consapevolezza che «frammento è, ovviamente, lo spezzone di poesia [...] su cui versiamo fiumi di parole, illudendoci di spiegare la misera parte di un intero ridotto in pezzi. È però frammento anche un testo "intero" che naviga in uno spazio che i filologi talvolta si illudono di riempire facendo dialogare i testi tra loro, "al di sopra" di una realtà intermedia e circostante, nota solo in modesta parte. [...] È frammentario in fine il tessuto stesso di un testo intero: in quanto ogni lingua ha i suoi silenzi, che il traduttore a suo rischio riempie. "Silenzi del testo", peculiari di ogni lingua.[383]

3. La "Drôle de guerre"

La notte del 10 gennaio del 49 a.C., a seguito della decisione del Senato di sostituire Cesare nel comando delle Gallie e di considerarlo nemico pubblico, il comandante con i suoi legionari passa il Rubicone che, facendo da confine della Gallia Cisalpina, rappresentava l'ingresso in armi nell'area dell'Urbe. Il tanto evocato *senatus consultum ultimum* viene votato e la salvezza della *res publica* affidata a Pompeo.

A Roma scoppia il panico. Plutarco descrive efficacemente il caos generale e gli scontri tra cittadini di opposto orientamento.[384] Contestualmente, Pompeo invita i senatori ad abbandonare l'Italia, mentre egli stesso fugge verso Brindisi, per salpare in cerca di appoggio fra le sue clientele orientali, protetto comunque a Occidente dai suoi legati in Spagna.[385] Roma è abbandonata a sé stessa: gli stessi consoli di quell'anno – Lucio Cornelio Lentulo Crure e Gaio Claudio Marcello maggiore – fuggono al seguito di Pompeo, mentre le provocatorie proposte di pace di Cesare vengono definitivamente respinte,[386] e a quanti,

---

[383] *IBID.*, p. 86.

[384] PLUTARCO, *Cesare*, 33, 3-4.

[385] Sulla sconcertante mossa di Pompeo di abbandonare l'Italia, cfr. L. CANFORA, *Giulio Cesare. Il dittatore democratico*, Laterza, Roma-Bari, 2011, pp. 183 sgg.; TH. MOMMSEN, *Storia di Roma*, vol. V, cap. X; J. CARCOPINO, *Giulio Cesare*, Rusconi, Milano, 1993, pp. 370-371; L. FEZZI, *Il dado è tratto. Cesare e la resa di Roma*, Laterza, Roma-Bari 2017, pp.196-224..

[386] Plutarco giudica che per troppa coerenza Catone aveva gettato Pompeo nelle braccia di Cesare rifiutandogli talune soddisfazioni di vanità senza importanza, e ugualmente Cicerone (*Lettere ad Attico*, II, 1, 8) gli rimprovera di aver arrecato danni agli interessi dello Stato – pur animato da ottime intenzioni – «perché prende la parola in Senato come se operasse nella

ancora incerti, si attardano nella capitale, Pompeo rimprovera: «Per gli uomini infatti la potenza e la libertà non stanno nelle terre e nelle case, ma gli uomini stessi, ovunque essi siano, le hanno con sé stessi, e se si difendono ricupereranno anche terre e case».[387] Da parte sua, invece, Cesare cerca ancora una mediazione tra le parti per costruire quell'appoggio necessario a legittimare le proprie azioni. Sono da intendere in quest'ottica le *avance* che da questo momento il condottiero farà a Cicerone, e nello specifico la lettera del 5 marzo di quell'anno con la quale gli chiede d'incontrarsi «onde trarre profitto dalla tua capacità di decisione, dall'influenza che eserciti, dal tuo prestigio personale, dall'appoggio che potrai darmi in ogni campo».[388] La sua non è semplice *captatio benevolentiae*: se Cicerone fosse rimasto a Roma, avrebbe significato la legittimazione di un Senato sostanzialmente dimezzato.

Ma la storia seguirà un corso diverso: Cicerone, nonostante i numerosi dubbi, le lunghe indecisioni, i rimorsi della coscienza e il timore dell'opinione pubblica, deciderà di lasciare l'Italia e seguire Pompeo:[389] «come un bue va dietro al suo armento, così io seguirò gli uomini dabbene ovvero quelli che a qualsiasi titolo saranno definiti tali, anche se crolleranno rovinosamente».[390]

Tuttavia, la guerra civile non finirà con Farsalo:[391] quella con cui Roma deve fare i conti è un unico e ininterrotto sanguinoso conflitto apertosi alla fine del dicembre 50 e che si concluderà solo due decenni più tardi con la vittoria di Ottaviano, ad Azio (31 a.C.), su Marco Antonio e Cleopatra.[392]

Nondimeno, tale guerra civile assumerà tanti volti quanti i suoi diversi contendenti: la guerra di Pompeo e dei suoi figli è altra cosa rispetto a quella

---

"repubblica" di Platone e non tra il fecciume della città di Romolo» (*dicit enim tamquam in Platonis* πολιτείᾳ, *non tamquam in Romuli faece, sententiam*).

[387] APPIANO, *Le Guerre Civili*, II, 37, 147: Οὐ γὰρ τὰ χωρία καὶ τὰ οἰκήματα τὴν δύναμιν ἢ τὴν ἐλευθερίαν εἶναι τοῖς ἀνδράσιν, ἀλλὰ τοὺς ἄνδρας, ὅπῃ ποτ' ἂν ὦσιν, ἔχειν ταῦτα σὺν ἑαυτοῖς· ἀμυνομένους δ' ἀναλήψεσθαι καὶ τὰ οἰκήματα.

[388] In CICERONE, *Lettere ad Attico*, IX, 6A: *ut tuo consilio, gratia, dignitate, ope omnium rerum uti possim.*

[389] Si ricordi che Cicerone sapeva fin troppo bene la tragicità di una guerra civile: bruciavano ancora le cicatrici lasciate dallo scontro tra le bande armate di Clodio e Milone, così come doveva avere ancora ben impressa nella sua mente l'immagine del Tevere «pieno di cadaveri di cittadini, che le cloache ne traboccavano, che dal foro il sangue si toglieva via con le spugne» (CIC., *Pro Sesto*, 35, 77: *corporibus civium Tiberim compleri, cloacas refarciri, e foro spongiis effingi sanguinem*), Cfr. CANFORA, *Giulio Cesare... op. cit.*, pp. 191-193.

[390] CICERONE, *Lettere ad Attico*, VII, 7, 7: *ut bos Armenta, sic ego bonos viros aut eos quicumque dicentur boni sequar, etiam si ruent.*

[391] CANFORA, *Giulio Cesare... op. cit.*, p. 255: «il carattere di questa guerra civile, diversamente da tutte le altre del I a.C.-III d.C., è che essa non finisce mai».

[392] SVETONIO, *Vita di Augusto*, 17; cfr. F. CHAMOUX, *Marco Antonio: l'ultimo principe dell'Oriente greco*, Rusconi, Milano 1988, p. 254 e sg. La guerra civile tra Cesare e Pompeo – così come quella tra Marco Antonio e Ottaviano – è esemplificativa dello scacchiere davvero europeo che aveva assunto la politica romana: le clientele provinciali contano molto, come dimostra la scelta prima dell'Africa e poi della Spagna quale terreno di rivincita.

"repubblicana" di Catone, così come la guerra dei "liberatori" Cassio e Bruto sarà altra cosa rispetto a quella che sancirà l'avvento del Principato.

Per Catone, in particolare, quella di Pompeo non era stata fino in fondo la sua guerra[393] – iniziata per giunta senza alcun preavviso e senza necessità[394] –, bensì quella tra due aspiranti al *regnum*.

E già qualche mese prima, un Catone consapevole della tragicità degli eventi, dice a Bruto, che lo esorta ad astenersi – almeno momentaneamente – dal prendere parte al conflitto, perché la guerra che si sta combattendo è esecrabile e il saggio ne verrebbe contaminato:

> «O Bruto, definiamo le guerre civili un supremo abominio,
> ma un deciso valore seguirà la strada dei fati;
> diventi colpevole anch'io: sarà delitto degli dèi!».[395]

Catone non nega l'obiezione di Bruto: sa che partecipare alla guerra civile rende colpevole anche lui, sa che la guerra è *summum nefas*, sommo abominio, eppure si schiera. Ed è, inoltre, *trahunt*, trascinato, trascinato contro la propria volontà.[396]

Per Cesare, invece, non sarà una marcia trionfale, e dopo la vittoria sarà necessario confrontarsi con i morti e le macerie: l'Italia e tutte le province saranno teatri di guerra; moltissimi uomini perderanno la vita; gli eserciti vittoriosi chiederanno a gran voce la meritata ricompensa.

Tale disastro, tuttavia, non è da attribuire unicamente alla guerra civile: in fin dei conti, quest'ultima era stata conseguenza diretta dell'incapacità della Repubblica e della sua classe dirigente di affrontare quei problemi sociali, politici ed economici che affliggevano la vastità dell'impero ormai da decenni, ma ai quali ottusamente si guardava attraverso la limitata prospettiva di una città-stato. Augusto godrà di oltre quarantacinque anni di potere per conferire al mondo mediterraneo le benedizioni della *pax Romana*, mentre Cesare avrà

---

[393]Su Catone né pompeiano né tantomeno cesariano, ma "repubblicano", cfr. SEN., *epist.*, 95, 70; 104, 29-33. Vedi anche CANFORA, *Giulio Cesare... op. cit.*, pp. 181 sgg.

[394] CESARE, *La Guerra Civile*, I, 30, 5: «Quando queste operazioni erano quasi compiute, Catone, venuto a conoscenza dell'arrivo di Curione, in una adunanza pubblica si lamenta di essere stato abbandonato e tradito da Cn. Pompeo che, senza alcun preparativo, aveva intrapreso senza necessità una guerra» (*Quibus rebus paene perfectis adventu Curionis cognito queritur in contione sese proiectum ac proditum a Cn. Pompeio, qui omnibus rebus imparatissimis non necessarium bellum suscepisset*).

[395] LUCANO, *Farsaglia*, II, 286-289: *Summum, Brute, nefas civilia bella fatemur; / sed quo fata trahunt, virtus secura sequetur; / crimen erit superis et me fecisse nocentem.*

[396] Per una trattazione estesa delle principali questioni riguardanti la *Farsaglia*, cfr. E. NARDUCCI, *La provvidenza crudele. Lucano e la distruzione dei miti augustei*, Giardini, Pisa 1979; ID., *Lucano. Un'epica contro l'impero. Interpretazione della* Pharsalia, Laterza, Roma-Bari 2002.

appena due anni di tempo prima che trentatré pugnalate porranno prematuramente fine a ogni suo progetto.[397]

4. *Victrix causa diis placuit, sed victa Catoni*:[398] la libera *res publica* ha il suo martire

Dopo lo scontro decisivo a Tapso nell'aprile del 46, Cesare si dirige verso Utica, dove i pompeiani possedevano una fortezza perfettamente munita agli ordini di Catone. Questi, da quando Pompeo era stato costretto ad abbandonare l'Italia nel 49,

«non appena aveva visto impugnare le armi funeste, aveva lasciato crescere e scendere sulla fronte austera i bianchi capelli e sulle guance la barba in segno di lutto: egli soltanto, non preso da interesse o da odio di parte, era disposto a piangere sul genere umano».[399]

E dopo la sconfitta di Farsalo, per protestare contro la perduta libertà e la tirannia di Cesare, aveva scelto di mangiare da seduto, coricandosi unicamente per dormire.

All'annuncio della sconfitta di Tapso, Catone chiama a raccolta i suoi: è pronto a combattere e dare la vita, ma non vuole obbligare nessuno a fare altrettanto, e aiuta tutti coloro che lo desiderano a mettersi al sicuro sulle navi. Egli, invece, è fermo nella convinzione di non consegnarsi a Cesare. Esorta invece suo figlio a chiedere la grazia a Cesare, evidentemente consapevole del profondo cambiamento che Roma aveva vissuto in appena una generazione.[400]

Ormai certo della sconfitta, dopo aver fatto il bagno, Catone cena con gli amici, disquisendo con loro di argomenti letterari e filosofici.[401] A fine serata, abbracciati il figlio e gli amici più a lungo del solito, si ritira nelle sue stanze per leggere il *Fedone* di Platone, il dialogo filosofico ambientato nelle ultime

---

[397] Due anni prima, in una lettera a Metello Scipione, Cesare aveva individuato i suoi obiettivi politici (da intendersi come una sorta di programma politico?) nella tranquillità dell'Italia, pace per le province e sicurezza per l'Impero (CESARE, *La Guerra Civile*, III, 57, 4). La lettera è significativa anche per il fatto che non venga mai menzionata direttamente Roma: emblematico dello sguardo già ecumenico della linea politica cesariana. Del resto, per buona parte della sua carriera militare, Cesare era stato a Roma solo per brevi periodi e aveva avuto l'opportunità di visitare molte province: non è quindi sorprendente che la sua visione politica fosse profondamente diversa da quella di un senatore ordinario, per il quale tutto iniziava e finiva a Roma.

[398] LUCANO, *Farsaglia*, I, 128: «La causa dei vincitori piacque agli dèi, ma quella dei vinti a Catone».

[399] ID., II, 374-378: *ut primum tolli feralia viderat arma, / intonsos rigidam in frontem descendere canos / passus erat maestamque genis increscere barbam: / uni quippe vacat studiis odiisque carenti / humanum lugere genus.*

[400] Vedi *supra*.

[401] PLUTARCO, *Catone Minore*, 66, 4-67, 2; cfr. APP., BC, II, 98; DIO, XLIII, 11, 2-3.

ore della vita di Socrate.[402] Durante la lettura, accortosi di non avere con sé la sua spada e irritato dalla negligenza dei suoi servi, colpisce così forte al viso uno schiavo da ferirsi la mano, e le urla spingono il figlio e alcuni fedelissimi a entrare di corsa nella stanza, implorandolo di non uccidersi. Congedati tutti con semplici rassicurazioni, riprende la lettura del *Fedone* sino ad addormentarsi, ma, svegliatosi nel pieno della notte, si consulta con i suoi servi sui progressi dell'evacuazione della città. Soddisfatto dei preparativi, infine, si trafigge il petto con la spada e, rifiutando ogni aiuto, si squarcia con le proprie mani la ferita per affrettare la morte,[403] quella morte che per lui non doveva essere considerata un male, ma piuttosto uno strumento di liberazione, quando ogni altra via fosse preclusa.

Alla notizia della morte di Catone, Cesare dichiarò – stando alle fonti, rivolgendosi direttamente a lui come se lo vedesse innanzi a sé –: «Invidio la tua morte, Catone, visto che tu mi hai invidiato la tua salvezza».[404] Cesare aveva intuito che in Catone egli si scontrava con Roma tutta; che il fantasma di Catone, da solo, era in grado di mettere in discussione ogni pretesa di legittimità delle sue azioni. Un po' troppo enfaticamente – ma con un fondo di verità – Meier riconosce: «Catone più di Cesare condizionò la storia di quegli anni – in quanto condizionò Cesare».[405]

Il suicidio di Catone, infatti, al pari dell'ingiusta fine di Pompeo, si sarebbe presto rivelato il più pesante colpo che i baluardi della vecchia *res publica* avrebbero potuto mai infliggere al dittatore, impedendo difatti a Cesare di dare mostra, nella sua forma più estrema, dinanzi al mondo intero, della sua *clementia* e della superiorità della propria causa.

Ora, invece, la libera Repubblica ha il suo martire: «da vivo Catone non aveva sempre reso dei buoni servizi al suo partito, ma gli fu assai utile dopo la sua morte»,[406] perché con essa «fece arrossire coloro che cominciavano ad abituarsi al servaggio»[407] e diede agli anticesariani un ideale da difendere, una bandiera sotto cui combattere, divenendo egli stesso simbolo di quella *libertas* pericolosamente compromessa.

Ben presto, infatti, ad accompagnare la scomparsa dell'austero e rigido repubblicano, numerosi scritti e libelli in suo onore, che contribuiranno ad alimentare il filone della più o meno velata opposizione al nuovo regime di

---

[402] PLUTARCO, *Catone Minore*, 68, 1-2; APP., BC, II, 99; DIO XLIII, 11, 2.

[403] PLUTARCO, *Catone Minore*, 64-70.

[404] PLUTARCO, *Catone Minore*, 72, 2: ὦ Κάτων, φθονῶ σοι τοῦ θανάτου· καὶ γὰρ ἐμοὶ σὺ τῆς σαυτοῦ σωτηρίας ἐφθόνησας. Cfr. anche VALERIO MASSIMO, *Fatti e detti memorabili*, V, 1, 10; PLUTARCO, *Cesare*, 54, 1-2; APPIANO, *Le Guerre Civili*, II, 99; CASSIO DIONE, *Storia Romana*, XLIII, 11, 3; 12, 1.

[405] C. MEIER, *Giulio Cesare*, Garzanti, Milano, 2004, p. 435.

[406] G. BOISSIER, *Cicerone e i suoi amici*, Rizzoli, Milano 1988, p. 303.

[407] IBID., p. 298.

Cesare, sostenuto sottobanco dal patriziato romano.

In questo proliferare di opuscoli e *pamphlet* oggi scomparsi, Cicerone – dietro l'insistente esortazione di Marco Giunio Bruto (il futuro cesaricida), che di Catone aveva sposato la figlia Marzia e al quale era legato da autentica amicizia e rispetto[408] – compose a sua volta, nell'aprile del 46 a.C., cioè subito dopo la notizia della morte di Catone,[409] una *Laus Catonis* destinata a riscuotere una qual certa diffusione e successo di pubblico. Di essa Cicerone scrisse:

Non l'avrei mai scritta per timore di tempi non propizi alla virtù, se non avessi ritenuto criminoso disobbedire a te, [Bruto], che mi esortavi a scrivere e che destavi il ricordo [di Catone] a me talmente caro. Ad ogni modo, attesto che ho osato scrivere quell'opera perché, sebbene riluttante, ne fui da te richiesto. Voglio infatti che tu condivida con me le accuse che saranno mosse, in modo che, se sarò stato in grado di reggere una così seria istruttoria, la colpa di aver imposto un fardello troppo impegnativo tocchi a te, a me quella di aver accettato. E tuttavia, in tutta questa vicenda, l'elogio che mi spetta per aver accettato un'incombenza che viene da te compenserà l'errore di valutazione [commesso nell'accettare].[410]

Che lo scritto dovesse essere stato completato in tempi brevissimi lo lascia supporre il fatto che già agli inizi di luglio 46 Cicerone scriva ad Attico: «Sono soddisfatto, almeno io, del mio *Elogio di Catone*».[411] Così come il passo

---

[408] LUCANO, *Farsaglia*, II, 242-247: «O tu, ormai unica certezza della virtù espulsa e da tempo esiliata da ogni terra e che nessun turbine della fortuna riuscirà mai a strapparti, indirizza il mio spirito vacillante e rafforzami stabilmente eliminando la mia incertezza. Gli altri seguano pure Pompeo o le insegne di Cesare: per Bruto l'unico condottiero sarà Catone» (*"Omnibus expulsae terris olimque fugatae / virtutis iam sola fides, quam turbine nullo / excutiet fortuna tibi, tu mente labantem / derige me, dubium certo tu robore firma. / Namque alii Magnum vel Caesaris arma sequantur, dux Bruto Cato solus erit"*).

[409] Cfr. CICERONE, *Lettere ad Attico*, XII, 4, 2.

[410] CICERONE, *Orator*, 35: *Itaque hoc sum adgressus statim Catone absoluto – quem ipsum numquam attingissem tempora timens inimica virtuti, nisi tibi hortanti et illius memoriam mihi caram excitanti non parere nefas esse duxissem –, sed testificor me a te rogatum et recusantem haec scrivere esse ausum. Volo enim mihi tecum commune esse crimen, ut, si sustinere tantam quaestionem non potuero, iniusti oneris impositi tua culpa sit, mea recepti; in quo tamen iudici nostri errorem laus tibi dati muneris compensabit.* È sicuramente a questo che si riferisce A. Caecina (CICERONE, *Lettere ai familiari*, VI, 7, 4): «Le mie paure raddoppiano quando ti vedo, nel tuo *Oratore*, che ti fai scudo di Bruto e lo vuoi quasi compagno per la tua giustificazione» (*Auges etiam tu mihi timorem, qui in Oratore tuo caves tibi per Brutum et ad excusationem socium quaeris*). Così come probabilmente a questo contesto è da ricondurre il frammento di una lettera a Bruto (del maggio 46) conservato in QUINTILIANO, *Istituzione oratoria*, V, 10, 9: «Cicerone stesso così scrive a Bruto: «Temendo forse che ne trasferissi qualcosa nel mio *Catone*, anche se l'*argumentum* non era simile» (*et ipse Cicero ad Brutum ita scribit: «veritus fortasse ne nos in Catonem nostrum transferremus illim aliquid, et si argumentum simil non erat»*).

[411] CICERONE, *Lettere ad Attico*, XII, 5, 2: *Cato me quidem delectat.* Cfr. altresì ID., *ivi*, XI, 4, 1; 5, 1; *Lettere ai familiari*, VII, 14, 1; *Orator*, 35; *Sulla divinazione*, I, 3; PLUTARCO, *Cicerone*, XXXIX, 5; *Cesare*, nonché riferimenti nei frammenti di TITO LIVIO e nel libro sulle guerre civili di APPIANO.

dell'*Orator* su riportato – opera pubblicata in novembre – afferma espressamente che la *Laus* era già completa quando l'opera oratoria era stata iniziata. A ulteriore conferma di questa tesi, giunge infine in soccorso una lettera di Cicerone a Tirone del luglio di quello stesso anno,[412] che ci informa direttamente sulla distribuzione dell'opera, invitando il liberto ad aiutare i copisti nella lettura della scrittura dell'Arpinate.

Tuttavia, sembrerebbe che siano passati diversi mesi prima della sua effettiva pubblicazione – insieme all'*Orator* – nel novembre del 46.[413] Kumaniecki[414] e Tschiedel[415] motivano questo ritardo con la speranza di Cicerone di riuscire a condizionare Cesare a ripristinare l'ordine costituito e restaurare la *res pubblica*; solo quando la condotta del dittatore nelle ultime settimane prima della sua partenza per la Spagna[416] rivelò come vane le aspettative riposte in lui,[417] l'Arpinate decise di tirar fuori dal cassetto la sua *laus Catonis*. Sono più che legittimi i dubbi di Zecchini su tale prospettiva,[418] il quale afferma che difficilmente Cicerone dev'essersi mai illuso sino in fondo sul conto di Cesare e che, al contrario, dietro il suo apparente riavvicinamento al dittatore nell'estate-autunno del 46, più che il riconoscimento in lui dell'agognato *princeps*,[419] si potesse invece celare un'azione di "disturbo", se non una vera e propria opposizione politica.

In ogni caso, Cicerone agì in modo pianificato e prudente pubblicando il suo *Catone* proprio nel momento in cui Cesare lasciò Roma: probabilmente non per il timore di rappresaglie o per evitare un'imbarazzante giustificazione faccia a faccia con il dittatore,[420] quanto piuttosto per dare nuova linfa a quell'opposizione che, nell'incertezza di quanto sarebbe accaduto in Spagna, sperava risorgesse.[421]

---

[412] CICERONE, *Lettere ai familiari.*, XVI, 22, 1.

[413] Questa è l'unica spiegazione del fatto che le confutazioni non siano apparse almeno sino alla primavera del 45.

[414] K. F. KUMANIECKI, *Ciceros* Cato, Festsschrift für K. Büchner, Wiesbaden, 1970, pp. 168-188, qui soprattutto pp. 169-170.

[415] H.J. TSCHIEDEL, *Caesars* Anticato. *Eine Untersuchung der Testimonien und Fragmente*, Darmstadt, Wissenschaftliche Buchgesellschaft, 1981, p. 16 sgg.

[416] Su questo punto cfr. EDUARD MEYER, *Caesars Monarchie und das Principat des Pompeius*, Stuttgart/Berlin, 1922, pp. 410 sgg.; MATTHIAS GELZER, *Caesar – Der Politiker und Staatsmann*, Wiesbaden, 1960, pp. 263 sgg.

[417] Prove di ciò sono contenute nelle lettere a Trebiano (CICERONE, *Lettere ai familiari*, VI, 10, 5: agosto 46), P. Figulo (IV, 13, 5: agosto 46), P. Servilio Isaurico (XIII, 68, 2: settembre od ottobre 46), Q. Cornificio (XII, 17, 1: settembre 46). Per ulteriori dettagli si veda K.F. KUMANIECKI, *Der Prozeß des Ligarius*, in «Hermes» 95 (1967), pp. 434-457, qui p. 455.

[418] G. ZECCHINI, *La morte di Catone e l'opposizione intellettuale a Cesare e ad Augusto*, in «Athenaeum» 58 (1980), pp. 39-56, qui p. 40.

[419] Così invece MEYER, *Caesars... op. cit.*, pp. 405-410.

[420] Così TSCHIEDEL, *op. cit.*, p. 17.

[421] Se Cicerone riprendeva la penna contro Cesare, significava che l'opposizione al dittatore

Lo stesso Cicerone ammette di aver inizialmente respinto il progetto a causa della difficoltà del soggetto: «È un'opera da Archimede». [422] Evidentemente, di fronte alla richiesta di Bruto, al quale era legato da viva amicizia, Cicerone si venne a trovare in una difficile posizione: da un lato non voleva deludere quanti nutrivano ancora sentimenti repubblicani e speravano di trovare nell'Arpinate nuova fonte di coraggio; dall'altro temeva invece di suscitare le ire di Cesare, col quale si era da poco riconciliato.

Del resto, la scelta di abbandonare l'Italia e seguire Pompeo a Farsalo gli era costata davvero cara, e alle angustie politiche si erano aggiunte anche quelle familiari: la morte del Magno, al quale aveva prestato tutto il denaro che gli restava, lo aveva, tra le altre cose, lasciato sul lastrico; la moglie dilapidava quel poco che gli restava;[423] lo abbandonarono anche il fratello e il nipote, passati tra le fila di Cesare, presso il quale cercavano salvezza a danno dell'Arpinate. E non è un caso che in quei mesi ogni mossa di Cesare lo tormentasse: se avesse trascurato di scrivergli, sarebbe stato motivo di allarme; se invece riceveva una lettera, per quanto benevola, ne pesava così tanto ogni parola da scoprirne comunque motivo di preoccupazione. La stessa amnistia ricevuta non lo rassicurava affatto, perché

«come è vero che altri motivi di timore permangono e da parte di altri, così ciò che viene concesso da Cesare appunto, in quanto proviene da un padrone, ritorna daccapo in potere del medesimo. Anche a Sallustio ha accordato il perdono. In generale corre voce che egli non dica di no a nessuno e proprio ciò desta sospetto, nel senso che l'inchiesta giudiziaria da parte di lui risulta semplicemente rinviata».[424]

E la situazione non era favorevole neanche sul fronte ottimate: «non mi si perdona d'essere vivo»;[425] così come il suo repentino ritorno da Farsalo doveva essere stato disapprovato dai più.

---

si era nuovamente risvegliata e che evidentemente la politica riconciliatoria di quest'ultimo era stata un fallimento. A riprova di ciò, cfr. CICERONE, *Lettere ai familiari*, VII, 25 (agosto 45): «O tu [Gallo]! Giù le mani. Ecco il maestro, non lo aspettavamo così presto. Io temo che i catoniani facciano la fine di Catone» (*Sed heus tu* [i.e. Galle], *manum de tabula; magister adest citius, quam putaramus; vereor, ne in catonium Catoninos*). Il passo di Cicerone mostra ch'egli sperava in una lunga assenza di Cesare e quindi in una più aspra resistenza dei pompeiani in Spagna: anche questo spiega retrospettivamente la decisione di pubblicare il *Catone* – e di riaccendere così l'opposizione – appena Cesare partì per quella campagna.

[422] CICERONE, *Lettere ad Attico*, XII, 4: *Sed de Catone πρόβλημα Ἀρχιμήδειον est.*

[423] Si ricordi che già alla fine del 47 o all'inizio del 46 Cicerone aveva ripudiato Terenzia. I motivi del distacco sono ignoti, ma l'Arpinate aveva accusato la moglie di averlo trascurato durante la guerra e di avergli restituito la casa gravata da forti debiti: cfr. PLUTARCO, *Cicerone*, XLI, 2-3.

[424] CICERONE, Lettere ad *Attico*, XI, 20, 1-2: *Sed et alia timenda sunt ab aliisque et ab hoc ipso quae dantur, ut a domino, rursus in eiusdem sunt potestate. Etiam Sallustio ignovit. Omnino dicitur nemini negare; quod ipsum est suspectum, notionem eius differri.*

[425]CICERONE, *Lettere ai familiari*, X.

Testimonianza di tale incertezza è una lettera ad Attico dell'aprile del 46:

«Ma, riguardo all'"Elogio di Catone", nasce un problema degno di un Archimede. Non vado dietro all'idea di scrivere un'opera che i tuoi commensali possano leggere non solamente volentieri, ma anche con senso di equità; anzi, se io rinunziassi a far parola della serie di pareri da lui espressi in Senato, di ogni manifestazione di volontà e delle prese di posizione circa lo Stato repubblicano, e volessi semplicemente tessere l'elogio della sua serietà e della sua coerenza; tuttavia, questo appunto suonerebbe come odioso alle orecchie di costoro».[426]

La vicenda pone Cicerone dinanzi una scelta non semplice: trattare solo della figura morale di Catone, trascurandone l'aspetto politico, o viceversa far leva sull'importanza delle sue azioni nella difesa della *res publica*. Ma i due aspetti sono inscindibili:

«Ma un uomo tanto insigne non potrebbe essere lodato degnamente, se non si illustrassero queste doti, perché egli è stato capace di antivedere gli eventi attuali, come pure quelli futuri, e ha lottato per impedire che si realizzassero e ha fatto getto della propria vita per non divenire testimone inerte di quelli una volta che fossero stati tradotti in atto».[427]

Il risultato sarà una vera e propria apologia dell'Uticense che «lo innalza fino al cielo».[428]

Del resto, la temperie politica di quegli anni richiedeva – come Cicerone osserva con autoironia altrove – che «pesi come questi vanno sopportati o col coraggio di Catone o con lo stomaco di Cicerone»,[429] cioè con la tolleranza accomodante dell'Arpinate o lo spirito intransigente dell'Uticense.

Da parte sua, invece, Cesare, tornato vittorioso dalla campagna in Africa il 25 luglio del 45, può constatare come la *laus Catonis* ciceroniana sia ampiamente diffusa e circolante nell'Urbe, cosa che dovette infastidirlo non poco.[430] I numerosi impegni politici e militari, tuttavia, non gli permisero di rispondere a tono allo scritto che incensava il suo defunto avversario: la campagna di Spagna, dove avrebbe affrontato i figli di Pompeo, Gneo e Sesto, era infatti alle porte.

---

[426] CICERONE, *Lettere ad Attico*, XII, 4, 2: *Sed de Catone πρόβλημα Ἀρχιμήδειον est. Non adsequor, ut scribam, quod tui convivae non modo libenter, sed etiam aequo animo legere possint; quin etiam, si a sententiis eins dictis, si ab omni voluntate consiliisque, quae de re p. habuit, recedam ψιλῶσque velim gravitatem constantiamque eins laudare, hoc ipsum tarnen istis odiosum ἄκουσμα sit.*

[427] *IBIDEM: Sed vere laudari ille vir non potest nisi haec ornata sint, quod ille ea quae nunc sunt et futura viderit et ne fierent contenderit et facta ne videret vitam reliquerit.*

[428] TACITO, *Annali*, IV, 34: *quo Catonem caelo aequavit.*

[429] QUINTILIANO, *Istituzione oratoria*, VI, 3, 112: *Haec aut animo Catonis ferenda sunt aut Ciceronis stomacho.* Vedi A. CORBEILL, *Controlling Laughter: Political Humor in the Late Roman Republic*, Legacy Library, Princeton 1996, pp. 209-15.

[430] TSCHIEDEL, *op. cit.*, p. 9, è tuttavia del parere che la *laus Catonis* ciceroniana sia pervenuta a Cesare quando costui si trovava già sul fronte ispanico.

Ugualmente irritato e insoddisfatto dello scritto di Cicerone – sebbene per motivi differenti – dovette essere anche Bruto. Ne è prova non tanto il fatto che decise di comporre anch'egli un elogio di Catone,[431] quanto piuttosto che in tale scritto, nell'esaltare la figura del suo eroe, attribuì quasi interamente a Catone il merito di aver sventato la congiura di Catilina,[432] evento che – com'è noto – costituiva invece il cardine attorno a cui l'oratore di Arpino aveva costruito il proprio mito politico. Praticamente nulla ci è giunto di questo scritto, ma è lecito supporre che, anch'esso forse nella forma di una *laudatio*, esaltasse probabilmente nell'Uticense tanto gli aspetti morali quanto le decisioni politiche.

Ben presto fiorirono altri *imitatores Ciceronis*. Un'altra *laus Catonis*, infatti, è testimoniata ancora una volta dall'epistolario ciceroniano: ne è autore uno dei suoi *familiares* di Cicerone, l'epicureo M. Fadio Gallo,[433] al quale Cicerone si rivolge in due lettere che si riferiscono – la prima sicuramente, la seconda con ogni probabilità – a tale scritto (anch'esso presumibilmente disponibile all'Arpinate nell'agosto del 45). Nella prima Cicerone chiede a Gallo di inviargli il suo *Catone*;[434] mentre nella seconda, che segue di poco

---

[431] CICERONE, *Lettere ad Attico*, XIII, 46, 2. Qui Cicerone riferisce all'amico Attico anche un giudizio, sul *Catone* proprio e su quello di Bruto, espresso da Cesare in una lettera mostrata a Cicerone stesso da Lucio Cornelio Balbo Maggiore, al quale appunto era stata inviata dal dittatore: «In essa si parla diffusamente del mio *Elogio di Catone*, dalla lettura reiterata del quale quello dice di aver ricavato l'opportunità di arricchire il proprio linguaggio, invece, sostiene che, dopo aver letto il *Catone* composto da Bruto, gli era sembrato di essere già di per sé ben dotato di facondia» (*Multa de meo Catone, quo saepissime legendo se dicit copiosiorem factum, Bruti Catone lecto se sibi visum disertum*). Il giudizio suona lusinghiero per l'opera di Cicerone e assai meno per quella di Bruto, leggendo la quale Cesare si sarebbe sentito assai eloquente al paragone. Alla *laus Catonis* di Bruto, un Augusto ormai anziano scriverà una risposta alcuni decenni dopo: cfr. SVET., *Aug.*, 85, 1. Partendo da questi dati e dal diffuso pregiudizio di un Bruto accanitamente anticesariano e di un Cicerone più conciliante, P. PECCHIURA, *La figura di Catone l'Uticense nella letteratura latina*, Università di Torino. Pubblicazioni della Facoltà di Lettere e Filosofia, vol. 16, fasc. 3, 1965, pp. 27-29, ritiene che il *Catone* di quest'ultimo avesse deluso il futuro cesaricida perché troppo blando e poco politicamente impegnato: di qui la decisione di riprendere di persona e in forma più polemica l'argomento; ciò spiegherebbe perché Cesare apprezzasse di più lo scritto di Cicerone, più moderato; se poi il dittatore replicò col suo *Anticatone* a Cicerone e non a Bruto fu solo perché lo scritto del primo aveva avuto maggior risonanza per la sua miglior qualità letteraria. A questa interpretazione, giustamente ZECCHINI, *La morte di Catone...* op. cit., p. 42, contrappone l'idea che non si possa semplicemente anticipare al 46 la situazione del 44; analogamente, J.P.V.D. BALSDON, *The Ides of March*, in «Historia», 1958, pp. 80-94, qui p. 92, sottolinea come fino all'agosto del 45 Bruto rimase sostanzialmente fedele a Cesare.

[432] È lo stesso Cicerone a lamentarsi di tale atteggiamento in una lettera indirizzata ad Attico (XII, 21, 1).

[433] Sulla persona (da non confondere con Tito Fadio Gallo, questore di Cicerone nel 63) cfr. F. MÜNZER, RE XII, p. 1958 sg., s.v. *Fadius* n. 6.

[434] CICERONE, *Lettere ai familiari*, VII, 24, 2: «Mandami il tuo *Catone*, voglio leggerlo: è una vergogna per te e per me che non l'abbia ancora letto» (*Catonem tuum mihi mitte; cupio enim legere. Me adhuc non legisse turpe utrique nostrum est*).

tempo la precedente, allude – con autentica preoccupazione – a un intervento di Cesare contro un tal genere di pubblicazioni, paragonando la loro posizione di "catoniani" a studenti che si rannicchiano davanti la minaccia di una punizione pubblicamente umiliante per mano del loro "maestro": «Nessuno al mondo, tranne noi due, oserebbe parlare come noi parliamo».[435]

Un'opera sull'Uticense, infine, che doveva avere invece un carattere più propriamente biografico è quella di Munazio Rufo,[436] intimo amico di Catone e suo compagno nella missione a Cipro. È Plutarco che cita tale scritto,[437] forse realizzato contemporaneamente al panegirico di Cicerone o poco più tardi, forse già come reazione all'attacco letterario di Cesare.[438]

Cesare non poteva certo rimanere impassibile di fronte a questa marea montante che – scopertamente o meno – rischiava di trascinarlo a fondo. Ma alla spada preferì la penna: cosa non scontata, dato che «i Romani dicevano con ragione che è raro che ci si contenti di scrivere quando si può *proscrivere*».[439]

Incarica, quindi, dapprima il suo generale Aulo Irzio di scrivere una risposta alla *laudatio* ciceroniana,[440] consistente – secondo la testimonianza dello stesso Cicerone al quale venne inviata[441] – in una raccolta dei *vitia Catonis*[442] e che preludeva all'intervento diretto di Cesare. La reazione di parte cesariana, infatti, inquieta Cicerone, che scrive ad Attico:

> «Quale carattere avrà lo scritto denigratorio che Cesare intende pubblicare in replica all'elogio da me scritto l'ho capito dal libello inviatomi da Irzio».[443]

Ma la preoccupazione di Cicerone è svincolarsi dal pericolo: anche se il libello di Irzio non risparmia Catone, è però pieno di lodi per lui.[444] Quest'ultimo punto doveva aver colpito in modo particolare Cicerone, tanto da

---

[435] IBID., 25, 2: *praeter duo nos loquitur isto modo nemo*.

[436] Sulla persona cfr. MÜNZER, RE XVI, sp. 554f., s. v. *Munatius* n. 37.

[437] PLUTARCO, *Catone Minore*, 25, 1; 36-37.

[438] Così TSCHIEDEL, *op. cit.*, p. 12.

[439] BOISSIER, *op. cit.*, p. 299.

[440] Di questo avviso TSCHIEDEL, *op. cit.*, p. 9, secondo cui, se non su richiesta diretta di Cesare, sicuramente in accordo con lui.

[441] Era a disposizione dell'Arpinate già il 9 maggio 45: cfr. CIC., *Att.*, XII, 40, 1.

[442] Non dimostrabile la supposizione di TSCHIEDEL, *op. cit.*, p. 37-40, secondo cui Cicerone vedeva nello scritto di Irzio solo una sorta di raccolta incompiuta di materiale per il futuro scritto cesariano.

[443] CICERONE, *Lettere ad Attico*, XII, 40, 1 (9 maggio): *Qualis futura sit Caesaris vituperatio contra laudationem meam perspexi ex eo libro quem Hirtius ad me misit, in quo conligit vitia Catonis sed cum maximis laudibus meis*.

[444] Questa affermazione induce ad una doverosa riflessione: gli elogi per Cicerone sarebbero stati compatibili con un *pamphlet* violento contro colui che lo stesso Arpinate aveva «innalzato al cielo» (TAC., *Annali*, IV, 34, 4)?

spingersi a pregare Attico di far pubblicare e diffondere lo scritto del luogotenente di Cesare.[445]

Del resto, l'incertezza di Cicerone sulla reazione di Cesare al suo *Catone* lasciò presto il posto a un senso di sollievo:

> «Io, incitato in una delle tue lettere a instaurare la consuetudine di scrivere a Cesare lettere più lunghe, poiché qualche giorno fa Balbo, nella casa nei pressi di Lanuvio, mi aveva detto che egli ed Oppio avevano comunicato a Cesare che io avevo letto la sua opera contro Catone e ne avevo espresso un giudizio fortemente positivo, ho scritto a Cesare una lettera, da rimettere a Dolabella, riguardo a quell'opera appunto. Però ho inviato una copia di essa a Oppio e a Balbo e ho scritto loro che facessero rimettere a Dolabella la mia lettera solamente nel caso di un loro parere favorevole a proposito della copia. Così mi hanno dato la risposta di non aver letto mai niente di meglio e hanno fatto inoltrare a Dolabella la mia lettera».[446]

Tra il maggio e l'agosto del 45 Cicerone riceve l'*Anticatone* di Cesare,[447] forse contemporaneamente allo scritto di Irzio: Svetonio ne attesta la stesura *sub tempus Mundensis proelii*,[448] cioè intorno a marzo 45. Anche se non apprendiamo dalla lettera dell'Arpinate alcun dettaglio sul suo contenuto, la

---

[445] Attico non era soltanto uomo di cultura e scrittore, ma anche editore. Cfr. CICERONE, *Lettere ad Attico*, XII, 44, 1; 45, 2; 48, 1.

[446] CICERONE, *Lettere ad Attico*, XIII, 50, 1: *Admonitus quibusdam tuis litteris, ut ad Caesarem uberiores litteras mittere instituerem, cum mihi Baibus nuper in Lanuvino dixisset se et Oppium scripsisse ad Caesarem me legisse libros contra Catonem et vehementer probasse, conscripsi de iis ipsis libris epistulam Caesari, quae deferretur ad Dolabellam. Sed eins exemplum misi ad Oppium et Balbum scripsique ad eos, ut tum deferri ad Dolabellam iuberent meas litteras, si ipsi exemplumprobassent. Ita mihi rescripserunt nihil umquam se legisse melius epistulamque meam iusserunt dari Dolabellae.*

[447] Giustamente TSCHIEDEL, *op. cit.*, p. 41, nota 18, fa notare che il riferimento di Cicerone in questa lettera sia unicamente allo scritto di Cesare e non anche a quello di Irzio non solo perché i *libri contra Catonem* sono menzionati solo in relazione al dittatore, ma soprattutto perché l'Arpinate lascia intuire una lettura contestuale dell'opera, evidentemente non possibile in relazione allo scritto di Irzio perché nelle mani di Cicerone già dall'inizio di maggio.

[448] SVETONIO, *Vita del Divo Giulio*, 56, 5. L'ambiguità dell'espressione non consente di definire con certezza se Cesare avesse cominciato la stesura prima della battaglia di Munda o poco dopo la sua vittoria, tuttavia la facilità con cui era solito mettere su carta i propri pensieri (cfr. IRZIO, *La Guerra Gallica*, VIII, *praef.* 6; SVETONIO, *Vita del Divo Giulio*, 56, 5; PLUTARCO, *Cesare*, 17, 7) non esclude la possibilità che neanche le turbolenze del campo di battaglia spagnolo gli siano state d'impedimento. Anche se la data di Svetonio non è confermata esplicitamente da nessuna parte, non è necessario dubitare della sua accuratezza: sostanzialmente allo stesso periodo si riferiscono le prime menzioni di un *Anticatone* di Cesare nell'epistolario ciceroniano (CICERONE, *Lettere ad Attico*, XII, 40, 1; 41, 4: entrambe del maggio 45). Diversamente, A. GUARINO, *Duo Anticatones*, in Atti della Accademia di Scienze morali e politiche della Società nazionale di Scienze, Lettere ed Arti di Napoli, 1983, pp. 404-410, qui p. 407, dà per certo che a quell'epoca Cesare non avesse ancora messo mano al suo libello, e che a circolare ancora alle soglie dell'estate del 45 fosse solo «il brogliaccio preparatorio di Irzio».

testimonianza è comunque importante perché informa del giudizio estremamente positivo espresso dall'Arpinate nei confronti del libello cesariano. Che ci possa essere una buona dose di opportunismo da parte di Cicerone è innegabile, ma in ogni caso ciò lascia intuire come l'*Anticatone* non potesse essere agli occhi dell'Arpinate quello scritto spregevole e meschino che è stato da molti erroneamente ritenuto.[449]

A ulteriore riprova di questo, Cicerone scrive poco dopo ad Attico quasi preoccupandosi di respingere l'idea che le lodi fatte a Cesare per il suo scritto non riflettano la sua reale opinione e siano invece solo frutto d'ipocrisia:

«Mi sono dimenticato di farti avere allora una copia della lettera da me inviata a Cesare. E questo non è accaduto per il motivo che tu sospetti, cioè che mi vergognavo di te per il timore di apparire ai tuoi occhi, in modo ridicolo, quale un Micillo.[450] Ho scritto, devi credermi!, non diversamente da come scriverei a chi mi è pari e uguale. Di fatto penso bene di quell'opera letteraria, come già ti ho detto a viva voce. Perciò ho scritto non soltanto rimanendo immune da adulazione, ma anche, d'altra parte, in una forma tale da indurmi a credere che quello non avrebbe letto niente altro più volentieri».[451]

Riassumendo, è corretta la ricostruzione cronologica proposta da Tschiedel:[452] dopo la sua pubblicazione nel novembre 46, lo scritto di Cicerone raggiunge Cesare in Spagna alla fine dell'anno; quindi, nei mesi di gennaio e febbraio 45, Irzio lavora al suo *pamphlet*;[453] riconosciutane però l'inefficacia, Cesare decide di scrivere egli stesso una contro-*laudatio*, che raggiunge presumibilmente Cicerone verso l'estate 45, dato che è chiaro da una lettera

---

[449] Cfr. M. GELZER, *Cato Uticensis*, Wiesbaden, 1963, p. 259; ID., *Caesar... op. cit.*, p. 280.

[450] L'emblema del pover'uomo, la cui ascendenza letteraria si può forse rintracciare nella commedia o nel mimo. Per la pregnanza del nome, cfr. LUCIANO DI SAMOSATA, *Gall.*, 1; *Tyrann.*, 14.

[451] CICERONE, *Lettere ad Attico*, XIII, 51, 1: *Ad Caesarem, quam misi epistulam, eins exemplum fugit me tum tibi mittere. necid fuit, quod suspicaris, ut me puderet tui, fne ridicule micillust nec mebercule scripsi aliter, ac si πρὸς ἴσον ὅμοιόνque scriberem. Bene enim existimo de illis libris, ut tibi coram. Itaque scripsi et ἀκολακεύτως et tamen sic, ut nihil eum existimem lecturum libentius.* Evidentemente lo scritto cesariano era comunque meritevole di lodi da parte di Cicerone. TSCHIEDEL, *op. cit.*, p. 48, ipotizza che il giudizio positivo dell'Arpinate sia da ricondurre all'ambito letterario, dato che l'arte retorica di Cesare aveva già ricevuto gli elogi di Cicerone in diverse occasioni (cfr. CICERONE, *Bruto*, 252 sgg.).

[452] TSCHIEDEL, *op. cit.*, pp. 9-10.

[453] È pienamente condivisibile la supposizione di TSCHIEDEL, *op. cit.*, p. 9, nota 34, secondo il quale difficilmente Irzio iniziò la stesura del suo *Anticatone* mentre era ancora a Roma, dove rimase come pretore fino alla fine dell'anno 46, mentre è più probabile che sia diventato attivo una volta giunto in Spagna, quindi probabilmente non prima della metà del gennaio 45, solo su richiesta di Cesare e secondo le sue direttive. Di altro avviso, invece, GUARINO, *op. cit.*, p. 406, secondo cui non solo Cesare non invitò il suo luogotenente alla stesura di un'orazione in risposta a quella di Cicerone, ma addirittura lesse lo scritto solo dopo la sua diffusione: «A Cesare mancò insomma il modo di "fermarlo" e di evitare con ciò una mossa politicamente sbagliata».

indirizzata ad Attico dell'agosto di quell'anno che l'Arpinate avesse già letto i «libri contro Catone» e inviato una lettera in risposta a Cesare sull'argomento.[454]

5. «L'errore più disastroso» (?)

Nel capitolo conclusivo della sua influente biografia su Cesare, Matthias Gelzer afferma che la crescente opposizione alla fine spinse Cesare – che fino a quel momento aveva insistito per mitigare la percezione della sua *ambitio* attraverso una politica conciliatoria tra le diverse parti[455] – a perdere la pazienza e pubblicare, all'inizio del 45, «il suo errore più disastroso»:[456] l'*Anticatone*.

Ancora oggi, l'*Anticatone* di Cesare è generalmente considerato un *pamphlet* che non reca onore al suo autore, poiché in modo infido e spregevole avrebbe macchiato la memoria di un'illustre personalità.[457] Significativo di questa tendenza è il fatto che le figure di Cesare e Catone – indiscutibilmente attori protagonisti di un'intera epoca – giungeranno a rappresentare una polarità di principi che, parafrasando Tschiedel, non lascia l'osservatore indifferente ma lo sfida a schierarsi dall'una o l'altra parte.[458]

Tralasciando l'annosa questione sulla natura singolare o plurale dello scritto cesariano in opposizione alla mistificazione della figura di Catone, per la quale si rimanda soprattutto all'ottimo lavoro di Tschiedel,[459] qui preme maggiormente affrontare altre questioni.

Dell'*Anticatone* di Cesare ci sono giunti solo 11 frammenti, parallelamente agli altrettanto esigui frammenti che compongono il *Catone* ciceroniano. Quello che però emerge da un confronto *vis à vis* di questi – tenendo conto

---

[454] CICERONE, *Lettere ad Attico*, XIII, 50, 1; cfr. anche la missiva successiva, XIII, 51, 1.

[455] CANFORA, *Cesare... op. cit.*, p. 255: «È di qui che scaturirà la soluzione: "cesarismo" (dittatura) più accordo con l'aristocrazia».

[456] GELZER, *Caesar... op. cit.*, p. 332.

[457] Cfr. soprattutto GELZER, *Cato... op. cit.*, p. 259; ID., *Caesar... op. cit.*, p. 280. Una bibliografia più dettagliata in TSCHIEDEL, *op. cit.*, pp. IX-X, nota 1.

[458] TSCHIEDEL, *op. cit.*, p. 1.

[459] ID., *op. cit.*, pp. 1-6. Cfr. altresì le posizioni di H. DREXLER, *Parerga Caesariana*, in «Hermes» 70 (1935), pp. 203-234 (nello specifico dell'*Anticatone*, pp. 203-205); GUARINO, *op. cit.* Nelle fonti antiche, invece, si può sostanzialmente distinguere tra: a) quante utilizzano il sostantivo singolare: PLUTARCO, *Cesare*, 54, 6; *Cicerone*, 39, 6; APPIANO, *Le Guerre Civili*, II, 99, 414; CASSIO DIONE, *Storia Romana*, XLIII, 13, 4; AULO GELLIO, *Notti Attiche*, IV, 16, 8; b) quante invece il sostantivo plurale: SVETONIO, *Vita del Divo Giulio*, 56. 5; GIOVENALE, *Epigrammi*, 6, 338; QUINTILIANO, *Istituzione oratoria*, I, 5, 68 (in quest'ultimo caso il titolo *Anticatone* è usato, senza nominarne l'autore, come esempio di un composto bilingue). Probabilmente, in ogni caso, è da considerarsi testimonianza più attendibile quella di Cicerone, che l'opera di Cesare ebbe certamente tra le mani: questi parla di *libri contra Catonem* (CICERONE, *Lettere ad Attico*, XIII, 50).

della raffinatezza politica e intellettuale dei protagonisti – è il sottile gioco politico-letterario, un vero e proprio tango fra i massimi rappresentanti di due differenti ideologie. Cicerone e Cesare, infatti, erano ben consapevoli del peso che comportava ogni loro azione, ogni loro più piccola dichiarazione: ciascuno dei due è attento a commentare solo superficialmente lo scritto dell'altro, limitando le osservazioni all'aspetto formale e all'eleganza delle espressioni, piuttosto che al ben più importante contenuto ideologico. L'intento è chiaro: entrambi avevano già da tempo reso note l'uno all'altro – e soprattutto al Senato e al popolo tutto – le loro opinioni sul destino cui andava incontro Roma, e nessuno dei due era ancora disposto a rivedere le proprie posizioni.

Nell'ottica di questo pericoloso gioco sull'orlo di un precipizio dovrebbero essere interpretati gli elogi fatti da Cesare a Cicerone dopo la lettura del suo *Catone*, e viceversa quelli dell'Arpinate allo scritto del dittatore;[460] ma anche la tensione che deve aver spinto Cicerone a temporeggiare mesi per la pubblicazione di una *laudatio* pronta ormai da tempo, e, una volta pubblicata, ad attendere con ansia e trepidazione la reazione del dittatore; così come infine la necessità di Cesare di prendere direttamente parte nella questione pur dopo l'intervento del suo più vicino luogotenente, per giunta nel pieno di una guerra dagli esiti non così scontati.[461]

Diventa così chiaro come la mistificazione della figura di Catone incarni una più o meno velata opposizione al nuovo regime di Cesare e alla sua pretesa legittimità. L'opposizione di quel fronte ottimate che poteva ora abilmente sfruttare il suicidio di un uomo – che «non poteva essere un capo di partito»[462] – per mettere in discussione la guerra fratricida condotta da Cesare e rischiare di compromettere definitivamente gli sforzi del precario equilibrio che il

---

[460] Cicerone ammise all'amico Attico di averne apprezzato l'arte con cui era scritto, sebbene composto in tempo di guerra e con tutt'altre occupazioni che si imponevano all'attenzione di Cesare (CICERONE., *Lettere ad Attico*, XIII, 59, 1). Nel tentativo di ricucire lo strappo che quest'alterco a distanza avrebbe potuto creare, Cicerone rispose lodando l'intero *corpus* delle opere di Cesare nel suo *Brutus*, 261-262.

[461] Improntate all'ironia erano anche le parole con cui Cesare, in una sorta di *recusatio*, invitava i lettori a non giudicare troppo severamente il suo stile di scrittura, volutamente agile e scarno.

[462] BOISSIER, *op. cit.*, p. 297, il quale argutamente continua: «e la cosa più triste è che il partito, per il quale combatteva, non aveva capo. Era un'unione di uomini d'ingegno e di grandi personaggi, dei quali nessuno aveva le qualità necessarie per dominare gli altri. A non parlare di Pompeo, il quale non era che un alleato dubbio, di cui si diffidava; tra gli altri, Scipione respingeva tutti per la sua alterigia e le sue crudeltà; Appio Claudio non era che un augure convinto, il quale credeva nei polli sacri; Marcello mancava di elasticità e garba, e riconosceva egli stesso che quasi nessuno l'amava; Servio Sulpicio aveva tutte le debolezza d'un giureconsulto puntiglioso; infine Cicerone e Catone peccavano per gli eccessi opposti e sarebbe stato necessario unirli insieme tutti e due o modificarli l'uno con l'altro per avere un uomo politico completo. Non vi erano dunque nel partito repubblicano prima di Farsalo che personaggi brillanti, e nessun capo, e anche si può dire che siccome quegli orgogliosi e gelosi e quelle vanità rivali si erano mal fuse insieme, a malapena s'aveva un partito».

dittatore in più frangenti aveva cercato di costruire e che dopo Tapso finì col divenire sempre più pericolante: l'edificio politico faticosamente eretto tra maggio e novembre 46, e che culminerà col tragico evento delle Idi di Marzo del 44, si erge sin da subito su un terreno incerto. È vero che Cesare era riuscito a ricondurre alla sua causa, almeno in apparenza, alcuni esponenti di spicco fra i suoi oppositori – su tutti appunto Cicerone –, ma nonostante questo successo, era consapevole della precarietà della sua posizione e alla vigilia della sua partenza per la campagna in Spagna sul finire del 46, non s'illudeva certo di aver definitivamente vinto il confronto ideologico: probabilmente sperava in cuor suo di aver quantomeno determinato condizioni favorevoli per il suo temporaneo allontanamento da Roma, senza che in seno alla capitale scoppiassero ostilità aperte.

Del resto, a riprova del fatto che il *Catone* nascondesse un attacco politico da non sottovalutare bastava la paternità di Cicerone: a prendere la parola non era stato un senatore qualsiasi, bensì il più importante rappresentante della vecchia *res publica*. Proprio perché Cesare era pienamente consapevole dell'autorità dell'Arpinate, aveva condotto ogni sforzo per conquistarlo; così come, proprio perché dovette aver certamente intuito come la morte di Catone sarebbe stata sfruttata dai suoi oppositori, il dittatore cercò di stroncare da subito – prima ancora della pubblicazione di qualsivoglia memoria o *laudatio* – la figura morale dell'Uticense, sottolineando quanto di sconveniente sarebbe stato ergerlo quale simbolo reazionario: questo dovette essere il messaggio lanciato da Cesare quando, subito dopo il suo arrivo a Roma, nel 46, celebrò tra agosto e settembre un quadruplice trionfo, durante l'ultimo dei quali – ci è noto da Appiano[463] – fu portata in corteo un'immagine caricaturale di Catone in atto di uccidersi come una bestia selvaggia.

La mistificazione di Catone lo rendeva ormai un avversario inafferrabile: il suo fantasma non poteva essere sfidato, confutato, chiamato a dimostrare la verità e legittimità delle sue posizioni. Diveniva pertanto necessario portare il confronto su un altro piano, quello della parola: ma calunniare l'avversario e non riconoscerne i meriti sarebbe stata una strategia perdente in partenza, perché la verità dei fatti non poteva essere semplicemente negata di fronte alla viva testimonianza del popolo romano; al contrario, bisognava far luce sui punti oscuri della vita di Catone per demolirne ogni pretesa di esemplarità e al contempo delegittimare e screditare quanti, senza alcun diritto, gli avevano attribuito tali qualità – su tutti appunto Cicerone. Ma, contestualmente, era altresì necessario evitare che tale confronto assumesse i connotati di uno scontro diretto e aperto fra due uomini ai quali si guardava con estrema attenzione per registrare ogni possibile cambiamento nelle relazioni reciproche

---

[463] APPIANO, *Le Guerre Civili*, II, 15, 101.

e approfittarne partigianamente, evitando invece che il conflitto si aggravasse maggiormente e si personalizzasse sempre più.[464]

Inoltre, come sottolinea giustamente Zecchini,[465] testimonianza rivelatrice della pericolosità del *Catone* ciceroniano, ben chiara tra gli stessi amici dell'Arpinate, è una lettera di Cecina a quest'ultimo, del dicembre del 46[466] – quindi poco dopo la pubblicazione della *laudatio* e dell'*Orator* –, in cui il mittente suggerisce, quale ipotesi di mitigare la scontata reazione cesariana alla pubblicazione, il coinvolgimento di Bruto in tale iniziativa, nome che doveva certamente costituire ancora una garanzia presso Cesare.

A ciò si aggiunga anche la testimonianza di Plutarco, secondo il quale l'*Anticatone* non sarebbe stato il frutto di un desiderio di vendetta,[467] bensì il riflesso della profonda preoccupazione di un uomo politico che, attraverso la glorificazione di un avversario comunque sconfitto, vedeva ridimensionare il proprio prestigio e soprattutto delegittimare le sue azioni:

«Ma l'opera che dopo questi fatti [i. e. Cesare] scrisse contro Catone morto non sembra il segno di un uomo mite e conciliante: come infatti avrebbe risparmiato Catone vivo se ha scaricato su lui morto tanto livore? Dalla benevolenza con cui tratta Cicerone, Bruto, e moltissimi altri suoi avversari, alcuni deducono che quell'opera non fu scritta per astio, ma per un gioco politico, e precisamente per questo motivo. Cicerone aveva scritto un encomio di Catone, intitolandolo *Catone*; il libro era ricercatissimo, com'è naturale, perché scritto da un abilissimo oratore su un tema bellissimo. Questo angustiava Cesare che riteneva accusa mossa a sé l'elogio di un uomo morto per causa sua. Raccolse allora molte accuse contro Catone e le pubblicò; il libro s'intitola *Anticatone*. Ognuno dei due volumi riscuote la simpatia di molti, in grazia rispettivamente di Catone e di Cesare».[468]

---

[464] Così correttamente TSCHIEDEL, *op. cit.*, p. 21.

[465] ZECCHINI, *La morte di Catone*... *op. cit.*, p. 42.

[466] CICERONE, *Lettere ai familiari*, VI, 7: «Le mie paure raddoppiano quando ti vedo, nel tuo *Oratore*, che ti fai scudo di Bruto e lo vuoi quasi compagno per la tua giustificazione» (*Auges etiam tu mihi timorem, qui in Oratore tuo caves tibi per Brutum, et ad excusationem socium quaeris*).

[467] Gli antagonismi tra Catone e Cesare erano piuttosto vecchi, risalenti forse al dicembre del 63, quando l'Uticense aveva assunto il ruolo di guida della *pars* ottimate con il suo discorso contro i catilinari (SALLUSTIO, *La congiura di Catilina*, 50-53). Le origini di questa faida sono oscure, e non è nemmeno chiaro se Cesare avesse ricambiato l'ostilità; sta di fatto, però, che ebbe certamente la conseguenza critica di alienare Cesare dalla *leadership* senatoria in un momento invece in cui avrebbe potuto diventare parte importante del loro gruppo. E se è vero che l'ambizione di Cesare costituiva una pericolosa incognita, tuttavia il Senato aveva già dimostrato di essere in grado non solo di accogliere ma soprattutto di sfruttare ad arte le ambizioni di molti altri senatori (da ultimo Pompeo). Cfr. SYME, *op. cit.*, p. 25.

[468] PLUTARCO., *Cesare*, 54, 3-6: ὁ μὲν οὖν μετὰ ταῦτα γραφεὶς ὑπ' αὐτοῦ πρὸς Κάτωνα τεθνεῶτα λόγος οὐ δοκεῖ πρᾴως ἔχοντος οὐδ' εὐδιαλλάκτως σημεῖον εἶναι· πῶς γὰρ ἂν ἐφείσατο ζῶντος, εἰς ἀναίσθητον ἐκχέας ὀργὴν τοσαύτην; τῇ δὲ πρὸς Κικέρωνα καὶ Βροῦτον αὐτοῦ καὶ μυρίους ἄλλους τῶν πεπολεμηκότων ἐπιεικείᾳ τεκμαίρονται καὶ τὸν λόγον ἐκεῖνον οὐκ ἐξ ἀπεχθείας, ἀλλὰ φιλοτιμίᾳ πολιτικῇ συντετάχθαι διὰ τοιαύτην αἰτίαν. εγραψε Κικερων εγκώμιον Κατωνος, ὄνομα τῶ λόγῳ θε,εμπς Κατωνα· και πολλοῖς ὁ Λόγος ἦ διὰ σπουδῆς, ὡς εἰκός, υπὸ του

Analogamente, Appiano:

«Cesare disse che Catone gli aveva tolto la possibilità di fare una bella figura. Cicerone gli dedicò un encomio che intitolò *Catone*, e Cesare ne scrisse di contro un'accusa, intitolandola *Anticatone*».[469]

La complessità di questo quadro spiega anche la scelta della forma letteraria dell'*Anticatone* cesariano. Definito spesso troppo frettolosamente come "invettiva" o "pamphlet", «un necrologio della peggior specie»,[470] l'opera doveva configurarsi come una sorta di arringa, una requisitoria del genere di quelle che si fanno nei tribunali. La miglior testimonianza in tale direzione è quella di Cremuzio Cordo – nel resoconto di Tacito –, che definisce lo scritto di Cesare *rescripta oratio*.[471] In questo senso, è più che lecito supporre che l'*Anticatone* avesse come interlocutore diretto il *Catone* di Cicerone, alla stessa maniera di un confronto fra oratori in una disputa legale.[472] Con la sostanziale differenza, però, che l'imputato – appunto l'Uticense – non è oggetto di una valutazione giuridica bensì politico-morale, e che a giudicarlo non vi è un tribunale ma il vasto pubblico costituito dal popolo romano. È condivisibile, quindi, l'ipotesi di Tschiedel[473] di ricondurre il dibattito sulla mistificazione della figura di Catone all'interno del *genus demonstrativum*.[474]

δεινοτατου τῶν ρετόρων εἰς τὴν καλλίστην πεποιημενος ὑπόθεσιν· τοῦτ' ηνια Καισαρα, κατηγοριαν αὐτού νομιζοντα τὸν τοῦ τεθνηκότος δι' αὐτὸν επαινον. εγραψεν οὺν πολλάς τινας κατὰ τοῦ Κατωνος αιτιας συναγαγων· τὸ δε βιβλίον Ἀντικάτων επιγεγραπται, και σπουδαστὰς εχει τῶν λογων εκάτερος διὰ Καισαρα και Κατωνα πολλούς. Sul valore di Plutarco come fonte, cfr. TSCHIEDEL, *op. cit.*, pp. 25-34.

[469] APPIANO, *Le Guerre Civili*, II, 99, 414: ὁ δὲ Καῖσαρ ἔφη μέν οἱ φθονῆσαι Κάτωνα καλῆς ἐπιδείξεως, Κικέρωνος δὲ ποιήσαντος ἐγκώμιον ἐς αὐτὸν ἐπιγράψαντος Κάτων, ἀντέγραψε κατηγορίαν ὁ Καῖσαρ καὶ ἐπέγραψεν Ἀντικάτων. Cfr. TSCHIEDEL, *op. cit.*, p. 57, secondo cui l'accordo tra i passi di Appiano e quello di Plutarco citato in precedenza è dato dalla dipendenza da una comune fonte.

[470] Così S. KOSTER, *Die Invektive in der griechischen und römischen Literatur, Beiträge zur Klass*, in «Philologie H.» 99, Meisenheim am Glan 1980, pp. 139-141.

[471] TACITO, *Annali*, IV, 34; PLUTARCO (*Cesare*, 54) scrive che mosse diverse accuse a Catone, e di accusa parla pure Marziano Capella, *Le nozze di Filologia e Mercurio*, 5, 468: ... *cum alius quempiam laudat et alter accusat, ut Catonem Tullius laudans: et duobus voluminibus Caesar accusans*.

[472] Così TSCHIEDEL, *op. cit.*, p. 22. Di questo avviso anche KUMANIECKI, *Ciceros... op. cit.*, p. 185 sgg., il quale afferma che una somiglianza del *Catone* ciceroniano con il genere delle *laudationes funebres* può essere affermata solo dal punto di vista estrinseco e formale, poiché il suo contenuto doveva invece rispondere allo schema degli encomi greci. Questo spiegherebbe anche perché lo stesso Cicerone annoverava la sua opera tra gli scritti filosofici, nonostante la sua forma retorica (CICERONE, *Sulla Divinazione*, II, 1, 3).

[473] Cfr. TSCHIEDEL, *op. cit.*, p. 24.

[474] Già nell'oratoria greca la diversità delle argomentazioni trattate nei vari discorsi aveva suggerito delle distinzioni che Aristotele per primo codificò (*Sulla retorica*), fissando tre generei

E la testimonianza forse più importante di una corrispondenza diretta fra il *Catone* di Cicerone e l'*Anticatone* di Cesare risiede in un altro passo dell'Arpinate, più tardo rispetto alle vicende sinora narrate. Siamo nel luglio del 44 e, dopo l'assassinio di Cesare, l'oratore di Arpino pubblica il suo manuale di retorica, i *Topica*, in risposta a una richiesta dell'amico giurista Gaio Trebazio Testa sulla spiegazione e semplificazione del contenuto dei *Topica* di Aristotele, dove si tratta della *topiké*, l'arte di trovare gli argomenti di un'orazione durante la fase dell'*inventio*.[475] Nella parte finale del trattato, Cicerone esamina l'applicazione di diverse tecniche ai discorsi di lode (*laus*) e biasimo (*vituperatio*), fornendo un esempio contemporaneo:

«Ma quando si disputa intorno all'utilità, all'onestà, all'equità, e a quelle cose che sono ad esse contrarie, ricorrono stati o di diritto o di nome, e lo stesso avviene nelle laudazioni: infatti, o si può negare che sia avvenuto ciò che si loda; o si può negare doversi il fatto caratterizzare con quel nome con cui lo caratterizzò il lodatore; o si può assolutamente negare che si tratti di fatto degno di lode, perché non operato rettamente e con diritto. Di tutte queste specie, troppo impunemente usò Cesare contro il mio *Catone*».[476]

La conclusione del passo lascia intuire che Cesare, allineandosi ai metodi retorici tradizionali, avesse evidentemente costruito la propria orazione come una risposta alla *laudatio* ciceroniana. Se, infatti, in quest'ultima l'accento era posto sulla morale e non sul giudizio politico di Catone, allora è lecito supporre che anche la risposta di Cesare fosse limitata alle *res privatae*, sostanzialmente

---

oratori, ulteriormente precisati e definiti da Cicerone (CICERONE, *De inventione*, I, 5, 7): a. *genus iudiciale* (*quod, positum in iudicio, habet in se accusationem et defensionem aut petitionem et recusationem*): utilizato dagli oratori nei tribunali con il fin di accusare o difendere gli imputati secondo il creterio *de iusto et iniusto*; b. *genus deliberativum* (*quod, positum in disceptatione civili, habet in se sententiae dictionem*): utilizzato quando si deve parlare dinanzi un'assemblea politica, quando cioè si deve consigliare i membri della comunità secondo il criterio dell'utile, oppure sconsigliarli dimostrandone l'inutilità o il danno potenziale, invitando quindi i presenti a sostenere e votare la propria motivazione; c. *genus demonstrativum* (*quod tributur in alicuius certae personae laudem aut vituperationem*): utilizzato quando si deve tenere un elogio o il biasimo di persone (vive o defunte).

[475] I "luoghi" (*topoi* o *loci communes*) cui il titolo dell'opera fa riferimento, sono, secondo Aristotele, le sedi da cui si traggono gli argomenti, cioè i luoghi comuni che possono essere adoperati nella preparazione di un'orazione, un'opera filosofica o poetica. Cfr. PAOLO FEDELI, *Il sapere letterario. Autori, testi, contesti della cultura romana*, vol. 2, Fratelli Ferraro Editori, Napoli 2002, p. 58; G. PONTIGGIA – M.C. GRANDI, *Letteratura latina. Storia e testi*, vol. 2,, Principato, Milano 1996, p. 198; E. NARDUCCI, *Cicerone. La parola e la politica*, Laterza, Roma-Bari 2009, p. 381.

[476] CICERONE, *Topica*, 94: *Aut cum aliquid de utilitate, honestate, aequitate disseritur deque eis rebus, quae his sunt contrariae, incurrunt status aut iuris aut nominis; quod idem contingit in lauda tionibus. nam aut negaripotest id factum esse, quod laudetur, aut non eo nomine ad ficiendum, quo laudator adfecerit, aut omnino non esse laudabile, quod non recte, non iure factum sit. quibus omnibus generibus usus est nimis impudenter Caesar contra Catonem meum.* Cfr. QUINTILIANO, *Istituzione oratoria*, III, 7, 28.

delegittimando le qualità e le azioni incensate nel *Catone*.[477]

Nel suo *Anticatone*, quindi, Cesare dovette replicare in modo puntuale e serrato a ognuno degli argomenti impiegati in lode di Catone da Cicerone, alla stregua di un vero e proprio scontro oratorio dinanzi una giuria.[478]

Ma come doveva organizzarsi, nel dettaglio, la risposta cesariana?[479] Dal confronto fra i pochi frammenti in nostro possesso emergono alcuni nuclei tematici importanti su cui doveva insistere il libello del dittatore:

1. La sottile e pungente ironia che sostanzia tutta l'orazione. I primi tre frammenti dell'*Anticatone* (fr. 1-2-3), infatti, hanno in comune lo scopo di sottolineare a Cicerone e tutti i suoi seguaci che il messaggio sotteso nella *laus Catonis* era stato compreso sino in fondo, un autentico attacco politico, e che Cesare non era disposto a subire senza colpo ferire.[480] In questo senso è sicuramente da leggersi l'ironia con cui il dittatore rinfaccia all'Arpinate di aver adottato un procedimento – quello di innalzare un uomo al livello degli dèi – proprio dell'Epicureismo, che lo stesso Cicerone, così come il defunto Catone e gran parte della società colta romana, disprezzava, diversamente da Cesare stesso, che aveva adottato da anni la filosofia del Giardino. Ma anche la falsa modestia (fr. 2) con cui invita il pubblico a non misurare l'orazione di un uomo di guerra con l'eloquenza di un professionista che aveva dalla sua l'*otium* per coltivare il suo talento: l'effetto che Cesare sperava di ottenere era dare ai suoi lettori l'impressione che Cicerone fosse un *vir non vere Romanus*, in quanto da tempo aveva deciso di accantonare i veri valori che rendevano grande Roma – *virtus*, *vigilantia*, *labor* –, per essere solo un *homo litteratus*: in un colpo solo, il dittatore cercava, mediante la delegittimazione dell'autore (Cicerone), di ridimensionare l'oggetto della sua opera

---

[477] Così W. KIERDORF, *Ciceros* Cato – *Uberlegungen zu einer verlorenem Schrift Ciceros*, Rhein. Mus. N. F. 121 (1978), pp. 167-184, qui p. 175, e TSCHIEDEL, *op. cit.*, p. 51.

[478] Cicerone e Cesare non erano nuovi anche a confronti pubblici di questo tipo: si pensi, ad esempio, al dibattito sulla natura dell'eloquenza latina che portò il dittatore alla pubblicazione del *De analogia*, in cui questioni grammaticali superficialmente minori sembrano nascondere motivazioni profondamente politiche. Cfr. A. GARCEA, *Caesar's* De Analogia: *Edition, Translation, and Commentary*, Oxford, 2012.

[479] Suggestiva, ma priva di riscontro diretto nei frammenti, l'ipotesi di ZECCHINI, *La morte di Catone... op. cit.*, pp. 45-46, di ricostruzione del tema del suicidio nell'*Anticatone* attraverso il parallelismo con la figura di Vercingetorige – il principe e condottiero gallo che aveva organizzato e diretto la resistenza nazionale contro Cesare – nel *Bellum Gallicum*: «se infatti si ammette una revisione di quest'opera negli ultimi anni della sua vita concernente soprattutto i libri I e VII, non è più assurdo pensare che l'esaltazione di Vercingetorige e del suo consapevole sacrificio contenuta nel libro VII possa leggersi anche in chiave anticatoniana»: al patriottico sacrificio del capo arverno, contrappone l'egoistico rifugio nella morte dell'Uticense.

[480] Così TSCHIEDEL, *op. cit.*, p. 83.

(Catone). Del resto, era evidente a tutti che Cesare non fosse solo un uomo di guerra; un retore, invece, votato unicamente all'*otium*, pur vantando un'impareggiabile potenza linguistica, non avrebbe mai soddisfatto l'ideale della vera romanità, incarnato nell'uomo d'azione. In questa direzione è da leggersi anche la similitudine fatta da Cesare tra Cicerone e il λόγος di Pericle e il βιος di Teramene (fr. 3):[481] all'indiscutibile abilità oratoria del primo, Cesare affianca nell'Arpinate anche la nota mancanza di carattere del secondo.[482]

2. La discrepanza tra la pretesa esemplarità di Catone e il suo comportamento effettivo. In questa direzione insistono soprattutto i frammenti 4 e 5, dove la critica per l'inclinazione al consumo eccessivo di vino da parte dell'Uticense è utile a Cesare non tanto per dimostrarne la debolezza e la dissolutezza, la licenziosità sfrenata e l'eccesso provocato dal vizio, quanto piuttosto per sottolineare l'incongruenza con i presunti valori di *temperantia* e *severitas*, la profonda divergenza fra la pretesa morale e il vissuto quotidiano. Neanche Catone soddisfa quei requisiti morali che, però, esigeva dagli altri, e in questo modo allo stesso tempo perde ogni pretesa di agire quale giudice e ammonitore dei comportamenti altrui. Con l'attenzione, da parte di Cesare, a non interpretare il ruolo del romano moralmente indignato. Parafrasando l'efficace immagine descritta da Tschiedel,[483] Cesare non cerca di abbattere il monumento di Catone con un piccone, ma si limita a graffiarne l'intonaco per indicare la fragilità della muratura sottostante e la necessità di smantellarla.

3. Gli eccessivi rigorismo e senso del dovere. A riprova di ciò, il frammento 6 sulla condotta di Catone durante la missione a Cipro fra il 58 e il 56[484] – con il compito di sovrintendere all'annessione del

---

[481] Così DREXLER, *op. cit.*, pp. 203-205.

[482]Uomo di punta dell'oligarchia ateniese e membro del Consiglio dei Quattrocento, Teramene si era sottomesso al rinnovamento della democrazia ateniese nel 410 a. C. senza opporre resistenza. Cfr. più dettagliatamente TSCHIEDEL, *op. cit.*, p. 79-83.

[483]TSCHIEDEL, *op. cit.*, p. 88.

[484] Per la ricostruzione della vicenda, si vedano le seguenti fonti: CICERONE, *La Casa*, 20; 52; *Pro Sesto*, 57; PLUTARCO, *Catone Minore*, 34-39; *Pompeo*, 48, 9; *Bruto*, 3; TITO LIVIO, *Per.*, CIV; FLORO, *Storia Romana*, I, 44; RUFIO FESTO, *Breviario di storia romana* XIII; AMMIANO MARCELLINO, *Storie*, XIV, 8, 15; VELLEIO PATERCOLO, *Storia Romana*, II, 38,6; 45, 4-5; CASSIO DIONE, *Storia Romana*, XXXVIII, 30, 5; XXXIX, 22-23; APPIANO, *Le Guerre Civili*, II, 23 (che data tuttavia l'episodio al 52); VALERIO MASSIMO, *Fatti e detti memorabili*, IV, 1, 14; 3, 2; VIII, 15, 10; IX, 4, ext. 1; PLINIO IL VECCHIO, *Storia Naturale*, VIII, 196; XXIX, 96; XXXIV, 92; STRABONE, *Geografia*, XIV, 6, 6; POMPEO TROGO, *Prologhi*, XL; PSEUDO AURELIO VITTORE, *Gli uomini illustri*, LXXX, 2; SENECA, *Ad Marciam*, XX, 6. Per quanto concerne gli studi moderni, si vedano: G. ZECCHINI, *Catone a Cipro (58-56 a.C.): dal dibattito politico alle polemiche storiografiche*, in «Aevum», anno 53, fasc. 1 (1979),

273

regno di Tolomeo e l'inventariazione dei tesori confiscati consegnandoli intatti all'erario –: Cesare rimprovera all'Uticense uno zelo eccessivo derivante non dalla sua adesione a stoici principi,[485] quanto dalla sfiducia che nutriva nei confronti dei suoi collaboratori e persino degli amici di vecchia data. E ancora una volta l'accusa del dittatore doveva inserirsi in una più ampia risposta agli elogi ciceroniani. In questo senso, giustamente Kumaniecki[486] ricorda che Cicerone lodò spesso e in più luoghi lo scrupoloso e coscienzioso adempimento della missione di Cipro da parte di Catone, [487] suggerendo come tali apprezzamenti dovessero trovare probabilmente posto anche nella *laus Catonis*, forse come esempio della *iustitia* del defunto: evidentemente, agli occhi di Cesare, tale comportamento doveva essere reinterpretato invece come segno di *arrogantia, superbia* e *dominatus*.[488]

4. L'ambiguità dei rapporti familiari (fr. 7-10). Cesare si sarebbe opposto al riconoscimento di Catone come *pater familias* ideale, adducendo invece, quali esempi di un uomo che aveva trascurato persino i legami familiari più intimi, il trattamento riservato alla moglie Marcia e la sorellastra (o nipote?)[489] Servilia. Da Plutarco[490] apprendiamo della curiosa circostanza che spinse l'Uticense a cedere la consorte all'amico Ortensio, per poi riaccoglierla dopo la morte di quest'ultimo: pare, infatti, che Catone avesse rifiutato la proposta di legame di Ortensio con la figlia Porcia, all'epoca già sposa di Bibulo, cedendogli invece Marcia con lo scopo di generare una prole con lei e legare così le due famiglie. Tschiedel ipotizza che se Cicerone, nella sua *laudatio*, giustificava tale condotta come una pratica basata su un'antica consuetudine, *caritas* offerta non solo a un intimo amico ma

---

pp. 78-87; CARCOPINO, *op. cit.*, pp. 254, 264-265, 274-275; S.I. OOST, *Cato Uticensis and the annexation of Cyprus*, in «Class. Philol.», 1955, pp. 98-112; E. BADIAN, *M. Porcius Cato and the annexation and early admini stration of Cyprus*, in «Journal of Roman Studies», 1965, pp. 110-121; BROUGHTON, MRR II, p. 198.

[485] Cfr. anche D.B. GEORGE, *Lucan's* Cato *and Stoic Attitudes to the Republic*, in «Classical Antiquity»; Oct 1, 1991; 10, 2, pp. 237-258.

[486] KUMANIECKI, *Ciceros... op. cit.*, p. 181.

[487]Cfr. CIC., *dom.*, 20; 21; 23; 65; *Sest.*, 60-63. In questi ultimi passi, nello specifico, Cicerone afferma chiaramente che l'incarico a Cipro era stata una scelta politica per allontanare Catone da Roma per strappargli quella lingua *quae semper contra extraordinarias potestates libera fuisset*, e vanamente cercare di macchiare la sua *gravitas*, l'*integritas*, la *magnitudo animi* e soprattutto la *virtus*. L'oratore si chiede poi come mai non abbia rifiutato l'incarico e ne approva la condotta prudente, poiché altri invece al suo posto avrebbero portato avanti atti temerari probabilmente compromettenti per la *res publica*.

[488] Così anche TSCHIEDEL, *op. cit.*, pp. 95-96.

[489] Cfr. MÜNZER, RE II A, sp. 1821 (s.v. *Servilius*, n. 102).

[490] PLUTARCO, *Catone Minore*, 25 e 52.

274

anche per il bene della *res publica* – garantendo un ricambio generazionale –, dall'altra parte per Cesare doveva essere emblema di un comportamento anaffettivo, negando ai parenti più prossimi quella cura e quell'amore imposti dalla natura e dal dovere (fr. 8), in aperta contraddizione con quanto declamato.[491] Ma il dittatore si spingeva ancora oltre, perché accusando Catone di essere un uomo «che la natura ha creato così diverso da tutti gli altri»,[492] situava l'Uticense al di fuori della comunità umana – e persino della natura stessa –, come un individuo (*unus*) non disposto o incapace di agire in conformità con le norme consuetudinarie accettate dalla comunità: un individuo, pertanto, pericoloso. Analogamente, l'episodio del funerale del fratellastro Caepio e l'immagine di un Catone che rovista con un setaccio nelle ceneri del defunto alla ricerca di oro fuso (fr. 10), serve a Cesare non per accusare l'avversario di avidità,[493] quanto per mettere ancora una volta in discussione la genuinità e l'autenticità dei suoi sentimenti nei confronti persino dei più intimi familiari.

5. La propensione al potere personale. In quest'ottica è da leggersi probabilmente il passo di Gellio (fr. 11) dove, presentando esempi particolari di dativo singolare di quarta declinazione in *-u*, l'autore delle *Notti Attiche* cita passi di opere note, fra i quali appunto alcune di Cesare. Se è vero che da Gellio non apprendiamo nulla sul contesto in cui si trovavano originariamente le parole del dittatore, è suggestiva l'ipotesi di Tschiedel, secondo cui il riferimento diretto a Catone – e la conseguente provenienza della citazione dall'*Anticatone* – è determinato dall'*unius* introduttivo che ricorda il modo di Cesare di appellarsi all'Uticense.[494] È probabile, infatti, che Cesare facesse leva sulla pericolosità di un uomo che mascherava con la caparbietà e l'ostinatezza la propensione invece a imporre forzatamente la propria volontà. Ed è emblematico che il dittatore utilizzi tale espressione proprio nei confronti di un uomo che col suo sacrificio aveva finito con l'incarnare l'ideale della resistenza alla pretesa di legittimità di un nuovo potere personale a Roma qual era quello di Cesare.

---

[491]TSCHIEDEL, *op. cit.*, pp. 96-105.

[492] PRISCIANO, *Inst.*, 6, 36 (*GL* II 227,2-4).

[493] Ciò sarebbe stato troppo scopertamente in contrasto con la natura frugale di Catone ampiamente testimoniata nelle fonti. TSCHIEDEL, *op. cit.*, pp. 115-117, ipotizza che la critica di avidità non provenga da Cesare, bensì da qualche altra fonte distinta dal suo *Anticatone* ma in seguito falsamente attribuita al dittatore.

[494] TSCHIEDEL, *op. cit.*, p. 120, nota 255, evidenzia anche che è lo stesso Cicerone in più parti ad apostrofare Cesare come l'*unus* (cfr. CICERONE, *Lettere ai familiari*, IV, 9 ,2; VII, 3, 5; XIII, 19, 1), e ipotizza che quando a sua volta il dittatore utilizza lo stesso termine per riferirsi a Catone, non casualmente adotta il modo di esprimersi dell'Arpinate.

6. Più che conclusioni, rilanci

Riassumendo, l'*Anticatone* cesariano doveva con ogni probabilità configurarsi come una sorta di requisitoria, assumendo quale interlocutore diretto il *Catone* di Cicerone. Le due opere dovevano caratterizzarsi come un'esposizione di prove a sostegno delle proprie tesi: tutto ciò che nel *Catone* ciceroniano è oggetto di lode, diventa invece nello scritto cesariano oggetto di biasimo: la parsimonia diviene avarizia, la costanza e la fermezza nelle proprie idee divengono arroganza e superbia, l'onestà e lo scrupolo diffidenza, etc. Scopo principale del discorso cesariano, infatti, era contestare il sempre più crescente prestigio che veniva conquistando Catone dopo la sua morte quale modello morale e politico. Ad avvalorare questa tesi è il più lungo dei frammenti della *laus* scritta da Cicerone,[495] nel quale si afferma chiaramente che i meriti di Catone erano in realtà ben maggiori di quanto la sua reputazione suggerisse.

Era con questa realtà che doveva fare i conti Cesare, resa ancora più spinosa dall'inafferrabilità di un suicida. Obiettivo del dittatore era, pertanto, ridimensionare e riportare alle sue giuste proporzioni la figura di un avversario che, mediante la sua idealizzazione, era divenuto strumento di opposizione politica di una precisa *pars* senatoria. In questo modo, Cesare non faceva altro che difendere i propri interessi – sì con durezza, ma soprattutto con finezza e arguzia.

In conclusione, è opinione condivisa che un attento studio anche dei pochi frammenti delle opere minori di Cesare sia utile per comprendere le turbolenze di un'intera epoca. Si può ragionevolmente affermare, infatti, che il proliferare di scritti in onore di Catone, sull'esempio di quello ciceroniano, sia l'ultimo fulgido esempio – prima della censura augustea – di un ceto politico-intellettuale ancora libero di esprimere le proprie convinzioni: la posta in gioco, infatti, non era semplicemente la valutazione della morte di un uomo, quanto un vero e proprio dibattito pubblico – forse l'ultimo della storia repubblicana – fra i principali intellettuali dell'epoca più travagliata della storia romana.[496]

Cesare, in fin dei conti, aveva sperimentato un originale potere personale che si configurava sì come una dittatura sul piano politico, ma disgiunta da forme di censura sul piano intellettuale; censura invece da cui non sarà alieno pochi anni più tardi Ottaviano Augusto, che sul piano politico simulerà una "restaurazione" repubblicana, mentre sul piano culturale rigidissime saranno le sue forme di controllo.

---

[495] MACROBIO, *Saturnali*, VI, 2, 33: «In lui si verificava il contrario di ciò che per lo più succede: tutto sembrava nella realtà superiore alla fama; e non accade spesso che l'aspettativa sia superata dalla conoscenza del risultato, le orecchie dagli occhi» (*Contingebat in eo, quodplerisque contra solet, ut maiora omnia re quam fama viderentur; id quod non saepe evenit, ut expectatio cognitione, aures ab oculis vincerentur*).

[496] Così A. CORBEILL, *Anticato*, in L. GRILLO – C. B. KREBS (a cura di), *Cambridge Companion to the Writings of Julius Caesar*, Cambridge 2018, pp. 215-222, qui p. 215.

Anticatone

Anticato

Testo:

Hans Jürgen Tschiedel, *Caesars Anticato. Eine Untersuchung der Testimonien und Fragmente*, Darmstadt, Wissenschaftliche Buchgesellschaft, 1981
Alessandro Garcea, *Tout César. Discours, Traités, Correspondance et Commentaires*, Bouquins, Robert Laffont, Paris 2020

Dopo la grande vittoria cesariana a Tapso (46 a.C.), Catone, secondo i dettami stoici, scelse di darsi la morte in quel di Utica, al fine di non dovere la propria salvezza alla clemenza dell'odiato avversario politico, che pure gliel'avrebbe concessa volentieri. La scomparsa dell'austero e rigido repubblicano fu seguita dall'apparire di diversi scritti e libelli in onore del "martire" della libera *Res publica*, che si incanalarono nel filone della più o meno velata opposizione al nuovo regime di Cesare, alimentato e sostenuto sottobanco dal patriziato romano[497].

In questo proliferare di opuscoli e di *pamphlet* oggi scomparsi, Cicerone – dietro l'insistente esortazione di Marco Giunio Bruto (il futuro cesaricida), che di Catone aveva sposato la figlia, Marzia – compose a sua volta, nell'aprile del 46 a.C. – una *Laus Catonis*, destinata a riscuotere una qual certa diffusione e successo di pubblico. Di essa Cicerone scrisse498:

Non l'avrei mai scritta per timore di tempi non propizi alla virtù, se non avessi ritenuto criminoso disobbedire a te, [Bruto], che mi esortavi a scrivere e che destavi il ricordo [di Catone] a me talmente caro. Ad ogni modo, attesto che ho osato scrivere quell'opera perché, sebbene riluttante, ne fui da te richiesto. Voglio infatti che tu condivida con me le accuse che saranno mosse, in modo che, se sarò stato in grado di reggere una così seria istruttoria, la colpa di aver imposto un fardello troppo impegnativo tocchi a te, a me quella di aver accettato. E tuttavia, in tutta questa vicenda, l'elogio che mi spetta per aver accettato un'incombenza che viene da te compenserà l'errore di valutazione [commesso nell'accettare].

Traspare da queste righe una sorta di riluttanza – se non di velato pentimento – da parte di Cicerone intorno a questa faccenda, un'ambiguità vòlta a guadagnare la benevolenza di Cesare, che per Bruto, figlio della sua ex amante Servilia, provava un sincero affetto.

---

[497]L. CANFORA, *Cesare. Il dittatore democratico*, p. 285.
[498] CICERONE, *Orator*, 35.

Tornato vittorioso dall'Africa il 25 luglio del 46 a.C., Cesare aveva difatti avuto modo di constatare come la *Laus Catonis* ciceroniana fosse ampiamente diffusa e circolante nell'Urbe, cosa che dovette infastidirlo non poco[499]. Gli impegni politici e militare che dovette affrontare in un breve volgere di tempo, tuttavia, non gli permisero di rispondere a tono allo scritto che incensava il suo defunto avversario: la campagna di Spagna, dove avrebbe affrontato i figli di Pompeo, Gneo e Sesto, era infatti alle porte.

Partito per il fronte iberico, Cesare ordinò comunque al suo fidato luogotenente Aulo Irzio (autore, tra l'altro, dell'VIII libro del *De Bello Gallico*) di comporre un libello anticatoniano in risposta alla *Laus Catonis* e di diffonderla a Roma; Cicerone prese visione dell'operetta di Irzio e, in una sua lettera all'amico Attico del 9 maggio del 45 a.C.[500], egli annota come la figura di Catone ne uscisse grandemente denigrata, mentre di Cicerone stesso si tratteggiava un encomio e venivano risparmiate critiche e satire pungenti.

Nello stesso periodo, anche Bruto, spinto forse dalle insistenze e dall'incoraggiamento della moglie Marzia, pubblicò una propria operetta in lode di Catone; nel fare ciò pestò i pedi, per così dire, allo stesso Cicerone, attribuendo quasi interamente a Catone il merito di aver sventato la congiura di Catilina, evento che – com'è notorio – costituiva il cardine attorno a cui l'oratore di Arpino aveva costruito il proprio mito politico.

Cesare, all'epoca ancora impegnato Spagna, fece pervenire un suo primo giudizio su ambedue le *Laudes*: in esso si prese garbatamente gioco di entrambi gli autori, pur continuando ad elogiare Cicerone, in maniera tale da garantirsene l'appoggio, facendo leva sulla vanità dell'Arpinate, in qualche modo offesa dallo scritto di Bruto.

Nell'agosto del 45 a.C. Cesare si accinse dunque a scrivere di proprio pugno un libello in risposta alle due *Laudes* (e implicitamente ad altre di cui non abbiamo contezza), che intitolò *Anticatone* (*Anticato*). Dell'opera ci rimangono 11 frammenti, e Cicerone ammise con l'amico Attico di averne apprezzato l'arte con cui era scritto, sebbene composto in tempo di guerra e con tutt'ltre occupazioni che si imponevano all'attenzione di Cesare[501].

Nell'*Anticatone* Cesare replicò in modo puntuale e serrato ad ognuno degli argomenti impiegati in lode di Catone da Cicerone, proprio alla stregua di un vero e proprio scontro oratorio dinanzi ad una giuria. Nello scritto Cesare fece un uso mirato dell'ironia, asserendo tra le righe che Cicerone, nello scrivere la sua *Laus Catonis*, avesse adottato un procedimento, quello di

---

[499] H.J. TSCHIEDEL, *Caesars Anticato. Eine Untersuchung der Testimonien und Fragmente*, Wissenschaftliche Buchgesellschaft, Darmstadt 1981, p. 9, è tuttavia del parere che la *Laus Catonis* ciceroniana sia pervenuta a Cesare quando costui si trovava già sul fronte ispanico.
[500] CICERONE, *Lettere ad Attico*, XII, 40.
[501] CICERONE, *Lettere ad Attico*, XIII, 59, 1.

innalzare un uomo al livello degli dèi, proprio dell'Epicureismo, che lo stesso Cicerone, così come il defunto Catone e gran parte della società colta romana, disprezzava, diversamente da Cesare stesso, che aveva adottato da anni la filosofia del Giardino.

Improntate all'ironia erano anche le parole con cui Cesare, in una sorta di *recusatio*, invitava i lettori a non giudicare troppo severamente il suo stile di scrittura, volutamente agile e scarno: ad esse Cicerone, nel tentativo di ricucire lo strappo che quest'alterco a distanza avrebbe potuto creare, rispose lodando l'intero *corpus* delle opere di Cesare nel suo *Brutus*502.

F. 1
Cremuzio Cordo, *Annali*, T 1. = Tacito, Annali, IV, 34, 4

Marci Ciceronis libro, quo Catonem caelo aequavit, quid aliud dictator Caesar quam rescripta oratione, velut apud iudices, respondit?

Quando Cicerone levò al cielo Catone nel suo libro, sebbene fosse già dittatore, Cesare si limitò a replicargli attraverso un altro libro, come se si trattasse di una controversia davanti ai giudici[503].

F. 2
Plinio il Vecchio, *Storia naturale*, VII, 116-117

Sed quo te, M. Tulli, piaculo taceam, quove maxime excellentem insigni praedicem? Quo potius quam universi populi illius gentium amplissimi testimonio, et tota vita tua consulatus tantum operius electis? Te dicente legem agrariam, hoc est alimenta sua, abdicarunt tribus; te suadente Roscio theatralis auctori legis ignoverunt notatasque se discrimine sedis aequo animo tulerunt, te orante proscrptorum liberos honores petere puduit. Tuum Catilina fugit ingenium; tu M. Antonius proscripsisti. Salve primus omnium parens patriae appellate, primus in toga triumphum linguaeque laurea merite maiorem, quanto plus est ingenii Romani terminos in tantum promovisse quam imperii!

---

[502] CICERONE, *Bruto*, 261-262.

[503] Più che una semplice testimonianza, questo passo attribuito da Tacito a Cremuzio Cordo potrebbe costituire un vero e proprio frammento: probabilmente Cesare aveva impostato il suo *Anticatone* come una sorta di discorso di replica davanti ad una giuria immaginaria, dunque il presente passo potrebbe accennare al suo perduto *incipit*. Ci conforta in tale opinione la possibilità che Cesare abbia volutamente contrapposto al *Fedone* di Platone, letto da Catone alla vigilia del suicidio, un'altra opera platonica, l'*Apologia di Socrate*, che si strutturava appunto come una sorta di arringa di fronte ai giudici accusatori; in questo caso si sarebbe trattato del tribunale della Storia (si vedano altri esempi nell'*Apocolokyntosis* di Seneca o nei *Cesari* di Giuliano l'Apostata).

Ma come potrei giustificare l'errore di passarti sotto silenzio, o Marco Tullio [Cicerone]? Quale titolo prendere per parlare della tua grandezza? Che testimonianza invocare di preferenza, e non quella – unanime – del più grand popolo del mondo, scegliendo fra le tante, presenti nel corso di tutta la tua vita, solamente quelle inerenti le azioni svoltesi durante il tuo consolato? Tu prendi la parola e le tribù rinunciano alla legge agraria, vale a dire la loro stessa sussistenza; tu consigli ed esse perdonano a Roscio, l'autore della legge sul teatro, rassegnandosi di buon grado all'umiliazione que vale loro la separazione dei posti a sedere; tu pronunci un discorso ed i figli dei proscritti provano vergogna a brigare per ottenere le magistrature. È il tuo genio che ha fatto fuggire Catilina; sei tu che hai proscritto Marco Antonio. Salute a te, che per primo hai riportato il trionfo senza lasciare la toga e gli allori della parola; tu, il padre dell'eloquenza e delle lettere latine, che ha meritato – secondo l'espressione stessa del dittatore Cesare, tuo nemico a quell'epoca – degli allori superiori a tutti gli allori dei trionfi, se è vero che è più glorioso l'aver spinto così lontano le frontiere dell'ingegno romano che quelle dell'Impero.

F. 3
Plutarco, *Cesare*, 3, 4

Αὐτὸς [*scil.* Καῖσαρ] δ᾿ οὖν ὕστερον ἐν τῇ πρὸς Κικέρωνα περὶ *Κάτωνος* ἀντιγραφῇ παραιτεῖται, μὴ στρατιοτικοῦ λόγον ἀνδρὸς ἀντεξετάζειν πρὸς δεινότητα ῥήτορος εὐφοῦος καὶ σχολὴν ἐπὶ τοῦτο πολλὴν ἄγοντος.

Infine Cesare stesso, nella replica che rivolse a Cicerone in merito a Catone, chiede che non si metta a confronto lo stile di un uomo di guerra con la potente eloquenza di un oratore dal talento naturale, che vi ha avuto molto tempo da dedicare [a quest'arte].

F. 4
Plutarco, *Cicerone*, 39,5-6

Ἐκ δὲ τούτου διετέλει [*scil.* ὁ Καῖσαρ] τιμῶν καὶ φιλοφρονούμενος, ὥστε καὶ γραψαντι [*scil.* τῷ Κικέρωνι] λόγον ἐγκώμιον Κάτωνος ἀντιγράφων τόν τε λόγον αὐτοῦ καὶ τόν βίον ὡς μάλιστα τῷ Περικλέους ἐοικότα καὶ Θηραμένους ἐπαινεῖν. Ὁ μέν οὖν Κικέρωνος λόγος *Κάτων*, ὁ δὲ Καίσαρος *Ἀντικάτων* ἐπιγραπται.

A partire da questo momento[504], Cesare non cessò di testimoniare onore ed

---

amicizia nei confronti di Cicerone, sebbene, allorché quest'ultimo scrisse l'elogio di Catone, nella sua risposta Cesare lodò l'eloquenza e lo stile di vita di Cicerone quali del tutto assimilabili a quelli di Pericle e di Teramene. Il trattatello di Cicerone reca il titolo di *Catone*, quello di Cesare, invece, di *Anticatone*.

F. 5
Plinio il Giovane, *Lettere ai familiari*, 3, 12, 2-3

Erunt officia antelucana, in quae incidere impune ne Catoni quidem licuit, quem tamen C. Caesar ita reprehendit ut laudet. Describit enim eos, quibus obvius fuerit, cum caput ebrii retexissent, eruisse; deinde adicit: «Putares non ab illis Catonem, sed illos a Catone deprehensos». Potuitne plus auctoritatis tribui Catoni, quam si ebrius quoque tam venerabilis erat?

Vi erano delle visite dei clienti all'aurora; Catone stesso, nell'incontrarli, non fuggì al biasimo, benché Caio Giulio Cesare gli rivolse un rimprovero velato di ammirazione. Egli riferisce infatti che coloro che lo avevano incrociato mentre era sbronzo, dopo aver scoperto chi fosse, arrossirono tutti quanti. Riguardo a ciò aggiunge: «Si sarebbe creduto non che Catone fosse stato colto in fallo da costoro, ma che essi lo erano stati da Catone». Quale omaggio più bello all'autorità di Catone che il rappresentarlo venerabile anche nel momento della propria ubriachezza?

F. 6
Seneca, *Dialoghi*, 9, 17, 9

Catoni ebrietas obiecta est: facilius efficiet, quisquis obiecit et, crimen honestum quam turpem Catonem.

Si rimprovera a Catone l'ubriachezza: colui che gli ha rivolto questo rimprovero – chiunque esso sia – avrà più facilmente riabilitato questo vizio che non sminuito Catone.

F. 7
Plutarco, *Catone Minore*, 36, 4-5

Τέλος αὐτὸς ἰδίᾳ τοῖς ὠνουμένοις διαλεγόμενος καὶ προσβιβάζων ἕκαστον, οὕτω τὰ πλεῖστα τῶν ἀγορασμάτων ἐπώλει [*scil.* ὁ Κάτων]. Διὸ τοῖς τ' ἄλλοις φίλοις ὡς ἀπιστῶν προσέκρουσε καὶ τὸν συνηθέστατον ἁπάντων Μουνάτιον εἰς ὀργὴν ὀλίγου δεῖν ἀνήκεστον γενομένην ἐνέβαλεν, ὥστε καὶ Καίσαρι γράφοντι λόγον κατὰ τοῦ Κάτωνος πικροτάτην τοῦτο τὸ μέρος τῆς κατηγορίας διατριβὴν.

Volendo vendere tutto[505] diligentemente, puntando al prezzo più alto, volle dunque essere presente a tutti gli atti di vendita per tenerne minuziosamente conto, né si fidava affatto dei metodi usate alle aste, anzi, aveva in sospetto tutti gli intermediari, i banditori, i compratori, persino gli stessi amici e, per farla breve, condusse tutte le vendite all'asta trattando personalmente con gli acquirenti, alzando per di più la voce per sottolineare il pregio della merce. Per tali motivi offesa con la propria diffidenza gli amici e in particolare Munazio, a lui assai familiare, il quale si offese a tal punto che restò in collera con lui per sempre, offendo così a Cesare, nel momento in cui scrisse il suo libello contro Catone, la più aspra invettiva.

F. 8
Plutarco, *Catone Minore*, 52, 5-7

Τῆς δ'οἰκίας καὶ τῶν θυγατέρων κηδεμόνος δεομένων, ἀνέλαβε πάλιν [*scil.* ὁ Κάτων] τὴν Μαρκίαν, χηρεύουσαν ἐπὶ χρήμασι πολλοῖς· ὁ γὰρ Ὁρτήσιος θνήσκων ἐκείνην κληρονόμον. Εἰς ὃ δὴ μάλιστα λοιδορούμενος ὁ Καῖσαρ τῷ Κάτωνι φιλοπλούτιαν προφέρει καὶ μισθαρνίαν ἐπὶ τῷ γαμῷ. Τί γάρ ἔδει παραχωρεῖν δεόμενον αὖθις ἀναλαμβάνειν, ἐι μὴ δέλεαρ ἐξ ἀρχῆς ὑφείθη τὸ γύναιον Ὁρτήσίῳ καὶ νέαν ἔχρησεν ἵνα πλουσίαν ἀπολάβῃ;

Dato che la sua casa ed i suoi figli avevano bisogno di qualcuno che se curasse, Catone richiamò Marzia, che nel frattempo era divenuta vedova e che disponeva di un immenso patrimonio, che Ortensio le aveva lasciato al momento della propria dipartita. È in particolare a questo riguardo che Cesare gli mosse delle critiche, rimproverando a Catone il suo amore per la ricchezza e la sua venalità in materia coniugale. Perché cedere [ad un altro uomo] la propria moglie, se ne aveva bisogno? Oppure, se non ne aveva bisogno, perché riprenderla? A meno che questa donna non fosse stata che un'esca offerta ad Ortensio, che Catone gli prestò giovane per riaverla ricca.

F. 9
Prisciano, *Institutiones grammaticae*, 6, 36 (*GL* II 227,2-4)

Caesar in Anticatone *priore*: «*Uno enim excepto, quem alius modi atque omnis natura finxit, suos quisque habet caros*».

---

[505] Si riferisce ai beni di Tolomeo, governatore di Cipro e fratello del re d'Egitto Tolomeo XII Aulete, padre di Cleopatra.

Scrive Cesare nel primo libro dell'*Anticatone*: «In effetti, ad eccezione di una sola persona che la natura ha forgiato con un carattere diverso da quello di tutti gli altri, ciascuno ama i propri [cari]».

F. 10
Plutarco, *Catone Minore*, 54, 1-2

Ἐκπεμφθεὶς δ'εἰς Ἀσίαν, ὡς τοῖς ἐκεῖ συνάγουσι πλοῖα καὶ στρατιὰν ὠφέλιμος γήνοιτο, Σερβιλίαν ἐπηγάγετο [*scil.* ὁ Κάτων] τὴν ἀδελφὴν καὶ τὸ Λευκόλλου παιδίον ἐξ ἐκείνης γεγονός. Ἡκολούθησε γὰρ αὐτῷ χηρεύουσα καὶ πολὺ τῶν εἰς τὸ ἀκόλαστον αὐτῆς διαβολῶν ἀφεῖλεν, ὑποδῦσα τὴν ὑπὸ Κάτωνι φρουρὰν καὶ πλάνην καὶ δίαιτιαν ἑκουσίως· ἀλλ'ὅ γε Καῖσαρ οὐδὲ τῶν ἐπ' ἐκείνη βλασφημιῶν τοῦ Κάτωνος ἐφείσατο.

Inviato in Asia per coadiuvare coloro che laggiù stavano radunando navi e truppe, Catone condusse con sé sua sorella Servilia506 ed il bambino che ella aveva avuto da Lucullo. Dopo che costei rimase vedova, lo seguiva [nei suoi spostamenti], cosa che smentisce le voci malevole che correvano intorno alla sua condotta licenziosa: ella si sottopose di evidente buon grado alla custodia di Catone, del quale condivideva lo stile di vita ordinario ed il severo regime. Ma Cesare, anche al suo riguardo, non risparmia alcuna calunnia a Catone.

F. 11
Plutarco, *Catone Minore*, 11, 6-8

Τῆς δὲ κληρονομίας εἰς αὐτόν τε καὶ τὸ θυγάτριον τοῦ Καπίωνος ἡκούσης, οὐθὲν ὧν ἀνάλωσε [*scil.* ὁ Κάτων] περὶ τὸν τάφον ἀπήτησεν ἐν τῇ νεμήσει. Καὶ ταῦτα πράξαντος αὐτοῦ καὶ παθόντος ἦν ὁ γράψας, ὅτι κοσκίνῳ τὴν τήφραν τοῦ νεκροῦ μετέβαλε καὶ διήθησε, χρυσίον ζητῶν κατακεκαυμένον. Οὕτως οὐ τῷ ξίφει μόνον, ἀλλὰ καὶ τῷ γραφείῳ τὸ ἀνυπεύθυνον καὶ ἀνυπόδικον διεπίστευσεν [*scil.* ὁ Καῖσαρ].

L'eredità di Cepione era stata ripartita fra lui e la figlia del defunto. In questa suddivisione Catone non reclamò alcun rimborso delle spese che aveva dovuto sostenere per la sepoltura. Tuttavia, a dispetto della sua condotta e del suo atteggiamento morale, si trova qualcuno che ha potuto scrivere che egli aveva passato al setaccio e filtrato le ceneri del defunto per cercarvi l'oro che era stato bruciato con lui. A tal punto Cesare credeva nel proprio privilegio di non dover

---

506 Si tratta in realtà di sua nipote, figlia di Quinto Servilio Cepione, a sua volta fratellastro di Catone.

rendere conto a nessuno e di restare impunito non solamente per chi colpiva con la propria spada, ma anche con la propria penna!

F. 12
Aulo Gellio, *Notti Attiche*, 4, 16, 8

C. etiam Caesar, gravis auctor linguae Latinae, in Anticatone inquit: «Unius arrogantiae, superbiae dominatuque».

Anche Caio [Giulio] Cesare, importante autore in materia di lingua latina, disse nel suo *Anticatone*: «All'arroganza, all'orgoglio, all'egemonia di una sola persona».

Il perduto *Oedipus* di Cesare, Euripide e un genio dimenticato, Friedrich Wilhelm Wagner

di Mirko Rizzotto

Racconta Svetonio come Cesare, fin da ragazzo, avesse nutrito una sincera passione per l'arte e la scrittura, fino a comporre un dramma teatrale, di argomento mitologico, che in seguito suo nipote, figlio adottivo e successore Ottaviano Augusto, provvide a far sparire dalla circolazione, per motivi molto precisi che analizzeremo più avanti.

Cesare scelse dunque come argomento per la sua (perduta) tragedia giovanile le drammatiche vicende di Edipo. Ripercorriamone a grandi linee la vicenda mitologica, del resto notissima.

Edipo nacque da Laio, re di Tebe, e da Giocasta. Il padre lo fece esporre alle fiere sul monte Citerone, con le caviglie trafitte (da cui il nome Οἰδίπους, «dai piedi gonfi»), per scongiurare l'avverarsi della profezia dell'oracolo di Delfi, secondo cui il proprio figlio lo avrebbe ucciso. Alcuni pastori di Corinto trovarono il piccolo sul monte e lo portarono dal loro re Polibo e dalla regina Peribea, alla cui corte Edipo, curato, allevato e amato, rimase a vivere, credendo di essere il figlio biologico dei due amorevoli sovrani corinzi.

Un giorno, recatosi a interrogare l'oracolo di Delfi, gli venne predetto che avrebbe ucciso il padre e sposato la madre. Terrorizzato da questa prospettiva, il giovane si allontanò da Corinto e si recò nella Focide, dove, in seguito a un litigio sulla precedenza in uno stretto varco, uccise il vecchio re Laio, inconsapevole della sua identità.

Proseguì poi verso Tebe e, sciogliendo l'enigma propostogli dalla Sfinge, liberò la città dal mostro, ottenendo in ricompensa il regno e la mano della regina Giocasta. Dalla madre Edipo ebbe quattro figli: Eteocle, Polinice, Antigone, Ismene; poi, scoppiata una pestilenza e imponendogli l'oracolo di ricercare l'uccisore di Laio, venne a conoscere la sconvolgente verità. Mentre Giocasta, sconvolta, si impiccò, Edipo decise di accecarsi e fu scacciato dalla città dai suoi stessi figli e da Creonte, fratello di Giocasta. Accompagnato dalla fedele figlia Antigone errò per la Grecia, finché, giunto nel demo attico di Colono, sparì agli occhi della figlia e di Teseo, re di Atene.

Questo il mito nella sua versione più divulgata, noto grosso modo a tutti. Viene tuttavia da chiedersi perché il giovane Cesare si fosse dedicato proprio ad esso, una storia a ben vedere scabrosa e sanguinaria, e anche perché Augusto decise di farne sparire tutte le copie in circolazione alla sua epoca, vietandone la ripubblicazione (e presumibilmente confiscando o vietando la diffusione pubblica di quelle esistenti)? Evidentemente Cesare intendeva divulgare un particolare messaggio politico e morale, e la tematica doveva suonargli particolarmente congeniale.

Solitamente la critica contemporanea è unanime nell'affermare che nulla ci sia giunto dell'*Edipo* cesariano attraverso le rigorose maglie della censura augustea, ma è davvero così?

Per rispondere a questo interrogativo dobbiamo innanzitutto chiederci a *quale*, fra i molti modelli di opere teatrali su Edipo esistenti, Cesare si fosse ispirato. Fra la letteratura greca, di cui era assiduo ed attento lettore, spiccavano senz'altro l'*Edipo Re* e l'*Edipo a Colono* di Sofocle, ma è improbabile che il Nostro, pur avendoli attentamente letti e meditati (e probabilmente anche visti in sede di rappresentazione scenica, a Roma) li abbia presi direttamente a modello: Sofocle, infatti, mise in scena l'*Edipo re* per la prima volta tra il 430 e il 420 a.C., ad Atene, dando il via con altre due tragedie, l'*Edipo a Colono* e l'*Antigone*, al Ciclo Tebano.

Due sono le principali tematiche sottese all'*Edipo re* di Sofocle: da un lato il pericolo che la conoscenza può comportare per l'individuo, e dall'altro l'intrinseca debolezza dell'uomo che, lungi dall'essere padrone delle proprie azioni è destinato a venire dominato dal Fato e dal Caso. L'opera evidenzia pesantemente una tragicità interna all'esistenza umana, costretta in ultima analisi a soccombere all'imprevedibilità del Destino. La convinzione di avere sotto controllo la propria vita e le conseguenze delle proprie azioni non è insomma altro che un'illusione.

Appare evidente che ciò non poteva solleticare le corde di Cesare, che della sua ferrea volontà e del controllo delle cose e delle persone che lo circondavano farà un uso spesso spregiudicato; la forza – d'animo, ma anche fisica – sarà poi un altro dei suoi cardini d'azione politica e morale.

A che modello greco si ispirò, dunque? In ciò potrebbe soccorrerci indirettamente Cicerone: nel suo *De officiis* (III, 82), egli fa cenno in modo neanche troppo velato al matrimonio fra Pompeo e Giulia, figlia amatissima di Cesare, dicendo:

E quelli che trascurano ogni principio di rettitudine e di onestà pur di acquisire potere non fanno forse come colui che volle avere per suocero uno, la cui audacia accrescesse la sua potenza? A lui [*scil.* Pompeo] sembrava utile essere potente con l'odiosità altrui; e non vedeva quanto questo suo atto fosse ingiusto verso la patria e turpe.

Subito dopo l'Arpinate aggiunge una frase molto indicativa:

Il suocero [*scil* Cesare] poi aveva sempre in bocca i versi greci delle *Fenicie* di Euripide, che io riferirò, tradotti forse inelegantemente, ma conservando il pensiero (*quos dicam ut potero, incondite fortasse, sed tamen ut res possit intellegi*): «Se la giustizia si deve violare, si violi per regnare: per il resto rispetta i santi doveri»[507]

Ora, Cicerone ci informa di tre cose importanti: 1) Cesare ben conosceva Euripide, anche nell'originale greco; 2) era solito ripetere in pubblico come una massima alcuni versi di un'opera euripidea (in questo specifico caso *Le Fenicie*); 3) il Dittatore Perpetuo trasse un insegnamento politico dall'opera, che retrospettivamente Cicerone colse, sottolineò ed applicò all'intera carriera cesariana, pur condannandone gli esiti estremi.

Dati questi presupposti, si giunge facilmente alla conclusione che Cesare conoscesse estremamente bene le opere teatrali euripidee e ne ricavasse degli utili ammaestramenti morali e politici; il passo successivo è chiederci se tra gli scritti del grande drammaturgo ateniese ve ne fosse uno dedicato in modo specifico ad Edipo e alle sue scabrose vicende.

La risposta è affermativa: Euripide scrisse un *Edipo* (Οἰδίπους) con un'impostazione diversa da quella sofoclea; l'opera è andata purtroppo a sua volta perduta, ma ne sono sopravvissuti diversi frammenti, che ci permettono di coglierne fuggevolmente l'originalità.

Stando ad un recente studio, la ricostruzione della trama della tragedia sarebbe grosso modo la seguente[508]: la madre adottiva di Edipo, Peribea, arriva un giorno a Tebe, dove Edipo regna, per annunciargli che suo padre Polibo è morto: Edipo, infatti, non è a conoscenza di essere stato raccolto in fasce ed adottato e ritiene Peribea e Polibo i suoi genitori biologici. Edipo racconta con orgoglio a Peribea di come ha sconfitto la Sfinge, guadagnando per sé il trono vacante di Tebe e il matrimonio con la regina di recente vedovanza, Giocasta.

Peribea, tuttavia, è arrivata a Tebe su di un carro che Edipo le aveva inviato a Corinto come regalo e che era appartenuto al re precedente Laio, che lo stava guidando quando è stato ucciso. I servitori di Laio riconoscono il carro, realizzando così che Edipo è l'assassino del loro antico padrone e lo accecano come punizione per l'atto, forse con la complicità di Creonte. Dopo l'accecamento, Edipo parla con Giocasta e forse anche con Peribea, e da tale chiarimento emerge che i suoi genitori biologici sono Laio e Giocasta: Menete, un altro servo di Laio che aveva originariamente esposto Edipo quando è nato, potrebbe aver giocato un ruolo in questa scena del riconoscimento.

A seguito di questa rivelazione, Creonte minaccia la vita stessa di Edipo: il re decaduto dunque fugge, con il supporto di Giocasta, che – a differenza dell'omonimo dramma sofocleo – sopravvive.

È probabile che con l'*Oedipus* Cesare avesse inteso dare una

---

[507] EURIPIDE, *Le Fenicie*, vv. 524-525. Nel passo ciceroniano i versi citati suonano come: «*Nam si violandum est ius, regnandi gratia/ violandum est; aliis rebus pietatem colas*».

[508] C. COLLARD, M. J. CROPP E J. GILBERT (a cura di), *Euripides: Selected Fragmentary Plays*, II, Liverpool University Press, New York, 2004 pp. 108–110.

traduzione latina all'opera euripidea in esame, più che un'elaborazione originale, pur rimarcando i concetti che gli stavano a cuore con inserti e considerazioni.

L'operazione cesariana sarebbe insomma analoga a quella composta da un più tardo principe Giulio-Claudio, ovvero Germanico, padre del futuro imperatore Caligola: Gaio Giulio Cesare Germanico era figlio di Druso Maggiore (fratello dell'imperatore Tiberio). Nato nel 15 a.C., derivò il *cognomen* dalle gloriose spedizioni del padre in Germania; sulle orme di Druso (che era morto nel 9 a.C.), Germanico stesso condusse una vittoriosa campagna militare nelle stesse regioni all'inizio del regno di Tiberio (14-16 d.C.). Egli sembrava anzi destinato a succedere allo zio (che lo aveva adottato dopo la morte di Druso), ma morì prematuramente nel 19 d.C., mentre si trovava in Oriente.

Negli ultimi anni della sua vita (sicuramente dopo il 14 d.C., poiché nell'opera si accenna all'avvenuta consacrazione di Augusto), Germanico realizzò una nuova traduzione dal greco dei *Fenomeni* di Arato di Soli (III sec. a.C.). Il poema di Arato aveva avuto enorme fortuna nella cultura latina: celebrato come modello di raffinatezza stilistica dal poeta neoterico Elvio Cinna, era stato imitato da Varrone Atacino, tradotto da Cicerone e usato da Virgilio come una delle fonti principali delle *Georgiche*; un'altra traduzione (di cui restano solo due brevissimi frammenti) aveva realizzato Ovidio negli anni dell'esilio. La traduzione di Germanico, di cui restano 725 esametri, segue abbastanza fedelmente l'opera di Arato, correggendola però in vari punti sulla base delle più recenti acquisizioni della scienza astronomica.

È dunque probabile che Germanico si muovesse nell'alveo di una tradizione consolidata per i membri della coltissima *gens* Giulia, e che Cesare stesso avesse offerto un esempio con la traduzione dell'*Edipo* euripideo. Se così fosse, la versione latina composta nel 1846 dal filologo Friedrich Wilhelm Wagner per la sua edizione dei frammenti greci delle opere perdute di Euripide potrebbe, se non offrirci le precise parole ed i termini scelti da Cesare, consentirci perlomeno di farci un'idea un po' meno nebulosa del contenuto dell'opera.

È forse indispensabile spendere in questa sede due parole per riepilogare la figura e l'opera di Wagner, grande filologo tedesco dell'Ottocento, dimenticato ingiustamente in patria e in Italia.

Friedrich Wilhelm Wagner nacque nel 1814 a Schlawa (oggi Sława, nel distretto di Glogau), per poi trasferirsi con i suoi genitori a Breslavia, dove, dal 1824, frequentò il liceo classico Maria Magdalenen. Dopo essersi diplomato, ha studiò filologia classica presso l'Università di Breslavia a partire dal 1838 . Nel 1837 si dottorò con una dissertazione su *Le Rane* di Aristofane e nel corso dello stesso anno conseguì l'abilitazione all'insegnamento.

Poiché il suo principale interesse era la ricerca, si dedicò alla carriera accademica e completò la sua abilitazione nel dicembre 1838 presso l'Università di Breslavia. Come docente privato in quest'ultima facoltà, Wagner tenne principalmente lezioni di letteratura greca, epigrafia, esercizi in stile latino e propedeutica e nel 1845 venne nominato professore associato. Si dedicò poi a una vasta raccolta di tutti i frammenti dei tragici greci, inclusa una ricostruzione delle parti mancanti. Il suo *Poetarum Tragicorum Graecorum Fragmenta* (in tre volumi, pubblicato a Breslau tra il 1844 ed il 1852) rappresentò la prima raccolta di questo tipo. Pubblicò per prima cosa il secondo volume della raccolta, contenente i frammenti di Euripide (1844), seguito poi dal terzo volume con i tragediografi minori nel 1848, ed infine il primo volume, con i frammenti di Eschilo e di Sofocle. Una progettata storia completa della tragedia attica, che nel suo disegno doveva chiudere la serie, non venne mai realizzata

Dopo alcuni anni dedicati all'edizione degli scritti platonici, morì di embolia polmonare nel 1857, al termine di una lunga malattia. Il lavoro di Wagner fu presto – e ingiustificatamente – dimenticato dopo la sua morte. La sua più grande opera, la raccolta di frammenti dei tragediografi greci, fu infatti sostituita dalla più vasta raccolta dei *Tragicorum Graecorum Fragmenta*, ad opera di August Nauck, mentre il Nostro era ancora in vita (1856), sostituita a sua volta solo nel XX secolo.

Nella sua edizione dei frammenti euripidei, Wagner accompagnò il testo greco con una eccellente traduzione (versificata) in latino, la cui ricercatezza un aristocratico romano del I secolo a.C. non avrebbe disprezzato, il che rende questi testi molto vicini, almeno idealmente, allo scritto originale di Cesare. Nel realizzare la sua resa, ebbe per le mani un qualche "Euripide latino" o un florilegio manoscritto da cui trarre le sentenze citate a piè di pagina? La perfezione del testo tramandato parrebbe farlo supporre. Se sì, conteneva esso delle proposizioni che si potevano far risalire alla penna di Cesare? Non lo sappiamo, né egli ne rende conto nell'apparato critico del testo, anche se il dubbio resta legittimo. Ad ogni modo, anche se l'elaborazione poetica fosse del solo Wagner, ciò non inficia il *focus* che bisogna puntare su questi testi per farsi perlomeno un'idea della traduzione cesariana di Euripide.

Si tratta solamente di un'ipotesi di lavoro ma, dando per buono che l'*Edipo* di Euripide sia il modello seguito da Cesare nel comporre la propria tragedia, che il Nostro ne abbia – come fece tempo dopo il suo discendente Germanico con i *Fenomeni* di Arato – eseguito una più o meno fedele versione latina e che un barlume di questa versione possa essere riscontrato nella tarda traduzione del Wagner dei frammenti greci euripidei, allora abbiamo forse del materiale interessante su cui esercitare la nostra analisi, in quanto dell'*Edipo* di Euripide sono giunti 17 frammenti.

Cosa emerge, in buona sostanza, dalla loro lettura? Da un lato abbiamo sì un Edipo vessato dai beffardi scherzi del Fato, ma soprattutto un uomo che è preso di mira dall'odio dei suoi rivali (i seguaci di Laio e Creonte), immemori del grande servizio reso alla patria con la sconfitta della Sfinge, che gli infliggono un atroce accecamento, a cui però Edipo risponde reagendo con fermezza d'animo e saggezza, risoluto a non lasciarsi abbattere. Dall'altro, notevole è il personaggio di Giocasta, la madre/moglie di Edipo, donna dall'animo virile, che non si sgomenta davanti al sanguinoso spettacolo dei suoi occhi sanguinanti cavati dalle orbite (esibiti crudelmente da Creonte) ma che sostiene come il saggio debba vedere soprattutto attraverso la mente, e farsi guidare dalla giustizia. È sempre lei che aiuta Edipo a fuggire da Tebe, preferendo affrontare virilmente una vita di angoscia, piuttosto che porre fine alla propria esistenza.

Due personaggi davvero energici, Edipo e Giocasta, personaggi la cui caratterizzazione non poteva non colpire il giovane ed ambizioso Cesare, che volle presentarli anche al pubblico latino con la propria arte, quasi fossero un riflesso del proprio indomito animo.

Perché, infine, Augusto volle la scomparsa dell'*Edipo* di Cesare? A parte la tematica scabrosa e la trama a tinte forti (ricca di incesti, parricidi, tradimenti e mutilazioni violente), bisogna pensare che nei frammenti euripidei non conservati ci fossero delle allusioni trasparenti a temi che cozzavano apertamente contro la politica augustea, cosa che poteva essere letta, dal pubblico colto, come una sorta di "sconfessione postuma" di Cesare all'azione conservatrice e tradizionalista del proprio figlio adottivo ed erede.

Un importante indizio sui motivi di questa censura può forse esserci dato dall'emergere, quasi prepotente, della figura di Giocasta dai frammenti del Wagner: una donna volitiva e decisa, una regina, una straniera indomita e padrona del proprio destino, sprezzante della morte seppure detronizzata; il passo da qui ad identificarla con l'odiata e sconfitta Cleopatra era davvero breve, troppo breve, per non suonare come un capovolgimento del *Nunc est bibendum* oraziano e per non collidere, anche pesantemente, con la recente azione politico-militare di Augusto, che aveva portato all'annessione dell'Egitto. Il fatto, infine, che tale ritratto regale fosse da ascriversi direttamente a Giulio Cesare, non poteva suonare poi come un potente campanello d'allarme alle orecchie di Augusto, che non poté fare finta di non ascoltarlo.

Oedipus
Edipo

Testo: Euripide, *Edipo*, pp. 751-755, *Fragmenta Euripidis*, edidit F.G. Wagner, Firmin Didot, Parisiis 1846

Dramatis personae

Edipo, re di Tebe
Peribea, regina di Corinto, madre adottiva di Edipo
Giocasta, regina di Tebe, madre e moglie di Edipo
Creonte, fratello di Giocasta
Antigone, figlia di Edipo e di Giocasta
Sgherri di Laio e di Creonte
Menete, servitore anziano di Laio
Pastore di Peribea
Coro

Testimonianze

T 1.
Svetonio, *Vita del Divo Cesare*, 56

Feruntur et a puero et ab adolescentulo quaedam scripta: ut Laudes Herculis, *tragœdia* Œdipus, *etc.; quos omnes libellos vetuit Augustus publicari.*

Si tramanda inoltre che fin da quand'era fanciullo e poi da adolescente, [Cesare] avesse composto alcuni scritti: delle *Lodi di Ercole*, una tragedia intitolata *Edipo*, etc. Tuttavia Augusto proibì che tutti questi opuscoli fossero pubblicati.

Frammenti

F. 1
Il primo frammento è dedicato all'incontro tra Edipo e la Sfinge, il mostro dalle zampe di leone e la testa umana che terrorizzava gli abitanti di Tebe. Il Wagner ne ipotizzava l'appartenenza ad un "Prologo", che ripercorreva le vicende avventurose della giovinezza di Edipo, oppure – assai più probabilmente – ad una sorta di omerico "flashback" narrato dallo stesso protagonista, Edipo, ormai re a Tebe e alle prese con la pestilenza che affligge la città, rea (inconsapevolmente) di parricidio, avendo Edipo ucciso Laio, suo padre

291

naturale, nel corso di una lite avvenuta poco prima dell'incontro con la Sfinge. Tebe, la prima scena si svolge nel palazzo reale, nella sala del trono. Edipo narra alla madre Peribea, venuta a trovarlo da Corinto, le sue vicende pregresse e ripercorre le vicissitudini che lo avevano portato al potere, cercando se tra esse vi fosse qualcosa che aveva potuto offendere gli dèi e reclamare riparazione.

La vittoria sulla Sfinge, creatura spaventosa ma intelligente, fu uno dei più grandi meriti di Edipo, che per aver risolto l'indovinello propostogli dal mostro, aveva liberato la città dalla sua presenza e meritato in ricompensa la corona della città tebana e la mano della regina vedova Giocasta, in realtà la sua stessa madre.

Euripide, *Edipo*, fr. 544 Wagner = Eliano, *La Natura degli animali*, XII, 7

Sedebat [Sphynx] caudam sub pedes leoninos subducens.

La Sfinge posava la coda sulle zampe leonine sottostanti.

F. 2

Una stanza del palazzo. Creonte, fratello della regina Giocasta ha convocato segretamente alcuni uomini fedeli alla memoria del defunto Laio, primo marito della regina, morto in circostanze misteriose.

Creonte indica loro come il carro su cui era giunta Peribea fosse appartenuto a Laio; solo il suo assassino avrebbe potuto fargliene dono, quindi è logica conseguenza dedurre che Edipo è il responsabile della morte di Laio e, in ultima analisi, della carestia e della pestilenza abbattutesi sulla città.

Parlano gli sgherri del defunto re Laio, sobillati da Creonte, che li incita ad assalire Edipo e a mutilarlo per vendicare la morte del loro antico e legittimo sovrano.

Nella versione euripidea, seguita da Cesare, non è Edipo che si autoinfligge l'accecamento, con uno spillone della moglie/madre Giocasta, per l'orrore e il rimorso dell'incesto involontario compiuto, ma sono terzi (la folla, il coro, dei cortigiani indignati, dei militi ribelli, alcuni seguaci di Creonte, fratello di Giocasta, chi può dirlo con certezza?) che decidono di mutilarlo, ritenendo in tal modo di espiare l'ira degli dèi e di liberare così la città dalla pestilenza che i numi le hanno riversato addosso.

Secondo Wagner, invece, i colpevoli che parlano in questo frammento sarebbero i compagni del defunto re Laio, che decidono di vendicare il loro sovrano, prima ancora di sapere – o forse a prescindere da ciò – che Edipo ne è in realtà il figlio perduto (lo chiamano infatti "figlio di Polibo", il re di Corinto che lo aveva salvato ed adottato dopo la sua esposizione da parte del padre naturale).

Traspare qui abbastanza chiaramente l'analogia tra la castrazione e l'accecamento (inteso come punizione, come contrappasso), come in Sofocle, del resto. È però notevole come Cesare abbia seguito la versione secondo cui questa mutilazione gravissima viene inflitta con la forza, anche contro la volontà dell'interessato.

Euripide, *Edipo*, fr. 545 Wagner = *Scolii alle* Fenicie *di Euripide*, 61

Nos autem Polýbi filium humo affixum/ excæcamus et eruimus pupillas.

Noi, tuttavia, trafiggiamo con un ferro acuminato il figlio di Polibo, accechiamo[lo] e caviamo[gli] le pupille!

F. 3

L'accecamento di Edipo ha appena avuto luogo. Il sovrano, detronizzato, viene gettato in carcere per ordine di Creonte, che assume il potere.

Nel buio della sua squallida cella, Edipo prende la parola ed esprime la propria opinione sul fatto che, per un uomo saggio, sia preferibile di gran lunga non sbandierare ai quattro venti le proprie sciagure (aveva da poco scoperto di essere l'assassino del padre biologico e di aver sposato ed avuto quattro figli dalla sua stessa madre) ma di tenere il proprio dolore per sé, di interiorizzarlo. Il detto deve essere stato letto, meditato a lungo e messo in pratica da Cesare, che – in occasione della morte dell'amatissima figlia Giulia – decise di tenere per sé il proprio turbamento interiore, mostrandosi concentrato ed affabile come sempre, cosa che gli valse il rispetto e la simpatia umana di Cicerone[509].

Euripide, *Edipo*, fr. 546 Wagner = Stobeo, *Florilegio*, 109, 6

Virum enim propria mala omnibus patefacere/ inconsultum est, celare ea vero, sapiens.

Infatti è proprio dell'uomo [comune] svelare i propri mali in modo inconsulto, celarli, invece, è tipico del sapiente.

F. 4

Sala del trono. Sono presenti Creonte, Giocasta ed il Coro. Dopo un alterco con il fratello, Giocasta attribuisce l'inizio delle sue sventure all'esposizione del piccolo Edipo, suo figlio, il cui corpicino straziato dalle fiere non venne

---

[509] GRIMAL, *Cicerone*, cit., p. 228.

mai trovato.

Prende la parola allora il Coro, che parla dell'incontenibile emergere della verità dei misfatti, anche a distanza di tempo, in probabile riferimento al fatto che, come abbiamo appena ricordato, dopo la sua esposizione alle fiere, inchiodato per i piedi al tronco di un albero, non vennero trovati i resti del piccolo figlio di Laio, in quanto – in realtà – egli non era morto, ma era stato salvato da re Polibo (vedi F. 2).

Molto interessante è il riferimento a Δίκη (personificazione della dea della Giustizia): figlia di Zeus e di Temi secondo il poeta Esiodo, la dea è annoverata tra le Ore e ha come sorelle Eunomia (Εὐνομία, la Buona Regola) ed Irene (Εἰρήνη, la Pace) le quali, come lei, vigilano sulle azioni e i malfatti degli uomini; Dike riferisce a Zeus li delitti commessi dagli esseri umani perché, tramite il loro compimento, lei viene offesa; quando gli uomini la scacciano, la dea li segue piangendo e avvolta nella foschia procura loro delle sciagure.

Euripide, *Edipo*, fr. 547 Wagner = Stobeo, *Ecloghe*, I, 4, 3, p. 104 Heer

Video enim Iustitiam/ omnia tandem in lucere ferre.

Vedo infatti che la Giustizia presto o tardi riporta ogni cosa alla luce.

F. 5

Parla Edipo. È stato da poco privato della vista e rovesciato dal trono e Creonte lo ha condannato alla prigionia e forse alla morte; è forse nel buio di un carcere tebano che si svolge questa scena, un buio che richiama la cecità del protagonista. Giocasta, contro ogni sua aspettativa, è corsa da lui, incurante dei pericoli e, spinta unicamente dall'amore, gli ha promesso che lo aiuterà a fuggire. La accompagna la figlia Antigone, che si offre per accompagnarlo esule da Tebe ovunque potrà trovare la salvezza. Edipo, anche se accecato, sente di non essere giunto al sommo delle disgrazie, se poteva ancora affermare di avere al suo fianco una moglie onesta e buona, sebbene atteso da un crudele esilio. Wagner sottolinea come Euripide (e, aggiungiamo noi, Cesare che lo segue) tenga a commuovere ulteriormente lo spettatore, richiamando probabilmente la scena iniziale in cui era stato mostrato Edipo felice e potente, assieme alla moglie e ai figli.

Euripide, *Edipo*, fr. 548 Wagner = Stobeo, *Florilegio*, 67, 1

Magnæ tyrannidis instar viro liberi et uxor sunt./ Dico enim, parem esse calamitatem/ liberis destitui atque patria et fortunis/ et uxore pia; quippe hoc unum profecto divitiis/ melius est viro, si probam uxorem sortiatur.

Per un uomo, i figli e la moglie sono [solitamente] paragonabili ad una grande tirannide. Sostengo tuttavia che sia senz'altro da ritenersi una calamità se gli vengono a mancare sia i figli che la patria ed i beni materiali; però, al contrario, è di gran lunga migliore per un uomo quest'unica cosa: che gli sia data in sorte una moglie onesta.

F. 6

Giocasta è tornata nei suoi appartamenti, dove viene inopinatamente raggiunta dal fratello Creonte e da una schiamazzante turba di suoi accoliti. La scena da cui provengono questi versi è molto sanguinosa, per certi versi lontana dai dettami aristotelici che vietavano la vista del sangue sulla scena (da un certo punto di vista più vicina alla sensibilità moderna di uno Shakespeare). Si tratta di parole rivolte probabilmente da Giocasta al fratello Creonte e ad altri parenti davanti allo spettacolo degli occhi sanguinolenti del figlio/marito Edipo, portati al suo cospetto da coloro che li avevano strappati (rispetto a Sofocle, Euripide fa sopravvivere, ricordiamolo, la regina alla scoperta della propria – incolpevole – vergogna e tragedia).

La regina, di fronte alla bestiale sete di vendetta e di rivalsa del fratello e dei suoi accoliti, mantiene un freddo (ed oserei quasi dire agghiacciante e macbethiano) contegno di fronte a questa vista orripilante e ripugnante, facendo al contrario osservare ai suoi interlocutori che è necessario, per vedere veramente come stanno le cose, affinare lo sguardo della mente, non gli occhi fisici. A chi gli rammentava poi quanto ora la bellezza di Edipo fosse stata deturpata, ella nega ogni validità al concetto di bellezza esteriore: a cosa serve infatti, ad un essere umano, risplendere di effimera bellezza fisica, quando il suo animo e la sua indole non siano rivolto al giusto e al bene? Edipo – e lei stessa – hanno compiuto un abominevole sacrilegio odioso agli dèi e agli uomini, e nessuna esteriorità può loro servire da consolazione.

Euripide, *Edipo*, fr. 549 Wagner = Stobeo, *Florilegio*, 67, 1

Spectanda mens est: nil decus formæ iuvat,/ si pulcher absit animus et recta indoles.

La mente osservi: nessuna bellezza esteriore giova, se a chi è avvenente faccia difetto l'animo e un'indole giusta.

F. 7

Parla ancora Giocasta, rimasta sola con la figlia Antigone e con il Coro. La donna fa una considerazione importante, distinguendo nettamente fra amore spirituale e desiderio fisico, o voluttà: se il primo ha un'unica, riconoscibile e ben definita fisionomia, la seconda può concretarsi ugualmente – anche ora che le leggi della Natura lo impediscono – nel desiderio di fare ancora del bene, per quanto sia nei suoi poteri, al coniuge/figlio, salvandolo così da un destino lugubre progettato dai suoi nemici.

Euripide, *Edipo*, fr. 550 Wagner = Stobeo, *Ecloghe*, I, 10, p. 270 Heer

Amor quamvis unus sit, non unam tantum est voluptas.

Sebbene l'amore possa essere uno soltanto, non altrettanto unica è la voluttà.

F. 8
Parla ancora Giocasta. Nonostante tutte le annichilenti rivelazioni e gli irreparabili eventi delle ultime ore, l'amore di Giocasta per Edipo non è venuto meno. Esso si traduce nella sua devozione al marito/figlio e nella preoccupazione di non disonorarlo ulteriormente con una condotta non degna di una donna e di una compagna fedele. Alla fine del discorso giunge probabilmente in lacrime Peribea, madre putativa di Edipo, che supplica la donna di permetterle di visitare a sua volta il figlio in carcere. Giocasta acconsente.

Euripide, *Edipo*, fr. 551 Wagner = Stobeo, *Florilegio*, 69, 18

Quæque enim casta uxor serva est viri,/ improba autem præ stultitia coniugem spernit.

Infatti ogni moglie, per quanto casta, pure è servitrice dell'uomo, una compagna disonesta, invece, disonora il proprio marito con la sua stoltezza[510].

F. 9
Siamo nel carcere dov'è rinchiuso Edipo. Prende la parola il Coro: viene rievocato il recente arrivo di Peribea, da Corinto; la regina era giunta a Tebe per comunicare ad Edipo la notizia della morte di suo padre putativo Polibo. Sebbene intristito dalla nuova, Edipo ne è stato anche sollevato, poiché in tal modo – ritenendo che il defunto re di Corinto fosse il suo vero suo padre – aveva visto sfumare la profezia dell'oracolo delfico; il Coro commenta amaramente la gioia di Edipo, che in quel frangente si era creduto liberato da un destino di parricida.

---

510 Cfr. CLEMENTE ALESSANDRINO, *Stromati*, IV, 63, 3.

Euripide, *Edipo*, fr. 552 Wagner = Stobeo, *Florilegio*, 91, 5

Deliciæ insperatæ, quum maiores mortalibus/ appareant, magis delectant quam quod exspectatum venit.

Le delizie insperate, quanto appaiano più grandi ai mortali, fanno maggior piacere allorché giungono inattese.

F. 10
Parla ancora il Coro, medesima scena. Siamo giunti al *climax*, il momento culminante della verità, che si mostra in tutta la sua drammaticità gli occhi dello spettatore. Peribea, accompagnata da Giocasta, è giunta anch'essa angosciata in carcere per abbracciare il disgraziato figlio. La donna ha svelato ad Edipo le sue vere origini; per corroborare le sue affermazioni, fa giungere in scena uno dei pastori che avevano salvato Edipo dall'esposizione sul monte Citerone, che conferma in pieno l'identità fra il neonato esposto e l'attuale re di Tebe. Sopraggiunge anche Menete, vecchio servitore di Laio, che era stato incaricato di inchiodare il piccolo Edipo ad un albero, arrecando ulteriori conferme. Prende la parola Giocasta, con un'affermazione che è l'esatto capovolgimento di quanto contenuto nel frammento precedente.

Euripide, *Edipo*, fr. 553 Wagner = Stobeo, *Florilegio*, 38, 9

Pestifera multis mentibus mortalibus/ appareant, magis delectant quam quod expectatum venit.

Le sciagure appaiono molteplici alle menti dei mortali, tuttavia [al confronto] risultano [quasi] piacevoli rispetto a quanto è giunto ora inatteso.

F. 11
Parla Edipo, che commenta amaramente ma con altissima dignità quanto accaduto, tirando in ballo dèi e Fortuna, ma non per lagnarsene, bensì per sottolineare la mutevolezza dei destini umani.

Euripide, *Edipo*, fr. 554 Wagner = Stobeo, *Florilegio*, 105, 44

Multas vitæ conversiones numen nobis/ præbuit et Fortunæ commutationes.

La divinità ci ha destinato molti rivolgimenti della vita e mutamenti della Fortuna.

F. 12

Parla il Corifeo. Edipo è rimasto solo nella sua cella. La sua evasione è imminente ma egli è pronto. Il Corifeo lo invita alla prudenza, suggerendogli forse di posticipare l'evento, timoroso di troppi cambiamenti e rivolgimenti in un così ristretto lasso di tempo.

Euripide, *Edipo*, fr. 555 Wagner = Stobeo, *Florilegio*, 105, 45

Mutationes una fertas multas dies.

[Persino] un unico cambiamento richiede molti giorni.

F. 13

Edipo, sempre in carcere, si rivolge al Coro, severo e fermo nei suoi propositi, nonostante le disgrazie che sembrano averlo travolto: egli, dichiara, seguirà l'equanime via di mezzo fra la temerarietà e l'eccessiva prudenza, che sconfina nell'ignavia. La saggezza permea le sue parole, rendendo ammirato il suo interlocutore.

Euripide, *Edipo*, fr. 556 Wagner = Stobeo, *Florilegio*, 7, 10

Estne melior, viro, prudentem esse sine/ fortitudine, an strenuum et consilii expertem?/ Horum enim alterum temerarium, sed se tuetur:/ at placidum illud ignavum: in utroque igitur morbus est.

È forse meglio, o uomo, essere prudente, ma senza alcuna forza d'animo, oppure valoroso e sprezzante delle cautele? Tra [tutti] costoro, infatti, il primo è un temerario, ma difetta del senso di autoconservazione, mentre il secondo è [un uomo] placido ma [al contempo] un ignavo: in entrambi, dunque, vi è un [autentico] morbo.

F. 14

Appartamenti della regina. Giunge Antigone, accompagnando il padre, appena fatto evadere dal carcere, forse con la complicità di una guardia ancora a lui fedele. Giocasta abbraccia Edipo che, commosso dalla sua devozione, spende qualche parola di lode per lei. Anche il Coro sottolinea il virtuoso comportamento della regina, ma ella respinge ogni complimento, sottolineando come non stia facendo altro ciò che la propria natura muliebre e la tragica situazione le impongono, pur meglio che può.

Euripide, *Edipo*, fr. 557 Wagner = Stobeo, *Florilegio*, 73, 28; Clemente

Alessandrino, *Stromati*, IV, 8, 2

Quævis enim mulier viro deterior est,/ licet pessimus ducat fama præstantem.

Qualsiasi moglie, infatti, è peggiore del marito, anche se il peggiore uomo ha sposato una donna di grande reputazione.

F. 15
Stessa scena, replica del Coro, che – tramite le penne di Euripide e del suo traduttore/rielaboratore Cesare – pronuncia una delle più grandi lodi e riconoscimenti che l'Antichità abbia mai composto nei confronti dell'universo femminile.

Euripide, *Edipo*, fr. 558 Wagner = Stobeo, *Florilegio*, 73, 5

Ceterum vero omnium maxime indomitum est mulier.

Del resto, comunque, la donna è la più indomita di tutte [le creature].

F. 16
Di fronte alle mura di Tebe, nel tenue chiarore dell'alba. Antigone ed Edipo abbracciano Giocasta e salgono su di un carro che li porterà lontano dalla Beozia, in direzione dell'Attica. La regina li osserva partire con animo indomito; ella non versa lacrime, trattenendosi visibilmente, memore della propria dignità. La sua sopravvivenza, in Euripide/Cesare rispetto a Sofocle, è incredibilmente coinvolgente nel pubblico, che ne percepisce palpabilmente la sofferenza interiore di madre, moglie e sovrana.
Parla dunque il Coro, che sottolinea come la vera ricchezza sia insita nella virtù di cui fanno sfoggio i mortali – maschi o femmine che siano – anche nelle più nere avversità.

Euripide, *Edipo*, fr. 559 Wagner = Stobeo, *Florilegio*, 1, 3; Clemente Alessandrino, *Stromati*, IV, 5, 24

Nequaquam candidum argentum solum/ et aurum pro pecunia habendum est, sed etiam virtus omnibus/ mortalibus nummi instar est, qua uti oportet.

Per tutti i mortali ha il valore di moneta non solamente il rilucente argento e l'oro, ma anche la virtù, della quale essi abbisognano.
F. 17
Forse una parola tratta ancora dal commento finale del Coro, che stigmatizza

la debolezza di molti uomini in confronto all'indomita forza d'animo di Edipo
e di Giocasta di fronte alle sciagure.

Euripide, *Edipo*, fr. 560 Wagner = Stobeo, *Florilegio*, 5, 8

Ἄναρθος (hoc est sine membris), languidus, debilis.

Ἄναρθος (ovvero smidollato), [significa] languido, debole.

Libro degli Auspici o *Auguralia*

Libri Auspiciorum sive Auguralia

In qualità di Pontefice Massimo Cesare scrisse una sorta di enciclopedia (le fonti parlano di 16 libri, ma probabilmente essi arrivavano almeno a 20) sulle attività augurali, ovvero sulle modalità con cui i sacerdoti erano tenuti a prendere gli auspici e cercare di scrutare la misteriosa volontà degli dèi riguardo al futuro. A Cesare – epicureo disincantato e con atteggiamenti compassati nei confronti del soprannaturale – interessavano soprattutto le connessioni della *religio* con le attività pratiche, politiche e legali, e la sua ricaduta su di esse. Non mancava in questi testi una garbata ironia, com'era costume di Cesare, che cercava di non prendere troppo sul serio questa materia, pur non mostrandosi mai blasfemo agli occhi dei tradizionalisti romani. Dell'opera restano solamente due brevi frammenti, il che è un vero peccato, perché essa ci avrebbe permesso di conoscere più a fondo il mondo della cultualità romana.

Testo:

N.L. Achaintre, N.E. Lemaire (a cura di), *Caii Julii Caesaris quae extant Omnia Opera* (4 voll.), Firmin Didot, Parisiis 1819-1822

F. 1
Macrobio, *Saturnali*, I, 16

Sed contra Iulius Caesar XVI Auspiciorum libro *negat nundinis concionem advocari posse, id est, cum populo agi; ideoque nundinis Romanorum haberi comitia non posse.*

Ma, in contrasto a ciò, Cesare, nel XVI volume dei *Libri degli Auspici*, nega che fosse possibile convocare delle concioni durante le *Nundinae*, o comunque intraprendere azioni legali con il popolo; ed infatti durante le *Nundinae* i Romani non possono tenere dei comizi.

F. 2
Prisciano, *Grammatica Latina*, VI

Caesar in Auguralibus: «*Si sincera pecus erat*».

[Scrive] Cesare nei *Libri Augurali*: «A patto che la pecora fosse sincera».

De Divinatione

Sulla divinazione

Con il termine giuridico *divinatio*, si indicava, per i Romani, l'indagine per stabilire quale persona dovesse assumere la funzione di pubblico accusatore. Cesare, ancora giovane, scrisse un piccolo manuale su questa prassi, del tutto perduto.

Testo:

N.L. Achaintre, N.E. Lemaire (a cura di), *Caii Julii Caesaris quae extant Omnia Opera* (4 voll.), Firmin Didot, Parisiis 1819-1822

F. 1
Svetonio, *Vita del Divo Giulio*, 55

Genus eloquentae dumtaxat adolescens adhuc Strabonis Caesar secutus videtur: cuius etiam ex Oratione, quae inscribitur Pro Sardis, ad verbum nonnulla transtulit in Divinationem *suam.*

Pare che quand'era adolescente [Giulio Cesare] avesse adottato il genere di eloquenza di Cesare Strabone, della cui orazione *In difesa dei Sardi* trascrisse parola per parola alcuni passi nella sua *Divinazione*.

Astronomica

Sugli Astri

All'indomani della sua *Analogia*, nel 46 a.C., Cesare scrisse un trattato intitolato *De astris* o *Astronomica*, sebbene fosse impegnato nel pieno della guerra civile, come ricorda egli stesso nell'*incipit* dell'opera.

Questo trattato, di cui ci restano scarne testimonianze indirette ma ampi estratti preservati da Plinio il Vecchio, poggiava sulle conoscenze astronomiche babilonesi ed egizie, e costituiva una vera e propria premessa teorica indispensabile per l'approvazione della sua riforma del calendario.

Non mancavano in esso indicazioni utili all'agricoltura, secondo una consuetudine che vedeva tra le stagioni adatte alla semina e ai raccolti e il ciclo astrale delle correlazioni molto precise.

Quale fu l'occasione per la stesura di tale opera? Liquidati i pompeiani in Africa, Cesare tornò a Roma e, coadiuvato da un gruppo di sapienti della scuola di Alessandria, tra cui spiccava Sosigene, realizzò questo ambizioso progetto, che gli consentì di liberarsi dagli errori e dalle interessate manipolazioni di sacerdoti e pontefici, che basavano i loro precedenti calcoli su di un arcaico calendario luni-solare composto da 12 mesi lunari (comprendenti 355 giorni in totale), raccordati all'anno solare con l'arbitrario inserimento di mesi intercalari. Del resto, la cura del calendario era una delle prerogative ufficiali dei pontefici massimi.

A parte la vistosa discrepanza di 90 giorni ormai raggiunta dal calendario repubblicano e tra quello reale, la questione aveva vistose implicazioni politiche: con l'inserimento di mesi intercalari, si poteva accorciare o allungare secondo le convenienze la durata della carica annuale di un magistrato, con tutto ciò che ne conseguiva. Fare ordine in tale stato di cose, valutò Cesare, avrebbe tolto un'ulteriore arma dalle mani dei suoi avversari, ragion per cui riformare il calendario divenne il primo fra i suoi obiettivi.

Esso divenne da allora il calendario ufficiale di Roma e dei suoi domini; successivamente il suo uso si estese a tutti i Paesi d'Europa e d'America, man mano che venivano cristianizzati o sottomessi dagli Europei. Rispetto all'anno astronomico, il calendario giuliano finì fatalmente per accumulare un piccolo ritardo ogni anno fino ad arrivare a circa 10 giorni nel XVI secolo. Per questo motivo, nel 1582, venne a sua volta sostituito dal calendario gregoriano per decreto di papa Gregorio XIII; diverse nazioni – come la Russia – hanno continuato tuttavia ad utilizzare il calendario giuliano ben oltre tale data, adeguandosi poi in tempi diversi tra il XVIII e il XX secolo. Alcune Chiese appartenenti alla Chiesa ortodossa usano tuttora il calendario giuliano come proprio calendario liturgico.

Nel calendario giuliano si utilizzavano gli anni bisestili per compensare il fatto che la durata dell'anno tropico (o anno solare) non è data da un numero intero di giorni. Il giorno in più si aggiunge dopo il 24 febbraio (*sexto die ante Calendas Martias*). Va inoltre tenuto presente che i Romani avevano l'abitudine di contare i giorni mensili sottraendoli a determinate festività, come le Idi e le Calende, tenendo conto anche il giorno di partenza; quindi tra il 24 febbraio e il 1° marzo (che coincide con le Calende di marzo) ci sono appunto sei giorni (24-25-26-27-28-1). Negli anni bisestili, con febbraio di 29 giorni, il giorno 24, che era *sexto die*, sarebbe diventato *septimo die*. Ma dato che *septimo die* era il giorno 23, non potendo chiamare il 24 *septimo die* lo chiamarono *bis sexto die*. Di qui il nome di "anno bisestile".

Sosigene, collaboratore di Cesare in tale riforma, stabilì che un anno ogni quattro fosse bisestile: in questo modo la durata media dell'anno giuliano risultava di 365 giorni e un quarto. Ne consegue che il calendario giuliano è ciclico ogni 4 anni equivalenti a $365 \times 4 + 1 = 1461$ giorni; considerando anche i giorni della settimana, allora il calendario giuliano è ciclico ogni $1461 \times 7 = 10.227$ giorni che equivalgono a $4 \times 7 = 28$ anni (questo perché 1461 non è divisibile per 7). La differenza con l'anno tropico risulta così di soli 11 minuti e 14 secondi circa, una precisione molto accurata per l'epoca.

Questa differenza, pari a circa un centesimo di giorno, si accumulava però con il passare dei secoli, per cui la data d'inizio delle stagioni si spostava man mano all'indietro (si perdeva in pratica un giorno ogni 128 anni circa) il calendario gregoriano, che riduce l'errore a soli 26 secondi (un giorno ogni 3323 anni circa).

La riforma giuliana, in sostanza, riprendeva il calendario egizio riformato dal decreto di Canopo e fissava l'inizio dell'anno il 1° gennaio, mentre prima era il 1° marzo. Infatti i mesi di quintile (oggi luglio), sestile (agosto), settembre, ottobre, novembre e dicembre derivavano i loro nomi dall'essere rispettivamente il quinto, sesto, settimo, ottavo, nono e decimo mese dell'anno.

I nomi dei mesi del calendario giuliano erano quelli derivanti dall'antico calendario romano arcaico, con alcune modifiche introdotte successivamente dai vari imperatori.

Testo:
N.L. Achaintre, N.E. Lemaire (a cura di), *Caii Julii Caesaris quae extant Omnia Opera* (4 voll.), Firmin Didot, Parisiis 1819-1822
Plinio il Vecchio, *Storia Naturale* (5 voll.), edizione diretta da G.B. Conte con la collaborazione di A. Barchiesi e G. Ranucci, Einaudi, Torino 1982-1988

Testimonianze

T 1.

Commentum Bernense ad Lucanum, 10, 187 (test. 5 Klotz)

«Nec meus Eudoxi vincetur fastibus annus»: ante Caesarem qui nobis anni rationem conposuit quam hodieque servamus confusio fuit anni. Nam intercalabantur dies, sicut in Verrinis *legimus, solis et lunae congruente ratione. Annum autem primum Eudoxus, post Hipparchus, deinde Ptolomaeus, ad ultimum Caesar compraehendit. Est autem liber* Fastorum *divi Iuli Caesaris qui ordinationem continet anni secundum auctoritatem conpositus Chaldaeorum, quem in Senatu recitavit. Ad cuius rationem ephemeridas nostras scribimus.*

«Ed il mio anno non cederà di fronte ai fasti di Eudosso[511]»: prima di Cesare, che ha messo in ordine per noi il sistema di computo dell'anno, usato ancora oggi, vigeva un disordine generale. In effetti, come si legge nelle *Verrine*[512], si intercalavano dei giorni tenendo conto contemporaneamente dei cicli solare e lunare. Eudosso comprese per primo il calendario annuale; dopo di lui Ipparco, poi Tolomeo ed infine Cesare. Vi è inoltre un libro intitolato *Giorni fasti* del divo Giulio Cesare, composto sulla base dell'autorità in materia dei Caldei, che contiene il computo dell'anno. Cesare lo lesse davanti al Senato. Secondo il sistema che egli introdusse, noi componiamo delle efemeridi di 365 giorni.

T 2.

C. Caesar omnem hanc inconstantiam temporum vagam adhuc et incertam in ordinem statae definitionis coegit, adnitente sibi M. Flavio scriba, qui scriptos dies singulos ita ad dictatorem retulit ut et ordo eorum invenire facillime posset et invento certus status perseveraret.

Vedendo, nella determinazione del tempo, tutte queste fluttuazioni ancora confuse ed incerte, Caio [Giulio] Cesare vi stabilì l'ordine di una norma ben definita, con l'assistenza del segretario Marco Flavio, che presentò al dittatore una tabella di tutti i giorni stabiliti, in modo che la concatenazione di essi potesse essere individuata assai facilmente e che, una volta individuata, questa disposizione rimanesse invariabilmente la stessa.

T 3.

---

[511] Eudosso di Cnido (408 a.C.– 353 a.C.), celebre matematico ed astronomo greco.
[512] CICERONE, *Contro Verre*, II, 1, 30.

305

Macrobio, *Saturnali*, I, 16

Nam Iulius Caesar ut siderum motus, de quibus non indoctos libro reliquit, ab Ægyptiis disciplinis hausit; ita hoc quoque ex eadem institutione mutuatus est, ut ad Solis cursum finiendi anni tempus extenderet.

Infatti Giulio Cesare apprese dalle discipline egizie come calcolare il moto degli astri, attorno a cui ha lasciato dei libri non poco dotti. Così anch'egli prese a prestito queste informazioni dal loro sapere, cosicché estese all'intero anno il principio del moto solare.

T 4.
Plinio il Vecchio, *Storia Naturale*, XVIII, 57

Tres autem fuere sectae, Chaldaea, Ægyptia, Graeca: his addidit apud nos quartam Caesar dictator, annos ad solis cursum redigens singulos, Sosigene perito scientiae eius adhibito.et ea ipsa ratio postea conperto errore correcta est ita, ut duodecim annis continuis non intercalaretur, quia coeperat ad sidera annus morari, qui prius antecedebat.

Vi furono dunque tre scuole di pensiero, quella dei Caldei, quella degli Egizi e quella greca; a queste si aggiunga, presso noi [Romani] una quarta ad opera del dittatore Cesare, che ricondusse il computo dei singoli anni al corso del sole, coadiuvato in ciò da Sosigene, esperto in questa scienza; e quella stessa regola fu in seguito corretta avendovi scoperto un errore, sospendendo l'intercalazione per dodici anni di fila, poiché l'anno stava cominciando a ritardare rispetto alle stelle, che prima precedeva.

Frammenti

Introduzione

F 1.
Scolia ms. Leipzig Universitätbibliothek Rep. I, 10 *ad Lucanum*, 10, 185 (test. 6 Klotz)

Se in bellis astronomicae etiam discipline intendere dicit [scil. Caesar] quamvis omnes alias cogitationes bello postposuit et probat ab effectu quod vere intentus fuerit, quia suus liber quem composuit de computatione non inferior libro Eudoxi est.

Cesare afferma che nel corso della guerra si applicava allo studio della scienza astronomica, benché sacrificasse tutte le sue altre riflessioni alle attività militari, ed il risultato prova che egli vi si applicò realmente, poiché il libro che egli scrisse intorno al computo [calendariale] non è inferiore a quello di Eudosso.

Il sorgere e il tramontare degli astri

F 2.
Plinio il Vecchio, *Storia Naturale*, XVIII, 57-58; 64-65

Nos sequitur observationem Caesaris maxime; haec erit Italiae ratio. (...)
Omnis autem ratio observata est tribus modis, exortu siderum occasuque et ipsorum temporum cardinibus. exortus occasusque binis modis intelleguntur. aut enim adventu solis occultantur stellae et conspici desinunt aut eiusdem abscessu proferunt se, ut emersum hoc melius quam exortum consuetudo dixisset et illud occultationem potius quam occasum.
Alio modo, quo die incipiunt apparere vel desinunt oriente sole aut occidente, matutini vespertinive cognominati, prout alteruter eorum mane vel crepusculo contingit. dodrantes horarum, cum minimum, intervalla ea desiderant ante solis ortum vel post occasum, ut aspici possint. praeterea bis quaedam exoriuntur et occidunt, omnisque sermo de iis est stellis, quas adhaerere caelo diximus.
A bruma in favonium Caesari nobilia sidera significant, III Kal. Ian. matutino canis occidens, quo die Atticae et finitimis regionibus aquila vesperi occidere traditur. Pridie nonas Ian. Caesari delphinus matutino exoritur et postero die fidicula, quo Ægypto sagitta vesperi occidit Item ad VI Idus Ian. Eiusdem delphini vespertino occasu continui dies hiemant Italiae, et cum sol in aquarium sentiatur transire, quod fere XVI Kal. Feb. Evenit. VIII Kal. stella regia appellata Tuberoni in pectore leonis occidit matutina, et pridie nonas Feb. fidicula vespera. Huius temporis novissimis diebus, ubicumque patietur caeli ratio, terram ad rosaria et vineae satum vertere bipalio oportet – iugero operae LXX sufficiunt – fossas purgare aut novas facere, antelucanis ferramenta acuere, manubria aptare, dolia quassa sarcire, ovium tegimenta concinnare ipsarumque lanas scabendo purgare.
A favonio in aequinoctium vernum Caesari significat, XIII Kal. Mart. triduum varie, et VIII Kal. hirundinis visu et postero die Arcturi exortu vespertino, item III Non. Mart. - Caesar cancri exortu id fieri observavit (...). VIII Idus aquilonis piscis exortu et postero die Orionis. (...) Caesar et Idus Mart. ferales sibi notavit Scorpionis occasu, XV Kal. vero April. Italiae miluum ostendi, XII Kal. equum occidere matutino.

Noi seguiremo di preferenza le osservazioni di Cesare, e questo calcolo varrà per l'Italia[513]. (...)

L'intero sistema è costruito sulla base di tre modalità di osservazione: del sorgere degli astri, del tramonto e dei cambiamenti di stagione. Ci sono due modi di intendere il sorgere ed il tramontare degli astri. In un caso, infatti, le stelle sono nascoste dall'arrivo del sole e cessano di essere visibili, oppure si mostrano per l'allontanarsi del sole, cosicché l'uso avrebbe fatto meglio a definire quest'ultimo fenomeno «emergere» piuttosto che «sorgere», e l'altro «occultamento» invece che «tramonto». Nel secondo caso, invece, i giorni in cui gli astri cominciano a mostrarsi o cessano di farlo al sorgere o al tramontare del sole sono chiamati sorgere o tramonto mattutino o serale, a seconda che l'uno di questi due fenomeni si verifichi al mattino o al crepuscolo[514]. Nel secondo caso, invece, i giorni in cui gli astri cominciano a mostrarsi o cessano di farlo al sorgere o al tramontare del sole, sono chiamati sorgere o tramonto mattutino o serale, a seconda che l'uno di questi due fenomeni si verifichi al mattino o al crepuscolo. Per essere visibili questi astri hanno bisogno di tre quarti d'ora prima del sorgere del sole o dopo il suo tramonto, peraltro alcuni astri sorgono e tramontano due volte, e tutto il nostro discorso riguarda quelle stelle che abbiamo detto essere fissate alla volta celeste[515]. (...)

Dal solstizio al favonio[516] per Cesare le costellazioni importanti che dànno indicazioni sono: il 3° giorno prima delle calende di gennaio (30 dicembre) il Cane, che tramonta al mattino[517] (si dice che nello stesso giorno, in Attica, e nelle regioni limitrofe, alla sera tramonta l'Aquila). Il giorno prima delle none di gennaio (4 gennaio) secondo Cesare il Delfino sorge di mattina, e il giorno successivo sorge la Lira, mentre in Egitto, alla sera, tramonta la Freccia. Ancora, all'incirca il 6° giorno prima delle Idi di gennaio (8 gennaio), al tramonto serale dello stesso Delfino, ci sono in Italia alcuni giorni consecutivi di freddo intenso, e lo stesso quando si vede il sole passare in Acquario, il che avviene intorno al 16° giorno prima delle calende di febbraio (17 febbraio). L'8° giorno prima delle calende (25 gennaio), la stella che Tuberone chiama

---

[513] In realtà le osservazioni di Sosigene – su cui si basò Cesare – erano in origine calcolate per una zona più meridionale dell'Italia rispetto a Roma, e ciò spiega perché risultino sfasate di alcuni giorni.

[514] Per sorgere mattutino di un astro s'intende il primo giorno in cui lo si vede alzarsi sull'orizzonte al mattino; per sorgere serale, invece, il primo giorno in cui esso si leva sopra l'orizzonte dopo il crepuscolo. Il tramonto mattutino di un astro indica il giorno in cui esso scende sotto l'orizzonte all'alba, mentre il tramonto serale indica la data in cui, per l'ultima volta, si vede comparire l'astro sotto l'orizzonte occidentale, dopo il crepuscolo.

[515] Gli Antichi avevano due opinioni sulle stelle fisse: o che non si muovessero se non assieme all'intero cielo, oppure che, pur seguendo la loro orbita, la compissero nel corso di millenni e dunque risultassero solo apparentemente fisse alla percezione umana.

[516] Il favonio è un vento occidentale, opposto all'euro, che iniziava a soffiare dal 7 febbraio.

[517] Indicazione erronea, perché in realtà Sirio tramonta alla sera.

regia[518], tramonta al mattino nel petto del Leone, ed il giorno prima delle none di febbraio (4 febbraio) la Lira tramonta alla sera.

Negli ultimi giorni di questo periodo, ovunque il clima lo consenta, bisogna rivoltare il terreno con la vanga per piantare rosai e vigne – per uno iugero bastano 70 giornalieri –, bisogna pulire i fossati o farne di nuovi, affilare gli utensili prima dell'alba, adattare i loro manici, riparare le giare rotte, sistemare le coperte per le pecore[519] e pulirne la lana raschiandola.

Dal favonio all'equinozio di primavera, il 14° giorno prima delle calende di marzo (16 febbraio) secondo Cesare si annunciano tre giorni di tempo variabile, e tempo variabile si prevede anche all'apparizione delle rondini l'8° giorno prima delle calende (22 febbraio), ed il giorno seguente al sorgere serale di Arturo; la stessa cosa vale per il 3° giorno prima delle none di marzo (5 marzo); Cesare ha notato che ciò si verifica al sorgere del Cancro[520] (...). Variabile è l'8° giorno prima delle Idi (8 marzo) al sorgere del Pesce settentrionale[521], e il giorno successivo, al sorgere di Orione. (...) Cesare ha segnalato anche le Idi di marzo, a lui fatali, quando tramonta lo Scorpione[522], ed ha indicato il 15° giorno prima delle calende di aprile (18 marzo) in Italia compare lo sparviero, mentre il 12° giorno prima delle calende (21 marzo) al mattino tramonta[523] il Cavallo.

L'equinozio di primavera

F. 3
Plinio il Vecchio, *Storia Naturale*, XVIII, 66-67

Æquinoctium vernum a.d. VIII Kal. April. peragi videtur. ab eo ad vergiliarum exortum matutinum Caesari significant kal. April. III non. April. in Attica vergiliae vesperi occultantur, eaedem postridie in Boeotia, Caesari autem et Chaldaeis nonis, Aegypto Orion et gladius eius incipiunt abscondi.
Caesari VI idus significatur imber librae occasu. XIIII Kal. Mai. Ægypto suculae occidunt vesperi, sidus vehemens et terra marique turbidum. XVI Atticae, XV Caesari continuo quatriduo significat, Assyriae autem XII kal. hoc est vulgo appellatum sidus Parilicium, quoniam XI Kal. Mai. urbis Romae

---

[518] La "stella regia" è la stella più brillante della costellazione del Leone, che già i Babilonesi chiamavano «Re» ed i Romani *Regulus*.

[519] Servivano a proteggere la lana delle pecore di specie pregiate.

[520] Indicazione errata: il Cancro sorgeva la sera in dicembre, ed al mattino all'inizio di luglio.

[521] La costellazione dei Pesci era raffigurata dai Greci e dai Romani come costituita da due pesci, legati fra loro da un nastro, di cui l'uno era posto a settentrione vicino ad Andromeda, l'altro a meridione, nelle vicinanze di Pegaso e dell'Acquario.

[522] I Romani ritenevano lo Scorpione un segno malfido.

[523] In verità sorgeva.

natalis, quo fere serenitas redditur, claritatem observationi dedit, nimborum argumento hyadas appellantibus Graecis [eas stellas] quod nostri a similitudine cognominis Graeci, propter sues inpositum arbitrantes, inperitia appellavere suculas.

Caesari et VIII kal. notatur dies. VII kal. Aegypto haedi exoriuntur, VI Boeotiae et Atticae canis vesperi occultatur, fidicula mane oritur. V kal. Assyriae Orion totus absconditur, IIII autem canis. VI non. Mai. Caesari suculae matutino exoriuntur et VIII id. capella pluvialis, Aegypto autem eodem die canis vesperi occultatur. sic fere in VI id. Mai., qui est vergiliarum exortus, decurrunt sidera. In hoc temporis intervallo XV diebus primis agricolae rapienda sunt quibus peragendis ante aequinoctium non suffecerit, dum sciat inde natam exprobrationem foedam putantium vites per imitationem cantus alitis temporariae, quam cuculum vocant. dedecus enim habetur obprobriumque meritum, falcem ab illa volucre in vite deprehendi, et ob id petulantiae sales, etiam cum primo vere, laudantur, auspicio tamen detestabiles videntur. adeo minima quaeque in agro naturalibus trahuntur argumentis.

(...)

A vergiliarum exortu significant Caesari postridie arcturi occasus matutinus, III id. Mai. fidiculae exortus, XII Kal. Iun. capella vesperi occidens et in Attica canis. XI kal. Caesari Orionis gladius occidere incipit, IIII non. Iun. Caesari et Assyriae aquila vesperi oritur, VII id. arcturus matutino occidit Italiae, IIII delphinus vesperi exoritur.

XVII Kal. Iul. gladius Orionis exoritur, quod in Aegypto post quatriduum. XI kal. eiusdem Orionis gladius Caesari occidere incipit. VIII kal. vero Iul. longissimus dies totius anni et nox brevissima solstitium conficiunt.

In hoc temporis intervallo vineae pampinantur, curatur ut vinea vetus semel fossa sit, bis novella. oves tondentur, lupinum stercorandi causa vertitur, terra proscinditur, vicia in pabulum secatur, faba metitur, dein cuditur.

L'equinozio di primavera sembra compiersi l'8° giorno prima delle calende di aprile (25 marzo). Fra l'equinozio ed il sorgere mattutino delle Pleiadi, secondo Cesare le calende di aprile dànno indicazioni sul tempo. In Attica il 3° giorno prima delle none di aprile (3 aprile) le Pleiadi scompaiono alla sera, ed il giorno successivo in Beozia; per Cesare, invece, e per i Caldei, esse scompaiono alle none (5 aprile), mentre in Egitto Orione e la sua spada[524] cominciano a nascondersi. Secondo Cesare il 6° giorno prima delle Idi (8 aprile) con il tramonto della Bilancia annuncia la pioggia. La sera del 14° giorno prima delle calende di maggio (18 aprile) in Egitto tramontano le Iadi, astro tempestoso che sconvolge la terra ed il mare: esse tramontano il 16° giorno prima delle

---

[524] La cosiddetta "spada" di Orione era costituita da tre stelle poco luminose, ed è quindi più probabile che Cesare si riferisse alla "cintura" di Orione, molto più brillante, che iniziava a sparire il 5 aprile.

calende di maggio (16 aprile) per l'Attica e il 15° (17 aprile) secondo Cesare, portando quattro giorni consecutivi di maltempo; in Assiria invece tramontano il 12° giorno prima delle calende (20 aprile). Questa costellazione è generalmente chiamata astro parilicio, perché l'11° giorno prima delle calende di maggio (21 aprile), giorno natale della città di Roma, che in genere riporta il bel tempo, consente di vederle grazie al cielo limpido; i Greci invece chiamano Iadi quelle stelle a causa delle piogge che portano con sé: i nostri autori, credendo – per via della somiglianza dei termini – che avessero avuto questo nome a causa dei maiali, le chiamarono per ignoranza «Porchette»

Cesare ha segnalato anche l'8° giorno prima delle calende (24 aprile). Il 7° giorno prima delle calende (25 aprile) in Egitto sorgono i Capretti; il 6° giorno (26 aprile) in Beozia ed in Attica il Cane tramonta alla sera e la Lira sorge al mattino. Il 5° giorno prima delle calende (27 aprile) in Assiria Orione scompare completamente, il 4° (28 aprile), invece, scompare il Cane. Il 6° giorno prima delle none di maggio (2 maggio) secondo Cesare le Iadi sorgono al mattino, e l'8° giorno prima delle Idi (8 maggio) sorge la Capretta, apportatrice di piogge, mentre in Egitto, invece, il Cane tramonta alla sera, nel corso del medesimo giorno. Fino al 6° giorno prima delle Idi di maggio (10 maggio), data in cui sorgono le Pleiadi, gli astri seguono grosso modo questo corso.

Durante questo periodo il contadino deve affrettarsi a compiere entro i primi 15 giorni ciò che non è riuscito a portare a termine prima dell'equinozio, se solo si rende conto che da lì ha origine l'offensiva presa in giro di cui sono oggetto coloro che in quel periodo potano le vigne: essa consiste nell'imitare il canto dell'uccello passeggero che è chiamato cuculo. Si considera infatti cosa disdicevole e meritata vergogna farsi sorprendere da quell'uccello con la falce sulla vigna; per questa ragione quei motteggi un po' pesanti, anche se fatti all'inizio della primavera, appaiono odiosi perché di cattivo augurio. A tal punto, in campagna, anche i più piccoli segni vengono adoperati come indizi della natura.

(...)

Dopo il sorgere delle Pleiadi, per Cesare dànno indicazioni metereologiche, il giorno seguente, il tramonto mattutino di Arturo; il 3° giorno prima delle Idi di maggio (13 maggio) il sorgere della Lira; il 12° giorno prima delle calende di giugno (21 maggio) il tramonto serale della Capra e, in Attica, del Cane. L'11° giorno prima delle calende (22 maggio) per Cesare inizia a tramontare la spada di Orione, il 4° giorno prima delle none di giugno (2 giugno) per Cesare e per l'Assiria sorge di sera l'Aquila; il 7° giorno prima delle Idi (7 giugno) Arturo tramonta al mattino in Italia; il 4° giorno prima delle Idi (10 giugno) il Delfino sorge a sera. Il 17° giorno prima delle calende di luglio (15 giugno) sorge la spada di Orione, fenomeno che in Egitto avviene quattro giorni dopo. L'11° giorno prima delle calende di luglio (24 giugno), secondo Cesare, la spada del

311

medesimo Orione comincia a tramontare[525]. L'8° giorno prima delle calende di luglio (24 giugno) il giorno più lungo e la notte più breve dell'anno realizzano il solstizio d'estate.
In quest'intervallo di tempo si esegue la spollonatura della vite, e si bada che i vigneti vecchi siano stati zappati una volta e quelli nuovi due. Si tosano le pecore, viene rivoltato il lupino per concimare il suolo, si ara la terra e si battono le fave.

Il solstizio d'estate

F 4.
Plinio il Vecchio, *Storia Naturale*, XVIII, 68

Ab solstitio ad fidiculae occasum VI Kal. Iul. Caesari Orion exoritur, zona autem eius IIII non. Assyriae, Aegypto vero procyon matutino aestuosus, quod sidus apud Romanos non habet nomen, nisi caniculam hanc volumus intellegi, hoc est minorem canem, ut in astris pingitur, ad aestum magno opere pertinens, sicut paulo mox docebimus.

IIII non. Chaldaeis corona occidit matutino, Atticae Orion totius eo die exoritur. prid. id. Iul. Aegyptiis Orion desinit exoriri, XVI Kal. Aug. Assyriae procyon exoritur, dein post triduum fere ubique confessum inter omnes sidus ingens, quod canis ortum vocamus, sole partem primam leonis ingresso. hoc fit post sox XXIII die.

sentiunt id maria et terrae, multae vero et ferae, ut suis locis diximus. neque est minor ei veneratio quam discriptis in deos stellis, accenditque solem et magnam aestus obtinet causam. XIII kal. Aegypto aquila occidit matutino etesiarumque prodromi flatus incipiunt, quod Caesar X kal. sentire Italiam existimavit.

Aquila Atticae matutino occidit, III kal. regia in pectore leonis stella matutino Caesari emergit. VIII id. Aug. arcturus medius occidit, III id. fidicula occasu suo autumnum inchoat, ut is adnotavit, sed vera ratio id fieri invenit VI id. easdem.

In hoc temporis intervallo res summa vitium agitur decretorio uvis sidere illo, quod caniculam appellavimus, unde carbunculare dicuntur ut quodam uredinis carbone exustae. non conparantur huic malo grandines, procellae quaeque umquam annonae intulere caritatem. agrorum quippe mala sunt illa, carbunculus autem regionum late patentium, non difficili remedio, nisi calumniari naturam rerum homines quam sibi prodesse mallent.

ferunt Democritum, qui primus intellexit ostenditque caeli cum terris

---

[525] Si tratta in verità delle spalle, non della spada di Orione.

societatem, spernentibus hanc curam eius opulentissimis civium, praevisa olei caritate futura ex vergiliarum ortu qua diximus ratione ostendemusque iam planius, magna tum vilitate propter spem olivae coemisse in toto tractu omne oleum, mirantibus qui paupertatem quietemque doctrinarum ei sciebant in primis cordi esse, atque ut apparuit causa et ingens divitiarum cursus, restituisse mercedem anxiae et avidae dominorum poenitentiae, contentum probavisse opes sibi in facili, cum vellet, fore. hoc postea Sextius e Romanis sapientiae adsectatoribus Athenis fecit eadem ratione. tanta litterarum occasio est. quas equidem miscebo agrestibus negotiis quam potero dilucide atque perspicue.

Nel periodo fra il solstizio ed il tramonto della Lira, il 6° giorno prima delle calende di luglio (26 giugno) secondo Cesare sorge Orione, ma la sua cintura sorge in Assiria il 4° giorno prima delle none (4 luglio); in Egitto, invece, sorge al mattino il rovente Procione[526] : quest'astro non ha un nome presso i Romani, a meno che non vogliamo intenderlo come la Canicola, cioè il «cane piccolo», così come è dipinta fra gli astri[527] ; questa costellazione ha moltissimo a che fare con il caldo, come a breve dimostreremo. Il 4° giorno prima delle none (il 4 luglio), per i Caldei, la Corona tramonta al mattino[528], mentre in Attica, in quel giorno, Orione sorge completamente. Il giorno prima delle Idi di luglio (14 luglio) in Egitto Orione termina di sorgere, ed il 16° giorno prima delle calende di agosto (17 luglio), il Procione sorge per l'Assiria, ed il giorno seguente mostra quas ovunque la costellazione che tutti riconocono importante, il sorgere del Cane, quando il sole è entrato nel primo grado del Leone. Ciò accade il 23° giorno dopo il solstizio. I mari, l terre ed anche molte bestie selvatiche risentono della sua influenza, come abbiamo detto a suo tempo[529].

L'equinozio d'autunno

F 5.
Plinio il Vecchio, *Storia Naturale*, XVIII, 74

Sequitur ex divisione temporum autumnus a fidiculae occasu ad aequinoctium ac deinde vergiliarum occasum initiumque hiemis. in his intervallis significant prid. id. Aug. Atticae equus oriens vespera, Aegypto et Caesari delphinus

---

[526] Il nome greco di questa stella, *Prokýon*, significa «che sta davanti al Cane», poiché sorgeva poco prima del Cane, cioè di Sirio, ed era chiamata dagli astronomi anche Piccolo Cane.

[527] Allude all'usanza di dipingere dei globi che servivano come modello agli astronomi.

[528] Non l'intera costellazione con questo nome, ma solo la sua stella più luminosa.

[529] PLINIO IL VECCHIO, *Storia Naturale*, II, 107; IX, 58. Gli influssi nefasti di Sirio erano proverbiali nella letteratura greco-romana.

313

occidens. XI Kal. Sept. Caesari et Assyriae stella, quae vindemitor appellatur, exoriri mane incipit vindemia maturitatem promittens. eius argumentum erunt acini colore mutati. Assyriae V kal. et sagitta occidit et etesiae desinunt.
vindemitor Aegypto nonis exoritur, Atticae arcturus matutino, et sagitta occidit mane. V id. Sept. Caesari capella oritur vesperi, arcturus vero medius prid. id. vehementissimo significatu terra marique per dies quinque.
ratio eius haec traditur: si delphino occidente imbres fuerint, non futuros per arcturum. signum orientis eius sideris servetur hirundinum abitus; namque deprehensae intereunt. XVI Kal. Oct. Aegypto spica, quam tenet virgo, exoritur matutino etesiaeque desinunt. hoc idem Caesari XIIII kal., XIII Assyriae significant, et XI kal. Caesari commissura piscium occidens ipsumque aequinocti sidus VIII Kal. Oct. (...)
VIII id. Oct. Caesari fulgens in corona stella exoritur, et VI id. vergiliae vesperi, idibus corona tota. XVII Kal. Nov. suculae vesperi exoriuntur. prid. kal. Caesari arcturus occidit et suculae exoriuntur cum sole. IIII non. arcturus occidit vesperi. V id. Nov. gladius Orionis occidere incipit. dein III id. vergiliae occidunt.
In his temporum intervallis opera rustica: rapa, napos serere quibus diximus diebus. vulgus agreste rapa post ciconiae discessum male seri putat, nos omnino post Vulcanalia, et praecocia cum panico, a fidiculae autem occasu viciam, passiolos, pabulum. hoc silente luna seri iubent. et frondis praeparandae tempus hoc est. unus frondator quattuor frondarias fiscinas complere in die iustum habet. si decrescente luna praeparetur, non putrescit. aridam colligi non oportet.

Secondo la divisione delle stagioni segue l'autunno, dal tramonto della Lira fino all'equinozio e successivamente fino al tramonto delle Pleiadi e all'inizio dell'inverno. Durante questi intervalli di tempo, la sera del giorno prima delle Idi di agosto (12 agosto) offrono dei pronostici per l'Attica il Cavallo che sorge, per l'Egitto e per Cesare il Delfino che tramonta. L'11° giorno prima delle calende di settembre (22 agosto) per Cesare e per l'Assiria inizia a sorgere al mattino quell'astro chiamato il Vendemmiatore, promettendo il momento adatto per la vendemmia. Ne sarà indizio la mutata colorazione degli acini. Per l'Assiria il 5° giorno prima delle calende (28 agosto) tramonta la Freccia e cessano [di soffiare] i venti etesii[530]. Per le none (5 settembre) in Egitto sorge il Vendemmiatore, mentre in Attica Arturo sorge al mattino e, ugualmente al mattino, tramonta la Freccia. Il 5° giorno prima delle Idi di settembre (9 settembre), secondo Cesare, la Capretta sorge a sera, mentre il giorno prima delle Idi (12 settembre) diventa visibile la metà di Arturo, indicando cinque

---

[530] Erano i venti favorevoli alla navigazione.

giorni di perturbazioni fortissime sulla terra e sul mare.

Si dice che la regola sia questa: se ci sono state piogge al tramonto del Delfino, non ce ne saranno altre ad opera di Arturo. Il segnale del suo sorgere sarà la partenza delle rondini: infatti esse muoiono se si fanno sorprendere da quest'astro. Il 16° giorno prima delle calende di ottobre (16 settembre) la spiga sorretta dalla Vergine[531] in Egitto sorge al mattino e cessano i venti etesii. Le stesse indicazioni dànno per Cesare il 14° giorno prima delle calende di ottobre (18 settembre) e per gli Assiri il 13° (19 settembre), così come l'11° giorno prima delle calende (21 settembre) ne dà secondo Cesare il nodo dei Pesci, che tramonta, e – l'8° giorno prima delle calende (24 settembre) – il giorno stesso dell'equinozio. (…)

Il 6° giorno prima delle none di ottobre (2 ottobre) la Corona sorge al mattino per l'Attica, mentre il 5° giorno (3 ottobre) per l'Asia e per Cesare l'Auriga tramonta al mattino. Il 4° giorno prima delle none (4 ottobre) per Cesare comincia a sorgere la Corona, ed il giorno seguente tramontano alla sera i Capretti[532]. L'8° giorno prima delle Idi di ottobre (8 ottobre) per Cesare sorge la stella luminosa della Corona, ed il 6° giorno prima delle Idi (10 ottobre) sorgono alla sera le Pleiadi e, alle Idi (15 ottobre) sorge l'intera Corona. Il 17° giorno prima delle calende di novembre (16 ottobre) sorgono di sera le Iadi. Il giorno prima delle calende (31 ottobre), secondo Cesare, Arturo tramonta e le Iadi sorgono assieme al Sole[533]. Il 4° giorno prima delle none (2 novembre) Arturo tramonta a sera. Il 5° giorno prima delle Idi di novembre (9 novembre) la spada di Orione inizia a tramontare. In seguito, il 3° giorno prima delle Idi (11 novembre) tramontano le Pleiadi.

In questo intervallo di tempo i lavori agricoli sono: seminare le rape ed i navoni nei giorni che abbiamo detto [per il momento più adatto alla vendemmia]. Generalmente i contadini pensano sia male seminare la rapa dopo la partenza delle cicogne; noi riteniamo invece che ciò vada fatto dopo i Vulcanalia[534], e le rape precoci vadano seminate contemporaneamente al panico, mentre la veccia, i dolici ed il foraggio dal tramonto della Lira in avanti. Prescrivono di farlo quando la luna è invisibile. È quello, inoltre, il momento di fare provvista di foglie. In media uno sfrondatore riempie quattro ceste in un giorno. Se si raccolgono con la luna calante le foglie non imputridiscono; le foglie secche non vanno raccolte.

---

[531] La Spiga era una stella molto luminosa, quella più visibile dell'intera costellazione della Vergine.

[532] A dire la verità in questo periodo i Capretti non tramontano, bensì sorgono.

[533] Però, se così fosse, ne conseguirebbe che le Iadi possano sorgere due volte di seguito a distanza di appena 15 giorni. In quest'ultimo caso dovrebbe trattarsi invece del tramonto.

[534] La festa in onore del dio Vulcano cadeva il 23 agosto.

De Sideribus
Sui corpi celesti

Sullo stesso argomento (ossia la modifica del calendario), ma con finalità più letterarie che tecniche, nonché con intenti di poesia didascalica, Cesare scrisse un poema intitolato *De Sideribus*, di cui tuttavia non rimangono frammenti, ma solo poche testimonianze ad opera di Firmico Materno.

Testo:
N.L. Achaintre, N.E. Lemaire (a cura di), *Caii Julii Caesaris quae extant Omnia Opera* (4 voll.), Firmin Didot, Parisiis 1819-1822
Firmico Materno, *Mathesis* (2 voll.), da «*Firmicus Maternus, Matheseos libri VIII*», ed. W. Kroll et F. Skutsch, Teubner, Stuttgart 1968

Testimonianze

T 1.
Giulio Firmico Materno, *Mathesis*, incipit del libro II
Sed nec aliquis pæne Latinorum de hac arte institutionis libros scripsit, nisi paucos versus Iulius Caesar, et ipos tamen de alieno opere mutuatus.

Ma quasi nessuno fra i Latini scrisse libri riguardanti l'istituzione di quest'arte (*scil.* di interpretare i moti degli astri), se non pochi versi ad opera di Giulio Cesare, ed anche questi, tuttavia, mutuati da opere di [scrittori] stranieri.

T 2.
Giulio Firmico Materno, *Mathesis*, VIII, 5
Exsecutus est etiam horum Siderum numerum Græce Aratus, poeta disertissimus; latine vero Caesar, et decus eloquentiae Tullius.Sed hi tantum nomina ipsorum et ortus, non autem apotelesmatum auctoritatem ediderunt: ita ut mihi videantur non aliqua Astrologiae scientia, sed poetica potius elati licentia, docilis sermonis studia protulisse.

Si dedicò al numero di questi corpi celesti anche, in lingua greca, Arato, poeta sapientissimo; in latino invece Cesare e, con il decoro dell'eloquenza, Tullio [Cicerone]. Ma costoro resero noti solamente i nomi degli stessi astri e la loro nascita, non l'autorità dell'*apotelesmatum*: così, mi sembra che si sia prodotta non una qual certa scienza astrologica, bensì, piuttosto, una licenza poetica di divagare, un discorso docile all'arte del discorrere.

Additamenta agli *Annales Pontificales*

Nella Roma antica, i sacerdoti gestivano il complesso sistema di patti ed obbligazioni reciproche tra la comunità degli esseri umani e quella degli dèi, al fine di mantenere quella *pax deorum* indispensabile all'armonico evolversi della società. Al sommo del vertice della gerarchia sacerdotale romana si situavano i pontefici: essi, riuniti in una sorta di ideale collegio posto sotto l'autorità del Pontefice Massimo, erano in sostanza un'accolta di esperti di diritto sacro (*fas*), che avevano il delicato compito di conservare le tradizioni religiose dell'Urbe, fornendo sia allo Stato sia ai singoli cittadini il modo di soddisfare le inderogabili obbligazioni religiose e riuscendo così a mantenere la buona armonia tra la città e i propri numi tutelari, scopo che costituiva la massima aspirazione della legalistica religiosità romana.

Tra i molteplici compiti dei Pontefici Massimi vi era quello di redigere, nel periodo in cui si trovavano in carica, degli stringati Annali (*Annales*), ovvero dei testi contenenti la registrazione degli eventi più importanti nella vita della città (conquiste, trattati di guerra, di pace o di alleanza politica, elezioni di magistrati, trionfi di generali, importanti fenomeni naturali, prodigi, etc.) tenuta aggiornata di anno in anno.

Tali documenti (che ai Pontefici Massimi devono anche il loro appellativo di *Annales Pontificum* o *Pontificales* o anche *Maximi*, in quanto redatti per l'appunto dal Pontefice Massimo) erano considerati della somma importanza: custoditi con la massima cura, consistevano in una serie di tavolette di legno sbiancate con la calce (e per tale ragione indicate con il nome di *tabulae dealbatae*) ed esposte dal pontefice sopra l'ingresso della propria casa, la Regia, situata all'ingresso del Foro, sulla Via Sacra, accanto alla Casa delle Vestali[535].

Gli *Annali* rappresentavano i primi documenti ufficiali mai redatti in latino a Roma e segnavano l'inizio della storiografia romana stessa[536]. Stando a Cicerone, (*De oratore*, II, 53), le registrazioni annuali, riportate anche su alcuni papiri, furono infine raccolte e pubblicate dal pontefice Publio Muzio Scevola, per un totale di circa 80 volumi, intorno al 123 a.C., data dopo la quale l'uso di esporre la *tabula dealbata* dev'essere cessato, pur restando in capo ai

---

[535] Su questi documenti e la loro storia si veda B.W. FRIER, *Libri Annales Pontificum Maximorum: The Origins of the Annalistic Tradition*, University of Michigan Press, Roma 1979.

[536] Sull'esempio di questi libri verranno poi redatti gli *Annales* del poeta Ennio (intorno al 180 a.C.) e le *Origines* di Catone il Censore (intorno al 155 a.C.). Le cronache pontificali, inoltre, ebbe un ruolo centrale non solo nel preservare la storia dei primi secoli della Repubblica, ma anche nel forgiare l'impianto di base della tradizione annalistica, che iniziò con Fabio Pittore e Cincio Alimento, ad esempio, confluendo infine in Tito Livio, Cremuzio Cordo e Dionigi di Alicarnasso.

pontefici il compito di registrare almeno a grandi linee gli eventi politici e religiosi dell'Urbe[537].

In qualità di Pontefice Massimo, Cesare stesso non dovette esimersi da quest'incombenza, provvedendo ad aggiornare gli *Annali Pontificales* con sintetiche annotazioni comprendenti i principali avvenimenti dal momento della sua elezione (63 a.C.) a quello della morte (44 a.C.). Chiariamoci: è molto probabile che Cesare non considerasse di primaria importanza questa documentazione storica, stringata, scarna e priva di pretese letterarie, e che – contrariamente ai suoi *Commentarii* – non vi attribuisse molta importanza politica per far conoscere il proprio punto di vista (i destinatari del documento, ovvero pochi altri sacerdoti ed un pugno di nobili, dovevano essere in numero piuttosto esiguo);

Ad ogni modo Cesare, come si suol dire, "fece la sua parte", e provvide agli *Additamenta* ("aggiornamenti") degli *Annales*. Troviamo forse traccia di ciò in quelle che Servio, il commentatore di Virgilio, chiama *Efemeridi*, una sorta di diario che il Dittatore Perpetuo tenne almeno a partire dal suo soggiorno in Gallia, ma molto probabilmente anche prima, sia che servirono come raccolta di materiale da cui attinse sia per i propri *Commentari* che, più sinteticamente, per gli *Annales*.

Oggi nulla resta di questa mole di materiale della massima importanza storica, con nostro estremo rammarico e rimpianto.

Testo dei frammenti degli *Annales Pontificum* (tutti contenente materiale precedente agli *Additamenta* di Cesare):

Annales Maximi, in H. Peter (a cura di), *Historicorum Romanorum Fragmenta*, Teubner, Lipsiae 1883, pp. 3-5
Annales Pontificum, in M. Chassignet (a cura di), *L'annalistique Romaine*, I, *Les Annales des Pontifes; l'Annalistique ancienne*, Les Belles Lettres, Paris 2003[2], pp. 1-16
Annales Pontificum, in T.J. Cornell, (a cura di), *The Fragments of the Roman Historians, Annales Maximi*, I, *Introduction*, II, *Text and Translation*, pp. 10-31; III, *Commentary*, pp. 3-12, Oxford University Press, Oxford 2013.

---

[537] Le edizioni più recenti (rispettivamente cn traduzioni in francese ed in inglese a fronte) si trovano in: M. CHASSIGNET (a cura di), *L'annalistique Romaine*, I, *Les Annales des Pontifes; l'Annalistique ancienne*, Les Belles Lettres, Paris 2003[2], pp. 1-16; T.J. CORNELL, (a cura di), *The Fragments of the Roman Historians, Annales Maximi*, I, *Introduction*, II, *Text and Translation*, pp. 10-31; III, *Commentary*, pp. 3-12, Oxford University Press, Oxford 2013.

Ephemerida
Efemeridi

Le *Efemeridi* cesariane, come si accennava poc'anzi, non erano altro che una sorta di stringato diario, redatto da Cesare nel periodo 59-44 a.C. circa, che funse da base e da repertorio di dati per la compilazione degli *Additamenta* agli *Annales Pontificum* e molto probabilmente dei *Commentarii* stessi; anche se l'opera doveva avere una propria autonoma dignità stilistica, Cesare stesso la utilizzò solo quale promemoria per i propri *Commentarii*, curandone tuttavia ugualmente la pubblicazione mentre era ancora in vita, ma non confidando molto su questo testo per tramandare la propria fama a posteri e contemporanei. Il che è un autentico peccato poiché – teste Servio – esso conteneva episodi, nella fattispecie sulla Guerra Gallica, non riportati da altre fonti e perciò preziosi. Congetturalmente, anche il testo svetoniano che riporta il curioso episodio di Cesare travestito da guerriero gallo per passare attraverso le linee nemiche potrebbe derivato dalla medesima fonte.

Non sappiamo se il testo sia incappato nelle inesorabili maglie della censura augustea (parrebbe di no, dato che era ancora reperibile e consultabile ancora quasi quattro secoli dopo la scomparsa di Cesare) o sia semplicemente scivolato nel dimenticatoio con il trascorrere dei secoli, sorte comune a molti testi antichi, fatto che sta che dopo Servio (fine del IV secolo d.C.) non ne abbiamo più notizie.

Testo:

N.L. Achaintre, N.E. Lemaire (a cura di), *Caii Julii Caesaris quae extant Omnia Opera* (4 voll.), Firmin Didot, Parisiis 1819-1822

Frammenti

F 1.

Servio, *Commento all'Eneide*, XI, v. 743

C. Iulius Caesar quum dimicaret in Gallia, et ab hoste raptus, equo eius portaretur armatus, occurrit quidam ex hostibus qui eum nosset; et insultans ait: «Cœcos, Caesar!», quod Gallorum lingua «Dimitte» significat: et ita factum est, ut dimitteretur. Hoc autem ipse Caesar in Ephemeride *sua dicit, ubi propriam commemorat felicitatem.*

Caio Giulio Cesare, nel periodo in cui combatteva in Gallia ed era stato rapito dai nemici, balzò armato sul cavallo che gli era stato portato, e, insultando i nemici che non lo avevano riconosciuto, disse: «*Cœcos*, Cesare!», che nell'idioma dei Galli significa: «Avete lasciato andare via [Cesare]!»[538]. Questo, peraltro, lo afferma lo stesso Cesare nelle sue *Efemeridi*, laddove commemora la propria fortuna.

F 2.
Svetonio, *Vita del Divo Giulio*, 58
In obeundis expeditionibus dubium cautior an audentior, exercitum neque per insidiosa itinera duxit umquam nisi perspeculatus locorum situs, neque in Britanniam transuexit, nisi ante per se portus et nauigationem et accessum ad insulam explorasset. at idem obsessione castrorum in Germania nuntiata per stationes hostium Gallico habitu penetrauit ad suos.

Durante le spedizioni resta in dubbio il fatto se fosse più prudente o audace: non condusse mai il suo esercito attraverso strade insidiose, se prima non aveva ispezionato la natura del terreno; non lo trasportò in Britannia senza aver prima esplorato personalmente i porti, la rotta e i possibili approdi sull'isola. Al contrario, tuttavia, allorché venne a sapere che alcuni suoi accampamenti erano assediati in Germania, passò attraverso le postazioni nemiche, travestito da Gallo, e raggiunse i suoi soldati.

---

[538] Servio è l'unica fonte a citare quest'importante (e tuttavia trascurato) episodio, che ebbe luogo durante le guerre galliche; il termine celtico usato da Cesare, *cæcos*, è probabilmente una deformazione (dovuta a Servio o alla sua fonte) del gallico *sko*, ovvero "potevate uccidere" (N.L. ACHAINTRE, N.E. LEMAIRE (a cura di), *Caii Julii Caesaris quae extant Omnia Opera*, IV, Firmin Didot, Parisiis 1822, p. 24, n. 32).

Dicta
Detti celebri

Un genere molto diffuso nell'Antichità era la raccolta di massime, frasi ad effetto, motti di spirito ed aforismi attribuiti ai grandi personaggi storici: esempi di tali antologie sono riferibili a parecchi personaggi, non ultimo a Cicerone. Anche su Cesare circolò ben presto, già durante il periodo in cui era ancora in vita, un'ampia raccolta di questi aforismi, provenienti dal suo *entourage* e da coloro che ebbero modo di frequentarlo. La raccolta dei *Dicta Caesaris* non è sopravvissuta, ma grazie ad alcuni autori (in particolare a Plutarco e a Svetonio), che hanno pescato a piene mani da questa raccolta (o raccolte, dato che potevano circolarne più di una) per inserire questi *bon mots* nelle loro opere biografiche, molti di questi detti sono sopravvissuti, preservando quindi una tradizione orale su Cesare davvero preziosa.

Testo:
N.L. Achaintre, N.E. Lemaire (a cura di), Caii Julii Caesaris quae extant Omnia Opera (4 voll.), Firmin Didot, Parisiis 1819-1822

1.
Cicerone, *Lettere ad Attico*, XIV, 1, 2

De quo [scil. *Bruto*] *quidem ille, ad quem deverti, Caesarem solitum dicere:* «Magni refert hic quid velit, sed quidquid vult valde vult».

Riguardo a Bruto, Cesare era solito dire: «È molto importante stabilire che cosa voglia costui, però, qualunque cosa voglia, la vuole fortemente».

2.
a) Cicerone, *Lettere ad Attico*, XIV, 1, 2

Proxime, cum Sesti rogatu apud eum fuissem expectaremque sedens quoad vocarent, dixisse eum: «Ego dubitem quin summo in odio sim, cum M. Cicero sedeat nec suo commodo me convenire possit? Atqui si quisquam est facilis, hic est. Tamen non dubito quin me male oderit».

Recentemente, quando – su richiesta di Sestio – ho fatto visita a Cesare e, standomene seduto [in anticamera] attendevo il mio turno per essere ammesso alla sua presenza, Cesare ha dichiarato: «Dovrei mettere in dubbio di essere sommamente odiato, dal momento che Marco [Tullio] Cicerone deve restarsene seduto senza avere la possibilità di incontrarsi con me a suo agio?

Eppure, se vi è qualcuno di accomodante, quello è lui. Tuttavia non dubito che detesti il mio operato».

b) Cicerone, *Lettere ad Attico*, XIV, 2, 3

Aiebat Caesarem secum, quo tempore Sesti rogatu veni ad eum, cum exspectarem sedens, dixisse: «Ego nunc tam sim stultus ut hunc ipsium facilem hominem putem mihi esse amicum, qui tam diu sedens meum commodum exspectet?».

Ho fatto visita a Cesare, mentre io me ne restavo seduto ad aspettare, Cesare gli (*scil.* A Mazio) parlò in questi termini: «Ora, sarei tanto stolto da credere che mi sia amico per l'appunto quest'uomo dal carattere accomodante, sicché egli, restando seduto tanto a lungo, aspetta i miei comodi?».

3.
Svetonio, *Vita del Divo Giulio*, 22

quo gaudio elatus non temperauit, quin paucos post dies frequenti curia iactaret, inuitis et gementibus aduersaris adeptum se quae concupisset, proinde ex eo insultaturum omnium capitibus; ac negante quodam per contumeliam facile hoc ulli feminae fore, responderit quasi adludens: in Suria quoque regnasse Sameramin magnamque Asiae partem Amazonas tenuisse quondam.

Al colmo della gioia, Cesare non seppe più contenersi e alcuni giorni dopo tardi si vantò, davanti a numerosi senatori, di aver ottenuto quello che desiderava[539], nonostante le opposizioni e le lagnanze dei suoi avversari, e che ormai da quel momento avrebbe potuto farsi beffe di tutti. Un senatore, con il preciso scopo di offenderlo, dichiarò che ciò non sarebbe stato facile per una donna[540], ma Cesare, con l'aria di stare allo scherzo, rispose che anche Semiramide aveva regnato in Siria e che le Amazzoni avevano dominato su gran parte dell'Asia.

4.
a) Svetonio, *Vita del Divo Giulio*, 30

Quod probabilius facit Asinius Pollio, Pharsalica acie caesos profligatosque

---

[539] Ossia l'assegnazione della Gallia e dell'Illirico come province per il suo proconsolato.
[540] L'insulto è un'allusione ai suoi presunti (ma inesistenti) rapporti omosessuali passivi con re Nicomede di Bitinia.

aduersarios prospicientem haec eum ad uerbum dixisse referens: 'hoc uoluerunt; tantis rebus gestis Gaius Caesar condemnatus essem, nisi ab exercitu auxilium petissem.' quidam putant captum imperii consuetudine pensitatisque suis et inimicorum uiribus usum occasione rapiendae dominationis, quam aetate prima concupisset. quod existimasse uidebatur et Cicero scribens de Officiis tertio libro semper Caesarem in ore habuisse Euripidis uersus, quos sic ipse conuertit: nam si uiolandum est ius, [regnandi] gratia uiolandum est: aliis rebus pietatem colas.

Rende credibile la cosa Asinio Pollione quando riferisce che, dopo la battaglia di Farsalo, vedendo i suoi avversari fatti a pezzi e completamente battuti, Cesare disse queste testuali parole: «Lo hanno voluto loro: dopo tante imprese io, Gaio Cesare, sarei stato condannato se non avessi chiesto aiuto ai miei soldati». Alcuni ritengono che sia stato condizionato dall'abitudine del comando e che abbia colto l'occasione di conquistare il potere supremo, da lui ardentemente desiderato fin dalla prima giovinezza, dopo aver saggiamente valutato le sue forze e quelle del nemico. Anche Cicerone sembrava seguire questa opinione, perché nel terzo libro della sua opera *Dei Doveri* dice che Cesare aveva sempre sulle labbra i versi di Euripide che egli stesso così aveva tradotto: «Giacché se il diritto si deve violare, violarlo si deve per la conquista del regno; in tutto il resto osserva la pietà».

b) Plutarco, *Cesare*, 46, 1-2
Ὁ δὲ Καῖσαρ ὡς ἐν τῷ χάρακι τοῦ Πομπηΐου γενόμενος τούς τε κειμένους ἤδη τῶν πολεμίων εἶδε καὶ τοὺς ἔτι κτεινομένους, εἶπεν ἄρα στενάξας «τοῦτ' ἐβουλήθησαν, εἰς τοῦτο μ'ἀνάγκης ὑπηγάγοντο, ἵνα Γάϊος Καῖσαρ ὁ μεγίστους πολέμους κατορθώσας, εἰ προηκάμην τὰ στρατεύματα, κἂν κατεδιάσθην.» Ταῦτα φησι Πολλίων Ἀσίνιος τὰ ῥήματα Ῥομαϊστὶ μὲν ἀναφθέγξασθαι τὸν Καίσαρα παρὰ τὸν τότε καιρόν, Ἑλληνιστὶ δ'ὑφ'αὑτοῦ γεγράφθαι.

Al suo ingresso nell'accampamento di Pompeo, Cesare vide i nemici già morti a terra ed altri che erano sul punto di venire uccisi; sospirando disse: «Lo hanno voluto loro. Essi mi hanno costretto a questa necessità, poiché io, Caio [Giulio] Cesare, che sono uscito vincitore dalle più grandi guerre, se avessi anche sacrificato le mie armate, ugualmente sarei stato condannato». Asinio Pollione afferma che Cesare avesse pronunciato queste parole in latino in quell'occasione, ma che lui le ha tradotte in greco.

5.
Svetonio, *Vita del Divo Giulio*, 31

*Consecutusque cohortis ad Rubiconem flumen, qui prouinciae eius finis erat,
paulum constitit, ac reputans quantum moliretur, conuersus ad proximos:
'etiam nunc,' inquit, 'regredi possumus; quod si ponticulum transierimus,
omnia armis agenda erunt.'*

Riunitosi alle sue coorti presso il fiume Rubicone, che segnava il confine della
sua provincia, si fermò per un attimo e, considerando quanto stava per
intraprendere, si rivolse a quelli che gli erano più vicini dicendo: «Siamo
ancora in tempo a tornare indietro, ma se attraverseremo il ponticello, dovremo
sistemare ogni cosa con le armi».

6.
Svetonio, *Vita del Divo Giulio*, 32

*Cunctanti ostentum tale factum est. quidam eximia magnitudine et forma in
proximo sedens repente apparuit harundine canens; ad quem audiendum cum
praeter pastores plurimi etiam ex stationibus milites concurrissent interque eos
et aeneatores, rapta ab uno tuba prosiliuit ad flumen et ingenti spiritu
classicum exorsus pertendit ad alteram ripam. tunc Caesar: «Eatur», inquit,
«quo deorum ostenta et inimicorum iniquitas uocat. Alea iacta esto!».*

Mentre esitava, gli si mostrò un segno prodigioso. Un uomo di straordinaria
bellezza e di taglia atletica apparve improvvisamente seduto poco distante,
mentre cantava, accompagnandosi con la zampogna. Per ascoltarlo, oltre ai
pastori, erano accorsi dai posti vicini anche numerosi soldati e fra questi alcuni
trombettieri: l'uomo allora, strappato a uno di questi il suo strumento, si slanciò
nel fiume, suonando a pieni polmoni una marcia di guerra, e si diresse verso
l'altra riva. Allora Cesare disse: «Andiamo dove ci chiamano i segnali degli dèi
e l'iniquità dei nostri nemici. Il dado è tratto!».

7.
Svetonio, *Vita del Divo Giulio*, 34

*Hos frustra per omnis moras exitu prohibere conatus Romam iter conuertit
appellatisque de re publica patribus ualidissimas Pompei copias, quae sub
tribus legatis M. Petreio et L. Afranio et M. Varrone in Hispania erant, inuasit,
professus ante inter suos, ire se ad exercitum sine duce et inde reuersurum ad
ducem sine exercitu. et quanquam obsidione Massiliae, quae sibi in itinere*

portas clauserat, summaque frumentariae rei penuria retardante breui tamen omnia subegit.

Dopo aver cercato invano di impedire la loro partenza[541] con tutti i mezzi possibili, ritornò verso Roma, dove illustrò ai senatori la situazione politica, quindi mosse verso le ben addestrate truppe di Pompeo che si trovavano in Spagna al comando di tre luogotenenti: Marco Petreio, Lucio Afranio e Marco Varrone. Ai suoi amici, prima di partire, disse che andava contro un esercito senza comandanti e che poi si sarebbe mosso contro un comandante senza esercito. Quantunque l'assedio di Marsiglia, che durante il viaggio gli aveva chiuso le porte in faccia, e una pericolosa penuria di frumento gli imponessero dei ritardi, tuttavia in breve tempo sistemò ogni cosa.

8.
Svetonio, *Vita del Divo Giulio*, 59

Prolapsus etiam in egressu navis verso ad melius omine: «Teneo te», inquit, «Africa!».

Per di più, scivolato mentre saliva sulla nave, [Cesare] volse il presagio in senso favorevole e gridò: «O Africa, io ti tengo [in pugno]!».

9.
Frontino, *Stratagemmi*, IV, 7, 1

Caesar dicebat, idem esse sibi consilium adversus hostem, quod plerisque medicis contra vitia corporum, fame potius quam ferro superandi.

Cesare diceva che egli così si consigliava contro i nemici, allo stesso modo di come fanno molti medici contro le infermità del corpo, vincendole più con la fame che con il ferro.

10.
Svetonio, *Vita del Divo Giulio*, 67

Ac nonnumquam post magnam pugnam atque uictoriam remisso officiorum munere licentiam omnem passim lasciuiendi permittebat, iactare solitus milites suos etiam unguentatos bene pugnare posse.

---

541 S'intende la partenza di Pompeo e dei suoi soldati dall'Italia.

Non di rado, dopo una grande battaglia, conclusasi con la vittoria, condonato ogni incarico di servizio, concedeva a tutti la possibilità di divertirsi, perché era solito vantarsi che i suoi soldati potevano combattere valorosamente anche se erano impomatati.

11.
Svetonio, *Vita del Divo Giulio*, 72

Quosdam etiam infimi generis ad amplissimos honores prouexit, cum ob id culparetur, professus palam, si grassatorum et sicariorum ope in tuenda sua dignitate usus esset, talibus quoque se parem gratiam relaturum.
Quando già si era impadronito del potere, elevò alle più alte cariche anche uomini di infima condizione e, poiché di questo lo rimproveravano, dichiarò pubblicamente che se per difendere il proprio onore avesse dovuto servirsi dell'aiuto di banditi e di assassini, anche a costoro avrebbe dimostrato uguale riconoscenza.

12.
Svetonio, *Vita del Divo Giulio*, 74

Interrogatusque, cur igitur repudiasset uxorem: 'quoniam,' inquit, 'meos tam suspicione quam crimine iudico carere oportere.'

Quando poi gli chiesero perché mai avesse ripudiato la moglie, [Cesare] rispose: «Perché, a mio avviso, tutti i miei parenti devono essere esenti tanto da sospetti quanto da colpe».

13.
Svetonio, *Vita del Divo Giulio*, 77

Nec minoris inpotentiae uoces propalam edebat, ut Titus Amp[r]ius scribit: nihil esse rem publicam, appellationem modo sine corpore ac specie. Sullam nescisse litteras, qui dictaturam deposuerit. debere homines consideratius iam loqui secum ac pro legibus habere quae dicat. eoque arrogantiae progressus est, ut haruspice tristia et sine corde exta quondam nuntiante futura diceret laetiora, cum uellet; nec pro ostento ducendum, si pecudi cor defuisset.

Come scrive Tito Amprio, teneva pubblicamente discorsi che rivelavano non minore imprudenza: «La Repubblica non è che un nome vano, senza consistenza e senza realtà»; «Silla, quando rinunciò alla dittatura, fu un analfabeta politico» «Bisogna ormai che gli uomini mi parlino con più rispetto, che considerino legge quello che dico!». Giunse ad un punto tale di arroganza che quando un aruspice annunciò che i presagi erano funesti e le vittime senza cuore, disse che «sarebbero stati più lieti quando lui lo avesse voluto e che non si doveva considerare un prodigio il fatto che una bestia manchi di cuore».

14.
Ammiano Marcellino, *Storie*, XXIX, 2, 18

Nosseque, ut Caesar Dictator aiebat, «Miserum esse instrumentum senectuti recordationem crudetalitatis».

E bisogna riconoscere, come diceva il dittatore Cesare, che «Il ricordo della crudeltà è un misero sostegno per la vecchiaia».

15.
Svetonio, *Vita del Divo Giulio*, 78

Idque factum eius tanto intolerabilius est uisum, quod ipse triumphanti et subsellia tribunicia praeteruehenti sibi unum e collegio Pontium Aquilam non assurrexisse adeo indignatus sit, ut proclamauerit: 'repete ergo a me Aquila rem publicam tribunus!' et nec destiterit per continuos dies quicquam cuiquam nisi sub exceptione polliceri: 'si tamen per Pontium Aquilam licuerit.'

Questo suo modo di comportarsi apparve assolutamente intollerabile e lui stesso, passando su un carro di trionfo davanti ai seggi dei tribuni e vedendo che, di tutto il collegio, solo Ponzio Aquila se ne stava seduto, pieno di indignazione gridò: «Tribuno Aquila, chiedimi di restaurare dunque la Repubblica!» Per più giorni, in seguito, quando faceva qualche promessa a qualcuno, non mancò di aggiungere: «Sempre se Aquila lo permette!».

16.
Svetonio, *Vita del Divo Giulio*, 79

Quanquam et plebei regem se salutanti Caesarem se, non regem esse responderit.

Sebbene un giorno, al popolo che lo salutava con il nome di re, avesse risposto di essere Cesare e non re.

17.
Quintiliano, *Istituzione oratoria*, I, 8, 2

De quo genere, de lectione, optime C. Caesarem praetextatum adhuc accepimus dixisse: «Si cantas, male cantas: si legis, cantas».

E a proposito di questo sappiamo che Caio [Giulio] Cesare, ancora ragazzino, disse assai giustamente: «Se intendi cantare, canti male, se invece intendi leggere, stai cantando».

18.
Quintiliano, *Istituzione oratoria*, VI, 3, 75

Elevani ratio est duplex, ut aut veniam quis, aut iactantiam minuat; quemadmodum C. Caesar Pomponio ostendenti vulnus ore excepto in seditione Sulpiciana, quod ipse se passum pro Caesare pugnantem gloriabatur, «Numquam fugiens respexeris», inquit.

Ci sono due modi di svalutare: sminuire l'eccessiva presunzione o la colpa che ci viene rinfacciata. Per quanto concerne il primo caso, possiamo considerare la risposta di Caio [Giulio] Cesare a Pomponio, che gli ostentava la ferita ricevuta nel volto durante la ribellione di Sulpicio: il soldato si vantava di averla ricevuta mentre combatteva per la gloria di Cesare, ma quest'ultimo gli disse: «Non voltarti mai indietro quando fuggi».

19.
Quintiliano, *Istituzione oratoria*, VI, 3, 91

Est illa ex ironia fictio, qua usus est C. Caesar. Nam quum testis diceret, aa reo femina sua ferro petita, et esset faclis reprehensio, cur illam potissimum partem corporis vulnerare voluisset: «Quid enim faceret», inquit, «quum tu galeam et loricam haberes?».

Vi è pure la finzione che nasce dall'ironia, adoperata da Caio [Giulio] Cesare. Un testimone sosteneva che l'imputato lo aveva ferito alla coscia con la spada: sarebbe stato facile confutarlo domandandogli per quale motivo avesse voluto colpire proprio quella parte del corpo, ma Cesare preferì fargli questa domanda: «E che cosa avrebbe dovuto fare, dal momento che tu indossavi l'elmo e la corazza?».

20.
Cicerone, *Lettere ai familiari*, XIII, 36

Demetrio Megæ Siculo Dolabella rogatu meo civitatem a Caesare impetravit: qua in re ego interfui. Itaque nunc P. Cornelius vocatur. Quumque propter quosdam sordidos homines qui caesaris beneficia vendebant, tabulam, in qua nomina civitate donatorum incisa essent, revelli iussisset; eidem Dolabellae, me audiente, Caesar dixit: «Nihil esse, quod de Mega vereretur; beneficium suum in eo manere».

21.
Plutarco Latino, Cesare, 7 Lemaire p. 35

Imminente iam die, qua Pontifex Maximus erat eligendus, et matre Caesaris eum ad fores, non sine lacrimis, deducente, illam amplectens: «Hodie», inquit, «mater, aut ponteficem filium, aut exulem videbis».

Quando venne quel giorno[542], la madre lo accompagnò alla porta, non senza piangere, egli la abbracciò dicendo: «Madre, oggi vedrai tuo figlio Pontefice Massimo oppure esule».

22.
Plutarco Latino, Cesare, 11

Caesarem vero, serio loquentem, dixisse aiunt: «Equidem mallem apud hos primus esse, quam apud Romanos secundus».

E Cesare, parlando seriamente, disse loro: «Preferirei essere il primo tra costoro, piuttosto che il secondo a Roma»[543].

---

[542] Il giorno dell'elezione del nuovo Pontefice Massimo; Cesare si era molto indebitato per raggiungere il conferimento di tale carica, e se avesse perso sarebbe dovuto fuggire in esilio per evitare i creditori (si veda, sinteticamente, F. CURTA, *Julius Caesar declared Pontifex Maximus (63 BC)*, in F. Curta, A. Holt (a cura di), *Great Events in Religion*, I: *Prehistory to AD 600*, ABC-Clio, Santa Barbara (California) 2017, pp. 118-119.

[543] Cesare, passando per le Alpi diretto in Spagna, sosta in un povero villaggio di montanari, e i suoi compagni gli chiedono scherzosamente se anche lì, secondo lui, vi fossero lotte per la supremazia. La risposta di Cesare è indice del suo carattere volitivo e dell'ambiziosa forza di volontà che lo pervadeva. Doveva avere in mente questo specifico detto Mussolini, in un colloquio con alcuni colleghi della redazione de *Il Resto del Carlino* (tra i quali Nello Quilici), allorché ribadì la propria volontà di giungere al potere (A. SPINOSA, *Mussolini*, Mondadori, Milano 2017, p. 52).

23.
Plutarco Latino, Cesare, 11

«*Nonne hoc vobis dolendum videtur, quod Alexander, quum id esset aetatis, tot gentes domuerit; mihi vero nihil adhuc præclari gestum sit?*».

«Non vi pare degna cosa addolorarsi se Alessandro, alla mia età, regnava già su tante persone, mentre io non ho ancora compiuto niente di notevole?»[544].

24.
Plutarco Latino, Cesare, 17

«*Satis enim erat*», *inquit Caesar,* «morosorum hominum familiaritate abstinere: qui autem huiusmodi rusticitatem arguit, ipse est rusticus».

«Basta infatti», disse Cesare, «astenersi dalla frequentazione degli uomini disonesti; chi invece ha da ridire su questa rusticità è egli stesso un rustico»[545].

25.
«*Non ut armorum*», *inquit* [*Caesar*] *Metello aerarium defendenti,* «*sic et legum tempus esse solet. Tu inter arma morosus es. nunc procul hinc habeas; in bello, verborum copia, et exercitatio dicendi nihil prodest. Ubi arma proiecero, ictumque erit foedus, tunc adsis, et populi patronus esto*».

A Metello che difendeva l'erario, Cesare disse: «Il tempo delle armi non coincide con il tempo delle leggi. Se non ti piace quanto avviene, vattene ora da qui; in guerra, non c'è bisogno di libertà di parola. Quando poi sarò giunto ad un accordo e avrò deposto le armi, allora verrai a fare il demagogo».

26.
Plutarco Latino, *Cesare*, 38

«*I, vir strenue; aude, nihil time: Caesarem vehis et Caesaris Fortunam in navi defers!*».

---

[544] Vedendo una statua di Alessandro in Spagna (secondo Svetonio) o dopo aver letto un libro sulle imprese del re macedone (stando a Plutarco), Cesare si mise a piangere frustrato, rispondendo agli amici che gliene chiedevano il motivo la presente frase.

[545] Cesare e il suo seguito erano ospiti di Valerio Leone, a Milano, che – da uomo semplice qual'era – offrì loro degli asparagi conditi con un unguento aromatico di ricetta campagnola anziché con del ricercato olio d'oliva. Gli amici di Cesare se ne lagnarono, ma lui mangiò senza fare storie, replicando loro la presente frase.

«Vai, o valoroso, osa e non temere alcunché: tu porti Cesare e la Fortuna di Cesare che naviga con lui!»[546].

27.
Plutarco Latino, Cesare, 39 Lemaire p. 36

«Hodie victoria penes hostem fuisse, si duce uteretur, qui sciret vincere».

«Oggi i nemici avrebbero ottenuto la vittoria se avessero avuto un condottiero che avesse saputo vincere»[547].

28.
Plutarco Latino, *Cesare*, 54

«Invideo tibi mortem, o Cato; nam tu quoque mihi salutem tuam invidisti».

«Ti invidio la morte, o Catone, perché mi hai tolto la possibilità di concederti la salvezza».

29.
Plutarco Latino, *Cesare*, 62

Caesar dixisse fertur: «Cassius aequiora certe profert: ego vero Brutum non praeterire possum».

Si dice che Cesare avesse affermato: «Cassio certamente ragiona meglio; io però non posso preferirlo a Bruto»[548].

30.
Plutarco Latino, *Cesare*, 62

Caesar M. Bruti coniurationem deferentibus, ait suum corpus tangens: «Haec

---

[546] L'episodio si riferisce a quando Cesare, impaziente per il mancato arrivo dei rinforzi che Antonio doveva condurgli sulle coste epirote per poter affrontare Pompeo, saltò in incognito su una piccola imbarcazione che, uscendo dalla foce del fiume Aoo, doveva raggiungere Brindisi per sollecitare i suoi; impedita l'operazione da una tempesta, Cesare svelò la sua identità, pronunciando questa frase per rinfrancare e incoraggiare il disperato nocchiero.

[547] Si riferisce allo scacco subìto a Durazzo ad opera di Pompeo, che però non seppe approfittare della momentanea vittoria, lasciando a Cesare il tempo di ritirarsi con tutta l'armata.

[548] Nel 44 a.C. Bruto fu nominato da Cesare pretore urbano, nonostante Cassio avesse maggiori diritti a rivestire tale carica; quest'ultimo dovette accontentarsi della carica di *praetor peregrinus*.

cutis exspectat Brutum».

Una volta, avendo alcuni riferito a Cesare la congiura di Marco Bruto, egli replicò, toccando il proprio corpo: «Questa pelle aspetterà Bruto».

31.
Plutarco Latino, *Cesare*, 62

«De Cassio quid vobis videtur? Enimvero mihi non placet: nam nimis est pallidus». (…) *«Hos homines pingues, et comatos non admodum timeo: hos vero pallidos et graciles multo magis»*.

«Che cosa vi sembra che mediti Cassio? A me non piace tanto: è troppo pallido». (…) «Non ho paura di questi che sono pasciuti e con i capelli ben curati[549], bensì di quegli altri, pallidi e molto magri».

32.
Plutarco Latino, *Cesare*, 63

[Caesar ait:] «Heus! Adsunt Idus Martiæ». Aruspex autem placide: «Adsunt quidem, sed nondum elapsae sunt».

Cesare disse: «Orbene! Le Idi di Marzo sono arrivate!». Tuttavia l'aruspice replicò con tranquillità: «Sì, sono arrivate, ma non sono ancora passate».

Quum sermo incidisset, Quænam mors est optima? Omnes praeveniens, [Caesar] inquit: «Inopinata».

Essendo caduto il discorso sul tipo di morte fosse preferibile, Cesare, precedendo tutti i presenti, disse: «Quella inaspettata».

33.
Appiano Latino, *Le Guerre Civili*, II, p. 36 ed. Lemaire, vol. IV

Atheniensibus, veniam a se petentibus, dedit et addidit: «Quamdiu vos, per vosmetipsos perditos, maiorum gloria salvabit?».

Agli Ateniesi, che gli chiedevano perdono, lo concesse ed aggiunse: «Fino a

---

[549] Si riferisce a Marc'Antonio e a Dolabella, accusati (a torto) di sedizione; "quegli altri" nominati subito dopo sono Bruto e Cassio, naturalmente.

quando sarete salvati dai vostri errori grazie alla gloria dei vostri antenati?»[550].

«Hic erit finis, et vitae mihi, et vobis expeditionum». (...) Ipsum Caesarem dixisse ferunt: «Se quidem saepius de victoria certasse, nunc vero de vita».

«Qui sarà la fine della mia stessa vita assieme a quella della vostra spedizione». (...) Dicono che lo stesso Cesare avesse dichiarato: «Spesso ho dovuto lottare per la vittoria, stavolta, invero, ho combattuto per la mia vita»[551].

«Nihil», inquit [Caesar], «miserius quotidiano praesidio: indicium enim est semper timentis».

«Niente è più misero», disse Cesare, «di una sorveglianza continua: essa è infatti indice di una persona costantemente timorosa.»

---

[550] La richiesta si situa dopo la battaglia di Farsalo (48 a.C.), allorché le città greche che si erano precedentemente schierate con Pompeo, tra cui Atene, accorsero a chiedere perdono a Cesare.
[551] Frasi pronunciate nel corso della difficile battaglia di Munda, allorché Cesare rischiò di venire sopraffatto dalle truppe pompeiane.

Testamentum

Testamento

Come se in qualche modo intuisse il proprio oscuro destino, Cesare, allorché si trovava nella sua villa di Labico, decise di scrivere le proprie ultime volontà, cercando probabilmente di prevenire lotte fra i suoi sostenitori, aventi come scopo il possesso delle sue proprietà, del potere e del vasto patrimonio. Gli atti relativi al suo testamento vennero dunque depositati nel tempio di Vesta. Del resto la partenza per la lunga campagna contro i Daci di re Burebista prima, e contro l'impero dei Parti e l'India poi, era imminente (la partenza era prevista per il 18 marzo del 44 a..C.) e ciò che gli riservava il futuro era avvolto nel mistero, sebbene Cesare continuasse a confidare nella propria buona stella.

Nelle sue ultime volontà, Cesare donò 300 sesterzi ad ogni cittadino romano, per un totale di circa 150 milioni di monete d'argento. Inoltre, i vasti giardini di Trastevere, di sua proprietà, furono ceduti al demanio pubblico, affinché tutti potessero goderne.

La parte più importante del testamento, tuttavia, riguardava l'adozione del giovane pronipote Ottavio, che in questo modo ottenne una posizione e un'influenza sociali adeguate. Vale la pena ricordare che Ottaviano era il figlio della nipote di Cesare, Azia Maggiore. Agli altri due nipoti, Quinto Pedio e Lucio Pinario, lasciava altre somme di denaro, in quantità minore. Cesarione, il figlio naturale avuto da Cleopatra (che in quei giorni si trovava proprio a Roma, ospite nelle ville di Cesare) non ebbe parte alcuna nel testamento, anche se una clausola ambigua diceva che – nel caso gli fosse nato un erede legittimo – l'adozione di Ottaviano sarebbe stata messa in *standby*; probabilmente Cesare non pensava di morire veramente di lì a poco e, nel caso di una sua vittoriosa campagna contro Daci, Parti ed Indo-sciti, sarebbe tornato in una posizione molto più inattaccabile, tanto da permettergli di adottare ufficialmente il figlio avuto dalla sovrana egizia. Ma i pugnali dei cesaricidi misero fine prematuramente alla sua vita e tutto ciò che ci resta sono solo delle congetture.

Testo:

N.L. Achaintre, N.E. Lemaire (a cura di), *Caii Julii Caesaris quae extant Omnia Opera* (4 voll.), Firmin Didot, Parisiis 1819-1822

Frammenti

F. 1
Svetonio, *Vita del Divo Giulio*, 83

Exanimis diffugientibus cunctis aliquamdiu iacuit, donec lecticae impositum, dependente brachio, tres servuli domum rettulerunt. Nec in tot vulneribus, ut Antistius medicus arbitrabatur, letale ullum repertum est, nisi quod secundo loco in pectore acceperat. Fuerat animus coniuratis corpus occisi in Tibĕrim trahere, bona publicare, acta rescindere, sed metu Marci Antoni consulis et magistri equitum Lepidi destiterunt. Postulante ergo Lucio Pisone socĕro testamentum eius aperītur recitaturque in Antoni domo, quod Idibus Septembribus proximis in Lavicano suo fecerat. Quintus Tubĕro tradit heredem ab eo scribi solitum ex consulatu ipsius primo usque ad initium civilis belli Cn. Pompeium, idque militibus pro contione recitatum. Sed novissimo testamento tres instituit heredes sororum nepotes, Gaium Octavium ex dodrante, et Lucium Pinarium et Quintum Pedium ex quadrante reliquo; in ima cera Gaium Octavium etiam in familiam nomenque adoptavit.

[Cesare] rimase a terra a lungo senza vita, mentre tutti erano scappati di qua e di là, finché, adagiatolo su una lettiga, con un braccio abbandonato, tre giovani schiavi[552] lo riportarono a casa.
Secondo quanto riteneva il medico Antistio, non fu trovata tra tutte le ferite nessuna che fosse mortale, se non quella che, al secondo colpo, aveva ricevuto al petto. Vi era stata nei congiurati l'intenzione di trascinare il corpo dell'ucciso fino al Tevere, confiscare i [suoi] beni, annullarne gli atti di governo, ma desistettero per paura del console Marc'Antonio e di Lepido, comandante della cavalleria.
Per richiesta del suocero Lucio Pisone fu aperto e letto in casa di Antonio il suo testamento, che era stato redatto nelle ultime Idi di settembre nella sua villa di Labico. Quinto Tuberone riferisce che da lui veniva designato abitualmente come erede, dal suo primo consolato fino all'inizio della guerra civile, Gneo Pompeo, e che aveva riferito ciò ai soldati in un'adunanza.
Ma nell'ultimo testamento istituì eredi tre nipoti delle sorelle, Caio Ottavio per tre quarti, e Lucio Pinario e Quinto Pedio per la quarta parte residua; in fondo alla tavoletta (su cui scrisse) adottò Caio Ottavio e gli diede anche il suo nome.

---

[552] Questo particolare ha ispirato un notissimo romanzo storico di R. BACCHELLI, *I tre schiavi di Giulio Cesare*, Mondadori, Milano 1958.

335

F 2.
Plutarco, *Cesare*, 68

Ἐπεὶ δὲ τῶν διαθηκῶν τῶν Καίσαρος ἀνοιχθεισῶν εὑρέθη δεδομέν Ῥωμαίων ἑκάστῳ δόσις ἀξιόλογος, ...

Ma quando si aprì il testamento di Cesare[553] si trovò che a ciascuno dei Romani era stato lasciato un consistente donativo...

F 3.
Cicerone, *Filippiche*, II, 109

In publicis nihil est lege gravius, in privatis firmissimum est testamentum. Leges alias sine promulgatione sustulit, alias ut tolleret, promulgavit. Testamentum irritum fecit, quod etiam infimis civibus semper optentum est. Signa, tabulas, quas populo Caesar una cum hortis legavit, eas hic partim in hortos Pompei deportavit, partim in villam Scipionis.

Nel diritto pubblico nulla ha più peso della legge; nel privato il testamento è l'atto inviolabile per eccellenza. Ebbene, delle leggi, alcune [Marc'Antonio] le ha revocate, senza nemmeno consultare gli organi competenti; per abolirne altre, ne ha proposte delle nuove. Quanto al testamento di Cesare, non ne ha tenuto alcun conto, laddove la validità del testamento è sempre stata rispettata anche dalla gente di bassa condizione. Delle statue e dei dipinti, che Cesare aveva lasciato, assieme con i giardini, al popolo, egli se ne è portato una parte nei giardini di Pompeo, una parte nella villa di campagna di Scipione.

F 4.
Plutarco, *Antonio*, 16

Οὗτος [*scil.* Ὀκταουϊανός] εὐθὺς Ἀντώνιον ὡς δὴ πατρῷν φίλον ἀπολελειμμένος, τῶν παρακαταθηκῶν ἐμέμνητο· καὶ γὰρ ὤφειλε Ῥωμαίων ἑκάστῳ δραχμὰς ἑβδομήκοντα πέντε δοῦναι, Καίσαρος ἐν ταῖς διαθήκαις γράψαντος. Ἀντώνιος δὲ τὸ μὲν πρῶτον ὡς μειρακίου καταφρονῶν, ἔλεγεν οὐχ ὑγιαίνειν αὐτόν, ἀλλὰ καὶ φρενῶν ἀγαθῶν καὶ φίλων ἔρημον ὄντα φορτίον ἀβάστακτον αἴρεσθαι τὴν Καίσαρος διαδοχήν.

Ottaviano, essendo andato subito a salutare come amico di suo zio, gli ricordò

---

[553] Il testamento fu aperto in casa di Marc'Antonio, dietro insistente richiesta di Lucio Calpurnio Pisone, suocero di Cesare nonché padre della sua vedova, Calpurnia.

il deposito a lui affidato: 75 dracme[554], secondo le disposizioni testamentarie di Cesare. Antonio, dapprima non tenendolo in alcun conto come un ragazzino, gli rispose che non era sano di mente se aveva il coraggio di addossarsi il fardello troppo pesante della successione di Cesare, pur difettando di buon senso e trovandosi privo di amici[555].

<hr>

[554] Settantacinque dracme corrispondono ai 300 sesterzi ricordati dallo stesso OTTAVIANO AUGUSTO, *Res Gestae*, 3, 15.

[555] Antonio intuì subito la potenziale pericolosità di Ottaviano e tentò di mettergli i bastoni tra le ruote: pose il veto tribunizio alla legge curiata che ratificava l'adozione testamentaria da parte di Cesare (CASSIO DIONE, *Storia Romana*, XLV, 5, 4-5) e fece vietare – sempre dai tribuni – che Ottaviano esponesse la sedia curule e la corona di Cesare nel Circo Massimo in occasione dei ludi pubblici tenuti in quei giorni (APPIANO, *Le Guerre Civili*, III, 28, 105; PLUTARCO, *Vita di Antonio*, 16, di seguito al brano testè riportato); per una disamina particolareggiata su questi episodi si veda M.A. LEVI, *Ottaviano capoparte*, I, La Nuova Italia, Firenze 1933, pp. 70-74.

Acta Caesaris

Atti di Cesare

Con il termine *Acta Caesaris* ("Atti di Cesare") si indica l'insieme degli atti legali pubblicati e inediti, approvati o pianificati, nonché l'insieme di appunti, progetti e piani politici e militari redatti da Giulio Cesare nella sua posizione di dittatore romano prima del suo assassinio.

In particolare, gli *Acta Caesaris* includevano: 1) alcuni atti già eseguiti, come il conferimento di numerosi incarichi a membri dei *populares* e degli ottimati (ad esempio, Marc'Antonio vi era stato nominato collega al consolato dello stesso Cesare); dopo il suo assassinio, il Senato decise – previo accordo tra gli stessi congiurati e Marc'Antonio – di garantirne in blocco la validità, onde non creare disordini che avrebbero inevitabilmente condotto ad una nuova guerra civile: in tal modo, tutte le nomine volute da Cesare erano state preservate; 2) diversi atti erano stati approvati ma ancora non eseguiti, come la distribuzione delle province per gli anni successivi: Decimo Bruto, ad esempio, uno dei congiurati, era stato stato insignito del governo della provincia della Gallia Cisalpina. Quest'ultimo decreto fu contestato da Marc'Antonio e portò alla Guerra di Modena nel 43 a.C.; 3) il completamento delle riforme di Cesare e degli atti inediti: ad esempio, il Secondo Triumvirato fra Antonio, Ottaviano e Lepido unì legalmente la Gallia Cisalpina all'Italia nel 42 a.C., come progettato da Giulio Cesare (ed in parte già realizzato con l'estensione della cittadinanza romana a quella regione nel 49 a.C.). Ottaviano si presentò in tal modo alle masse come il continuatore dei programmi di Cesare; 4) piani militari per le future campagne contro Daci, Parti ed Indiani. Tali piani, davvero geniali, vennero parzialmente seguiti da Antonio durante la sua campagna partica del 36 a.C., seppur con esito poco felice[556].

Cicerone, a cui dobbiamo la conoscenza del contenuto di parte degli Atti, ne contestò da sempre l'autenticità: a suo dire, Antonio li avrebbe falsificati a bella posta per trarne vantaggi personali ed un potere illimitato, ma oggi la critica storica è più cauta e propenderebbe piuttosto per l'autenticità della maggior parte di essi. Fisicamente gli *Atti* vennero distrutti per ordine di Ottaviano, dopo la sua vittoria su Antonio e Cleopatra, allorché le carte entrarono in suo possesso, nel 30 a.C.

---

[556] J. BRAMBACH, *Cleopatra*, Salerno Editrice, Roma 1997, p. 252; F. CHAMOUX, *Marco Antonio*, Rusconi, Milano 1988, pp. 187-188.

Testo:

N.L. Achaintre, N.E. Lemaire (a cura di), *Caii Julii Caesaris quae extant Omnia Opera* (4 voll.), Firmin Didot, Parisiis 1819-1822
Cicerone, *Le Filippiche* (2 voll.), a cura di B. Mosca, Mondadori, Milano 1996

Testimonianze

T 1.
Cicerone, *Lettere ad Attico*, 14, 13, 6
Quae enim Caesar numquam neque fecit neque fecisset neque passus esset, ea nunc ex falsis eius commentariis proferuntur. Ego autem Antonio facillimum me praebui.

[26 aprile del 44 a.C.]

In realtà i provvedimenti che Cesare giammai né adottò, né avrebbe adottato [e] nemmeno avrebbe tollerato, vengono ora tirati fuori dalle sue raccolte di falsi appunti.

T 2.
Cicerone, *Filippiche*, II, 97
Quid ego de commentariis infinitis, quid de innumerabilibus chirographis loquar? quorum etiam institores sunt, qui ea tamquam gladiatorum libellos palam venditent.

Che dire degli infiniti appunti, dei taccuini che non si contano più? Ora sono venuti fuori persino i venditori ambulanti che li offrono come se si trattasse di biglietti d'ingresso ai giochi dei gladiatori.

Frammenti

F 1.
Cicerone, *Filippiche*, I, 16-19
Primum igitur acta Caesaris servanda censeo, non quo probem (quis enim id quidem potest?), sed quia rationem habendam maxime arbitror pacis atque otii. Vellem adesset M. Antonius, modo sine advocatis (sed, ut opinor, licet ei minus valere, quod mihi heri per illum non licuit); doceret me vel potius vos, patres conscripti, quem ad modum ipse Caesaris acta defenderet. An in commentariolis et chirographis et libellis [se] uno auctore prolatis, [ac] ne prolatis quidem, sed tantum modo dictis, acta Caesaris firma erunt; quae ille

in aes incidit, in quo populi iussa perpetuasque leges esse voluit, pro nihilo habebuntur?

Equidem existimo nihil tam esse in actis Caesaris quam leges Caesaris. An, si cui quid ille promisit, id erit fixum, quod idem facere non potuit? ut multis multa promissa non fecit; quae tamen multo plura illo mortuo reperta sunt quam a vivo beneficia per omnis annos tributa et data. Sed ea non muto, non moveo; summo studio illius praeclara acta defendo. Pecunia utinam ad Opis maneret! cruenta illa quidem, sed his temporibus, quoniam iis, quorum est, non redditur, necessaria.

Quamquam ea quoque effusa, si ita in actis fuit. Ecquid est, quod tam proprie dici possit actum eius, qui togatus in re publica cum potestate imperioque versatus sit, quam lex? Quaere acta Gracchi; leges Semproniae proferentur. Quaere Sullae; Corneliae. Quid? Pompei tertius consulatus in quibus actis constitit? Nempe in legibus. De Caesare ipso si quaereres, quidnam egisset in urbe et in toga, leges multas responderet se et praeclaras tulisse, chirographa vero aut mutaret aut non daret, aut, si dedisset, non istas res in actis suis duceret. Sed haec ipsa concedo; quibusdam etiam in rebus coniveo; in maximis vero rebus, id est in legibus, acta Caesaris dissolvi ferendum non puto.

Quae lex melior, utilior, optima etiam re publica saepius flagitata, quam ne praetoriae provinciae plus quam annum neve plus quam biennium consulares obtinerentur? Hac lege sublata videturne vobis posse Caesaris acta servari? Quid? lege, quae promulgata est de tertia decuria, nonne omnes iudiciariae leges Caesaris dissolvuntur? Et vos acta Caesaris defenditis, qui leges eius evertitis? Nisi forte, si quid memoriae causa rettulit in libellum, id numerabitur in actis et, quamvis iniquum et inutile sit, defendetur; quod ad populum centuria tis comitiis tulit, id in actis Caesaris non habebitur.

Anzitutto, dunque, sono dell'avviso che gli Atti di Cesare vadano mantenuti; non è che io li approvi – e chi potrebbe farlo? - ma la nostra peggiore preoccupazione deve essere quella di salvaguardare la pace e la quiete. Vorrei che fosse qui presente Marc'Antonio, purché senza assistenti[557] – egli, credo bene, ha diritto di ammalarsi, ma a me ieri ha negato questo stesso diritto! – ; così, mi chiarirebbe, o meglio chiarirebbe a voi, o senatori, che cosa intende per conservazione degli Atti di Cesare. Quando consistono in appunti, scritti a mano, resi di pubblica ragione sulla garanzia di una sola persona, anzi, neppure pubblicati ma solamente citati, allora gli Atti di Cesare saranno da considerarsi sicuri ed immutabili; gli altri, invece, fatti incidere da Cesare nel bronzo perché volle che in questo figurassero la volontà del popolo e le leggi definitive, non avranno alcun valore? Da parte mia, ritengo che niente possa valere come Atto

---

[557] Assistenti (*advocati*) è detto ironicamente, alludendo alla scorta armata di Marc'Antonio.

di Cesare, quanto le leggi di Cesare stesso. E le promesse fatte da Cesare diverranno irrevocabili, se lui stesso non è riuscito a mantenerle? In effetti egli non mantenne numerose promesse che aveva fatto a molti; tuttavia queste promesse sono saltate fuori dopo la sua morte assai più numerose dei benefici da lui decisi e concessi durante tutta la vita. Comunque, io non intendo modificare o togliere nulla; a me, sopra ogni cosa, interessa difendere quei suoi Atti che risultano importanti. Se si trovasse ancora il denaro che era depositato nel tempio di Opi![558] Denaro che grondava sangue, quello! Ma dato che non lo si restituisce ai legittimi proprietari, poteva almeno servire nelle attuali ristrettezze. Comunque, ammettiamo pure che anche quel denaro sia stato consumato, se così sta scritto negli Atti di Cesare. Ma vi è nulla che più che la legge possa essere definito, in termini propri, «atto» di un magistrato civile, investito cioè di autorità e poteri legali? Chiedete gli atti di Gracco: vi saranno presentate le Leggi Sempronie; chiedete gli atti di Silla: ecco le Leggi Cornelie. E ancora, in quali atti è consistito il terzo consolato di Pompeo?[559] Certamente nelle sue leggi. Ma se si domandasse allo stesso Cesare in cosa è consistita la sua opera in qualità di magistrato civile di Roma, egli risponderebbe che è stato l'autore di molte ed eccellenti leggi; in quanto ai suoi appunti scritti, o li modificherebbe o non li pubblicherebbe o – se pubblicati – non li considererebbe come suoi atti ufficiali. Eppure, su questo punto sono disposto a concessioni; chiuderò un occhio anche su certe altre faccende. Ma allorché si tratta della cosa più importante, intendo dire le leggi, non posso tollerare che si annullino gli Atti di Cesare. Ci potrebbe essere legge migliore, più utile, più spesso reclamata anche nei tempi migliori della Repubblica, di quella che limita ad un anno o due il governo delle province a seconda che siano assegnate ad un ex pretore o ad un ex console?[560] Abrogate ora questa legge e ditemi se questo significhi mantenere inalterati gli Atti di Cesare. Ancora: questa proposta relativa ad una terza decuria di giudici, non manda all'aria tutte le leggi giudiziarie di Cesare?[561] Pretendete di essere voi i difensori degli Atti di Cesare, e poi rovesciate le sue stesse leggi? A meno che un appunto segnato da Cesare sul taccuino come promemoria lo si voglia annoverare fra gli Atti e

---

[558] Nel tempio di Opi, ai piedi del Campidoglio, si trovava la tesoreria di Stato; in esso Cesare aveva accumulato 700 milioni di sesterzi, per le spese della progettata guerra contro i Parti. Dopo l'uccisione di Cesare, Antonio si era impadronito, oltre che del testamento e degli Atti di Cesare, anche del denaro custodito nell'erario pubblico, servendosene per le proprie finalità politiche ma asserendo poi che le spese da lui sostenute erano state fatte in base a quanto prescritto negli *Atti di Cesare*.

[559] Intende il consolato rivestito da Pompeo nel 52 a.C.

[560] È la *Lex Iulia de provinciis*, che con la limitazione temporale dei governi provinciali intendeva impedire la formazione di strapoteri personali.

[561] Le leggi giudiziarie di Cesare attribuivano in maniera equilibrata il potere giudiziario a senatori e cavalieri; Marc'Antonio, attaccato qui da Cicerone, intendeva aggiungere fra i giudici una terza decuria, composta da ex centurioni e dai soldati a riposo della legione *Alaudae*.

difenderlo anche se ingiusto ed inutile, e si voglia invece negare valore di Atto alle proposte presentate da Cesare al popolo e fatte votare dai Comizi Centuriati!

F 2.
Cicerone, *Filippiche*, II, 35-36
Quamquam illud quidem fuit, ut tu dicebas, omnibus bono, qui servire nolebant, tibi tamen praecipue, qui non modo non servis, sed etiam regnas, qui maximo te aere alieno ad aedem Opis liberavisti, qui per easdem tabulas innumerabilem pecuniam dissipavisti, ad quem e domo Caesaris tam multa delata sunt, cuius domi quaestuosissima est falsorum commentariorum et chirographorum officina, agrorum, oppidorum, immunitatium, vectigalium flagitiosissimae nundinae. Etenim quae res egestati et aeri alieno tuo praeter mortem Caesaris subvenire potuisset?

Perché, sebbene l'uccisione di Cesare si sia risolta, a tuo dire, a vantaggio di tutti coloro che non volevano essere schiavi, ne hai tratto profitto anche e specialmente tu, che non sei schiavo ma anzi un sovrano; tu, che installandoti nel tempio di Opi, ti sei affrancato dai tuoi ingenti debiti; tu, che mistificando i registri di quel tempio hai potuto dilapidare somme incalcolabili; tu, che dalla casa di Cesare hai portato alla tua infiniti oggetti; tu, che dalla tua casa hai fatto una lucrosissima officina per falsificare registri e scritture, uno scandaloso mercato di città, di privilegi, di rendite dello Stato? Che ti ci voleva meglio della morte di Cesare, perché tu ti risollevassi dalla miseria e dai debiti?

F 3.
Cicerone, *Filippiche*, II, 93-96
Sunt ea quidem innumerabilia, quae a tuis emebantur non insciente te, sed unum egregium de rege Deiotaro populi Romani amicissimo decretum in Capitolio fixum; quo proposito nemo erat qui in ipso dolore risum posset continere. Quis enim cuiquam inimicior quam Deiotaro Caesar? (...)
Igitur, a quo vivo nec praesens nec absens rex Deiotarus quicquam aequi boni impetravit, apud mortuum factus est gratiosus. Conpellarat hospitem praesens, conputarat, pecuniam inperarat, in eius tetrarchia unum ex Graecis comitibus suis collocarat, Armeniam abstulerat a senatu datam. Haec vivus eripuit, reddit mortuus. At quibus verbis? Modo aequum sibi videri, modo non iniquum. Mira verborum complexio! At ille numquam (semper enim absenti adfui Deiotaro) quicquam sibi, quod nos pro illo postularemus, aequum dixit videri.

Di infinite cose si faceva traffico a casa tua, e tu lo sapevi; ma fra le altre spiccò il decreto affisso in Campidoglio riguardante il re Deiotaro, grande amico del popolo romano: dinanzi a tale affissione non vi fu cittadino che, nonostante il dolore, riuscisse a trattenere il riso. Esiste una persona nemica di un'altra più di quanto Cesare lo è stato di Deiotaro? (…) Dunque, quel re Deiotaro che mai – vicino o lontano che fosse – era riuscito a strappare a Cesare vivo un'equa concessione, un qualche beneficio, era rientrato nelle grazie di Cesare morto? Ospite in casa di Deiotaro, Cesare lo aveva rimproverato, gli aveva fatto i conti in cassa, gli aveva imposto di versare denaro, aveva messo un Greco del proprio seguito al governo della tetrarchia di Deiotaro e gli aveva tolto l'Armenia, che pure a Deiotaro era stata concessa dal Senato. Di tutto ciò lo aveva privato Cesare vivo; ora che è morto, gli restituisce tutto! E in che termini parla di restituzione? Ora dice che gli sembra «giusta», ora «non ingiusta». Strano miscuglio di parole! Ma io, che sono stato sempre il difensore di Deiotaro nei processi in cui lui era assente, affermo che mai Cesare, qualunque richiesta io avanzassi a favore di Deiotaro, disse di ritenerla giusta.

F 4.
Cicerone, *Filippiche*, II, 97
Nuper fixa tabula est, qua civitates locupletissimae Cretensium vectigalibus liberantur statuiturque, ne post M. Brutum pro consule sit Creta provincia. Tu mentis [es] conpos, tu non constringendus? An Caesaris decreto Creta post M. Bruti decessum potuit liberari, cum Creta nihil ad Brutum Caesare vivo pertineret?

Recentemente è stata affissa una legge di Cesare che esenta dai tributi le città di Creta, che pure sono ricchissime, e stabilisce che al concludersi del consolato di Marco Bruto Creta non sarà più provincia.

F 5.
Cicerone, *Filippiche*, II, 98
Et de exulibus legem, quam fixisti Caesar tulit?

E quella legge che hai affisso sul richiamo degli esuli, anch'essa è opera di Cesare?

F 6.
Cicerone, *Filippiche*, II, 100
Sed ad chirographa redeamus. Quae tua fuit cognitio? Acta enim Caesaris pacis causa confirmata sunt a senatu; quae quidem Caesar egisset, non ea, quae egisse Caesarem dixisset Antonius. Unde ista erumpunt, quo auctore proferuntur? Si sunt falsa, cur probantur? si vera, cur veneunt? At sic placuerat, ut ex Kalendis Iuniis de Caesaris actis cum consilio cognosceretis.

Quod fuit consilium, quem umquam convocasti, quas Kalendas Iunias expectasti?

Ma torniamo alle note autografe di Cesare. Che verifica ne hai eseguito? Perché sì, è vero, il Senato – per amore di pace – ha ratificato gli Atti di Cesare, quelli, beninteso, autentici, non quelli che Antonio attribuisce a Cesare. Ma adesso, questi altri da dove saltano fuori? Con la garanzia di chi vengono messi avanti? Se falsi, perché approvarli? Se autentici, a quale titolo metterli in vendita? Eppure un decreto del Senato stabiliva che voi consoli, assieme ad una commissione, avreste fatto partire dal 1° giugno l'esame degli Atti di Cesare. Che ne è stato di quella commissione? Chi hai mai chiamato a farne parte? Quale 1° di giugno hai aspettato?

F 7.
Cicerone, *Filippiche*, II, 109
Qui chirographa Caesaris defendisset lucri sui causa, is leges Caesaris, easque praeclaras, ut rem publicam concutere posset, evertit. Numerum annorum provinciis prorogavit, idemque, cum actorum Caesaris defensor esse deberet, et in publicis et in privatis rebus acta Caesaris rescidit.

[Marc'Antonio] in un primo momento aveva sostenuto la legittimità persino degli appunti autografi di Cesare, per ricavarne denaro; ora, invece, è proprio lui a scalzare le leggi di Cesare, e quelle migliori per giunta, per poter poi così scuotere le fondamenta stesse dello Stato; ha prorogato la durata del governo delle province; e, parimenti, lui che doveva essere il difensore degli Atti di Cesare, li ha annullati, sia che fossero di interesse pubblico o privato.

F 8.
Cicerone, *Filippiche*, V, 11-12
Haec se ex commentariis C. Caesaris, quorum ipse auctor erat, agere dicebat. (...) Neque solum commentariis commenticiis chirographisque venalibus innumerabilis pecunia congesta in illam domum est, cum, quae vendebat Antonius, ea se ex actis Caesaris agere diceret, sed senatus etiam consulta pecunia accepta falsa referebat: syngraphae obsignabantur, senatus consulta numquam facta ad aerarium deferebantur. Huius turpitudinis testes erant etiam exterae nationes. Foedera interea facta, regna data, populi provinciaeque liberatae, ipsarumque rerum falsae tabulae gemente populo Romano toto Capitolio figebantur. Quibus rebus tanta pecunia una in domo coacervata est, ut, si hoc genus pecuniae in aerarium redigatur, non sit pecunia rei publicae defutura.

Diceva di trattare simili affari secondo ciò che era scritto nelle carte lasciate da Caio Cesare, ma in verità ne era lui stesso l'autore. (…) Non solamente in virtù di carte false e di note mercanteggiate si accumulavano in quella casa grandi somme, allorché Antonio sosteneva di procedere a vendite secondo quanto era previsto negli Atti di Cesare, ma dietro pagamento Antonio faceva per di più registrare anche falsi decreti del Senato: e cioè, una volta che il cliente avesse firmato la cambiale, venivano depositati nell'archivio di Stato dei decreti del Senato che non erano mai stati né presentati né approvati. Erano testimoni di tale turpitudini anche le nazioni straniere. Si concludevano in tal modo trattati, si assegnavano regni, si concedevano esenzioni a popoli e a province e in tutto il Foro si affiggevano, con grande costernazione del popolo romano, falsi decreti relativi a quelle decisioni. Con tali metodi, si è accumulato tanto denaro in un'unica casa, che se tale somma fosse stata trasferita nelle banche dello Stato. Tutti i problemi finanziari sarebbero già risolti.

F 9.
Nicolao di Damasco, *Vita di Augusto*, 26
Ὁ δὲ νεκρὸς ἔτι ἔκειτο ἔνθα ἔπεσεν ἀτίμως πεφυρμένος αἵματι, ἀνδρὸς ἐλάσαντος μὲν πρὸς ἑσπέραν ἄχρι Βρεττανῶν τε καὶ Ὠκεανοῦ, διανοουμένου δ' ἐλαύνειν πρὸς ἕω ἐπὶ τὰ Πάρθων ἀρχεῖα καὶ Ἰνδῶν, ὡς ἂν κἀκείνων ὑππηκόων γενομένων εἰς μίαν ἀρχὴν κεφαλαιωθείν γῆς πάσης καὶ θαλάττης τὰ κράτη.

Giaceva ancora dove era caduto il cadavere indegnamente insanguinato dell'uomo che ad occidente si era spinto fino alla Britannia e all'Oceano e ad oriente aveva progettato di spingersi fino ai regni dei Parti e degli Indiani per riunire, una volta assoggettati anche quelli, tutta la terra ed il mare sotto un'unica autorità[562].

---

[562] B. SCARDIGLI, Commento storico a *Nicolao di Damasco, Vita di Augusto*, Nardini Editore, Firenze 1983, p. 190, ritiene attendibile la notizia di una spedizione militare progettata da Cesare in India, così come chi scrive; C. MORRIS, *Nicolaus of Damascus' Life of Augustus: a Historical Commentary Embodying a Translation*, J. Everett Brady – J. Harwood Caverno Editors, Northampton (Massachussetts) 1923, p. 91, si è limitato a rimarcare l'unicità della notizia. Sul tema di Cesare e dell'India si veda più diffusamente l'*Appendice 1*, in calce a questo volume.

Appendice 1

§. Quando Cesare incontrò Buddha ad Alessandria

Il 27 marzo del 47 a.C., dopo aver annientato le forze del giovane re lagide Tolomeo XIII e de suoi generali, Cesare entrò cavalcando in Alessandria alla testa delle sue legioni, subito ossequiato da una folla atterrita, che per mesi lo aveva letteralmente assediato nella reggia assieme alla bellissima regina Cleopatra VII Filopatore, sua protetta ed amante, sperando di eliminarlo fisicamente. In segno di sottomissione totale i cittadini gli inviarono delegazioni per implorare grazia e misericordia, vestiti a lutto. Arsinoe – sorella/rivale di Cleopatra, e Ganimede, suo generale ed eunuco, gli vennero consegnati immediatamente ed egli tornò da Cleopatra a palazzo, accolto da lei come un eroe ed un liberatore.

Una delle prime azioni di Cesare fu pertanto di collocare la stessa Cleopatra sul trono egiziano, nominalmente come consorte del fratello minore superstite Tolomeo XIV, un pacioso e inoffensivo dodicenne, ma di fatto come dominatrice unica del potente regno.

La disfatta dei suoi nemici concesse a Cesare il tempo necessario per soddisfare le proprie aspirazioni di uomo di lettere, consultando i testi della grande Biblioteca, parlando con i sapienti del Museo (in particolar modo l'astronomo Sosigene, che lo seguirà a Roma e grazie al supporto del quale attuerà la riforma del calendario) e studiando mappe ed opere geografiche; la possibilità di esplorare l'Egitto, inoltre, costituiva per lui una tentazione irresistibile, specialmente l'esplorazione dei territori che costeggiavano il Nilo fin nella lontana Etiopia. Come racconta Lucano, nel corso di un banchetto, egli si rivolse al saggio Acoreo ed affermò: «Non c'è nulla che io vorrei conoscere maggiormente dei motivi – rimasti sconosciuti per un così gran numero di secoli – che provocano le piene del Nilo, e della questione della sua fonte ignota: se mi fornirai la sicura speranza di vedere le sorgenti del fiume, io abbandonerò il conflitto civile»[563].

Tra la fine di marzo e gli inizi di aprile, Cesare si ritagliò dunque una settimana abbondante di studio, visitando la tomba di Alessandro Magno, che giaceva imbalsamato ed identico a quando ancora cavalcava Bucefalo alla testa delle sue falangi e meditando sulle sue grandi conquiste orientali: l'Asia Minore, lo stesso Egitto, la Siria, la Persia, l'India...

Già, l'India. Voleva sincerarsi se, superate le cateratte, l'accesso via

---

[563] LUCANO, *Farsaglia*, X, vv. 190-193; A. ANGELA, *Cleopatra*, Rai Libri/Harper Collins, Roma-Milano 2018.

mare per quel lontano e misterioso paese fosse più agevole dalle coste dell'Etiopia, che si diceva avesse rapporti frequenti e privilegiati con quella nazione. Certo, l'Egitto tolemaico possedeva almeno due importanti porti – Myos Ormos e Berenice – per commerciare con gli Indiani attraverso il Mar Rosso – ma la curiosità verso l'apertura di nuovi canali lo solleticava. Nelle opere dello storico indo-greco Demetrio di Eutidemia, ministro di re Menandro I Soter (conservate presumibilmente anch'esse nella biblioteca alessandrina) si parlava a lungo delle contrade indiane e della loro conquista ad opera dei Greci, perché la cosa doveva essere preclusa a lui, che per primo fra i Romani si era spinto nelle isole Cassiteridi, nell'Atlantico, o nella remota e leggendaria Britannia?

Scoprì allora che in Alessandria esisteva, da lungo tempo, una colonia di monaci indiani, che vivevano secondo le loro costumanze fin dai tempi di Tolomeo II, il fondatore della Biblioteca.
Chi erano questi monaci buddhisti che da tempo si erano stabiliti oramai in Egitto conservando le proprie usanze ed assidui rapporti con la madrepatria? Rispondere a questo quesito non è semplice, ma vediamo di provarci.

Alcuni moderni studiosi, tra cui il belga Robert Linssen, aderente al Buddhismo Zen, hanno ipotizzato la presenza di una comunità religiosa buddhista ad Alessandria d'Egitto, comunità da cui il Padre della Chiesa Clemente Alessandrino avrebbe preso le informazioni su Buddha che abbiamo già ricordato[564]. La testimonianza di Clemente, risalente al III secolo d.C., è di fondamentale importanza, in quanto prova di una continuità della presenza buddhista in area mediterranea durata molti secoli[565]:

Ordunque, la filosofia, bene d'inestimabile utilità, fiorì presso i "barbari", brillò fra le varie genti; solo più tardi giunse anche in Grecia. Iniziatori ne furono i profeti egiziani, i Caldei fra gli Assiri, i Druidi fra i Galli, i Samanei della Battriana, i filosofi fra i Celti, i Magi persiani (questi anzi preannunciarono a nascita del Salvatore, giungendo in terra giudaica sotto la guida di una stella) e, oltre ad altri filosofi "barbari", i gimnosofisti in India. Questi sono divisi in due categorie, chiamati gli uni Sramani (σαμαναῖοι)[566], gli altri Brahmani. Degli Sramani i così chiamati Ilobi (Ὑλόβιοι)[567] non abitano le città, non hanno case, si vestono con scorze d'albero, mangiano ghiande, bevono l'acqua con le mani. Non sanno di nozze o di procreazione, come i nostri Encratiti attuali. Ci sono poi fra gli Indiani seguaci delle dottrine di Buddha, che essi venerano come un dio per la sua straordinaria austerità (εἰσὶ δὲ τῶν Ἰνδῶν οἱ τοῖς Βούττα πειθόμενοι παραγγέλμασιν, ὃνδι' ὑπερβολὴν σεμνότητος ὡς θεὸν τε τιμήκασι).

---

[564] R. LINSSEN, *Essais sur le Bouddhisme en général et sur le Zen en particulier*, La Colombe, Éditions du Vieux Colombier, Paris 1960; si veda anche il contributo di chi scrive, M. RIZZOTTO, *Third Buddhist Council (247 B.C.)*, in *ABC-Clio Encyclopedia of Crucial Events in the History of Religions*, Santa Barbara (California) 2017.
[565] CLEMENTE ALESSANDRINO, *Stromati*, I, 71, 3-6.
[566] Sono i monaci buddhisti; cfr. PORFIRIO, *L'astinenza dagli animali*, IV, 17-18.
[567] Letteralmente, "coloro che vivono nelle selve".

Linssen ritenne possibile la presenza, ad Alessandria, di una comunità monastica buddhista in epoca pre-cristiana, indicata con il nome collettivo di "Terapeuti", forse una deformazione greca della parola pāli che indicava i membri della scuola buddhista dei "Theravada", come suggerì il linguista Zacharias Thundy. È probabile che queste comunità siano discese dai primi monaci inviati da Asoka alla corte dei Tolomei, e che l'apertura dei canali marittimi da parte di Menandro ne abbia prolungato l'esistenza per diversi secoli. Da essi avrebbero tratto ispirazione le più note comunità egizie dei Terapeuti, ricordate anche dallo scrittore giudaico Filone[568](20 a.C.- 45 d.C. ca.):

Ora, questa categoria di persone può essere incontrata in molti luoghi, perché era giusto che sia la Grecia che i paesi dei barbari potessero partecipare di tutto ciò che è perfettamente buono; e non vi è il maggior numero di Terapeuti che in Egitto, in ognuno dei distretti, o *"nomi"* come vengono chiamati, ed in particolare modo nei dintorni di Alessandria; e da tutte le parti coloro che sono considerati i migliori fra questi Terapeuti procedono annualmente in una sorta di pellegrinaggio verso un luogo più adatto, quasi come se si trattasse del loro paese d'origine, che si trova al di là del lago Mareotide; esso si trova in una pianura il cui livello è un po' sopraelevato rispetto al resto del Paese, adatta allo scopo dei pellegrini a causa della sua posizione sicura ed anche per via della temperatura dell'aria (…).

Ed in ogni casa di questo località vi è uno spazio consacrato che si chiama "luogo santo", oltre al monastero in cui i Terapeuti si ritirano da soli, svolgendovi tutti i misteri di una vita santa, non portando nulla con sé, né carne, né bevande, né altro di ciò che la gente reputa indispensabile per la sopravvivenza e le necessità del corpo; qui invece essi studiano le leggi ed i sacri oracoli di Dio enunciati dai santi profeti, gli inni e i salmi ed ogni sorta di altre cose in ragione delle quali la conoscenza e la pietà sono aumentati in essi e li hanno portato verso la perfezione. Pertanto essi mantengono sempre un ricordo immortale di Dio, in modo che nemmeno nei loro sogni è possibile trovare un qualsiasi altro oggetto che si presenti ai loro occhi, tranne la bellezza delle virtù divine e dei poteri di Dio (…). Questi Terapeuti non sono asceti che cercano la pazienza, ma mistici che si danno alla contemplazione. Conducono una vita austera al fine di riservare forza e tempo alla vita interiore: non bevono che acqua, non mangiano altro che pane e sale condito con issopo. Si vestono di lino e si astengono da ogni cibo in cui ci sia del sangue.

Come ricorda Ullrich R. Kleinhempel nel suo suggestivo studio[569], Filone proveniva da una facoltosa famiglia di Ebrei fortemente ellenizzati, dotati di cittadinanza romana e ben stabiliti nella cosmopolita Alessandria; Filone stesso aveva approfondito lo studio della filosofia stoica e platonica, applicando un metodo esegetico-allegorico alle Sacre Scritture ebraiche, metodo che non mancò di influenzare l'esegesi scritturale cristiana di epoca successiva. Nella sua descrizione dei Terapeuti egizi, che abbiamo appena visto, egli non li designa mai esplicitamente come una setta o una corrente giudaica, sottolineando solamente una sorta di "comune orizzonte ermeneutico" tra essi e gli aderenti al Giudaismo. Egli li distingue chiaramente dagli Esseni giudaici,

---

[568] FILONE DI ALESSANDRIA, *De vita contemplativa*, III, 21-26.
[569] U.R. KLEINHEMPEL, *Traces of Buddhist Presence in Alexandria: Philo and the Therapeutae*, «Научно-теоретический журнал», 2019, p. 5.

sottolineando la diversità dei costumi delle due comunità religiose[570].

Kleinhempel centra il nocciolo della questione ricordando che, dato che il primitivo monachesimo cristiano di stampo egizio – e quindi, di conseguenza, l'intero fenomeno del monachesimo occidentale – si poggia chiaramente sulla precedente esperienza dei Terapeuti, diventa essenziale comprendere *chi* fossero davvero costoro. Le loro usanze erano chiaramente di origine buddhista e, anche se la comunità aveva probabilmente accolto alcuni adepti locali ed operato una sorta di sincretismo religioso con le realtà ellenistiche circostanti, essa conservava ancora diretti e regolari legami con l'India e con la pratica dei Theravada.

Il *vihara* monastico aveva la sua sede in un luogo relativamente isolato ma non distantissimo dalla capitale, sulle sponde del lago Mareotide, nei pressi di Alessandria. La località si prestava bene alla realizzazione del precetto buddhista dell'allontanamento fisico e morale dalle realtà mondane, idea che deriva essenzialmente dallo Yoga induista in base al quale colui che aspira alla conoscenza della Verità abbandona le comodità domestica e si dedica ad una vita di contemplazione, in solitudine od in una ristretta comunità, avente la sua sede in una foresta o in una landa selvaggia; tale idea cozzava sicuramente con il concetto giudaico di vicinanza ideale con Gerusalemme, considerata il centro spirituale per eccellenza di tale credo, e con l'idea stessa di "Terra Promessa", presente nelle Sacre Scritture.

A corroborare questa identificazione giunge anche W.W. Tarn, che, nel suo bellissimo e suggestivo saggio *The Greeks in Bactria and India*,[571] ricorda come alcune pietre tombali buddhiste siano state rinvenute ad Alessandria, decorate con la ruota ad otto raggi, emblema del *Dharma*, nonché segno dell'effettiva presenza di Buddhisti nella grande metropoli ellenistica in cui, lo ricordiamo, viveva anche una consistente comunità giudaica[572].

Cesare espresse dunque la volontà di conoscere i membri della comunità buddhista egiziana ed acquisire da essi informazioni di prima mano sull'India, cosa per cui Cleopatra non ebbe difficoltà ad accontentarlo. È plausibile che Cesare non ne fece convocare un rappresentante a Palazzo, ma

---

[570] ID., *ivi*, p. 6.

[571] W.W. TARN, *The Greeks in Bactria and India*, Cambridge University Press, Cambridge 1966³.

[572] Cfr. anche R. MUKERJEE, *Storia e cultura dell'India*, pp. 135-136: «Gli scambi commerciali terrestri con il Levante nel II sec. a.C. furono favoriti dall'occupazione della Battriana, della Sogdiana, dell'Afghanistan e dell'India nord-occidentale da parte di Demetrio e di Menandro (...). Per quanto riguarda i traffici marittimi (...) il tempo delle traversate fu definitivamente migliorato quando i naviganti greci dell'Oceano Indiano salparono dalla costa somala per raggiungere direttamente l'estremità meridionale dell'India senza avvicinarsi all'Arabia (...). In virtù di questa conquista greca dell'Oceano Indiano, nell'88 a.C., ad Atene, si poteva comprare in abbondanza il pepe. Una lapide tombale buddhista con ruota e tridente (emblema di Siva) di epoca precedente la fine del periodo tolemaico, fu scoperta in Alessandria da Sir Flinders Petrie».

che si fosse recato laggiù di persona, con una scorta di legionari ed alcuni interpreti, proprio con lo scopo di vedere con i suoi occhi il loro tempio-monastero, chiamato *vihara*, una fedele replica di quelli presenti sul suolo indiano: l'occasione era troppo ghiotta perché se la lasciasse sfuggire.

Il conquistatore delle Gallie nonché vincitore di Pompeo fu accolto, al suo arrivo di fronte al tempio, da una turba di monaci dai crani rasati e dalle vesti arancioni, che lo salutarono amichevolmente congiungendo i palmi delle mani. Fu subito ammesso nel luogo di culto, dove troneggiava una gigantesca statua di Buddha seduto nella posizione del loto, con un sorriso ineffabile scolpito sul volto. Cesare ne conoceva a grandi linee la storia avendola letta in Demetrio di Eutidemia, ma accettò la cordiale ospitalità dei monaci e del loro abate, ascoltando i canti religiosi che essi innalzarono e sedendosi con pazienza su una coltre di tappeti, per udire dalle loro vive voci le vicende di quel principe vissuto in un'epoca così remota.

Il reverendo monaco ("*Banthe*") gli narrò le vicende del principe Siddartha, che – apprese – non era affatto considerato un dio, bensì un grande sapiente, un "Illuminato", così come nel mondo greco-romano si poteva pensare di Pitagora o di altri savi del passato.

Secondo la tradizione, supportata da convincenti prove archeologiche[573], Siddartha Gautama, il futuro Buddha, nacque a Lumbini, presso la cittadella reale di Kapilavastu (l'odierna Tilaurakot, nel Nepal), nel 566 a.C., mentre nella lontanissima Roma, sulle sponde del Mediterraneo, regnava Servio Tullio. Se all'epoca l'Italia era frazionata in varie città-stato, confederazioni e leghe di popoli indigeni, tribù celtiche e colonie greche e puniche, anche l'India non conosceva un'unitarietà, divisa in repubbliche, piccoli regni e alleanze tribali.

Il clan di origine di Siddharta, ovvero quello dei Sakya, (vale a dire i "potenti") era piuttosto facoltoso e politicamente influente; era costituito dai membri di una stirpe di guerrieri ariani (detti *ksatrya*) che dominavano il paese da vari secoli. Il padre di Siddartha, re Suddhodana, regnava su uno dei numerosi stati in cui era politicamente divisa l'India del nord ed era vassallo del sovrano del Magadha. La madre, di nome Maya, viene descritta dalle fonti come una giovane donna di grande bellezza.

Stando alla tradizione, una notte Maya sognò che un elefante bianco le entrava nel corpo senza alcun dolore ed ella lo ricevette nel grembo "senza alcuna impurità".
Trascorso il periodo della gravidanza, Siddartha fu partorito nel bosco di Lumbini, dove il figlio le nacque da un fianco senza alcun dolore[574]. Siddartha,

---

[573] H.W. SCHUMANN, *Il Buddha storico*, Salerno Editrice, Roma 1986, pp. 26-27.

[574] Questo racconto era noto anche ai Padri della Chiesa, che polemizzarono contro tale credenza; cfr. GIROLAMO, *Adversus Jovinianum*, 1, 42: «Per venire ai gimnosofisti ("*sapienti nudi*")

sempre secondo il racconto del *Buddhacarita*, il poema composto dal letterato Asvagosha nel II sec. d.C., nacque pienamente cosciente e con un corpo perfetto e luminoso, e dopo sette passi pronunciò le seguenti parole[575]:

"Per conseguire l'Illuminazione io sono nato, per il bene degli esseri senzienti; questa è la mia ultima esistenza nel mondo".

"Ultima esistenza" è un termine non usato a caso: vi è un intero genere letterario indiano, noto come *Jataka*, che ha per oggetto le vite anteriori del Buddha, le oltre 500 incarnazioni che il futuro Illuminato, allora semplice *Bodhisattva* (ovvero "colui che si incammina sul sentiero dell'Illuminazione") ha dovuto percorrere prima di giungere a quella finale, in cui avrebbe conquistato l'agognata Verità.

Questi racconti, svelati secondo la tradizione dallo stesso Buddha dopo l'Illuminazione, furono raccolti tra il III e il IV secolo d.C. dal letterato e poeta Arya Sura, che li fece confluire nella sua *Jatakamala* ("*Ghirlanda delle nascite*"). Un'altra, più ampia, raccolta era attribuita invece al celebre scrittore Buddhagosa, autorevole commentatore degli insegnamenti del Buddha[576]. Le vite anteriori del Buddha sono la storia ininterrotta di una consapevolezza raggiunta faticosamente, con grande impegno, vita dopo vita, esperienza dopo esperienza. Per lo storico occidentale esse rivestono un grande valore non tanto come elementi biografici del "Buddha storico" ma perché forniscono una vera e propria miniera di informazioni sull'India antica e sulle qualità morali che lo stesso Siddartha avrebbe alla fine incarnato.

A Cesare, il concetto di una serie di vite successive, non doveva suonare per nulla ostico: gli Orfici, Pitagora e Platone vi insistevano con molta frequenza, ed egli doveva aver letto tutti i loro scritti. Il filosofo Porfirio, parlando di Pitagora, diceva in particolare[577]:

[Pitagora] faceva poi risalire se stesso ad uomini che erano vissuti precedentemente, dicendo di essere stato dapprima Euforbo, in secondo luogo Etalide, in terzo Ermotimo, in quarto Pirro e che

---

dell'India, un'autorevole opinione tramanda che Buddha, il fondatore della loro religione, fosse nato dal fianco di una vergine. E non dobbiamo meravigliarci di queste credenze diffuse presso i barbari, quando l'acculturata Grecia era convinta che Minerva fosse nata dalla testa di Giove ed il padre Bacco da una sua coscia»; cfr. anche il più tardo RATRAMNO DI CORBIE, *De nativitate Christi*, 3: «Dovremmo forse seguire l'opinione dei brahmani, che narrano della nascita dal fianco di una vergine del fondatore della loro setta, Buddha, e dire anche noi che una cosa simile avvenne per il nostro Cristo? Oppure – peggio ancora – affermeremo che Gesù, la Sapienza di Dio, è nato dalla testa della Vergine, proprio come accadde a Minerva, uscita dalla testa di Giove, o al padre Libero, partorito da una coscia di lui?».

[575] AŚVAGHOSA, *Le gesta del Buddha*, I, 15.

[576] L'identificazione dell'autore, non unanimemente accettata, si deve ad un tardo testo in lingua pāli, di carattere bibliografico, il *Gandhavaṃsa*, composto da Nandapañña nel XVII sec. d.C.

[577] PORFIRIO, *Vita di Pitagora*, 45.

ora era Pitagora. Con ciò dimostrava che l'anima è immortale e per quelli che sono stati purificati giunge al ricordo della vita antica.

Come rimarca Mariangela D'Onza Chiodo, «non è dato di sapere con certezza se Pitagora avesse mutuato dall'Oriente la teoria della rinascita e la convinzione di aver personalmente avuto in dono, nel corso di una vita precedente, la facoltà di ricordare le sue esistenze passate. Non è improbabile che il filosofo greco, contemporaneo del Buddha, di Vardhamāna Mahāvīra[578] e forse di Zoroastro, in quell'epoca di straordinario fermento intellettuale che il VI sec. a.C. rappresentò, si può dire, per l'intera umanità, fosse riuscito ad acquisire, forse attraverso la mediazione della Persia, una conoscenza delle speculazioni religiose e filosofiche dell'Oriente»[579].

Diogene Laerzio e Giamblico, che scrissero intorno alla vita e agli insegnamenti di Pitagora, non accennano ad un eventuale viaggio del filosofo di Samo in Oriente, ma tradizioni più tarde, di cui troviamo traccia anche nel Medioevo, parlavano esplicitamente di un viaggio di Pitagora in India, dove avrebbe conosciuto personalmente Buddha, riportandone molte teorie ed insegnamenti in Occidente. Tali tradizioni confluirono in un bel racconto che Voltaire, nel XVIII secolo, seppe condire con la sua consueta e gradevole vena narrativa, intitolato *Un'avventura indiana di Pitagora*[580].

Cesare rammentava altresì il mito del carro e dell'auriga, esposto da Platone nel *Fedro*, in cui il filosofo immaginava che l'anima, in seguito alla morte, fosse simile ad una biga aggiogata a due cavalli, uno bianco e l'altro nero; l'anima cercava il più possibile di risalire al cielo dell'Iperuranio, dimora delle Idee, per assorbirne la sapienza. Tuttavia, a causa della propria concupiscenza, simboleggiata dal cavallo nero, essa era facilmente soggetta a precipitare nuovamente verso il basso, ovvero a reincarnarsi in un corpo umano. Chi precipitava subito era destinato a rinascere come una persona ignorante o comunque lontana dalla conoscenza, mentre coloro che erano riusciti a contemplare l'Iperuranio per un tempo più lungo sarebbero tornati al mondo come saggi e come filosofi. Quest'idea non coincideva appieno con quella della "nuova nascita" della dottrina buddhista, ma consentì a Cesare di avvicinarsi al concetto espresso nelle *Jataka*.

Agli occhi del lettore moderno le *Jataka* hanno il delicato e piacevole

---

[578] Trattasi del fondatore del Jainismo, noto anche come il Jina («vittorioso»), vissuto probabilmente tra il VI ed il V sec. a.C. Secondo la tradizione, Vardhamāna Mahāvīra nacque in una nobile famiglia del *clan* degli Jnatrika, appartenente alla confederazione tribale Vriji. In giovane età rinunciò agli agi della vita familiare per diventare un asceta errante (*parivrajaka*). La sua biografia tradizionale presenta notevoli somiglianze con quella del Buddha, che diversi studiosi considerano un suo contemporaneo.

[579] M. D'ONZA CHIODO, Introduzione a *Jataka. Vite anteriori del Buddha*, Utet, Torino 2007, p. 9.

[580] VOLTAIRE, *Il sogno di Platone*; *Avventura indiana*; *Cosi-Sancta*, traduzione a cura di S. Piscopo, Youcanprit, Tricase (Lecce) 2018

sapore della novella orientale, dell'apologo fiabesco ma ben indirizzato: in esse si scorgono facilmente i temi-cardine del Buddhismo, ovvero la compassione verso tutte le creature sofferenti e il sacrificio di se stessi in nome del bene altrui, come nella deliziosa *Storia della Tigre*:[581]

Una volta, si dice, quando il Beato era ancora un Bodhisattva (…), scelse, per la sua nascita, un'eminente famiglia di brahmani, attaccatissima ai doveri religiosi e di costumi assai puri. (…) Un giorno dunque, insieme ad un suo discepolo di allora, Ajita, stava vagando per dei selvosi dirupi montani, ben adatti alle pratiche della meditazione, per godersi, in tutta pace, questa vita presente. Ma ecco che, in fondo a un burrone, vide una giovane tigre che, per i dolori del parto, poteva a stento muoversi; e con gli occhi semispenti ed il ventre smunto dalla fame guardava ai suoi stessi cuccioli, come per cibarsene (…). Il Bodhisattva, vedendola, per quanto d'animo fermo, fu scosso dalla compassione di fronte al dolore altrui (…). Presa dunque la decisione di fare ad ogni costo il bene altrui e contento perfino di abbandonare la vita, egli lasciò cadere nel dirupo il suo corpo, meravigliando persino le salde menti degli dèi. Il rumore fatto dal corpo del Bodhisattva caduto suscitò curiosità ed ira insieme nella tigre, che – lasciata per un momento da parte l'idea di uccidere i cuccioli – si guardò tutt'intorno. Visto quindi il corpo del Bodhisattva ormai privo di vita e rapidamente accostataglisi, cominciò a divorarlo. Il discepolo (…) meravigliato per un atto così straordinario, pensò tra sé: "Deh, com'è pietoso questo magnanimo verso gli afflitti! Com'è indifferente verso il proprio stesso benessere! (…) Quanto eroico, intrepido, virtuoso, immenso amore ha dimostrato di avere!".

Dopo la nascita di Siddartha furono invitati a corte alcuni brahmani e asceti per una cerimonia di buon auspicio. Durante questa cerimonia si racconta che il saggio brahmano Asita si fosse lasciato sfuggire delle lacrime alla vista di Siddartha neonato fra le braccia della madre. Vedendo ciò, re Suddhodana si agitò, chiedendogli:

Avrà il principe lunga vita, o venerabile? Non sarà certo nato per il mio dolore? (…) Comprendendo che il re era agitato da idee infauste il saggio rispose: "Non pensare altrimenti, sire; non vi è dubbio su quanto ti ho detto (…). Tuo figlio, indifferente agli oggetti dei sensi, abbandonerà il regno e, scoperta la Verità a prezzo di sforzi immani, splenderà come un sole di conoscenza nel mondo, per distruggere la tenebra dell'illusione. Dall'oceano del dolore in cui la spuma sparsa è la malattia, le onde sono la vecchiaia e la terribile conseguenza è la morte, egli salverà le creature che in esso si trascinano afflitte, attraverso la grande nave rappresentata dalla conoscenza (…). Così, a coloro che sono sul sentiero desertico della trasmigrazione delle anime, tormentati dal dolore e impediti dagli oggetti dei sensi, egli mostrerà la via della Liberazione come a dei viaggiatori che hanno smarrito il cammino (…)"[582].

Il padre restò sconvolto dall'eventualità che suo figlio lo abbandonasse, privandolo in tal modo della legittima successione al trono, pertanto organizzò tutto quanto era in suo potere per impedire l'evento profetizzato.

La regina Maya, madre del piccolo Siddartha, morì appena sette

---

[581] ARYA SURA, *La ghirlanda delle nascite*, 1, 1-33.
[582] AŚVAGHOSA, *Le gesta del Buddha*, I, 64-72.

giorni dopo il parto, ragion per cui il neonato fu allevato nello sfarzo reale dalla seconda moglie del re Suddhodana, Pajapati, sorella della defunta Maya.

Siddartha dimostrò tuttavia una precoce tendenza contemplativa, mentre il padre lo avrebbe voluto guerriero e sovrano anziché un eremita. Il principe si sposò all'età di sedici anni con la cugina Yashodhara, da cui, alcuni anni dopo, ebbe un figlioletto maschio, Rahula.

All'età di 29 anni, ignaro del mondo che gli si sarebbe presentato fuori della reggia, uscì dal palazzo reale del padre per vedere con i suoi occhi la realtà del mondo circostante, ma quest'esperienza gli manifestò la crudeltà della vita in un modo che lo lasciò attonito. Incontrando un vecchio, un malato e un morto (altre fonti narrano di un corteo funebre), comprese improvvisamente che la sofferenza accomunava tutta l'umanità e che le ricchezze, la cultura, l'eroismo e tutto ciò che gli era stato insegnato a corte, erano valori effimeri e caduchi. Capì che la sua era una prigione dorata e cominciò interiormente a rifiutare agi e ricchezze. Poco dopo essersi imbattuto in un monaco mendicante, calmo e sereno, stabilì di rinunciare alla famiglia, alla ricchezza, alla gloria ed al potere per cercare la liberazione.

Il principe, con la connivenza di un auriga di palazzo, fuggì nottetempo dalla corte e si recò nella vicina foresta, dove vivevano come asceti due famosi brahmani, dei quali divenne discepolo, con la speranza di imparare da essi come sfuggire all'infinito ciclo delle rinascite e della morte. Pur raggiungendo livelli estremi di pratiche ascetiche, Siddartha – dopo sei anni – comprese che quella vita fatta di macerazioni volontarie e dolorose penitenze non poteva assolutamente giovare al suo scopo. Fu allora che comprese di dover cercare il giusto mezzo tra una vita di piaceri ed una di privazioni per trovare la Verità, perciò ricominciò a nutrirsi, pur perdendo in tal modo la stima di cinque suoi compagni d'ascesi, che lo abbandonarono indignati.

Di nuovo in possesso delle sue forze fisiche, Siddartha si recò a Gaya e si sedette sotto una grande pianta di *bodhi*, conosciuta in Occidente come *ficus religiosa*; si immerse in profonda meditazione, meditazione che il dio Mara, signore indù della morte e dell'illusione, cercò ad ogni costo di disturbare, non sopportando l'idea che un essere umano potesse giungere a carpire il segreto per spezzare il doloroso ed eterno ciclo della rinascita[583]:

Mara prese dunque l'arco fatto di fiori e le cinque frecce, fonte di illusione per il mondo, e si recò ai piedi dell'albero della *bodhi* assieme agli dèi suoi figli, lui che era fonte di inquietudine per le

---

[583] AŚVAGHOSA, *Le gesta del Buddha*, XIII, 7-10; si confronti anche un antico rilievo del II sec. d.C., incorniciato da due bellissime colonne dai capitelli corinzi, in cui si mostrano Mara e le sue figlie che circondano il Buddha, tentando di farlo desistere dal proposito di comunicare la Legge al genere umano: I. ALI, M. NAEEM QAZI, *Gandharan Sculptures in the Peshawar Museum (Life Story of Buddha)*, Hazara University, Mansehra NWFP (Pakistan) 2008, pp. 110 e ssgg.

menti delle creature. Poi, ponendo la mano sinistra sulla punta dell'arma e palleggiando una freccia, al saggio Siddartha che sedeva tranquillo con l'intento di raggiungere l'altra sponda dell'oceano delle esistenze, così parlò Mara: "Orsù, alzati, guerriero timoroso della morte, segui la tua Legge [delle rinascite], rinuncia alla Legge della Liberazione (*Dharma*)! (…) Per uno nato da nobile famiglia di re-veggenti è biasimevole ricorrere così all'accattonaggio…".

Ma Mara e i suoi mostruosi servitori non riuscirono a distrarre il principe, che raggiunse alla fine ciò che cercava: a dispetto degli sforzi contrari della divinità nemica, Siddartha conseguì la chiara conoscenza del processo per cui gli esseri (umani ed animali) sono condannati alla sofferenza e del modo per liberarli da questa sofferenza. Da questo momento egli divenne Buddha, "l'Illuminato".

Buddha, rigettando l'autorità dei *Veda*, i libri sacri indù, respinse la complessa ritualistica dei brahmani e la loro visione della società divisa in caste. Ciò che invece accolse dall'Induismo fu il concetto di *karma* ("azione"): ogni atto volontario compiuto da una creatura – umana o non – genera automaticamente delle conseguenze, un frutto – buono o cattivo – che inevitabilmente giungerà a maturazione in questa o nella successiva esistenza, determinando il tipo di reincarnazione. In ciò non vi è alcuna idea di castigo o di ricompensa divina, bensì un ineluttabile automatismo.

Ecco dunque la necessità di interrompere questo ciclo (*samsara*), che causa continuamente nascita, vecchiaia, malattia, dolore fisico e morte. Ma come?

Fulcro della dottrina buddhista sono le Quattro Nobili Verità, ossia: 1) riconoscere la verità del dolore: l'intera vita è dolore, dato che anche i momenti piacevoli passeranno presto o tardi, vista la loro impermanenza; 2) la verità sull'origine del dolore: il dolore è dovuto alla sete di vita materiale che incatena ogni essere umano all'eterno ciclo delle reincarnazioni, rinnovando vita dopo vita il dolore dovuto a malattia, vecchiaia e morte; 3) conseguimento della cessazione del dolore: si ottiene estinguendo la brama di vita e consentendo di giungere ad uno stato di beatitudine al di là di essa, il *nirvana*; 4) intraprendere la via che porta al superamento del dolore: tale via si raggiunge interrompendo (difatti *Nirvana* significa "spegnimento") la produzione di nuovo karma e raggiungendo l'esaurimento dei frutti del kharma precedente, consentendo così un'estinzione totale del processo di rinascita.

Per raggiungere il *Nirvana* è dunque necessario percorrere la via che conduce al superamento del dolore, ovvero il Nobile Ottuplice Sentiero, che è costituito da otto rettitudini: 1) retta visione; 2) retto pensiero; 3) retta parola; 4) retta azione; 5) retto modo di vita; 6) retto sforzo; 7) retta consapevolezza; 8) retto raccoglimento. Questo Sentiero contempla in sostanza tre forme di attività: un comportamento morale adeguato, la pratica della concentrazione e della meditazione e il conseguimento della saggezza[584].

Dopo aver ricevuto l'Illuminazione, il giovane Buddha trascorse sette giorni seduto sotto l'albero di bodhi, dopodiché incontrò due mercanti in viaggio da Kalinga (l'odierno Orissa), ai quali chiese in dono un po' di cibo; i mercanti gli offrirono una focaccia d'orzo e miele e diventarono i suoi primi seguaci laici[585]. Alcuni giorni dopo, Buddha si pose l'interrogativo se tenere per sé quanto aveva scoperto o se comunicare anche al resto dell'umanità la via della salvezza: questo dilemma interiore è ben simboleggiato dal dialogo che l'Illuminato ebbe con il dio Brahma.

Alla fine, la pietà che Siddharta provava nei confronti del genere umano, prigioniero dell'eterna impermanenza (*samsara*) e suo malgrado soggetto al ciclo delle rinascite, ebbe la meglio, cosicché decise di mettersi in cammino e di divulgare a tutti la sua dottrina (*Dharma*).

Buddha si mise dunque in viaggio verso la città di Benares, rivolgendo il pensiero ai suoi primi compagni d'ascesi, che voleva far partecipi delle sue scoperte. "Se si pensa che ogni giorno doveva mendicare il cibo e che non poteva mendicare durante le ore calde meridiane, bisogna supporre che per il tragitto (210 km in linea d'aria) abbia impiegato almeno 14 giorni"[586].

Buddha ritrovò i vecchi compagni nel parco di Isipatana, presso Benares. All'inizio i cinque asceti non furono affatto lieti di rivedere il loro ex confratello, che giudicavano ancora un rinunciatario e un traditore; non ci volle molto però perché si facessero convincere dal suo nuovo e solenne portamento, tanto che, quando lo apostrofarono con l'appellativo consueto di "fratello", egli replicò[587]:

O monaci, non rivolgete la parola al *Tathagata*[588] con il nome ed il titolo di "fratello", come se si trattasse di uno qualsiasi di voi. Un "degno di venerazione" (*arhat*), o monaci, è il *Tathagata*, un perfetto risvegliato!

La popolazione di Benares era ostile ai monaci mendicanti, ma Buddha convertì con le sue parole un giovane e viziato ricco della città, di nome Yasa, che era andato ad ascoltare i discorsi del Maestro nel parco di Isipatana. Suo padre, recatosi a cercarlo, si convertì a sua volta all'insegnamento di Buddha, invitandolo a pranzo nella propria dimora per il giorno successivo. L'uomo si unì al *sangha*, la comunità dei primi credenti,

---

[584] M. RAVERI, *Buddhismo*, in G. FILORAMO, M. MASSENZIO, M. RAVERI, P. SCARPI, *Manuale di storia delle religioni*, Laterza, Roma-Bari 2003[7], pp. 339-341.

[585] SCHUMANN, *Il Buddha storico*, cit., pp. 77-78.

[586] ID., ivi, p. 79.

[587] *MAHAVAGGA DEL VIN*, I, 6-12, cit. in SCHUMANN, *Il Buddha storico*, cit., p . 80.

[588] Letteralmente: "*colui che viene e va allo stesso modo (di tutti i Buddha)*", l'appellativo con cui Siddharta era solito indicare se stesso nei suoi sermoni dopo l'Illuminazione.

recitando la formula secondo cui prendeva rifugio presso il Buddha, presso il *Dharma* e presso il *Sangha*.

È molto interessante notare che questa formula (detta "dei tre gioielli"), ancora oggi in uso presso chi entra nella comunità religiosa buddhista, fosse ripresa in modo assolutamente identico dai Greci di Battriana, che per primi, fra gli Occidentali, si convertirono alla nuova fede:

Ναμο ὸ Βοδο, Ναμο ὸ Δουαρμο, Ναμο ὸ Σαγγο ("Prendo il mio rifugio presso il Buddha, presso il *Dharma* e presso il *Sangha*")[589].

Ciò richiama direttamente quanto espresso nel *Dhammapada*, uno dei testi più noti del canone buddhista ed indica come i Greci, che a partire dall'epoca di Alessandro Magno si erano stabiliti in India, si fossero completamente familiarizzati con le dottrine di Siddartha[590]:

Gli uomini, atterriti dalla paura, prendono rifugio in molti luoghi: montagne e foreste, parchi, alberi sacri e tumuli sepolcrali. Ma questo non è un rifugio sicuro, questo non è il rifugio supremo. Essendo giunti in questo rifugio non ci si libera da ogni sofferenza. Ma colui che prende rifugio nel Buddha, nel Dharma e nel Sangha scorge con retta conoscenza le Quattro Nobili Verità: il dolore, l'origine del dolore, la cessazione del dolore e il Nobile Ottuplice Sentiero che conduce all'acquietamento del dolore. Questo di certo è il rifugio sicuro, questo è il rifugio supremo, essendo giunti in questo rifugio ci si libera da ogni sofferenza.

La conversione di Yasa e della sua famiglia fece notizia, attirando una sessantina di nuovi fedeli, quasi tutti membri della casta dei *vaisya* (mercanti), ma al contempo suscitando le ire della casta dei brahmani che dominava la città: Benares godeva infatti di un'aura di santità, in quanto lavarsi nelle acque del Gange che l'attraversava era considerato un ottimo sistema per togliersi le impurità morali e bruciare i cadaveri sulle rive del fiume era ritenuto il modo migliore per un buon viatico del defunto verso l'aldilà. Buddha contestò apertamente l'efficacia di questi rituali, in special modo denunciando l'inutilità e la crudeltà del sacrificio animale, cosa che non poteva non suscitare l'odio e la ripulsa della casta dei sacerdoti[591].

Nei vent'anni anni che seguirono (528-508 a.C.), tuttavia, in molti abbracciarono gli insegnamenti del Buddha, tra cui due *raja* indiani, Bimbisara, re di Magadha, e Pasenadi, sovrano di Kosala. Siddartha ebbe anche modo di visitare la sua città natale, Kapilavastu, nonché la propria famiglia, ma

---

[589] Iscrizione greco-battriana da Jagatu, in Afghanistan, riportata da H. HUMBACH, *Two Inscriptions in Graeco-Bactrian Corsive Script from Afghanistan*, "East and West", 17, 1967, pp. 25-26.

[590] *DHAMMAPADA*, 14, 188-192.

[591] SCHUMANN, *Il Buddha storico*, cit., pp. 90-98.

l'incontro fu tutt'altro che piacevole: suo padre Suddhodana, vedendolo mendicare, lo accusò di degradarsi proprio nel suo paese natale, portando disonore al suo casato. L'ex moglie Yasodhara, esasperata dall'assenza del marito che durava già da otto anni, gli mandò incontro il figlioletto Rahula, dicendogli prima: "Questo, Rahula, è tuo padre. Vai da lui e domandagli la tua eredità!". Il bambino fece come gli era stato detto e per risposta Buddha lo prese con sé come novizio, facendone un monaco (*sramana*) del suo seguito[592].

Il vecchio re Suddhodana non fu affatto felice di sapere che un altro membro della sua famiglia era diventato uno *sramana*, ma non poté fare molto per far cambiare idea al figlio, se non strappargli la promessa che, in futuro, i membri più giovani dell'ordine sarebbero potuti entrare a far parte della comunità monastica solo con l'assenso dei genitori. Egli convertì comunque suo fratellastro, il gaudente Nanda, e i suoi cugini Devadatta ed Ananda, che lo seguirono anch'essi come monaci.

Buddha visitò ancora Kapilavastu alcuni anni dopo, quando suo padre era ormai morto, accogliendo la sua matrigna come novizia, che divenne così la prima donna ammessa nell'ordine monastico. Tra il 485 e il 484 a.C., tuttavia, la città in cui Siddharta aveva trascorso la sua giovinezza spensierata fu rasa al suolo dal nuovo re, Vidudabha, che aveva in odio il clan dei Sakya, e che ne massacrò gli abitanti, appiccando il fuoco agli edifici[593].

Il monaco buddhista cinese Faxian, che visitò le rovine di Kapilavastu nel V secolo d.C. così ne descrive la desolazione[594]:

Spostandosi ad oriente di poco meno di uno *yojana* si giunge alla città di Kapilavastu: in essa però non c'è più né un re né un popolo. Tutto laggiù è fango e desolazione; gli unici abitanti che vi si possono vedere sono solo alcuni monaci e una dozzina di casupole di gente comune. Nel luogo dove sorgeva l'antico palazzo di re Suddhodana si trova una scultura del principe Siddartha e di sua madre Maya, ritratti nel momento in cui il principe, seduto su di un elefante bianco, sta per incarnarsi nel seno di sua madre. Presso il luogo da dove il principe uscì dalla città dalla porta Orientale, e laddove voltò il proprio carro alla vista di un uomo malato, si innalzano ora degli *stupa*.

Man mano che Buddha invecchiava (si avvicinava oramai all'ottantina), il suo influsso scemava sui monaci, specialmente sui più giovani; il suo ambizioso cugino Devadatta, osservandone la decadenza fisica, decise di assumere la guida dell'ordine in qualità di suo successore. Dopo essersi assicurato l'alleanza del re del Magadha Ajatasattu (che era asceso al trono dopo aver assassinato suo padre, re Bimbisara, devoto buddhista), Devadatta attese che Buddha fosse intento a predicare davanti ad una folla, quindi gli disse[595]:

---

[592] ID., *ivi*, pp. 118-120.
[593] ID., *ivi*, p. 283.
[594] FAXIAN, *Storia dei regni buddhisti*, 30.
[595] *UDĀNA*, 5, 8.

"Signore, voi siete adesso vecchio, stanco, un vegliardo, avete vissuto la vostra età e siete alla fine della vita. Signore, compiacetevi di vivere d'ora in poi in questo mondo senza pesanti fardelli: affidatemi l'ordine dei monaci, lo guiderò io!".

Buddha respinse la richiesta tuttavia Devadatta ripeté la sua preghiera una seconda e una terza volta, al punto che la sua ostinazione infastidì l'anziano Siddartha, che replicò seccato:

"Non affiderei l'ordine neppure ai miei fedeli discepoli Sariputra e Moggallana, figuriamoci se lo affiderei proprio a te, Devadatta, volgare leccapiedi!".

Umiliato di fronte a tutti, Devadatta si allontanò ma giurò a se stesso che si sarebbe vendicato, organizzando niente meno che tre tentativi per assassinare l'anziano Maestro e cercando al contempo di screditarlo; mise infatti in giro voci sul suo presunto lassismo nei confronti della disciplina monastica. Fallendo anche in quest'opera, Devadatta ordinò ad un soldato del compiacente re Ajatasattu di tendere un agguato a Buddha, uccidendolo e tornandosene poi per una via prestabilita. Lungo questa via fece appostare altri soldati con l'ordine di eliminare il sicario, onde non lasciare scomode testimonianze.

Il piano fallì miseramente, perché quando il sicario vide Buddha avvicinarsi restò paralizzato dal terrore; rinfrancato dallo stesso Buddha, se ne tornò per un'altra strada, salvando così se stesso e l'Illuminato[596]. Gli altri due tentativi si risolsero anch'essi in un fallimento: nel secondo Devadatta fece rotolare dalla cima di una montagna una grossa pietra proprio mentre Buddha si apprestava a scalarla, riuscendo però solo a ferirlo leggermente ad un piede; nel terzo ed ultimo tentativo Devadatta convinse il custode di un grosso elefante di nome Nalagiri ad aizzare la bestia contro Buddha, che stava mendicando in un quartiere della città di Rajagaha. Il pachiderma, che aveva già ucciso una persona, si precipitò per le strade, correndo proprio incontro a Siddartha; l'animale si scagliò barrendo contro l'anziano *sramana* vestito di giallo, ma quest'ultimo, guardandolo senza alcuna paura, lo calmò e riuscì ad accarezzarlo sulla testa, facendolo ritirare placidamente[597].

Dopo questi fatti Devadatta perse l'appoggio reale ed optò per uno scisma in seno alla comunità buddhista, da cui si ritirò, seguito da qualche centinaio di discepoli favorevoli a una regola monastica più austera. Buddha, da parte sua, non vietò una maggiore austerità, ma ritenne che dovesse essere una scelta esclusivamente volontaria, da non intendersi come una rigida regola generale.

---

[596] SCHUMANN, *Il Buddha storico*, cit., pp. 274-275.
[597] ID., *ivi*, pp. 275-276.

Siddharta inviò quindi i fedeli discepoli Sariputra e Moggallana presso Devadatta. Costoro gli lasciarono intendere che avevano anch'essi abbandonato il Buddha ma, non appena ebbero l'attenzione di tutti gli scismatici, li convinsero facilmente della necessità di interrompere quella follia e di rientrare nella comunità monastica[598]. Una volta rimasto pressoché solo, Devadatta ebbe uno sbocco di sangue, morendo nove mesi dopo (490 a.C.), sebbene la sua setta sopravvisse a lungo, almeno fino al V secolo d.C., come narra Faxian.

Nel 486 a.C., dopo aver ripreso a vagare nella pianura del Gange assieme ai suoi numerosi discepoli, Buddha tenne vari discorsi, ricapitolando tutti i temi principali del suo insegnamento. Giunto nella località di Pava, fu invitato a pranzare a casa di un fedele laico di nome Cunda, un fabbro, che gli servì per errore del cibo avariato, forse germogli dolci di bambù o un particolare fungo; allontanatosi da lì e diretto verso la città di Kusinagara, Buddha si sentì male e, sedutosi, chiese ad Ananda di procurargli dell'acqua. Passò quindi un nobile, un certo Pukkusa, che donò un tessuto giallo affinché il Maestro potesse coricarvisi.

Buddha rivelò ad Ananda che era stato il cibo di Cunda a condurlo alla morte, ma che non si doveva nutrire alcun risentimento nei confronti di quell'uomo: all'indomani, anzi, sarebbe dovuto andare a trovarlo per ringraziarlo, raccomandandogli di non piangere per quello che era accaduto, ma piuttosto di rallegrarsene.

Giunse allora un monaco chiamato Kapphina, che supplicò Buddha di rimandare la sua estinzione (*parinirvana*), al che il Maestro replicò: "Come le case degli uomini, col lungo andare del tempo, rovinano, ma il suolo dove

---

[598] ID., *ivi*, pp. 277-278; introspettivamente ed in maniera acuta, in un breve ma densissimo saggio sul Buddhismo, C. FORMICHI, *Apologia del Buddhismo*, A.F. Formíggini, Roma 1923, pp. 26-28, osservò: «Non sono, credo, il solo ad avere avuto, e taciuto fino ad oggi, il convincimento che si può strappare alla morte un infermo che ci è sommamente caro se soltanto coll'ansia continua dell'amore quasi lo costringiamo a restare in vita vicino a noi. Il palpito costante e fervido dell'amore è un vincolo fra un'esistenza e l'altra. Un infermiere, per quanto si voglia zelante ed abile, al capezzale d'un malato grave non varrà mai quanto una madre o un padre, una figlia o un figlio, una sorella o un fratello, una sposa o uno sposo supremamente affezionato. (...) Accanto al convincimento che l'amore è una forza e quanto più intenso tanto più è capace di contendere alla morte un essere che ci è caro, si associa in noi vagamente l'idea che le persone che abbiamo perdute in tanto le abbiamo perdute in quanto si produsse in noi una transitoria e magari momentanea interruzione d'amore per loro. Hanno profittato di quell'attimo originato da distrazione o stanchezza, per spegnersi, per varcare la soglia dell'Eternità. È una idea questa che teniamo gelosamente celata, perché ci sembra una superstizione bella e buona. Per i Buddhisti si tratta d'una verità assiomatica, talché i loro testi narrano con candore insuperabile che il Buddha, il quale, volendo, avrebbe potuto vivere un evo cosmico, rinunziò a prolungare la propria esistenza sol perché Ananda, il diletto discepolo, ebbe un momento di distrazione, consentì una sosta al proprio affetto verso il Maestro e non lo esortò a tempo a restare in vita».

360

erano resta, così, allo stesso modo, resta la mente del Buddha, mentre il suo corpo rovina come una vecchia casa"[599].

Disteso all'ombra di un boschetto di alberi di sala, Buddha tenne un ultimo conciliabolo con i suoi discepoli, dopodiché si voltò verso settentrione, sdraiato sul fianco destro, e spirò.

Il clan dei Malla, di Kusinagara, organizzò un funerale degno di un re: il corpo di Siddartha fu avvolto in cinquecento pezze di cotone ed immerso in una vasca di ferro colma di olio conservativo[600]. Accompagnato in processione da una grande folla che portava ghirlande di fiori, ballava e suonava, il corpo attraversò la città. Trascorsero sette giorni prima che si approntasse la pira funeraria, e ciò permise a Mahakassapa, uno dei più autorevoli discepoli del Buddha (Sariputra e Moggallana erano infatti già morti) di giungere a Kusinagara in tempo utile per prendere parte ai riti funebri[601].

Ananda, dopo essere stato per tutta la vita l'attendente di Buddha Gautama, si fece carico anche di tutta la complessa organizzazione delle cerimonie inerenti al suo corpo. Il giorno della cremazione, in occasione dell'ultimo saluto, diede la precedenza alle donne Malla di Kusinagara: furono costoro le prime ad avanzare in processione attorno al corpo del Maestro, gettando fiori e bagnando di lacrime i suoi piedi.

La pira funeraria fu accesa da Mahakassapa, ed il corpo di Siddharta, avvolto nelle vesti principesche di cui si era volontariamente spogliato mezzo secolo prima, venne avviluppato dalle fiamme[602]. Una volta spentosi il rogo, ceneri ed ossa combuste furono raccolte con cura e poste in una scatola d'oro al centro di Kusinagara; ma di lì a pochissimo ebbe subito inizio una vera e propria corsa per accaparrarsi le reliquie di Buddha, con l'invio di minacciosi eserciti da parte di re e repubbliche interessate[603].

Fu scelto come arbitro per dirimere la questione il brahmano Drona, che divise le reliquie in otto parti, una per ciascuno degli otto pretendenti, tenendo per sé l'urna d'oro (*kumbha*) con cui aveva eseguito la partizione; le ceneri della pira in legno andarono infine al brahmano Pippalāyana, arrivato poco dopo la cremazione. Una volta distribuite le reliquie, ciascuna

[599] *UDĀNA*, 9.

[600] J.S. STRONG, *Relics of the Buddha*, Princeton University Press, Princeton 2004, p. 108.

[601] D.L. SNELLGROVE, *Śākyamuni's Final Nirvāṇa*, «Bullettin of the School of Oriental and Asian Studies», 36, 1973, pp. 399-411.

[602] STRONG, *Relics of the Buddha*, cit., p. 115.

[603] A. BAREAU, *Recherches sur la biographie du Buddha dans le sūtrapiṭaka anciens: II. Les derniers mois, le parinirvāṇa et les funérailles*, École Française d'Extrême-Orient, Paris 1971, pp. 284-285: i pretendenti alle ceneri di Buddha erano i clan Malla di Kusinagara e di Pava, il re Ajatasattu del Magadha, il clan Bulaka di Calakalpa, la tribù Krauḍya di Ramagrama, i brahmani di Viṣṇudvīpa, il clan Lichchavi di Vaisali e, naturalmente, i Sakya, clan d'origine di Siddartha. Lo stesso evento si verificò in occasione dei funerali di Menandro I Soter (PLUTARCO (*Moralia – Consigli politici*, 28, 821 D).

delegazione costruì un grande stupa per venerarle, e lì esse rimasero fino al III secolo a.C., quando il grande imperatore buddhista Asoka non le fece riesumare per suddividerle nuovamente, ripartendole nei vari stupa da lui fatti erigere in tutto l'impero indiano dei Maurya[604].

Dopo aver ascoltato la storia della vita e della morte di Buddha, Cesare volle sapere qualcosa sul come i suoi seguaci si fossero spinti fin nelle remote contrade d'Occidente. La risposta dell'abate prese le mosse dai tempi di Asoka.

Sin dall'epoca in cui Siddartha era ancora in vita, il Buddhismo si era rapidamente diffuso attraverso il subcontinente indiano e in un secondo momento una forte espansione si ebbe per la maggior parte dell'Asia. Le pratiche buddhiste si erano modificate (a volte anche sensibilmente) a seconda delle culture con cui erano venute mano a mano in contatto, senza tuttavia rinunciare alla centralità dei loro insegnamenti essenziali, fondati sulla compassione verso tutte le creature viventi e sul conseguimento della consapevolezza dell'impermanenza ed il raggiungimento dell'Illuminazione.

Era questo un concetto che Cesare comprese ed apprezzò, forte del suo retroterra culturale basato anche sull'Epicureismo, che della transitorietà dei fenomeni aveva fatto uno dei suoi punti cardine; i frammenti della sua poesia *La Cenere* indicano quanto profondamente egli fu colpito da questi concetti espressi dal monaco buddhista.

All'interno del movimento filosofico buddhista, peraltro, l'erede diretta degli insegnamenti originali del Buddha fu la corrente conosciuta come *Theravada* ("gli Anziani"), che prese piede in modo radicato soprattutto nell'isola di Taprobane (l'attuale Sri Lanka)

Nel frattempo, però, mentre il Buddhismo si evolveva, la situazione politica dell'India era molto cambiata. Nel 327 a.C., dopo aver annientato l'Impero Persiano, il brillantissimo e giovane condottiero macedone che rispondeva al nome di Alessandro Magno puntò alla testa delle sue falangi verso l'India, per sottometterne il territorio. Nel 326 Alessandro schiacciò la resistenza del re indiano Poro che, nonostante i suoi possenti elefanti da guerra, fu sbaragliato dalla perizia tattica del re macedone. Poro rimase comunque sul trono come vassallo e alleato di Alessandro, la cui vita si spense peraltro precocemente tre anni dopo, nel suo palazzo di Babilonia.

L'anno successivo, nel 322 a.C., il nobile Chandragupta, della dinastia dei Maurya, approfittò del caos seguito alla morte di Alessandro per massacrare le guarnigioni macedoni lasciate nel nord-ovest dell'India e impadronirsi della regione, ponendo provvisoriamente la propria capitale nella città di Taxila. Nel 313 a.C., dopo aver sconfitto anche i dinasti del regno

---

[604] Una reliquia del Buddha (un frammento del cranio) è attualmente custodita e venerata anche in Italia, a Reggio Calabria, nel *Vihara* theravada della città.

indiano di Magadha, i Nanda, Chandragupta si impossessò della loro capitale Pataliputra (l'attuale Patna, sul Gange), dove venne solennemente incoronato imperatore di un'India per la prima volta in gran parte unificata[605].

Seleuco I, re greco di Siria, reclamò per sé, in quanto erede di Alessandro, le satrapie (cioè province) di Gedrosia (attuale Pakistan) e di Arachosia (Afghanistan), occupate da Chandragupta. Nel 305 a.C. ebbe luogo una battaglia tra i Greci e gli Indiani, ma la vittoria arrise a questi ultimi. Racconta lo storico Appiano di Alessandria[606]:

Seleuco attraversò il fiume Indo e condusse una guerra contro Sandrocotto (Chandragupta), re degli Indiani, che abitavano le sponde del corso d'acqua, finché non giunsero ad un accordo gli uni con gli altri, e stipularono una relazione basata su un matrimonio dinastico.

Pochi anni dopo, nel 301 a.C., Seleuco e Chandragupta firmarono un trattato di pace in base a cui i Greci Seleucidi rinunciavano alle loro pretese sulle province indiane in cambio di 500 elefanti da guerra e dell'insediamento permanente di un ambasciatore greco in India (Megastene, famoso autore del trattato *Storia dell'India*, a cui dobbiamo tutte le notizie circa la società e la politica Maurya).

Nel 298 a.C. Chandragupta, giunto all'età di 45 anni, abdicò in favore di suo figlio Bindusara, a cui succedette poi il nipote Asoka, uno dei più gloriosi sovrani indiani e difensore del Buddhismo.

La dottrina di Buddha aveva infatti fatto piuttosto precocemente la sua comparsa nell'Occidente ellenistico e poi romano: Asoka Maurya (268–232 a.C.), nipote di Chandragupta I e celebre sovrano buddhista dell'India[607], aveva abbracciato la "Via della Pietà" a seguito della sanguinosa guerra per la conquista del regno di Kalinga (l'attuale Orissa), nel 264 a.C.

Stando alla tradizione buddhista, all'indomani della vittoria il giovane imperatore, camminando fra i cadaveri sul campo di battaglia, sentì il peso delle proprie colpe, e anche dopo aver fatto ritorno alla sua capitale, Pataliputra, non riuscì più a dormire, perseguitato dai ricordi del conflitto; a ciò si aggiunse il fatto che la regina Devi, inorridita dalla guerra, aveva abbandonato il palazzo assieme ai suoi due figli, Mahindra e Sanghamitra, che in un secondo momento diventeranno monaci buddhisti missionari a Taprobane.

Al di là della leggenda, come si evince dagli *Editti* fatti scolpire dall'imperatore indiano su rocce e colonne, l'attività missionaria di Asoka fu davvero molto intensa: i suoi principî di non violenza e di rispetto per tutte le creature viventi, inclusi gli animali, si rivolsero con proficui risultati agli Stati

---

[605] P. BHARGAVA, *Chandragupta Maurya*, Oudh Printing Works, Lucknow 1935, pp. 34-36.

[606] APPIANO, *Storia romana, Guerre Siriane*, 55.

[607] Cfr. A. ZAMBRINI, *La politica di Ashoka*, Atti della Accademia Nazionale dei Lincei, Memorie. Classe di Scienze morali, storiche e filologiche, vol. 26, III-IV, pp. 165-192.

confinanti, inclusi i Greci del regno seleucide di Antioco I[608]:

Ovunque nei dominî del re Piyadassi[609] caro agli dèi, e anche nei paesi confinanti, tra i Cola e i Pandya, nel regno di Satiya, nel reame dei Kerala, in Taprobane e nei dominî del re greco Antioco, il re Piyadassi caro agli dèi ha promosso l'istituzione di due tipi di ospedali: ospedali per gli uomini e ospedali per gli animali.

Come fece ben notare negli anni Trenta lo storico americano Will Durant, le missioni di Asoka potrebbero aver preparato in modo importante – almeno fra l'aristocrazia al potere in Occidente – il terreno alla successiva diffusione del Cristianesimo[610].

Facendo suoi i precetti buddhisti, Asoka proibiva l'uccisione degli animali a scopo alimentare o per riti religiosi; questa presa di posizione non doveva dispiacere nemmeno ai Greci, che rimpiangevano la mitica Età dell'Oro, in cui nessuno si nutriva di carne animale[611]; anche fra i filosofi ellenistici c'era chi protestava per quest'usanza e propugnava un più moralmente sano vegetarianesimo[612]:

Gli uomini non devono né sporcare gli altari degli dèi con le uccisioni né toccare un simile nutrimento, come se fosse il corpo dei loro simili.

Ancora in età romana il filosofo pagano Porfirio († 305 d.C.), che aveva dedicato un intero trattato all'astensione dalla carne, osservava a tal proposito come il cibarsi di animali costituisse un che di nocivo e superfluo[613]:

Il mangiare carne non allenta i fastidi propri della natura né l'astenersi dalla carne produce dolore: esso comporta dunque un piacere contro natura che subito si mischia con il suo contrario. Infatti non contribuisce alla conservazione della vita, ma alla varietà dei piaceri, simile ai piaceri erotici o alle degustazioni di vini stranieri, senza i quali la natura è in grado di sopravvivere.

L'attività missionaria buddhista promossa da Asoka aveva anche i Greci tra i suoi interlocutori privilegiati, data la loro nota ricettività al messaggio del Buddha. È sempre Asoka a ricordare l'invio di monaci (che

---

[608] ASOKA, *Editto II*.

[609] Altro nome di Asoka.

[610] W. DURANT, *The Story of Civilization: Our Oriental Heritage*, I, Simon & Schuster, I, New York 1935, p. 449.

[611] DICEARCO DA MESSINA, *Descrizione della Grecia*, II, 9: "Gli Antichi, nati prossimi agli dèi, erano di ottima natura e, vivendo una vita innocentissima (e per tale motivi soprannominati uomini dell'Età dell'Oro, in contrapposizione a quelli contemporanei, che vivono in un'epoca materiale ben più spregevole) non uccidevano nessun animale".

[612] TEOFRASTO, *Della pietà*, 28, 4; tale spirito era tuttavia non proprio bene accetto dalla fede brahminica, che contemplava invece anche sacrifici animali: cfr. J.M. MACPHAIL, *Asoka*, The Association Press-Oxford Univerty Press, Calcutta-London 1918, pp. 49-50 .

[613] PORFIRIO, *Astinenza dagli animali*, I, 50, 6.

chiama "ministri della Pietà") in Occidente, fra i Greci della Battriana e quelli di Siria[614]:

> Per lungo tempo non vi sono stati ministri della Pietà. Da me, nel tredicesimo anno di regno, sono stati istituiti ministri della Pietà, per la salute e la felicità dei devoti della Pietà, tra i Greci, i Kamboja, i Gandhara, i Raṭṭhika, i Pitinika e gli altri popoli occidentali, tra i servi e i padroni, tra i brahmani e i laici, tra i poveri e gli anziani, per il bene e la felicità e il sollievo di quelli che sono devoti alla Pietà.

Diversi e numerosi furono i sovrani ellenistici a cui Asoka inviò ambascerie e missionari buddhisti, tra cui, come ricorda egli stesso, Antioco II di Siria (261 – 246 a.C.), Tolomeo II d'Egitto, Antigono II Gonata di Macedonia[615], Magas di Cirene ed Alessandro II d'Epiro[616], e del resto ambasciatori greci come Megastene, Deimaco e Dionisio risiedevano stabilmente alla corte dei Maurya a Pataliputra già dall'epoca di Chandragupta[617].

È questa la vittoria che il re caro agli dèi considera la più importante: la vittoria della Pietà. E il re caro agli dèi l'ha riportata più volte: qui e in tutti i paesi limitrofi, fino a 600 *yojana* da qui, dov'è il re dei Greci Antioco, e più lontano di questo Antioco nei dominî di quattro re, Tolomeo, Antigono, Magas e Alessandro, e a sud presso i Cola, i Pandya e fino a Taprobane. Così anche nei dominî del re, dove vivono Greci e Kamboja, Nābhaka e Nābhapanti, Bhoja e Pitinika (…), dappertutto si segue la dottrina della Pietà del re caro agli dèi.

Uno degli esiti più curiosi di queste missioni fu la vicenda di Egesia di Cirene. Egesia, che raggiunse la propria maturità intorno al 290 a.C., fu contemporaneo di re Magas. Il filosofo cirenaico, influenzato con tutta probabilità dall'incontro con gli emissari di Asoka, di cui però fraintese grossolanamente il messaggio, elaborò una propria teoria, in base alla quale, per gli esseri umani, era impossibile raggiungere in questa esistenza terrena la felicità, e il massimo obiettivo perseguibile era l'allontanamento di dolori (fisici e morali) e di sventure. Diogene Laerzio, biografo dei filosofi vissuto nel tardo II sec. d.C., racconta sui seguaci di Egesia[618]:

La felicità, a loro avviso, è assolutamente impossibile: infatti il corpo, da un lato, è colpito da molti patimenti, e l'anima, dall'altro lato, patisce insieme con il corpo e rimane turbata; inoltre la sorte ostacola molte delle nostre speranze. Per questi motivi la felicità è inesistente.

---

[614] ASOKA, *Editto V.*

[615] W.W. TARN, *Antigonos Gonatas*, Clarendon Press, Oxford 1913, pp. 336-337.

[616] ASOKA, *Editto XIII.*

[617] R. THAPAR, *Aśoka and the decline of the Mauryas*, Oxford University Press, Oxford 1961, p. 165.

[618] DIOGENE LAERZIO, *Vite e dottrine dei più celebri filosofi*, II, 94.

Egesia, trasferitosi ad Alessandria d'Egitto, divenne ben presto un rinomato caposcuola e scrisse un trattato (oggi perduto, ma di cui ci dà qualche notizia Cicerone) intitolato *Sulla morte per fame*, tramite il quale persuase che la morte fosse una cosa ben più desiderabile della vita, tanto da indurre numerosi suoi seguaci a lasciarsi morire di inedia[619].

Re Tolomeo II Filadelfo (285-246 a.C.), per fermare questo pericoloso stillicidio di vite, bandì Egesia dall'insegnamento nella città di Alessandria[620]. Un altro – e ben più positivo – esito delle missioni di Asoka fu l'insediamento di una comunità di monaci buddhisti ad Alessandria, che sopravvisse perlomeno sino al III sec. d.C., come ci testimoniano gli scritti di Clemente Alessandrino.

*
* *

Gli eventi reclamavano a gran voce la partenza di Cesare dall'Egitto: il partito pompeiano, sotto la guida di Catone, di Scipione e di Labieno, si stava rapidamente riorganizzando in Africa, col supporto di re Giuba; in Asia Minore cresceva in modo preoccupante il prepotere di Farnace, figlio del temuto Mitridate, re del Ponto; nell'Illirico crescevano le velleità espansive di Burebista, re dei Daci e, da non sottovalutare, la crisi sociale in Italia si stava facendo esplosiva, con un Marc'Antonio che, per molti versi, si stava dimostrando inadeguato all'alto ruolo di reggente *de facto* delegatogli da Cesare.

In assenza di Cesare, infatti, Marc'Antonio disponeva di un potere pressoché assoluto e conduceva una vita sregolata, si teneva come amante una ballerina di nome Citeride, trascorrendo il giorno dormendo e la notte in bagordi; si scontrò con bande armate con Dolabella, genero di Cicerone, in pieno Foro, lasciando a terra parecchi morti[621].

Per quanto a noi moderni – specie agli storici di professione – la cosa possa sembrare incredibile, Cesare decise di ignorare tutto ciò. Infatti, a partire dalla fine di marzo del 47 a.C., l'ex console (ormai nominato dittatore), decise di dedicarsi ad un periodo di distensione in compagnia di Cleopatra, regalandosi una sorta di lunga "crociera" sul Nilo. Per cercare di comprendere il perché di questa scelta apparentemente inspiegabile ed in controtendenza con il carattere di Cesare, è bene riportare la riflessione di Alberto Angela, grande

---

[619] CICERONE, *Le Tusculane*, I, 34.

[620] J..-M. LAFONT, *Les Dossiers d'Archéologie*, n. 254, p.78, Institut National des Langues et Civilisations Orientales.

[621] F. SAMPOLI, *Marc'Antonio, l'antagonista di Ottaviano*, Newton Compton, Roma 1989, pp. 108-110.

366

narratore di eventi storici[622]:

Questo, sì, fu certamente un evento unico nella storia del Mediterraneo. Due tra le figure più famose della Storia che compiono un viaggio romantico in uno dei luoghi più affascinanti del pianeta. Sembra la pagina di un romanzo. E invece è accaduto davvero. Chiunque sia stato in Egitto sa cosa significhi un tramonto sulle piramidi o sul Nilo all'altezza di Luxor, con il cielo che si tinge di rosso e le barche a vela che scivolano placide sulla sua superficie che sembra uno specchio. Ebbene, immaginate queste atmosfere con Cesare che abbraccia Cleopatra da dietro baciandole il collo. Nessuno scrittore antico ce lo ha mai raccontato, ma possiamo immaginare che sia accaduto spesso.

Napoleone, che pure si impegnato, sulle orme di Alessandro Magno e di Cesare stesso, in una lunga, eroica e a prima vista disperata campagna proprio in quello stesso Egitto (come dopo di lui tenterà di fare Mussolini), giudicò negativamente il tempo "sprecato" dal grande condottiero nella terra dei faraoni. Eppure anche il Bonaparte, durante la campagna egiziana, aveva avuto la sua "Cleopatra" – come ironicamente fu definita – nella persona di Pauline Fourès, bionda e graziosa moglie ventenne di un tenente del 22° Cacciatori, che divorziò da lei dopo una scenata da melodramma e che si installò ufficialmente, a fianco del suo amante, nel palazzo di Elfey Bey, al Cairo. Nel suo saggio sulle campagne cesariane il Bonaparte scrisse tuttavia[623]:

La guerra di Alessandria diede nove mesi di tregua alla fazione di Pompeo, ne riaccese le speranze e la mise in condizione di condurre ancora numerose campagne, cosa che obbligò Cesare, l'anno successivo, a combattere la campagna d'Africa e due anni dopo quella di Spagna. Queste due guerre, nelle quali occorse tutto il suo genio e la sua fortuna per riuscire vincitore, non avrebbero avuto luogo se, allontanatosi da Farsalo, Cesare si fosse affrettato verso le coste d'Africa a prevenire Catone e Scipione oppure se, recandosi, come ha fatto, ad Alessandria, si fosse fatto scortare da quattro o cinque legioni, che poteva trasportare facilmente sulle imbarcazioni di cui disponeva. In mancanza di ciò, poteva appagarsi senza inconvenienti dell'apparente sottomissione di Tolomeo e aspettare l'anno successivo per vendicarsi.

Si trattava, da parte di Napoleone, di un suggerimento strategico tardivo, come sottolinea simpaticamente Luciano Canfora[624]. Così la pensa anche Andrea Frediani, secondo cui "Cesare si trattenne per almeno altri due mesi in Egitto, senza far altro che concedere un meritato riposo ai soldati, dare un assetto amministrativo al paese e godersi le grazie della regina"[625]. Ma l'attardarsi di Cesare in Egitto era dovuto anche alla *forma mentis* del condottiero, che non sopportava di lasciare a lungo situazioni in sospeso o di recarsi altrove a combattere senza prima essersi bene assicurato le spalle coperte. Inoltre è bene riportare, al riguardo, anche il

---

[622] ANGELA, *Cleopatra*, cit., p. 200.

[623] NAPOLEONE I, *Le guerre di Cesare*, Salerno Editore, Roma 1999, pp. 125-126; per la relazione tra Napoleone e Pauline Fourès/Cleopatra si veda ROBERTS, *Napoleone il Grande*, Utet, Torino 2015, pp. 228-229.

[624] CANFORA, *Giulio Cesare*, cit., p. 218.

[625] FREDIANI, *Le grandi battaglie di Giulio Cesare*, Newton Compton, Roma 2007², p. 225.

ponderato giudizio di Canfora[626]:

Chi giudichi la guerra di Alessandria un "diversivo" poco serio, una distrazione di Cesare, rispetto alla strada maestra della guerra civile, non vede un dato di fatto macroscopico: sia pure rischiando molto, con quel conflitto Cesare ha spostato nella sua "clientela" una pedina importante quale l'Egitto, a lungo infeudato a Pompeo e ai suoi uomini.

È infatti probabile che Cesare pensasse già allora ad assicurarsi una rete di buoni rapporti con i re-clienti orientali in vista della sua futura campagna partica, di cui già allora stava pensando allo svolgimento. Al di là dei sentimenti di affetto verso Cleopatra, inoltre, il viaggio a ritroso sul Nilo rispondeva alle esigenze di Cesare di esplorare e conoscere il paese in cui si trovava. È in fondo lo stesso principio che spinse Napoleone a portarsi appresso, nella sua spedizione egiziana, la folla dei *savants* o studiosi che tanto avrebbero contribuito a svelare il passato e la cultura della terra dei faraoni. Inoltre Cleopatra aveva bisogno di farsi vedere lungo tutto il Paese in compagnia di Cesare, per dimostrare ai sudditi che ora il suo potere era assai più saldo, garantito dall'onnipotente alleato romano.

La "crociera" non fu però affatto un romantico viaggio in solitaria: accompagnata da ben 400 navigli, salpò la nave regale più colossale allora esistente, il *Thalamegos*, lunga quasi 100 metri ed alta 25, vale a dire più di una moderna casa di 7 piani. "Come negli odierni transatlantici", racconta Alberto Angela, "c'erano passeggiate esterne su più ponti. E poi santuari, piccoli giardini, saloni, sale da pranzo, colonnati, imponenti statue dorate. Ovviamente l'arredamento era lussuosissimo: abbondavano l'oro, l'avorio, legni pregiati scolpiti, decorazioni, e forse persino lastre di marmi preziosi. Immaginiamo anche luoghi eleganti per le abluzioni e i bagni. E per finire…una sontuosa camera da letto per i due amanti"[627].

Il *Thalamegos* salpò dal lago Mareotide di Alessandria, dov'era ancorato, risalendo il Delta del Nilo fino a Eliopoli. Qui, dopo aver ammirato le Piramidi e la Sfinge, la regina e il dittatore raggiunsero i templi di Tebe, fermandosi poi a Syene (oggi Assuan), dove lo studioso Eratostene era riuscito a calcolare con poco scarto la circonferenza della Terra e dove a Cesare venne forse per la prima volta l'idea di riformare il calendario romano[628].

Da qui Cesare e Cleopatra fecero tappa all'isola di Elefantina, dove il condottiero ebbe modo di vedere il celebre Nilometro, una struttura composta da una rampa di 52 gradini, con delle tacche lungo le pareti che avevano la funzione di misurare il livello dell'acqua del fiume durante le piene stagionali.

---

[626] CANFORA, *Giulio Cesare*, cit., p. 243.
[627] ANGELA, *Cleopatra*, cit., pp. 202-203.
[628] Sulla cosiddetta "crociera" si veda T. W. HILLARD, *The Nile Cruise of Cleopatra and Caesar*, «The Classical Quarterly», 52, n. 2, 2002, pp. 549-554.

Svetonio afferma che, arrivato ai confini dell'Etiopia, Cesare sarebbe penetrato nel paese, se i suoi legionari, esausti, non si fossero rifiutati[629].

Abbiamo già rammentato i versi che Lucano mette in bocca a Cesare, allorché confessò al saggio Acoreo la propria curiosità scientifica ed esplorativa:

> Ma in tanto ardore che mi vive nel profondo del cuore/ e in tanto amore del vero, nulla desidero sapere/ più della causa delle piene di questo fiume, nascosta/ da secoli, e l'ignota sorgente. Dammi sicura speranza di vedere le fonti del Nilo, e lascerò la guerra civile.[630]

Ma non si trattava solo di esplorazioni, esse non erano mai, nella mente di Cesare, disgiunte dalla politica. Appare oramai evidente che la cosiddetta "crociera" sul Nilo effettuata da Cesare in compagnia di Cleopatra non fu solo un interludio romantico del grande condottiero, bensì una vera e propria spedizione nell'Alto Egitto e nell'Etiopia settentrionale, con un triplice scopo: 1) mostrare a tutti i sudditi egizi che oramai Cleopatra si era saldamente insediata sul trono di Alessandria e che godeva del pieno appoggio del più grande generale romano mai esistito; 2) rintuzzare le mire espansionistiche del Regno Axumita d'Etiopia, sempre in fermento; 3) verificare se dalle coste eritree era possibile un più agevole passaggio in India, in vista di una spedizione militare che Cesare già programmava a seguito della lotta contro i Parti, uccisori del suo collega triumviro Crasso.

Che gli Etiopi fossero in fermento lo si evince chiaramente da Strabone che, qualche decennio dopo, sotto Augusto, riferisce di un'invasione etiope della Tebaide egiziana, invasione che fu rintuzzata con veemenza dal governatore Cornelio Gallo. Sugli Etiopi Strabone dice[631]:

E quegli Etiopi che dalla parte del mezzogiorno si estendono fino a Meroe, non sono molti neppure essi, né vivono uniti, come è proprio di coloro che abitano in una vallata di un grande fiume, stretta e tortuosa, quale già abbiamo descritto, né molto adatta alla guerra o a qualsivoglia altra maniera di vivere diversa dalla loro.

Dalle operazioni militari descritte da Strabone per l'epoca augustea possiamo, per analogia, ipotizzare che i legionari di Cesare non ebbero molte difficoltà a rintuzzare poche e sparpagliate bande di predoni etiopi che avevano sconfinato, e a ricacciarli donde erano venuti. È possibile che, mentre la nave regale egizia si attardava nella sua lenta navigazione lungo il Nilo, distaccamenti di fanteria romana e cavalleria tolemaica si fossero spinti oltre,

---

[629] M. GRANT, *Cleopatra*, Newton Compton, Roma 1997^2, pp. 100-101; ANGELA, *Cleopatra*, cit., pp. 203-204.
[630] LUCANO, *Farsaglia*, X, vv. 188-193.
[631] STRABONE, *Geografia*, XVII, p. 275, vol. V, ed. Ambrosoli.

nella Nubia, inseguendo contingenti sbandati di razziatori Etiopi fino alla fortezza di Pselchi (già in piena Etiopia) e oltre, sino almeno a Premni. Qui, probabilmente, i Romani ebbero contatti con ufficiali dell'esercito regio della regina Candace Amanirenas di Kush[632], che protestarono per l'invasione. Proprio a quest'epoca, molto probabilmente, risalirebbero i rapporti diplomatici fra Candace e Cleopatra, suggeriti recentemente da Livia Capponi[633].

I legionari ed i loro ufficiali cominciarono ad inquietarsi: assediare un paio di fortezze africane in mano a truppe irregolari era una cosa, ma affrontare una guerra in piena regola contro l'esercito regio axumita era un'altra: avrebbero mai rivisto le loro case, nella lontana Italia? E alle loro spalle, i pompeiani non avrebbero intanto potuto riorganizzarsi e rendere impossibile un ritorno?

Vi fu frattanto uno scontro tra le rispettive avanguardie sotto gli spalti di Napata[634], scontro che si risolse in favore dei Romani, con il conseguente invio di ambasciatori etiopici da parte di Candace al Dittatore, chiedendo una tregua. Ma la stanchezza generale indusse i legionari ad inviare anch'essi una delegazione a Cesare, supplicandolo di fare marcia indietro. Il condottiero non se ne adontò, dato che – in fin dei conti – la spedizione aveva raggiunto i suoi scopi immediati: 1) consolidare il confine meridionale del regno tolemaico; 2) dare un saggio agli Etiopi della forza romana, nuova protettrice dell'Egitto; 3) esplorare a grandi linee il percorso che l'esercito capitolino avrebbe un giorno potuto fare per scoprire nuovi imbarchi verso l'India, che Cesare intendeva invadere, con il pretesto di presentarsi ai Greci di quelle contrade come un liberatore dai nomadi invasori.

Il *Thalamegos* invertì dunque la prora e risalì il Nilo. Cesare non sarebbe mai più tornato in quelle contrade, stroncato dalla congiura delle Idi di Marzo.

*
* *

---

[632] Ricordiamo che "Candace" (Κανδάκη) non è nome proprio, bensì il termine meroitico per la sorella del re di Kush che, a causa della successione matrilineare, avrebbe dato alla luce l'erede successivo, rendendola una regina madre. Disponeva di una propria corte e rivestiva un importante ruolo in qualità di reggente; così è delineata anche in *Atti degli Apostoli*, 8, 27: «[L'apostolo Filippo] si alzò e si mise in cammino, quand'ecco [giungere] un Etiope, un eunuco, funzionario di Candace, regina di Etiopia, sovrintendente a tutti i suoi tesori, venuto per il culto a Gerusalemme...».

[633] L. CAPPONI, *Cleopatra*, Laterza, Roma-Bari 2021, p. 186.

[634] Napata si trovava nei pressi di Kareimah, nel Sudan, sulla riva destra del Nilo. Essa fu sede, anteriormente a Meroe, del regno indigeno di Nubia, ma la fondazione della nuova capitale di Meroe, attorno al secolo VIII a. C., condusse a una sua progressiva decadenza, che si accelerò verso il 300 a. C., allorché fu trasportata la capitale del regno a Meroe.

Quali furono le conseguenze dell'incontro e scambio d'informazioni fra Cesare e la comunità buddhista egiziana? Cerchiamo si scoprirlo.

Per il 18 marzo del 44 a.C., innanzitutto, Cesare aveva stabilito di partire da Roma per recarsi ad Apollonia, sulla costa epirota dell'Adriatico, dove aveva acquartierato numerose legioni (ed il suo stesso pronipote ed erede designato, Ottaviano) in vista di sferrare l'attacco contro la Dacia di re Burebista, l'antico ed irriducibile alleato di Pompeo; la guerra contro i Daci sarebbe stato solo il primo *step* di una lunga campagna che che lo avrebbe poi condotto all'invasione della Partia, rea del massacro di Crasso e delle sue legioni nel 53 a.C.

Per invadere la Partia Cesare aveva stabilito di seguire un percorso completamente diverso da quello adottato dal suo vecchio collega nel triumvirato, ossia attraversando l'Armenia e calando sulla Media, nell'odierno Iran, attraverso gli impervi passi montani. Marc'Antonio, entrato in possesso degli incartamenti conosciuti come *Acta Caesaris*, decise di seguire questo piano nella sua guerra partica del 36 a.C., e solo per una serie di errori tattici e logistici mancò di conseguire il successo. [635]

Nicolao di Damasco, storico di corte di re Erode il Grande, riferisce inoltre in modo esplicito che Cesare, dopo essersi dotato di una cavalleria molto più consistente di quella adoperata da Crasso, aveva intenzione, una volta liquidati i Parti, di proseguire la sua campagna contro l'India [636]; quest'ultimo dato è di estrema importanza e assai degno di attenzione: dalla diplomazia tolemaica Cesare aveva evidentemente appreso notizie di prima mano sul complesso mosaico delle vicende indo-greche del periodo; se intorno al 185 a.C., vale a dire pochi decenni prima del regno di Menandro I Soter, il geografo Scimno di Chio (*Circumnavigazione della Terra*, vv. 170-175) considerava ancora l'India come la prima terra abitata ad oriente, laddove sorgeva il sole, gli orizzonti della conoscenza geografica erano destinati ad allargarsi sempre di più, e di molto, grazie anche alle conquiste dello stesso Menandro a sud del Gange.

I viaggiatori e mercanti greci e romani che salpavano dall'Egitto alla volta dell'India e della Cina avevano come punto di ritrovo uno dei porti sul Mar Rosso, *in primis* quello di Berenice Troglodita (l'attuale Medinet-el Haras), considerata la vera e propria porta per l'Oriente. Berenice era stata fondata dal re ellenistico Tolomeo II Filadelfo (285-246 a.C.), che le aveva dato il nome di sua madre, Berenice I; l'insediamento era separato dalla vallata del Nilo da una catena di alture e si trovava all'estremità di un golfo, citato da Strabone come "*Sinus Immundus*", ed era riparato dal vento di nord-est dall'isola di Ofiodes, ricca di topazi. Così il geografo di Amasea descrive la

---

[635] PLUTARCO, *Cesare*, 58, 6; SVETONIO, *Vita del Divo Giulio*, 44.
[636] NICOLAO DI DAMASCO, *Vita di Augusto*, 26.

città portuale (*Geografia*, XVII, p. 266, vol. V, ed. Ambrosoli):

Dalla città di Tentira si estende un istmo che giunge fino al Mare Eritreo, dove si trova la città di Berenice, che non dispone di un vero e proprio porto ma nondimeno, grazie alla vicinanza allo stesso istmo, offre l'opportunità [per i viaggiatori] di usufruire di molti e comodi alloggi. È noto che fu Tolomeo II Filadelfo a far costruire per primo dai suoi soldati una strada in un paese del tutto privo di acqua, facendovi poi installare delle opportune stazioni di sosta per i mercanti che sono soliti transitarvi servendosi di carovane di cammelli. Dicono che Tolomeo fece ciò perché il Mare Eritreo era di difficoltosa navigazione soprattutto per coloro che salpavano dalla parte più interna del golfo. L'uso continuativo di quest'area portuale ne fece col tempo conoscere la grande utilità, ed oggigiorno tutti i prodotti dell'India, dell'Arabia e dell'Etiopia vengono trasportati attraverso il Golfo Arabico alla città di Copto, che ne è diventata l'emporio.

Il luogo era una vivace stazione di approvvigionamento di acqua potabile e viveri, ed era ricordata tra le località portuali più importanti dall'*Itinerario* attribuito all'imperatore Antonino Pio. Mukerjee ricorda che «la politica dei Tolomei incoraggiò i traffici marittimi, stabilendo comunicazioni dirette con l'India e liberando così i Romani dal dover dipendere dagli Arabi per i loro commerci. Tale politica venne mantenuta durante la *pax Romana* dei primi due secoli dell'èra cristiana, e colonie di trafficanti romani ed egiziani si stabilirono nei principali porti di mare dell'India meridionale. Spezie, profumi, perle, pietre preziose, sete e mussole erano le principali mercanzie richieste dai Romani, mentre le importazioni indiane comprendevano telerie egiziane e babilonesi, topazi del Mar Rosso e del Levante, vini, oggetti d'oro e d'argento di Roma. La bilancia dei pagamenti era completamente a favore dell'India, il che provocò le lagnanze di Plinio contro la fuga annuale di 100 milioni di sesterzi».

Strabone ci racconta di come il governo tolemaico si fosse effettivamente preoccupato di mantenere contatti diretti con l'India, inviando allo scopo alcune missioni esplorative, come quella del 118 a.C., che scoprì nel Golfo di Aden il relitto di una nave indiana, salvandone l'unico marinaio sopravvissuto; costui fu portato ad Alessandria al cospetto di Tolomeo VIII Evergete II e, una volta appresa la lingua greca, si offrì di mostrare agli uomini del re la rotta diretta per l'India, offerta che il sovrano tolemaico accolse con entusiasmo.

All'epoca della campagna di Cesare in Egitto, i regni indo-greci indiani erano piuttosto in crisi: dopo la morte di Apollodoto II, discendente di Menandro I Soter, il suo reame si era frazionato in due parti, quella ad est (Punjab orientale) era spettata al più debole figlio Dionisio (65-55 a.C.), mentre quella ad ovest (Punjab nord-occidentale e Pushkalavati) finì sotto il controllo del suo più energico erede Ippostrato (65-50 a.C.).

Inizialmente Ippostrato combatté con successo contro gli invasori Indo-sciti del sovrano nomade Azes I, che erano venuti meno all'alleanza stretta con Apollodoto II suo padre, ma poi fu da questi pesantemente sconfitto, tanto che il suo regno finì per intero nelle mani degli invasori nomadi. Nel Punjab orientale – l'ultima parte del regno di Menandro rimasta ancora indipendente e sotto il controllo dei suoi discendenti – salì al potere Zoilo II (55-35 o 31 a.C.), che riprese anch'egli gli epiteti di Menandro e l'immancabile simbolo della dea macedone Atena Alkidemos sulle proprie monete. Zoilo riportò (a giudicare dal simbolo dell'elefante su alcuni suoi conî) una vittoria sugli Indiani, vittoria che gli garantì uno sbocco sul mare e il controllo di una flotta.

Di tutto ciò Cesare aveva avuto evidentemente alcune conferme dalla visita al *vihara* buddhista di Alessandria, tanto che – una volta entrato in possesso delle carte e degli appunti del defunto Dittatore Perpetuo – Marc'Antonio, tramite probabilmente l'efficiente diplomazia di Cleopatra, contattò lo stesso Zoilo II affinché li supportasse nella prevedibile guerra civile contro Ottaviano[637]. Zoilo rispose affermativamente alla richiesta ed inviò alcune navi munite di equipaggi e di opliti armati alla greca affinché sostenessero il triumviro e la regina d'Egitto nella battaglia di Azio (31 a.C.), come probabilmente rammenta anche Virgilio, nell'*Eneide* (VIII, 685-688), indicando gli Indo-greci come "Battriani":

Dalla parte opposta, con le forze barbariche, vestite con diverse armature, Antonio, reduce vittorioso dai regni dell'Aurora e del Mar Rosso, guidava le genti dell'Egitto, l'esercito d'Oriente ed i remoti Battriani: lo seguiva (oh, grande infamia!) la sposa egiziana.

La battaglia, com'è noto, sancì la vittoria di Ottaviano e del suo ammiraglio Agrippa e quindi la sconfitta degli Indo-greci presenti nella flotta antoniana, che ripararono probabilmente in Egitto, prima di far rotta di nuovo verso l'India attraverso il Mar Rosso.

I rapporti fra Tolomei e Ino-greci restarono comunque buoni. Nel 30 a.C., infatti, poco prima che le fortezze confinarie di Paretonio e di Pelusio cadessero in mano alle legioni di Ottaviano, Cleopatra decise di inviare in India il figlio avuto da Caio Giulio Cesare nonché suo co-regnante, Tolomeo XV Filopatore Filometore Cesare (chiamato affettuosamente dal popolino alessandrino Cesarione – Καισαρίων – ovvero "piccolo Cesare"). Nel reame indo-greco regnava all'epoca Apollofane Soter, succeduto a Zoilo II, che estendeva il suo controllo anche ad alcuni porti dell'India occidentale, tra cui sicuramente Barygaza, centro vitale per il collegamento con l'Egitto tolemaico.

Cleopatra scambiò – tra il 31 ed il 30 a.C. – una serie di ambascerie con Apollofane, che fu lieto di offrire al diciassettenne Cesarione l'ospitalità e la tutela richieste. Di certo era previsto che assieme a Cesarione, ben fornito di

---

[637] Per l'intera vicenda si veda M. RIZZOTTO, *Menandro il Conquistatore. Il re greco che soggiogò l'India*, Graphe.it, Perugia 2017, pp. 159-160.

denaro, viaggiasse una corte in miniatura, comprensiva senz'altro di ex nutrici, danzatori, poeti e artisti, eunuchi, soldati greco-macedoni sotto gli ordini di uno stratega (forse Ario o Areta), alcuni legionari di Marc'Antonio con i relativi ufficiali ed il precettore Rodione; quest'ultimo era già stato corrotto dagli emissari di Ottaviano per far naufragare l'impresa, ma quest'ultima trama occulta era tragicamente sfuggita all'*intelligence* tolemaica.

Dopo un commovente addio con la madre (che possiamo solo immaginare, in quanto le fonti sono mute al riguardo)[638], il convoglio reale mosse da Alessandria verso sud, navigando sul Nilo per poi proseguire nel deserto in direzione di Berenice, dove era già in attesa alla fonda una piccola flottiglia egizia. Stavolta, per evitare sorprese ed agguati, non è improbabile che Cleopatra avesse chiesto e ricevuto da re Apollofane una piccola squadra navale di scorta, che aveva provveduto ad ancorarsi per tempo a Berenice. La navigazione prevedeva una tappa sulle insenature eritree, per poi proseguire lungo la costa meridionale araba e giungere infine presso i porti indiani.

A nostro avviso è altamente improbabile che Cleopatra si fosse risolta ad inviare il giovane Cesarione in un paese pressoché sconosciuto per la prima volta solo a ridosso della fine del suo regno; è invece altamente plausibile che il rampollo tolemaico avesse già visitato in precedenza la sua meta, ovvero Barygaza, per familiarizzare con il luogo, i suoi regnanti e intessere una rete di relazioni che sarebbero tornate molto utili nella prospettiva di supportare, in futuro, una rivendicazione dei dominî aviti. Non è improbabile che Cleopatra avesse incoraggiato un'alleanza matrimoniale con una delle figlie o parenti strette di Apollofane, al fine di rinsaldare i legami tra le due corti ellenistiche.

Ma gli eventi incalzavano: il 12 agosto del 30 a.C., con Alessandria ormai caduta nelle mani di Ottaviano ed Antonio suicidatosi, anche Cleopatra, prigioniera dei Romani, decise di togliersi la vita. I fratellastri di Cesarione, i gemelli Alessandro Helios e Cleopatra Selene, erano caduti nelle mani del vincitore, che li avrebbe però trattati con relativa clemenza. Il convoglio della corte tolemaica in esilio era nel frattempo giunto a Berenice ed aveva iniziato le operazioni di imbarco, affrettandosi prima che un drappello degli uomini di Ottaviano li intercettasse. Plausibilmente Cesarione si fece in questa circostanza incoronare re d'Egitto, il che fece di lui, per brevissimo tempo, l'ultimo monarca legittimo del Paese. A questo punto Plutarco racconta che Rodione, corrotto dalle lusinghe e dall'oro romano, si sia speso insistentemente con Cesarione affinché interrompesse la fuga e tornasse ad Alessandria: sostenne che Ottaviano, con il quale poteva vantare delle relazioni amichevoli, sarebbe stato magnanimo nei suoi confronti, permettendogli di rivendicare il trono materno e di governare l'Egitto come un monarca vassallo di Roma, sulla

---

[638] Sul viaggio in questione di Cesarione ha tratteggiato un sapido (e verosimile) romanzo storico R. Pazzi, *La stanza sull'acqua*, Garzanti, Milano 2012.

falsariga di Erode di Giudea[639].

La tragica conclusione della vicenda è nota. Tornato ad Alessandria, eccessivamente fiducioso nelle promesse di mediazione di Rodione, Cesarione fu arrestato e condannato a morte da Ottaviano, che accogliendo senza troppi sforzi il suggerimento di un secondo traditore della corte tolemaica in esilio, Ario, decise che un altro figlio di Cesare (per di più naturale, non adottato qual'era lo stesso Ottaviano), non poteva continuare a vivere né tantomeno a regnare, pena una costante minaccia al proprio potere[640]. Cesarione fu probabilmente eliminato senza troppo clamore, tramite decapitazione, in qualche oscuro anfratto delle carceri alessandrine. Il suo corpo fu quasi certamente sepolto con tutti gli onori accanto a quello della madre e di Marc'Antonio, o comunque nei mausolei dei Tolomei.

Fu la fine di tutti i rapporti tolemaico-indogreci? Probabilmente no. Da Plutarco non si evince infatti *quando* Rodione abbia attuato il suo piano di tradimento, e non è escluso che esso avesse avuto luogo allorché la corte del figlio di Giulio Cesare e Cleopatra si trovava già al sicuro in India. Plutarco precisa che Cesarione fu persuaso a fare marcia indietro *"quasi Ottaviano Cesare lo stesso lo avesse chiamato ad occupare il trono"*, che in tal modo si presume già vacante per la morte della regina. In questo scenario Cesarione esercitò quindi una sorte di breve sovranità in esilio (durata pochi mesi) a Barygaza, nell'antico dominio di Menandro Soter.

Nessuno, a quanto mi risulta, ha mai approfondito il discorso sull'esistenza di un'eventuale erede biologico di Cesarione – e quindi, in ultima analisi, di Giulio Cesare stesso – sopravvissuto alla sua tragica e prematura fine. È risaputo come la sregolata vita di corte dei Tolomei abbia prodotto, nei secoli, una non piccola schiatta di "bastardi reali", e molto spesso costoro, figli di avvenenti schiave ed ancelle di palazzo, conducevano per anni una vita relativamente agiata, almeno finché non venivano considerati minacce

---

[639] PLUTARCO, *Vita di Antonio*, 81, 4.

[640] Si veda a tal proposito, la poesia di Costantino Kavafis, *Cesarione* (in C. KAVAFIS, *Le poesie. Testo greco a fronte*, a cura di N. Crocetti, Einaudi, Torino 2015), che recita: «Ieri, di notte, un poco per approfondire/ un'epoca, e un poco per diletto,/ per trascorrere il tempo, volli aprire/ un volume d'epigrafi dei Tolomei. L'ho letto./ Le lodi innumeri, le adulazioni/ somigliano per tutti. Tutti sono gloriosi, magnifici, possenti, generosi,/ ogni loro intrapresa è sapientissima./ Le donne, le Cleopatre, le Berenici, anch'esse/ sono tutte mirabili regine e principesse./ Chiarita infine l'epoca,/ avrei deposto il libro, se una notizia breve, irrilevante, del re Cesarione/ non m'avesse d'un tratto reso intento.../ Oh sì, giungesti tu, con quell'ambigua malia. La storia, poche righe/ti dedica. Così ti plasmò con un estro più libero la mente./ E sensitivo e bello ti plasmò./ Adorna il tuo bel viso l'arte mia/ d'un suggestivo fascino di sogno./ E così a pieno ti fantasticai,/ che ieri, a tarda notte (si spegneva/ la lampada, e lasciai che si spegnesse), mi parve che tu entrassi nella camera,/ mi sembrò di vederti innanzi a me./ Com'eri, forse, in Alessandria conquistata/ pallido e stanco, forma ideale nel cruccio/ speravi ancora la pietà di quella gente/ stolta, che mormorava: "Troppi Cesari, no! ".

potenziali per il successore legittimo e quindi eliminati.

Alla sua morte Cesarione aveva diciassette anni, un'età in cui i principi ellenistici avevano già da tempo consumato le loro prime esperienze sessuali. Da queste unioni non ufficiali era nato forse un figlio, magari maschio? Se sì, non è sorprendente che le fonti tacciano su di lui, data l'illegittimità della nascita e la bassa estrazione sociale della madre. Se poi Cleopatra aveva combinato delle nozze con il casato di Apollofane è indubbio che l'esistenza di un tale "bastardo reale" non dovesse essere pubblicizzata, anzi. Questo rampollo illegittimo seguì il padre Cesarione in India? Vi rimase dopo la sua dipartita in Egitto? Ebbe qualche ruolo negli anni successivi, imparentandosi con i regoli indo-greci locali? Non lo sappiamo, né possiamo andare al di là della pura e semplice illazione. In ogni caso il consolidarsi dei fecondi scambi commerciali tra Roma e l'India ed il crollo politico del reame indo-greco nel 10 d.C. relegò la breve parentesi del regno in esilio di Cesarione fra le curiosità della Storia.

Appendice 2

§. Cesare e la sua grande amante: la regina Eunoe[*]

Racconta stringatamente Svetonio, nella sua *Vita del Divo Giulio*, 52, che il grande condottiero,

Dilexit et reginas inter quas Eunoen Mauram Bogudis uxorem, cui maritoque eius plurima et immensa tributi, ut Naso scripsit.

(Amò anche delle regine, tra cui la mauretana Eunoe, moglie di Bogud: a lei e a suo marito, come scrisse Nasone, fece molte e larghe donazioni).

Il succinto e fuggevole accenno di Svetonio – nel passo seguente prosegue, con più dovizia di particolari, a narrare di Cleopatra – ci lascia alquanto insoddisfatti e con numerosi quesiti aperti: che tipo di rapporti politici e personali ebbe Cesare con Eunoe e suo marito Bogud? In che modo si dimostrò generoso nei loro confronti e per quali fini? Che ruolo giocarono i sentimenti e quale invece la politica in tutto ciò? Ma, sopra ogni cosa, chi era Eunoe?

Cercheremo, nelle pagine seguenti, di rispondere a questi ed altri interrogativi, ben consci tuttavia di come le testimonianze antiche siano piuttosto reticenti al riguardo; Svetonio stesso cita come fonte delle proprie notizie (egli era, lo ricordiamo, archivista e segretario imperiale sotto Adriano), un certo Marco Attorio Nasone, altrimenti sconosciuto autore di un libello anticesariano, che tra le altre cose, aveva accusato – senza valide prove – il giovane Cesare di aver partecipato a congiure politiche nel 65 a.C.[641] Allo stato dei fatti non possiamo quindi che procedere con estrema cautela, ricostruendo, con il criterio della verosimiglianza, la misteriosa storia d'amore e di politica che si intrecciò tra il più grande dei condottieri romani e una giovane quanto affascinante e misteriosa regina nordafricana, sullo sfondo della sanguinosa guerra civile che affossò la Repubblica Romana.

Cerchiamo di definire chi fosse anzitutto Eunoe. Svetonio la definisce di stirpe maura (*Eunoen Mauram*) ed è più che probabile che appartenesse ad una tribù di Berberi che popolavano la vasta area che si estendeva dai confini occidentali della provincia romana d'Africa (l'odierna Tunisia) e le propaggini del monte Atlante, zona corrispondente agli attuali Algeria e Marocco. La zona in questione era suddivisa in due distinti regni, la Numidia (ad est) e la

---

[*]Contributo apparso originariamente come M. Rizzotto, *Eunoe e Cesare. Una vicenda storica mai raccontata*, «Pubblicazioni dell'Istituto Comprensivo 'Dante Alighieri' di Cologna Veneta», III/2, 2018/2019.

[641] Svetonio, *Vita del Divo Giulio*, 9, 3.

377

Mauretania (ad ovest), il primo dei quali, sotto la guida di re Giuba I, si era schierato con Pompeo nella guerra civile che aveva insanguinato il mondo romano a partire dal 49 a.C. Era stato infatti Giuba ad infliggere ad un luogotenente cesariano, l'ex tribuno della plebe Gaio Scribonio Curione, una severa sconfitta in terra africana, decretandone la morte.

La Mauretania, seppure non insensibile – come vedremo – alle influenze ellenistiche e romane in generale, non era propriamente quel che definiremmo un reame urbanizzato: ancora in epoca imperiale, allorché Caligola la incorporò alle province romane nel 40 d.C., solamente la sua parte più occidentale aveva conosciuto un certo estendersi degli insediamenti urbani e di una discreta viabilità stradale, mentre ad oriente permanevano stanziamenti precari di tribù prive di fisse dimora, allevatori seminomadi e villaggi dall'importanza trascurabile.

Su questo regno, all'epoca in cui Cesare stava lottando per non soccombere alle mire dei suoi irriducibili avversari pompeiani, si erano – non proprio benevolmente – spartiti il potere due fratelli: Bocco (II), con capitale a Jol (la futura Jol Cesarea), che non si era dichiarato sfavorevole alla fazione di Cesare, e Bogud (o Bogude), il cui centro amministrativo si trovava a Tingi[642], che aveva posto anch'egli le sue speranze nei cesariani, con l'aiuto dei quali sperava di conservare ed espandere il proprio potere a spese del fratello. La loro rivalità sarà destinata a durare a lungo, anche oltre la scomparsa di Pompeo e dello stesso Cesare, quando Bogud si schiererà dalla parte di Marc'Antonio e Bocco da quella di Ottaviano, terminando con la morte di Bogud in concomitanza con la battaglia di Azio (31 a.C.). Ma non anticipiamo gli eventi.

Siccome si sapeva che i due re erano disposti ad entrare in relazioni amichevoli con Cesare, per scongiurare ciò Pompeo, nel 50 a.C., inviò presso di loro Fausto Silla con il compito di conciliarli, sperando forse che il ricordo delle relazioni del defunto dittatore Lucio Cornelio Silla col precedente re della Mauritania, anch'egli di nome Bocco, potesse rendere facile la missione.
A dispetto di ciò, nel 49 a.C., i due re si allearono a Cesare anche in odio a re Giuba di Numidia, amico di Pompeo, e Bocco spalleggiato da Publio Sizio, un capitano di ventura romano che si era rifugiato in Africa perché coinvolto nella congiura di Catilina, saccheggiò Cirta (l'odierna Costantina)[643], evento di cui avremo modo di riparlare. Questa dunque la situazione politica in cui Bogud si trovò inizialmente ad operare.

Veniamo ora alla consorte di Bogud, nonché futura amante di Cesare. Eunoe proveniva da una famiglia appartenente ad una tribù aristocratica della Mauretania, che da tempo si era aperta agli influssi della cultura e della lingua

---

⁶⁴² T. MOMMSEN, *Storia di Roma*, VIII, Dall'Oglio, Milano 1966, p. 147; Tingi – o Tingit – corrisponde all'attuale Tangeri.
⁶⁴³ M.A. LEVI, *Bogud*, Istituto dell'Enciclopedia Italiana, Treccani, Roma 1930.

ellenica: il nome dato alla fanciulla era infatti puramente greco, ed è plausibile che ella avesse sorelle e fratelli con una simile serie di nomi ellenici, anche se le fonti tacciono al riguardo. È probabile che il clan di Berberi ellenizzati da cui proveniva avesse le proprie sedi principali in uno o più insediamenti stabili sorti attorno a pozzi o polle d'acqua circondati da palmeti e da campi coltivati, da cui era possibile controllare il viavai delle carovane e imporre ad esse una sorta di pedaggio (non sappiamo se in denaro o in natura) ed esercitare al contempo un controllo sulle riottose tribù di Mauri a cavallo che erano disseminate in centri più o meno stabili tutt'intorno. È altresì molto plausibile che lo stesso clan a cui apparteneva Eunoe praticasse l'allevamento dei cavalli ed avesse al proprio servizio fedeli squadroni di cavalleria, atti a supportarne le pretese di egemonia su tribù e gruppi rivali tramite rapidi assalti seguiti da altrettanto veloci ritirate, raid a sorpresa, razzie e saccheggi di vario tipo.

La reggia dei nobili che dominavano la tribù doveva essere di modeste dimensioni ma piuttosto sfarzosa, adorna di bottini accumulati da tante scorribande e pedaggi più o meno forzosi: pelli di grandi felini africani, zanne di elefanti, rozze statuette tribali facevano la loro comparsa sulle sue pareti accanto a squisiti dipinti di fattura ellenistica, stoffe e tappeti orientali. Qui crescevano i rampolli della rapace ma pretenziosa aristocrazia locale, seguiti da precettori greci pagati profumatamente, che li istruivano nelle arti e nel sapere del grande mondo ellenistico creato dalle conquiste di Alessandro Magno. Eunoe era destinata a distinguersi fra tali fanciulli per intelligenza e bellezza fisica, doti che più tardi non poterono restare indifferenti ad una personalità ricercata ed attenta qual'era quella di Cesare.

Nel constatare il consolidarsi della potenza e della ricchezza di tale clan, è naturale che Bogud, nella sua precaria posizione di monarca minacciato da un ingombrante ed ambizioso fratello, abbia cercato innanzitutto l'appoggio delle più influenti tribù maure, vincolandosi ad esse tramite un legame matrimoniale. Eunoe, che gli ambasciatori del re dovettero conoscere prima dello stesso interessato (il quale dovette forse accontentarsi di ammirarne il ritratto e di sentire le entusiastiche descrizioni dei suoi emissari), pareva la candidata ideale: colta, bella e membro di spicco di una delle più potenti tribù berbere della Mauretania, pareva la migliore soluzione per le pretese di Bogud. Se avessimo a disposizione la penna di un Flaubert non esiteremmo a tratteggiarla come egli fece per la protagonista del suo romanzo storico *Salammbô*:

La capigliatura, incipriata di polvere di violette e raccolta sulla testa a forma di torre secondo l'usanza delle vergini cananee, la faceva sembrare più alta. Pendenti di perle intrecciate scendevano dalle tempie fino agli angoli della bocca, rosa come una melograna socchiusa. Sul suo petto, una distesa di pietre luminose scintillava screziata come scaglie di murena. Le braccia, adorne di diamanti, uscivano nude dalla tunica senza maniche, costellata di fiori rossi su sfondo nero. Portava tra le caviglie una catenella d'oro per regolare il passo, e il suo ampio mantello di porpora scura, tagliato in una stoffa sconosciuta, si trascinava a terra dietro di lei, formando una grande onda a ogni suo passo[644].

Non dobbiamo tuttavia pensare che quello tra Eunoe e Bogud fosse qualcosa di diverso da un matrimonio politico tra aristocratici altolocati, stipulato per fini squisitamente utilitaristici: Eunoe era bella, certamente, e la cosa non doveva dispiacere al re, ma egli aveva sicuramente a disposizione centinaia di concubine, amanti e schiave docili ai suoi voleri; quel che Eunoe, diversamente dalle altre, poteva garantirgli, era l'appoggio del suo potente clan di appartenenza, in un momento critico in cui la lotta contro Bocco e i suoi alleati romani doveva richiedergli il maggiore degli sforzi.

Dopo la celebrazione del matrimonio, Eunoe assunse il titolo di regina e si trasferì nella reggia del marito a Tingi, con cui condivise il talamo e le responsabilità di governo: pare infatti che la giovane donna non fosse un docile strumento del sovrano, ma avesse idee ben chiare sul suo ruolo di governante, idee che gli eventi successivi misero ben presto in luce.

*
* *

Dopo aver regolato l'inquieta situazione a Roma ed aver sedato una rivolta legionaria, il 17 dicembre del 47 a.C. Caio Giulio Cesare fece ammassare le proprie truppe nel porto di Marsala, in Sicilia, al fine di dare inizio ad una difficile campagna d'Africa contro i mai domi pompeiani, guidati da Metello Scipione, da Catone e da Labieno. Nonostante fosse inverno – una stagione tradizionalmente proibitiva per la navigazione nel Mediterraneo e ad alto rischio di naufragi – ed i presagi sfavorevoli, Cesare decise di proseguire comunque.

Con sé il condottiero aveva una sola legione, la Legio V Alaudae, reclutata in Gallia e a cui aveva concesso l'ambita cittadinanza romana, ma già la settimana seguente fu seguito da altre cinque, ossia la XXV, la XXVI, la XXVIII, la XXIX e la XXX, tutte reclutate nel corso della guerra civile ed in parte formate da ex soldati di Pompeo arresisi a Cesare. Il condottiero diede ordine ai suoi uomini di ridurre al minimo indispensabile il bagaglio individuale, risparmiando spazio nelle navi persino limitando il foraggio per i 2.000 cavalli che accompagnavano le legioni e per le bestie da soma, contando sul fatto che avrebbero trovato di che approvvigionarsi una volta sbarcati sul suolo africano, secondo un principio che fu poi caro a Napoleone, ovvero che dev'essere la guerra a sostenere la guerra[645].

---

[644] G. FLAUBERT, *Salammbô*, Giunti, Firenze 2005, pp. 29-30.
[645] A. GOLDSWORTHY, *Cesare. Una biografia*, Castelvecchi, Roma 2014, pp. 530-531.

Sebbene la flotta pompeiana non molestò il suo viaggio per mare, sopraggiunsero delle tempeste a funestarne la navigazione, disperdendo ad ampio raggio le imbarcazioni cesariane e costringendolo a sbarcare con degli effettivi ridotti. Con le poche truppe che aveva a disposizione, Cesare – in base ai propri piani iniziali – tentò ugualmente la conquista della fortezza di Adrumeto (l'odierna Susa) ma, realizzandone l'impossibilità, si risolse ad occupare il porto di Leptis Minor (Lemta), pochi chilometri più a sud, che divenne, nei giorni successivi, il punto di raccolta per le altre navi della flotta cesariana, che cominciarono a giungere alla spicciolata[646].

Cesare era tuttavia impaziente di agire e, non appena ebbe radunato 5.000 fanti e 150 cavalieri – un numero straordinariamente esiguo di effettivi, se si pensa all'imponenza delle forze pompeiane che intendevano sbarrargli il passo – lasciò sei coorti di guardia a Leptis Minor e iniziò l'assedio di Adrumeto, occupando un'altura a 4 chilometri dalla città, nei pressi di Ruspina (l'attuale Monastir).

Per aiutare Cesare nelle sue operazioni, re Bocco invase le terre di Giuba, alleato dei pompeiani, in Numidia, al fine di distogliere truppe e uomini dal fronte di Adrumeto; le truppe del re mauretano erano affiancate dall'avventuriero romano Publio Sizio, l'ultimo dei catilinari oriundo di Nocera, il quale – diciotto anni prima – da commerciante italico fallito si era riciclato come comandante di un corpo indipendente di cavalleria mauretana. Alla testa delle sue turme e di quelle, più regolari, di Bocco, Sizio invase dunque il reame numidico, occupando l'importante città di Cirta e costringendo re Giuba a distrarre una parte non piccola del suo esercito per opporglisi. La situazione era a tal punto preoccupante che lo stesso comandante romano dei pompeiani, Metello Scipione, dovette recarsi di persona in Numidia per prendere atto della gravità del diversivo messo in atto dagli avversari[647].

La situazione per Cesare, restava comunque difficile: certo, la flotta provvedeva a rifornirlo via mare, ma già le vettovaglie cominciavano a scarseggiare e la consistenza delle sue truppe a cavallo era decisamente preoccupante, quando il comandante repubblicano (ed ex ufficiale cesariano) Labieno sferrò un assalto mentre i cesariani erano ancora intenti a fortificare le proprie posizioni, ordinando alla propria cavalleria di estendersi su ambo i lati, in modo da circondare l'esigua forza cesariana, posizionata ai lati dello schieramento.

I legionari di Cesare iniziarono a muoversi contro il nemico, allorché la fanteria numida si staccò dalla propria linea principale attaccando in massa

---

[646] A. FREDIANI, *Le grandi battaglie di Giulio Cesare*, Newton Compton, Roma 2007², p. 229.
[647] MOMMSEN, *Storia di Roma*, VIII, cit., p. 147; FREDIANI, *Le grandi battaglie...*, cit., p. 230.

e con feroce impeto. Come fa giustamente notare Goldsworthy[648], era la prima volta – se escludiamo la precedente avventura di Curione – che i cesariani affrontavano le tipiche tattiche nordafricane, e ben presto ne furono sconcertati: mentre infatti la cavalleria di Cesare, com'era facilmente prevedibile, venne sovrastata dalla superiorità numerica dei nemici, il centro, costituito dalla fanteria pesante legionaria, riuscì a contrattaccare, ma i Numidi, dopo brevi ritirate, si ricompattavano, bersagliavano i Romani con nugoli di giavellotti, per poi riprendere nuovamente una breve fuga, più e più volte. I cesariani erano vulnerabili soprattutto sul lato destro, non protetto dallo scudo, ed inoltre era pericoloso lanciarsi all'inseguimento degli Africani in fase di ripiegamento, poiché chi si staccava – da solo o in piccoli gruppi – veniva immediatamente trucidato; Cesare ordinò allora di non avanzare per più di quattro passi rispetto alla linea principale della coorte in cui lui in persona stava combattendo[649]. Egli stesso cercò di calmare le proprie truppe, attraverso cui si stava diffondendo il panico, afferrando per le spalle un vessillifero che stava per darsi alla fuga, costringendolo a voltarsi verso i pompeiani e dicendogli: "Guarda, è là il nemico!". Da parte sua Labieno cercò di provocare e innervosire i nemici lanciando a gran voce sfide e insulti, ma il suo cavallo venne abbattuto da una lancia scagliata da un legionario della Decima, ragion per cui, disarcionato, fu costretto per un po' a tacere.

Nel frattempo, però, la cavalleria numida aveva circondato lo schieramento cesariano, raggiungendone la retroguardia, mentre l'avanguardia, raggruppatasi troppo strettamente per meglio resistere alla pioggia di giavellotti nemici, si stava intralciando da sola. Con il suo classico colpo d'occhio Cesare colse al volo la pericolosità della situazione; perciò, ordinò alle truppe di dividersi in due: la prima parte, posizionata nelle retrovie, ruotò su se stessa per fronteggiare l'assalto della cavalleria nemica, mentre l'altra, sotto il suo diretto comando, si allargò per meglio sostenere gli assalti in prima linea.

La retroguardia cesariana bersagliò i cavalieri nemici con scariche violente di *pila*, cosa che fermò per un po' l'assalto pompeiano. Cesare, cogliendo l'occasione propizia per togliere il proprio esercito d'impaccio, fece fermare l'inseguimento dei nemici in momentanea ritirata e ordinò di ritornare al proprio accampamento fortificato di Ruspina. Frattanto Labieno ricevette rinforzi dal comandante pompeiano Petreio, già avversario di Cesare in Spagna, che conduceva con sé 1.600 cavalieri e numerosi fanti. I repubblicani iniziarono così ad inseguire i cesariani in ritirata, costringendoli a schierarsi di nuovo in formazione di battaglia e ad affrontarli; incitati da Cesare, i suoi legionari compirono una grande impresa, riuscendo a contrattaccare e a

---

[648] GOLDSWORTHY, *Cesare*, cit., p. 534.
[649] PSEUDO CESARE, *Bellum Africum*, 4-11.

respingere il nemico oltre una vicina collina; Petreio venne ferito e Labieno cadde nuovamente da cavallo, venendo portato via dagli inservienti. I Romani poterono in tal modo riguadagnare la sicurezza delle fortificazioni di Ruspina.

I detrattori parlano della battaglia di Ruspina come di una sconfitta, ma in realtà in essa Cesare diede prova del suo grande intuito militare, che gli permise di mettere in salvo la sua armata e di far battere in ritirata truppe di gran lunga più consistenti delle sue: in analoghe circostanze – e contro i medesimi nemici che combattevano con quella stessa tecnica – il suo luogotenente Curione venne annientato con tutta la sua armata[650], mentre Crasso, trovandosi in una situazione molto simile contro i Parti, a Carre (53 a.C.), non poté evitare una ignominiosa disfatta. Come chiosa opportunamente il Mommsen, «i giavellotti mauritani avrebbero fatto ciò che presso Carre avevano fatto le frecce dei Parti»[651], se – aggiungiamo noi – non ci fosse stato un comandante determinato e decisivo quale Cesare alla testa delle legioni.

Del resto, riprendendo un'osservazione (forse un po' enfatica ma essenzialmente corretta) espressa dallo storico Oscar Wertheimer negli anni Trenta, Cesare «aveva una risorsa invisibile ma possente, alla quale poteva ricorrere in caso di bisogno, una riserva che no lo abbandona mai: il suo genio. Questo avanzava per ogni breccia, sorreggeva i combattenti vacillanti, si slanciava sul nemico, lo assaliva di fianco o alle spalle, trovava sempre una via d'uscita e, anche quando le truppe cesariane si davano alla fuga, escogitava già nuovi mezzi per riprendere la lotta»[652].

Cesare fortificò l'accampamento di Ruspina ed ordinò ai genieri di allestire proiettili per le catapulte e le macchine da lancio, impiegando alcuni marinai della sua flotta come soldati di fanteria ed inviando dispacci in cui richiedeva con urgenza rinforzi e vettovaglie: oltre agli uomini, anche i cavalli ebbero a soffrire della penuria di foraggio, tanto che i legionari furono costretti a nutrirli con alghe marine lavate con acqua dolce per dissalarle un po'. Nel frattempo era giunto nei pressi del campo cesariano il pompeiano Metello Scipione con le sue truppe.

Fortunatamente per Cesare re Giuba, che avrebbe dovuto unirsi all'armata di Scipione, fu costretto a fare marcia indietro dall'attacco al suo regno operato – come si diceva precedentemente – da re Bocco e dal romano Sizio. I motivi che spinsero Bocco (e con lui suo fratello Bogud) a prendere le parti di Cesare sono facilmente intuibili: Giuba e i Numidi erano non solo i loro potenti vicini, ma anche dei pericolosi rivali, e sostenere il loro avversario (ovvero Cesare) era la scelta più logica ed obbligata. È probabile che anche

---

[650] Su Curione e la sua impresa africana rimando senz'altro a M. RIZZOTTO, *Gaio Scribonio Curione. Una vita per Roma*, PagineSvelate, Gerenzano (Varese) 2011, pp. 24-31.

[651] MOMMSEN, *Storia di Roma*, VIII, cit., p. 146.

[652] O. WERTHEIMER, *Cleopatra*, Mondadori, Milano 1934, p. 78.

Eunoe fosse messa a parte da suo marito delle notizie relative all'andamento della guerra civile romana in Africa, e che ella avesse sollecitato Bogud ad ingraziarsi Cesare quanto e più di suo fratello/rivale Bocco, al fine di poter accampare anch'egli, a vittoria conseguita, una sostanziosa fetta di onori, ricchezze e ricompense politiche.

Il diversivo costituito dall'attacco di Sizio e di Bocco in Numidia durò tuttavia poco, poiché l'indefesso Giuba, dopo aver lasciato nel suo regno truppe sufficienti per contrastare i nemici, tornò sui suoi passi e si riunì a Scipione presso Ruspina, portando tre legioni di Numidi equipaggiati alla romana, 800 cavalieri pesanti e diversi cavalleggeri, nonché alcune centinaia di elefanti da guerra.

Il 6 aprile del 48 a.C., dopo una complessa serie di vicende belliche, i due schieramenti si affrontarono nella stretta striscia di terra presso Tapso: Cesare, che nel frattempo aveva ricevuto i sospirati rinforzi, posizionò due legioni di reclute inesperte al riparo delle fortificazioni del suo accampamento, mentre il grosso dell'armata si schierò in triplice fila per affrontare Scipione e Giuba; sui fianchi sistemò i veterani, supportati da arcieri e frombolieri, con la Decima e la Nona Legione sul lato destro, la Tredicesima e la Quattordicesima sul sinistro. Come protezione supplementare contro gli elefanti, divise la Quinta Alaudae in due parti e la impiegò per formare una quarta linea di cinque coorti alle spalle di ciascuna delle proprie ali; la cavalleria, che su quel terreno ristretto aveva necessariamente poco spazio per manovrare, fu posizionata sulle ali. I legionari cesariani, desiderosi di farla finita con i nemici, attaccarono con un impeto così incontenibile che Cesare stesso faticò a frenarli (tanto più se, come riferisce Plutarco, ebbe un attacco epilettico poco prima dell'inizio dello scontro, a cui poi riuscì comunque a partecipare di persona)[653]; gli elefanti di Giuba si scagliarono contro l'ala destra cesariana ma, bersagliati da salve di dardi e proiettili, furono volti in fuga, travolgendo la stessa ala sinistra dei pompeiani, che all'urto si disgregò, senza più riuscire a ricompattarsi. I legionari cesariani erano stanchi di quella guerra e, sordi ai richiami alla clemenza del loro comandante, non fecero prigionieri, massacrando senza pietà anche i nemici che si arrendevano (del resto, ad esasperarli, era stata anche la crudeltà gratuita dimostrata dai pompeiani in circostanze analoghe contro i loro compagni fatti prigionieri).

Qualche ufficiale pompeiano tentò la fuga, come Afranio e Fausto Silla, figlio quest'ultimo del celebre dittatore, ma vennero entrambi catturati da Sizio e consegnati a Cesare, che li mise a morte dietro pressione dei soldati. Petreio e Giuba, dopo aver banchettato per un'ultima volta, si sfidarono a duello: il vincitore Giuba, eliminò Petreio e poi rivolse la spada contro se stesso.

---

[653] PLUTARCO, *Vita di Cesare*, 53.

Scipione tentò a sua volta la fuga via mare ma, raggiunto dalla flotta cesariana, si tolse anch'egli la vita. Fra coloro che riuscirono a riparare in Spagna vi furono Labieno e i due figli di Pompeo, Gneo e Sesto. Catone, com'è noto, si uccise macabramente ad Utica, essendogli insopportabile l'idea di ottenere la grazia per mano di Cesare, suo acerrimo nemico.

*
* *

Non sappiamo in che misura, ma anche Bogud dovette aver supportato Cesare in questi difficili momenti, forse con azioni diversive contro Giuba, al pari di Bocco, o forse inviando cavalleria leggera o denaro al campo cesariano. Fatto sta che lo stesso Cesare (quando esattamente lo ignoriamo, forse prima della fatidica giornata di Tapso) ritenne opportuno ricompensarlo per l'alleanza e fargli visita a Tingi, sua capitale, al fine di rendere tangibile la propria riconoscenza e legarlo ancora più a sé in vista di futuri scontri con gli ultimi, irriducibili pompeiani.

Eunoe fece probabilmente notare a Bogud che quella visita avrebbe costituito per loro un'irrinunciabile opportunità per rinsaldare – e forse anche ingrandire – il loro dominio sulle Mauretania occidentale, e non lasciare a Bocco tutto il merito di aver sostenuto Cesare contro i seguaci di Pompeo.

Bogud conosceva bene la fama di *tombeur des femmes* di Cesare, ma anche quanto il grande condottiero fosse esigente al riguardo: schiave e concubine non erano disdegnate dal conquistatore delle Gallie come fugaci avventure, ma per indurlo a concedere il suo appoggio al re contro rivali e detrattori ci voleva ben altro, specialmente dopo l'affascinante interludio di Cleopatra: chi non era infatti al corrente della romantica crociera sul Nilo che essi avevano compiuto in mezzo ad uno sfarzo inaudito? Oltretutto la regina d'Egitto aveva dato a Cesare anche un figlio, il piccolo Cesarione, per cui il loro legame politico (e affettivo) era divenuto straordinariamente forte.

Bogud non poteva naturalmente competere con le ricchezze dei Tolomei in quanto ad accoglienza, ma aveva una carta da giocare di valore indiscutibilmente alto: sua moglie Eunoe.
Non dobbiamo scandalizzarci per quest'uso (o abuso) delle consorti nello stringere e facilitare alleanze politiche o militari: nel mondo dell'aristocrazia romana esso era piuttosto diffuso, e non vi sottrasse nemmeno un individuo integerrimo e noto per la sua morigeratezza, vale a dire Catone l'Uticense, acerrimo avversario di Cesare.

Cesare dovette incontrare Eunoe a Tingi, nella reggia di Bogud, nel corso di un banchetto che il monarca aveva organizzato per accogliere l'illustre ospite e ristorarlo dalle fatiche della guerra. Come luogo del *rendez-vous* il re

385

scelse con ogni probabilità una sua reggia fortificata, onde garantire una certa sicurezza al generale romano, situata in una zona il cui verde poteva portare un minimo di frescura. Si sarebbe parlato delle future azioni militari comuni, di accordi politici e affaristici e di altre questioni di Stato.

Cesare giunse con una piccola scorta – essendo accolto da un sovrano amico e bendisposto non aveva bisogno di grandi spiegamenti di truppe – preceduto dai littori che la sua carica gli metteva a disposizione e seguito da una discreta turma di cavalleria, tra cui spiccava il capace Sizio, che avrebbe oramai preso il posto del traditore Labieno, quale braccio destro di Cesare (non è escluso che fosse stato lo stesso preoccupato Bocco a mettere Sizio alle calcagna di Cesare, onde controbilanciare l'influenza di Bogud e di sua moglie). Il re, in deferente attesa del generale romano a poca distanza dalla reggia assieme ad un'adeguata scorta di maggiorenti, fidati mercenari e cavalieri, accolse Cesare con tutti gli onori possibili, salutandolo e porgendogli il benvenuto a nome dell'intero popolo mauretano.

Cesare frenò il proprio destriero, imitato dai cavalieri della scorta; indossava una corazza anatomica in bronzo riccamente istoriata, esattamente come quella che è visibile nella copia traianea della statua esposta oggi nella sala municipale del Campidoglio di Roma, con le spalle coperte dal lungo mantello rosso, il *paludamentum*, emblema visibile del suo *imperium* militare; si sfilò l'elmo dorato sormontato da una cresta scarlatta, ricambiando il saluto senza bisogno di un interprete nella lingua dei Mauri. All'epoca il suo aspetto era quello di un uomo maturo e asciutto, temprato nel fisico da lunghi anni di permanenza sui campi di battaglia di tre continenti, sebbene stempiato ed ingrigito. Il suo sorriso velatamente ironico era stampato sul volto espressivo, come emerge tutt'oggi da alcuni suoi efficaci ritratti in marmo.

Dopo i convenevoli di rito i Romani vennero fatti accomodare in un grande salone, al riparo dai caldi raggi del sole africano, dove vennero allestiti per loro balli, danze, canti e mimi, che avrebbero allietato il banchetto. I convenuti pranzarono sdraiati su morbidi *triclinia*, alla moda romana, mentre schiavi e servitori si davano da fare per servire agli ospiti coppe di vino speziato e delicate vivande di carne e verdure servite su stoviglie in metalli preziosi.

Bogud aveva naturalmente riservato a Cesare il posto d'onore sul divano posto tra lui e la moglie Eunoe, condividendo con il condottiero le pietanze ed i vini migliori, scelti appositamente dalla mensa regale. Molto difficilmente, in quell'amena circostanza, si parlò di politica, se non superficialmente: le trattative vere e proprie avrebbero avuto luogo nei giorni successivi (e spesso per il tramite di intermediari di fiducia): scopo contingente dell'incontro era rinsaldare l'intesa tra i Romani e i Mauretani Occidentali e far sfoggio delle rispettive buone intenzioni.

L'avvenenza di Eunoe colpì sicuramente Cesare fin dal primo momento, specialmente quando la regina prese a conversare in greco con il suo dotto ospite, parlando di poesia, di filosofia e di storia. Cesare era colpito dalla piacevolezza dei suoi modi e ne fu oltremodo conquistato, sebbene il ricordo di Cleopatra fosse ancora fresco nella sua mente. Bogud, consapevole di tutto, se ne stette discretamente in disparte.

Il giorno seguente la regina invitò Cesare nei propri appartamenti, dove la conversazione prese una piega più romantica, portandoli l'uno nelle braccia dell'altra. Non pensiamo tuttavia che ciò fosse dovuto unicamente ad un improvviso ed irrazionale scoppio di passione: Eunoe colse l'occasione, fra le morbide e profumate coltri del suo talamo, per sostenere la causa di suo marito e Cesare fu lieto di accogliere le sue richieste: se lei e Bogud lo avessero supportato militarmente con la loro formidabile cavalleria nelle successive lotte contro le legioni pompeiane, egli li avrebbe colmati di onori e ricchezze, garantendo loro al contempo l'appoggio romano contro i propri nemici ed oppositori esterni ed interni.

Nei giorni successivi la frequentazione dei due si fece più intensa; è probabile che essa continuò anche quando Cesare dovette lasciare la reggia di Bogud, allorché la coppia regale seguì il condottiero nei suoi spostamenti in territorio africano contro le armate pompeiane condotte da Metello Scipione. Ben presto divenne difficile nascondere che il generale romano e la regina maura avessero una relazione, date le frequenti visite di Eunoe nella tenda di lui e le fugaci ma numerose comparse di Cesare nel padiglione regale. Quando la notizia divenne di pubblico dominio nessuno se ne stupì o scandalizzò, ma la nuova ebbe modo di agitare Cleopatra, che sul sostegno incondizionato di Cesare contava per garantire stabilità al proprio trono. E se la regina berbera l'avesse scalzata dall'agenda politica del grande Romano, oltre che dai suoi affetti?

Antonio Spinosa ha così ricostruito i pensieri della regina egizia[654]:

Assai scontenta era Cleopatra per la lontananza dell'amante. Era immusonita non soltanto per un'assenza che i prolungava ormai da una decina di mesi, ma anche per delle spiacevoli indiscrezioni che le erano state soffiate all'orecchio. Alcuni suoi amici – poteva chiamarli così? – si erano premurati di svelarle che Cesare, quando ancora si trovava in Africa, si era alquanto distratto fra le braccia di un'altra bella donna, la regina Eunoe, la moglie incantevole di Bogude, Il re moro di Mauretania, oltretutto destinato a fare una brutta fine. A queste notizie Cleopatra penava fra spasimi di gelosia. Si chiedeva se poi era tanto bella quella donna! Di lei non sapevano dirle nulla. Era bionda o bruna? Era un'amante appassionata? Cleopatra riteneva tuttavia impossibile che potesse superarla nelle arti della seduzione.

---

[654] A. Spinosa, *Cleopatra. La regina che ingannò se stessa*, Mondadori, Milano 2017, pp. 106-107.

Anche i moderni romanzieri, impadronitisi dell'episodio, si sono cimentati ad indovinare lo stato d'animo della gelosa Cleopatra, come la brava scrittrice Margaret George, che si figura un racconto in prima persona della stessa regina egizia[655]:

Un altro rapporto riferiva che Cesare aveva sommerso di regali Eunoe, la moglie del re moro Bogud, e aveva ricompensato più che generosamente il marito per averle consentito di diventare sua amante. Niente di più. Niente dettagli. Mi costrinsi a continuare la lettura, anche se con il cuore pesante. Avevo sperato di non trovare accenni, in modo da accantonare la cosa come un pettegolezzo, una calunnia messa in circolazione da Scipione, senza fondamento.

Più prosaicamente, era probabile che il maggior cruccio di Cleopatra non fosse tanto un'umanissima (quanto quasi certa) gelosia, ma il timore di perdere i favori di Cesare e quindi il puntello romano al proprio trono; timore del resto infondato, perché Cesare, come risaputo, al termine della guerra civile invitò a Roma Cleopatra e non Eunoe, e a lei dedicò addirittura una statua dorata nel tempio di Venere Genitrice.

Del resto non è ozioso chiedersi quali fossero i veri sentimenti di Cesare per la sua nuova amante; Svetonio, che mutua certamente i termini dal libello di Nasone, adopera il verbo *diligere* per descrivere il rapporto tra il condottiero romano e la regina. Ora, *diligere* ha in latino una pregnanza meno forte di *amare*, ma certamente indica un notevole coinvolgimento sentimentale[656]. È innegabile che, a suo modo, Cesare abbia amato Eunoe, non solo per la sua bellezza, ma anche perché seppe lenire la sua solitudine (sua moglie Calpurnia era lontana, così come le amanti Servilia, madre del suo futuro assassino Bruto, e la regina Cleopatra) con conversazioni stimolanti, gesti affettuosi e il ricorso alla comune cultura ellenistica.

Tuttavia, con fine della campagna d'Africa, la loro relazione ebbe apparentemente termine, poiché Cesare fece ritorno a Roma, dove, alcuni anni dopo, invitò a raggiungerlo Cleopatra, e non Eunoe; diciamo che la storia ebbe solo apparentemente termine, perché è innegabile notare due cose: 1) teste Svetonio, sia la regina che suo marito Bogud ebbero da guadagnare moltissimo, in termini economici ma anche politici, dall'amicizia con Cesare; 2) Bogud si impegnò personalmente a supportare Cesare, nel 46 a.C. nella campagna contro i pompeiani di Spagna, che culminò nella vittoria di Munda. Senza il sostegno dei Mauretani sicuramente le cose si sarebbero fatte più complicate per il grande condottiero: è evidente che in quest'ultima circostanza Eunoe abbia agito da sprone sul marito, inducendolo a mettere in gioco il tutto per tutto pur di legarsi a doppia mandata alla causa cesariana, che di lì in poi

---

[655] M. GEORGE, *Io, Cleopatra*, I, Sperling & Kupfer, Milano 1998, p. 249.
[656] L. CASTIGLIONI, S. MARIOTTI, *Vocabolario della lingua latina*, Loescher Editore, Torino 1990, s.v. *Diligo*.

sarebbe diventata la ragione d'essere della politica espressa dai signori di Tingi. Per mantenere vivo questo legame è probabile che Cesare ed Eunoe abbiano mantenuto uno scambio epistolare abbastanza assiduo, che tuttavia non ci è pervenuto.

*

* *

In Spagna l'omonimo figlio maggiore di Pompeo, Gneo, aveva raccolto un'armata costituita da ben tredici legioni e 6.000 cavalieri, oltre a 12.000 ausiliari arruolati fra i Celtiberi della penisola. Per affrontare tali forze, Cesare ritenne sufficiente radunare a Cordova, nel novembre del 46 a.C., otto legioni (di cui quattro costituite da veterani) e un'armata di 8.000 cavalieri, tra i quali spiccavano gli squadroni dei Mauri guidati personalmente da Bogud. Dobbiamo immaginare le non semplici operazioni logistiche dell'impresa, tra cui le adunanze di uomini e cavalcature compiute dal re moro, il trasbordo delle truppe africane sulle navi da carico per trasportarle dalla costa africana a quella spagnola, le marce, l'allestimento di accampamenti ed infine il coordinamento militare con l'esercito romano. È evidente che sia Bogud che Eunoe avevano puntato molto sull'impresa, quale banco di prova della loro lealtà a Cesare; infatti, nel decisivo scontro sostenuto a Munda, la cavalleria mauretana, guidata valorosamente dallo stesso Bogud, sgominò facilmente quella pompeiana, esponendo in tal modo i fianchi della fanteria nemica ad un attacco aggirante ordinato da Cesare[657].

Nonostante l'accanita resistenza dei repubblicani, il valore degli uomini della Decima Legione costrinse l'ala sinistra pompeiana a ripiegare, in modo tale che essa venne subito inseguita e falcidiata dalla cavalleria di Bogud[658]. Per la causa pompeiana fu la fine: nello contro perirono Labieno e Attio Varo, oltre allo stesso Gneo Pompeo, che – fuggito inizialmente con 50 cavalieri – fu catturato dopo la defezione della propria flotta e decapitato. Dopo l'assedio e la presa della vicina Ispali, che aveva massacrato precedentemente una guarnigione cesariana, la guerra civile poteva dirsi conclusa. Cesare riconobbe il suo debito di riconoscenza nei confronti del valoroso e fedele Bogud, ricompensando lui e la moglie con ulteriori ricchezze e concessioni.

La scomparsa inopinata di Cesare sconvolse però questo stato di cose. Come sappiamo, l'assassinio del dittatore, avvenuto il 15 marzo del 44 a.C.,

---

[657] FREDIANI, *Le grandi battaglie…*, cit., p. 241.

[658] CASSIO DIONE, *Storia Romana*, XLIII, 38, 2, riferisce invece che Bogud avrebbe attaccato il campo nemico, costringendo il solito Labieno ad accorrervi per rintuzzare l'assalto, cosa che fu interpretata dai suoi uomini come una fuga, causando il successivo sbandamento pompeiano.

389

spinse Bogud (ed Eunoe con lui) a schierarsi dalla parte di Marc'Antonio nel suo successivo conflitto con Ottaviano per la conquista dell'eredità politica cesariana, mentre suo fratello Bocco optava per il partito del futuro imperatore Augusto. Bogud, tuttavia, andò incontro ad un tragico destino: passato nuovamente in Spagna per sostenervi Marc'Antonio alla testa di ingenti truppe, partecipò all'assedio di Cadice, quando – approfittando della sua assenza – il partito aristocratico e dei maggiorenti di Tingi si rivoltò, esautorandolo e stringendo autonomamente un'alleanza con Ottaviano e ricevendo da costui, in contraccambio, l'ambita cittadinanza romana.

La rivolta indica che il partito della nobiltà maura non era stato mai disposto, in fondo, ad accettare supinamente le decisioni regie, costrettovi solo dalla potenza di Cesare. Ed Eunoe? Le fonti sono mute al riguardo, ma è logico supporre che la regina riuscì a lasciare Tingi in tumulto, scortata dalle sue guardie reali; come destinazione escluse la Spagna, tuttora teatro infido e malsicuro di guerre, ed optò probabilmente per le oasi fortificate della sua tribù berbera natale, dove avrebbe certamente ricevuto buona accoglienza e potuto attendere l'evolversi della situazione. Non pare che ella avesse avuto figli né dal marito Bogud né dalla breve relazione con Cesare, ragion per cui la sua fu una fuga in solitaria.

Ma la situazione continuò a precipitare per i due coniugi: Bocco ricevette da Ottaviano l'assenso per l'annessione a mano armata del regno del deposto fratello, costringendo Bogud e le milizie a lui fedeli a fuggire dalla Mauretania, nel 38 a.C.; in questo clima poco favorevole è presumibile che Eunoe si sia ricongiunta al marito, fuggendo via mare con lui in Grecia, dove entrambi si posero sotto l'ala protettrice di Marc'Antonio. Tale protezione finì però con il fatale scontro navale di Azio tra Antonio e Ottaviano, nel 31 a.C.: dopo la sconfitta del triumviro suo protettore, Bogud venne sorpreso ed ucciso nel corso dell'assedio di Metone, cosa che mise definitivamente la parola fine alle speranze di riscatto sue e della moglie.

Ed Eunoe? Che ne fu di lei dopo la scomparsa di Bogud? Le fonti antiche, una volta di più, tacciono al riguardo, ma è altamente improbabile che colei che fu l'amante di Cesare sia stata condannata a perire di morte violenta senza che ciò non lasciasse trapelare una qualche eco negli scritti storici o poetici coevi. Dopo Azio, e soprattutto dopo la fine di Antonio e Cleopatra (30 a.C.) e l'annessione dell'Egitto, è probabile che Ottaviano si potesse concedere il lusso di dimostrarsi magnanimo con la vedova di un monarca defunto che aveva parteggiato per il suo rivale, e che oltretutto – a quanto pare – non poteva vantare una figliolanza che avrebbe potuto un giorno costituire un problema.

Eunoe tornò quindi probabilmente in Mauretania, dove nel frattempo (33 a.C.) suo cognato Bocco era morto, lasciando per volontà testamentaria il suo regno ai Romani. Da questo momento è impossibile fare anche solo congetture, e la vita di colei che fu l'amante del grande Cesare e la regina di un vasto regno nordafricano si perde nelle nebbie della Storia, in un'oscurità trascorsa forse tra le modeste mura di un piccolo palazzo berbero, lontana dalla politica attiva e con la mente persa nei ricordi di ciò che un tempo era stato e che non avrebbe più potuto tornare ad essere.

Ci resta però il ricordo di colei che ispirò a suo marito Bogud una forte politica di appoggio a Cesare e a Marc'Antonio, di una donna affascinante e di una volitiva sovrana che seppe suscitare l'affetto (se non l'amore) del più grande uomo che Roma avesse mai espresso, ritrovandosi per anni immersa nel turbinoso ma affascinante flusso della storia del I sec. a.C.

§. Cesare e Burebista: un mancato scontro fra Titani

Fa specie pensare che l'intera storia europea avrebbe potuto avere un corso ben diverso, considerando che il primo *target* militare del proconsolato di Cesare era in origine il territorio dell'Illirico minacciato dai Daci di re Burebista, e non la Gallia su cui incombevano gli Elvezi ed i Germani di Ariovisto.

I Galli ed i Germani non erano infatti gli unici o i più pericolosi nemici che Cesare doveva affrontare. Il fatto che gli fosse stata attribuita inizialmente la provincia dell'Illirico, con la dislocazione, al principio del 58 a.C., di ben tre legioni ad Aquileia, indica chiaramente che i Romani ravvisavano la necessità militare e la concreta possibilità di intraprendere delle campagne oltre le Alpi Carniche, fin sulle rive del Danubio, per opporsi alla crescente e tangibile minaccia delle tribù guerriere della Dacia (l'odierna Romania), che si erano riunite in una vasta e salda compagine statale sotto la guida del loro formidabile re Burebista.

Burebista aveva infatti guidato il suo popolo alla conquista dei territori a occidente del fiume Tisza, oltrepassando il Danubio e sottomettendo vaste aree della Pannonia, laddove si estende l'attuale pianura ungherese, ma soprattutto avvicinandosi pericolosamente all'Illirico romano e alla stessa Italia.

La sua avanzata si arrestò però improvvisamente, forse per il timore di un possibile intervento diretto romano nell'area balcano-carpatica. E così, invece di continuare nella sua marcia verso Occidente, Burebista tornò nelle sue basi in Transilvania. Il cessato allarme sul fronte orientale, indusse Cesare a rivolgere le proprie attenzioni verso la Gallia. Ma cos'era successo esattamente?

Le fonti storiche ricordano Burebista come il più grande e temibile sovrano di Dacia, capace di radunare sotto i suoi vessilli, secondo Strabone, 200.000 guerrieri. Non possediamo con certezza ritratti chiaramente ascrivibili a Burebista, anche se il ritrovamento di alcune fibule e monili in argento nei pressi di Bucarest possono forse raffigurare delle rozze rappresentazioni dello stesso Burebista[659].

Burebista, che considerava se stesso quale acerrimo nemico del nuovo proconsole Giulio Cesare, regnò sulla Dacia dal 70 al 44 a.C.: in questo lasso

---

[659] I.H. CRIŞAN, *Burebista şi epoca sa*, Editura enciclopedică română, Bucureşti 1975, pp. 59-60.

di tempo accumulò enormi ricchezze sfruttando i grandi giacimenti minerari della regione e donò nuova prosperità al suo popolo, determinando una crescita demografica straordinaria.

Ma dopo aver riformato lo Stato, egli rivolse la sua attenzione ai confini: unificò i popoli della Tracia (l'odierna Bulgaria) sotto il suo comando, conquistò le antiche e vitali colonie greche sul Mar Nero, assoggettò parte dell'Illiria e infine, risalendo il Danubio, espanse – come abbiamo visto – i suoi dominî fino alla Pannonia, l'odierna Ungheria.

Questa politica estera aggressiva portò alla necessaria migrazione di molti popoli semi-nomadi che si erano stanziati nella zona dei Balcani. In particolare, dopo la conquista del Lago Balaton, in Pannonia, avvenuta nel 58 a.C., le tribù dei Boi e dei Taurisci, popoli di origine celtica, migrarono verso il Norico, l'odierna Austria, e la regione degli Elvezi, ovvero l'altopiano svizzero. Nel frattempo, soltanto un anno prima, Cesare era divenuto – come è risaputo – proconsole della Gallia Cisalpina e dell'Illirico, che comprendeva la regione di Aquileia e la costa della Dalmazia. L'imponente migrazione dei Boi costrinse Cesare ad approntare misure difensive per impedire loro di sfondare la linea delle Alpi Carniche e penetrare così nella penisola italiana. Tre legioni vennero stanziate presso Aquileia, pronte a marciare verso i Balcani.

Di fronte ad un tale dispiegamento di forze, i Boi ripiegarono verso le rive del Danubio e allo stesso modo i Daci di Burebista preferirono limitarsi a consolidare il controllo della Pannonia, senza offrire all'ambizioso Cesare un valido pretesto per muovere loro guerra. Ma ben presto, come abbiamo già visto, si presentò al condottiero l'occasione di conquistarsi la fama militare cui tanto ambiva. Spinti anche dalla migrazione dei Taurisci, gli Elvezi decisero di spostarsi, marciando in armi verso la Gallia Narbonense, provincia romana dal 121 a.C. Cesare, affrontandoli, ottenne – com'è a tutti noto – una vittoria schiacciante. È notevole però comprendere come alle spalle delle migrazioni di popoli che portarono a quest'evento vi fosse la politica espansiva del re della Dacia.

Ma la politica d'espansione di Burebista non aveva smesso di minacciare i confini romani e lo stesso Cesare. Tra il 56 e il 55 a.C. Cesare era duramente impegnato in Belgio; approfittando di questa situazione Burebista costrinse con una notevole pressione delle sue armate di Daci a spostare altri due temibili tribù guerriere, i Pirusti ed i Giapidi, popoli dell'Illirico, spingendoli a migrare verso la Penisola italica. Le loro scorrerie si spinsero fino al *castrum* di Tergeste (l'attuale Trieste, ad est di Aquileia), che venne saccheggiato e distrutto.

Cesare, nel vedere concretamente minacciate le regioni che si era lasciato alle spalle e rischiando l'interruzione irreparabile i suoi contatti con la Penisola, inviò il proprio fidato luogotenente Labieno al comando della XV

Legione per risolvere il conflitto. Labieno inflisse ai nemici una schiacciante sconfitta, evento che allentò la pressione nemica sulla zona. Sconfitti Pirusti e Giapidi, Cesare elevò il *castrum* di Cividale del Friuli, con l'appellativo di *Forum Iuli Transpadanorum*, a caposaldo per il controllo delle Alpi Carniche, ed ordinò la ricostruzione di Tergeste, dapprima con il rango di *municipium* e poi di colonia. Cesare, nell'ottica di assicurarsi le retrovie, diede pertanto vita alla *Regio X Venetia et Histria*, che aveva in Tergeste il suo estremo avamposto.

Da questi scarni accenni appare chiaro come Burebista fosse davvero un sovrano formidabile, avendo realizzato il più vasto reame che fino allora si fosse visto in Europa. Con la sua energia apparentemente inesauribile aveva non solo unificato i popoli della Tracia, ma si era impossessato dei territori che andavano dall'odierna Moravia al fiume Bug, dalle vette dei Carpazi alla colonia greca di Dionisopoli, stabilendo la propria capitale, Argedava (o Sargedava) nei pressi di Costeşti, fra i monti Orăştie, nel sud-ovest dell'attuale Romania.

Burebista, vincendo resistenze interne ed esterne, era infatti riuscito ad unire le numerose tribù daciche, dando vita ad una società che occupava un territorio molto vasto, compreso tra il medio corso del Danubio ed i Balcani. Il centro spirituale e religioso del suo regno era Kogaion (o *Kagaion*, cioè "la montagna sacra"), secondo Strabone, che andrebbe localizzata nei monti Bucegi. Secondo i *Getica* di Giordane, il sacerdote più importante nonché consigliere del re, era Deceneo, che deteneva poteri quasi regali e che insegnò ai Daci le leggi, l'etica e la scienza fisica ed astronomica[660].

La solida compagine statale che si andò a costituire rappresentò ben presto una seria minaccia per la Repubblica romana, che da tempo aveva occupato la confinante Macedonia. A sud della sponda meridionale del Danubio, infatti, il proconsole della provincia romana di Macedonia, il generale Lucullo, durante la guerra contro Mitridate VI del Ponto (che si consumò dal 74 al 72 a.C.) aveva occupato le città greche sulla costa del Mar Nero, da Apollonia al delta del Danubio.

I Greci di queste città avevano subìto diverse ingiurie ad opera dei governatori inviati laggiù da Silla, in primo luogo da Caio Antonio Ibrida[661], lo stesso personaggio che in seguito affronterà – evento per cui passerà alla Storia – Lucio Sergio Catilina a Pistoia. Con sanguinose incursioni nella Mesia Superiore ed Inferiore, aveva lasciato dietro di sé villaggi incendiati, campi devastati, bestiame razziato e colonne di schiavi incatenati. Persino i fieri Dardani furono costretti a sottomettersi agli ordini di Ibrida, anche se per breve

---

[660] CRIŞAN, *Burebista şi epoca sa*, cit., pp. 225-243.

[661] Sull'origine del *cognomen* di questo magistrato si veda P. BUONGIORNO, *Gaio Antonio (cos. 63) e l'appellativo "Hybrida"*, in G. TRAINA (a cura di), *Studi su Marco Antonio*, Congedo, Lecce 2006, pp. 295-309.

tempo.

I coloni greci dell'area prossima al Mar Nero, esasperati dalle prepotenze romane, chiesero allora l'aiuto di Burebista, che marciò in loro soccorso alla testa di un'imponente armata di Bastarni, Sciti, Daci e di Geti. Era la prima volta che il sovrano dacico incrociava direttamente le spade con un esercito romano.

Ibrida, informato della sua avanzata, si attestò con le proprie truppe nei pressi della città greca di Istria, sperando di occuparla prima dell'arrivo in forze dei barbari. Lui e i suoi legionari furono però intercettati dall'avanguardia a cavallo dei Bastarni e dei Daci, e costretti ad ingaggiare un feroce scontro. Sopraggiunse nel frattempo anche il grosso dell'armata nemica, guidata probabilmente dallo stesso Burebista. Quest'ultimo, dopo un'accanita lotta, riuscì ad aggirare con parte delle truppe l'esercito romano, al che Ibrida, vistosi perduto, decise di fuggire ignominiosamente con tutta la cavalleria, lasciando che i Bastarni facessero letteralmente a pezzi la fanteria legionaria, abbandonata a se stessa e priva di copertura.

In seguito a quest'importante scontro, che sancì la superiorità militare dei Daci nell'area, le città greche di Tomi, Callate, Dionisopoli ed Apollonia acconsentirono ad entrare a far parte dei dominî del re Burebista. Egli continuò poi le sue incursioni armate a ampio raggio nella regione, conquistando la roccaforte celtica di Aliobrix (l'odierna Cartal, nella Bessarabia meridionale, regione dell'attuale Ucraina), Tira e Odessa. I Greci di Olbia opposero invece una strenua resistenza ai Daci, tanto che Burebista condusse di persona un assedio in piena regola alla piazzaforte, prendendola poi d'assalto e distruggendola[662].

A Cesare non sfuggiva la pericolosità di questo nuovo grande nemico, e si ripromise, non appena avesse sistemato la questione gallica, di regolare i conti con lui faccia a faccia. Anche Burebista, da fine politico quale era, seguì con estrema attenzione la successiva carriera politica e militare di Cesare; nel 48 a.C., a guerra civile iniziata, dopo che Pompeo ebbe avuto momentaneamente la meglio sui cesariani a Durazzo, Burebista si affrettò a stringere contatti col Magno: quest'ultimo fu raggiunto infatti da un Greco di Dionisopoli (oggi Baltschik, in Bulgaria), un tale Acornione, un inviato ufficiale di Burebista, che si complimentò con lui per la vittoria di Durazzo sulle legioni cesariane, dando così un'ulteriore prova della sua inimicizia per Cesare[663].

La potenza crescente dei Daci non poteva non sollecitare la costante

---

[662] GIORDANE, *Getica*, 10, 67-73.

[663] *SYLLOGE INSCRIPTIONUM GRAECARUM*, III, 762; S. SHEPPARD, *Farsalo, Cesare contro Pompeo*, Osprey Publishing/RBA Italia, Milano 2010, p. 53; L. FEZZI, *Pompeo*, Salerno Editore, Roma 2019, p. 236.

attenzione di Cesare; nel 55 a.C., infatti, dopo la conquista delle colonie greche sul Mar Nero (come Olbia, Istria, Tomi, Odessa e molte altre) e l'inglobamento degli eserciti oplitici ellenici locali nella sua armata, Burebista poteva contare su un esercito di ben 200.000 uomini, una grave minaccia per gli interessi romani sul Danubio. Cesare dispose di trasferire in Macedonia, in vista dell'inizio delle ostilità, sei legioni (36.000 soldati) e vari reparti di ausiliari e di cavalieri; la base operativa della campagna fu fissata ad Apollonia, sulla sponda opposta dell'Adriatico, dove inviò fra l'altro il giovane nipote Ottavio, a cui intendeva dare un ruolo di comando nell'imminente scontro. Cesare fissò la propria partenza dall'Urbe tra il 17 e il 18 marzo del 44 a.C.: avrebbe raggiunto egli stesso Brindisi via terra e da lì avrebbe navigato in direzione di Apollonia, dando il via alle ostilità.

Questi piani tuttavia erano destinati a rimanere allo stato embrionale, perché il pugnale di Bruto fermò la vita del condottiero al 15 marzo di quello stesso anno. Anche Burebista, del resto, fu assassinato di lì a pochissimo da una congiura dell'aristocrazia dacica e alla sua scomparsa il potente regno si frazionò in quattro aree in lotta reciproca, cessando di costituire per diverso tempo un problema per i Romani.

Appendice 4

§. La Marcia su Roma di Cesare vista da Mussolini[*]

    In occasione del sesto centenario della morte di Dante Alighieri (1921), di cui serbava gelosamente i resti, Ravenna iniziò a mutare volto, con una risistemazione urbanistica in grande stile, specialmente nella cosiddetta "zona dantesca" della città e nella vicina Piazza del Littorio (oggi Piazza Caduti per la Libertà).

    Nel 1922, com'è noto, salì al potere Benito Mussolini, a seguito della Marcia su Roma, e il nuovo regime fascista diede un forte impulso al riassetto cittadino. Nel 1935, infatti, il Comune di Ravenna, volendo rinnovare in modo radicale gli spazi del centro urbano ed offrire una ravvivata immagine dell'antica capitale dell'Impero Romano d'Occidente, approvò il progetto per la costruzione di una nuova Piazza del Mercato (l'attuale Piazza Kennedy); tra il 1937 ed il 1939, inoltre, furono avviati importanti lavori che interessarono l'isolato del vecchio quartiere ebraico, gli Orti Rasponi – di fronte a Palazzo Rasponi Teste – le rovine della chiesa di Sant'Agnese e di altri edifici antichi, che vennero completamente spianati in vista dell'apertura della nuova piazza.

    Cuore di quest'ultima, nuovissima area pubblica, sarebbe stato il Palazzo dell'Associazione Nazionale Mutilati ed Invalidi di Guerra, simbolo dell'impegno del regime nel valorizzare lo sforzo ed i sacrifici dei reduci della Grande Guerra, in netta rottura con la tendenza dei governi liberali precedenti[664]. La progettazione dell'edificio fu affidata a Matteo Focaccia, che vi lavorò senza interruzioni dal 1938 al 1942: la versione definitiva, come la vediamo ancora oggi, è quella di un ampio stabile allungato e asimmetrico, dalle forme imponenti, secche e geometriche, con la facciata in mattoni a vista.

    Per la decorazione della facciata, intorno all'ampio atrio d'ingresso a pilastri, furono commissionate numerose sculture e bassorilievi. Sopra l'ingresso campeggia tuttora la citazione dantesca «Dall'alto scende virtù che m'aiuta». Nel salone d'onore interno vennero posti, tra il 1940 ed il 1941, cinque pannelli a mosaico che, per unanime parere degli storici dell'arte, rivestono un grande valore artistico ed un'innegabile importanza nella storia

---

[*]Contributo apparso originariamente come M. RIZZOTTO, *La marcia su Roma di Giulio Cesare vista da Mussolini*, «Pubblicazioni dell'Istituto Comprensivo 'Dante Alighieri' di Cologna Veneta», IV/3, 2019/2020.

[664] Sulla Casa del Mutilato di Ravenna si vedano I. Simonini, *La nuova "Casa del mutilato" di Ravenna: storia arte architettura Ravenna*, Edizioni del Girasole, Ravenna 2002; S. BARISIONE, M. FOCHESSATI, G. FRANZONE, *Antonio Giuseppe Santagata. Rappresentare la Guerra*, Sagep Editori, Genova 2014.

del mosaico moderno. Essi furono quasi immediatamente celati per protezione dai bombardamenti alleati: riportati alla luce nel 1994, sono attualmente visitabili previo accordo con la proprietà.

Entriamo nell'edificio in quella che oggi è nota come Sala dei Mosaici ed osserviamo da vicino le opere d'arte in questione, ispirate all'antica tradizione musiva ravennate e, al contempo, dai nuovi dettami dell'arte fascista.

I mosaici, che rapiscono lo sguardo, sono opera dei maggiori maestri mosaicisti del XX secolo, tutti formati alla rinomata Scuola del Mosaico dell'Accademia di Belle Arti di Ravenna. I tre pannelli della parete principale furono realizzati da Renato Signorini in collaborazione con Werther Focaccia e Libera Musiani, su cartoni di Giovanni Majoli, e rappresentano tre conflitti ritenuti capitali per la storia d'Italia: la *Prima Guerra Mondiale* (1915-1918), la *Guerra d'Africa* (1935-1936) e la *Guerra di Spagna* (1936-1939). Per il pannello della I Guerra Mondiale – si noti di passaggio – si raccolgono ciottoli sulle rive del Piave per via del loro valore simbolico (dal fronte sul fiume Piave partì infatti la riscossa dell'esercito italiano contro l'Austria), frantumati poi in tessere.

Ma ciò che attira maggiormente la nostra attenzione è un'altra scena. Nella parete minore della sala, infatti, è visibile un altro pannello, realizzato basandosi su un cartone di Anton Giuseppe Santagata dai mosaicisti Antonio Rocchi e Ines Morigi Berti. Rappresenta *Giulio Cesare a cavallo che varca il Rubicone*. Sullo sfondo della scena si intravede una città turrita: una stilizzazione di Ravenna con i suoi monumenti e il porto. I tratti del volto del cavaliere, osservati con attenzione, sono chiaramente ispirati a quelli di Mussolini. Qui lo stile è più tradizionale, con un'impostazione classica della scena, che richiama i mosaici di Sant'Apollinare.

Il pannello, a sviluppo orizzontale, raffigura Giulio Cesare, in abiti militari e in groppa ad un cavallo bianco, intento a marciare verso il fiume Rubicone, seguito da due legionari che reggono insegne e stendardi. Sullo sfondo composto da tessere dorate si stagliano le mura della città di Ravenna, ritratta secondo l'iconografia tipica, oltre le quali si intravedono edifici di vario tipo e gli alberi di due navi. Il paesaggio è brullo e dal terreno spuntano solo radi arbusti.

Questo pannello "cesariano" – si badi bene – trovava corrispondenza in quello, oggi perduto, raffigurante il Duce a cavallo alla testa degli squadristi in camicia nera marcianti, tra labari e gagliardetti, verso le mura di Roma. Il pannello con Mussolini, anch'esso a sviluppo orizzontale e collocato significativamente al di sotto di quello di Cesare, cui intendeva esplicitamente richiamarsi, fu dapprima danneggiato dai partigiani, poi smontato e probabilmente demolito per far posto ad una porta di accesso al salone. Ce ne resta però un dettagliato cartone preparatorio a firma di Anton Giuseppe

Santagata, che può restituirci un'idea di quanto perduto.

Perché questo richiamo voluto ed esplicito dell'arte fascista – ed in ultima analisi dello stesso Mussolini – a Giulio Cesare? Cosa vi era alle radici di questa fascinazione per il personaggio dell'antico condottiero e dittatore perpetuo che spingeva il Duce a guardarne con ammirazione le gesta, cercandovi un precedente? In buona sostanza, perché Mussolini modellò idealmente – e fin dal primo momento – la propria Marcia su Roma del 1922 a quella analoga compiuta da Giulio Cesare nel 49 a.C.? La domanda non è oziosa, né scontata, in quanto vi fu chi – prima e dopo Cesare – compì analoghe puntate su Roma per conquistarvi il potere assoluto: pensiamo a Silla, a Caio Mario o allo stesso Ottaviano, che di Cesare era figlio adottivo. Cosa avevano di sbagliato le "marce su Roma" di costoro da essere ideologicamente scartate come modello, a vantaggio di quella cesariana? Cercheremo, nelle pagine che seguono, di rispondere con ordine a questi quesiti, al fine di fare luce su uno dei momenti più importanti della storia dell'Italia contemporanea.

*
* *

Tra il 23 marzo ed il 4 aprile del 1932, Benito Mussolini, Duce del Fascismo e Presidente del Consiglio del Regno d'Italia, concesse allo scrittore, storico e biografo tedesco Emil Ludwig una serie di incontri riservati nell'austera cornice di Palazzo Venezia, a Roma, mentre egli era intento a sbrigare le numerose pratiche che ingombravano la sua scrivania.

Ludwig conosceva bene il "suo" uomo, nonché la passione che egli nutriva nei riguardi di Giulio Cesare, passione che non andava disgiunta da una profonda conoscenza intorno a tutto ciò che lo riguardava. Giustamente, Blasi ha recentemente rimarcato che l'ultimo autentico e grande ammiratore di Cesare, fra gli uomini di Stato, fu per l'appunto Mussolini[665]. Per stuzzicare il Duce nel corso della lunga intervista, lo scrittore tedesco gli citò una frase di Fuad I, re dell'Egitto (1868-1936), che si chiedeva se nel corso della Storia fosse mai esistito un uomo di Stato che, impadronitosi a viva forza del potere, fosse stato amato.

Mussolini, nel cui volto, quando non lo vuole nascondere, si preannuncia il tono di ogni risposta, divenne nuovamente serio, espresse con tutta la forza la sua volontà (in questi momenti sembra più giovane), ed esclamò dopo una lunga pausa: "Forse Cesare. L'uccisione di Cesare fu una disgrazia per l'umanità". Poi aggiunse sottovoce: "Io amo Cesare. Egli solo riuniva in sé la volontà del guerriero con l'ingegno del saggio; in fondo era un filosofo, che contemplava tutto *sub specie*

---

[665] M. BLASI, *I dieci incredibili avvenimenti che hanno cambiato la storia dell'antica Roma*, Newton Compton, Roma 2019, p. 141.

aeternitatis. Sì, Cesare amava la gloria, ma il suo orgoglio non lo separava dall'umanità".[666]

L'ammirazione del Duce per Cesare giungeva fino al punto da definirlo il più grand'uomo mai incarnatosi nell'umanità dopo Cristo[667], anche se tale giudizio altamente positivo non era acritico; nel proseguimento dei colloqui con Ludwig, Mussolini prese infatti le difese dell'antico dittatore, precisando:"Si dovrebbe giudicare Cesare dal fatto che egli ha condannato Vercingetorige all'estremo supplizio. Senza quest'ombra, la sua vita sarebbe anche più bella, ma sarebbe egualmente insensato condannare questa gigantesca figura storica soltanto per quel motivo".[668]

Nonostante la grande distanza temporale da Cesare, Mussolini si sentiva ancora turbato dalla sua fine inopinata e violenta; alcuni studiosi potrebbero frettolosamente concludere che egli vi prefigurava la propria, ma non è così: l'analisi del Duce è molto più sottile; allorché Ludwig gli chiese se, vedendo una rappresentazione del *Giulio Cesare* di Shakespeare a teatro, ne sorridesse o ne approfittasse per studiare il personaggio, egli rispose afferrando una copia del dramma shakespeariano dalla sua scrivania e affermando[669]:

"Ecco *Cesare*", disse sfogliando un'edizione francese di Shakespeare. "Una grande scuola per i governanti. Pensavo proprio come persino Cesare, negli ultimi giorni, fosse diventato vittima delle belle frasi". "Cesare nella realtà storica o Cesare personaggio del dramma?".
"Probabilmente anche il vero Cesare", disse egli pensoso. "Perché non volle esaminare la lista dei congiurati, che pure gli era stata consegnata? O si lasciò forse uccidere perché sentì di essere un uomo finito? In questi casi sono uno spettatore attento e faccio i miei confronti qui a questo tavolo. I grandi problemi del potere sono pur sempre rimasti gli stessi: come si governa, e come si governa senza contrasti".
"Considera Cesare un modello?".
"Non precisamente", rispose Mussolini, chiudendo il libro e riponendolo. "Ma tutta la pratica delle virtù latine mi sta dinanzi. Esse rappresentano un patrimonio che cerco di usufruire".

Pochi giorni dopo la fine dei colloqui con l'autore tedesco, il Duce, in occasione del Natale di Roma (21 aprile), inaugurò solennemente il Foro di Cesare, fermandosi in ammirazione davanti alla sua statua di bronzo, copia

---

[666] E. LUDWIG, *Colloqui con Mussolini*, Castelvecchi, Roma 2018, p. 32.

[667] ID., ivi, p. 83.

[668] ID., ivi, p. 64.

[669] ID., p. 91; in un telegramma dell'11 maggio 1936 a Badoglio, conquistatore dell'Abissinia, Mussolini dimostra di dare grande importanza al nome di Cesare, quale sinonimo di signore dell'impero romano: "Il titolo di Negus Neghesti [*Re dei re*] del capo del cessato impero etiopico non è evidentemente tale da poter essere attribuito a S.M. il Re neppure nelle lingue indigene. V.E. disporrà che, negli atti ufficiali, il titolo di imperatore assunto da S.M. sia tradotto in etiopico: QESAR – ZA – ITIOPIA, riprendendo cioè il titolo di QESAR dato in etiopico agli imperatori di Roma. Analogamente in arabo il titolo dirà: QAISA AL-HABASCIAK" (A. DEL BOCA, *Gli Italiani in Africa Orientale*, II, *La conquista dell'impero*, Mondadori, Milano 2001, pp. 726-727).

dell'originale di età traianea esposto in Campidoglio. Nel marzo del 1933, in occasione di un viaggio a Roma, il sacerdote riminese Domenico Garattoni suggerì a Mussolini di donare a Rimini una copia della statua, richiesta che Mussolini accolse di buon grado.

Il 13 aprile del 1933 il podestà di Rimini, Palloni, ringraziò con un telegramma il Duce per il dono e costui gli rispose: "La statua di Giulio Cesare che ho deciso di offrire alla vostra città sarà eguale a quella in bronzo che sorge in Via dell'Impero. Se possibile, la innalzerete sulla colonna dalla quale Giulio Cesare parlò ai militi della XIII legione dopo che, tratto il dado e varcato il Rubicone, ebbe deciso la marcia su Roma. Ogni anno agli Idi di marzo voi avrete cura di adornare con fiori la statua del fondatore dell'Impero Romano".

La statua di Cesare giunse a Rimini il 27 giugno e venne posizionata in Piazza Giulio Cesare (oggi Piazza Tre Martiri), alla base della Torre dell'Orologio, ma su un nuovo basamento, non sul piedestallo da cui Cesare avrebbe arringato i legionari della XIII: lo impedivano l'eccessivo peso della scultura ed il precario stato di conservazione del cippo. La posa della statua venne così inaugurata il 10 settembre dello stesso anno, alla presenza delle autorità locali e di tutta la città, opportunamente decorata per l'occasione.

Dopo varie vicissitudini belliche la statua fu collocata nella locale caserma "Giulio Cesare", presso la quale si trova ancora oggi, mentre nel 1996 la giunta comunale riminese deliberò di ricollocare una copia dell'effige in Piazza Tre Martiri[670].

Ma torniamo al Duce. Sette anni dopo l'incontro con Ludwig, nel 1939, Mussolini si era messo da tempo a tavolino con il drammaturgo Giovacchino Forzano (era la terza volta che collaborava con lui, dopo aver scritto i drammi teatrali *Campo di Maggio*, sulla caduta di Napoleone, e *Villafranca*, incentrato su Cavour, entrambi poi trasposti cinematograficamente per la regia dello stesso Forzano), con un nuovo lavoro che avrebbe avuto stavolta Giulio Cesare per protagonista.

I primi due drammi scritti a quattro mani da Forzano e Mussolini avevano ottenuto un ottimo successo, riscuotendo il consenso del pubblico e della critica. Quando, per esempio, *la sera del 20 dicembre 1930, fu rappresentato al Teatro Argentina di Roma Campo di Maggio*, tutto il numeroso pubblico accorso ad assieparne le poltrone sapeva che vi si sarebbe svolto un evento straordinario. Nel palco d'onore sedeva Mussolini *in persona con quasi tutta la famiglia (ovvero la moglie Rachele ed i figli Bruno e Vittorio) ed intorno era possibile vedere il governatore di Roma, numerosi esponenti politici fascisti e la créme* del mondo artistico e letterario italiano. Sui cartelloni all'ingresso non figurava il nome di Mussolini come coautore, ma le

---

[670] Per la storia del monumento si veda C. RAVARA MONTEBELLI, *Alea iacta est: Giulio Cesare in archivio*, Il Ponte Vecchio, Rimini 2010, pp. 81-117.

notizie e le indiscrezioni erano girate rapidamente, ed il pubblico ne era ormai al corrente.

Era da molto tempo il Duce pensava di scrivere un'opera teatrale e lo spunto decisivo gli era giunto dalla lettura del *Napoleone* di Emil Ludwig, il suo famoso intervistatore. Per motivi di tempo e di opportunità politica, egli non volle però scriverla del tutto personalmente e ne affidò la stesura a un professionista. La scelta non fu facile, ricorda Scarpellini, dato che Mussolini non intendeva certo collaborare con un autore drammatico di secondo piano, ma non era semplice individuare fra i nomi più in vista lo scrittore che avrebbe assunto un simile incarico.

Alla fine Mussolini optò per Giovacchino Forzano, a cui era legato anche per stima ed amicizia personale. Costui, che era nato a Borgo San Lorenzo nel 1884, aveva iniziato la sua carriera come giornalista e si era poi dedicato al lavoro teatrale, scrivendo drammi di successo e libretti d'opera anche per Puccini.

Grazie a vari incontri e ad una fitta corrispondenza, Forzano scrisse *Campo di Maggio* seguendo con incondizionata fedeltà le indicazioni dategli da Mussolini. L'opera racconta i cento giorni di Napoleone, rievocando la battaglia di Waterloo e i successivi tentativi dell'imperatore di ottenere nuovi aiuti dal parlamento; e si chiude alla Malmaison, dove Napoleone, circondato dalla famiglia e pochi amici, vede crollare le sue residue speranze di riscatto e il sogno di una nuova vita in America. Il tono del dramma è cupo e pessimista, per sottolineare il dolore del protagonista, rimasto solo dopo la sconfitta e alla mercé dell'intrigante ministro di polizia Fouché. La rappresentazione fu un grande successo e tutti i giornali fecero ampie cronache positive il giorno.

Mussolini permise che all'estero il suo nome comparisse ufficialmente accanto a quello di Forzano. Soprattutto nella versione francese *Les cent jours*, il dramma suscitò così un notevole interesse, anche per la curiosità.

L'eccellente riuscita del lavoro teatrale incoraggiò Mussolini a proseguire nella collaborazione con Forzano e già nel 1931 uscì dalle loro penne *Villafranca*, il cui protagonista, questa volta, era Camillo Benso, conte di Cavour e, tra le immancabili polemiche. Circolò sottobanco la voce che lo scopo ultimo dell'opera fosse di dimostrare che il Primo Ministro contasse più del Re d'Italia). Alcuni anni dopo, nel 1939, la coppia Mussolini-Forzano presentò *Cesare, un'opera in cui il riferimento al Duce e l'esaltazione della romanità erano palesi. Anche questi drammi ebbero un buon successo di pubblico, in Italia e all'estero, e si pensò a una loro trasposizione cinematografica (effettivamente realizzata per Campo di maggio e Villafranca,* con la regia di Forzano e sotto la meticolosa supervisione dello stesso Duce).

Già nel 1934 vi era trepidazione per l'uscita del *Cesare* di Mussolini, tanto che il *Corriere della Sera* ne diede enfaticamente notizia con largo anticipo, costringendo i quotidiani a pubblicare, in occasione dell'Epifania dello stesso anno, una velina che ammoniva:

Il *Corriere della Sera* ha annunziato come imminente una rappresentazione di *Giulio Cesare* di Mussolini e Forzano. Va osservato, in primo luogo, che ancora il dramma non è pronto e che poi – e questo vale come regola di massima – il nome di Mussolini non va assolutamente trattato così; non si può unire un nome simile ad un altro come se si trattasse di due qualsiasi commediografi. Quando e se l'opera sarà compiuta bisognerà dire *Giulio Cesare* di Forzano su trama di Mussolini[671].

L'opera, un intenso dramma in tre atti, che narrava con grande pathos e sapiente introspezione dei personaggi le vicende di Cesare dallo scoppio della guerra civile al suo assassinio (49-44 a.C.), alla fine uscì dalle mani del Duce, che ne caldeggiò a Forzano la trasposizione cinematografica, scrivendogli per il tramite del genero, il conte Galeazzo Ciano[672]:

Caro Forzano, eccole il copione di *Cesare*: trama per il teatro e per il cinematografo. Per l'esecuzione, sia del *Campo di Maggio* che del *Cesare*, è lasciata a Lei la libertà di scelta tra Roma e la Toscana. Ma è fatto presente che, specialmente per il *Cesare*, saranno indispensabili le visioni e i panorami dell'Urbe.

Il *Cesare* di Mussolini, messo in scena con buon successo di pubblico e critica a Roma, alla Scala di Milano e in Ungheria, era atteso anche sui palcoscenici di Parigi, Londra, Varsavia e persino di Broadway, ma lo scoppio della Seconda Guerra Mondiale, in quello stesso 1939, interruppe le rappresentazioni teatrali e persino la pubblicazione cartacea del testo dovette essere rimandata a dopo la morte dell'autore e al termine del conflitto bellico, nel 1954, ad opera del solo Forzano. Del film, naturalmente, non si parlò più.

Facili giudizi critici hanno visto in quest'opera un'ennesima esaltazione della romanità tanto cara al regime fascista e una sorta di identificazione di Mussolini in Cesare non priva di ispirazione profetica sugli eventi che si sarebbero susseguiti. Nel suo denso articolo su Mussolini drammaturgo, che è fin qui servito da preziosa fonte, Emanuela Scarpellini afferma:

Cesare soccombe per il tradimento di Bruto. Forse, più che presagire un funesto destino, Mussolini pensava di affiancarsi simbolicamente ai grandi eroi del passato. E come loro, si sentiva

---

[671] E. SCARPELLINI, *Un palcoscenico per Mussolini: il Duce amava presentarsi come uomo di cultura, per questo scrisse opere teatrali in collaborazione con Giovacchino Forzano*, "Il Giornale", 11 gennaio 2006.

[672] G. FORZANO, *Mussolini autore drammatico. Campo di Maggio. Villafranca. Cesare*, G. Barbera Editore, Firenze 1954, p. XXXIV.

predestinato ad alte imprese, nonostante l'insipienza e la doppiezza di amici e collaboratori: la volontà del campione avrebbe comunque contrastato il destino avverso e scelto la via di una fine tragica ma gloriosa.

C'è però indubbiamente dell'altro: la ricerca storica operata da Mussolini è meticolosa ed il taglio cinematografico dell'opera è encomiabile: i personaggi sono complessi e approfonditi con rara capacità di introspezione, specialmente in Cesare; il suo incontro con Cleopatra è memorabile e delicato al tempo stesso ed è chiaro che il Duce sta compiendo il duplice e non facile sforzo di entrare nella mente di Cesare e in quella dei cospiratori, che sono ben lungi dal rappresentare macchiette o facili stereotipi. Ma avremo modo di citare i brani più rilevanti in corso d'opera.

La scena più tragica, a nostro personale avviso, è posta alla fine del primo quadro del terzo atto, ovvero il momento in cui Cesare spiega all'indovino Rabirio, che lo mette in guardia intorno alle Idi di Marzo, che non potrebbe desiderare miglior guardia del corpo di quella costituita dall'amore del popolo romano, proprio come Mussolini rammentava a Ludwig nel corso dei loro colloqui.

Entra l'indovino.
Cesare: Che gridi tu?
Indovino: Volevo arrivare a farmi ascoltare da te: Cesare, guardati dagli Idi di Marzo…
Cesare: Tu sai leggere le stelle? Che ti hanno detto?
Indovino: Che tu hai licenziato la tua guardia…Riprendila…fa' che ti segua sempre e ti guardi…
Un silenzio.
Cesare: Io ho licenziato la mia guardia? (*Sorride*). Non potrei…è troppo grand*e…ascolta la sua voce.*
Va per parlare al popolo. Appena si mostra un grido d'amore riempie il cielo.

La vigilia dell'attraversamento del Rubicone e l'atteggiamento dissimulatore di Cesare è stato meditato a lungo anche da Benito Mussolini che, fa rilevare Antonio Spinosa, lo adottò anch'egli alla vigilia della marcia su Roma del 1922[673]:

Mussolini a Milano ostentava indifferenza. Si recava con la moglie, con Edda (…) al teatro Manzoni in cui si rappresentava il *Cigno* di Molnár. Molti binocoli venivano puntati su di lui, quando nella sala si accendevano le luci. Appena si faceva buio. Mussolini lasciava il suo posto per parlottare nei corridoi, non visto, con alcune persone del seguito. All'inizio del secondo atto sussurrò all'orecchio della moglie: "Tutto è pronto", e di soppiatto lasciò il teatro. Si poteva osservare che similmente Giulio Cesare, prima di attraversare il Rubicone, aveva finto di interessarsi ad un combattimento fra gladiatori nell'arena di Ravenna, per allontanare da sé ogni sospetto sulla preparazione del colpo di mano.

---

[673] A. SPINOSA, *Mussolini. Il fascino di un dittatore*, Mondadori, Milano 2018, p. 131.

È interessante altresì notare come Mussolini stesso ricostruisca questi momenti precedenti alla marcia su Roma di Cesare, sottolineando la capacità di quest'ultimo di affettare indifferenza per poi prendere repentinamente il controllo della situazione. Mussolini profuse in questa ricostruzione tutto il suo repertorio (oggettivamente vasto) di conoscenze sul mondo antico, per rendere più credibile la scena. Dai pochi dettagli forniti da Svetonio egli ridiede vita ad un intero mondo, aggiungendovi a profusione dettagli e particolari del tutto coerenti con quanto si poteva sapere del mondo romano. La sua analisi psicologica di un Cesare dissimulatore, inoltre, è particolarmente fine e convincente, sebbene basata – evidentemente – anche sulla propria esperienza personale. Rileggiamo parte dell'atto II del *Cesare* per comprendere come egli rielaborò e fece suo il racconto svetoniano[674]:

A Ravenna, la grande stanza di Cesare; nel fondo, a sinistra, scalini davanti alla grande porta della stanza dei conviti. La più serena pace contrasta coi tumulti che abbiamo lasciato. Cesare in piedi, è volto verso certi disegni che sono su di un cavalletto. L'autore dei disegni, vicino a lui. Alcuni musici; un gruppo di attori da una parte. Tre di Ravenna: Menio e Caio, nobili cittadini; Publio, vecchio ufficiale. Un Britanno e un Gallo, ancora molto barbari. Alcuni schiavi. Due schiavi vigilano un braciere di quelli con le quattro torrette ai lati: due, i bollitori per le bevande calde. Sono molto più belli delle nostre moderne teiere. Quello che forse sorprenderà il pubblico sarà il vedere a destra, presso il gruppo dei musici, un organo non grande, con le canne (otto) d'argento, trasportabile. Quando tutto questo quadro appare, è sera.

CESARE (*interrompe con un cenno della mano la suonatrice di flauto*): Aspetta (*osserva ancora i disegni*). Voglio che qui a Ravenna sorga il più bel teatro di gladiatori. (*Ai tre di Ravenna*) E voglio vederlo sorgere mentre noi sverneremo a Ravenna. Perché avete qui una magnifica scuola…Architetto, l'architettura è ottima. Voglio più armoniose le scalette e più porte d'ingresso: dovranno essere trentacinque. Ma non basta l'architettura. Tu non sei gladiatore; voglio che tu interroghi gli uomini del mestiere perché possano consigliarti qualche accorgimento che l'esperienza può aver loro insegnato.
A Publio:
Hai fatto chiamare il gladiatore?
PUBLIO: Còtilo? Sì, Cesare; attende.
CESARE: È l'uomo che voglio darti.
PUBLIO: Cesare, è fra i più gloriosi gladiatori nostri; non è più giovane, ma è ancora fortissimo e tanto amato dalla folla. Quando oggi tu gli hai salvato la vita, hai udito l'ovazione della gente?
CESARE: Non ho mai veduto in un combattimento di gladiatori nulla di più eroico. Tu, amico della Britannia e tu, uomo della Gallia … perché non siete venuti oggi al teatro?
Con tono di lieve e sorridente rimprovero ai due:
Mandrubracio, Diablinto… voi trascorrete a Ravenna alcune ore del giorno in un certo mistero… ma di questo più tardi. Avete perduto un combattimento che ha dato entusiasmo… chiamate quel gladiatore.
Uno schiavo esce.
Non sono riuscito a comprendere come sia caduto a terra dopo avere con tanta bravura combattuto. Gli ho salvato la vita mentre il suo avversario era per scannarlo.
CÒTILO (*Entra e si butta ai piedi di Cesare mugolando di riconoscenza*): Cesare!…

---

[674] BENITO MUSSOLINI, *Cesare*, atto II, pp. 376-401.

CESARE: Bravo. Quando sei caduto hai offerto la gola alla spada dell'avversario in modo degno di
essere scolpito. Avevi la punta del ferro qui (*accenna la gola*) e potevi sentire il grosso della lama…
hai prima guardato il cielo, poi hai chiuso gli occhi perché nessuno ti vedesse piangere… Hai
pensato alla tua donna…
Còtilo ha un rantolo che sembra un singhiozzo.
Come sei caduto a terra? Non ho compreso.
CÒTILO: Cesare… nel circo è un inganno tremendo! …Non hanno trovato ancora da gettare dove
si combatte… una polvere… un'argilla… qualcosa che si imbeva di sangue meglio che la terra. E
il nostro pericolo è scivolare nel sangue, come ho fatto io oggi. Misero agguato! Eppure, si può
essere fortissimi, come io lo sono ancora, Cesare… e cadere nell'inganno del sangue.
Lieve pausa. La stanza è molto nella penombra.
CESARE: Luce.
Gli schiavi accendono candele e lampade. All'architetto:
Ecco un accorgimento dettato dall'esperienza.
A Còtilo:
Tu non combatterai più nel circo.
CÒTILO (*si alza ora in piedi*): Perché, Cesare? Io non sono vecchio, né commisi delitti; sono
gladiatore volontario: guarda la mia tessera…
CESARE: Tu sei ancora il più forte dei gladiatori… ma non preferisci essere con me?
CÒTILO: Oh…
CESARE: E se avrai voglia di combattere, combatterai nelle mie legioni… Ora tu vigilerai…
Entra da sinistra il centurione Gabrio con una lanterna, come tornasse da un'ispezione.
Gabrio?…
GABRIO (*guarda Cesare*): Cesare, l'accampamento è tranquillo e i legionari sognano.
CESARE: Questo è il gladiatore ai tuoi ordini. (*A Còtilo*): Va' e obbediscilo.
Escono Gabrio e Còtilo. All'architetto:
Tu parlerai con lui quando vorrai.
Alla suonatrice di flauto:
Ti ho interrotta perché sempre a quel momento della melodia il suono si falsava e una modulazione
era fievole…Eppure tu sei valentissima… riprova.
LA SUONATRICE: Cesare… tu hai bene giudicato. Ma potrei riprovare altre cento volte… Non è
mia la colpa…è dello strumento.
*Uno strano e comico imbarazzo è nel Britanno e nel Gallo. I Ravennati e anche qualche schiavo
sorridono.*
CESARE: Ma di che legno è fatto questo strumento? Non è né cedro né sicomoro… (*lo osserva*)
LA SUONATRICE: Infatti… è orribile!
CESARE: E non puoi cambiarlo?
LA SUONATRICE: Sei tu che me lo ordini?
Ora Cesare nota l'imbarazzo nei sorrisi che sono evidentissimi.
CESARE: Quale mistero racchiude questo flauto?
LA SUONATRICE (*accenna Mandrubracio e il Britanno*): Sono i flauti della sua bottega!
Ora la giocondità non è più trattenuta.
CESARE (*con ameno stupore*): Tu hai una bottega di flauti? Uomo della Britannia, sei a Ravenna
da appena venti giorni e hai già qui una tua bottega?
IL BRITANNO (*timido e barbaramente grazioso*): Era il nostro mistero… nella mia isola i suoni
erano soltanto quelli che danno le grandi conchiglie vuote. Qui…oh… da una canna… tanti voli
di uccelli… Ho venduto una delle mie perle e ho comprato una bottega di una di queste canne…
LA SUONATRICE: Ma li fa col legno dei pini di Ravenna!
IL BRITANNO: Sì, perché un altro uomo voleva un'altra perla per un legno suo… per fare queste
canne… di alberi che lui diceva… ho creduto inganno, gli uccelli si posano su tutti gli alberi…
tanti sui pini qui di Ravenna… e allora perché questo legno di pino non è buono?
CESARE (*sorride*): Perché vi sono alberi che sanno imparare il canto degli uccelli quando uno di

costoro (*e accenna i suonatori*) glielo sa chiedere, e altri che non lo sanno imparare.
IL BRITANNO: Aaaaaah…
Ora è convinto. Al Gallo:
Tu comprerai quel legno coi tuoi guadagni!
CESARE: Sei con lui anche tu?
IL GALLO: No. Noi non siamo barbari come gli abitanti dell'isola selvaggia. Noi sappiamo i suoni e i canti.
CESARE: E allora che cosa ti ha colpito di più, qui in Italia?
IL GALLO: La delicatezza del desiderare le cose. Non credèvo esistesse tanta eleganza… Gli anelli da inverno e gli anelli da estate! Per sigilli e ornamenti, pesanti d'inverno e leggeri d'estate.. tutto insegnate voi in guerra e in grazie… Mi ha prestato una perla e ho fermato in una bottega cinque gemmari ambulanti!
CESARE: Auguro fortuna ai vostri negozi. Ma stasera tu suonerai col tuo strumento in attesa che gli arrivi il cedro e il sicomoro. (*Ai flautisti*) Voi, all'inizio. Tu, con l'organo, alle libazioni. Poi la commedia. Volevo intrattenermi con voi. (*Agli attori*) Ma è tardi e debbo ancora vestirmi per il banchetto… (*si avvia verso destra. Al capo degli attori:*) Che commedia reciti?
L'ATTORE: Come tu hai voluto: né Plauto né Terenzio: Afranio.
CESARE: Il *Divorzio*? Ve ne sono troppi a Roma.
L'ATTORE: No… *Thais*: il secondo atto.
CESARE: No. Vorrei l'atto dell'Egitto; quando Thais seduce Tolomeo.
L'ATTORE: Non è il più bello…
CESARE: È vero. Ma stasera amo sentir parlare di quella terra. Sei pronto?
L'ATTORE: Sì, Cesare. (*Mentre Cesare s'avvia:*) Ma ti chiedo: concedimi, Cesare, una volta di recitare dinanzi a te il tuo *Edipo*.
CESARE: Tu hai recitato quella mia tragedia?
L'ATTORE: Sì, Cesare. E mia figlia ottiene sempre un grande successo quando declama le tue liriche *Le lodi ad Ercole*.
CESARE: Ascolterò l'una e l'altra.
L'ATTORE: Quando?
CESARE: Tu rimani a Ravenna?
L'ATTORE: Domani ancora. Poi, se tu non hai ordini, partiamo per Rimini.
CESARE: Tu reciterai il mio *Edipo* forse domani, forse un altro giorno che ti dirò. Da Ravenna a Rimini è breve il viaggio. Per voi. Disponetevi nella sala del convito. (*Musici e attori si avviano*) Publio, miei fidi ospiti di Ravenna, ricevete voi i convitati. Vi raggiungo.
Esce seguito dai barbari e dagli schiavi. Appena uscito, i tre Ravennati fanno conciliabolo, come tre spie.
CAIO: È questo un uomo che medita rischiose imprese?…
PUBLIO: A Roma hanno paura delle ombre…in tutto il giorno non una parola sulle vicende della cosa pubblica…Avete spedito i messaggi a Pompeo?
MENIO: Sì, abbiamo tranquillizzato, abbiamo detto che avvertiremo se egli richiamasse legioni dalla Gallia.
PUBLIO: Ma che cosa temono a Roma?
CAIO: Egli ha compreso di aver perduta la partita.
PUBLIO: Governerà la Gallia da Ravenna e gli ozi di Ravenna saranno per Cesare gli ozi di Capua…
Da sinistra, di fuori, un clamore: le voci di Antonio, Cassio, Metello, Curione.
MENIO: Andiamo, ché il ritrovarci qui potrebbe dar sospetto.
VOCI: Cesare!…Cesare!…Via, schiavi!…Cesare!…
LO SCHIAVO (*entra affannoso, come volesse impedire a qualcuno di entrare*): Publio, gente di Roma che chiede di Cesare.
Entrano i disperati sfiniti, come se il loro furore contenuto nel viaggio si liberasse ora.
ANTONIO: (*getta via lo schiavo dalla porta*): Gente di Roma? Tu chiami gente di Roma i tribuni

della plebe, o Ravennate?

PUBLIO: Antonio!…

CAIO: Curione…

Entra da destra il centurione Rabirio.

ANTONIO: Centurione!…

RABIRIO: Antonio…! I tribuni!…

ANTONIO: Di' a Cesare che i tribuni devono subito vederlo!

RABIRIO: I tribuni in abito da schiavi?

ANTONIO: A questa dignità il Senato di Roma ha elevato i tribuni della plebe…Cesare!

Rabirio rientra rapido e anche Publio va ora da Cesare.

CAIO: Ma che avviene in Roma?

CURIONE: Hai bisogno di chiederlo? Guarda, guarda come siamo fuggiti per salvare la vita!

ANTONIO: E così attenderemo che arrivino le legioni dalla Gallia!…così dovranno vederci quei legionari e ricondurci a Roma con la forza delle loro spade!

CAIO: Le legioni della Gallia? Questo tu vieni a chiedere a Cesare?

MENIO: Tu vieni ad invocare la guerra civile?

ANTONIO: È il senato di Roma che ha dichiarato la guerra civile!…

PUBLIO (*rientra tranquillo e lievemente ironico. I disperati aspettano che parli*): Cesare vi chiede di attenderlo, di non turbare il suo convito…e di prendervi parte. I maggiori di Ravenna saranno al festino e già attendono.

Antonio, Curione, Metello, Cassio non credono a quello che ascoltano.

CURIONE: Prendere parte al convito?!?

Entra Cesare vestito per il banchetto, seguito dai suoi. Calmo e sereno.

ANTONIO: Da tre giorni e tre notti siamo senza sonno e senza cibo.

CESARE: E perché mi rimproveri di offrirti riposo e ristoro?

I disperati si guardano delusi, egli non chiede nulla e nessuna sorpresa dimostra nel vederli così vestiti. Ora è Metello che parla, che era dietro agli altri.

METELLO: Alle nostre anime devi dare ristoro, Cesare!

CESARE (*vede ora Metello*): Metello? Anche tu sei qua?

METELLO: Io ti porto un messaggio del console di Roma. È scritto sulle mie spalle a colpi di verga: "Cittadino romano, fatto da Cesare, io ti condanno alle verghe; mostra a Cesare le tue spalle piagate per dirgli lo spegio in cui teniamo le sue leggi". Obbedisco al console di Roma!

(…).

CESARE (…): Schiavi, del vino caldo con gli aromi, ché costoro sono stanchissimi.

Si avvia rapidamente verso la sala del convito; gli schiavi aprono le porte, acclamazioni dei convitati, poi, mentre le porte si chiudono, lieve il suono dei flauti.

(…)

PUBLIO (*rientra, stravolto*): Che accade? I gladiatori hanno circondato la casa e impediscono di uscire a tutti!

(…)

il gruppo si slancia verso la sala del convito, ma si arresta vedendo che dal di dentro si aprono le porte; i flauti cessano e nel silenzio [risuona] *la voce di Cesare:*

LA VOCE DI CESARE: nessuno si levi, ritornerò prima dell'alba. Un attimo di stanchezza, voglio riposare un'ora. Iniziate voi le libazioni. Musico, sii solenne come quando oggi hai provato.

Si leva un suono d'organo come un suono sacro. Cesare entra seguito da Menio, Caio e dai centurioni Gabrio e Rabirio. Mentre egli viene avanti:

ANTONIO: Cesare! La Tredicesima Legione non è più a Ravenna!

(…)

CESARE (*si rivolge ai tre Ravennati; li guarda un attimo in silenzio*): Non avete voi già spedito i vostri messaggi a Pompeo? (*il terrore invade i tre*) Nessun timore. Non vi farò né uccidere né imprigionare. (*A Gabrio*) Potranno tutti uscire di qui all'alba. Punizione lieve per i vostri tradimenti (*ora si volge ai suoi*). La risposta ai consoli: Metello, tu sarai senatore di Roma…Tu

sei buon stratega, Antonio, e bene hai giudicato: per passare il Rubicone occorrerebbero dieci legioni…Se io volessi passarlo per fare la guerra a Pompeo o per punire i consoli o per ricondurre a Roma i tribuni…dieci legioni… Ma per raccogliere le genti del mondo sotto la Dea Roma, , si passa il Rubicone con una legione sola. La Tredicesima è già in marcia verso il fiume; e sulle sponde noi lasceremo tra poco venti puledri liberi in offerta propiziatoria agli dèi e passeremo; e alle prime luci sarà occupata Rimini.
Grida dei suoi.

Il passaggio del Rubicone fu sicuramente il momento emblematico della marcia cesariana. La precisa identificazione di questo celeberrimo corso d'acqua è problematica, in quanto l'alveo del fiume ha subìto notevoli variazioni nel corso dei secoli. L'attuale Pisciatello (chiamato anche Urgòn in antiche carte) è visto da molti come un probabile candidato; nel corso dei secoli, straripamenti e piene avrebbero in effetti modificato, presso la frazione di Calisese (Cesena), l'alveo dell'attuale Urgòn, portandolo a confluire nel Pisciatello, e il vecchio letto del Rubicone sarebbe stato ribattezzato Rigoncello, che oggi si presenta come un modesto scolo di pianura. A tutt'oggi non si è ancora venuti a capo della controversia sulla reale identificazione del fiume, e diversi paesi della provincia di Forlì-Cesena ne reclamano la paternità in base a prove e documenti di diversa entità. La presenza dello storico ponte romano di età augustea a Savignano sul Rubicone (fatto saltare dai Tedeschi durante la II Guerra Mondiale e poi ricostruito con i blocchi originali), proprio sul fiume Rubicone (ex Fiumicino), potrebbe però essere una prova indiziaria nell'identificazione del tracciato. L'attuale paese di Savignano sul Rubicone si chiamava Savignano di Romagna fino al 1933, quando proprio Benito Mussolini, per tagliare corto sulla secolare controversia, decretò che l'allora Fiumicino fosse da ritenersi il vero Rubicone tramite il Regio Decreto n° 1190 del 4 agosto 1933, posizionandovi di lì a poco una statua di Cesare, tuttora esistente, il cui basamento reca la dicitura "S.P.Q.S. C. IVLIO CAESARI DICT. PERPETVO" ("*il Senato ed il popolo di Savignano a Caio Giulio Cesare, dittatore perpetuo*")[675].
Ad ogni modo attraversare in armi quel fiumicello, un labile confine fra l'Italia e la Cisalpina, era di fatto una dichiarazione di guerra a Roma. Non vi era al riguardo una precisa norma scritta ma a ciò è stato posto rimedio nel XV secolo dalla fantasia di un umanista, che partorì il cosiddetto *Decretum Rubiconis*, un'epigrafe che sanciva tale divieto e che era incisa in una lapide posta nei pressi del fiume Pisciatello; tale lapide non è ovviamente di epoca romana ma fu ideata dall'erudito vicentino Vincenzo Ognibene da Lonigo

---

[675] Sull'identificazione del Rubicone si vedano L. FEZZI, *Il dado è tratto. Cesare e la resa di Roma*, Laterza, Roma-Bari 2019, pp. 191-194; A. VEGGIANI, *Il Rubicone. Studi sull'idrografia e sul territorio dell'antico Urgon-Rubicone*, Il Ponte Vecchio, Cesena 1995; P. TURRONI, C. RAVARA MONTEBELLI, G. MAZZUCA, *Processo al Rubicone*, Il Ponte Vecchio, Cesena 2014.

(Vincentius Omnibonus) ed inserita nel suo commento ad un passo della *Farsaglia* di Lucano (1, 185), edito per la prima volta a Venezia nel 1475. La lapide che lo riporta, dapprima collocata sul ponte San Lazzaro, che attraversa il Pisciatello a circa due miglia da Cesena, è ora conservata presso il Museo Archeologico della stessa Cesena. Il testo, sebbene falso, aiuta a restituire i pensieri e i sentimenti di chi, quella fredda mattina di gennaio del 49 a.C. Esso recita[676]:

Chiunque tu sia in armi, condottiero, soldato, recluta, fermati, deponi il vessillo e le armi e non portare oltre questo fiume armi ed insegne! Se qualcuno lo avrà fatto, sarà giudicato nemico del popolo romano, come se avesse recato le armi contro la patria e rubato gli dèi Penati.

Secondo Plutarco, una volta raggiunte le rive del Rubicone e l'armata che lo attendeva, Cesare ristette pensoso ad osservare le pigre acque del fiumiciattolo, con al fianco alcuni ufficiali tra cui l'amico e storico Asinio Pollione. In quei momenti[677],

gli venne fatto di riflettere, dato che era più vicino al pericolo ed era turbato dalla grandezza dell'impresa che stava per compiere, moderò la corsa; poi si fermò e in silenzio, a lungo, tra sé e sé meditò il pro e il contro. In quel momento mutò spessissimo parere ed esaminò molti problemi con gli amici presenti, tra i quali era anche Asinio Pollione: rifletteva sull'entità dei mali cui avrebbe dato origine per tutti gli uomini quel passaggio, e quanta fama ne avrebbe lasciato ai posteri. Alla fine, con impulso, come se muovendo dal ragionamento si lanciasse verso il futuro, pronunziando quello che è un detto comune a chi si accinge a un'impresa difficile e audace: "Si getti il dado!", e si accinse ad attraversare il fiume e di lì in seguito, procedendo con grande velocità, prima di giorno si buttò su Rimini e la conquistò.

Stando a Svetonio, a rompere gli indugi e a spronarlo al gran passo fu un'apparizione soprannaturale. Dice dunque il biografo[678]:

Mentre stava ancora esitando, ebbe un'apparizione. Un uomo di bellezza e di statura straordinarie apparve improvvisamente, sedendosi lì vicino a suonare il flauto. Alcuni pastori accorsero a sentirlo, e anche una frotta di soldati dai loro posti e trombettieri. Quell'uomo, presa la tromba a uno di questi, si slanciò verso il fiume e, suonando il segnale di battaglia con straordinaria forza, passò sull'altra riva. Allora Cesare ordinò: "Avanti, per quella strada sulla quale ci chiamano i prodigi degli dèi e l'ingiustizia dei nostri nemici. Il dado sia gettato!". Fatto così passare l'esercito, e presi con sé i tribuni della plebe che, scacciati da Roma, lo avevano raggiunto, fece schierare le truppe a parlamento e, strappandosi le vesti e piangendo, invocò la loro fedeltà.

Mussolini lesse e meditò a lungo, ancor prima della marcia su Roma, le pagine di Svetonio. Vale la pena di riportare per intero il passo di Svetonio (*Vita di Cesare*, 31-32) che ispirò l'azione politica del futuro Duce:

---

[676] *Corpus Inscriptionum Latinarum*, 11, 30*; Fezzi, *Il dado è tratto…*, cit., p. 194.
[677] Plutarco, *Cesare*, 32, 5-9.
[678] Svetonio, *Vita del Divo Giulio*, 33.

Quando dunque gli fu riferito che non si era tenuto conto dell'opposizione dei tribuni e che questi avevano abbandonato Roma, subito fece andare avanti segretamente alcune coorti, per non destare sospetti. Poi, con lo scopo di trarre in inganno, si fece vedere ad uno spettacolo pubblico, esaminò i progetti di una scuola di gladiatori che aveva intenzione di costruire e, secondo le sue abitudini, pranzò in numerosa compagnia. Dopo il tramonto del sole, aggiogati ad un carro i muli di un vicino mulino, partì in gran segreto, con un'esile scorta. Quando le fiaccole si spensero, smarrì la strada e vagò a lungo, finché all'alba, trovata una guida, raggiunse a piedi la meta, attraverso sentieri strettissimi. Riunitosi alle sue coorti presso il fiume Rubicone, che segnava il confine della sua provincia, si fermò per un attimo e, considerando quanto stava per intraprendere, si rivolse a quelli che gli erano più vicini dicendo: "Siamo ancora in tempo a tornare indietro, ma se attraverseremo il ponticello, dovremo sistemare ogni cosa con le armi".
Mentre esitava, gli si mostrò un segno prodigioso. Un uomo di straordinaria bellezza e di taglia atletica apparve improvvisamente seduto poco distante, mentre cantava, accompagnandosi con la zampogna. Per ascoltarlo, oltre ai pastori, erano accorsi dai posti vicini anche numerosi soldati e fra questi alcuni trombettieri: l'uomo allora, strappato a uno di questi il suo strumento, si slanciò nel fiume, suonando a pieni polmoni una marcia di guerra, e si diresse verso l'altra riva. Allora Cesare disse: "Andiamo dove ci chiamano i segnali degli dei e l'iniquità dei nostri nemici. Il dado è tratto".

Cesare dunque, per ingannare l'opinione pubblica e i delatori dei repubblicani, si mostrò ad uno spettacolo pubblico teatrale a Ravenna, al fine di sfoggiare le sue intenzioni tutt'altro che bellicose e prendere così in contropiede l'avversario. Mussolini decise di adottare l'esatta replica di questa mossa cesariana, mostrandosi, alla vigilia della Marcia su Roma, in un teatro pubblico milanese, assieme alla famiglia. Racconta infatti la moglie, Rachele Guidi Mussolini[679]:

La sera del 27 ottobre, Benito mi propose di andare con lui al teatro Manzoni, per vedere *La vedova allegra*. Ne fui piuttosto irritata. "Ma come puoi andare a vedere *La vedova allegra* con tutto quello che hai per la testa?", gli chiesi.
Non rispose subito, e cominciò a fischiettare, abbottonandosi il colletto della camicia. Ero ancora più sorpresa perché di solito si arrabbiava con i ragazzi o con la donna di servizio se li sorprendeva a fischiettare. Fu solo per strada che mi spiegò il perché di quella strana condotta.
"Tutto è pronto per marciare su Roma", mi disse, "La mia presenza al teatro potrà sviare la polizia. Penseranno che non stia succedendo niente se vado a divertirmi".
Infatti, dopo esserci ben messi in mostra, lui, Edda ed io, come una brava famiglia qualsiasi, dopo una ventina di minuti lasciammo il "Manzoni" alla chetichella.
Il giorno dopo Benito mi spiegò di aver temuto che l'allora presidente del Consiglio, Luigi Facta, dimissionario ma favorevole alla proclamazione dello stato d'assedio, si sarebbe impegnato in una prova di forza se avesse saputo che Mussolini stava per passare all'azione.
In questo caso, sarebbero stati inevitabili degli scontri fra i fascisti e gli elementi dell'esercito rimasti fedeli al Governo.
Fu per questa ragione che mio marito volle farsi vedere così tranquillo, quella sera, a teatro, sotto gli occhi della polizia.

Una scena analoga ci dipinge Margherita Sarfatti, collaboratrice di Mussolini alla redazione de *Il Popolo d'Italia*, nonché sua biografa, che al

---

[679] RACHELE MUSSOLINI, *Mussolini privato*, Rizzoli, Milano 1980, p. 64.

medesimo teatro si recò coni sua figlia Fiammetta su invito dello stesso Duce, il giorno prima, privatamente, e in quello successivo in sua stessa compagnia[680]:

Ma il 26, a sera, il Duce a Milano ascolta un'opera wagneriana al teatro, e si inquieta al giornale con il critico musicale: "Se Lei è d'accordo con me, glielo stampi chiaro: non si chiama dirigere, il maestro riempie una secchia di note, e ce la rovescia addosso".
E la sera del 27 io ed i miei ce lo vediamo comparire, insperato ospite, nel palchetto al Manzoni, a udire, tranquillo e attento, un intermezzo di commedia nel dramma.
A metà del secondo atto, si picchiò al palchetto; un collega di redazione corretto e fremido. "Direttore, hanno telefonato. È cominciato".
Il direttore si alzò calmo e rapido. "Ci siamo, addio". Dileguò.
A Cremona, le Camicie Nere, anticipando di qualche ora sui piani, hanno occupato il telefono, il telegrafo, la posta, la prefettura e le altre sedi governative, con l'olocausto doloroso, inevitabile, di una decina di giovani vittime.
Verso la mezzanotte, al *Popolo d'Italia* si preparano febbrilmente le barricate. Febbrilmente partono gli ultimi autocarri, carichi delle ultime copie del manifesto, pronto da molti giorni in segreto, e che deve venire affisso l'indomani per tutta Italia.
La genialità del piano del Duce, come sempre la genialità, consisteva nell'impreveduto; creava la confusione prendendo cose, persone e situazioni di sorpresa, a rovescio.

Un grande esperto della storia d'Italia contemporanea, Indro Montanelli, non si avvide tuttavia di questa pur palese correlazione tra gli eventi, come invece balzò chiaramente agli occhi di Antonio Spinosa, che di Cesare e di Mussolini scrisse due separate biografie. Montanelli, nel riferire l'evento, osservava infatti dubbioso[681]:

Era la notte fra il 27 e il 28, quella in cui la marcia avrebbe dovuto scattare. In quel preciso momento, il pubblico che gremiva il teatro Manzoni di Milano non guardava la scena su cui gli attori recitavano *Il Cigno* di Molnar. Aveva gli occhi puntati su un palco di second'ordine, sulla cui spalliera, schiacciato sul dorso delle mani intrecciate, si stagliava il volto pallido di Mussolini, come quello di un bull-dog affacciato alla buca di un canile. Secondo qualcuno, era lì per stornare i sospetti che qualcosa stesse accadendo. Ma ci sembra impossibile. Mai mobilitazione si era svolta tanto allo scoperto. Gli ordini venivano impartiti in chiaro per telefono o per telegrafo, le squadre si spostavano in camion o in treno, alla luce del sole, e tutti parlavano della marcia come di cosa ormai decisa e già in atto. (…) Mussolini era in attesa del suo [scil. *del prefetto milanese Lusignoli*] rapporto, e probabilmente andò a teatro insieme alla sua amica Margherita Sarfatti proprio per sottrarsi alle sollecitazioni dei Quadrumviri di Perugia in attesa del "via". Tant'è vero che non disse a nessuno dove si recava. Luigi Freddi, redattore del *Popolo d'Italia*, dovette mettercela tutta per scovarlo. Ma quando, ansimante, irruppe nel suo palco, Mussolini gli fece cenno di tacere come se non volesse perdere una battuta della commedia, sebbene l'avesse sentita la sera prima insieme alla moglie e alla figlia. Solo alla fine dell'atto, si fece seguire in corridoio dal giovanotto,

---

[680] M. SARFATTI, *Dux*, Prefazione di Caio Giulio Cesare Mussolini, Adler, Roma 2019, pp. 213-214.

[681] I. MONTANELLI, *L'Italia in camicia nera*, Rizzoli, Milano 1976, pp. 16-18; ad onor del vero anche Montanelli scrisse una breve biografia di Cesare (*Caio Giulio Cesare (100-44 a.C.)*, Il Giornale, Milano 1993) e ne diede numerose notizie nella sua *Storia di Roma*, Rizzoli, Milano 1994, pp. 215-251, oltre a intitolargli la sua opera teatrale *Cesare e Silla*, allestita al Teatro delle Maschere di Milano, nel 1956.

latore di notizie drammatiche: in parecchie città le squadre, invece di procrastinare l'azione l'avevano precipitata, a Firenze aveva dovuto accorrere Balbo per sedare i disordini, e a Cremona c'erano già sei morti.

Appare chiaro che Mussolini non cercò di far accreditare il proprio comportamento alla vigilia della Marcia su Roma come un'*imitatio Caesaris a posteriori*, ma lo uniformò consapevolmente, e in quello stesso preciso momento storico, alle azioni dell'antico condottiero romano[682].

È evidente che il testo svetoniano ebbe una parte importante nello svolgimento politico di quell'autunno del 1922, molto più decisivo di quanto gli storici non sospettino.

Non è del resto una sorpresa che Mussolini, per la propria marcia su Roma, abbia scartato il precedente di Augusto e si sia invece rivolto a Cesare; egli, come ricorda Mario Mazza, «non amava particolarmente Augusto. Il suo eroe era Cesare»[683]. Proponendo un esplicito parallelo fra Augusto e Mussolini, Emilio Balbo non osservò a caso[684]:

Giulio Cesare, creando la sovranità dello Stato Romano, aveva virtualmente creato l'Impero. Augusto prosegue l'opera del suo grande prozio (…) ma (…) il disegno della nuova costituzione di Augusto è, nelle linee generali, quello stesso di Cesare…

Mussolini non ebbe forse la formazione sistematica dello studioso e dello storico classico, ma la sua curiosità nello studio era vivace e la capacità di memorizzare, reinterpretare e fare propri episodi e caratteri della Storia antica fu indubbiamente notevole. Margherita Sarfatti ci fa sapere che tale passione, che si focalizzò ben presto sul personaggio di Cesare, aveva origini remote[685]:

Ma, a consolarlo ormai di tutto, la dura faccia dell'adolescente aveva imparato a reclinarsi sui libri dei padri: il latino. E le *Memorie* di Cesare, la sapienza di Tacito, il poema di Enea, tutta la fiabesca realtà del villaggio di banditi, sperduto fra le colline del Lazio e divenuto capitale del mondo, datore al mondo, datore al mondo di leggi e sanità, lo affascinavano come un mito.

---

[682] È bene riportare l'acuta osservazione della storica A. Mayor, *Il re Veleno. Vita e leggenda di Mitridate, acerrimo nemico di Roma*, Einaudi, Torino 2010, pp. 37-38: "Gli studiosi della cultura popolare usano il termine *ostension*, inteso come *simulazione involontaria*, per descrivere il modo in cui le azioni della vita reale possono essere guidate dalle leggende. La simulazione involontaria spiega in che modo mitologie e leggende ampiamente note creino talvolta dei modelli comportamentali tra la gente comune, portandola ad interpretare o ad adeguarsi ad alcuni elementi dei racconti mitici, trasformando così la finzione in realtà. Gli avvenimenti reali ispirano le storie e le storie influenzano gli elementi reali".

[683] M. Mazza, *Augusto in camicia nera. Storiografia e ideologia nell'era fascista*, "Revista de historiografía", 27, 2017, p. 109.

[684] E. Balbo, *Protagonisti dei due imperi di Roma: Augusto e Mussolini*, Pinciana, Roma 1941 – XIX, p. 72.

[685] Sarfatti, *Dux*, cit., p. 29.

Il mito della romanità, rammentano giustamente Andrea Giardina ed André Vauchez, veniva impiegato da Mussolini con una molteplicità di riferimenti positivi, già prima della trasformazione del fascismo da semplice movimento a partito istituzionale. Nel sottolineare ed esaltare i valori della *Romanitas*, in quanto richiamo alle tradizioni nazionali italiane, servì a dare compattezza al movimento, accentuandone la componente guerriera. «I fascisti si proponevano come un nucleo di eletti nel quale permaneva lo spirito autentico dell'antica stirpe romana e italica, vilipeso e soffocato dalle altre forze politiche e dalla inettitudine dei governi liberali»[686].

Il collegamento e, in un certo senso, l'identificazione col personaggio più rappresentativo di essa, Giulio Cesare, diveniva pertanto una tappa quasi obbligata; nel commentare una litografia distribuita in migliaia di copie in tutta Italia ed intitolata *Il Duce entra trionfalmente a Roma*, Curzio Malaparte commentò[687]:

[Mussolini] vi appare a cavallo, alla testa delle Legioni fasciste, sullo sfondo romantico delle rovine millenarie degli acquedotti romani della Via Appia. Delle aquile volano intorno al suo capo redimito di una corona di alloro: lontano il Campidoglio splende contro il cielo azzurro. Egli non è più Mussolini: è già il figlio primogenito della Lupa di Roma, è già il Duce, è già il nuovo Cesare, il nuovo Augusto, è già l'eroe predestinato a diventare Dio.

È infine Mussolini stesso a chiarire il senso politico della sua identificazione e presa a modello di Cesare, che culminò poi con la scrittura del *Cesare*:[688]

[*L'attuale è*] un'epoca che può definirsi cesarea, dominata com'è dalle personalità eccezionali che riassumono in sé i poteri dello Stato, per il bene del popolo, contro i parlamenti, così come Cesare marciò contro l'oligarchia senatoriale di Roma, senza cadere nella demagogia di Mario (...) Così egli appare come il realizzatore dell'equilibrio fra le opposte tendenze di Mario e di Silla, che sconvolsero per mezzo secolo la vita dell'Urbe.

In conclusione, l'identificazione operata da Mussolini fra la propria marcia su Roma e quella di Cesare diveniva necessaria, in quanto momento fondante di un nuovo – e più glorioso – capitolo della storia italiana contemporanea il primo, di quella antica il secondo. A viziare quest'interpretazione resta il fatto che Cesare, pur considerando la Repubblica un nome ormai vuoto, una sorta di simulacro privo di consistenza, non ebbe mai come scopo primario quello di rifondarla sotto nuove regole ed auspici, bensì quello di stornare le mire immediate dei suoi nemici politici (Catone e

---

[686] A. GIARDINA, A. VAUCHEZ, *Il mito di Roma*, Laterza, Roma-Bari 2008[2], pp. 213-214.

[687] C. MALAPARTE, *Muss. Il grande imbecille*, Luni Editrice, Milano-Trento 1999, p. 53.

[688] B. MUSSOLINI, *Opera Omnia*, a cura di E. e D. Sismel, La Fenice, Roma 1951, XXVI, p. 21 (6 luglio 1933).

gli altri ottimati in testa) e di inserirsi nuovamente – magari in posizione fortemente privilegiata – nel suo consueto gioco politico. Non fu però possibile per via della miope ostinazione degli oligarchi tesi a mantenere la propria posizione di predominio e la guerra civile si trasformò così in un bagno di sangue che si trascinò da Farsalo all'Africa e alla Spagna. Al termine di essa Cesare assunse la dittatura perpetua, che gli garantì un dominio ed un controllo solido sulle magistrature statali e sugli eserciti.

Davanti al triste spettacolo dei 25.000 caduti sulla piana di Farsalo, nel 48 a.C., Cesare si recò sul campo di battaglia, accompagnato da pochi ufficiali, tra cui il futuro storico ed amico Asinio Pollione; osservando meditabondo il terreno su cui giacevano scomposti, come in un immane carnaio, le migliaia di corpi insanguinati dei Romani caduti, egli aggrottò la fronte e mormorò: «L'hanno voluto loro. Io, Caio Giulio Cesare, se avessi deposto le armi, sarei stato condannato!».[689]

Per Mussolini, che pure aveva letto e meditato le parole attribuite a Cesare, era in parte diverso, a partire dai motivi che l'avevano spinto all'azione: con la rivoluzione fascista del 1922 egli intendeva abbattere la classe governativa liberale che non era riuscita a dare soddisfazione ai reduci di guerra, che non era riuscita a fare vale le ragioni dell'Italia al tavolo delle trattative con gli altri vincitori della Grande Guerra, che non aveva saputo o voluto rintuzzare le agitazioni sociali che avevano costellato di scioperi, manifestazioni ed atti di violenza la Penisola durante il cosiddetto "Biennio Rosso". Insomma, si trattava di prendere in mano le redini di un Paese divenuto (almeno secondo l'ottica fascista) ormai ingovernabile e di rimetterlo in carreggiata. Si trattava, come si può ben vedere, di due situazioni analoghe, ma con delle distinzioni piuttosto evidenti. Riportando un colloquio avuto in Francia nel 1922 con Mussolini, l'ex amico Pietro Nenni, membro di spicco del Partito Socialista e corrispondente de l'*Avanti!*, riferisce che il Duce si sarebbe espresso affermando[690]:

La guerra civile (…) è stata una tragica necessità. Ne assumo la responsabilità. La carenza dello Stato imponeva la formazione in un partito capace di spezzare la minaccia bolscevica, di ristabilire l'autorità, salvare la vittoria. (…) Quando ho parlato di pace mi si è riso in faccia; ho dovuto allora accettare la guerra.

Va comunque detto che questa distinzione vale soltanto dal punto di vista squisitamente storico. Politicamente, la comparazione mussoliniana aveva, al momento, la sua validità ed era normale che il Duce vi si appigliasse, assumendo atteggiamenti – come la già sottolineata *dissimulatio* svetoniana –

---

[689] ASINIO POLLIONE, fr. 2 Peter; SVETONIO, *Vita di Cesare*, 30.
[690] R. OLLA, *Vent'anni di Fascismo*, Edizioni Avanti!, Milano 1964, p. 13; R. OLLA, *Dux*, Rizzoli, Milano 2012, p. 207.

in linea con l'immagine che voleva coscientemente farne emergere.

All'indomani della Marcia su Roma, in occasione del suo primo discorso alla Camera dei Deputati in qualità di nuovo Presidente del Consiglio, Mussolini pronunciò un celebre discorso programmatico, in cui – tra le altre cose – affermò[691]:

Mi sono rifiutato di stravincere, e potevo vincere. Mi sono imposto dei limiti. Mi sono detto che la migliore saggezza è quella che non vi abbandona dopo la vittoria. Con trecentomila giovani armati di tutto punto, decisi a tutto e quasi misticamente pronti ad un mio ordine, io potevo castigare tutti coloro che hanno diffamato e tentato di istigare il Fascismo. (…) Potevo fare di quest'aula sorda e grigia un bivacco di manipoli, potevo sprangare il Parlamento e costituire un Governo esclusivamente di fascisti. Potevo: ma non ho, almeno in questo primo tempo, voluto.

Si trattava essenzialmente, in questo che avrebbe dovuto essere una presentazione alla Camera del nuovo Governo e del suo programma, di porre l'enfasi sulla Marcia su Roma e di definire quest'avvenimento come rivoluzionario, permettendo così al neodesignato capo del Governo di legittimare il proprio ruolo[692].

Non si è finora fatto sufficientemente notare come tale discorso si modelli, essenzialmente, su di una celebre lettera programmatica di Cesare conservata nell'epistolario ciceroniano, che Mussolini doveva senz'altro conoscere, lettera improntata sul ruolo essenziale della *clementia* nei confronti dei vinti e degli avversari politici. Essa recita[693]:

CESARE AD OPPIO E A CORNELIO, SALUTE!

Gioisco, per Ercole, per via della lettera in cui mi avete espresso la più grande approvazione per le imprese avvenute presso Corfinio[694]. Approfitterò volentieri dei vostri consigli e, a maggior ragione, ancora più volentieri in quanto avevo già deciso per conto mio di gestire la situazione in modo da dimostrarmi il più moderato possibile e di darmi da fare per riconciliarmi con Pompeo.

Orsù, facciamo dunque un tentativo in questa direzione, per vedere se ci sia possibile riaccattivarci il consenso generale e godere di una vittoria di lunga durata, dato che tutti gli altri [che ci hanno preceduto] sono ricorsi alla crudeltà ma non per questo sono stati in grado di evitare l'odio nei loro confronti né a conservare per molto tempo l'esito della loro vittoria, tranne nel caso del solo Lucio Silla, che io non intendo imitare.

Sia dunque questo il nuovo modo di vincere, ovvero di munirci di forza tramite l'uso della misericordia e della generosità. Per quanto concerne la maniera con cui tale piano possa venire realizzato, mi vengono in mente parecchie idee e molte altre se ne possono inventare. Vi

---

[691] B. MUSSOLINI, *Scritti e discorsi. L'inizio della nuova politica (28 ottobre 1922 – 31 dicembre 1923)*, Hoepli, Milano 1934, p. 8.

[692] G. ALBANESE, *La marcia su Roma*, Laterza, Roma-Bari 2006, p. 129.

[693] CESARE, *Epistolario*, Lettera 34 della presente raccolta.

[694] A Corfinio Cesare aveva dato prova di grande clemenza nei confronti del comandante pompeiano Domizio Enobarbo, che – ignorando gli ordini opposti di Pompeo – gli aveva inutilmente opposto resistenza.

prego di riflettere su questo argomento.

Ho preso prigioniero Numerio Magio, il prefetto di Pompeo. Ho seguito ovviamente il mio solito modo di agire e l'ho lasciato subito andarsene via libero.
Fino ad ora due ufficiali del Genio Militare di Pompeo sono caduti in mio potere e sono stati da me entrambi liberati. Se vorranno dimostrare la loro gratitudine, dovranno esortare Pompeo a preferire di essere mio amico, piuttosto che starsene legato a coloro che, ad ogni pie' sospinto, si dimostrarono ostili senza rimedio tanto a lui quanto a me, e per i cui piani criminosi si è giunti al punto che lo Stato si trova nelle presenti condizioni.

Balzano subito agli occhi, in questa "lettera aperta" che è un eccellente esempio della propaganda cesariana, alcuni elementi comuni che Mussolini non poteva non cogliere e fare suoi: la moderazione nei confronti dei nemici vinti, il rispetto dei prigionieri (si ricordi di passaggio, la raccomandazione ai suoi di non nuocere fisicamente al dimissionario capo del Governo Facta, che fu provveduto di una scorta, rammentando il sacrificio del di lui figlio nella Grande Guerra) e infine la considerazione di ingovernabilità dello Stato dovuta alle insensate scelte politiche degli avversari, dettate da ostilità personali. Impossibile trascurare questi aspetti comuni, anche se – lo ripetiamo – si trattava talvolta di somiglianze epidermiche: Cesare non aveva alle spalle personaggi estremisti come Roberto Farinacci e altri *ras* locali che potevano disturbare le sue scelte politiche, e nemmeno intendeva rivoluzionare profondamente la Repubblica, anche se la storiografia moderna, da Ronald Syme in poi, ha etichettato, con una formula di indiscusso successo, la sua azione come una vera e propria Rivoluzione Romana, proseguita poi da Augusto e che portò all'instaurazione del Principato.

Negli anni della Repubblica di Salò Mussolini, guardando retrospettivamente a quei cruciali eventi, sfumò la propria posizione e commentò con un certo disincanto[695]:

Fu un'insurrezione? Sì. Durata, con varie alternative, circa due anni. Sboccò questa insurrezione in una rivoluzione? No. Premesso che una rivoluzione si ha quando si cambia con la forza non solo il sistema di governo, ma la forma istituzionale dello Stato, bisogna riconoscere che da questo punto di vista il fascismo non fece nell'ottobre del 1922 una rivoluzione. C'era una monarchia prima e una monarchia rimase dopo.

---

[695] B. MUSSOLINI, *Storia di un anno. Il tempo del bastone e della carota*, Mondadori, Milano 1944, pp. 167-168.

Bibliografia

Fonti (a cura di M. Rizzotto)

N.L. ACHAINTRE, N.E. LEMAIRE (a cura di), *Caii Julii Caesaris quae extant Omnia Opera* (4 voll.), Firmin Didot, Parisiis 1819-1822

G. AGRATI, M.L. MAGINI (a cura di), *La Saga irlandese di Cuchulainn*, Mondadori, Milano 1994[6]

AMMIANO MARCELLINO, *Le Storie*, a cura di A. Selem, Utet, Torino 2007

ANNALES PONTIFICUM, in M. CHASSIGNET (a cura di), *L'annalistique Romaine*, I, *Les Annales des Pontifes; l'Annalistique ancienne*, Les Belles Lettres, Paris 2003[2], pp. 1-16

ANNALES PONTIFICUM, in T.J. CORNELL, (a cura di), *The Fragments of the Roman Historians, Annales Maximi*, I, *Introduction*, II, *Text and Translation*, pp. 10-31; III, *Commentary*, pp. 3-12, Oxford University Press, Oxford 2013

APPIANO, *Storia Romana. Le Guerre Esterne* (2 voll.), volgarizzate da M. Mastrofini, Vincenzo Poggioli, Roma 1824

– *Storia Romana. Le Guerre Civili*, a cura di E. Gabba e D. Magnino, Utet, Torino 2001

ARRIANO, *Anabasi di Alessandro* (2 voll.), a cura di D. Ambaglio, Rizzoli, Milano 1994

ARTEMIDORO DI DALDI, *Il libro dei sogni*, introduzione di G. Guidorizzi, traduzione e note di A. Giardino, Rizzoli, Milano 2006

ASCONIO, *Commentarii*, recognovit C. Giarratano, A. Nardecchia Editore, Roma 1920

ASINIO POLLIONE, *Historia*, da «H. PETER (a cura di), *Historicorum Romanorum Fragmenta*», Teubner, Lipsiae 1883

– *Historia*, da «T.J. CORNELL (a cura di), *The Fragments of the Roman Historians* (3 voll.)», Oxford University Press, Oxford 2013, pp. 430-445; 855-867

AŚOKA, *Editti*, da «G. Pugliese Carratelli (a cura di), *Gli Editti di Aśoka*», Adelphi, Milano 2003

AŚVAGHOṢA, *Le gesta del Buddha*, a cura di A. Passi, Adelphi, Milano 2000

ATTI DEGLI APOSTOLI, in «*Nuovo Testamento Interlineare. Greco – Latino – Italiano*», a cura di P. Beretta, San Paolo, Milano 1998

(OTTAVIANO) AUGUSTO, *Res Gestae*, a cura di L. Canali, Mondadori, Milano 2002

– *Gli Atti compiuti e i frammenti delle Opere*, a cura di L. De Biasi e A.M. Ferrero, Utet, Torino 2003

– *Imperatoris Caesaris Augusti Operum Fragmenta*, edidit E. Malcovati, Paravia, Torino 1969[5]

AURELIO VITTORE, *Libro dei Cesari*, da «*Aurelius Victor, Livre des Cesars*», texte etabli et traduit par P. Dufraigne, Les Belles Lettres, Paris 2003

BEDA IL VENERABILE, *Storia Ecclesiastica degli Angli*, a cura di G. Simonetti Abbolito, Città Nuova, Roma 1999

A. BIANCHI (a cura di), *Ode Prima delle Nemee di Pindaro*, per Niccolò Bettone, Brescia 1818

G. BOWYER (a cura di), *Pindari Olympia, Pythia, Nemea, Ishtmia cum interpretatione Latina*, impensis G. Innys & J. Richardson, Londini 1755

BRUTO, *Epistole greche*, a cura di L. Torraca, Libreria Scientifica Editrice, Napoli 1971

(FLAVIO) CAPRO, *De Orthographia*, in «*Grammatici Latini*», ex recensione H. Keil, VII, Cambridge University Press, Cambridge 2009 (ed. originale, Teubner 1880)

– *De Verbis Dubiis*, in "*Grammatici Latini*", ex recensione H. Keil, VII, Cambridge University Press, Cambridge 2009 (ed. originale, Teubner 1880)

(SOSIPATRO) CARISIO, *Ars Grammatica*, in «*Grammatici Latini*», ex recensione H. Keil, I, Cambridge University Press, Cambridge 2009 (ed. originale, Teubner 1855)

CASSIODORO, *Le Cronache*, a cura di M. Rizzotto, Runde Taarn, Gerenzano (Varese) 2007

– *De Orthographia*, a cura di P. Stoppacci, Edizioni del Galluzzo, Firenze 2010

CATULLO, *I Canti*, introduzione di A. Traina, traduzione di E. Mandruzzato, Rizzoli, Milano 1994

CESARE, *La Guerra Gallica*, introduzione e note di E. Barelli, traduzione di F. Brindisi, Rizzoli, Milano 2000

– *La Guerra Civile*, a cura di M. Bruno, Rizzoli, Milano 2000

– *Opera Omnia*, a cura di A. Pennacini, Einaudi-Gallimard, Torino 1993

– *Carmina*, da «*C. Julii Caesaris Fragmenta*», a cura di E.Th. Hohler, Viennae-Cremisae 1822

– *De Analogia libri II*, da «A. GARCEA, *Caesar's De Analogia: Edition, Translation, and Commentary*», Oxford University Press, Oxford 2012

– *Orazioni*, in «*Oratorum Romanorum Fragmenta Liberae Rei Publicae*», edidit H. Malcovati, I, Textus, Paravia, Torino 1953

– *Anticatone*, da «H.J. TSCHIEDEL (a cura di), *Caesars Anticato. Eine Untersuchung der Testimonien und Fragmente*», Wissenschaftliche Buchgesellschaft, Darmstadt 1981

– *Legge Giulia sulle Concussioni*, in «*Giustiniano Imperatore, Digesto*», VI, a cura di G. Vignali, Corpo del Diritto, Achille Morelli Editore, Napoli 1859 (libro XLVIII, titolo XI)

– *Lettere*, a cura di M. Rizzotto, Prefazione di N. Bergamo, «Pubblicazioni dell'Istituto Comprensivo "Dante Alighieri" di Cologna Veneta», I, 2016/2017

– *Tutte le Opere e i Frammenti*, da «A. GARCEA (a cura di), *Tout César. Discours, Traités, Correspondance et commentaires*», Robert Laffont, Bouquins, Paris 2020

(PSEUDO) CESARE, *La lunga Guerra Civile (Bellum Alexandrinum, Bellum Africum, Bellum Hispaniense)*, a cura di L. Loreto, Rizzoli, Milano 2001

CICERONE, *Lettere* (10 voll.), traduzione di A. Cesari, presso A.F. Stella & Figli, Milano 1826-1831

– *Lettere ad Attico* (2 voll.), a cura di C. Di Spigno, Utet, Torino 2005^2

– *Lettere ad Attico* (3 voll.), a cura di C. Vitali, Zanichelli, Bologna 1989

– *Lettere ai familiari* (3 voll.), a cura di C. Vitali, Zanichelli, Bologna 1968-1973

– *Lettere a Marco Bruto*; *Lettere al fratello Quinto*; *I frammenti delle lettere*; *Lettere ad Ottaviano*, a cura di L. Lenaz, Mondadori, Milano 1980

– *Il processo di Verre* (2 voll.), a cura di N. Marinone, L. Fiocchi, D. Vottero, Rizzoli, Milano 1992

– *Bruto*, a cura di E. Malcovati, Mondadori, Milano 1996

– *Le Orazioni* (5 voll.), a cura di C. Lanza, presso G.F. Paravicini Editore, Napoli 1868-1870

– *Le Catilinarie*, a cura di L. Storoni Mazzolani, Rizzoli, Milano 1997^9

– *Orazioni cesariane*: *Pro Marcello*; *Pro Ligario*; *Pro rege Deiotaro*, a cura di F. Gasti, Rizzoli, Milano 1997

– *De provinciis consularibus*, a cura di V. Riddei, Avia Pervia, Seregno (Milano) 1992
– *Due scandali politici. Pro Murena – Pro Sextio*, a cura di S. Rizzo, Rizzoli, Milano 1988
– *In difesa di Milone*, a cura di P. Fedeli, Marsilio, Venezia 1990
– *Le Filippiche* (2 voll.), a cura di B. Mosca, Mondadori, Milano 1996
– *Orator*, a cura di R. Vignali, Avia Pervia, Milano 1995
– *I Doveri*, a cura di E. Narducci, traduzione di A. Resta Barrile, Rizzoli, Milano 1987
– *Dei Doveri*, a cura di M. Rizzotto, Primiceri Editore, Padova 2021
– *Difesa dell'attore Roscio; Contro Vatinio*, a cura di A. Burlando, Rizzoli, Milano 1995
– *Fragmenta ex libris philosophicis, ex aliis libris deperditis, ex scriptis incertis*, recognovit G. Garbarino, Mondadori, Milano 1984
– *Carmina*, in «J. BLÄNSDORF (a cura di), *Fragmenta Poetarum Latinorum Epicorum et Lyricorum Praeter Enni Annales et Ciceronis Germanicique Aratea*», Walter de Gruyter,Berlin - New York 2011
– *La Casa*, a cura di E. Narducci, Rizzoli, Milano 1988
– *Ortensio*, a cura di A. Grilli, Pàtron Editore, Bologna 2010
– *Orazione sul comando di Pompeo (De imperio Cn. Pompei)*, introduzione di G. Baldo, a cura di T. Ricchieri, Marsilio, Venezia 2019
– *Sulle Leggi*, a cura di M. Rizzotto, con un saggio introduttivo di F. Reggio, Primiceri Editore, Padova 2021
– *La Topica*, tradotta da S. E P. DE LA BARBA, Achille Morelli, Napoli 1863
CLEMENTE ALESSANDRINO, *Stromati*, introduzione di M. Rizzi, traduzione e note di G. Pini, Edizioni Paoline, Milano 2006
– *Opera Omnia* (4 voll.), da *Titi Flavi Clementis Alexandrini Opera Omnia* recognovit R. Koltz, Sumptibus E.B. Schwickerti, Lipsiae 1831-1834
CORNELIO NEPOTE, *Opere*, a cura di L. Agnes, Utet, Torino 2009
CORPUS INSCRIPTIONUM LATINARUM (17 voll. in 73 tomi), consilio et auctoritate Academiae Litterarum (Scientiarum) Regiae Borussicae (Germanicae), apud Georgium Reimerum (Gualterus De Gruyter), Berolini, 1869-1987
CORPUS INSCRIPTIONUM GRAECARUM (4 voll. in 6 tomi), a cura di A. Boeckh, B.G. Niebuhr, J. Franz, E. Curtius, A. Kirchhoff, H. Röhl, Berolini 1825-1877
(AULO) CREMUZIO CORDO, *Gli Annali. Testimonianze e frammenti*, La Vita Felice, Milano 2021
DANTE ALIGHIERI, *La Divina Commedia*, commento e parafrasi di C.T. Dragone, Edizioni Paoline Alba (Cuneo), 1958³
DIOGENE LAERZIO, *Vite e dottrine dei più celebri filosofi*, a cura di G. Reale con la collaborazione di G. Girgenti e I. Ramelli, Bompiani, Milano 2005
DIONE CASSIO, *Istorie Romane* (5 voll.), tradotte da G. Viviani, Sonzogno, Milano 1823
– *Storia Romana* (9 voll.), a cura di G. Norcio e altri, Rizzoli, Milano 1995-2018
DISCORSI DI GOTAMO BUDDHO (3 voll.), a cura di K.E. Neumann e G. De Lorenzo, Laterza, Roma-Bari 1980
ELIANO, *Storie Varie*, a cura di N. Wilson, Adelphi, Milano 1996
– *La natura degli animali* (2 voll.), a cura di F. Maspero, Rizzoli, Milano 1998
EPICURO, *Lettere. Sulla fisica, sul cielo e sulla felicità. Frammenti dell'epistolario*, introduzione, traduzione e note di N. Russello, con un saggio di F. Adorno, Rizzoli, Milano 1994

EUMENIO, *Panegirico di Costanzo*, in «*Panegirici Latini*», a cura di D. Lassandro e G. Micunco, Utet, Torino 2000

EURIPIDE, *Edipo*, in «*Fragmenta Euripidis*», edidit F.G. Wagner, Firmin Didot, Parisiis 1846

– *Edipo*, in in C. Collard, M. J. Cropp e J. Gilbert (a cura di), *Euripides: Selected Fragmentary Plays*, II, Liverpool University Press, New York, 2004

– *Edipo*, in «*Fragmenta Euripidis*», edidit F.G. Wagner, Firmin Didot, Parisiis 1846

– *Le Fenicie*, a cura di E. Medda, Rizzoli, Milano 2006

EUSEBIO DI CESAREA, *Chronicorum canonum libri II*, ediderunt A. Mai et I. Zohrabus, Regiis Typis, Mediolani 1818

– *Chronicon* da «Eusèbe de Césarée. Chronique», introduction de A. Cohen-Skalli, traduit par A. Ouzounian, commentaire de S. Brillante, S. Hervé Aufrère, S. Morlet, Les Belles Lettres, Paris 2020

EUTROPIO, *Storia di Roma*, introduzione di F. Gasti, traduzione e note di F. Bordone, Rusconi Libri, Santarcangelo di Romagna (Rimini) 2014

FAVORINO DI ARELATE, *Opere*, a cura di A. Barigazzi, Firenze 1966

FAXIAN, *Storia dei regni buddhisti*, in «E. BIANCHI (a cura di), *Faxian. Un pellegrino cinese nell'India del V secolo*», Morlacchi, Perugia 2013[2]

FESTO POMPEO, *De verborum significatione* (2 voll.), ex editione A. Dacerii, curante et imprimente A.J. Valpy, Londini 1826

FIRMICO MATERNO, *Mathesis* (2 voll.), da «*Firmicus Maternus, Matheseos libri VIII*», ed. W. Kroll et F. Skutsch, Teubner, Stuttgart 1968

– *In difesa dell'astrologia. Matheseos*, a cura di E. Colombi, Mimesis, Udine 2004

– *Mathesis* (2 voll.), texte établi et traduit par P. Monat, Les Belles Lettres, Paris 1992-1994

FLORO, *Epitome di Storia Romana*, a cura di E. Salomone Gaggero, Rusconi, Milano 1981

FRONTINO, *Opere*, tradotte da B. Orsini e M. Gandini, G. Antonelli Editore, Venezia 1855

– *Gli Stratagemmi*, a cura di F. Galli, Argo, Lecce 1999

FRONTONE, *Opere*, a cura di F. Portalupi, trad. italiana a fronte, Utet, Torino 1974

– *M. Cornelii Frontonis epistulae: schedis tam editis quam ineditis*, edidit J. Van den Hout, Teubner, Lipsiae 1988

GAIO, *Istituzioni* (2 voll.), da «Instituzioni di Gajus Commentarj Quattro», a cura di G. Tedeschi, Libreria alla Minerva Editrice, Verona 1857

– *Istituzioni*, da «Gai Institutiones», ed. E. Seckel, B. Kübler, Teubner, Lipsiae 1909-1938

(AULO) GELLIO, *Notti Attiche* (2 voll.), a cura di L. Rusca, Rizzoli, Milano 1997

GIORDANE, *Storia dei Goti*, a cura di E. Bartolini, TEA, Milano 1991

– *Storia Romana*, in «Monumenta Germaniae Historica, Auctorum Antiquissimorum, Tomi V Pars Prior, Iordanis Romana et Getica», recensuit Th. Mommsen, Weidmann, Berolini 1961

GIOVANNI ANTIOCHENO, *Fragmenta ex Historia Chronica*, a cura di U. Roberto, Walter de Gruyter, Berlino 2005

GIROLAMO, *Chronicon*, da «G. Brugnoli (a cura di), *Curiosissimus Excerptor.* Gli "Additamenta" di Geronimo ai "Chronica" di Eusebio», Ets, Pisa 1995

GIULIO VITTORE, *Retorica*, in *Rhetores Latini Minores*, edidit C. Halm, in aedibus B. G. Teubneri, Lipsiae 1863

GIUSEPPE FLAVIO, *La Guerra Giudaica* (2 voll.), a cura di G. Vitucci, Fondazione Lorenzo Valla/Arnoldo Mondadori, Milano 2000

– *Antichità Giudaiche* (2 voll.), a cura di L. Moraldi, Utet, Torino 2006

– *Antichità Giudaiche* in «Flavii Iosephii Opera Omnia», III, recognovit S.A. Naber, Teubner, Lipsiae 1892

– *In difesa degli Ebrei (Contro Apione)*, a cura di F. Calabi, Marsilio, Venezia 1993

– *Opera Omnia*, ab I. Bekker recognita, I-II-III, Teubner, Lipsiae 1855

GIUSTINIANO IMPERATORE, *Codice*, da «Corpo del Diritto», corredato delle note di D. Gotofredo e di C.E. Freiesleben, altrimenti Ferromontano, per cura del consigliere G. Vignali, A. Morelli Editore, Napoli, 1856-62

– *Istituzioni* (2 voll.), da «Giustiniano – *Gli Elementi del Diritto Romano*», versione di P. Novelli, Collezione Romana diretta da E. Romagnoli della Reale Accademia d'Italia, Villasanta (Milano) 1931-IX

– *Digesto*, da «Avv. Italiani – *Corpus Iuris Civilis*», nella sua migliore lezione secondo gli studi più recenti, E. Perino Editore, Roma 1885

GIUSTINO, *Storie Filippiche*, a cura di L.S. Amantini, Rusconi, Milano 1981

GOFFREDO DI MONMOUTH, *Storia dei re di Britannia*, a cura di G. Agrati e M.L. Magini, Guanda, Parma 2005

– *Historia regum Britanniae, a variant version*, ed. J. Hammer, Medieval Academy of America Books, Cambridge (Massachusetts) n. 57, 1951 (rist. 2013)

INNI OMERICI, a cura di G. Zanetto, Rizzoli, Milano 2000[2]

INSCRIPTIONES LATINAE SELECTAE (3 tomi in 4 voll.), edidit H. Dessau, Weidmann, Berolini 1892-1916

ISIDORO DI SIVIGLIA, *Chronicon*, da «*La Cronaca Volgare Isidoriana, testo tre-quattrocentesco di area abruzzese*», a cura di P. D'Achille, Deputazione Abruzzese di Storia Patria, L'Aquila 1982

– *Historia de regibus*; *Etymologiae* (8 voll.), da «*S. Isidori Hispalensis Episcopi Opera Omnia*», recensente F. Arevallo, auctoritate et impensa Eminentissimi Principi D. Domini Francisci Lorenzanae, Typis Antonii Fulgoni, Roma 1798-1803

– *Chronicon*, da «*Isidore of Seville, Chronicon*», English Translation, translated by Kenneth B. Wolf, 2004, http://www.ccel.org/ccel/pearse/morefathers/files/isidore_chronicon_01_trans.htm

– *Etimologie o origini* (2 voll.), a cura di A. Valastro Canale, Utet, Torino 2006

LANDOLFO SAGACE, *Historia Romana* (2 voll.), a cura di A. Crivellucci, Tipografia del Senato, Roma 1912-1913

– *Le Historie seguenti a quelle d'Eutropio; De i fatti de' Romani Imperatori*, nuovamente tradotte di Latino in Italiano, per V. Tramezzino, col privilegio del Sommo Pontefice Paolo III e dell'illustrissimo Senato Veneto per anni X, Venezia 1548

LUCANO, *La Guerra Civile o Farsaglia*, a cura di L. Canali, Rizzoli, Milano 1999

(NICCOLÒ) MACHIAVELLI, *Opere*, Gherardo Casini Editore, Milano 1989

MACROBIO, *I Saturnali*, a cura di N. Marinone, Utet, Torino 19972

MALALA, *Cronache*, da «*The Chronicle of John Malala*», a translation by B. Croke and Others, Australian Association for Byzantine Studies, Melbourne 1986

MEGASTENE, *Storia dell'India*, da «*Ancient India as Described by Megasthenes and*

Arrian», translated and edited by J. W. McCrindle, Thacker, Spink, Calcutta and Bombay 1877 (trad. spagnola: MEGÁSTENES, *Indiká*, Edición de Soliman El-Azir, 2014)

MENANDRO, *Gli Arrefori* (frammenti), da «*Menander, The Principal Fragments*», with an English Translation by F.G. Allison", William Heinemann, London 1921

NEVIO, *Opere*, in «A. Traglia (a cura di), *Poeti latini arcaici*», Utet, Torino 1986

NICOLAO DI DAMASCO, *Vita di Augusto*, a cura di B. Scardigli, Nardini, Firenze 1983

NONIO MARCELLO, *De compendiosa doctrina*, edited with introduction and critical apparatus by J.H. Onions, Clarendon Press, Oxford 1895

OMERO, *Iliade*, a cura di M.G. Ciani, commento di E. Avezzù, Marsilio, Venezia 2016

OMERO, *Odissea*, a cura di M.G. Ciani, commento di E. Avezzù, Marsilio, Venezia 2016

ORATORUM ROMANORUM FRAGMENTA, collegit atque illustravit H. Meyer, apud Burgeois-Maze, Bibliopolam, Parisiis 1837

ORATORUM ROMANORUM FRAGMENTA, collegit, recensuit, prolegomenis illustravit H. Malcovati, Paravia, Torino 1976

OROSIO, *Le Storie contro i pagani* (2 voll.), a cura di A. Lippold, Fondazione Lorenzo Valla/Arnoldo Mondadori, Milano 1998

OVIDIO, *Le Metamorfosi*, cura e traduzione in versi di M. Scaffidi Abbate, Newton Compton, Roma 2016

PACUVIO, *I frammenti dei Drammi*, ricostruiti e tradotti da R. Argenio, Officina Grafica Temporelli, Torino 1959

PAOLO DIACONO, *Historia Romana*, a cura di A. Crivellucci, Tipografia del Senato, Roma 1914

– *Pauli Diaconi excerpta et Sex. Pompeii Festi fragmenta continens*, collegit auxit recensuit F. Lindemannus, Corpus Grammaticorum Latinorum Veterum, II, sumptibus B.G. Teubneri et F. Claudii, Lipsiae 1832

H. PETER (a cura di), *Historicorum Romanorum Fragmenta*, Teubner, Lipsiae 1883

(FRANCESCO) PETRARCA, *Le vite degli uomini illustri* (2 voll.), presso Gaetano Romagnoli, Bologna 1874-1879

PINDARO, *Le Nemee*, a cura di M. Cannatà Fera, Fondazione Lorenzo Valla/Arnoldo Mondadori, Milano 2020

PIRRONE, *Testimonianze*, testo greco, traduzione e commento di F. Decleva Caizzi, Bibliopolis, Napoli 1981

PLAUTO, *Le Bacchidi*, prefazione di C. Questa, introduzione di G. Paduano, traduzione di M. Scàndola, Rizzoli, Milano 2011

– *Bacchides. Curculio*, a cura di C. Battistella, Mondadori, Milano 2007

PLINIO IL VECCHIO, *Storia Naturale* (5 voll.), edizione diretta da G.B. Conte con la collaborazione di A. Barchiesi e G. Ranucci, Einaudi, Torino 1982-1988

PLINIO IL GIOVANE, *Lettere ai familiari*, a cura di L. Lenaz, Rizzoli, Milano 1994

PLUTARCO, *Vite parallele – Alessandro e Cesare*, introduzione, traduzione e note di D. Magnino, Rizzoli, Milano 1999[13]

– *Vite parallele – Demetrio e Antonio*, introduzione, traduzione e note di R. Scuderi, Rizzoli, Milano 1999[3]

– *Vite parallele – Focione e Catone Uticense*, introduzione di J. Geiger, traduzione e note di L. Ghilli, Rizzoli, Milano 2001

– *Vite parallele – Nicia e Crasso*, introduzione di A. Garzetti, traduzione e note di D. Manetti, Rizzoli, Milano 1999

– *Vite parallele – Demostene e Cicerone*, introduzione di J. Geiger, traduzione di B. Mugelli, note di L. Ghilli, Rizzoli, Milano 1999

– *Le vite degli uomini illustri* (7 voll.), versione italiana di G. Pompei, Sonzogno, Paolo Andrea Molina, Milano 1824-1831

– *Le vite parallele* (4 voll.), tradotte da M. Adriani, Adriano Salani Editore, Firenze 1931

POLIENO, *Gli Stratagemmi*, tradotti da L. Carani, Sonzogno, Milano 1821

(SESTO) POMPEO FESTO, *De verborum significatione quae supersunt cum Pauli epitome*, emendata et annotata a C. Otofredo Muellero, Weidmann, Lipsiae 1839

PORFIRIO, *Astinenza dagli animali*, a cura di G. Girgenti e A.R. Sodano, Bompiani, Milano 2005

– *Vita di Pitagora*, a cura di A.R. Sodano e G. Girgenti, Rusconi, Milano 1998

PRISCIANO, *Institutiones grammaticae* (2 voll.), ex recensione M. Hertz, Teubner, Lipsiae 1855

– *Institutiones grammaticae* (3 voll.) da «Priscien, Grammaire», Livre XIV - XV - XVI, Vrin, Paris 2013; «Priscien, Grammaire», Livre XVII – Syntaxe I, Vrin, Paris 2010; «Priscien, Grammaire», Livre XVIII – Syntaxe II, Vrin, Paris 2018

PROBO, *Opere*, in «*M. Valerii Probi In Vergilii Bucolica et Georgica Commentarius, accedunt Scholiorum Veronensium et Aspri Quaestionum Vergilianarum Fragmenta*», edidit H. Keil, sumtibus Eduardi Anton, Halis 1848

QUINTILIANO, *Istituzione oratoria* (4 voll.), a cura di S. Beta e E. D'Incerti Amadio, Mondadori, Milano 1997

RATRAMNO DI CORBIE, *De nativitate Christi*, in *Ratramni Corbeiensis monachi* (...) *Opera Omnia*, accurante J.-P. Migne, Patrologia Latina vol. 121, Parisiis 1852

SALLUSTIO, *Epistole a Cesare*, a cura di P. Cugusi, Fratelli Palombi Editore, Roma 1968

– *Opere*, volgarizzate da G. Trento e F. Negri, Giuseppe Antonelli, Venezia 1840

– *La congiura di Catilina*, a cura di L. Storoni Mazzolani, Rizzoli, Milano 2000

– *La guerra di Giugurta*, a cura di L. Storoni Mazzolani, Rizzoli, Milano 1977

SCIMNO DI CHIO, *Periegesi*, da «*Fragments des poemes géographiques de Scymnus de Chio...*», par A.J. Letronne, Librairie de Gide, Paris 1840

SCOLIASTE DI BOBBIO, *Scholia in Ciceronis orationes Bobiensia*, edidit P. Hildebrandt, Teubner, Leipzig 1907

SENECA, *Tutte le Opere*, a cura di G. Reale, Bompiani, Milano 2004[2]

– *Dialoghi* (2 voll.), a cura di G. Viansino, Mondadori, Milano 1992

SERVIO, *Commentarii in Vergilium Serviani* (2 voll.), instruxit H.A. Lion, apud Vandenhoeck et Ruprecht, Gottingae 1826

– *Commentarii in Vergilii Aeneidos libros*, edidit G. Thilo Teubner, Lipsiae 1881

SILLA DITTATORE, *Res gestae* (*Le mie Memorie*), a cura di M. Rizzotto, Pagine Svelate, Gerenzano (Varese) 2011

(GIORGIO) SINCELLO, *Chronographia ad Adamo usque ad Diocletianum* (2 voll.), editio emendatior et copiosior consilio B.G. Niebuhr, Corpus Scriptorum Historiae Byzantinae, Weber, Bonnae 1829

SOFOCLE, *Tragedie e Frammenti*, a cura di G. Paduano, Utet, Torino 1982

STOBEO, *Florilegio*, in C. Wachsmuth-O. Hense (a cura di), *Ioannis Stobaei Anthologium* (5 voll.), apud Weidmannos Berlin 1984-1923

STORIA AUGUSTA (4 voll.), a cura di P. Soverini, con prefazione di M. Yourcenar, T.E.A., Milano 1993

STRABONE, *Della Geografia* (5 voll.), tradotti dal greco e commentati da A. Mustoxidi, Sonzogno, Milano 1827
SVETONIO, *Vita dei Cesari*, introduzione di L. De Salvo, traduzioni di F. Casorati, D. Medici, R. Pagan, C. Valerio, Newton Compton, Roma 1995
– *I dodici Cesari; Gli uomini illustri*, a cura di F. Dessì, Rizzoli, Milano 1968
– *Gli uomini illustri*, testo con traduzione e note italiane di F. Della Corte, Loescher Editore, Torino 1968
SYLLOGE INSCRIPTIONUM GRAECARUM, III, iterum edidit G. Dittenberger, apud S. Hirzelium, Lipsiae 1891
TACITO, *Annali* (2 voll.), introduzione di C. Questa, traduzione di B. Ceva, Rizzoli, Milano 1981
TEOFANE DI MITILENE, *Frammenti e testimonianze*, a cura di F. Santangelo, Tored, Tivoli (Roma) 2015
TITO LIVIO, *Storia di Roma dalla sua fondazione*, (13 voll.), a cura di C. Moreschini, M. Mariotti et al., Rizzoli, Milano 19904–2003
– *Storia di Roma dalla fondazione* (6 voll.), a cura di G.D. Mazzocato, Newton Compton, Roma 1997
TRAIANO, *Le Guerre Daciche*, introduzione, ricostruzione del testo latino, traduzione italiana e note a cura di M. Rizzotto, prefazione di F. Reggio, Primiceri, Padova 2020
VALERIO MASSIMO, *Fatti e detti memorabili*, a cura di R. Faranda, Utet, Torino 1987
VERRIO FLACCO, *Grammatica Latina*, in «*Grammaticae Romanae Fragmenta*», edidit I. Funaioli, Lipsiae 1907, pp. 509–523.
VARRONE, *Opere*, a cura di A. Traglia, Torino, Utet, 1974
VELLEIO PATERCOLO, *Storia Romana*, a cura di R. Nuti, Rizzoli, Milano 1997
VIRGILIO, *Eneide*, a cura di E. Cetrangolo, Newton Compton, Roma 1988
– *Bucoliche*, introduzione di A. La Penna, trad. e note di L. Canali, premessa al testo di S. Pennacchietti, Rizzoli, Milano 1978
– *Georgiche*, introduzione di A. La Penna, trad. e note di L. Canali, premessa al testo di R. Scarcia, Rizzoli, Milano 1983
ZONARA, *Epitome di Storie*, da «Historia di Giovanni Zonara, primo consigliero et capitano della Guardia Imperiale di Costantinopoli», divisa in tre parti, nuovamente tradotta dal greco per M. E. Fiorentino, appresso Lodovico de gli Avanzi, Venezia 1560
– *Annales*, II, Corpus Scriptorum Historiae Byzantinae, ex recensione M. Pinderi, Impensis Ed. Weberi, Bonnae 1844

Studi

Accettare la sfida della complessità. Il contributo delle *Opere minori* alla conoscenza e allo studio della figura, dell'opera e del pensiero di Caio Giulio Cesare (a cura di F. Reggio)

G. ANDERS, *L'uomo è antiquato. Considerazioni sull'anima nell'epoca della seconda rivoluzione industriale*, (1956), trad. it., Bollati Boringhieri, Torino, 2006
A. ARENDT, *Vita Activa*, Bompiani, Milano 2000
P. BETTINESCHI, *Etica del Riparare*, Morcelliana, Brescia 2021
N. BOBBIO, *Il problema del potere. Introduzione al corso di scienza della politica*, a

cura e con un saggio introduttivo di T. Greco, Giappichelli, Torino 2020

P.A. BRUNT, *Classi e conflitti sociali nella Roma repubblicana*, Laterza, Roma-Bari 1972

A. Busacca, *Art & Peacebuilding. Ara Pacis Augustae. Affirmation of Power and Peace Propaganda*, in «MediaRes», 1/2021, pp. 59-72

L. CANALI, *Giulio Cesare*, Edizioni Studio Tesi, Pordenone 1992

R. CAPORALI, *Vico e la "temperatura": sull'idea di Stato misto nel Diritto Universale*, in «Biblioteca Elettronica su Montesquieu e dintorni», 1/2009, pp. 1-16

F. CAVALLA, *All'origine del diritto al tramonto della legge*, Jovene, Napoli 2011

F. DE MARTINO, *Storia economica di Roma antica*, I, La Nuova Italia, Firenze 1979

U. ECO, *Trattato di semiotica generale*, Bompiani, Milano 1975

J. ELLUL, *La tecnica, rischio del secolo*, (1954), trad. it., Giuffrè, Milano 1969

H.G. GADAMER, *Verità e metodo*, Bompiani, Milano 1983

F. GUNDOLF, *Caesar. Storia della sua fama*, Treves, Milano 1932

J. F. LYOTARD, *La condizione postmoderna* (1979), Einaudi, Torino 2014

E. MAZZOLENI, *Universali fantastici giuridici. Narrazioni normative in Giambattista Vico*, in «Diritto penale e uomo», 25.03.2019, pp. 1-22

F. OST, *Mosè, Eschilo, Sofocle*, Il Mulino, Bologna 2007

L. PERELLI, *I Gracchi*, Salerno Editrice, Roma 1993, pp. 75-96

F. REGGIO, *Concordare la norma. Gli strumenti consensuali di soluzione della controversia in ambito civile: una prospettiva filosofico-metodologica*, Cleup, Padova 2017

F. REGGIO, *Il Paradigma Scartato. Saggio sulla filosofia del diritto di Giambattista Vico*, Primiceri, Padova 2018

G. STEINER, *Le Antigoni*, Garzanti, Milano 2003

R. SYME, *La rivoluzione romana*, Einaudi, Torino 2014

C. TAYLOR, *Il disagio della modernità*, (1991), trad. it., Feltrinelli, Milano, 2007

G.B. VICO, *Opere Giuridiche*, a cura di N. Badaloni, Sansoni, Firenze 1971

Biografie di Cesare (a cura di M. Rizzotto)

R. ALLULLI, *Giulio Cesare*, Paravia, Torino 1926

G. ANTONELLI, *Giulio Cesare*, Newton Compton, Roma 2007

A. BAILLY, *Giulio Cesare*, Bemporad, Firenze 1933

G. BUZZI, *La vita e i tempi di Giulio Cesare*, Mondadori, Milano 1970

L. CANALI, *Giulio Cesare*, Edizioni Studio Tesi, Pordenone 1992

L. CANFORA, *Giulio Cesare. Il dittatore democratico*, Laterza, Roma-Bari 1999

J. CARCOPINO, *Giulio Cesare*, Bompiani, Milano 2001[2]

– *Profili di conquistatori*, Fògola Editore, Torino 1978

G. CLEMENTE, *Giulio Cesare*, Giunti, Firenze 2012

L. CORDIOLI, *Caio Giulio Cesare e il suo tempo*, L'Eco di Bergamo, Bergamo 2007

G. COSTA, *Caio Giulio Cesare: la vita e l'opera*, L. Morpurgo, Roma 1934

W. DAHLHEIM, *Julius Caesar. Die Ehre des Kriegers und die Not des Staates*, Piper, München 1987

A. DUGGAN, *Caio Giulio Cesare*, Cappello Editore, Rocca San Casciano (Forlì-Cesena) 1964

B. FEDI, *Il Dittatore Perpetuo. Sunto critico comparato sulla vita e le opere di Giulio Cesare*, A.T.E.N.A., Roma 1937

A. FERRABINO, *Cesare*, I Grandi Italiani, Utet, Torino 1941 (ristampato anche da Orsa Maggiore Editrice, Torriana (Foggia) 1990)

L. FEZZI, *Cesare*, Mondadori, Milano 2020

A. FOSCHINI, *Cesare*, Dall'Oglio, Milano 1959

A. FRASCHETTI, *Giulio Cesare*, Laterza, Roma-Bari 2005

P. FREEMAN, *Julius Caesar*, Simon & Schuster, New York 2008

M. GELZER, *Caesar. Politician and Statesman*, Harvard University Press, Harvard 1968

G. GENTILI (a cura di), *Giulio Cesare: l'uomo, le imprese, il mito*, Silvana Editoriale, Cinisello Balsamo (Milano) 2008

A. GOLDSWORTHY, *Cesare: una biografia*, Castelvecchi, Roma 2014

M. GRANT, *Giulio Cesare*, Librex, Milano 1970

P. GRÖBE, A. KLOTZ, *Iulius Caesar*, in «Paulys Realencyclopädie der classischen Altertumswissenschaft: neue Bearbeitung», X, J. B. Metzler, Stuttgart 1917, cc. 186-275

H. HARDINGE, *Julius Caesar: Soldier, Statesman, Emperor*, Dodge Publishing, New York 1980

F. GUNDOLF, *Caesar. Storia della sua fama*, Treves, Milano 1932

E. HORST, *Cesare*, Rizzoli, Milano 1982

I. ISENBERG, *Giulio Cesare*, Mondadori, Milano 1965

M. JEHNE, *Giulio Cesare*, Il Mulino, Bologna, 1999

A. DE LAMARTINE, *Giulio Cesare*, prima versione italiana di P.F. Balduzzi, Società Editrice Italiana, Torino 1857

J. MADAULE, *César*, Éditions du Seuil Bourges, Paris 1959

A. MATSCHEG, *Caio Giulio Cesare ed il suo tempo*, G. Barbèra Editore, Firenze 1874

C. MEIER, *Giulio Cesare*, Garzanti, Milano 1993

E. MENNELLA, *Caio Giulio Cesare. L'uomo, il soldato, il politico*, BastogiLibri, Roma 2017

I. MONTANELLI, *Caio Giulio Cesare (100-44 a.C.)*, Il Giornale, Milano 1993

NAPOLEONE III, *Storia di Giulio Cesare* (4 voll.), Aequa, Roma 1937

H. OPPERMANN, *Caesar. Wegbereiter Europas*, Musterschmidt Verlag, Göttingen-Berlin-Frankfurt 1958

F. SAMPOLI, *Giulio Cesare: uno sguardo da dominatore*, in *Storie di grandi imperatori. Cesare, Augusto, Costantino, Giustiniano, Federico Barbarossa*, «Archeo Monografie», 1/2009, pp. 4-91

– *Caio Giulio Cesare. Discendente di Venere*, Gruppo Editoriale Viator, Milano 2013

E.G. SIHLER, *Annals of Caesar. A Critical Biography with a Survey of the Sources*, G.E. Stechert & Co., New York 1911

U. SILVAGNI, *Giulio Cesare*, Fratelli Bocca Editori, Torino 1930

A. SPINOSA, *Cesare, il grande giocatore*, Mondadori, Milano 1986

L. VINCENTI, *Vita di Giulio Cesare*, Alberto Peruzzo Editore, Sesto San Giovanni (Milano) 1985

G. WALTER, *César*, Albin Michel, Paris 1947

S. WEINSTOCK, *Divus Julius*, Clarendon University Press, Oxford 1971

Cesare uomo di guerra (a cura di M. Rizzotto)

R. AGAZZI, *Giulio Cesare stratega in Gallia*, Iuculano, Pavia 2006

S. ALLEN, *I Celti, minaccia senza fine*, Osprey Publishing-RBA, Milano 2010

C. ANTONUCCI, *L'esercito di Cesare 54-44 a.C.*, E.M.I., Milano 1996

F. ARNALDI, *Note ai Commentarii de Bello Gallico* (2 voll.), in "C. Giulio Cesare, La Guerra Gallica", tradotta e commentata da F. Arnaldi, con note militari del generale O. Zoppi, Edizioni Roma, Roma 1939

N. BERTI, *La guerra di Cesare contro Pompeo. Commento storico a Cassio Dione, libri XLI-XLII*, Jaca Book, Milano 1988

P. BOSCH GIMPERA, P. ROMANELLI, *Lusitania e Lusitani*; Istituto della Enciclopedia Italiana, Treccani, Roma 1934

G. BRIZZI, *Caio Giulio Cesare: profilo di un grande comandante*, in G. GENTILI (a cura di), *Giulio Cesare. L'uomo, le imprese, il mito*, Silvana Editoriale, Cinisello Balsamo (Milano) 2008, pp. 24-31

A. BURNS, *Pompey's Strategy and Domitius' Last Stand at Corfinium*, «Historia», 15, 1966, pp. 74-95

D. CARRO, *Giulio Cesare, dall'Oceano all'Impero*, «Classica (ovvero "Le cose della flotta")», dicembre 1998

G. CASCARINO, *L'esercito romano. Armamento e organizzazione* (4 voll.), Il Cerchio, Rimini 2007-2012

A. CINQUINI, *L'esercito romano ai tempi di Giulio Cesare*, Casa Editrice dott. Francesco Vallardi, Milano 1900

G. CLEMENTE, *La guerra gallica*, in «Storia Einaudi dei Greci e dei Romani», XV, Il Sole 24 Ore (su licenza Einaudi), Milano 2008, pp. 789-793

L.A. CONSTANS, *Guide Illustré des Campagnes de César en Gaule*, Les Belles Lettres, Paris 1930

S. DANDO-COLLINS, *La Legione di Cesare: le imprese e la storia della Decima Legione dell'esercito romano*, Giunti, Firenze-Milano 2015

W.C. DERMOTT, *Caesar's Projected Dacian-Parthian Expedition*, «Ancient Society», 13-14, 1982-1983, pp. 223-231

R. DION, *Les campagnes de César en l'annèe 55*, «Revue des Etudes Latines», 41, 1963, pp. 186-209

TH. A. DODGE, *Caesar. A History of the art of war among the Romans down to the end of the Roman Empire, with a Detailed Account of the Campaigns of Caius Julius Caesar*, Houghton Mifflin & Co., Boston-New York, 1892

T.N. DUPUY, *The Military Life of Julius Caesar: Imperator*, Franklin Watts, New York 1969

M. FERREIRO, *La campaña militar de César en el año 61*, in «Peninsular de Historia Antigua. Santiago de Compostela,1.5 julio de 1986», Santiago de Compostela, pp. 363-372

N. FIELD, *La morte della Repubblica*, Osprey Publishing/RBA, Milano 2010

A. FREDIANI, *Le grandi battaglie di Giulio Cesare*, Newton Compton, Roma 2007²

– *I grandi generali di Roma antica*, Newton Compton, Roma 2006

J.F.C. FULLER, *Julius Caesar: Man, Soldier and Tyrant*, Rutgers University Press, London 1965

– *Le battaglie decisive del mondo occidentale* (3 voll.), Stato Maggiore dell'Esercito – Ufficio Storico, Roma 1988

J.R. GONZALES, *Historia de las legiones romanas* (2 voll.), Almena Ediciones, Madrid 2003

A. GRISART, *César dans l'est de la Belgique*, "Les études classiques", 28, 1960, pp. 129-204

W.E. GWATKIN JR., *Some reflections on the battle of Pharsalus*, "Transactions of the American Philological Association", 87, 1956, pp. 109-124

J. HARMAND, *Une campagne césarienne: Alésia*, A. et J. Picard, Paris 1967

T.R. HOLMES, *Caesar's Conquest of Gaul*, Clarendon Press, Oxford 1899

– *Ancient Britain and the Invasion of Julius Caesar*, Clarendon Press, Oxford 1907

A. JAL, *La flotte de César*, Firmin Didot Frères, Paris 1861

J. KEEGAN, *La maschera del comando*, Net, Milano 2006

J.I. LAGO, *César Alejandro Aníbal*, Almena Ediciones, Madrid 2003

J. MAISSIAT, *Jules César en Gaule* (2 voll.), J. Hetzel/Firmin Didot et Cie, Paris 1865-1876

B. MUSSOLINI, *Roma antica sul mare*, Mondadori, Milano 1926

NAPOLEONE I, *Le guerre di Cesare*, Salerno Editrice, Roma 1999

M.Á. NOVILLO LOPEZ, *La propretura cesariana en la Hispania Ulterior: "La II guerra lusitana"*, «Gerion», 28, 2010, pp. 207-221

M. RAMBAUD, *L'ordre de bataille de l'armée des Gaules d'après les Commentaires de César*, «Revue des Études Ancients», 60, 1958, pp. 87-130

R. SANDIFORD, *Le azioni di Cesare sul mare*, «Quaderni Augustei», 12, Istituto di Studi Romani, Roma 1938 – XVI

M. PASQUERO, *I Celti della valle del Po negli eserciti di Roma. Ausiliari, legionari, pretoriani dal II secolo a.C. al III secolo d.C.*, Il Cerchio, Rimini 2012

M. PASQUINI, *Giulio Cesare. Lezioni di strategia*, Area 51 Publishing, San Lazzaro di Savena (Bologna) 2018

L. PARETI, *Cesare e la Gallia*, «Studi Romani», 3, 1955, pp. 1-10

T. RICE HOLMES, *Caesar's Conquest of Gaul*, Clarendon Press, Oxford 19112

– *Ancient Britain and the Invasions of Julius Caesar*, Clarendon Press, Oxford 1907

– *The Roman Republic and the Founder of the Empire*, III, Clarendon Press, Oxford 1923

M. SCHAUER, *La Guerra Gallica*, Goriziana, Gorizia 2016

S. SHEPPARD, *Farsalo, Cesare contro Pompeo*, Osprey Publishing-RBA, Milano 2010 (pubblicato anche con il titolo *Farsalo 48 a.C. Cesare e Pompeo: scontro di titani* per Goriziana Editrice, Gorizia 2013)

M. SOMMER, *Le ragioni della guerra: Roma, i Parti e l'ultimo imperativo di Cesare*, in «Cesare: precursore o visionario?», I Convegni della Fondazione Niccolò Cusano, ETS, Pisa 2010, pp. 123-140

E. STOFFEL, *Histoire de Jules César: Guerre Civile*, (2 voll.), Imprimerie Nationale, Paris 1887

– *Guerre de César et d'Arioviste*, Imprimerie Nationale, Paris 1890

P. TURQUIN, *La Bataille de la Selle (du Sabis) en l'An 57 avant J.-C.*, «Les Études Classiques», 23/2, 1955, pp.113–156

S. VALZANIA, *La sconfitta di Farsalo. Pompeo e Cesare: la fine della Repubblica*, Salerno Editrice, Roma 2018

– L'arte del comando. Alessandro Magno, Giulio Cesare e Napoleone, Newton Compton, Roma 2015
G. VEITH, *La campagna di Durazzo tra Cesare e Pompeo*, Istituto Poligrafico dello Stato, Roma 1942
P. WILCOX, D.B. CAMPBELL, *Il trionfo di Giulio Cesare*, Osprey Publishing-RBA, Milano 2010
G. ZECCHINI, *Le guerre galliche di Roma*, Carocci, Roma 2009
O. ZOPPI, *Note ai Commentarii de Bello Gallico* (2 voll.), in «C. Giulio Cesare, La Guerra Gallica», tradotta e commentata da F. Arnaldi, con note militari del generale O. Zoppi, Edizioni Roma, Roma 1939

Cesare legislatore (a cura di A. Schiavon)

E. Badian, *Tiberius Gracchus and the Beginning of the Roman Revolution*, in *Aufstieg und Niedergang der römischen Welt* I.1, 1972
G. Baldo, *Le repetundae e le Verrine. Aspetti retorici*, in B. Santalucia (a cura di), *La repressione criminale nella Roma repubblicana fra norma e persuasione*, Pavia, 2009
M. Balzarini, *s.v. Violenza (diritto romano)*, in *Enciclopedia del Diritto*, XLVI, 1993, pp. 830 ss.
A. Bottiglieri, *Le leggi sul lusso tra Repubblica e Principato: mutamento di prospettive*, in *Mélanges de l'École française de Rome – Antiquité* , 128 (1), 2016
T.R.S. Broughton, *The Magistrates of the Roman Republic II. 99 b.C.-31 b.C.*, New York, 1952
P. A. Brunt, *Classi e conflitti sociali nella Roma repubblicana*, Roma-Bari, 1976
J. Bryce, *The Roman Empire and the British Empire in India*, in *Two Historical Essays*, London, 1914
P. Buongiorno, *La 'lex' in Cicerone al tempo delle 'Philippicae'. Fra teoria e prassi politica*, in J.-L. Ferrary (a cura di), *Leges publicae. La legge nell'esperienza giuridica romana*, Pavia, 2012
J. Burian, *Die lex Iulia de provináis und die Krise der römischen Republik*, in L. Varcl-R. F. Willetts (Hg.), *Geras. Studies presented to G.Thomson*, Prag, 1963, pp. 83 ss.
G. Capograssi, *Studi sull'esperienza giuridica*, Roma 1932 (in *Opere*, 2, 1959)
L. Capogrossi Colognesi, *Le regime de la terre à l'epoque republicaine*, in *Terre et paysans dependants dans les societes antiques: colloque internationale tenu à Besancon les 2 et 3 mai 1974*, Parigi, 1979, 313 ss. (= in *Scritti scelti*, I, Napoli, 2010, 73 ss.)
V. Carro, *Autorità pubblica e garanzie nel processo esecutivo romano*, Torino, 2018
F. Cassola-L. Labruna, *La repubblica* in M. Talamanca (a cura di), *Lineamenti di storia del diritto romano*, Milano, 1989²
- La repubblica in M. Talamanca (a cura di), *Lineamenti di storia del diritto romano*, Milano, 1989², pp. 184 ss.
P. Cerami, *Cesare 'dictator' ed il suo progetto costituzionale: dal consociativismo al potere personale, Annali del seminario giuridico dell'Università di Palermo*, 43, 1995
- Cesare dictator ed il suo progetto costituzionale, in *Res publica e princeps. Atti del Convegno Internazionale di Copanello*, Napoli, 1996
M.R. Cimma, *Ricerche sulle societa di pubblicani*, Milano, 1981

A. Collins-J. Walsh, *Debt deflationary Crisis in the late Roman Republic* , in *Ancient Society*, 45, 2015, pp. 125 ss.

C. Corsana, *Riflessioni sulle Leges Iuliae agrariae del 59 a.C.: giuramento collettivo e principio di inabrogabilità nel II libro delle Guerre Civili di Appiano*, in *Rendiconti Accademia dei Lincei*, serie 9, 12, 2001, pp. 259 ss.

G. Cossa, *Attorno ad alcuni aspetti della lex Iulia de vi publica et privata*, in *Studia et documenta historiae et iuris*, 74, 2008

F. Costabile, *'Novi generis imperia constituere, iura magistratuum commutare'. Concezioni costituzionali polemica e propaganda nel progetto politico di Cesare*, in *Studi in onore di A. Metro*, I, Milano, 2009

J. W. Crawford, *M. Tullius Cicero: the fragmentary speeches*, Atlanta, 1994

M.F. Cursi, *Danno e responsabilità extracontrattuale nella storia del diritto privato*, Napoli, 2021[2]

A. Daguet-Gagey, *«Splendor aedilitatum»: l'édilité à Rome (Ier s. avant J.-C.-IIIe s. après J.-C.)*, Rome, 2015

J.-M. David, *Les régles de la violence dans les assemblées populaires de la République romaine*, in *Politica Antica*, 3, 2013

F. De Martino, *Storia della costituzione romana* (5 voll.), 1972-1976[2]

R. Develin, *The dismantling of the Gracchan agrarian programme*, in *Antichthon*, 13, 1979, pp. 48 ss.

M. De Wilde, *The Dictatorship and the Fall of the Roman Republic*, in *Zeitschrift der Savigny-Stiftung für Rechtsgeschichte (Romanistische Abteilung)*, CXXX, 2013, 2

N. Donadio, *La tutela del compratore tra 'actiones aediliciae' e 'actio empti'*, Milano, 2004

L. Fascione, *Crimen e quaestio ambitus nell'età repubblicana. Contributo allo studio del diritto criminale repubblicano*, Milano 1984

J.-L. Ferrary, *Optimates et populares. Le problème du rôle de l'idéologie dans la politique*, in *Die späte römische Republik. Un débat franco-allemand d'histoire et d'historiographie*, Rome, 1997

- *Rogatio Servilia agraria*, in *Athenaeum*, 66, 1988, pp. 141 ss.

M.W. Frederiksen, *Caesar, Cicero, and the Problem of Debt*, in *Journal of Roman Studies*, 56, 1966, pp. 128 ss.

E. Gabba, *Ricerche sull'esercito professionale romano da Mario ad Augusto*, in *Athenaeum*, 29 (3-4), 1952, pp. 7 ss. (= *Esercito e società nella tarda repubblica romana*, Firenze, 1973, pp. 113 ss.)

- E. Gabba, *Il tentativo dei Gracchi*, in *Storia di Roma 2. L'impero mediterraneo. I. La repubblica imperiale*, Torino, 1990, pp. 671 ss.

- *Nota sulla Rogatio agraria di P. Servilio Rullo*, in R. Chevallier (a cura di), *Mélanges d'archéologie et d'histoire offerts à A. Piganiol*, Parigi, 1966

G. Garbarino, , *Cesare e la cultura filosofica del suo tempo*, in G. Urso (a cura di), *Cesare: precursore o visionario? Atti del convegno internazionale, Cividale del Friuli, 17-19 settembre 2009*, Pisa, 2010

L. Garofalo, *Il processo edilizio: contributo allo studio dei iudicia populi*, Padova, 1989

K.M. Girardet, *Die lex Iulia de provinciis: Vorgeschichte – Inhalt – Wirkungen*, in *Rheinisches Museum für Philologie*, 130, 1987, 209 ss.

V. Giuffrè, *Sull'origine della bonorum venditio come esecuzione patrimoniale*, in *Labeo* 39, 1993, pp. 317 ss.

- (*Profili politici ed economici della cessio bonorum*, in *Rivista di studi salerntitani*, 7, 1971, 1 ss.

J. González Fernández (a cura di), *Roma y las provincias. Realidad administrativa e ideología imperial*, Madrid 1994 (= in *Scritti di diritto penale romano*, Padova, 2015, pp. 405 ss.)

J.A. González Romanillos. *La corrupción política en época de Julio César. Un estudio sobre la lex Iulia de repetundis*, Granada, 2009

A. Guarino, *La «exaequatio legibus» dei plebisscita*, in *Festschrift Schulz*, I, Weimar, 1951, pp. 458 ss.

- *La rivoluzione della plebe*, Napoli, 1975

- *Stato romano (storia delle strutture costituzionali)*, in *Digesto delle discipline pubblicistiche*, XV, Torino, 1999

- *Forma e materia della costituzione romana*, in *Tradizione romanistica e costituzione*, Napoli, 2006

- *L'ordinamento giuridico romano*, Napoli, 1990[5]

- *La formazione dell'editto perpetuo*, in *Aufstieg und Niedergang der römischen Welt*, II.13, pp. 62 ss.

G. Grosso, *Premesse generali al corso di diritto romano*, Torino, 1960[4]

M. Humbert, *Municipium et civitas sine suffragio. L'organisation de la conquête jusqu'à la guerre sociale*, Rome 1978

F. Hurlet, *La dictature de Sylla: monarchie ou magistrature républicaine? Essai d'histoire constitutionnelle*, Bruxelles, 1993

G. Impallomeni, *L'editto degli edili curuli*, Padova, 1955

M. Kaser, *Die Jurisdiktion der kurulischen Ädilen*, in *Mélanges P. Meylan*, I, Lausanne, 1963

L. Labruna, *Vim fieri veto: alle radici di una ideologia*, Napoli, 1971 (ristampa Napoli 2017)

U. Laffi, *La lex Rubria de Gallia Cisalpina*, in *Athenaeum*, 74, 1986, pp. 1 ss.

M.A. Levi, *La Costituzione a Roma dai Gracchi a Giulio Cesare*, Firenze, 1928

V. O. Licandro, *Dalla lex Claudia de quaestu senatorum alle leges repetundarum ovvero del conflitto di interessi nell'antica Roma*, in *Fides Humanita Ius. Studii in onore di Luigi Labruna*, V, Napoli, 2007, pp. 2815 ss.

A.W. Lintott, *Violence in Republican Rome*, Oxford, 1999[2]

N.D. Luisi, *Considerazioni sulla determinatezza normativa della legislazione romana in materia di crimen repetundarum*, in G. Fornasari-N.D. Luisi, *La corruzione: profili storici, attuali, europei e sovranazionali*, Padova, 2003

G. Luraschi, *Foedus ius Latii civitas. Aspetti costituzionali della romanizzazione in Transpadana*, Padova, 1979

W. Lintott, *The leges de repetundis and associate measures under the Republic*, in *Zeitschrift der Savigny-Stiftung für Rechtsgeschichte (Romanistische Abteilung)*, 98, 1981, 162 ss.

L. Maganzani, *Pubblicani e debitori d'imposta: ricerche sul titolo edittale De publicanis*, Torino, 2002

U. Malmendier, *Societas publicanorum*, Köln-Weimar-Wien, 2002

G. Mancuso, *Il concetto di costituzione nel pensiero politico greco-romano*, in *Annali del seminario giuridico dell'Università di Palermo*, 39, 1987

D. Mantovani, *Legum multitudo e diritto privato. Revisione critica della tesi di Giovanni Rotondi*, in *Leges publicae. La legge nell'esperienza giuridica romana*, Pavia, 2012

- *Il diritto e la costituzione in età repubblicana*, in E. Gabba (a cura di), *Introduzione alla storia di Roma*, Milano, 1999

M. Marrone, *Note di diritto romano sul cd. Beneficium competentiae*, in *Annali del seminario giuridico dell'Università di Palermo*, 36, 1976, pp. 1 ss.

B.A. Marshall, *The 'Lex Plotia agraria'*, in *Antichthon*, 6, 1972, pp. 43 ss.

C. Meier, *Populares*, in *Realencyclopädie der Classischen Altertumswissenschaft Pauly-Wissowa*, Suppl. 10, 1965, coll. 549 ss.

Th. Mommsen, *Disegno del diritto pubblico romano*, Milano, 1973

K. Morrell, *Pompey, Cato, and the Governance of the Roman Empire*, Oxford-New York, 2017

R. Morstein-Marx, *Julius Caesar and the Roman People*, Cambridge, 2021

Nicolet, *Dictatorship in Rome*, in P. Baehr-M. Richter (ed.), *Dictatorship in History and Theory: Bonapartism, Caesarism, and Totalitarianism*, New York, 2004

- *Les Gracques: crise agraire et revolution a Rome*, Parigi, 2014

G. Nicosia, *Il processo privato romano III. Nascita ed evoluzione della iurisdictio*, Catania, 2012

G.M. Oliviero, *La riforma agraria di Cesare e l'ager Campanus*, in G. Franciosi (a cura di), *La romanizzazione della Campania antica*, I, Napoli, 2002

R. Orestano, *Introduzione allo studio del diritto romano*, Bologna, 1987

A. Petrucci, *Corso di diritto pubblico romano*, Torino, 2017

M.P. Piazza, *'Tabulae Novae'. Osservazioni sul problema dei debiti negli ultimi decenni della repubblica*, in *Atti del II Seminario Romanistico Gardesano (12-14 giugno 1978)*, Milano, 1980, pp. 38 ss.

U. Pizzani, *La cultura filosofica di Cesare*, in D. Poli (a cura di), *La cultura in Cesare, Atti del convegno internazionale di studi Macerata-Matelica, 30 aprile-4 maggio 1990*, I, Roma 1993

L. Peppe , *Studi sull'esecuzione personale* I. *Debiti e debitori nei primi due secoli della Repubblica romana*, Milano, 1981

G. Pugliese, *Il processo civile romano*, I, *Le 'legis actiones'*, Roma, 1962

G. Purpura-P. Cerami, *Profilo storico-giurisprudenziale del diritto pubblico romano*, Torino, 2007

D. Quaglioni, *Tra bartolisti e antibartolisti. L'Umanesimo giuridico e la tradizione italiana nella Methodus di Matteo Gribaldi Moffa*, in F. Liotta (a cura di), *Studi di storia del diritto medioevale e moderno*, Bologna, 1999., pp. 185 ss.

M. Rambaud, *César et l'épicurisme d'après les Commentaires*, in *Actes du VIIIe Congrès de l'Association Guillaume Budé*, Paris, 1969

M. Robb, *Beyond populares and optimates: political language in the late Republic*, Stuttgart, 2010

S. Roselaar, *Public land in the Roman Republic a social and economic history of ager publicus in Italy, 396-89 BC*, New York, 2010

C. Rosillo López, *La corruption à la fin de la République romaine (IIe –Ier s. av. J.-C.)*, Stuttgart 2010

L. Ross Taylor, *Roman Voting Assemblies. From the Hannibalic War to the Dictatorship of Caesar*, New York, 1966

- *The dating of major legislation and elections in Caesar's first consulship*, in *Historia. Zeitschrift Fur Alte Geschichte*, 17, 1968

M. Rostovtzeff , *Storia economica e sociale dell'impero romano*, Firenze, 1965

G. Rotondi, *Osservazioni sulla legislazione comiziale romana di diritto privato*, in *Filangieri*, 35, 1910, 641 ss. = in *Scritti giuridici, I. Studii sulla storia delle fonti e sul diritto pubblico romano*, Milano 1922

- *Leges publicae populi romani: elenco cronologico con una introduzione sull'attività legislativa dei comizi romani*, Milano, 1912 (rist. anastatica Hildesheim, 1966)

J.-P. Royer, *Le problème des dettes à la fin de la République romaine*, in *RHD*, 45, 1967, pp. 191 ss.

C. *Russo Ruggeri, Diamo a Cesare quel che è di Cesare: osservazioni sulle cc.dd. "Leges Iuliae de pecuniis mutuis" e de "Bonis cedendis"*, in *Iuris Vincula. Studi in onore di Mario Talamanca*, VII, Napoli, 2001, pp. 129 ss.

A. Saccoccio, *Un provvedimento di Cesare del 49 a.C. in materia di debiti*, in S. Tafaro (a cura di), *L'usura ieri ed oggi. Convegno su "L'usura ieri ed oggi" Foggia, 7-8 aprile 1995*, Bari, 1997, pp. 99 ss.

G. Santucci, *La legge nell'esperienza giuridica romana*, in U. Vincenti (a cura di), *Inchiesta sulla legge nell'occidente giuridico*, Torino, 2005

G. Santucci, *Legum inopia e diritto privato: riflessioni intorno ad un recente contributo*, in *Studia et documenta historiae et iuris*, 80, 2014

F. C. von Savigny, *Der römische Volkschluss der Tafeln von Heraclea*, in *Vermischte Schriften*, III, Berlin, 1850

R. Scalais, *Aspect financier de la conjuration de Catilina*, in LEC, 8, 1939, pp. 487 ss.

R. Scevola, *Il civile imperium come fondamento teorico della strategia costituzionale di Giulio Cesare*, in *Homenaje al profesor Armando Torrent*, Madrid, 2016

A.N. Sherwin White, *The Roman Citizenship*, Oxford, 1973[2]

S. Sisani, *L'ager publicus in età graccana (133–111 a.C.). Una rilettura testuale, storica e giuridica della lex agraria epigrafica*, Roma 2015

A.J. Toynbee *L'eredità di Annibale. Le conseguenze della guerra annibalica nella vita romana I. Roma e l'Italia prima di Annibale*, Torino, 1981

- *L'eredità di Annibale. II. Roma e il Mediterraneo dopo Annibale*, Torino, 1983

A. Trisciuoglio, *Studi sul crimen ambitus in età imperiale*, Torino, 2017

H. Strasburger, *Optimates*, in *Realencyclopädie der Classischen Altertumswissenschaft Pauly-Wissowa*, 18.1, 1939, coll. 773 ss.

B. Straumann, *Crisis and constitutionalism. Roman.Political Thought from the Fall of the Republic to the Age of Revolution*, Oxford, 2016

R. Syme, *La rivoluzione romana*, Torino, 2014

F. Vallocchia, *Collegi sacerdotali ed assemblee popolari nella Repubblica romana*, Torino, 2008

C. Venturini, *Concussione e corruzione: origine romanistica di una problematica attuale*, in *Studi in onore di A. Biscardi*, VI, Milano, 1987, pp.133 ss. (= in *Scritti di diritto penale romano*, Padova, 2015, pp. 547 ss.)

- *Il crimen repetundarum nelle Verrine. Qualche rilievo*, in B. Santalucia (a cura di), *La repressione criminale nella Roma repubblicana fra norma e persuasione*, Pavia, 2009, pp. 317 ss. (= in *Scritti di diritto penale romano, Padova, 2015*, pp. 571 ss.)
- *La repressione degli abusi dei magistrati romani ai danni delle popolazioni soggette fino alla 'Lex Calpurnia' del 149 a C.*, in *Bullettino dell'Istituto di Diritto Romano*, 72, 1969, pp. 19 ss. (= in *Scritti di diritto penale romano*, Padova, 2015, pp. 203 ss.)
- *Studi sul crimen repetundarum nell'età repubblicana*, Milano, 1979
U. Vincenti, *La costituzione di Roma antica*, Roma-Bari, 2017
- *Le forme costituzionali della Repubblica romana*, in A. Schiavone (a cura di), *Storia giuridica di Roma*, Torino, 2016
F. Vittinghoff, *Römische Kolonisation und Bürgerrechtspolitik unter Caesar und Augustus*, Wiesbaden, 1951
M. Weber, *Storia agraria romana dal punto di vista del diritto pubblico e privato*, Milano, 1967
F. Woeß, *Personalexekution und cessio bonorum im römischen Reichsrecht*, in *Zeitschrift der Savigny-Stiftung für Rechtsgeschichte. Romanistische Abteilung*, 43, 1922, pp. 485 ss.
A. Yakobson, *Elections and Electioneering in Rome: A Study in the Political System of the Late Republic*, Stuttgart 1999
G. Zecchini, *Ideologia suntuaria romana*, in *Mélanges de l'École française de Rome – Antiquité* , 128 (1), 2016
R. Zimmermann, *The Law of Obligations*, Oxford, 1996

Cesare uomo di lettere e di cultura (a cura di M. Rizzotto)

F.E. ADCOCK, *Caesar as Man of Letters*, Cambridge University Press, Cambridge 1956
F. ARNALDI, *Cesare storico*, in *Cesare nel bimillenario della morte*, ERI, Roma 1956, pp. 51-66
H. VAN DER BLOOM, *Oratory and Political Career in the Late Roman Republic*, Cambridge University Press, Cambridge 2016
F.C. BOURNE, *Caesar the Epicurean*, «Classical World», 70, 1977, pp. 417-432
L. CANALI, *Personalità e stile di Cesare*, Edizioni dell'Ateneo, Roma 1966[2]
L. CANFORA, *Cesare scrittore*, in G. GENTILI (a cura di), *Giulio Cesare: l'uomo, le imprese, il mito*, Silvana Editoriale, Cinisello Balsamo (Milano) 2008, pp. 32-38
A. DIMOPOULOU-PILONI, *Communiquer avec le pouvoir romain: les lettres de Jules César publiées par la cité de Mytilène*, «Revue Internationale des droits de l'Antiquité», 57, 2010, pp. 34-49
F.S. DUNN, *Julius Caesar in the English Chronicles*, «The Classical Journal», vol. 14, n. 5, 1919, pp. 280-294
G. FORNI, *Cesare ingegnere, scienziato e la riforma del calendario*, in «Cesare nel bimillenario della morte», ERI, Roma 1956, pp. 37-50
B.W. FRIER, *Libri Annales Pontificum Maximorum: The Origins of the Annalistic Tradition*, University of Michigan Press, Roma 1979
G. FUNAIOLI, *Giulio Cesare scrittore*, «Studi Romani», 5, 1957, pp. 136-150
G. GARBARINO, *Cesare e la cultura filosofica del suo tempo*, in *Cesare: precursore o visionario?*, I Convegni della Fondazione Niccolò Canussio, Edizioni ETS, Pisa 2010, pp. 207-221

M. GELZER, *Caesar als Historiker*, «Rasmussen», 1967, pp. 438-473

M. GRIFFIN, *Philosophy, Cato and Roman Suicide*, «Greece and Rome», 33, 1986, pp. 64-77 (I parte), 192-202 (II parte)

L. GURLITT, *Nonius Marcellus und die Cicero-Briefe*, Wissenschaftliche Beilage zum Programm des Progymnasium zu Steglitz, Steglitz 1888

A. LA PENNA, *Tendenze e arte del* Bellum Civile *di Cesare*, «Maia», 5, 1952, pp. 191-233

– *Sallustio e la "rivoluzione" romana*, Feltrinelli, Milano 1968

E. LONGI, *Giulio Cesare scrittore. La Guerra Gallica*, R. Sandron, Palermo 1939

H. MEUSEL, *Lexicon Caesarianum* (2 voll. in 3 tomi), W. Weber, Berolini 1887-1893

V. PALADINI, *Prolegomena alle* Epistulae ad Caesarem, Adriatica Editrice, Bari 1956

I. PALATINO, *Cesare e Iuppiter*, in G. SFAMENI GASPARRO (a cura di), «*Agathè elpìs. Studi in onore di Ugo Bianchi*», L'Erma di Bretschneider, Roma 1994, pp. 187-196

L. PERELLI, *Storia della letteratura latina*, Paravia, Milano 1969

G. PERROTTA, *Cesare scrittore*, «Maia», 1, 1958, pp. 5-32 (ora incluso in G. PERROTTA, *Cesare, Catullo, Orazio e altri saggi. Scritti minori*, I, Edizioni dell'Ateneo, Roma 1972, pp. 11-45)

A.F. PAULI, *Letters of Caesar and Cicero to Each Other*, «The Classical World», 58/5, 1958, pp. 128-132

D. POLI (a cura di), *La cultura in Cesare*, Atti del Convegno Internazionale di Studi: Macerata-Matelica, 30 aprile-4 maggio 1990, Il Calamo, Macerata 1993

M. RAMBAUD, *L'art de la déformation historique dans les Commentaires de César*, Les Belles Lettres, Paris 2011[4]

A. ROSTAGNI, *Storia della letteratura latina* (3 voll.), Utet, Torino 1954

C.E. STEVENS, *The 'Bellum Gallicum' as a Work of Propaganda*, «Latomus», 11, 1952, pp. 2–18; pp. 165–179

A.C. SPARAVIGNA, *La* Glaubwürdigkeit *di Giulio Cesare e l'arte della deformazione*, «Zenodo», 2 luglio 2020, pp. 1-8

K. WELCH, A. POWELL (a cura di), *Julius Caesar as Artful Reporter. The War Commentaries as Political Instruments*, Duckworth, London 1998

G. ZECCHINI, *La morte di Catone e l'opposizione intellettuale da Cesare ad Augusto*, «Athenaeum», 58, 1980, pp. 39-56

– *I Druidi e l'opposizione celtica a Roma*, Jaca Book, Milano 1984

– *Gli scritti giovanili di Cesare e la censura di Augusto*, in «*La cultura di Cesare*», I, Atti del Convegno internazionale di studi, Macerata-Matelica, 30 aprile-4 maggio 1990, Roma 1993, pp. 191-205.

– *Cesare e il* mos maiorum, Franz Steiner Verlag, Stuttgart 2001

Cesare politico (a cura di M. Rizzotto)

U. BIANCHI, *Cesare e i Lupercali del 44 a.C.*, «Studi Romani», 6, 1958, pp. 253-259

B. BISCOTTI, *Giulio Cesare. Un «tirannicidio» imperfetto*, Corriere della Sera, Milano 2020

R. CRISTOFOLI, *Dopo Cesare. La scena politica romana all'indomani del cesaricidio*, Edizioni Scientifiche Italiane, Napoli 2002

F. CURTA, *Julius Caesar declared Pontifex Maximus (63 BC)*, in F. Curta, A. Holt (a cura di), *Great Events in Religion*, I: *Prehistory to AD 600*, ABC-Clio, Santa Barbara (California) 2017, pp. 118-119

F. DE VITO, *Giulio Cesare. Lezioni di leadership*, Area 51 Publishing, San Lazzaro di Savena (Bologna) 2017

R. ÉTIENNE, *Les Ides de Mars: la fin de César ou de la dictature?*, Gallimard/Julliard, Paris 1973

L. FEZZI, *Dal "primo triumvirato" agli inizi dello scontro tra Cesare e Pompeo*, in U. Eco (a cura di), L'Antichità, IX, Gruppo Editoriale L'Espresso, Milano 2013, pp. 238-254

– *Dal Rubicone ad Azio*, in U. ECO (a cura di), *L'Antichità*, IX, Gruppo Editoriale L'Espresso, Milano 2013, pp. 255-279

– *Il dado è tratto. Cesare e la resa di Roma*, Laterza, Roma-Bari 2017

L. GAGLIARDI, *Cesare, Pompeo e la lotta per le magistrature: anni 52-50 a.C.*, Giuffrè, Milano 2011

C.A. GIANNELLI, *Le date di scadenza dei proconsolati di Giulio Cesare*, «Annali della Scuola Normale Superiore di Pisa», 35, 1966, pp. 107-120

T. HOLLAND, *Rubicone: Trionfo e tragedia della Repubblica romana*, Il Saggiatore, Milano 2006

M. KOORTBOJIAN, *The Divinization of Caesar and Augustus: Precedents, Conseguences, Implications*, Cambridge University Press, Cambridge 2013

G. FIRPO, *Cesare e i Giudei*, in G. URSO (a cura di), *L'ultimo Cesare: scritti, riforme, progetti, poteri, congiure*, Atti del convegno internazionale, Cividale del Friuli, 16-18 settembre 2009, L'Erma di Bretschneider, Roma 2000, pp. 125-145

A. GIARDINA, *Cesare vs Silla*, in «Cesare: precursore o visionario?» I Convegni della Fondazione Niccolò Cusano, ETS, Pisa 2010, pp. 31-46

D. HAMPTON, *Julius Caesar declared* parens patriae *and subsequently deified (44 BC)*, in "F. CURTA, A. HOLT (a cura di), *Great Events in Religion*, I: *Prehistory to AD 600*", ABC-Clio, Santa Barbara (California) 2017, pp. 120-121

L.E. LORD, *The Date of Julius Caesar's Departure from Alexandria*, «Journal of Roman Studies», 28, 1938, pp. 19-40

E. MEYER, *Caesars Monarchie und das Principat des Pompeius: innere Geschichte Roms von 66 bis 44 v. Chr.*, J.C. Cotta'sche Buchhandlung Nachfolger, Stuttgard-Berlin 1922

F. MILLAR, *Triumvirate and Principate*, «The Journal of Roman Studies», 63, 1973, pp. 50-67

A. MOMIGLIANO, *Per un riesame della storia dell'idea di Cesarismo*, in *Cesare nel bimillenario della morte*, Edizioni Radio Italiana (ERI), Roma 1956, pp. 229-244

W. MORINI, *Pompeo, Cesare e la strana Repubblica*, Ferni, Storia moderna di Roma antica, VII, Ginevra 1974

M. PARENTI, *L'assassinio di Giulio Cesare. Una storia di popolo nella Roma antica*, Feltrinelli, Milano 2006

G. PICONE (a cura di), *Clementia Caesaris: modelli etici, parenetici e retorica dell'esilio*, Palumbo Editore, Palermo 2008

M. PUCCI BEN ZEEV, *When was the Title «Dictator Perpetuus» given to Caesar?*, in «L'Antiquité Classique», 64, 1996, pp. 251-253

M. RIZZOTTO, *La marcia su Roma di Cesare vista da Mussolini*, «Pubblicazioni dell'Istituto Comprensivo 'Dante Alighieri' di Cologna Veneta», IV/3, 2019/2020

F.R. Rossi, *Bruto, Cicerone e la congiura contro Cesare*, «La Parola del Passato», 8, 1953, pp. 26-47

F. Semi, *Il sentimento di Cesare*, Liviana, Padova 1966

D.R. Shackleton Baily, *The Credentials of L. Caesar and L. Roscius*, «Journal of Roman Studies», 50, 1960, pp. 80–83

M. Sordi, *L'ultima dittatura di Cesare*, «Aevum», 50, 1976, pp. 151-153

B. Strauss, *La morte di Cesare*, Laterza, Roma-Bari 2015

L.R. Taylor, *Caesar's Early Career*, «Classical Philology», 36, 1941, pp. 113–132

– *The Election of the Pontifex Maximus in the Late Republic*, «Classical Philology», 37/4, 1942, pp. 421-424

– *Party Politics in the Age of Caesar*, University of California Press, Berkeley 1949

G. Urso (a cura di), *L'ultimo Cesare: scritti, riforme, progetti, poteri, congiure*, Atti del Convegno internazionale, Cividale del Friuli, 16-18 settembre 1999, L'Erma di Bretschneider, Roma 2000

G. Voi, *Clementia e lenitas nella terminologia della propaganda cesariana*, in «Contributi dell'Istituto di Storia Antica», I, Università Cattolica, Milano 1972, pp. 121-125

G. Zecchini, *Il significato dell'esperienza umana e politica di Cesare*, in G. Gentili (a cura di), *Giulio Cesare. L'uomo, le imprese, il mito*, Silvana Editoriale, Cinisello Balsamo (Milano) 2008, pp. 16-23

Biografie di contemporanei di Cesare (a cura di M. Rizzotto)

F.F. Abbott, *Titus Labienus*, "The Classical Journal", 13, 1917, pp. 4–13

J. Abbott, *History of Cleopatra, Queen of Egypt*, Harper & Brothers Publishers, New York 1860

A. Angela, *Cleopatra*, Rai Libri/Harper Collins, Roma-Milano 2018

G. Antonelli, *Pompeo, il grande antagonista di Giulio Cesare*, Newton Compton, Roma 2005

– *Crasso. Il banchiere di Roma*, Newton Compton, Roma 1995²

– *Clodia, Terenzia, Fulvia*, Newton Compton, Roma 1996

– *Catilina*, Newton Compton, Roma 1997

– *Gli uomini che fecero grande Roma antica*, Newton Compton, Roma 2003²

N. Barca, *Roma dopo Silla. Una storia in quindici vite*, Goriziana, Gorizia 2021

L. Bessone, *Le congiure di Catilina*, Sargon, Padova 2004

W. Blake Tyrrell, *Labienus' departure from Caesar in January 49 B.C.*, «Historia, Zeitschrift für alte Geschichte», 21, 1972, pp. 424-440

M. Bocchiola, M. Sartori, *La congiura di Catilina*, Mondadori, Milano 2019

G. Boissier, *Cicerone e i suoi amici*, Rizzoli, Milano 1959

E. Bradford, *Cleopatra*, Rusconi, Milano 1994⁵

J. Brambach, *Cleopatra*, Salerno Editrice, Roma 1997

G. Brizzi, *Silla*, Il Mulino, Bologna 2018

P. Buongiorno, *Gaio Antonio (cos. 63) e l'appellativo "Hybrida"*, in G. Traina (a cura di), *Studi su Marco Antonio*, Congedo, Lecce 2006, pp. 295-309

L. Calvelli, *Il tesoro di Cipro. Clodio, Catone e la conquista romana dell'isola*, Edizioni Ca' Foscari, Venezia 2020

L. CANFORA, *Augusto figlio di Dio*, Laterza, Roma-Bari 2015

L. CAPPONI, *Cleopatra*, Laterza, Roma-Bari 2021

J. CARCOPINO, *Silla*, Bompiani, Milano 2005

F. CHAMOUX, *Marco Antonio: ultimo principe dell'oriente greco*, Rusconi, Milano 1988

E. CIACERI, *Cicerone e i suoi tempi* (2 voll.), Società Anonima Editrice Dante Alighieri, Milano 1939–1941

M.L. CLARKE, *Bruto: l'uomo che uccise Cesare*, Bompiani, Milano 1984

G. CRESCI MARRONE, *Marco Antonio*, Salerno Editrice, Roma 2020

I.H. CRIŞAN, *Burebista şi epoca sa*, Editura enciclopedică română, Bucureşti 1975 (trad. inglese: *Burebista and His Time*, Editura Academiei Republicii Socialiste Romania, Bucureşti 1978)

A. ELLER, *Césarion: controverse et précisions à propos de sa date de naissance*, «Historia», 60, 2011, pp. 474-483

A. EVERITT, *Cicerone: vita e passioni di un intellettuale*, Carocci, Roma 2003

L. FEZZI, *Il tribuno Clodio*, Laterza, Roma-Bari 2008

– *Pompeo*, Salerno Editrice, Roma 2019

M. FINI, *Catilina: ritratto di un uomo in rivolta*, Mondadori, Milano 1996

E. FLAMMARION, *Cleopatra l'ultima dei faraoni*, Electa Gallimard, Torino 1996

M. FOSS, *Cleopatra regina d'Egitto*, Piemme, Casale Monferrato (Alessandria) 1998

A. GARZETTI, *M. Licinio Crasso. L'uomo e il politico*, «Athenaeum», 29, 1941, pp. 1-37; 30, 1942, pp. 12-40; 32/33, 1944-1945, pp. 1-62

M. GRANT, *Cleopatra*, Newton Compton, Roma 1997[2]

P. GRIMAL, *Cicerone*, Garzanti, Milano 1986

E. GUALAZZI, *Cleopatra. Sesso e potere*, Giorgio Mondadori, Milano 1992

L. HUGHES-HALLETT, *Cleopatra*, Sperling & Kupfer Editori, Milano 1999

C. JULLIAN, *Vercingétorix*, Libraire Hachette, Paris 1902[2]

A. KEAVENEY, *Silla*, Bompiani, Milano 1985

K. KUMANIECKI, *Cicerone e la crisi della repubblica romana*, Centro di Studi Ciceroniani, Editore, Roma 1972

L. LABRUNA, *Il console sovversivo: Marco Emilio Lepido e la sua rivolta*, Liguori, Napoli 1975

S. LA SORSA, *Cenni biografici su Tito Azio Labieno*, «Rivista di storia antica», 12, 1908, pp. 96-100

J. LEACH, *Pompeo*, Rizzoli, Milano 1983

M.A. LEVI, *Ottaviano capoparte* (2 voll.), La Nuova Italia, Firenze 1933

– *Bogud*, Istituto dell'Enciclopedia Italiana, Treccani, Roma 1930

P. LIVERANI, *Cleopatra a Roma*, in G. GENTILI (a cura di), *Cleopatra. Roma e l'incantesimo dell'Egitto*, Skira, Milano 2013, pp. 45-49

E. LUDWIG, *Cléopâtre*, Librairie Plon, Paris 1974

M. MAFFII, *Cicerone e il suo dramma politico*, Mondadori, Milano 1930

– *Cleopatra contro Roma*, Giunti Martello, Firenze 1985

A. MARCONE, *Augusto*, Salerno Editrice, Roma 2015

– *Il nuovo stile dell'uomo politico: Pompeo "princeps civilis"*, «Athenaeum», 78, 1990, pp. 475-481

J. MARKALE, *Vercingetorix*, Éditions du Rocher, Monaco 1995

A. MAYOR, *Il re Veleno. Vita e leggenda di Mitridate, acerrimo nemico di Roma*, Einaudi, Torino 2010

C. MELANI, *Cleopatra. Il fascino del potere*, Giunti, Firenze 1998

E. NARDUCCI, *Cicerone: la parola e la politica*, Laterza, Roma-Bari 2009

J. VAN OOTEGHEM, *Pompée le Grand, Bâtisseur d'Empire*, Académie Royale, Bruxelles 1954

A. PASSERINI, *Caio Mario come uomo politico*, «Athenaeum», 12, 1934, pp. 10–44, 109–43, 257–297, 348–380

G. PETRUZZELLI, *Gaio Scribonio Curione. «Nessuno attizzò più grandi e più impetuose le fiamme della guerra civile»*, Tesi di Laurea, Università di Bari "Aldo Moro", aa. 2018/2019

L. POWELL, *Agrippa. Il braccio destro di Augusto*, Goriziana Editrice, Gorizia 2019

M. RIZZOTTO, *Gaio Scribonio Curione. Una vita per Roma*, Pagine Svelate, Gerenzano (Varese) 2011

– *Eunoe e Cesare. Una vicenda storica mai raccontata*, «Pubblicazioni dell'Istituto Comprensivo 'Dante Alighieri' di Cologna Veneta», III/2, 2018/2019

J.F. RODRIGUEZ NEILA, *Confidentes César: los Balbos de Cádiz*, Silex, Madrid 1992

P. MANSSON RUSSO, *Marcus Porcius Cato Uticensis: a Political Reappraisal*, University Microfilms, Ann Arbor 1981

J.S. RUSTEN, *Dionysius Scytobrachion*, Westdeutscher Verlag, Opladen 1982

F. SAMPOLI, *Marc'Antonio, l'antagonista di Ottaviano*, Newton Compton, Roma 1989

– *Le grandi donne di Roma antica*, Newton Compton, Roma 2003

F. SANTANGELO, *Gaio Mario*, Jouvence, Sesto San Giovanni (Milano) 2021

A. SCHIAVONE, *Spartaco. Le armi e l'uomo*, Einaudi, Torino 2016^2

S. SCHIFF, *Cleopatra. Una vita*, Mondadori, Milano 2011

R.L. SEAGER, *Pompey the Great: A Political Biography*, Blackwell, Oxford 2002^2

M. SIANI-DAVIES, *Gaius Rabirius Postumus. A Roman Financier and Caesar's political Ally*, «Arctos», 30, 1996, pp. 207-240

– *Ptolemy XII Auletes and the Romans*, «Historia», 46, 1997, pp. 306-340

M. SORDI, *La fine di Vercingetorige*, «La Parola del Passato», 8, 1953, pp. 17-25

A. SPINOSA, *Cleopatra. La regina che ingannò se stessa*, Mondadori, Milano 2017

G. STOCCHI, *Aulo Gabinio e i suoi processi*, per i Tipi di Salvatore Landi, Firenze 1892

D. STOCKTON, *Cicerone: biografia politica*, Rusconi, Milano 1984

S. STRANO, *L'Immagine del potere nell'Egitto Tolemaico. Revisione critica dell'iconografia di Cleopatra VII Philopator*, British Archaeological Reports (BAR), Oxford 2015

W. STROH, *Cicerone*, Il Mulino, Bologna 2010

R. SYME, *The Allegiance of Labienus*, «Journal of Roman Studies», 28, 1938, pp. 113-125

G. TRAINA, *Marco Antonio*, Laterza, Roma-Bari 2003

– *Licoride la mima*, in A. FRANCESCHETTI (a cura di), *Roma al femminile*, Laterza, Roma-Bari 1994, pp. 95-122

W.B. TYRRELL, *Labienus' Departure from Caesar in January 49 B.C.*, «Historia, Zeitschrift für alte Geschichte», 1972, pp. 224–240

D. TUDOR, *Donne celebri del mondo antico*, Mursia, Milano 1980

P. VANDENBERG, *Cesare e Cleopatra*, Dall'Oglio, Milano 1986

S. WALKER, S.-A. ASHTON, *Cleopatra*, Il Mulino, Bologna 2016

A. WEIGALL, *Cleopatra*, Edizioni del Borghese, Milano 1963

O. Wertheimer, *Cleopatra*, Mondadori, Milano 1934
G. Zecchini, *Vercingetorige*, Laterza, Roma-Bari 2002
P. Zullino, *Catilina. L'inventore del colpo di Stato*, Rizzoli, Milano 1985

Diritto in generale (a cura di M. Rizzotto)

B. Albanese, *Le persone del diritto privato romano*, Pubblicazioni del Seminario giuridico dell'Università di Palermo, Palermo 1979
P. Bonfante, *Diritto romano*, Giuffrè, Milano 1926
P. Buongiorno, *La* lex *in Cicerone al tempo delle* Philippicae *fra teoria e prassi politica*, in J.L. Ferrary (a cura di), *Leges publicae. La legge nell'esperienza giuridica romana*, IUSS Press, Pavia 2012, pp. 545-567
C.A. Biggini, *Leggi politiche e sociali di Augusto*, «Quaderni de "L'Opinione"», Arti Grafiche Liguri, La Spezia 1926
M.H. Crawford et al., *Roman Statutes*, I, Cambridge University Press, London 1996
P.F. Girard, F. Senn, *Les lois des Romains*, Facoltà di Giurisprudenza. Monografie dell'Università di Camerino, Jovene, Camerino 1977
L. Landucci, *Storia del Diritto Romano dalle origini fino a Giustiniano*, Premiata Tipografia Editrice F. Sacchetto, Padova 1886
Y. Lassard, *The Roman Law Library*, 2014 (edizione on line)
A. Schiavon, *Interdetti «de locis publicis» ed emersione della categoria delle* res in usu publico, Università degli Studi di Trento, Facoltà di Giurisprudenza, Editoriale Scientifica, Trento 2019
A. Schiavone, *Giuristi e nobili nella Roma repubblicana*, Laterza, Roma-Bari 1987
E. Volterra, *Istituzioni di diritto privato romano*, La Sapienza Editrice, Roma 1961

Costume, religione e società (a cura di M. Rizzotto)

L. Casson, *Viaggi e viaggiatori dell'Antichità*, Mursia, Milano 1978
G.M. Corrias, *Dèi e religione nell'antica Roma*, Arkadia Editore, Cagliari 2015
– *Gli dèi di Roma antica*, Uno Editori, Orbassano (Torino) 2017
G. Duby, M. Perrot, *Storia delle donne*, I, *L'Antichità*, Laterza, Roma-Bari 1991
C. Fayer, *La* familia *romana. Aspetti giuridici ed antiquari.* Sponsalia. *Matrimonio. Dote*, L'Erma di Bretschneider, Roma 2005
R. Lewinsohn, *Storia dei costumi sessuali* (2 voll.), Longanesi, Milano 1969
J.P. Néraudau, *Être enfant à Rome*, Les Belles Lettres, Paris 1984
J.-N. Robert, *I piaceri a Roma*, Rizzoli, Milano 1985
C. Salles, *I bassifondi dell'Antichità*, Rizzoli, Milano 1983

Testi contenenti indicazioni sulla figura di Cesare e la sua ricezione nei secoli (a cura di M. Rizzotto)

E. Balbo, *Protagonisti dei due imperi di Roma*, Pinciana, Roma 1941
Laura Cotta Ramosino, Luisa Cotta Ramosino, C. Dognini, *Tutto quello che sappiamo su Roma l'abbiamo imparato a Hollywood*, Bruno Mondadori, Milano 2004
A. Giardina, A. Vauchez, *Il mito di Roma*, Laterza, Roma-Bari 2008[2]

G.W.F. HEGEL, *Lezioni sulla filosofia della Storia*, Laterza, Roma-Bari 2003

G. LE BON, *Psicologia delle folle*, Editrice Antonioli, Milano 1946

JEAN e JAN LE SAUVAGE, *Il Cesare di Roma*, Sonzogno, Milano 1937

E. LUDWIG, *Colloqui con Mussolini*, Castelvecchi, Roma 2018

M. MAZZA, *Augusto in camicia nera. Storiografia e ideologia nell'era fascista*, «Revista de historiografía», 27, 2017, pp. 107-125

J.C. MIRALLES MALDONADO, *La lunga ombra di Giulio Cesare: aspetti della ricezione della figura del generale romano nel romanzo storico contemporaneo*, «Atene e Roma», Le Monnier, Firenze 2011, n.s. V, fasc. 1-2 , pp. 47-64

P. PIACENTINI, *L'Antico Egitto di Napoleone*, Mondadori, Milano 2000

C. RAVARA MONTEBELLI, *Alea iacta est: Giulio Cesare in archivio*, Il Ponte Vecchio, Rimini 2010

A. ROBERTS, *Napoleone il Grande*, Utet, Torino 2015

J.-M. RODDAZ, *Jules César dans la tradition historique française des XIXe et XXe siècles*, in «*Cesare: precursore o visionario?*», I Convegni della Fondazione Niccolò Cusano, ETS, Pisa 2010, pp. 333-343

A. SPINOSA, *Mussolini. Il fascino di un dittatore*, Mondadori, Milano 2017

P. TURRONI, C. RAVARA MONTEBELLI, G. MAZZUCA, *Processo al Rubicone*, Il Ponte Vecchio, Cesena 2014

P. TURRONI, (a cura di), *Processo a Cesare*, Il Ponte Vecchio, Cesena 2018

A. VEGGIANI, *Il Rubicone. Studi sull'idrografia e sul territorio dell'antico Urgon-Rubicone*, Il Ponte Vecchio, Cesena 1995

Cesare poeta (a cura di M. Rizzotto)

L. ALFONSI, *Poetae novi. Storia di un movimento poetico*, C. Marzorati, Como 1945

C.I. BECKWITH, *Pyrrho's Encounter with Early Buddhism in Central Asia*, Princeton University Press, Princeton-Oxford 2017

E. CASTORINA, *Questioni neoteriche*, La Nuova Italia, Firenze 1968

G. GARBARINO, *Letteratura latina. Teoria e testi. Excursus sui generi letterari*, Paravia Torino 1995

J. GRANAROLO, *L'époque néoterique ou la poésie romaine d'avant-garde au dernier siècle de la République (Catulle excepté)*, De Gruyter, Berlin-New York 1973

A.S. HOLLIS (a cura di), *Fragments of Roman Poetry c. 60 BC-AD 20*, Oxford University Press, Oxford 2007

R. LEWINSOHN, *Storia dei costumi sessuali*, I, *Dall'Eden a Enrico VIII*, Longanesi, Milano 1969

G. MASTRANGELO, *Piccolo Buddha*, Sperling & Kupfer, Milano 1993

E. NARDUCCI, *Le risonanze del potere, in Letteratura, storia, civiltà. Grecia antica, Roma antica, Medioevo*, VII, *La letteratura incontra il pubblico: lingue, luoghi, comunicazione*, Salerno Editrice, Roma 1989, pp. 533-577

G. REALE, D. ANTISERI, *Il pensiero occidentale dalle origini ad oggi*, I. Editrice La Scuola, Brescia 1983

Cesare e l'*Anticatone* (a cura di G. Petruzzelli)

E. BADIAN, *M. Porcius Cato and the annexation and early admini stration of Cyprus*, in «Journal of Roman Studies», 1965, pp. 110-121

J.P.V.D. BALSDON, *The Ides of March*, in «Historia», 1958, pp. 80-94

W. BENJAMIN, *Il compito del traduttore*, in ID., *Angelus Novus, Saggi e frammenti*, traduzione ed introduzione di R. Solmi, Torino 1962, pp. 39-52 (ed. or. Die Aufgabe des Übersetzers, Heidelberg 1923)

G. BOISSIER, *Cicerone e i suoi amici*, Rizzoli, Milano 1988

J.L. BORGES, *Finzioni*, Mondadori, Milano 1974

L. CANFORA, *Giulio Cesare. Il dittatore democratico*, Laterza, Roma-Bari 1999

– *Noi e gli antichi. Perché lo studio dei Greci e dei Romani giova all'intelligenza dei moderni*, BUR, Milano 2012 (ed. e-book)

– *Gli antichi ci riguardano*, Il Mulino, Bologna 2014 (ed. e-book)

J. CARCOPINO, *Giulio Cesare*, Rusconi, Milano 1993

F. CHAMOUX, *Marco Antonio: ultimo principe dell'oriente greco*, Rusconi, Milano 1988

A. CORBEILL, *Controlling Laughter: Political Humor in the Late roman Republic*, Princeton Legacy Library, 1996

– *Anticato*, in GRILLO L. – KREBS C. B. (eds.), *Cambridge Companion to the Writings of Julius Caesar*, Cambridge University Press, Cambridge 2018, pp. 215-222

H. DREXLER, *Parerga Caesariana*, in «Hermes» 70 (1935), pp. 203-234

M.-E. FARRIOR, *The Ultimate Romana Mors. The Death of Cato and the Resulting Paradigmatic Shift in Roman Suicide*, in «Berkeley Undergraduate Journal of Classics», 2 (2), 2013, https://escholarship.org/uc/item/4jt4b00s

P. FEDELI, *Il sapere letterario. Autori, testi, contesti della cultura romana*, vol. 2, Fratelli Ferraro Editori, Napoli 2002

E. GALLI DELLA LOGGIA, *L'aula vuota*, Marsilio, Venezia 2019

A. GARCEA, *Caesar's De Analogia: Edition, Translation, and Commentary*, Oxford University Press, Oxford 2012

M. GELZER, *Caesar – Der Politiker und Staatsmann*, Wiesbaden, F. Steiner Verlag 1960

– *Cato Uticensis*, Wiesbaden, F. Steiner Verlag 1963

B. GEORGE DAVID, *Lucan's Cato and Stoic Attitudes to the Republic*, in «Classical Antiquity», Oct 1, 1991, 10, 2, pp. 237-258

G.Q. GIGLIOLI (a cura di), *Mostra Augustea della Romanità. Catalogo*, «Bimillenario della nascita di Augusto, 23 settembre 1937-XV – 23 settembre 1938-XVI» Casa Editrice C. Colombo, Roma 1937

L. GORLÉE DINDA, *Semiotics and the Problem of Translation. With Special Reference to the Semiotics of Charles S. Peirce*, Rodopi, Amsterdam 1994

A. GUARINO, *Duo Anticatones*, in «Atti della Accademia di Scienze morali e politiche della Società nazionale di Scienze, Lettere ed Arti di Napoli», 1983, pp. 404-410

W. KIERDORF, *Ciceros Cato – Uberlegungen zu einer verlorenem Schrift Ciceros*, Rhein. Mus. N. F. 121 (1978), pp. 167-184

S. KOSTER, *Die Invektive in der griechischen und römischen Literatur, Beiträge zur Klass*, «Philologie H.» 99, Meisenheim am Glan, 1980, pp. 139-141

K.F. KUMANIECKI, *Der Prozeß des Ligarius*, «Hermes» 95, 1967, pp. 434-457

– *Ciceros Cato*, Festsschrift für K. Büchner, Wiesbaden, 1970, pp. 168-188

C. MEIER, *Giulio Cesare*, Garzanti, Milano 2004

E. MEYER, *Caesars Monarchie und das Principat des Pompeius*, Stuttgart/Berlin, 1922

T. MOMMSEN, *Storia di Roma*, Dall'Oglio, Milano 1965, vol. V

E. NARDUCCI, *La provvidenza crudele. Lucano e la distruzione dei miti augustei*, Giardini, Pisa 1979

– *Lucano. Un'epica contro l'impero. Interpretazione della* Pharsalia, Laterza, Roma-Bari 2002

– *Cicerone. La parola e la politica*, Roma-Bari, Laterza 2009

G. NEGRI, A VALVO (a cura di), *Studi su Augusto. In occasione del XX centenario della morte*, G. Giappichelli Editore, Torino 2016

S.I. OOST, *Cato Uticensis and the annexation of Cyprus*, in «Classical Philolology», 1955, pp. 98-112

J. ORTEGA Y GASSET, *Miseria e splendore della traduzione*, Sugarco, Milano 1984

P. PECCHIURA, *La figura di Catone l'Uticense nella letteratura latina*, Università di Torino. Pubblicazioni della Facoltà di Lettere e Filosofia, vol. 16, fasc. 3, 1965

G. PONTIGGIA, M.C. GRANDI, *Letteratura latina. Storia e testi*, II, Principato, Milano 1996

P. RICOEUR, *Sé come un altro*, Jaca Book, Milano 1993

F. SCHLEIERMACHER, *Sui diversi metodi del tradurre* (1813), in S. Nergaard (a cura di), *Teorie contemporanee della traduzione*, Milano, Bompiani, 2002

R. SYME, *La rivoluzione romana*, Einaudi, Torino 2014

C.A.H.C. DE TOCQUEVILLE, *De la Démocratie en Amérique*, in MAYER J. P. (a cura di), Paris, Gallimard, 1951

H.J. TSCHIEDEL, *Caesars* Anticato. *Eine Untersuchung der Testimonien und Fragmente*, Wissenschaftliche Buchgesellschaft, Darmstadt 1981

U. VON WILAMOWITZ-MOELLENDORFF, *Storia della filologia classica*, Einaudi, Torino 1971

G. ZECCHINI, *Catone a Cipro (58-56 a.C.): dal dibattito politico alle polemiche storiografiche*, in «Aevum», anno 53, fasc. 1 (1979), pp. 78-87

– *La morte di Catone e l'opposizione intellettuale a Cesare e ad Augusto*, in «Athenaeum» 58 (1980), pp. 39-56

Opere di carattere generale e/o su singoli aspetti (a cura di M. Rizzotto)

L. BESSONE, R. SCUDERI, *Manuale di storia romana*, Monduzzi Editore, Bologna 1999[2]

M. BLASI, *I dieci incredibili avvenimenti che hanno cambiato la storia dell'antica Roma*, Newton Compton, Roma 2019

L. CANFORA, *La biblioteca scomparsa*, Sellerio, Palermo 1986

L. CASTIGLIONI, S. MARIOTTI, *Vocabolario della lingua latina*, Loescher Editore, Torino 1990

M.A.R. COLLEDGE, *L'impero dei Parti*, Newton Compton, Roma 1979

G. DE SANCTIS, *Storia dei Romani* (4 voll. in 5 tomi), La Nuova Italia, Firenze 1964[2]

V. DURUY, *Histoire Romaine*, Hachette, Paris 1848

E. GRUEN, *The Last generation of the Roman Republic*, University of California Press, Berkeley-Los Angeles 1995

G. FERRERO, *Grandezza e decadenza di Roma*, Vecchie Letture, Roma 2016

G. FUNAIOLI, *L'età triumvirale*, in «Storia Einaudi dei Greci e dei Romani», XV, Il Sole 24 Ore (su licenza Einaudi), Milano 2008, pp. 795-807

F.S. GRAZIOLI, *I grandi condottieri romani*, Istituto di Studi Romani, Roma 1939

C. JULLIAN, *Histoire de la Gaule* (7 voll.), Libraire Hachette, Paris 1908-1926

J. MARKALE, *Il Druidismo*, Edizioni Mediterranee, Roma 1991

S. MAZZARINO, *Il pensiero storico classico* (3 voll.), Laterza, Roma-Bari 2000[3]

J. MICHELET, *Storia di Roma*, Rusconi Libri, Santarcangelo di Romagna (Rimini) 2002

TH. MOMMSEN, *Storia di Roma* (8 voll.), Dall'Oglio, Milano 1963-1966

I. MONTANELLI, *Storia di Roma*, Rizzoli, Milano 1994

L. PARETI, *Storia di Roma e del mondo romano* (6 voll.), Utet, Torino 1952-1961

A. PAULY, G. WISSOWA, W. KROLL et al., *Paulys Realencyclopädie der classischen Altertumswissenschaft: neue Bearbeitung* (66 voll. e 15 suppl.), J. B. Metzler, Stuttgart 1893-1978

A. PIGANIOL, *Le conquiste dei Romani*, Net, Milano 2002

H.G. RAWLISON, *Parthia*, T. Fisher Unwin, London 1893

W. SMITH, *Dictionary of Greek and Roman Biography and Mythology*, (3 voll.) Taylor, Walton & Maberly, London 1870

W. SMITH, *Greek and Roman Geography* (2 voll.), Boston-London 1854-1857

R. SYME, *La Rivoluzione romana*, Einaudi, Torino 2014

A. THIERRY, *Histoire des Gaulois* (2 voll.), Librairie Classique et Elementaire de L. Hachette, Paris
1835-1837

Su Cesare, il Buddhismo e l'India (a cura di M. Rizzotto)

I. ALI, M. NAEEM QAZI, *Gandharan Sculptures in the Peshawar Museum (Life Story of Buddha)*, Hazara University, Mansehra NWFP (Pakistan) 2008

A. BAREAU, *Recherches sur la biographie du Buddha dans le sūtrapiṭaka anciens: II. Les derniers mois, le parinirvāṇa et les funérailles*, École Française d'Extrême-Orient, Paris 1971

P. BHARGAVA, *Chandragupta Maurya*, Oudh Printing Works, Lucknow 1935

M. D'ONZA CHIODO, Introduzione a *Jataka. Vite anteriori del Buddha*, Utet, Torino 2007

C. FORMICHI, *Apologia del Buddhismo*, A.F. Formíggini, Roma 1923

T. W. HILLARD, *The Nile Cruise of Cleopatra and Caesar*, «The Classical Quarterly», 52, n. 2, 2002, pp. 549-554

H. HUMBACH, *Two Inscriptions in Graeco-Bactrian Corsive Script from Afghanistan*, «East and West», 17, 1967, pp. 25-26

C. KAVAFIS, *Le poesie. Testo greco a fronte*, a cura di N. Crocetti, Einaudi, Torino 2015

U.R. KLEINHEMPEL, *Traces of Buddhist Presence in Alexandria: Philo and the Therapeutae*, «Научно-теоретический журнал 2019», pp. 3-31

J..-M. LAFONT, *Les Dossiers d'Archéologie*, n. 254, p.78, Institut National des Langues et Civilisations Orientales

R. LINSSEN, *Essais sur le Bouddhisme en général et sur le Zen en particulier*, La Colombe, Éditions du Vieux Colombier, Paris 1960

J.M. MACPHAIL, *Asoka*, The Association Press-Oxford University Press, Calcutta-London 1918

R. MUKERJEE, *Storia e cultura dell'India*, Il Saggiatore, Milano 1962

R. PAZZI, *La stanza sull'acqua*, Garzanti, Milano 2012

M. RAVERI, *Buddhismo*, in G. FILORAMO, M. MASSENZIO, M. RAVERI, P. SCARPI, *Manuale di storia delle religioni*, Laterza, Roma-Bari 2003[7]

M. RIZZOTTO, *Menandro il Conquistatore. Il re greco che soggiogò l'India*, Graphe.it, Perugia 2017

– *Third Buddhist Council (247 B.C.)*, in *ABC-Clio Encyclopedia of Crucial Events in the History of Religions*, Santa Barbara (California) 2017

H.W. SCHUMANN, *Il Buddha storico*, Salerno Editrice, Roma 1986

D.L. SNELLGROVE, *Śākyamuni's Final Nirvaṇa*, «Bullettin of the School of Oriental and Asian Studies», 36, 1973, pp. 399-411

J.S. STRONG, *Relics of the Buddha*, Princeton University Press, Princeton 2004

W.W. TARN, *The Greeks in Bactria and India*, Cambridge University Press, Cambridge 1966[3]

– *Antigonos Gonatas*, Clarendon Press, Oxford 1913

R. THAPAR, *Aśoka and the decline of the Mauryas*, Oxford University Press, Oxford 1961

VOLTAIRE, *Il sogno di Platone*; *Avventura indiana*; *Cosi-Sancta*, traduzione a cura di S. Piscopo, Youcanprit, Tricase (Lecce) 2018

A. ZAMBRINI, *La politica di Ashoka*, Atti della Accademia Nazionale dei Lincei, Memorie. Classe di Scienze morali, storiche e filologiche, vol. 26, III-IV, pp. 165-192

Su Cesare e Mussolini (a cura di M. Rizzotto)

G. ALBANESE, *La marcia su Roma*, Laterza, Roma-Bari 2006

S. BARISIONE, M. FOCHESSATI, G. FRANZONE, *Antonio Giuseppe Santagata. Rappresentare la Guerra*, Sagep Editori, Genova 2014

A. DEL BOCA, *Gli Italiani in Africa Orientale*, II, *La conquista dell'Impero*, Mondadori, Milano 2001

R. DE FELICE, *Mussolini il Fascista*, I, *La conquista del potere 1921-1925*, Einaudi, Torino 1965

G. FORZANO, *Mussolini autore drammatico. Campo di Maggio. Villafranca. Cesare*, G. Barbera Editore, Firenze 1954

A. GIARDINA, A. VAUCHEZ, *Il mito di Roma*, Laterza, Roma-Bari 2008[2]

I. KIRKPATRICK, *Mussolini*, Dall'Oglio, Milano 1981

N. LOMBARDO, *Cesare e Mussolini*, prefazione di R. Farinacci, Vannini Editore, Brescia 1940

E. LUDWIG, *Colloqui con Mussolini*, Castelvecchi, Roma 2018

P. MAGLIONE, *Cesare Napoleone Mussolini*, Loescher, Roma 1934 – XII

C. MALAPARTE, *Muss. Il grande imbecille*, Luni Editrice, Milano-Trento 1999

A. MAYOR, *Il re Veleno. Vita e leggenda di Mitridate, acerrimo nemico di Roma*, Einaudi, Torino 2010

M. MAZZA, *Augusto in camicia nera. Storiografia e ideologia nell'era fascista*, «Revista de historiografía», 27, 2017, pp. 107-125

I. Montanelli, *L'Italia in camicia nera*, Rizzoli, Milano 1976

Benito Mussolini, *La mia vita*, Rizzoli, Milano 2018

– *Roma antica sul mare*, Mondadori, Milano 1926

– *Scritti e discorsi. L'inizio della nuova politica (28 ottobre 1922 – 31 dicembre 1923)*, Hoepli, Milano 1934

– *Storia di un anno. Il tempo del bastone e della carota*, Mondadori, Milano 1944

– *Opera Omnia* (35 voll.), a cura di E. e D. Sismel, La Fenice, Roma 1951

– *Cesare. Tragedia in tre atti*, a cura di M. Rizzotto, Primiceri Editore, Padova 2021

Rachele Mussolini, *Mussolini privato*, Rizzoli, Milano 1980

P. Nenni, *Vent'anni di Fascismo*, Edizioni Avanti!, Milano 1964

A. Petacco, *L'Uomo della Provvidenza*, Utet, Torino 2018

M. Sarfatti, *Dux*, Prefazione di Caio Giulio Cesare Mussolini, Adler, Roma 2019

E. Scarpellini, *Un palcoscenico per Mussolini: il Duce amava presentarsi come uomo di cultura, per questo scrisse opere teatrali in collaborazione con Giovacchino Forzano*, "Il Giornale", 11 gennaio 2006

I. Simonini, *La nuova "Casa del mutilato" di Ravenna: storia arte architettura di Ravenna*, Edizioni del Girasole, Ravenna 2002

A. Spinosa, *Cesare, il grande giocatore*, Mondadori, Milano 1986

– *Mussolini. Il fascino di un dittatore*, Mondadori, Milano 2018

F. Tempera, *Mussolini emulo - superatore di Cesare e Napoleone*, Italia Imperiale, Roma 1927

P. Turroni, C. Ravara Montebelli, G. Mazzuca, *Processo al Rubicone*, Il Ponte Vecchio, Cesena 2014

Opere letterarie ispirate a Cesare e all'Antichità (a cura di M. Rizzotto)

R. Bacchelli, *I tre schiavi di Giulio Cesare*, Mondadori, Milano 1958

V.E. Bravetta, *Lucullo*, Dall'Oglio, Milano 1963

B. Brecht, *Gli affari del signor Giulio Cesare*, Einaudi, Torino 2015

P. Corneille, *La morte di Pompeo*, tradotta dal francese da A. Zaniboni, Costantino Pisarri, Bologna 1712

E. Corradini, *Giulio Cesare*, Mondadori, Milano 1926

G. Flaubert, *Salammbô*, Giunti, Firenze 2005

A. Frediani, *Dictator*, Newton Compton, Roma 2016

T. Gautier, *Una notte di Cleopatra*, Viviani Editore, Roma 1997

H.R. Haggard, *Cleopatra*, Longmans, London 1889

M. Jelusich, *Caesar*, Bompiani, Milano 1934

V.M. Manfredi, *Idi di Marzo*, Mondadori 2008

C. McCullough, *I favoriti della fortuna*, Rizzoli, Milano 1994

– *Le donne di Cesare*, Rizzoli, Milano 1996

– *Cesare. Il genio e la passione*, Rizzoli, Milano 1998

– *Le Idi di Marzo*, Rizzoli, Milano 2003

B. Mussolini, *Cesare*, in G. Forzano, *Mussolini autore drammatico. Campo di Maggio. Villafranca.. Cesare*, G. Barbera Editore, Firenze 1954

J. Negrete, *La regina del Nilo* (3 voll.), Newton Compton, Roma 2013

R. Pazzi, *La stanza sull'acqua*, Garzanti, Milano 1991

G. ROVANI, *La giovinezza di Giulio Cesare*, Messaggerie Pontremolesi, Pontremoli (Massa Carrara) 1985

W. SHAKESPEARE, *Giulio Cesare*, cura e traduzione di F. Giacomantonio, Newton Compton, Roma 1995

B. SHAW, *Cesare e Cleopatra*, in ID., *Tre commedie per puritani*, Mondadori, Milano 1956

G. VALORI, *Vita di Cesarione, figlio di Giulio Cesare e della regina Cleopatra*, a spese di Girolamo Becheroni, Firenze 1838

Sommario